offcn 中公·金融人　严格依据河南省农村信用社招聘考试真题编写

U0733435

2015 | 最新版

河南省农村信用社招聘考试专用教材

综合基础知识

河南省农村信用社招聘考试专用教材编委会　编写

中公教育河南省农村信用社招聘考试研究院　审定

世界图书出版公司

北京·广州·上海·西安

图书在版编目(CIP)数据

综合基础知识 /《河南省农村信用社招聘考试专用教材》编委会编. —北京:世界图书出版公司北京公司, 2012.6(2015.3重印)

河南省农村信用社招聘考试专用教材

ISBN 978-7-5100-4650-6

Ⅰ. ①综… Ⅱ. ①河… Ⅲ. ①农村信用社–招聘–考试–中国–教材 Ⅳ. ①F832.35

中国版本图书馆 CIP 数据核字(2012)第 091823 号

河南省农村信用社招聘考试专用教材·综合基础知识

编　　写:	河南省农村信用社招聘考试专用教材编委会
责任编辑:	夏　丹　王艾鑫
装帧设计:	中公教育图书设计中心
出　　版:	世界图书出版公司北京公司
发　　行:	世界图书出版公司北京公司
	(地址:北京朝内大街 137 号　邮编:100010　电话:64077922)
销　　售:	各地新华书店
印　　刷:	三河市泰丰印刷装订有限公司
开　　本:	850 mm×1168 mm　1/16
印　　张:	30
字　　数:	720 千
版　　次:	2012 年 6 月第 1 版　2015 年 3 月第 3 次印刷

ISBN 978-7-5100-4650-6　　　　　　　　　　　　　　定　价:44.00 元

如有质量或印装问题,请拨打售后服务电话 010-82838515

2014 年河南省农村信用社招聘考试解读

河南省农村信用社是由河南省委省政府直接领导和管理的地方性金融机构，成立于1951年，先后由中国人民银行和中国农业银行进行管辖，后由河南省委省政府直接管理。经过六十余年的发展和改革，河南省农村信用社现拥有143家县级法人机构，其中28家农村商业银行，115家县级联社，5 268个营业网点，8万多名干部员工，从小到大、从弱到强，已发展成为全省机构网点最多、服务区域最广、存贷款规模最大的地方性金融机构，是支持三农、服务三农的金融主力军，同时也是河南省金融体系的重要组成部分。截至2014年6月末，全省农村信用社资产总额9 330.95亿元，其中各项存款7 799.87亿元，较年初增加1 068.64亿元；各项贷款4 617.01亿元，较年初增加451.74亿元。自2005年以来，全省农村信用社存、贷款规模、市场份额连年位居全省银行业金融机构首位。

2014 年河南省农村信用社招考概况

1.招聘地市

河南省农村信用社招聘考试由各市自行组织，各市员工的招聘情况不同。2014年只有许昌、南阳、平顶山、洛阳进行了招聘，其他地市未进行招聘。

2.河南省农村信用社招聘考试报名时间

2014年许昌市的报名时间为2014年7月7日—7月9日，南阳市的报名时间为2014年9月20日—9月22日，平顶山市的报名时间为2014年9月25日—9月27日。考生要及时关注各市的具体报名时间。

3.河南省农村信用社招聘考试报考条件

(1)专业要求。

2014年各市的专业条件大体相同，基本都为与经济金融相关专业，差异不明显。例如，许昌市的招聘条件为经济、管理、金融、会计、统计、审计、营销、计算机、信息通信、法学、中文(秘)、数学应用等与经济金融相关专业。南阳市的招聘条件为经济、管理、金融、会计、统计、审计、营销、计算机、信息通信、法律、中文(秘)、数学应用等与经济、金融相关的专业。洛阳市农信社招聘专业有：经济、管理、金融、会计、统计、审计、营销、计算机、信息通信、法学、中文(秘)、数学应用等与经济金融相关专业。

(2)年龄要求。

河南省各市招聘年龄条件大同小异，以许昌为例，许昌市2014年招聘年龄要求为：大专学历不超过25岁(1989年1月1日后出生)，本科学历不超过28岁(1986年1月1日后出生)，硕士研究生学历不超过30岁(1984年1月1日后出生)，博士研究生学历不超过35岁(1979年1月1日后出生)。大学生村官和"三支一扶"(须提供有效证明)的毕业生年龄可放宽3岁。

2015年的招聘年龄应该在2014年基础上推迟一年，具体情况需关注各市的招聘公告。

(3)学历要求。

每个招聘单位学历要求不同,有的单位不同专业类别学历要求也不同,具体的以各招聘单位招聘简章为准。

2014 年河南省农村信用社招聘考试笔试概况

1.笔试介绍

笔试主要是综合基础知识,笔试满分 100 分,考试时间为 120 分钟。根据笔试成绩,按各用人单位计划招聘人数 1:1.5 或者 1:1 的比例从高分到低分确定参加面试人员,比例内末位笔试成绩并列的均进入面试。

2.考试特征分析

(1)考点综合分析。

在综合分析了 2014 年河南许昌、南阳、平顶山市及 2013 年郑州、漯河、鹤壁、驻马店市的真题后,我们发现河南农信社真题考点的分布大致如下:

序号	考点	具体内容
1	政治	哲学、党史、政治理论、时政等
2	经济	政治经济学、微观经济学、宏观经济学、国际贸易
3	金融	货币银行学、商业银行经营理论、银行业监管、国际金融
4	财会	会计基础、财务管理、审计等
5	法律	公司法、商业银行法、合同法、物权法、担保法、仲裁法等
6	计算机	WORD、EXCEL、数据库、计算机网络等
7	统计与概率	抽样、统计指标、标准差系数、概率
8	管理	管理学基础理论、行政管理、市场营销
9	文秘	文秘基础知识、公文基础、公文写作
10	人文地理生活	文学、历史、地理、生活常识等
11	写作	"一句话"论述
12	行政职业能力测验	言语理解、数量关系、逻辑判断、资料分析等

(2)2014 年各地农信社考试内容。

市名	题型	题量	考查内容
许昌	单项选择题	30 题	经济、金融、会计、管理、公共基础知识、银行常识、法律
	多项选择题	15 题	
	判断题	10 题	
	简答题	2 题	
	材料分析题	2 题	
	作文题	1 题	
南阳	单项选择题	80 题	经济、金融、会计、统计、法律、管理、市场营销、计算机、公共基础知识、行测
	多项选择题	30 题	
	不定项选择题	10 题	

(续表)

市名	题型	题量	考查内容
平顶山	单项选择题	60题	经济、金融、市场营销、审计、会计、公共基础知识、计算机、管理、文秘、时政
	多项选择题	60题	
	判断题	20题	
洛阳	单项选择题	110题	行测、经济、金融、计算机等
	综合分析题	1题	

2014年河南省农村信用社招聘考试真题范例

题型一 单项选择题

例题 2014年9月10日至12日,2014天津夏季达沃斯论坛在天津梅江会展中心召开,来自全球90多个国家和地区的1 600多位政、商、学界嘉宾参加了论坛。这次达沃斯论坛的主题是( )。

A.绿色复苏

B.推动创新,创造价值

C.革新、责任、合作

D.包容性发展

【答案】B。**解析:**2014夏季达沃斯论坛于9月10日至12日在天津召开,其主题为"推动创新,创造价值"。故本题答案选B。

题型二 多项选择题

例题 如果有一种生产要素可以变动,那么,该要素合理投入量应处于( )。

A.生产要素投入的第二区域

B.平均产量和边际产量都递增的阶段

C.平均产量和边际产量都递减并且大于零的阶段

D.平均产量递增,而边际产量递减的阶段

【答案】AC。**解析:**第一阶段,可变要素投入的增加至平均产量达到最大。在此阶段总产量和平均产量都是递增的,所以理性的生产者不会选择减少这一阶段的劳动投入量,而会继续增加劳动投入量。

第二阶段,平均产量开始递减至边际产量为零。在此阶段,平均产量和边际产量都处于递减阶段,但总产量是增加的,且达到最大。

第三阶段,总产量开始递减,边际产量为负。在此阶段,总产量开始下降,所以理性的生产者不会选择增加这一阶段的劳动投入量,而是会减少劳动投入量。

综上所述,理性的生产者不会选择第一阶段和第三阶段进行生产,必然选择在第二阶段组织生产,即只有第二阶段才是可变要素投入的合理区域。

题型三 判断题

例题 实证经济学要解决"应该是什么"的问题,规范经济学要解决"是什么"的问题。 ( )

【答案】×。**解析:**实证经济学解决的是"是什么"问题,规范经济学解决的是"应该是什么"的问题。

题型四 简答题

例题 美国将其全球战略重心转向亚太的原因何在?

【参考答案】将亚太作为战略重心是美国国家利益和全球战略的需要。在美国注重反恐的10年里,

河南省农村信用社招聘考试专用教材

国内矛盾重重;亚洲新一轮的发展,使该地区在世界经济中的重要性超过其他地区;中国日益提升的国际与地区影响力,使美国有种"霸权焦虑",要平衡中国的影响力,主导亚太事务。

2015 年河南省农村信用社招聘考试备考指导

1.提早复习

农信社的考试内容比较丰富,涉及言语理解与表达、数学运算、推理、判断及资料分析等行测知识;经济、金融、市场营销、计算机等专业知识。复习内容较多,需要掌握的知识量较大,且专业知识部分需要尤其深入的学习,因此考生应该尽早订立复习计划并付诸实施,以确保自己能够在考试时熟练运用学到的知识,取得理想成绩。

2.全面复习

农信社的考试涉及方面较多,因此要求考生进行全面复习,各个学科考点都要复习,避免遗漏知识点,彻底清除学习盲区。同时,要在平时的学习中重视积累,不要存在侥幸心理,尽可能的弄清楚每一个考点的具体内涵。除了本书介绍的常考知识点,考生应该有意识扩大自己的知识面,锻炼自己的思维,在考试过程中更加得心应手。

3.有针对性的复习

在全面复习农信社笔试涉及的知识时,考生必须多做真题,研究真题,多做针对性强、契合考试情况的模拟试卷。一方面,可以提高解题速度;另外一方面,通过练习来强化知识点。另外,考试涉及的知识非常全面,选择针对考试专门研发的教材及模拟试卷,才能做到事半功倍,不走冤枉路。

学海无涯,书中如有疏漏之处,欢迎广大考生批评指正,以期再版时更趋完善。
联系电话:400-6300-999
电子邮箱:zgbooksh@163.com

目录

第一篇 政治

第二篇 经济

第三篇 金融

第四篇 财会

第五篇 法律

第六篇 计算机

第七篇 统计与概率

第八篇 管理

第九篇 公文

第十篇 人文地理生活

第十一篇 写作

第十二篇 行政职业能力测验

河南省农村信用社招聘考试专用教材

offcn 中公·金融人

第一篇
政 治

第一章 马克思主义哲学

第一节 马克思主义哲学概论

一、哲学与世界观、方法论

1.哲学是理论化、系统化的世界观

2.哲学是世界观，又是方法论，是世界观和方法论的统一

(1)世界观是人们对整个世界以及人和世界之间关系的根本观点、根本看法。方法论是分析问题、解决问题的根本方法。

(2)世界观决定方法论，世界观和方法论是一致的。

3.哲学是自然知识、社会知识和思维知识的概括和总结

哲学与具体科学是共性与个性、一般与特殊的关系。

二、哲学的基本问题

(1)恩格斯说："全部哲学，特别是近代哲学的重大的基本问题，是思维和存在的关系问题。"哲学的基本问题是思维和存在即精神和物质的关系问题，这个问题包括两个方面：

第一方面是思维和存在何者为第一性的问题。对这个问题的不同回答，把一切哲学区分为唯物主义和唯心主义。

第二方面是思维和存在的同一性问题，即思维能否认识世界或能否彻底认识世界的问题。对这个问题的不同回答，把一切哲学区分为可知论和不可知论。

(2)马克思主义哲学从实践出发解决哲学基本问题。思维与存在何者为第一性的问题，不仅是一个理论问题，而且是一个实践问题。恩格斯说："对这些以及其他一切哲学上的怪论的最令人信服的驳斥是实践，即实验和工业"，通过引入实践概念，驳斥了不可知论。

> **经典例题**

(多选题)下列各项属于哲学基本问题的内容有( )。

A.思维与存在何者为第一性

B.思维能否产生理论

C.思维与存在是否有同一性

D.思维能否正确地反映存在

【答案】ACD。

三、哲学的基本派别

1.在哲学中的两个基本派别

哲学史上各种各样的哲学家、哲学流派无不公开或不公开地或者主张物质第一性、意识第二性，或者主张精神第一性、物质第二性，由此形成了哲学上界限分明的唯物主义和唯心主义两大阵营，这也是哲学的党性。

2.唯物主义哲学的历史形态

古代朴素唯物主义：它的根本观点是用某一种或几种具体的"原初"物质形态来解释世界的本原，如水、火、气等，并且认为这种或这些物质形态是运动变化的，它体现了唯物主义和辩证法的朴素结合，但具有直观性和猜测性。

典型观点：

(中国古代朴素唯物主义)元气是构成世界的本体。

(荀子)天地合而万物生，阴阳接而变化起。

(荀子)天行有常，不为尧存，不为桀亡。

(王充)天地合气，万物自生。

(王充)一天一地，并生万物，万物之生，俱得一气。

(张载)太虚即气、凡可状皆有也；凡有皆象也；凡象皆气也。

(刘禹锡)五行之气、天与人相交胜。

(古希腊泰勒斯)水是万物的始基。

(古希腊赫拉克利特)万物都从火产生，也都消灭而复归于火。

(古希腊德谟克利特)原子是世界的共同基础。

近代机械唯物主义：亦称形而上学唯物主义。它坚持反对唯心主义，并力图把哲学和自然科学结合起来，以理性反对迷信，以科学反对宗教神学和"君权神授"，成为资产阶级革命的"哲学先导"，其局限性和缺陷是：

机械性。它用机械力学解释一切事物和现象，把一切运动形态归结为机械运动。

形而上学性。它不懂辩证法，不把世界理解为一个过程，而把事物看成彼此孤立、永恒不变的，否认事物的内在矛盾是事物发展的动力。

不彻底性。它没有把唯物主义贯彻到底，没有贯彻到社会历史领域，自然观是唯物主义，在历史观上陷入唯心主义。古代朴素唯物主义和近代形而上学唯物主义，合称旧唯物主义。旧唯物主义的主要缺点是不把对象当作实践来理解，不了解实践是现存世界的"基础"。

典型观点：

(庄子)彼亦一是非，此亦一是非，万物皆一，齐万物而为一。

(惠施)合同异，至大无外，至小无内。

(公孙龙)坚白离，白马非马。

(董仲舒)天不变，道亦不变。

(巴门尼德)没有过去，没有将来，唯有现在，现在是唯一不变的存在，"存在"是唯一，并无运动的余地，只有"存在"始终不动。

(克拉底鲁)人一次也不能踏进同一条河流。

(芝诺)飞矢不动。

现代辩证唯物主义和历史唯物主义：即马克思主义哲学。

3.唯心主义哲学的历史形态

客观唯心主义：虚构出某种独立于人类与自然界之外的"客观精神"，并把它当作世界万物的本原，认为世界万物都是这种客观精神本体的派生物。如19世纪德国哲学家黑格尔认为，"绝对观念"先于自然界和人类社会而存在，自然界和人类社会是绝对观念外化或异化的结果。宗教神学是客观唯心主义的一种比较粗糙的形式，它宣扬世上万物都是由神或上帝创造、统治的，其所谓的神或上帝实质上也就是一种客观精神本体。

典型观点：

（老子）道是天地之根，万物之母。

（老子）道生一，一生二，二生三，三生万物，道生万物。

（程颐）万物皆是一理，有理则有气，天者，理也。

（朱熹）有是理，后生是气，未有物，而已有物之理，理在物先，理在事先。

（黑格尔）世界是绝对观念的异化，物质世界是绝对精神的外化，绝对理念是万事万物的本源。

（柏拉图）理念世界，现实世界是理念世界的影子。

主观唯心主义：把人的主观意识当作世界万物的本原，认为世界上的一切事物都是人的主观意识的产物。如我国明代哲学家王守仁认为"心外无物"，月亮、太阳以及世界上的万物都存在于人心之中，都是心之意念的产物。"唯我论"是主观唯心主义的极端表现，它主张"我"就是唯一的存在，就是一切，除此之外，什么都不存在。

典型观点：

（孟子）万物皆备于我。

（庄子）万物与我为一。

（陆九渊）宇宙便是吾心，吾心即是宇宙。

（陆九渊）心即理。

（王阳明）心外无理、心外无物、心外无事。

（王阳明）心包万物，心包万理。

（王阳明）万物皆在吾心中。

（康德）人的理性为自然界立法。

（笛卡尔）我思故我在。

（贝克莱）存在就是被感知。

（贝克莱）物质是观念的集合。

（马赫）物是感觉的复合。

（尼采）自由选择的意志高于一切。

（叔本华）意志是世界的物自体，是世界的本质。

（叔本华）意志是一切存在和运动的根源。

（波格丹诺夫）经验是世界的最终构成要素。

（杜威）世界是我的观念，我的经验。

经典例题

（单选题）"心诚则灵，心不诚则不灵"的说法是（　　）。

A.主张物质和意识具有统一性的辩证唯物主义观点

B.主张思想就是物质的庸俗唯物主义观点

C.认为世界是绝对精神外化的客观唯心主义观点

D.夸大了意识能动作用的唯心主义观点

【答案】D。

四、马克思主义哲学的基本特征

(1)马克思主义哲学是关于自然、社会和思维发展一般规律的科学,是唯物主义和辩证法的统一、唯物主义自然观和历史观的统一。

(2)实践性、革命性(阶级性)和科学性的统一是马克思主义哲学的根本特征。毛泽东指出:马克思主义哲学有两个最显著特点,一个是它的阶级性,再一个是它的实践性。

第二节 辩证唯物主义世界观

一、辩证的唯物论

1.物质观

(1)物质与运动。物质是指不依赖于人的意识而独立存在,可以为人的意识所反映的客观实在,物质的唯一特性是客观实在性。

运动作为物质的存在形式、固有属性或根本属性,是指宇宙间所发生的一切变化和过程,简要地说运动就是变化。

物质和运动密不可分,物质是运动的,运动是物质的运动。坚持物质和运动相统一的观点,要反对否认物质是运动的形而上学的观点和反对否认运动是物质的运动的唯心主义的观点。

(2)运动与静止。静止是指相对某一参照系,事物没有发生特定的变化或事物的根本性质不变。

运动与静止密不可分,运动是绝对的,静止是相对的;静止是运动的特殊状态;动中有静、静中有动;任何事物都是运动和静止的统一。

坚持运动和静止相统一的观点,反对只承认运动而否认相对静止的相对主义诡辩论观点,也反对把静止绝对化的形而上学的观点。

(3)物质运动与时间、空间。时间、空间是运动着的物质存在的形式,时间是指物质运动的持续性,是一维的、不可逆的,空间是指物质运动的广延性,是三维的。

物质运动与时间空间是不可分的。

物质运动在时间空间中存在,时间空间是物质运动的存在形式。

2.实践观

(1)实践的含义。实践是人改造物质世界的活动,是人的存在方式。

(2)实践的主体、客体。实践的主体是从事实践和认识活动的人。实践的客体是主体活动的对象。

主体和客体的最基本关系是实践关系,主要是改造和被改造的关系;在实践关系的基础上,建立起主体和客体的认识关系,即反映和被反映关系,以及价值关系和审美关系。

(3)实践的基本特征和基本形式。实践的基本特征:客观物质性(直接现实性)、主观能动性、社会历史性。

实践的基本形式:物质生产实践、处理和变革人与人的社会关系的实践、科学实验以及精神生产实践。

(4)自在世界和人类世界及其与人的实践活动的关系。自在世界即自然界。

人类世界是"属人世界",是在实践基础上形成的"人化自然"和人类社会的统一体。

河南省农村信用社招聘考试专用教材

3.意识观

(1)意识的产生。意识是自然界长期进化的产物,是社会历史的产物。

(2)意识的本质。意识是人脑的机能,是人脑对客观存在的主观反映,意识是人特有的精神活动。

(3)意识的作用。意识能动性或主观能动性是指意识具有认识世界改造世界的能力和功能,其表现有:意识活动具有目的性与计划性、高度创造性、对生理活动的控制性、对客观世界的反作用性。

4.物质与意识的辩证关系原理

(1)物质是客观存在,意识是主观存在;物质是根源,意识是派生;物质不能代替意识,意识不能代替物质。

(2)物质决定意识,意识反作用于物质;通过实践,物质可以变成意识,意识可以变成物质;意识和物质具有同一性。

5.世界的物质统一性原理

世界是统一的;世界的统一性在于它的物质性;世界统一性是多样性的统一。

经典例题

(单选题)1.( )是标志客观实在的哲学范畴,这种客观实在是人通过感觉感知的,它不依赖于我们的感觉而存在。

A.精神 　　　　B.联系 　　　　C.物质 　　　　D.矛盾

【答案】C。

(单选题)2."动中有静,静中有动"说明( )。

A.物质和运动的统一 　　　　B.绝对运动和相对静止的统一

C.物质运动与时间、空间的统一 　　　　D.时间和空间的统一

【答案】B。

(多选题)3.意识是指社会的人所持有的精神活动及其成果的总和。下面相关的说法正确的是( )。

A.意识是物质世界发展到一定阶段的产物

B.意识是人脑对物质的反映

C.意识有时不受事物发展规律的制约

D.意识能动地反作用于物质

【答案】ABD。

二、唯物辩证法

1.世界的普遍联系和永恒发展

联系是指事物之间以及事物内部诸要素之间的相互影响、相互制约和相互作用。世界上的万事万物是纷繁复杂、千差万别的,但同时又是普遍联系的。普遍联系是事物固有的客观本性,是不以人的意志为转移的。

(1)联系具有客观性、多样性、普遍性、条件性。

(2)发展具有永恒性和普遍性。发展具有永恒性和普遍性根源于"物质的本性"(恩格斯语)。发展的本质是新事物的产生和旧事物的灭亡。

(3)规律是事物内部的本质联系和发展的必然趋势。

2.唯物辩证法的三大基本规律

1）质量互变规律

（1）质、量、度及其相互关系。任何事物都具有质和量这两种规定性，都是质和量的统一体。

质是一事物区别于其他事物的内在规定性，是与事物直接同一的。

量是事物存在和发展的数量、规模、大小、程度等方面的外在规定性。量和事物是不可分离的，但量与事物不是直接同一的。

度是质与量的统一，度是事物保持自己质的量的范围、幅度和限度。事物的度都有其关节点。所谓关节点指的是事物度的上限和下限的两个极限。任何事物的度，都有两个关节点，要把握事物的度，必须找到它的关节点。

（2）量变、质变和质量互变规律。量变和质变，是事物变化发展的两种基本状态。量变是事物存在和发展的数量上的增减变化。质变是事物根本性质的变化。量变和质变是相互区别，又相互联系、相互转化的，量变是质变的前提和基础，质变是量变的必然结果。

同时，量变和质变是互相渗透的：①量变中渗透质变，在总的量变过程中包含着部分质变。②质变中渗透量变，这是指质变过程中包含着新质在量上的扩张。

2）否定之否定规律

（1）肯定和否定及其辩证关系。发展的实质是新事物的产生和旧事物的灭亡。在新事物取代旧事物的过程中，辩证的否定是决定性的环节。

任何事物都包含肯定和否定两个方面。肯定方面，是保持事物自身存在和性质稳定的方面。否定方面，则是事物否定自身存在，促使自我否定和质变的方面。辩证的否定，是事物的自我否定，是发展和联系的环节。第一，辩证的否定是事物的自我否定。第二，辩证的否定是事物发展的环节。否定是事物发展的决定性环节。

（2）否定之否定。事物运动的总体过程，是一个从肯定到否定，从否定到否定之否定的辩证的进程。

否定之否定是普遍存在的事物周期性发展过程。否定之否定的整个进程，是一个无限前进和发展的过程，而不是一个"循环往复""原地踏步"的过程。

（3）事物发展的前进性和曲折性。辩证法所揭示的事物发展的否定之否定规律表明，事物发展的总趋势是前进的、上升的，而事物发展的道路是曲折的。事物的发展，是前进性和曲折性的统一。

3）对立统一规律

（1）唯物辩证法的实质和核心。唯物辩证法是以联系和发展的观点为基本特征，由一系列规律和范畴构成的科学体系。在这个体系中，对立统一规律是核心和实质。这是因为：一是对立统一规律提示了唯物辩证法的根本内容。二是对立统一规律阐明了事物发展的动力和源泉。事物发展的动力在于矛盾，其中，内因是事物发展的根本动力，外因是事物发展的条件；外因通过内因起作用。三是对立统一规律贯穿于唯物辩证法的其他规律之中。

对立统一规律是理解和掌握唯物辩证法的钥匙，是坚持唯物辩证法的关键。

（2）矛盾同一性和斗争性辩证关系的原理。矛盾是指事物内部或事物之间的对立和统一的关系。矛盾就是对立统一。辩证矛盾不同于逻辑矛盾，逻辑矛盾是指人们思维过程中由于违反形式逻辑规则所造成的自相矛盾；辩证矛盾则是事物本身所固有的对立统一关系。

同一性和斗争性是矛盾的两种基本属性，是矛盾双方相互联系的两个方面。同一性是指矛盾双方相互联系、相互吸引的性质和趋势。它包含两层意思：一是矛盾双方相互依存，即矛盾双方互为存在的条件，共处于一个统一体中；二是矛盾双方相互贯通，即矛盾双方相互渗透以及相互转化的趋势。这种

河南省农村信用社招聘考试专用教材

包含着向自己对立面转化的相互贯通性,最深刻地体现了对立面之间的内在的统一性。斗争性是指矛盾双方相互分离、相互排斥的性质和趋势。矛盾斗争性具有丰富的内容和多样的形式。不同的矛盾具有不同的斗争形式,同一矛盾在不同发展阶段上的斗争形式也不同。

矛盾的同一性和斗争性是相互联系、相互制约的。一是同一性不能脱离斗争性而存在,没有斗争性就没有同一性。因为矛盾的同一是以差别和对立为前提的,是包含差别和对立的同一。同一性要受斗争性的制约,矛盾双方的共存要靠斗争来维持,矛盾双方的转化要靠斗争来实现。二是斗争性也不能脱离同一性而存在,斗争性寓于同一性之中。斗争性要受同一性的制约,同一性规定和制约着斗争的形式、规模和范围。

(3)矛盾在事物发展中的作用。事物发展的根本原因不在事物的外部,而在于事物内部的矛盾性。事物的内部矛盾是事物发展的内因。内因即内部矛盾是事物存在的基础,是一事物区别于其他事物的内在本质,是事物变化的根据,它规定着事物发展的方向,所以它是事物发展的根本原因。外因是指事物之间的相互联系、相互影响,是事物变化的条件,它能够加速或延缓甚至暂时改变事物发展的进程,但它必须通过内因而起作用,它是事物发展的第二位的原因。内因和外因辩证关系的原理对于我们分析问题和指导实践活动具有重要的意义,它是我国实行独立自主、自力更生和对外开放方针的重要哲学基础。

矛盾是事物发展的动力,矛盾着的对立面既同一又斗争推动着事物的发展,矛盾的相对的同一性和绝对的斗争性相结合,构成了事物发展的动力。同一性对于事物发展的作用主要是:一是由于矛盾双方相互依存,矛盾双方互为存在的条件,矛盾双方可以利用对方的发展使自己获得发展;二是由于矛盾双方相互包含,矛盾双方可以相互吸取有利于自身的因素而得到发展;三是由于矛盾双方彼此相通,矛盾双方可以向着自己的对立面转化而得到发展,并规定着事物发展的方向。斗争性对于事物发展的作用主要表现在:一是斗争推动矛盾双方力量对比发生变化,造成事物的量变;二是斗争促使矛盾双方地位或性质转化,实现事物的质变。矛盾的同一性和斗争性不能孤立地起作用,它们对事物发展的作用只有在两者的结合中才能实现,矛盾推动事物发展是同一性和斗争性共同作用的结果。

矛盾推动事物的发展是通过矛盾的转化而实现的。矛盾转化是指矛盾双方走向自己的对立面,是具体矛盾的暂时的或最终的解决和新旧矛盾的交替,它既是矛盾同一性的最高形式和最终确证,又是矛盾运动的最重要的表现。

(4)矛盾的普遍性和特殊性。矛盾的普遍性是指矛盾存在于一切事物的发展过程中,每一事物的发展过程中存在着自始至终的矛盾运动,即矛盾无处不在、无时不有。承认矛盾的普遍性是一切科学认识的首要前提。矛盾分析方法是唯物辩证法的根本方法。

矛盾的特殊性是指具体事物在其运动中的矛盾及每一矛盾的各个方面都有其特点。

矛盾的普遍性和特殊性即一般和个别、共性和个性、绝对和相对的关系,它们既有区别,又有联系。

(5)矛盾的不平衡性。矛盾力量的不平衡性,指构成事物的多种矛盾以及每一矛盾的各个方面在事物发展中的地位和作用是不同的,有主要矛盾和非主要矛盾、矛盾的主要方面和非主要方面。

主要矛盾是在一个矛盾体系中居于支配地位、对事物的发展过程起决定作用的矛盾;非主要矛盾则是在一个矛盾体系中处于从属地位、对事物的发展过程不起决定性作用的矛盾。主要矛盾和非主要矛盾在一定条件下,其地位可以相互转化。

矛盾的主要方面,指在主要矛盾或者非主要矛盾中,其对立的双方中一方处于支配地位、起着主导作用的一方;矛盾的非主要方面,则处于被支配地位、不起主导作用的一方。一般说来,矛盾的主要方面决定了事物的性质。非主要方面对矛盾总体的变化、发展也有不可忽视的影响作用。矛盾的主要方面和非主要方面也会互相转化。

矛盾力量的不平衡性,要求我们把唯物辩证法的两点论和重点论结合起来。两点论就是要同时看到主要矛盾和非主要矛盾、矛盾的主要方面和非主要方面之间的辩证关系。重点论就是在看到两个方面的同时,必须分清主次,抓住主要矛盾和矛盾的主要方面。

经典真题

(单选题)"从一个较长的历史时期来说,改革会使人人受益,但改革不是一首田园诗,它伴随着眼泪和痛苦",对这句话包含的哲学道理理解正确的是(　　)。

A.量变是质变的前提和必要准备

B.事物发展的道路是迂回曲折的

C.矛盾的主要方面规定事物的性质

D.矛盾双方在一定的条件下相互转化

【答案】B。解析:"改革会使人人受益",这说明事物发展的总趋势是前进的;"改革伴随着眼泪和痛苦",又说明事物发展的道路是曲折的。事物发展的道路总是前进性和曲折性的统一。故本题答案选B。

3.五对基本范畴

(1)现象和本质。现象和本质是揭示客观事物的外部表现和内部联系相互关系的范畴。

本质和现象是有区别的。现象是事物的外部联系和表面特征,人们可通过感官感知,本质是事物的内在联系,只有靠人的理性思维才能把握;现象是个别的、具体的,而本质是一般的、共同的;现象是多变的,本质则是相对稳定的;现象是丰富的,本质是比较深刻、单纯的。现象有真象和假象之分,假象与错觉不是一回事。

本质和现象又是统一的,它们相互联系、相互依存。任何本质都是通过现象表现出来,没有不表现为现象的本质;任何现象都从一定的方面表现本质,现象是本质的外部表现,即使假象也是本质的表现。

(2)必然性和偶然性。必然性和偶然性是揭示客观事物发生、发展和灭亡的不同趋势的一对范畴。

必然性是指事物联系和发展过程中一定要发生的、确定不移的趋势;偶然性是指事物联系和发展过程中并非确定发生的,可以出现、也可以不出现,可以这样出现、也可以那样出现的不确定趋势。

必然性和偶然性是有区别的:它们产生和形成的原因不同,必然性产生于事物内部的根本矛盾,偶然性产生于非根本矛盾和外部条件;它们的表现形式不同,必然性在事物发展过程中比较稳定、时空上比较确定,是同类事物普遍具有的发展趋势,偶然性则是不稳定的、暂时的、不确定的,是事物发展中的个别表现;它们在事物发展中的地位和作用不同,必然性在事物发展中居于支配地位,决定着事物发展的方向,偶然性居于从属地位,对发展的必然过程起促进或延缓作用,使发展的确定趋势带有一定的特点和偏差。

必然性和偶然性又是统一的。必然性存在于偶然性之中,偶然性是必然性的表现形式和补充;必然性和偶然性在一定条件下可以相互转化。

(3)原因和结果。原因和结果是揭示事物的前后相继、彼此制约的关系范畴。客观世界到处都存在着引起与被引起的普遍关系,唯物辩证法把这种引起与被引起的关系,称为因果关系或因果联系。其中,引起某种现象的现象叫原因,而被某种现象所引起的现象叫结果。

正确把握事物的因果联系是自觉的实践活动的必要条件。"凡事预则立,不预则废",正确认识因果联系,可以提高实践活动的预见性。

(4)可能性和现实性。可能性和现实性是揭示事物的过去、现在和将来的相互关系的范畴。现实性是指已经产生出来的有内在根据的、合乎必然性的存在。可能性是指事物发展过程中潜在的东西,是包含在事物中并预示事物发展前途的种种趋势。

(5)内容和形式。内容和形式是揭示事物内在要素及其结构和表现方式的一对范畴。内容是指构成事物一切要素的总和,形式是把内容诸要素统一起来的结构或表现内容的方式。任何事物都是内容和形式的统一。内容和形式是对立统一的关系,内容决定形式,形式反作用于内容。

4.四种思维方法

(1)客观辩证法与主观辩证法。客观辩证法是指客观事物或客观存在的辩证法,即客观事物以相互作用、相互联系的形式呈现出的各种物质形态的辩证运动和发展规律。

主观辩证法是指人类认识和思维运动的辩证法,即以概念作为思维细胞的辩证思维运动和发展规律。

(2)唯物辩证法的方法与认识方法和工作方法的关系。

(3)辩证思维的基本方法。

①归纳与演绎。

②分析与综合。

③从抽象到具体:辩证思维的高级形式。

④历史与逻辑的统一。

经典例题

(单选题)从哲学角度看,成语"守株待兔"中农夫的错误在于( )。

A.把偶然当必然　　　　　　　　　　B.把现象当本质

C.把可能当现实　　　　　　　　　　D.把原因当结果

【答案】A。解析:掌握客观必然性是科学认识和实践的基础。在实际工作生活中,只有认识必然和利用必然才能获得自由,行动才有明确的目的性和高度的自觉性。"守株待兔"中农夫没有正确地掌握必然性,而把事物运动中的偶然性当作了必然联系,因此是错误的。

第三节　辩证唯物主义认识论

一、实践与认识的关系

1.认识的本质

认识是在实践基础上主体对客体的能动的反映。

主体对客体的反映是一个能动的创造性的过程。

主体对客体的能动反映是以实践为中介而实现的,实践是把主体和客体真正联系起来的中介。

2.认识与实践

(1)实践决定认识。马克思主义哲学认为,实践是认识的基础,在人的认识的发生和发展过程中起着决定性作用。第一,实践是认识发生的根源。人类认识的发生与人类劳动的形成是同一个过程。人类的认识是以抽象思维为基本特征的,这种抽象思维只有在劳动的过程中才有必要并有可能发生。第二,实践是认识的来源。只有通过实践,变革客观事物,才能使事物的各种特性暴露出来,才能认识事物的本质和规律。第三,实践是认识发展的动力。实践的发展与社会的需要,不断提出新的课题,促使人们从事新的探索。恩格斯说:"社会一旦有技术上的需要,则这种需要就会比十所大学更能把科学推向前进。"第四,实践是检验认识正确与否的唯一标准。实践的发展为人们提供了日益先进的认识工具和日益丰富的经验材料,使人们能在空前的广度和深度上认识世界。只有通过实践,才能检验认识的正确与否,使正确的认识得到证实,错误的认识得到纠正,不完全的认识得到补充和完善。第五,实践是认识的最终目的和归宿。认识世界是为了改造世界,在实践基础上产生的认识,归根到底是为实践服务的。认识也只有回到实践中去指导实践,才能实现其价值。

(2)认识指导实践。认识一旦形成,就会反作用于实践,指导实践的全过程。第一,实践目标的确立,需要认识的指导。实践的目标从根本上说,是由实践的需要决定的。但实践中提出的需要,必须在从认识上得到阐述和论证、充分显示其价值以后,才能成为现实的实践目标。第二,对实践手段、方法、道路、步骤的取舍,需要认识的指导。实践目标确立之后,如何选择最佳的手段、方法、道路、步骤,并不能由实践本身直接决定,只有对实践的具体情况进行分析、判断、筛选之后,才能做出取舍。第三,对实践结果的评价,需要认识的指导。实践的结果,是以大量纷繁复杂的现象表现出来的。要准确地评价实践结果,就需要去粗取精、去伪存真,作出科学的鉴别与判断,而这正是认识的任务。

认识与实践的相互作用关系告诉我们,必须坚持理论与实践相结合的原则。理论必须从实践中得来,必须结合实践的具体情况加以运用,必须不断地接受实践的检验并随着实践的发展而发展;实践则必须自始至终接受科学理论的指导,在科学理论的指导下确定实践的目标、制订计划和选择方案,在科学理论的指导下选择和及时调整实践的道路和手段,在科学理论的指导下评价实践结果,总结经验教训,不断地完善实践观念。

经典真题

(单选题)辩证唯物主义认识论的首要基本观点是( )。

A.物质第一性、意识第二性的观点

B.普遍联系和永恒发展的观点

C.对立统一的观点

D.实践观点

【答案】D。解析:辩证唯物主义认识论认为,人们对客观世界的认识和改造,人生价值和理想的实现,都离不开社会实践。实践不仅是人类存在和发展的前提,也是人类认识的基础。实践是人类最基本的活动。作为主观见之于客观活动的实践,是科学世界观、人生观和价值观相统一的基础。所以说实践的观点是辩证唯物主义认识论的首要基本观点。故本题答案选D。

二、认识的发展过程

1.认识过程的两次飞跃

认识的产生依赖于实践,认识的发展,是在实践基础上的充满矛盾的辩证发展过程。认识的发展过程包括两个发展阶段、两次飞跃。

(1)认识过程的第一次飞跃——从感性认识到理性认识的飞跃。感性认识和理性认识是对立统一的辩证关系。它们之间的对立性表现在:感性认识是主体对客体表面现象的反映,是来自客体的各种刺激和主体的感知系统的相互作用的产物。感性认识包括感觉、知觉和表象三种形式,是认识的低级形式,具有直接性、具体性的特点。理性认识是在感性认识的基础上,主体运用人所特有的抽象思维能力对感性材料进行加工,形成对客体的本质和内在联系的认识。它包括概念、判断、推理三种形式,具有间接性、抽象性的特点,是认识的高级形式。

(2)认识过程的第二次飞跃——从理性认识到实践的飞跃。从感性认识到理性认识,是认识过程的第一次飞跃。这次飞跃只是整个认识过程的第一步。理性认识还将回到实践中去,实现从理性认识到实践的飞跃。这是认识过程的第二次飞跃。这次飞跃意义更为重大。这是因为,理性认识只有回到实践中去,才能发挥认识对实践的能动作用,指导人们的实践活动,转化为改造世界的物质力量,实现认识的目的;而且理性认识只有回到实践中去,才能使认识得到检验、完善、丰富和发展。

2.认识的辩证发展规律

认识的有限性与无限性、现实性和可能性是辩证统一的。在认识运动中,实践、认识、再实践、再认识,循环往复以至无穷。实现认识与实践具体的历史的统一,是认识发展的基本过程和规律。

认识的有限性,指在认识过程中,处于一定社会历史条件下的人,其认识能力是有限的;在一次实践中,人们认识事物的广度和深度也是有限的。

认识过程的反复性,指人们对于一个复杂事物的认识往往要经过由感性认识到理性认识、再由理性认识到实践的多次反复才能完成。

认识发展的无限性,指对于事物发展过程的推移来说,人类的认识是永无止境、无限发展的。

3.理性因素和非理性因素在认识活动中的作用

认识过程主要是理性思维的过程,同时又包含非理性因素的参与。理性因素是指人的理性直观、理性思维等能力,它在认识活动中的作用主要有:指导作用、解释作用、预见作用;非理性因素是指人的情感、意志,包括动机、欲望、信念、信仰、习惯、本能等,以非逻辑形式出现的幻想、想象、直觉、灵感等也属于非理性因素。非理性因素,虽不属于人的认识能力,但对人的认识活动的发动与停止、对主体认识能力的发挥与抑制起着重要的控制和调节作用。主要表现在:动力作用、诱导作用、激发作用。马克思主义哲学既肯定理性因素在认识活动中的主导作用,强调非理性因素要受理性因素的制约;同时也承认非理性因素的重要作用,全面分析了非理性因素在认识中的积极作用和可能产生的消极影响,从而同非理性主义划清了界限。

三、真理

1.真理的发展规律

(1)真理的客观性。真理是客观事物及其规律在人的意识中的正确反映。凡是真理都具有客观性,客观性是真理的本质特征。"真理",作为一个哲学概念,内在的包含着两个基本规定:①真理的内容是客观的;②真理的标准是客观的,客观的社会实践是检验真理的唯一标准。

(2)真理的绝对性和相对性。绝对真理和相对真理是同一客观真理的两重属性。任何客观真理都是绝对真理和相对真理的统一。就其对客观事物的正确认识而言,它是绝对真理,是永远不能被推翻的;就其对客观事物的近似正确认识而言,它是相对真理,是不断发展的。

绝对真理和相对真理是相互联系、相互包含的,又是相互转化的。

(3)真理的具体性。真理是客观性、绝对性和相对性的统一,表明真理是具体的,而不是抽象的。真理的具体性所包含的内容和要求是:真理是全面的,真理是历史的,真理是有条件的。任何真理都是在一定时间、地点、条件下主观与客观的符合,它要受条件的制约,并随条件的变化而变化,一切以时间、地点和条件为转移;离开具体的时间、地点和条件,真理就是抽象的、无意义的。

真理的具体性还表现在真理与谬误的关系上。

(4)实践是检验真理的唯一标准。实践是检验真理的唯一标准,"人的思维是否具有客观的真理性,这不是一个理论的问题,而是一个实践的问题",这是由真理的本性和实践的特点所决定的。

①真理的本性是主观和客观的一致、符合。检验认识的真理性,就是检验人的主观认识是否同客

观对象相符合以及符合的程度。

②实践是主观见之于客观的物质活动,是沟通主观和客观的"桥梁",它不仅具有普遍性的特点和优点,而且具有直接现实性的特点和优点。只有实践才能把主观认识同客观实在联系起来加以对照,从而判断主观与客观是否一致,判断认识是否具有真理性。

实践作为检验认识真理性的标准,既是确定的,又是不确定的,是确定性和不确定性的统一。实践标准的确定性包括以下含义:①实践是检验真理的唯一标准,此外再无别的标准;②凡是经过实践证明的一切认识都是客观真理,都具有不可推翻的性质;③实践能够检验一切认识,即使当前的实践还不能加以判定,最终也会被以后的实践作出裁决。

实践标准的不确定性:①一定历史阶段上的具体实践具有局限性,它往往不能充分证明或驳倒某一认识的真理性;②实践检验真理是一个过程,不是一次完成的;③已被实践检验过的真理还要继续经受实践的检验。坚持实践标准的确定性和不确定性的统一,既可防止唯心主义的随意性,又可避免形而上学的绝对化。

实践是检验真理的唯一标准,这是马克思主义的一个基本原则。

2.真理与价值的关系

(1)价值的含义。价值的含义主要为客观满足主观。

(2)价值评价的含义。价值评价主要是对主体与客体的价值关系进行评判。

(3)真理与价值的区别。真理强调主观同客观的一致,价值强调客观同主观的一致。

(4)真理和价值的统一。①认识世界改造世界是人的活动的基本内容,认识世界是追求真理,改造世界是创造价值,二者密不可分。②真理和价值相互引导、相互结合。③在实践中去追求真理创造价值,用实践来检验真理和价值。

> **经典例题**

(单选题)真理是没有阶级性的,在真理面前人人平等。这是因为( )。

A.真理是绝对性和相对性的统一,真理是不断发展的

B.真理是具体的,任何真理都有其适用的条件和范围

C.真理就是客观规律,真理与人的阶级地位无关

D.真理具有客观性,真理中包含着不依赖于人类的客观内容

【答案】D。

第四节 辩证唯物主义历史观

一、社会存在与社会意识

1.社会存在

社会存在指社会物质生活条件的总和,它包括地理环境、人口因素和生产方式,其中生产方式是社会存在的决定性因素。

(1)生产方式是社会发展的决定力量。生产方式是劳动者和劳动资料结合的特殊方式,是生产力和生产关系的统一,它集中地体现了人类社会的物质性。①生产力体现着人们改造自然的现实的物质力量,实现的是人与自然之间的物质交换,并取得物质成果;②生产关系是人们在物质生产中发生的

河南省农村信用社招聘考试专用教材

物质的社会关系,体现着人与人之间活动的互换,其存在不以人的意志为转移;③生产力和生产关系的统一构成了生产方式,并使自然界的一部分转化为社会物质生活条件,使生物的人上升成为现实的人。

生产方式不仅是人类社会物质性的集中体现,它还是人类社会存在和发展的决定力量。①物质生活资料的生产是人类社会存在和发展的前提和基础。②生产方式决定着社会的结构、性质和面貌。物质生活的生产方式制约着整个社会生活、政治生活和精神生活的过程。有什么样的生产方式就有什么样的社会结构和社会面貌。不同的生产方式表现为不同性质的社会形态。③生产方式的变化决定整个社会历史的变化,决定社会形态的更替。

(2)社会的实践本质。实践是社会关系的发源地。实践构成了社会生活的基本领域。实践构成了社会发展的动力。

(3)社会历史是自然历史过程。人类社会的发展不同于自然界的发展,社会是人的社会,社会历史是人们自己创造的,社会规律是人们活动的规律。但本质上人类社会又是同自然界一样是一个物质体系,其发展是一个不以人的意志为转移的合乎规律的客观过程。

社会生活在本质上是实践的,社会规律就是人的实践活动的规律,是"人们自己的社会行动的规律"。

尽管社会规律有其特殊性,但它仍与自然规律一样,有其客观性,社会规律的客观性表现为它是无数创造历史的个人相互作用的"合力",它不以任何人的意志为转移。

2.社会意识

(1)意识形态属于社会意识范畴。社会意识是和社会存在相对应的哲学范畴。社会存在包括人们的物质生产活动和物质生活条件,主要指物质资料的生产方式。社会意识则总括了人的一切意识要素和观念形态以及人类社会的全部精神现象及其过程。在社会意识诸形式中,那些反映经济基础并为经济基础服务的,包括政治法律思想、道德、宗教、艺术、哲学以及绝大部分社会科学,统称为意识形态。意识形态是社会存在的反映,这是意识形态的本质。

(2)社会意识的相对独立性及其社会功能。社会意识根源于社会存在,但它一经产生,便具有相对的独立性。

社会意识的变化发展同社会存在的变化发展不一定完全同步。

社会意识的发展具有历史继承性。

社会意识对社会经济结构以及政治结构具有能动的反作用。

社会意识能动的反作用集中体现在意识形态维护或批判现实社会、调控社会和人的活动这两大功能上。

经典真题

(多选题)经济上落后的国家在哲学上仍然能够演奏第一小提琴,18世纪的法国对英国来说是如此,后来的德国对英法两国来说也是如此。这表明( )。

A.社会意识具有相对独立性

B.社会意识的发展不依赖于社会经济的发展

C.社会意识的发展同经济的发展并不是完全对应的

D.社会意识的发展同经济的发展水平具有不平衡性

【答案】AC。解析:经济上落后的国家仍然会在精神生活上独领风骚,这表明社会意识具有相对独立性,其发展同经济的发展并不是完全对应的。BD说法过于绝对,不选。故本题答案选AC。

3.社会存在和社会意识是辩证统一的

社会存在与社会意识这两个方面是相互作用的,社会存在决定社会意识,社会意识具有相对的独立性并且能动地反作用于社会存在。

(1)社会意识的本质是社会存在的反映,它的产生和存在、内容和发展,都是由社会存在决定的。第一,社会存在是社会意识产生和存在的前提。第二,社会存在规定了社会意识的内容。第三,社会存在的变化和发展决定了社会意识的变化和发展。第四,在阶级社会里,社会意识形态有阶级性。

(2)社会意识一经产生,就具有相对的独立性,即具有自己相对独立的发展过程和发展规律。首先,社会意识的发展具有历史继承性。其次,社会意识有自己独特的矛盾体系和发展规律。最后,社会意识的发展变化与社会存在的发展变化是不完全同步的。但是,社会意识的独立性是相对的。如何批判地继承先前的思想成就,归根到底取决于现实需要和当代思想家们的社会地位及其利益;社会意识内部矛盾的解决,归根到底取决于社会存在的发展、社会实践的发展。因此,落后的意识不可能在它的物质基础消失之后永远地存在下去;先进理论的提出也只有在社会存在已经具备了必需的条件时才有可能,并且先进理论对未来的预见只能是粗略的、大概的。

(3)社会意识不仅具有相对的独立性,而且能够反作用于社会存在。这就是说,社会意识能够通过指导人们的实践活动,影响和改变社会存在。

二、生产力与生产关系的矛盾运动

1.生产力

生产力是人类改造自然、并从自然界获得生存和发展的物质资料的能力。生产力是标志人类改造自然的实际程度和实际能力的范畴,它表示人和自然的关系。生产力是在劳动中形成的,劳动者、劳动对象和劳动资料构成了生产力的基本要素。

劳动者是指具有一定生产经验、劳动技能和知识并从事生产实践的人。它是生产力中首要的起主导作用的因素,是生产力中最具有决定性的力量。生产资料和劳动者相结合,才构成现实的生产力。

劳动对象是指人们通过自身劳动对之进行加工,使之变为使用价值以满足社会需要的那一部分物质资料,它包括未经加工的自然物和已经加工的物体。

劳动资料是人们在劳动过程中用以改变或影响劳动对象的物质资料或物质条件,是人和劳动对象之间的媒介。其中,最重要的是生产工具,它是生产力发展水平的客观尺度,是划分经济时代的物质标志。劳动对象和劳动资料合称为生产资料。

生产力的本质决定了生产力的特征,即生产力具有客观性(物质性)、社会性和历史性。

2.生产关系

生产关系是人们在物质生产过程中形成的不以人的意志为转移的经济关系,体现了人与人之间的关系。它包括:生产资料的所有制;各种社会集团在生产过程中的地位和交换关系;产品的分配形式以及由此直接决定的消费关系。生产关系是一种客观的物质的社会关系。生产关系虽然是一种人和人的关系,但它是在物质生产过程中结成的关系,是不以人的意志为转移的。所以,生产关系具有如下两个特点:①生产关系具有客观性;②生产关系是一种物质利益关系。

生产关系是一个整体,有其内在结构:①从静态上看,生产关系由生产资料所有制关系、生产中人与人的关系和产品分配关系构成。生产关系的三个方面是互相联系、互相制约的,其中生产资料所有制关系是基本的、决定的方面,它构成全部生产关系的基础。②从动态上看,生产关系体现在社会生产的全过程,即生产、分配、交换和消费四个环节中。人们在直接生产过程、分配、交换和消费过程中所结成的关系就是生产关系。总之,生产关系是以生产资料所有制为基础,由生产、分配、交换和消费四个环节构成的统一体。

生产力和生产关系的辩证关系,集中表现为生产力决定生产关系,生产关系对生产力具有反作用。

三、经济基础和上层建筑的矛盾运动

1.经济基础和上层建筑的概念

经济基础是指一定社会中占统治地位的生产关系的总和。上层建筑是指建立在一定经济基础上的社会意识形态以及与之相适应的政治法律制度。它包括政治上层建筑和意识形态两个部分。政治上层建筑,包括国家政治制度、立法司法制度、政府机构、党团、军队、警察、法庭、监狱等制度和设施。意识形态包括政治思想、法律思想、哲学思想、宗教思想、文艺思想等意识形态诸种形式,通称为思想上层建筑。

经济基础和上层建筑的辩证关系,集中表现为经济基础决定上层建筑,上层建筑反作用于经济基础。

2.经济基础和上层建筑的矛盾运动

上层建筑既具有对经济基础的依赖性,又具有相对独立性,上层建筑是适应经济基础的要求而产生的,它根源于经济基础,但作为一种超经济的力量,它又超越于经济基础。这使得上层建筑不会完全地、绝对地适应经济基础的需要,它们之间总会有矛盾。

经济基础决定上层建筑,上层建筑反作用于经济基础。上层建筑一定要适合经济基础状况的规律是人类社会发展的又一基本规律。

四、社会发展的历程

1.社会发展的动力

(1)社会基本矛盾的内容。生产力和生产关系的矛盾、经济基础和上层建筑的矛盾构成了人类社会的基本矛盾。这两对基本矛盾是相互联系、相互制约的。生产力和生产关系的矛盾是更为根本的矛盾,它决定经济基础和上层建筑矛盾的产生和发展。

(2)阶级和阶级斗争是阶级社会发展的直接动力。在阶级社会里,社会基本矛盾必然表现为阶级斗争并通过阶级斗争得到解决。因此,阶级斗争是阶级社会发展的直接动力。阶级斗争是指经济利益根本对立的阶级之间的对抗和冲突,既包括在同一种生产关系中处于对立地位的剥削阶级与被剥削阶级之间的斗争,也包括在两种对立的生产关系中占据统治地位的阶级之间的斗争。

阶级斗争在阶级社会发展中的直接推动作用,突出地表现在社会形态的质变过程中。当旧的生产关系已经成为生产力进一步发展的桎梏时,代表生产力发展要求的先进阶级就会强烈要求摧毁旧的生产关系,建立起新的生产关系;而代表旧的生产关系的统治阶级决不会自动退出历史的舞台,他们总要利用手中掌握的上层建筑的暴力的与非暴力的力量,来维护旧的生产关系,保护自己的既得利益。这时,先进阶级只有通过阶级斗争,才能推翻反动阶级的统治,建立起适合新的生产力发展要求的上层建筑和生产关系,实现社会形态的飞跃。

阶级斗争在阶级社会发展中的直接推动作用,还表现在社会形态的量变过程中。在同一种社会形态内部,也会存在统治阶级与被统治阶级、剥削阶级与被剥削阶级之间的对立和冲突,这种对立和冲

突有时甚至是非常激烈的。正是这种时而缓和时而激烈的阶级斗争,使统治阶级不得不对被统治阶级作出某些让步,调整生产关系和上层建筑的某些环节,从而或多或少地推动生产力的发展,推动社会的改良。

2.社会形态更替

(1)社会形态。社会形态是指同生产力发展到一定阶段相适应的经济基础和上层建筑的统一体,是社会的经济形态、政治形态和观念形态的统一体。

社会形态范畴是马克思主义哲学所特有的范畴。马克思研究社会现象,把错综复杂的社会关系区分为两类关系:一类是物质的社会关系,即生产关系,构成社会的经济基础;一类是思想的社会关系和通过思想而建立的关系即政治关系,构成社会的上层建筑。一定的经济基础和上层建筑的统一构成社会在一定历史阶段的具体存在形式即社会形态。

(2)社会发展过程中的决定性与主体的选择性。社会发展过程中的决定性是指社会运动具有必然性、规律性,即社会发展是一种自然历史过程。社会发展过程中的主体选择性是指社会主体以一定的方式在可能性空间中有意识、有目的地指向确定对象的创造性活动。

(3)社会发展道路的统一性和多样性。社会发展的决定性和主体的选择性使社会发展过程呈现出统一性和多样性。

(4)社会发展过程是前进性与曲折性的统一。

五、人民群众和个人在历史上的作用

1.人民群众是历史的创造者

(1)人的本质和价值。

①人的自然属性和社会属性。人的本质在其现实性上是一切社会关系的总和。人的属性或人性是人身上具有的特性和属性,可以把人性分为自然属性和社会属性。人的自然属性是指人的肉体特征和生物特性,如吃喝需要、情欲本能等。人的社会属性是指人作为社会存在物而具有的特征,如劳动、交往等。人的社会属性是人所特有的属性,是人的本质属性。

②人的价值及其实现。人的价值也就是人对自身的意义,在于人能够创造价值以满足自身的需要。人的可贵之处就在于能够创造价值。人的价值不同于人以外一般事物的价值,人的价值是一种能够创造价值的价值,是一切价值中最高的价值。

人的价值具有目的性和工具性的二重性。目的和工具的关系是人的价值中的基本关系。

人既是价值主体又是价值客体。人的价值问题,从根本上说是人和社会的关系问题,它包括人的社会价值和个人价值两个方面。个人价值的问题实质是人和社会的关系问题。

(2)人民群众是历史的创造者。

①在历史的创造者问题上两种历史观的对立。唯心主义的英雄史观:否认人民群众对历史发展的决定作用,宣扬少数英雄人物创造历史的观点。主要表现为唯意志论和宿命论。

唯物主义的群众史观:从社会存在决定社会意识的基本前提出发,肯定人民群众创造社会历史的决定作用。

②唯心史观长期存在并占统治地位的根源。认识根源:人类社会历史的特殊性。

社会历史根源:生产力和科学技术发展水平的限制。

阶级根源:剥削阶级、统治阶级的歪曲和宣传。

③人民群众在历史创造中的决定作用。人民群众是一个历史范畴,包括体力劳动者和脑力劳动者在内的劳动群众是人民的主体。在不同的历史时期,包含着不同的阶级、阶层和社会集团。

人民群众是历史的创造者：
一是人民群众是社会物质财富的创造者。
二是人民群众是社会精神财富的创造者。
三是人民群众是变革社会制度、推动历史前进的决定力量。

经典例题

(单选题)温家宝同志曾多次引用一句话："知政失者在草野，知屋漏者在宇下。"这充分说明最能了解政府的是群众，最有资格评价政府的也是群众。下列关于人民群众的说法错误的是（　　）。

A.人民群众是物质财富的创造者

B.人民群众是精神财富的创造者

C.人民群众是实现社会变革的决定力量

D.人民群众在不同国家或同一国家的不同历史时期内容都是一样的

【答案】D。

2.个人在历史上的作用

(1)历史人物与人民群众。

①历史人物的概念。历史人物是指那些给重大历史事件打上明显印记的具有重大影响的个人。可以分为杰出人物和反动人物，前者推动历史发展，后者阻碍历史进步。

②历史人物与人民群众的关系。历史唯物主义在承认人民群众是历史的创造者的同时，充分肯定历史人物的作用。但历史人物只有密切联系群众，代表人民的利益和愿望，才能对社会发展起重大的促进作用。

(2)历史人物的作用受社会历史条件的制约。

①历史人物产生的偶然性和必然性。历史人物对历史发展具有重要作用，但同时也受到历史条件的制约。社会历史是一个必然的合乎规律的发展过程。任何英雄豪杰都受到这种必然性的制约。不过，这种必然性又不能离开偶然性，必然性总是通过偶然性为自己开辟道路。历史条件成熟了，提出了变革社会的要求，一定会有人发现并提出这个任务，满足要求，这是必然的；谁来做这件事情，恰好是某人而不是别人，这是偶然的。但是偶然之中有必然，如果没有这个人，也会有别的人来代替。历史人物的出现体现了历史的必然性。

②历史人物的历史局限性。历史人物的积极作用受主客观条件的限制。在客观方面，其作用取决于他所处的时代、环境和所代表的阶级。在主观方面，其作用取决于他认识社会发展趋势和反映人民群众要求的正确程度。除此之外，他们个人的特质，如性格上的勇敢、无畏、刚强、忠诚以及博学多才和非凡的组织能力等也是极为重要的。

(3)无产阶级领袖的历史作用。

①在理论方面，他们是马列主义的大师，对马列主义理论作出了伟大贡献。

②在实践方面，他们是工人运动和社会主义事业的领导者、组织者、领路人。

3.个人和群众的关系

(1)个人和集体。

①个人和集体的划分：作为历史创造者的人民群众，有个人和集体之分。个人是有自觉能动性的、具有独特的肉体生命的社会存在。个人是社会的一员，分属于大大小小的群众集体。

集体是由某种共同纽带联系起来的个人所构成的群体，它具有整体性和统一性，并不是单个人的简单相加。

②个人和集体的关系：个人和集体的关系是历史地变化着的，在不同的历史时期有不同的内容。在社会主义条件下，个人和集体相互依赖，相互作用，密不可分。一方面，集体是个人的前提。因为人总是社会的人，个人不能离开集体，没有集体就没有个人的生存。另一方面，集体也依赖于个人，依赖于个人对集体的作用和贡献。

个人和集体的关系也有矛盾的一面。个人利益和集体利益也会发生冲突，需要正确处理这种矛盾。

（2）领袖和群众。

①群众需要领袖。历史上的任何一个阶级，都有自己善于组织运动和领导运动的群众领袖。列宁说："任何一个阶级，如果不推举出自己善于组织运动和领导运动的政治领袖和先进代表，就不可能取得统治地位。"

无产阶级群众需要自己的领袖。表现在：

第一，创立和制定理论、路线、战略和策略，给群众斗争指明方向；

第二，启发和教育群众，给群众增加力量；

第三，成为群众队伍团结的旗帜和核心；

第四，实际指挥群众的斗争，使之少受挫折和失败。

②领袖必须依靠群众。领袖本来就是群众的一员，是群众自己的领袖，离开群众就无所谓领袖。群众对于领袖的重要意义在于：

第一，从根源上看，领袖是从群众和群众运动中产生的；

第二，从政治上看，领袖是群众利益的集中代表者，领袖只有在政治上代表群众，才能得到群众的真正拥护；

第三，从思想上看，领袖要集中群众的正确意见；

第四，从作风上看，领袖要时刻密切联系群众。

革命领袖的历史作用，只有通过人民群众的社会实践才能表现出来，如果脱离群众，他们的思想、理论和组织领导便失去了对象，失去了依靠，作用便无从发挥。

③群众需要领袖与领袖必须依靠群众的关系。二者是密切联系的两个方面，其中，后者更为根本，群众的力量是最伟大的，领袖的作用是群众赋予的。

维护无产阶级领袖的权威，反对个人崇拜。

（3）无产阶级政党的群众观点和群众路线。

①无产阶级政党的性质是维护广大人民群众的利益。

②中国共产党的群众观点分别是：一是一切为了群众，全心全意为人民服务的观点。二是一切向人民群众负责的观点。三是虚心向人民群众学习的观点。

③中国共产党的群众路线是：一切为了人民群众，一切依靠人民群众，从群众中来，到群众中去。坚持党的群众观点和群众路线，是直接关系到党的盛衰兴亡的大事。

在执政条件下，无产阶级政党坚持群众观点和群众路线，要注意：①真正懂得人民群众是历史的创造者，是社会主义现代化建设的主体，是国家的主人；干部是人民的公仆，领导的权力是人民给的，领导者的任务，是组织和支持人民群众建设社会主义。②必须发扬民主，健全民主集中制，克服以权谋私等腐败现象，防止各级领导干部由人民的公仆变为社会的主人。③必须反对干部中的官僚主义、主观主义、形式主义、个人主义等倾向。

第二章　中国特色社会主义理论体系

第一节　邓小平理论

一、邓小平理论的形成背景

邓小平理论是对马克思列宁主义、毛泽东思想继承和发展的成果。马克思列宁主义、毛泽东思想是邓小平理论形成的理论基础。

邓小平理论是对我国社会主义建设历史经验进行科学总结的成果。对我国社会主义建设道路探索中的正反两方面历史经验的总结，是邓小平理论形成的历史根据。

邓小平理论是对党的十一届三中全会以来我国社会主义建设的新鲜经验进行科学总结的成果。我国改革开放和现代化建设的实践，是邓小平理论形成的现实依据。

邓小平理论是对我国社会主义建设的国际环境和时代特征进行科学分析的成果。当代国际局势的新发展，是邓小平理论形成的时代背景。

二、邓小平理论的形成和发展过程

阶段	时间	事件
开始形成	十一届三中全会	邓小平成为党的第二代中央领导集体的核心，这标志着邓小平理论作为马克思主义中国化的一个新的理论成果开始形成
建设有中国特色社会主义思想的正式确立	十二大	第一次提出了"建设有中国特色的社会主义"这个科学命题
基本形成	十三大	系统阐述了社会主义初级阶段理论
初步形成一个科学的思想体系	十四大	把建设有中国特色社会主义理论写进了党章
确立为党的指导思想	十五大	在党的文献中第一次提出了"邓小平理论"的科学概念，对邓小平理论的历史地位、指导意义、科学体系和时代精神做了全面的阐述

三、邓小平理论的主要内容

（一）解放思想、实事求是

解放思想、实事求是是邓小平理论的精髓和活的灵魂，它贯穿于邓小平理论形成和发展的全过程。邓小平理论的全部内容，都是解放思想、实事求是的产物。

1.实事求是思想路线的重新确立

党的十一届三中全会重新确立了实事求是的思想路线。邓小平在重新确立实事求是的思想路线的同时,把解放思想鲜明地提到了突出的位置,丰富了党的思想路线的内容。

中共十二大通过的党章规定,党的思想路线是一切从实际出发,理论联系实际,实事求是,在实践中检验真理和发展真理。

2.解放思想与实事求是的辩证关系

(1)解放思想是实事求是的内在要求和前提。邓小平确定了解放思想的科学内涵,指出解放思想就是"在马克思主义指导下打破习惯势力和主观偏见的束缚,研究新情况,解决新问题"。"解放思想,就是使思想和实际相符合,使主观和客观相符合,就是实事求是"。

(2)实事求是是解放思想的目的和归宿。实事求是是辩证唯物主义和历史唯物主义世界观的集中体现。坚持实事求是必须立足于马克思主义的世界观和方法论,从社会存在决定社会意识、实践决定认识的基本观点出发,来认识世界和改造世界;必须立足于本国的实践,坚持理论联系实际,反对本本主义、教条主义、主观主义,做到理论与实践相统一、主观与客观相统一;必须立足于具体问题具体分析。解放思想绝不是脱离实际的胡思乱想,必须从实际出发,真正做到实事求是。

3.从实践标准到"三个有利于"标准

尊重实践、尊重群众,是实事求是思想路线的根本体现。生产实践是人类社会最基本的实践,人民群众是社会实践的主体。尊重实践必须尊重群众的愿望和群众的首创精神,认真倾听人民群众的呼声,善于总结群众创造的经验,集中人民群众的智慧和力量来发展中国特色社会主义事业。

党的十三大报告指出,是否有利于发展生产力,应当成为我们考虑一切问题的出发点和检验一切工作的根本标准。1992年年初,邓小平又在南方谈话中把生产力标准拓展为"三个有利于"标准。十四大报告指出,判断改革和各方面工作的是非得失,要以"三个有利于"为标准。重新确立实事求是的思想路线,重新确立实践标准和生产力标准,提出"三个有利于"标准,为邓小平理论的形成和发展奠定了直接的哲学基础,使我们对社会主义的认识取得了一系列重大突破。

(二)社会主义的本质和根本任务

"什么是社会主义,怎样建设社会主义"是建设中国特色社会主义的首要的基本理论问题,也是邓小平理论的主题。

邓小平提出要搞清"什么是社会主义,怎样建设社会主义",其实质就是要求在坚持社会主义基本制度的基础上,进一步认清社会主义的本质。

1.社会主义的本质

1992年,邓小平在南方谈话中对社会主义本质这一重大问题做了总结性的理论概括。这是邓小平对马克思主义理论宝库增添的新内容,做出的新贡献。他指出:"社会主义的本质,是解放生产力,发展生产力,消灭剥削,消除两极分化,最终达到共同富裕。"

2.社会主义的根本任务

社会主义的根本任务是解放生产力和发展生产力。解放和发展生产力既是我们搞社会主义的目的,也是检验我们是否真的搞社会主义的标准。

(三)社会主义初级阶段

1.社会主义初级阶段的含义

社会主义初级阶段这个科学概念,不是泛指任何国家进入社会主义都会经历的起始阶段,而是特

河南省农村信用社招聘考试专用教材

指我国因生产力落后、商品经济不发达而必然要经历的特定阶段。1981年党的十一届六中全会通过的《关于建国以来党的若干历史问题的决议》首次提出,我国的社会主义制度还是处于初级的阶段。

这个概念包括两层含义:

(1)我国已经进入社会主义社会,我们必须坚持而不能离开社会主义。

(2)我国的社会主义社会正处于并将长期处于初级阶段,我们必须正视而不能超越这个初级阶段。

2.社会主义初级阶段的主要矛盾

党的十一届六中全会通过的《关于建国以来党的若干历史问题的决议》,对我国社会主义改造基本完成以后的社会主要矛盾做出了科学的表述。其指出,我国所要解决的主要矛盾,是人民日益增长的物质文化需要同落后的社会生产之间的矛盾。十五大报告指出,这个主要矛盾贯穿我国社会主义初级阶段的整个过程和社会生活的各个方面。只有牢牢抓住这个主要矛盾,才能清醒地观察和把握社会矛盾的全局,有效地促进各种社会矛盾的解决。

3.社会主义初级阶段的基本纲领

经济纲领的基本目标,是在社会主义条件下发展市场经济,不断解放和发展生产力。基本政策是坚持和完善以社会主义公有制为主体、多种所有制经济共同发展的基本经济制度;坚持和完善社会主义市场经济体制,使市场在国家宏观调控下对资源配置起决定性作用;坚持和完善以按劳分配为主体的多种分配方式,允许一部分地区、一部分人先富起来,带动和帮助其他地区、其他的人,逐步走向共同富裕;坚持和完善对外开放,积极参与国际经济合作和竞争。

政治纲领的基本目标,是在中国共产党领导下,在人民当家作主的基础上,依法治国,发展社会主义民主政治。基本政策是坚持和完善工人阶级领导的、以工农联盟为基础的人民民主专政;坚持和完善人民代表大会制度和共产党领导的多党合作、政治协商制度以及民族区域自治制度;发展民主,健全法制,建设社会主义法治国家。

文化纲领的基本目标,是以马克思主义为指导,以培养有理想、有道德、有文化、有纪律的公民为目标,发展面向现代化、面向世界、面向未来的,民族的、科学的、大众的社会主义文化。基本政策是坚持用邓小平理论武装全党,教育人民;努力提高全民族的思想道德素质和教育科学文化水平;坚持为人民服务、为社会主义服务的方向和百花齐放、百家争鸣的方针,重在建设,繁荣学术和文艺。

(四)党在社会主义初级阶段的基本路线

党在社会主义初级阶段的基本路线是领导和团结全国各族人民,以经济建设为中心,坚持四项基本原则,坚持改革开放,自力更生,艰苦创业,为把我国建设成为富强、民主、文明、和谐的社会主义现代化国家而奋斗。

1.如何坚持党的基本路线不动摇

(1)坚持党的基本路线不动摇,关键是坚持以经济建设为中心不动摇。

(2)坚持党的基本路线不动摇,必须把改革开放同四项基本原则统一起来。改革开放是强国之路,四项基本原则是立国之本。

(3)坚持党的基本路线,必须始终处理好改革、发展、稳定的关系。

2.改革是社会主义发展的内在动力

改革是社会主义发展的根本途径和内在动力,是中国的第二次革命。

改革是社会主义制度的自我完善和发展。一方面,改革不是为了改变社会主义制度,而是在坚持社会主义制度的前提下,改革生产关系和上层建筑中不适应生产力发展的一系列相互联系的环节和方面,以发挥社会主义制度的优越性。因此,我们的改革是社会主义性质的,必须坚持社会主义方向。另一方面,改革不同于一个阶级推翻另一个阶级的政治革命,而是通过自觉调整生产关系和上层建筑的各个方面和环节,逐步建立合理的利益关系,保证人们和各社会集团的利益得到协调发展。

改革的实质是体制创新。它是对原有僵化体制的根本性变革,而不是细枝末节的调整和修补。社会主义改革是一场深刻的革命,其实质和目标是实现社会主义现代化,使社会主义优越性得到充分发挥。

3.对外开放是一项长期的基本国策

(1)坚持对外开放的必要性

第一,社会主义经济的发展,要求充分利用国内外的资源和市场。

第二,加快我国社会主义现代化建设需要利用外资和引进先进技术。

第三,建立社会主义市场经济体制要求实行对外开放。只有发展开放型经济,才能为我国市场经济的繁荣提供良好的机制,形成以开放促改革的强大动力。

(2)我国对外开放的基本原则

我国的对外开放是自觉的、主动的开放,是为了增强国力、更好地维护国家的独立和主权的积极的开放,必须遵循以下原则:

第一,必须坚持独立自主、自力更生。我国是一个发展中的社会主义大国,我国的社会经济性质和具体国情决定了我国经济建设的立足点必须是独立自主、自力更生。

第二,必须坚持社会主义方向,抵制资本主义腐朽思想和生活方式的侵蚀。在对外开放过程中,在大胆借鉴资本主义国家先进的科学技术、管理方法的同时,决不能学习和引进资本主义基本制度,决不能学习和引进各种丑恶颓废的东西,而要坚决抵制资本主义腐朽思想和生活方式的侵蚀。

第三,必须坚持全局观念,克服本位主义和盲目性。在对外开放过程中,必须及时总结对外开放中的经验教训,坚持有计划、有重点、有步骤地对外开放。

4.四项基本原则是立国之本

四项基本原则,即坚持社会主义道路,坚持人民民主专政,坚持中国共产党的领导,坚持马克思列宁主义毛泽东思想。四项基本原则是邓小平对党的长期历史经验的科学概括,体现了中国近现代历史发展的必然选择和亿万中国人民的共同心愿,是不可动摇的立国之本。

经典真题

(单选题)邓小平理论的精髓和核心是( )。

A.解放思想,实事求是

B.坚持改革开放

C.以经济建设为中心

D.坚持四项基本原则

【答案】A。解析:解放思想、实事求是是邓小平理论的精髓。BCD 即"一个中心,两个基本点",是邓小平理论的核心。

第二节 "三个代表"重要思想

一、"三个代表"重要思想的内涵

"三个代表"是指中国共产党必须始终代表中国先进生产力的发展要求,始终代表中国先进文化的前进方向,始终代表中国最广大人民的根本利益。

二、"三个代表"重要思想的根本要求

贯彻"三个代表"重要思想,关键在坚持与时俱进,核心在坚持党的先进性,本质在坚持执政为民。这是"三个代表"重要思想的根本要求。

与时俱进是马克思主义的理论品质,是马克思主义政党应有的精神状态,是中国共产党始终紧跟时代的基本前提。坚持党的思想路线,解放思想、实事求是、与时俱进,是中国共产党坚持先进性和增强创造力的决定性因素。

坚持党的先进性,是共产党永葆生机活力和增强创造力、凝聚力、战斗力的重要保证,是巩固党的执政地位的前提、依据和基础。共产党是工人阶级的先锋队,又是中国人民和中华民族的先锋队,阶级性和先进性都是共产党的根本性质,而先进性是最根本的。共产党能够发展壮大、取得政权,都是靠自己的先进性。

"三个代表"重要思想的本质是立党为公、执政为民。实现人民的愿望、满足人民的需要、维护人民的利益,是"三个代表"重要思想的根本出发点和落脚点。

三、"三个代表"重要思想的历史地位和指导意义

"三个代表"重要思想,在邓小平理论的基础上,进一步回答了"什么是社会主义,怎样建设社会主义"的问题,创造性地回答了"建设什么样的党,怎样建设党"的问题,集中起来就是深化了对中国特色社会主义的认识。

始终做到"三个代表"是我们党的立党之本、执政之基、力量之源。

第三节 科学发展观

一、科学发展观的内涵

科学发展观是中国特色社会主义理论体系的最新成果,是中国共产党集体智慧的结晶,是指导党和国家全部工作的强大思想武器。科学发展观同马克思列宁主义、毛泽东思想、邓小平理论、"三个代表"重要思想一道,是党必须长期坚持的指导思想。

解放思想、实事求是、与时俱进、求真务实,是科学发展观最鲜明的精神实质。

科学发展观是坚持以人为本,全面、协调、可持续的发展观,促进经济社会协调发展和人的全面发展。

科学发展观的第一要义是发展,核心是以人为本,基本要求是全面协调可持续,根本方法是统筹兼顾。

二、科学发展观的体系

科学发展观继续回答了"什么是社会主义,怎样建设社会主义""建设什么样的党,怎样建设党"的问题,创造性地回答了"实现什么样的发展,怎样发展"的问题,使我们党对中国特色社会主义的认识达到了新高度。

科学发展观是一个完整的体系,这一体系把一系列重大战略思想统一为一个整体。这一体系包括:

科学发展的主题——建设和发展中国特色社会主义;

科学发展的动力机制——毫不动摇地坚持"一个中心、两个基本点"的基本路线、完善社会主义市场经济、深化改革、推进对外开放;

科学发展的主要内容——建设创新型国家、建设社会主义新农村、建设社会主义民主政治、建设社会主义先进文化、建设社会主义和谐社会、建设生态文明等;

科学发展的目标——全面建成小康社会;

科学发展的政治保障——提高党的建设科学化水平;

科学发展的外部条件——走和平发展道路、建设和谐世界。

三、贯彻科学发展观的要求

全党必须更加自觉地把推动经济社会发展作为深入贯彻落实科学发展观的第一要义,牢牢抓住经济建设这个中心,坚持聚精会神搞建设、一心一意谋发展,着力把握发展规律、创新发展理念、破解发展难题,深入实施科教兴国战略、人才强国战略、可持续发展战略,加快形成符合科学发展要求的发展方式和体制机制,不断解放和发展社会生产力,不断实现科学发展、和谐发展、和平发展,为坚持和发展中国特色社会主义打下牢固基础。

全党必须更加自觉地把以人为本作为深入贯彻落实科学发展观的核心立场,始终把实现好、维护好、发展好最广大人民根本利益作为党和国家一切工作的出发点和落脚点,尊重人民首创精神,保障人民各项权益,不断在实现发展成果由人民共享、促进人的全面发展上取得新成效。

全党必须更加自觉地把全面协调可持续作为深入贯彻落实科学发展观的基本要求,全面落实经济建设、政治建设、文化建设、社会建设、生态文明建设五位一体总体布局,促进现代化建设各方面相协调,促进生产关系与生产力、上层建筑与经济基础相协调,不断开拓生产发展、生活富裕、生态良好的文明发展道路。

全党必须更加自觉地把统筹兼顾作为深入贯彻落实科学发展观的根本方法,坚持一切从实际出发,正确认识和妥善处理中国特色社会主义事业中的重大关系,统筹改革发展稳定、内政外交国防、治党治国治军各方面工作,统筹城乡发展、区域发展、经济社会发展、人与自然和谐发展、国内发展和对外开放,统筹各方面利益关系,充分调动各方面积极性,努力形成全体人民各尽其能、各得其所而又和谐相处的局面。

四、科学发展观的指导地位

党的十八大确立了科学发展观的指导地位。党的十八大明确指出:"科学发展观是马克思主义同当代中国实际和时代特征相结合的产物,是马克思主义关于发展的世界观和方法论的集中体现,对新形势下实现什么样的发展、怎样发展等重大问题做出了新的科学回答,把我们对中国特色社会主义规律的认识提高到新的水平,开辟了当代中国马克思主义发展的新境界。"

第四节 构建社会主义和谐社会

一、社会主义和谐社会的内涵

(一)社会主义和谐社会的概念

社会主义和谐社会应该是一个充满创造活力的社会,是各方面利益关系得到有效协调的社会,是社会管理体制不断创新和健全的社会,是稳定有序的社会。

(二)社会主义和谐社会的提出与发展

时间	会议或讲话	主要内容
2002年11月	党的十六大	明确提出"社会更加和谐"的发展要求
2004年9月	党的十六届四中全会	"构建社会主义和谐社会"概念被首次完整提出,审议通过的《中共中央关于加强党的执政能力建设的决定》,正式将其列为中国共产党全面提高执政能力的五大能力之一
2005年2月	胡锦涛同志在省部级主要领导干部提高构建社会主义和谐社会能力专题研讨班上的讲话	提出社会主义和谐社会应该是民主法治、公平正义、诚信友爱、充满活力、安定有序、人与自然和谐相处的社会
2006年10月	党的十六届六中全会	审议通过《中共中央关于构建社会主义和谐社会若干重大问题的决定》,提出了2020年构建社会主义和谐社会的美好目标,对当前和今后一个时期构建社会主义和谐社会做出全面部署
2007年3月	胡锦涛同志在看望工会、共青团、青联、妇联的全国政协委员并参加联组讨论时发表的讲话	胡锦涛同志进一步阐明了构建社会主义和谐社会必须坚持"在共建中共享,在共享中共建"的重大原则
2007年6月	胡锦涛同志在中央党校省部级干部进修班发表重要讲话	明确提出:"科学发展,社会和谐,是发展中国特色社会主义的基本要求,是实现经济社会又好又快发展的内在需要,必须坚定不移地加以落实"
2012年11月	党的十八大	必须从维护最广大人民根本利益的高度,加快健全基本公共服务体系,加强和创新社会管理,推动社会主义和谐社会建设。明确提出"确保到二○二○年实现全面建成小康社会宏伟目标"

(三)社会主义和谐社会的主要特征

胡锦涛同志指出,我们要建设的社会主义和谐社会,应该是民主法治、公平正义、诚信友爱、充满活力、安定有序、人与自然和谐相处的社会。

民主法治	就是社会主义民主得到充分发扬,依法治国基本方略得到切实落实,各方面积极因素得到广泛调动
公平正义	就是社会各方面的利益关系得到妥善协调,人民内部矛盾和其他社会矛盾得到正确处理,社会公平和正义得到切实维护和实现
诚信友爱	就是全社会互帮互助、诚实守信,全体人民平等友爱、融洽相处
充满活力	就是能够使一切有利于社会进步的创造愿望得到尊重,创造活动得到支持,创造才能得到发挥,创造成果得到肯定
安定有序	就是社会组织机制健全,社会管理完善,社会秩序良好,人民群众安居乐业,社会保持安定团结
人与自然和谐相处	就是生产发展,生活富裕,生态良好

二、构建社会主义和谐社会的条件

(一)理论基础

"社会和谐是中国特色社会主义的本质属性,是国家富强、民族振兴、人民幸福的重要保证。"这个重大判断,深化了对社会主义本质的认识,是总结国内外社会主义建设特别是我国社会主义建设历史经验得出的重要结论,是构建社会主义和谐社会的理论基础。

(二)基本原则

必须坚持以人为本,坚持科学发展,坚持改革开放,坚持民主法治,坚持正确处理改革、发展、稳定的关系,坚持在党的领导下全社会共同建设。

(三)政治保证

党的十六届六中全会通过的《中共中央关于构建社会主义和谐社会若干重大问题的决定》强调指出,构建社会主义和谐社会关键在党,要加强党对构建社会主义和谐社会的领导。必须充分发挥党的领导核心作用,坚持立党为公、执政为民,以党的执政能力建设和先进性建设推动社会主义和谐社会建设,为构建社会主义和谐社会提供坚强有力的政治保证。

三、构建社会主义和谐社会的方针和举措

社会和谐在很大程度上取决于社会生产力的发展水平,取决于发展的协调性。必须坚持用发展的办法解决前进中的问题,大力发展社会生产力,不断为社会和谐创造雄厚的物质基础。同时,更加注重解决发展不平衡问题,更加注重发展社会事业,推动经济社会协调发展。社会公平正义是社会和谐的基本条件,制度是社会公平正义的根本保证。

建设和谐文化是构建社会主义和谐社会的重要任务。

加强社会管理,维护社会稳定,是构建社会主义和谐社会的必然要求。

造就一支结构合理、素质优良的宏大的社会工作人才队伍,是构建社会主义和谐社会的迫切需要。

社会主义和谐社会既是充满活力的社会,也是团结和睦的社会。必须最大限度地激发社会活力,促进政党关系、民族关系、宗教关系、阶层关系、海内外同胞关系的和谐,巩固全国各族人民的大团结,巩固海内外中华儿女的大团结。

第五节 夺取中国特色社会主义新胜利

一、建设中国特色社会主义的进程

党的十二届六中全会明确提出了社会主义现代化建设的总体布局,就是以经济建设为中心,坚定不移地进行经济体制改革,坚定不移地进行政治体制改革,坚定不移地加强精神文明建设。

党的十三大确立了党在社会主义初级阶段的基本路线。

党的十四大提出建立社会主义市场经济体制。

党的十五大提出社会主义初级阶段的基本纲领,进一步明确了建设中国特色社会主义经济、政治、文化的基本目标和基本政策。

党的十六大强调,全面建设小康社会,就是要使经济更加发展、民主更加健全、科教更加进步、文化更加繁荣、社会更加和谐、人民生活更加殷实,不断促进社会主义物质文明、政治文明、精神文明协调发展,推动社会全面进步和促进人的全面发展。

党的十八大明确提出,全面落实经济建设、政治建设、文化建设、社会建设、生态文明建设"五位一体"总体布局。

二、中国特色社会主义道路、制度与理论体系

中国特色社会主义道路,就是在中国共产党领导下,立足基本国情,以经济建设为中心,坚持四项基本原则,坚持改革开放,解放和发展社会生产力,建设社会主义市场经济、社会主义民主政治、社会主义先进文化、社会主义和谐社会、社会主义生态文明,促进人的全面发展,逐步实现全体人民共同富裕,建设富强、民主、文明、和谐的社会主义现代化国家。

中国特色社会主义制度,就是人民代表大会制度的根本政治制度,中国共产党领导的多党合作和政治协商制度、民族区域自治制度以及基层群众自治制度等基本政治制度,中国特色社会主义法律体系,公有制为主体、多种所有制经济共同发展的基本经济制度,以及建立在这些制度基础上的经济体制、政治体制、文化体制、社会体制等各项具体制度。

中国特色社会主义理论体系,就是包括邓小平理论、"三个代表"重要思想、科学发展观在内的科学理论体系,是对马克思列宁主义、毛泽东思想的坚持和发展。

第六节 反腐倡廉与文化建设专题

一、反腐倡廉专题

(一)党的第一代中央领导集体的反腐倡廉战略思想

以毛泽东同志为核心的党的第一代中央领导集体,在领导革命和建设的过程中,努力探索反腐倡廉规律,提出了一系列反腐倡廉战略思想。

1.密切党与人民群众的联系,是党坚持反腐倡廉的根本出发点

党的宗旨是全心全意为人民服务。实现这一宗旨,密切联系群众,始终是党反腐倡廉的根本出发点。

2.民主是反腐倡廉的新路

在延安,毛泽东提出:"这条新路,就是民主。只有让人民来监督政府,政府才不敢松懈。只有人人起来负责,才不会人亡政息。"这既是反腐败的需要,也是人民群众参与管理国家事务、保证国家权力正确运作的需要,它体现了民主政治与廉洁政治相统一的正确思路。

3.依靠群众,严惩腐败

为了防止脱离群众,建国初期,我们党开展了反贪污、反浪费、反官僚主义的"三反"运动。

4.注重思想建设是中国共产党反腐倡廉的显著特点

把思想建设放在首位,是毛泽东反腐倡廉思想的一个重要特色。

(二)党的第二代中央领导集体的反腐倡廉战略思想

党的十一届三中全会决定把党和国家的工作重点转移到社会主义现代化建设上来,做出实行改革开放的战略决策。以邓小平同志为核心的党的第二代领导集体,立足改革开放的大局,根据反腐败斗争的新情况、新特点,提出了一系列反腐倡廉重大战略思想。

(1)反腐倡廉关系党和国家的生死存亡。

(2)坚持"两手抓"、"长期抓"的方针。

(3)反腐败要靠法制、靠制度。

(4)搞好党风,加强教育,完善监督。

(三)党的第三代中央领导集体的反腐倡廉战略思想

以江泽民同志为核心的党的第三代领导集体,从新时期如何全面加强和改进党的建设的政治高度,对社会主义市场经济条件下的党风廉政建设和反腐败问题进行了深入思考。

(1)反腐倡廉关系到党民心向背,治国必先治党,治党务必从严。

(2)坚持党的领导,依靠人民群众。

(3)坚持标本兼治、综合治理的方针。

（四）党的第四代中央领导集体的反腐倡廉战略思想

以胡锦涛同志为核心的党中央，坚持以中国特色社会主义理论为指导，全面贯彻落实科学发展观，对执政规律的认识不断深化，使反腐倡廉建设进入一个新的发展阶段。

（1）把反腐倡廉建设纳入党和国家工作大局中来谋划和部署，放在更加突出的位置。提出坚决惩治和有效预防腐败，是党必须始终抓好的重大政治任务。

（2）坚持标本兼治、综合治理、惩防并举、注重预防的方针。

（3）提出从教育、制度、监督、改革、纠风、惩治等方面，扎实推进惩治和预防腐败体系建设。

（4）在坚决惩治腐败的同时，更加注重治本，更加注重预防，更加注重制度建设，拓展从源头上防治腐败工作领域。

（五）党的第五代中央领导集体的反腐倡廉战略思想

党的十八大以来，党的第五代中央领导集体把党风廉政建设和反腐败斗争提到了新的高度。习近平同志指出，党风廉政建设和反腐败斗争是一项长期的、复杂的、艰巨的任务。我们要坚定决心，有腐必反、有贪必肃，不断铲除腐败现象滋生蔓延的土壤，以实际成效取信于民。

（1）下大气力解决贪污腐败等问题，打铁还需自身硬。

（2）对一切违反党纪国法的行为都必须严惩不贷。

（3）更加科学有效地防治腐败，坚定不移把反腐倡廉建设引向深入。

（4）借鉴历史上优秀廉政文化，不断提高拒腐防变能力。

（5）要把为民务实清廉的价值追求深深植根于全党同志的思想和行动中。

二、文化建设专题

（一）努力建设中国特色社会主义文化

1.重要意义

第一，中国特色社会主义文化是现代化建设的重要内容。

第二，中国特色社会主义文化是凝聚和激励全国各族人民的重要力量，是综合国力的重要标志。

第三，中国特色社会主义文化为现代化建设提供智力支持、精神动力和思想保证。

2.建设社会主义文化强国

党的十八大报告明确提出了建设社会主义文化强国的总体要求：即建设社会主义文化强国，必须走中国特色社会主义文化发展道路，坚持为人民服务、为社会主义服务的方向，坚持百花齐放、百家争鸣的方针，坚持贴近实际、贴近生活、贴近群众的原则，推动社会主义精神文明和物质文明全面发展，建设面向现代化、面向世界、面向未来的，民族的科学的大众的社会主义文化。建设社会主义文化强国，关键是增强全民族文化创造活力。

（二）中国特色社会主义文化建设的根本任务

中国特色社会主义文化建设的根本任务，就是以马克思列宁主义、毛泽东思想、邓小平理论和"三个代表"重要思想为指导，全面贯彻科学发展观，着力培育有理想、有道德、有文化、有纪律的公民，切实提高全民族的思想道德素质和科学文化素质。

第三章 时政专题

第一节 十八大报告（要点）

《坚定不移沿着中国特色社会主义道路前进 为全面建成小康社会而奋斗》

中国共产党第十八次全国代表大会，是在我国进入全面建成小康社会决定性阶段召开的一次十分重要的大会。大会的主题是：高举中国特色社会主义伟大旗帜，以邓小平理论、"三个代表"重要思想、科学发展观为指导，解放思想，改革开放，凝聚力量，攻坚克难，坚定不移沿着中国特色社会主义道路前进，为全面建成小康社会而奋斗。

一、过去五年的工作和十年的基本总结

十七大以来的五年，是我们在中国特色社会主义道路上奋勇前进的五年，是我们经受住各种困难和风险考验、夺取全面建设小康社会新胜利的五年。

十七大对推进改革开放和社会主义现代化建设、实现全面建设小康社会宏伟目标做出全面部署。为贯彻十七大精神，中央先后召开七次全会，分别就深化行政管理体制改革、制定"十二五"规划、推进文化改革发展等关系全局的重大问题作出决定和部署。五年来，我们胜利完成"十一五"规划，顺利实施"十二五"规划，各方面工作都取得新的重大成就。

经济平稳较快发展。综合国力大幅提升，2011年国内生产总值达到47.3万亿。财政收入大幅增加。农业综合生产能力提高，粮食连年增产。产业结构调整取得新进展，基础设施全面加强。城镇化水平明显提高，城乡发展协调性增强。创新型国家建设成效显著，载人航天、探月工程、载人深潜、超级计算机、高速铁路等实现重大突破。生态文明建设扎实展开，资源节约和环境保护全面推进。

总结十年奋斗历程，最重要的就是我们坚持以马克思列宁主义、毛泽东思想、邓小平理论、"三个代表"重要思想为指导，勇于推进实践基础上的理论创新，围绕坚持和发展中国特色社会主义提出一系列紧密相连、相互贯通的新思想、新观点、新论断，形成和贯彻了科学发展观。科学发展观是马克思主义同当代中国实际和时代特征相结合的产物，是马克思主义关于发展的世界观和方法论的集中体现，对新形势下实现什么样的发展、怎样发展等重大问题作出了新的科学回答，把我们对中国特色社会主义规律的认识提高到新的水平，开辟了当代中国马克思主义发展新境界。解放思想、实事求是、与时俱进、求真务实，是科学发展观最鲜明的精神实质。

二、夺取中国特色社会主义新胜利

回首近代以来中国波澜壮阔的历史，展望中华民族充满希望的未来，我们得出一个坚定的结论：全面建成小康社会，加快推进社会主义现代化，实现中华民族伟大复兴，必须坚定不移走中国特色社会主义道路。

河南省农村信用社招聘考试专用教材

道路关乎党的命脉，关乎国家前途、民族命运、人民幸福。在中国这样一个经济文化十分落后的国家探索民族复兴道路，是极为艰巨的任务。

以毛泽东同志为核心的党的第一代中央领导集体带领全党全国各族人民完成了新民主主义革命，进行了社会主义改造，确立了社会主义基本制度，成功实现了中国历史上最深刻最伟大的社会变革，为当代中国一切发展进步奠定了根本政治前提和制度基础。在探索过程中，虽然经历了严重曲折，但党在社会主义建设中取得的独创性理论成果和巨大成就，为新的历史时期开创中国特色社会主义提供了宝贵经验、理论准备、物质基础。

以邓小平同志为核心的党的第二代中央领导集体带领全党全国各族人民深刻总结我国社会主义建设正反两方面经验，借鉴世界社会主义历史经验，作出把党和国家工作中心转移到经济建设上来、实行改革开放的历史性决策，深刻揭示社会主义本质，确立社会主义初级阶段基本路线，明确提出走自己的路、建设中国特色社会主义，科学回答了建设中国特色社会主义的一系列基本问题，成功开创了中国特色社会主义。

以江泽民同志为核心的党的第三代中央领导集体带领全党全国各族人民坚持党的基本理论、基本路线，在国内外形势十分复杂、世界社会主义出现严重曲折的严峻考验面前捍卫了中国特色社会主义，依据新的实践确立了党的基本纲领、基本经验，确立了社会主义市场经济体制的改革目标和基本框架，确立了社会主义初级阶段的基本经济制度和分配制度，开创全面改革开放新局面，推进党的建设新的伟大工程，成功把中国特色社会主义推向21世纪。

新世纪新阶段，党中央抓住重要战略机遇期，在全面建设小康社会进程中推进实践创新、理论创新、制度创新，强调坚持以人为本、全面协调可持续发展，提出构建社会主义和谐社会、加快生态文明建设，形成中国特色社会主义事业总体布局，着力保障和改善民生，促进社会公平正义，推动建设和谐世界，推进党的执政能力建设和先进性建设，成功在新的历史起点上坚持和发展了中国特色社会主义。

中国特色社会主义道路，中国特色社会主义理论体系，中国特色社会主义制度，是党和人民九十多年奋斗、创造、积累的根本成就，必须倍加珍惜、始终坚持、不断发展。中国特色社会主义道路是实现途径，中国特色社会主义理论体系是行动指南，中国特色社会主义制度是根本保障，三者统一于中国特色社会主义伟大实践，这是党领导人民在建设社会主义长期实践中形成的最鲜明特色。

建设中国特色社会主义，总依据是社会主义初级阶段，总布局是五位一体，总任务是实现社会主义现代化和中华民族伟大复兴。实践充分证明，中国特色社会主义是当代中国发展进步的根本方向，只有中国特色社会主义才能发展中国。

三、全面建成小康社会和全面深化改革开放的目标

纵观国际国内大势，我国发展仍处于可以大有作为的重要战略机遇期。我们要准确判断重要战略机遇期内涵和条件的变化，全面把握机遇，沉着应对挑战，赢得主动，赢得优势，赢得未来，确保到2020年实现全面建成小康社会宏伟目标。

——经济持续健康发展。实现国内生产总值和城乡居民人均收入比2010年翻一番，进入创新型国家行列，区域协调发展机制基本形成。

——人民民主不断扩大。依法治国基本方略全面落实，法治政府基本建成。

——文化软实力显著增强。公共文化服务体系基本建成，文化产业成为国民经济支柱性产业。

——人民生活水平全面提高。进入人才强国和人力资源强国行列，教育现代化基本实现。社会保障全民覆盖。

——资源节约型、环境友好型社会建设取得重大进展。主体功能区布局基本形成，资源循环利用

体系初步建立。

经典例题

(单选题)党的十八大报告提出"两个翻番",到2020年实现国内生产总值(GDP)和城乡居民人均收入比2010年翻一番。下列关于"两个翻番"表述错误的是(　　)。

A.党的十八大首次对城乡居民收入增长提出了量化目标

B.到2020年我国城乡居民每人收入预计都能够实现倍增

C.城乡居民人均收入翻番是GDP翻番的出发点和落脚点

D.到2020年我国GDP预计将超过2000年GDP的4倍

【答案】B。解析:党的十八大报告指出,经济持续健康发展,转变经济发展方式取得重大进展,在发展平衡性、协调性、可持续性明显增强的基础上,实现国内生产总值和城乡居民人均收入比二〇一〇年翻一番。B项说法过于绝对,当选。

四、加快完善社会主义市场经济体制和加快转变经济发展方式

以经济建设为中心是兴国之要,发展仍是解决我国所有问题的关键。只有推动经济持续健康发展,才能筑牢国家繁荣富强、人民幸福安康、社会和谐稳定的物质基础。必须坚持发展是硬道理的战略思想,决不能有丝毫动摇。

在当代中国,坚持发展是硬道理的本质要求就是坚持科学发展。以科学发展为主题,以加快转变经济发展方式为主线,是关系我国发展全局的战略抉择。要适应国内外经济形势新变化,加快形成新的经济发展方式,把推动发展的立足点转到提高质量和效益上来,着力激发各类市场主体发展新活力,着力增强创新驱动发展新动力,着力构建现代产业发展新体系,着力培育开放型经济发展新优势,使经济发展更多依靠内需特别是消费需求拉动,更多依靠现代服务业和战略性新兴产业带动,更多依靠科技进步、劳动者素质提高、管理创新驱动,更多依靠节约资源和循环经济推动,更多依靠城乡区域发展协调互动,不断增强长期发展后劲。

坚持走中国特色新型工业化、信息化、城镇化、农业现代化道路,推动信息化和工业化深度融合、工业化和城镇化良性互动、城镇化和农业现代化相互协调,促进工业化、信息化、城镇化、农业现代化同步发展。

(一)全面深化经济体制改革

深化改革是加快转变经济发展方式的关键。经济体制改革的核心问题是处理好政府和市场的关系,必须更加尊重市场规律,更好发挥政府作用。深化金融体制改革,健全促进宏观经济稳定、支持实体经济发展的现代金融体系。

(二)实施创新驱动发展战略

深化科技体制改革,推动科技和经济紧密结合,加快建设国家创新体系,着力构建以企业为主体、市场为导向、产学研相结合的技术创新体系。

(三)推进经济结构战略性调整

这是加快转变经济发展方式的主攻方向。

(四)推动城乡发展一体化

解决好农业农村农民问题是全党工作重中之重,城乡发展一体化是解决"三农"问题的根本途径。

河南省农村信用社招聘考试专用教材

（五）全面提高开放型经济水平

适应经济全球化新形势,必须实行更加积极主动的开放战略,完善互利共赢、多元平衡、安全高效的开放型经济体系。

五、坚持走中国特色社会主义政治发展道路和推进政治体制改革

改革开放以来,我们总结发展社会主义民主正反两方面经验,强调人民民主是社会主义的生命,坚持国家一切权力属于人民,不断推进政治体制改革,社会主义民主政治建设取得重大进展,成功开辟和坚持了中国特色社会主义政治发展道路,为实现最广泛的人民民主确立了正确方向。

政治体制改革是我国全面改革的重要组成部分。必须继续积极稳妥推进政治体制改革,发展更加广泛、更加充分、更加健全的人民民主。必须坚持党的领导、人民当家作主、依法治国有机统一,以保证人民当家作主为根本,以增强党和国家活力、调动人民积极性为目标,扩大社会主义民主,加快建设社会主义法治国家,发展社会主义政治文明。要把制度建设摆在突出位置,充分发挥我国社会主义政治制度优越性,积极借鉴人类政治文明有益成果,绝不照搬西方政治制度模式。

支持和保证人民通过人民代表大会行使国家权力。健全社会主义协商民主制度。完善基层民主制度。全面推进依法治国。深化行政体制改革。行政体制改革是推动上层建筑适应经济基础的必然要求。要按照建立中国特色行政体制目标,深入推进政企分开、政资分开、政事分开、政社分开,建设职能科学、结构优化、廉洁高效、人民满意的服务型政府。建立健全权力运行制约和监督体系。巩固和发展最广泛的爱国统一战线。

六、扎实推进社会主义文化强国建设

文化是民族的血脉,是人民的精神家园。全面建成小康社会,实现中华民族伟大复兴,必须推动社会主义文化大发展大繁荣,兴起社会主义文化建设新高潮,提高国家文化软实力,发挥文化引领风尚、教育人民、服务社会、推动发展的作用。

建设社会主义文化强国,必须走中国特色社会主义文化发展道路,坚持为人民服务、为社会主义服务的方向,坚持百花齐放、百家争鸣的方针,坚持贴近实际、贴近生活、贴近群众的原则,推动社会主义精神文明和物质文明全面发展,建设面向现代化、面向世界、面向未来的,民族的科学的大众的社会主义文化。

建设社会主义文化强国,关键是增强全民族文化创造活力。

（一）加强社会主义核心价值体系建设

社会主义核心价值体系是兴国之魂,决定着中国特色社会主义发展方向。要深入开展社会主义核心价值体系学习教育,用社会主义核心价值体系引领社会思潮、凝聚社会共识。

（二）全面提高公民道德素质

这是社会主义道德建设的基本任务。要坚持依法治国和以德治国相结合,加强社会公德、职业道德、家庭美德、个人品德教育,弘扬中华传统美德,弘扬时代新风。深化群众性精神文明创建活动,广泛开展志愿服务,推动学雷锋活动、学习宣传道德模范常态化。

（三）丰富人民精神文化生活

让人民享有健康丰富的精神文化生活,是全面建成小康社会的重要内容。要坚持以人民为中心的

创作导向,提高文化产品质量,为人民提供更好更多精神食粮。加强和改进网络内容建设,唱响网上主旋律。加强网络社会管理,推进网络规范有序运行。开展"扫黄打非",抵制低俗现象。普及科学知识,弘扬科学精神,提高全民科学素养。广泛开展全民健身运动,促进群众体育和竞技体育全面发展。

(四)增强文化整体实力和竞争力

文化实力和竞争力是国家富强、民族振兴的重要标志。要坚持把社会效益放在首位、社会效益和经济效益相统一,推动文化事业全面繁荣、文化产业快速发展。增强国有公益性文化单位活力,完善经营性文化单位法人治理结构,繁荣文化市场。扩大文化领域对外开放,积极吸收借鉴国外优秀文化成果。营造有利于高素质文化人才大量涌现、健康成长的良好环境,造就一批名家大师和民族文化代表人物,表彰有杰出贡献的文化工作者。

七、在改善民生和创新社会管理中加强社会建设

加强社会建设,是社会和谐稳定的重要保证。必须从维护广大人民根本利益的高度,加快健全基本公共服务体系,加强和创新社会管理,推动社会主义和谐社会建设。

加强社会建设,必须以保障和改善民生为重点。提高人民物质文化生活水平,是改革开放和社会主义现代化建设的根本目的。

加强社会建设,必须加快推进社会体制改革。要围绕构建中国特色社会主义管理体系,加快形成党委领导、政府负责、社会协同、公众参与、法治保障的社会管理体制,加快形成政府主导、覆盖城乡、可持续的基本公共服务体系,加快形成政社分开、权责明确、依法自治的现代社会组织体制,加快形成源头治理、动态管理、应急处置相结合的社会管理机制。

(一)努力办好人民满意的教育

教育是中华民族振兴和社会进步的基石。要坚持教育优先发展,全面贯彻党的教育方针,坚持教育为社会主义现代化服务的根本任务,培养德智体美全面发展的社会主义建设者和接班人。

(二)推动实现更高质量的就业

就业是民生之本。要贯彻劳动者自主就业、市场调节就业、政府促进就业和鼓励创业的方针,实施就业优先战略和更加积极的就业政策。加强职业技能培训,提升劳动者就业创业能力,增强就业稳定性。健全人力资源市场,完善就业服务体系,增强失业保险对促进就业的作用。健全劳动标准体系和劳动关系协调机制,加强劳动保障监察和争议调解仲裁,构建和谐劳动关系。

(三)千方百计增加居民收入

提高居民收入在国民收入分配中的比重,提高劳动报酬在初次分配中的比重。初次分配和再分配都要兼顾效率和公平,再分配更加注重公平。完善劳动、资本、技术、管理等要素按贡献参与分配的初次分配机制,加快健全以税收、社会保障、转移支付为主要手段的再分配调节机制。深化企业和机关事业单位工资制度改革,推行企业工资集体协商制度,保护劳动所得。多渠道增加居民财产性收入。规范收入分配秩序,保护合法收入,增加低收入者收入,调节过高收入,取缔非法收入。

(四)统筹推进城乡社会保障体系建设

社会保障是保障人民生活、调节社会分配的一项基本制度。要坚持全覆盖、保基本、多层次、可持续方针,以增强公平性、适应流动性、保证可持续性为重点,全面建成覆盖城乡居民的社会保障体系。

(五)提高人民健康水平

健康是促进人的全面发展的必然要求。要坚持为人民健康服务的方向,坚持预防为主、以农村为重点、中西医并重,按照保基本、强基层、建机制要求,重点推进医疗保障、医疗服务、公共卫生、药品供应、监管体制综合改革,完善国民健康政策,为群众提供安全有效方便价廉的公共卫生和基本医疗服务。健全全民医保体系,建立重特大疾病保障和救助机制,完善突发公共卫生事件应急和重大疾病防控机制。

(六)加强和创新社会管理

完善立体化社会治安防控体系,强化司法基本保障,依法防范和惩治违法犯罪活动,保障人民生命财产安全。完善国家安全战略和工作机制,高度警惕和坚决防范敌对势力的分裂、渗透、颠覆活动,确保国家安全。

八、大力推进生态文明建设

建设生态文明,是关系人民福祉、关乎民族未来的长远大计。面对资源约束趋紧、环境污染严重、生态系统退化的严峻形势,必须树立尊重自然、顺应自然、保护自然的生态文明理念,把生态文明建设放在突出地位,融入经济建设、政治建设、文化建设、社会建设各方面和全过程,努力建设美丽中国,实现中华民族永续发展。

坚持节约资源和保护环境的基本国策,坚持节约优先、保护优先、自然恢复为主的方针,着力推进绿色发展、循环发展、低碳发展,形成节约资源和保护环境的空间格局、产业结构、生产方式、生活方式,从源头上扭转生态环境恶化趋势,为人民创造良好生产生活环境,为全球生态安全作出贡献。

(一)优化国土空间开发格局

加快实施主体功能区战略,推动各地区严格按照主体功能定位发展,构建科学合理的城市化格局、农业发展格局、生态安全格局。提高海洋资源开发能力,发展海洋经济,保护海洋生态环境,坚决维护国家海洋权益,建设海洋强国。

(二)全面促进资源节约

节约资源是保护生态环境的根本之策。要节约集约利用资源,推动资源利用方式根本转变。严守耕地保护红线,严格土地用途管制。加强矿产资源勘查、保护、合理开发。发展循环经济,促进生产、流通、消费过程的减量化、再利用、资源化。

(三)加大自然生态系统和环境保护力度

良好的生态环境是人和社会持续发展的根本基础。坚持共同但有区别的责任原则、公平原则、各自能力原则,同国际社会一道积极应对全球气候变化。

(四)加强生态文明制度建设

加强环境监管,健全生态环境保护责任追究制度和环境损害赔偿制度。加强生态文明宣传教育,增强全民节约意识、环保意识、生态意识,形成合理消费的社会风尚,营造爱护生态环境的良好风气。

九、加快推进国防和军队现代化

建设与我国国际地位相称、与国家安全和发展利益相适应的巩固国防和强大军队,是我国现代化建设的战略任务。按照国防和军队现代化建设"三步走"战略构想,加紧完成机械化和信息化建设双重历史任务,力争到2020年基本实现机械化,信息化建设取得重大进展。

国防和军队现代化建设,必须以毛泽东军事思想、邓小平新时期军队建设思想、江泽民国防和军队建设思想、党关于新形势下国防和军队建设思想为指导。要适应国家发展战略和安全战略新要求,着眼全面履行新世纪新阶段军队历史使命,贯彻新时期积极防御军事战略方针,与时俱进加强军事战略指导,高度关注海洋、太空、网络空间安全,积极运筹和平时期军事力量运用,不断拓展和深化军事斗争准备,提高以打赢信息化条件下局部战争能力为核心的完成多样化军事任务能力。

坚持以推动国防和军队建设科学发展为主题,以加快转变战斗力生成模式为主线,全面加强军队革命化现代化正规化建设。毫不动摇坚持党对军队的绝对领导,坚持不懈用中国特色社会主义理论体系武装全军,持续培育当代革命军人核心价值观,大力发展先进军事文化,永葆人民军队性质、本色、作风。

紧跟世界新军事革命加速发展的潮流,积极稳妥进行国防和军队改革,坚持走中国特色军民融合式发展路子,坚持富国和强军相统一,巩固和发展军政军民团结。

中国奉行防御性的国防政策,加强国防建设的目的是维护国家主权、安全、领土完整,保障国家和平发展。中国军队始终是维护世界和平的坚定力量,将一如既往同各国加强军事合作、增进军事互信,参与地区和国际安全事务,在国际政治和安全领域发挥积极作用。

十、丰富"一国两制"实践和推进祖国统一

香港、澳门回归以来,走上了同祖国内地优势互补、共同发展的宽广道路,"一国两制"实践取得举世公认的成功。中央政府对香港、澳门实行的各项方针政策,根本宗旨是维护国家主权、安全、发展利益,保持香港、澳门长期繁荣稳定。

中央政府将严格依照基本法办事,完善与基本法实施相关的制度和机制,坚定支持特别行政区行政长官和政府依法施政。

解决台湾问题、实现祖国完全统一,是不可阻挡的历史进程。和平统一最符合包括台湾同胞在内的中华民族的根本利益。实现和平统一首先要确保两岸关系和平发展。必须坚持"和平统一、一国两制"方针。

我们要始终坚持"一个中国"原则。我们要持续推进两岸交流合作。我们要努力促进两岸同胞团结奋斗。我们坚决反对"台独"分裂图谋。中国人民绝不允许任何人任何势力以任何方式把台湾从祖国分割出去。"台独"分裂行径损害两岸同胞共同利益,必然走向彻底失败。

十一、继续促进人类和平与发展的崇高事业

当今世界正在发生深刻复杂变化,和平与发展仍然是时代主题。世界多极化、经济全球化深入发展,文化多样化、社会信息化持续推进,科技革命孕育新突破,全球合作向多层次全方位拓展,新兴市场国家和发展中国家整体实力增强,国际力量对比朝着有利于维护世界和平方向发展,保持国际形势总体稳定具备更多有利条件。

同时,世界仍然很不安宁。国际金融危机影响深远,世界经济增长不稳定不确定因素增多,全球发展不平衡加剧,推动建设持久和平、共同繁荣的和谐世界,是各国人民共同愿望。

我们主张,在国际关系中弘扬平等互信、包容互鉴、合作共赢的精神,共同维护国际公平正义。平

河南省农村信用社招聘考试专用教材

等互信,就是要遵循联合国宪章宗旨和原则,坚持国家不分大小、强弱、贫富一律平等,推动国际关系民主化,尊重主权,共享安全,维护世界和平稳定。包容互鉴,就是要尊重世界文明多样性、发展道路多样性,尊重和维护各国人民自主选择社会制度和发展道路的权利,相互借鉴,取长补短,推动人类文明进步。合作共赢,就是要倡导人类命运共同体意识,在追求本国利益时兼顾他国合理关切,在谋求本国发展中促进各国共同发展,建立更加平等均衡的新型全球发展伙伴关系,同舟共济,权责共担,增进人类共同利益。

中国将继续高举和平、发展、合作、共赢的旗帜,坚定不移致力于维护世界和平、促进共同发展。

中国将始终不渝走和平发展道路,坚定奉行独立自主的和平外交政策。中国将始终不渝奉行互利共赢的开放战略,通过深化合作促进世界经济强劲、可持续、平衡增长。中国坚持权利和义务相平衡,积极参与全球经济治理,推动贸易和投资自由化便利化,反对各种形式的保护主义。

中国坚持在和平共处五项原则基础上全面发展同各国的友好合作。我们将坚持与邻为善、以邻为伴,巩固睦邻友好,深化互利合作,努力使自身发展更好惠及周边国家。我们将加强同广大发展中国家的团结合作,共同维护发展中国家正当权益。

十二、全面提高党的建设科学化水平

我们党担负着团结带领人民全面建成小康社会、推进社会主义现代化、实现中华民族伟大复兴的重任。只有植根人民、造福人民,党才能始终立于不败之地;只有居安思危、勇于进取,党才能始终走在时代前列。新形势下,党面临的执政考验、改革开放考验、市场经济考验、外部环境考验是长期的、复杂的、严峻的。精神懈怠危险、能力不足危险、脱离群众危险、消极腐败危险更加尖锐地摆在全党面前。

(一)坚定理想信念,坚守共产党人精神追求

对马克思主义的信仰,对社会主义和共产主义的信念,是共产党人的政治灵魂,是共产党人经受住任何考验的精神支柱。要抓好思想理论建设这个根本,抓好党性教育这个核心,抓好道德建设这个基础。

(二)坚持以人为本、执政为民,始终保持党同人民群众的血肉联系

为人民服务是党的根本宗旨,以人为本、执政为民是检验党一切执政活动的最高标准。任何时候都要把人民利益放在第一位,坚决克服形式主义、官僚主义,以优良党风凝聚党心民心、带动政风民风。支持工会、共青团、妇联等人民团体充分发挥桥梁纽带作用,更好反映群众呼声,维护群众合法权益。

(三)积极发展党内民主,增强党的创造活力

完善党的代表大会制度,实行党内代表提案制。扩大党内基层民主,完善党员定期评议基层党组织领导班子等制度,推行党员旁听基层党委会议、党代会代表列席同级党委有关会议等做法,增强党内生活原则性和透明度。

【经典例题】

(单选题)2012年中共十八大报告首次正式作出一项涉及党内民主机制的重要决定,使推进党内民主有了新渠道,标志着党内民主又迈出了具有划时代意义的一步。该项重要决定是(　)。

A.党代表任期制度　　　　　　　　　　B.党代表提案制度

C.党代表常任制度　　　　　　　　　　D.党代表专职制度

【答案】B。解析:胡锦涛同志在十八大报告中强调,完善党的代表大会制度,提高工人、农民代表比例,实行党代会代表提案制。继党的十七大提出实行党代表任期制后,党的十八大又首次提出实行党

代会代表提案制,这标志着党内民主又迈出了坚实的一步、具有划时代意义的一步。故本题答案选 B。

(四)深化干部人事制度改革,建设高素质执政骨干队伍

坚持和发展中国特色社会主义,关键在于建设一支政治坚定、能力过硬、作风优良、奋发有为的执政骨干队伍。注重从基层一线培养选拔干部,拓宽社会优秀人才进入党政干部队伍渠道。推进国有企业和事业单位人事制度改革。加强和改进干部培训,加大培养选拔优秀年轻干部力度,重视培养选拔女干部和少数民族干部,鼓励年轻干部到基层和艰苦地区锻炼成长。

(五)坚持党管人才原则,把各方面优秀人才集聚到党和国家事业中来

加快人才发展体制机制改革和政策创新,建立国家荣誉制度,形成激发人才创造活力、具有国际竞争力的人才制度优势,开创人人皆可成才、人人尽展其才的生动局面。

(六)创新基层党建工作,夯实党执政的组织基础

健全党的基层组织体系,加强基层党组织带头人队伍建设,加强城乡基层党建资源整合,建立稳定的经费保障制度。以服务群众、做群众工作为主要任务,加强基层服务型党组织建设。

(七)坚定不移反对腐败,永葆共产党人清正廉洁的政治本色

要坚持中国特色反腐倡廉道路,坚持标本兼治、综合治理、惩防并举、注重预防方针,全面推进惩治和预防腐败体系建设,做到干部清正、政府清廉、政治清明。

(八)严明党的纪律,自觉维护党的集中统一

各级党组织和广大党员、干部特别是主要领导干部一定要自觉遵守党章,自觉按照党的组织原则和党内政治生活准则办事,任何人都不能凌驾于组织之上。要坚决维护中央权威。

经典真题

(单选题)十八大提出的中国特色社会主义的总布局是( )。

A.二位一体   B.三位一体

C.四位一体   D.五位一体

【答案】D。解析:党的十八大报告指出:"建设中国特色社会主义,总依据是社会主义初级阶段,总布局是五位一体,总任务是实现社会主义现代化和中华民族伟大复兴。"故本题答案选 D。

第二节 十八届四中全会文件(要点)

《中共中央关于全面推进依法治国若干重大问题的决定》

一、坚持走中国特色社会主义法治道路,建设中国特色社会主义法治体系

依法治国,是坚持和发展中国特色社会主义的本质要求和重要保障,是实现国家治理体系和治理能力现代化的必然要求,事关我们党执政兴国,事关人民幸福安康,事关党和国家长治久安。

全面建成小康社会、实现中华民族伟大复兴的中国梦,全面深化改革、完善和发展中国特色社会主义制度,提高党的执政能力和执政水平,必须全面推进依法治国。

全面推进依法治国,必须贯彻落实党的十八大和十八届三中全会精神,高举中国特色社会主义伟大旗帜,以马克思列宁主义、毛泽东思想、邓小平理论、"三个代表"重要思想、科学发展观为指导,深入贯彻习近平总书记系列重要讲话精神,坚持党的领导、人民当家作主、依法治国有机统一,坚定不移走中国特色社会主义法治道路,坚决维护宪法法律权威,依法维护人民权益、维护社会公平正义、维护国家安全稳定,为实现"两个一百年"奋斗目标、实现中华民族伟大复兴的中国梦提供有力法治保障。

全面推进依法治国,总目标是建设中国特色社会主义法治体系,建设社会主义法治国家。这就是,在中国共产党领导下,坚持中国特色社会主义制度,贯彻中国特色社会主义法治理论,形成完备的法律规范体系、高效的法治实施体系、严密的法治监督体系、有力的法治保障体系,形成完善的党内法规体系,坚持依法治国、依法执政、依法行政共同推进,坚持法治国家、法治政府、法治社会一体建设,实现科学立法、严格执法、公正司法、全民守法,促进国家治理体系和治理能力现代化。

实现这个总目标,必须坚持以下原则。

——坚持中国共产党的领导。党的领导是中国特色社会主义最本质的特征,是社会主义法治最根本的保证。坚持党的领导,是社会主义法治的根本要求,是党和国家的根本所在、命脉所在,是全国各族人民的利益所系、幸福所系,是全面推进依法治国的题中应有之义。

——坚持人民主体地位。人民是依法治国的主体和力量源泉,人民代表大会制度是保证人民当家作主的根本政治制度。

——坚持法律面前人人平等。平等是社会主义法律的基本属性。任何组织和个人都必须尊重宪法法律权威,都必须在宪法法律范围内活动,都必须依照宪法法律行使权力或权利、履行职责或义务,都不得有超越宪法法律的特权。

——坚持依法治国和以德治国相结合。国家和社会治理需要法律和道德共同发挥作用。

——坚持从中国实际出发。中国特色社会主义道路、理论体系、制度是全面推进依法治国的根本遵循。

二、完善以宪法为核心的中国特色社会主义法律体系,加强宪法实施

法律是治国之重器,良法是善治之前提。建设中国特色社会主义法治体系,必须坚持立法先行,发挥立法的引领和推动作用,抓住提高立法质量这个关键。要恪守以民为本、立法为民理念,贯彻社会主义核心价值观,使每一项立法都符合宪法精神、反映人民意志、得到人民拥护。要把公正、公平、公开原则贯穿立法全过程,完善立法体制机制,坚持立改废释并举,增强法律法规的及时性、系统性、针对性、有效性。

(1)健全宪法实施和监督制度。宪法是党和人民意志的集中体现,是通过科学民主程序形成的根本法。坚持依法治国首先要坚持依宪治国,坚持依法执政首先要坚持依宪执政。

完善全国人大及其常委会宪法监督制度,健全宪法解释程序机制。加强备案审查制度和能力建设,把所有规范性文件纳入备案审查范围,依法撤销和纠正违宪违法的规范性文件,禁止地方制发带有立法性质的文件。

将每年十二月四日定为国家宪法日。在全社会普遍开展宪法教育,弘扬宪法精神。建立宪法宣誓制度,凡经人大及其常委会选举或者决定任命的国家工作人员正式就职时公开向宪法宣誓。

(2)完善立法体制。加强党对立法工作的领导,完善党对立法工作中重大问题决策的程序。凡立法涉及重大体制和重大政策调整的,必须报党中央讨论决定。党中央向全国人大提出宪法修改建议,依照宪法规定的程序进行宪法修改。法律制定和修改的重大问题由全国人大常委会党组向党中央报告。

健全有立法权的人大主导立法工作的体制机制,发挥人大及其常委会在立法工作中的主导作用。建立由全国人大相关专门委员会、全国人大常委会法制工作委员会组织有关部门参与起草综合性、全局性、基础性等重要法律草案制度。增加有法治实践经验的专职常委比例。依法建立健全专门委员会、工作委员会立法专家顾问制度。

加强和改进政府立法制度建设,完善行政法规、规章制定程序,完善公众参与政府立法机制。重要行政管理法律法规由政府法制机构组织起草。

明确立法权力边界,从体制机制和工作程序上有效防止部门利益和地方保护主义法律化。加强法律解释工作,及时明确法律规定含义和适用法律依据。明确地方立法权限和范围,依法赋予设区的市地方立法权。

(3)深入推进科学立法、民主立法。加强人大对立法工作的组织协调,健全立法起草、论证、协调、审议机制,健全向下级人大征询立法意见机制,建立基层立法联系点制度,推进立法精细化。健全法律法规规章起草征求人大代表意见制度,增加人大代表列席人大常委会会议人数,更多发挥人大代表参与起草和修改法律作用。完善立法项目征集和论证制度。健全立法机关主导、社会各方有序参与立法的途径和方式。探索委托第三方起草法律法规草案。

健全立法机关和社会公众沟通机制,开展立法协商,充分发挥政协委员、民主党派、工商联、无党派人士、人民团体、社会组织在立法协商中的作用,探索建立有关国家机关、社会团体、专家学者等对立法中涉及的重大利益调整论证咨询机制。

完善法律草案表决程序,对重要条款可以单独表决。

(4)加强重点领域立法。依法保障公民权利,加快完善体现权利公平、机会公平、规则公平的法律制度,保障公民人身权、财产权、基本政治权利等各项权利不受侵犯,保障公民经济、文化、社会等各方面权利得到落实,实现公民权利保障法治化。

社会主义市场经济本质上是法治经济。使市场在资源配置中起决定性作用和更好发挥政府作用,必须以保护产权、维护契约、统一市场、平等交换、公平竞争、有效监管为基本导向,完善社会主义市场经济法律制度。健全以公平为核心原则的产权保护制度,加强对各种所有制经济组织和自然人财产权的保护,清理有违公平的法律法规条款。

制度化、规范化、程序化是社会主义民主政治的根本保障。以保障人民当家作主为核心,坚持和完善人民代表大会制度,坚持和完善中国共产党领导的多党合作和政治协商制度、民族区域自治制度以及基层群众自治制度,推进社会主义民主政治法治化。加强社会主义协商民主制度建设,推进协商民主广泛多层制度化发展,构建程序合理、环节完整的协商民主体系。完善和发展基层民主制度,依法推进基层民主和行业自律,实行自我管理、自我服务、自我教育、自我监督。完善国家机构组织法,完善选举制度和工作机制。加快推进反腐败国家立法,完善惩治和预防腐败体系,形成不敢腐、不能腐、不想腐的有效机制,坚决遏制和预防腐败现象。完善惩治贪污贿赂犯罪法律制度,把贿赂犯罪对象由财物扩大为财物和其他财产性利益。

建立健全坚持社会主义先进文化前进方向、遵循文化发展规律、有利于激发文化创造活力、保障人民基本文化权益的文化法律制度。制定公共文化服务保障法,促进基本公共文化服务标准化、均等化。制定文化产业促进法,把行之有效的文化经济政策法定化,健全促进社会效益和经济效益有机统一的制度规范。制定国家勋章和国家荣誉称号法,表彰有突出贡献的杰出人士。加强互联网领域立法,完善网络信息服务、网络安全保护、网络社会管理等方面的法律法规,依法规范网络行为。

加快保障和改善民生、推进社会治理体制创新法律制度建设。依法加强和规范公共服务,完善教育、就业、收入分配、社会保障、医疗卫生、食品安全、扶贫、慈善、社会救助和妇女儿童、老年人、残疾人

河南省农村信用社招聘考试专用教材

合法权益保护等方面的法律法规。加强社会组织立法,规范和引导各类社会组织健康发展。制定社区矫正法。

贯彻落实总体国家安全观,加快国家安全法治建设,抓紧出台反恐怖等一批急需法律,推进公共安全法治化,构建国家安全法律制度体系。

用严格的法律制度保护生态环境,加快建立有效约束开发行为和促进绿色发展、循环发展、低碳发展的生态文明法律制度,强化生产者环境保护的法律责任,大幅度提高违法成本。建立健全自然资源产权法律制度,完善国土空间开发保护方面的法律制度,制定完善生态补偿和土壤、水、大气污染防治及海洋生态环境保护等法律法规,促进生态文明建设。

实现立法和改革决策相衔接,做到重大改革于法有据、立法主动适应改革和经济社会发展需要。

三、深入推进依法行政,加快建设法治政府

法律的生命力在于实施,法律的权威也在于实施。各级政府必须坚持在党的领导下、在法治轨道上开展工作,创新执法体制,完善执法程序,推进综合执法,严格执法责任,建立权责统一、权威高效的依法行政体制,加快建设职能科学、权责法定、执法严明、公开公正、廉洁高效、守法诚信的法治政府。

(1)依法全面履行政府职能。完善行政组织和行政程序法律制度,推进机构、职能、权限、程序、责任法定化。行政机关要坚持法定职责必须为、法无授权不可为,勇于负责、敢于担当,坚决纠正不作为、乱作为,坚决克服懒政、怠政,坚决惩处失职、渎职。推行政府权力清单制度,坚决消除权力设租寻租空间。

推进各级政府事权规范化、法律化,完善不同层级政府特别是中央和地方政府事权法律制度,强化中央政府宏观管理、制度设定职责和必要的执法权,强化省级政府统筹推进区域内基本公共服务均等化职责,强化市县政府执行职责。

(2)健全依法决策机制。把公众参与、专家论证、风险评估、合法性审查、集体讨论决定确定为重大行政决策法定程序,确保决策制度科学、程序正当、过程公开、责任明确。建立行政机关内部重大决策合法性审查机制,未经合法性审查或经审查不合法的,不得提交讨论。

积极推行政府法律顾问制度,建立政府法制机构人员为主体、吸收专家和律师参加的法律顾问队伍,保证法律顾问在制定重大行政决策、推进依法行政中发挥积极作用。

建立重大决策终身责任追究制度及责任倒查机制,对决策严重失误或者依法应该及时作出决策但久拖不决造成重大损失、恶劣影响的,严格追究行政首长、负有责任的其他领导人员和相关责任人员的法律责任。

(3)深化行政执法体制改革。根据不同层级政府的事权和职能,按照减少层次、整合队伍、提高效率的原则,合理配置执法力量。

推进综合执法,大幅减少市县两级政府执法队伍种类,重点在食品药品安全、工商质检、公共卫生、安全生产、文化旅游、资源环境、农林水利、交通运输、城乡建设、海洋渔业等领域内推行综合执法,有条件的领域可以推行跨部门综合执法。

完善市县两级政府行政执法管理,加强统一领导和协调。

严格实行行政执法人员持证上岗和资格管理制度。严格执行罚缴分离和收支两条线管理制度,严禁收费罚没收入同部门利益直接或者变相挂钩。

健全行政执法和刑事司法衔接机制,完善案件移送标准和程序,建立行政执法机关、公安机关、检察机关、审判机关信息共享、案情通报、案件移送制度,坚决克服有案不移、有案难移、以罚代刑现象,实现行政处罚和刑事处罚无缝对接。

（4）坚持严格规范公正文明执法。依法惩处各类违法行为,加大关系群众切身利益的重点领域执法力度。完善执法程序,建立执法全过程记录制度。明确具体操作流程,重点规范行政许可、行政处罚、行政强制、行政征收、行政收费、行政检查等执法行为。严格执行重大执法决定法制审核制度。

建立健全行政裁量权基准制度,细化、量化行政裁量标准,规范裁量范围、种类、幅度。加强行政执法信息化建设和信息共享,提高执法效率和规范化水平。

全面落实行政执法责任制,严格确定不同部门及机构、岗位执法人员执法责任和责任追究机制,加强执法监督,坚决排除对执法活动的干预,防止和克服地方和部门保护主义,惩治执法腐败现象。

（5）强化对行政权力的制约和监督。加强党内监督、人大监督、民主监督、行政监督、司法监督、审计监督、社会监督、舆论监督制度建设,努力形成科学有效的权力运行制约和监督体系,增强监督合力和实效。

加强对政府内部权力的制约,是强化对行政权力制约的重点。完善政府内部层级监督和专门监督,改进上级机关对下级机关的监督,建立常态化监督制度。完善纠错问责机制,健全责令公开道歉、停职检查、引咎辞职、责令辞职、罢免等问责方式和程序。

完善审计制度,保障依法独立行使审计监督权。探索省以下地方审计机关人财物统一管理。推进审计职业化建设。

（6）全面推进政务公开。坚持以公开为常态、不公开为例外原则,推进决策公开、执行公开、管理公开、服务公开、结果公开。

四、保证公正司法,提高司法公信力

公正是法治的生命线。必须完善司法管理体制和司法权力运行机制,规范司法行为,加强对司法活动的监督,努力让人民群众在每一个司法案件中感受到公平正义。

（1）完善确保依法独立公正行使审判权和检察权的制度。健全行政机关依法出庭应诉、支持法院受理行政案件、尊重并执行法院生效裁判的制度。完善惩戒妨碍司法机关依法行使职权、拒不执行生效裁判和决定、藐视法庭权威等违法犯罪行为的法律规定。

建立健全司法人员履行法定职责保护机制。非因法定事由,非经法定程序,不得将法官、检察官调离、辞退或者作出免职、降级等处分。

（2）优化司法职权配置。健全公安机关、检察机关、审判机关、司法行政机关各司其职,侦查权、检察权、审判权、执行权相互配合、相互制约的体制机制。

完善司法体制,推动实行审判权和执行权相分离的体制改革试点。完善刑罚执行制度,统一刑罚执行体制。

最高人民法院设立巡回法庭,审理跨行政区域重大行政和民商事案件。探索设立跨行政区划的人民法院和人民检察院,办理跨地区案件。

改革法院案件受理制度,变立案审查制为立案登记制,对人民法院依法应该受理的案件,做到有案必立、有诉必理,保障当事人诉权。加大对虚假诉讼、恶意诉讼、无理缠诉行为的惩治力度。完善刑事诉讼中认罪认罚从宽制度。

完善审级制度,一审重在解决事实认定和法律适用,二审重在解决事实法律争议、实现二审终审,再审重在解决依法纠错、维护裁判权威。完善对涉及公民人身、财产权益的行政强制措施实行司法监督制度。探索建立检察机关提起公益诉讼制度。

明确司法机关内部各层级权限,健全内部监督制约机制。

加强职务犯罪线索管理,健全受理、分流、查办、信息反馈制度,明确纪检监察和刑事司法办案

标准和程序衔接,依法严格查办职务犯罪案件。

(3)推进严格司法。坚持以事实为根据、以法律为准绳,健全事实认定符合客观真相、办案结果符合实体公正、办案过程符合程序公正的法律制度。

推进以审判为中心的诉讼制度改革,确保侦查、审查起诉的案件事实证据经得起法律的检验。

实行办案质量终身负责制和错案责任倒查问责制,确保案件处理经得起法律和历史检验。

(4)保障人民群众参与司法。坚持人民司法为人民,依靠人民推进公正司法,通过公正司法维护人民权益。

构建开放、动态、透明、便民的阳光司法机制,推进审判公开、检务公开、警务公开、狱务公开,依法及时公开执法司法依据、程序、流程、结果和生效法律文书,杜绝暗箱操作。

(5)加强人权司法保障。强化诉讼过程中当事人和其他诉讼参与人的知情权、陈述权、辩护辩论权、申请权、申诉权的制度保障。健全落实罪刑法定、疑罪从无、非法证据排除等法律原则的法律制度。完善对限制人身自由司法措施和侦查手段的司法监督,加强对刑讯逼供和非法取证的源头预防,健全冤假错案有效防范、及时纠正机制。

落实终审和诉讼终结制度,实行诉访分离,保障当事人依法行使申诉权利。对不服司法机关生效裁判、决定的申诉,逐步实行由律师代理制度。对聘不起律师的申诉人,纳入法律援助范围。

(6)加强对司法活动的监督。完善检察机关行使监督权的法律制度,加强对刑事诉讼、民事诉讼、行政诉讼的法律监督。完善人民监督员制度,重点监督检察机关查办职务犯罪的立案、羁押、扣押冻结财物、起诉等环节的执法活动。

五、增强全民法治观念,推进法治社会建设

法律的权威源自人民的内心拥护和真诚信仰。人民权益要靠法律保障,法律权威要靠人民维护。必须弘扬社会主义法治精神,建设社会主义法治文化,增强全社会厉行法治的积极性和主动性,形成守法光荣、违法可耻的社会氛围,使全体人民都成为社会主义法治的忠实崇尚者、自觉遵守者、坚定捍卫者。

(1)推动全社会树立法治意识。坚持把全民普法和守法作为依法治国的长期基础性工作,深入开展法治宣传教育,引导全民自觉守法、遇事找法、解决问题靠法。坚持把领导干部带头学法、模范守法作为树立法治意识的关键,完善国家工作人员学法用法制度,把宪法法律列入党委(党组)中心组学习内容,列为党校、行政学院、干部学院、社会主义学院必修课。把法治教育纳入国民教育体系,从青少年抓起,在中小学设立法治知识课程。

(2)推进多层次多领域依法治理。坚持系统治理、依法治理、综合治理、源头治理,提高社会治理法治化水平。

发挥人民团体和社会组织在法治社会建设中的积极作用。建立健全社会组织参与社会事务、维护公共利益、救助困难群众、帮教特殊人群、预防违法犯罪的机制和制度化渠道。支持行业协会商会类社会组织发挥行业自律和专业服务功能。发挥社会组织对其成员的行为导引、规则约束、权益维护作用。加强在华境外非政府组织管理,引导和监督其依法开展活动。

高举民族大团结旗帜,依法妥善处置涉及民族、宗教等因素的社会问题,促进民族关系、宗教关系和谐。

(3)建设完备的法律服务体系。推进覆盖城乡居民的公共法律服务体系建设,加强民生领域法律服务。完善法律援助制度,扩大援助范围,健全司法救助体系,保证人民群众在遇到法律问题或者权利受到侵害时获得及时有效法律帮助。

发展律师、公证等法律服务业,统筹城乡、区域法律服务资源,发展涉外法律服务业。健全统一司法鉴定管理体制。

(4)健全依法维权和化解纠纷机制。强化法律在维护群众权益、化解社会矛盾中的权威地位,引导和支持人们理性表达诉求、依法维护权益,解决好群众最关心最直接最现实的利益问题。

构建对维护群众利益具有重大作用的制度体系,建立健全社会矛盾预警机制、利益表达机制、协商沟通机制、救济救助机制,畅通群众利益协调、权益保障法律渠道。

健全社会矛盾纠纷预防化解机制,完善调解、仲裁、行政裁决、行政复议、诉讼等有机衔接、相互协调的多元化纠纷解决机制。完善仲裁制度,提高仲裁公信力。健全行政裁决制度,强化行政机关解决同行政管理活动密切相关的民事纠纷功能。

六、加强法治工作队伍建设

全面推进依法治国,必须大力提高法治工作队伍思想政治素质、业务工作能力、职业道德水准,着力建设一支忠于党、忠于国家、忠于人民、忠于法律的社会主义法治工作队伍,为加快建设社会主义法治国家提供强有力的组织和人才保障。

(1)建设高素质法治专门队伍。把思想政治建设摆在首位,加强理想信念教育,深入开展社会主义核心价值观和社会主义法治理念教育,坚持党的事业、人民利益、宪法法律至上,加强立法队伍、行政执法队伍、司法队伍建设。

推进法治专门队伍正规化、专业化、职业化,提高职业素养和专业水平。完善法律职业准入制度,健全国家统一法律职业资格考试制度,建立法律职业人员统一职前培训制度。加强边疆地区、民族地区法治专门队伍建设。

建立法官、检察官逐级遴选制度。初任法官、检察官由高级人民法院、省级人民检察院统一招录,一律在基层法院、检察院任职。上级人民法院、人民检察院的法官、检察官一般从下一级人民法院、人民检察院的优秀法官、检察官中遴选。

(2)加强法律服务队伍建设。加强律师队伍思想政治建设,把拥护中国共产党领导、拥护社会主义法治作为律师从业的基本要求,增强广大律师走中国特色社会主义法治道路的自觉性和坚定性。构建社会律师、公职律师、公司律师等优势互补、结构合理的律师队伍。

发展公证员、基层法律服务工作者、人民调解员队伍。推动法律服务志愿者队伍建设。建立激励法律服务人才跨区域流动机制,逐步解决基层和欠发达地区法律服务资源不足和高端人才匮乏问题。

(3)创新法治人才培养机制。坚持用马克思主义法学思想和中国特色社会主义法治理论全方位占领高校、科研机构法学教育和法学研究阵地,加强法学基础理论研究,形成完善的中国特色社会主义法学理论体系、学科体系、课程体系,组织编写和全面采用国家统一的法律类专业核心教材,纳入司法考试必考范围。

健全政法部门和法学院校、法学研究机构人员双向交流机制,实施高校和法治工作部门人员互聘计划,重点打造一支政治立场坚定、理论功底深厚、熟悉中国国情的高水平法学家和专家团队,建设高素质学术带头人、骨干教师、专兼职教师队伍。

七、加强和改进党对全面推进依法治国的领导

党的领导是全面推进依法治国、加快建设社会主义法治国家最根本的保证。必须加强和改进党对法治工作的领导,把党的领导贯彻到全面推进依法治国全过程。

(1)坚持依法执政。依法执政是依法治国的关键。各级党组织和领导干部要深刻认识到,维护宪法

法律权威就是维护党和人民共同意志的权威,捍卫宪法法律尊严就是捍卫党和人民共同意志的尊严,保证宪法法律实施就是保证党和人民共同意志的实现。

健全党领导依法治国的制度和工作机制,完善保证党确定依法治国方针政策和决策部署的工作机制和程序。加强对全面推进依法治国统一领导、统一部署、统筹协调。完善党委依法决策机制,发挥政策和法律的各自优势,促进党的政策和国家法律互联互动。

人大、政府、政协、审判机关、检察机关的党组织和党员干部要坚决贯彻党的理论和路线方针政策,贯彻党委决策部署。

政法委员会是党委领导政法工作的组织形式,必须长期坚持。各级党委政法委员会要把工作着力点放在把握政治方向、协调各方职能、统筹政法工作、建设政法队伍、督促依法履职、创造公正司法环境上,带头依法办事,保障宪法法律正确统一实施。

(2)加强党内法规制度建设。党内法规既是管党治党的重要依据,也是建设社会主义法治国家的有力保障。党章是最根本的党内法规,全党必须一体严格遵行。

依纪依法反对和克服形式主义、官僚主义、享乐主义和奢靡之风,形成严密的长效机制。

(3)提高党员干部法治思维和依法办事能力。党员干部是全面推进依法治国的重要组织者、推动者、实践者,要自觉提高运用法治思维和法治方式深化改革、推动发展、化解矛盾、维护稳定能力,高级干部尤其要以身作则、以上率下。把法治建设成效作为衡量各级领导班子和领导干部工作实绩重要内容,纳入政绩考核指标体系。把能不能遵守法律、依法办事作为考察干部重要内容,在相同条件下,优先提拔使用法治素养好、依法办事能力强的干部。

(4)推进基层治理法治化。全面推进依法治国,基础在基层,工作重点在基层。

(5)深入推进依法治军从严治军。党对军队绝对领导是依法治军的核心和根本要求。

坚持在法治轨道上积极稳妥推进国防和军队改革,深化军队领导指挥体制、力量结构、政策制度等方面改革,加快完善和发展中国特色社会主义军事制度。

健全适应现代军队建设和作战要求的军事法规制度体系,严格规范军事法规制度的制定权限和程序,将所有军事规范性文件纳入审查范围,完善审查制度,增强军事法规制度科学性、针对性、适用性。

健全军事法制工作体制,建立完善领导机关法制工作机构。改革军事司法体制机制,完善统一领导的军事审判、检察制度,维护国防利益,保障军人合法权益,防范打击违法犯罪。建立军事法律顾问制度,在各级领导机关设立军事法律顾问,完善重大决策和军事行动法律咨询保障制度。改革军队纪检监察体制。

(6)依法保障"一国两制"实践和推进祖国统一。坚持宪法的最高法律地位和最高法律效力,全面准确贯彻"一国两制"、"港人治港"、"澳人治澳"、高度自治的方针,严格依照宪法和基本法办事,完善与基本法实施相关的制度和机制,依法行使中央权力,依法保障高度自治,支持特别行政区行政长官和政府依法施政,保障内地与香港、澳门经贸关系发展和各领域交流合作,防范和反对外部势力干预港澳事务,保持香港、澳门长期繁荣稳定。

运用法治方式巩固和深化两岸关系和平发展,完善涉台法律法规,依法规范和保障两岸人民关系、推进两岸交流合作。运用法律手段捍卫一个中国原则,反对"台独",增进维护一个中国框架的共同认知,推进祖国和平统一。

(7)加强涉外法律工作。适应对外开放不断深化,完善涉外法律法规体系,促进构建开放型经济新体制。

第二篇

经 济

第一章　微观经济

第一节　市场主体

一、市场主体类型

市场主体是市场运行过程中进入市场从事经营活动,具有自主经营、自负盈亏、自我约束、自我发展,从而享受权利,承担义务的社会组织或经济体。

主要包括自然人,也包括以一定组织形式出现的法人,既包括营利性机构,也包括非营利性机构,此外也包括一些中介机构。对市场主体实施上述规范和管理的机构,除了司法机关外,主要还有市场管理组织。

市场管理组织指市场自身的管理和组织体制,它包括三类市场管理机构和三种管理手段构成的管理体系。管理组织系统的构成:第一类是国家设置的市场交易活动的监察管理机构,如审计、工商、物价、税收等机构;第二类是市场流通的技术管理机构,如计量标准、测试、质量监察、环保等机构;第三类是社会性和群众性管理机构,如消费者协会、质量监督协会等民间组织。市场管理的手段是一个综合体,主要包括政策和法律手段、财政及金融手段、行政手段等。

二、现代企业制度

1.概述

企业制度主要是指以产权制度为基础和核心的企业组织制度与管理制度。

市场经济在其发展过程中,逐步形成了三种基本的企业制度:个人业主制、合伙制和公司(法人)制。在这三种基本的企业制度中,公司(法人)制因其各方面的优势成为我们目前所指的现代企业制度。

2.公司制

①公司是一个由出资人(股东)入股组成的法人团体,具有法人地位,在其法人财产基础上营运。

②股东只在其出资的范围内对公司债务负有限责任。个别股东发生股权转移或其他变动,不会影响企业的营运。

③公司是由一个法人治理机构来统治与管理。

公司的最高权力机构是股东大会,由股东大会委托董事会负责处理公司重大经营管理事宜。董事会是公司的最高决策机构,董事会聘任总经理,负责公司的日常经营。公司还设立监事会,对董事会和总经理的工作情况进行监督。公司的股东会、董事会、监事会和经理层各负其责,协调运转,有效制衡。公司的基本类型有两种:有限责任公司和股份有限公司。

3.现代企业制度

现代企业制度是指符合社会化大生产特点，适应市场经济的需求，以完善的企业法人制度为主体，以公司制为核心，以公司法人治理结构为主要形态，以产权清晰、权责明确、政企分开、管理科学为基本特征的新型企业制度。

三、中介机构

市场中介机构是指介于政府与市场主体之间，商品生产者与经营者之间及个人与单位之间，从事服务、协调、评价和监督等活动的机构和组织。

市场中介机构大致可以分为五种基本类型：

①是半官方性质的中介机构，如中国国际贸易促进会。

②是行业机构，如各种行业协会、商会、同业公会等。

③是从事经纪业务的经营性企业和公司，如劳务公司、期货经纪公司等。这类中介机构也叫经纪人。经纪人是指依照国家有关法律规定，在经济活动中，以收取佣金为目的，为促成他人交易而从事居间、经纪或代理等经济业务的公民、法人和其他经济组织。

④是运用特定的专业知识为社会提供专业性服务或监管经济活动的中介机构，如工程咨询公司、律师事务所、会计师事务所、审计师事务所等。

⑤是社区型的中介机构，它们为特定社区内的公司、企业提供服务。

第二节　市场机制

一、供求法则

1.需求

需求是指在其他条件不变的情况下，消费者在一定的时期内在各种可能的价格下愿意而且能够购买某商品的数量。该数量叫需求量。只有既有购买欲望又有购买能力的需求才是有效需求。

需求规律：需求反映了消费者对商品的需求量与该商品价格之间的对应关系。两者之间遵循一个特定的规律，即商品价格上涨，消费者对商品的需求量就会下降；商品价格下降，消费者对商品的需求量就会增加，这一规律就是需求规律。

影响因素：一种商品的需求量不只取决于该商品的价格，还主要取决于以下因素：①消费者的偏好；②替代商品的价格和数量；③互补品的数量和价格；④消费者的收入；⑤消费者对未来价格的预期。

对消费者需求量影响最大的是价格因素。衡量商品价格对需求量究竟会产生多大幅度的影响，可以用需求的价格弹性这一指标来衡量。

需求的价格弹性：需求的价格弹性又称需求弹性，它表示在一定时期内，一种商品的需求量的相对变化对于该商品价格的相对运动的反应程度。用需求量变动百分比与价格变动百分比的比值来表示。如果一种物品的需求量对价格变动的反应大，那么这种物品的需求就是富有弹性的，或者说需求弹性大于1。反之，就是缺乏弹性的，即需求弹性小于1。

需求的收入弹性：被用来表示消费者对某种商品需求量的变动对收入变动的反应程度，或者说，表示在一定时期内当消费者的收入变化百分之一时所引起的商品需求量变化的百分比。

2.供给

供给是指生产者在一定时期内在各种可能价格下愿意而且能够提供出售的某商品数量。根据定义,该数量叫供给量。同需求概念一样,只有既有提供欲望又有提供出售能力的供给才是有效供给。

供给规律:供给反映了生产者的供给量与商品价格之间的对应关系。两者之间遵循一个特定的规律,即商品价格上涨,生产者的供给量增加;商品的价格下降,供给的数量减少。这一规律就是供给规律。

影响因素:供给量的决定因素,除了价格因素外,还有其他因素:①生产成本;②替代产品的价格;③互补产品的需求和价格;④自然灾害和其他无法预测的事件;⑤生产的目的;⑥对未来价格的预期。

对生产者供给量影响最大的是价格因素。衡量商品价格对供给量究竟会产生多大幅度的影响,可以用供给的价格弹性这一指标来衡量。

供给的价格弹性:供给的价格弹性又称供给弹性,表示在一定时期内,一种商品的供给量的相对变化对于该商品价格的相对运动的反应程度。如果一种商品的供给量对价格变动的反应大,那么这种物品的供给就是富有弹性的。反之,就是缺乏弹性的。

3.供求法则

在市场经济中,价格、供给、需求是市场的主要构成要素。无论何时何地,价格、供给和需求总是存在以下三种关系:

①在既定价格下,如果需求量大于供给量,就存在供不应求;

②在既定价格下,如果供给量大于需求量,就存在供大于求;

③在既定价格下,如果供给量等于需求量,市场就处于均衡状态,达到供求平衡。

供求法则是自由竞争市场上的经济法则,其成立需要具备以下四个基本条件:

①商品同质无差异;

②供给者与需求者进出市场自由,竞争不受任何限制,可随商品价格变动而自由调节各自的供求数量;

③市场信息充分,买卖双方对供求信息充分了解;

④交易双方数量众多,任何一方不会形成垄断局面。

但在大多数现实市场中,上述条件是不满足的,市场中总是既存在着竞争又存在着垄断,市场也因此存在着不同的结构。

三、市场结构

所谓市场结构,是指商品或劳务在市场上的竞争关系的构成和组合,它反映了某种商品或劳务在市场中的竞争程度。市场类型通常分为以下两大类:

1.完全竞争市场

假设前提条件:

①有数量极多的小规模买者和卖者;

②产品是同质的、无差异的,且买卖双方只能接受而不能影响价格;

③各种生产资源可以自由进入和退出该行业;

④买者和卖者完全掌握着产品和价格的信息。这种市场意味着消费者和生产者都有条件做出合理的消费选择和生产决策。

典例:当前某些农产品市场被看作趋向这类市场。

定价方式:市场处于供不应求或供大于求的状态时,可以依据价格,适应供求关系的变动,进行自动调节,使市场实现均衡。

2.不完全竞争市场

(1)完全垄断市场。

假设前提条件:卖方只有一个企业,而买方则有许多个;新企业的进入由于各种条件的限制不再有可能;没有相近的替代品。

典例:这种市场类型常常存在于公用事业部门。

定价方式:在完全垄断市场条件下,一个企业就是一个市场、一个行业。因此,垄断市场的行业均衡与单个企业均衡是相同的。因此垄断企业不是根据市场上的供求关系来定价,而是根据边际收益等于边际成本(分别指企业增加最后一个产品所取得的收益或成本)的原则定价。而且,为了实现其垄断利润最大化的目的,垄断企业还采取单一定价与歧视定价相结合的定价策略。卖出的每一单位产品价格都是相同的定价策略称为单一定价。歧视定价就是同样的商品向不同的消费者收取不同的价格,以把消费者剩余都转变为超额利润。

(2)垄断竞争市场。

假设前提条件:卖者的数目很多,彼此之间存在竞争;进入和退出该行业比较容易,产品之间存在差别;交易双方能够得到较充分的信息。

典例:一般的日用工业品市场和副食品市场属于这种类型。

定价方式:在垄断竞争市场条件下,垄断竞争企业也不是根据市场上的供求关系来定价,而是根据边际收益等于边际成本的原则定价。只是因为在这种市场上存在一定的竞争,因此不容易采取歧视价格策略。

(3)寡头垄断市场。

假设前提条件:卖者为数不多;信息的获取和资源的流动有很大限制;必须考虑自己企业的行动将会引起其他企业做出什么反应。

典例:这种市场类型多存在于汽车、钢铁、石油和有色金属等行业。

定价方式:当各寡头之间存在勾结时,市场上的总供给量是由各寡头之间协商确定的,价格决定的方式是卡特尔。当各寡头之间不存在勾结时,各寡头是根据其他寡头的供给产量决策来调整自己的供给产量,市场价格的确定主要是采取价格领先制和成本加成法。价格领先制是指一个行业的价格通常由某一寡头率先制定,其余寡头追随其后确定各自的价格。成本加成法是在估算的平均成本的基础上加一个固定百分比的利润。

3.买方市场与卖方市场

买方市场:就是价格及其他交易条件主要决定于买方的市场。由于市场供过于求,卖者之间展开竞争,为了减少自己的过剩存货,他们不得不接受较低的价格。这样就出现了某种商品的市场价格由买方起支配作用的现象。

卖方市场:就是价格及其他交易条件主要决定于卖方的市场。由于市场供不应求,买方之间展开竞争,卖方处于有利的市场地位,即使抬高价格,也能把商品卖出去,从而出现某种商品的市场价格由卖方起支配作用的现象。

4.市场机制在资源配置中的基础性作用

(1)市场机制。市场机制主要是价格机制与竞争机制,它们是市场运行中最基本、最重要的机制。市场机制即市场经济运行机制,指市场经济机体内的价格、供求、竞争、风险等机制之间互为因

河南省农村信用社招聘考试专用教材

果、相互制约的联系和运动过程。

价格机制:是指价格形成、价格运行过程及其价格的作用体系。价格机制包括:①价格形成机制。价格在一定时点上的形成方式和具体条件,它是价格机制的核心内容;②价格运行机制。指一定时期内价格运动的状态、运动方向以及相对价格的变化方向;③价格调节机制。指价格的功能及其作用体系,一是价格对经济活动的调节,二是市场状况、市场类型对价格的影响作用。

竞争机制:是指竞争同供求关系、价格变动、生产要素流动与组合,以及市场成果分配诸因素之间的有机联系和运动趋向。

(2)市场机制的作用。市场机制的功能具体表现为:信息传导与协调功能;激励与创新功能;分配与监督功能。

市场机制在资源配置中的基础性作用是通过价格机制和竞争机制来实现的。这些作用表现在:

①市场机制是供给与需求,商品价格和要素价格平衡的自动调节器。

②市场机制是资源有效配置的推动器。

③市场机制是商品生产者经济利益的协调器。

第三节　市场竞争

一、市场体系

1.概述

市场有各种各样的类型,各类市场及市场要素的总和构成有机的整体,叫市场体系。市场体系是由多个相互关联的市场组织组成的有机整体,它包括从消费资料到生产资料和一切要素,以及各种服务在内的完整的体系。

2.特征

市场体系的基本特征是统一性、开放性、竞争性、有序性。

统一性是指各分类市场在国内地域间是一个整体,不应存在行政分割与封闭状态。市场作用的充分发挥,市场经济的顺利运转,除了决定于各个市场发育程度以外,在很大程度上还要看市场体系的完整性和统一性。开放性是指国内各类市场与国际市场的接轨,参加国际分工和国际竞争。这是市场体系的本质要求。竞争性是指它鼓励和保护各种经济主体的平等竞争。有序性是指市场经济作为发达的商品经济,其市场必须形成健全的网络、合理的结构,各类市场都必须在国家法令和政策规范要求下有序、规范地运行。

二、产品市场与要素市场

从交易对象的属性及它们在社会再生产过程中的作用角度划分,有产品市场和要素市场。

产品市场:主要是指消费品市场,消费品市场是指社会生活中生活资料或消费资料的交换关系总和及场所,是市场经济中最基本的市场。市场化改革以来,生产资料、金融、劳动力、技术、信息等生产要素先后不同程度地进入了市场,形成了要素市场。

要素市场:生产要素在市场经济中是一个很重要的概念。生产要素包括土地、资本、劳动和企业家才能,其所有者分别是土地所有者、资本所有者、劳动者、企业家。要素的报酬分别是地租、利息、工资和利润,也分别是上述要素所有者的收入。因此生产要素价格和收入分配是同一个范畴。要素所有权分配状况和要素价格决定了收入分配。值得注意的是,土地是一个广义的概念,泛指土地上的一切自然资源。

三、竞争与垄断

1.竞 争

(1)概述。从经济角度而言,竞争是指法律关系主体在市场上为自身利益排除业务对手的争夺而最大限度地争取客户和争取业务。竞争是市场经济最基本的运行机制,是商品经济、市场经济的产物。

(2)特征及作用。

竞争的特征:

①竞争的主体主要是经营者,即以营利为目的的企业法人、非法人团体或自然人;

②竞争的直接目的是追求自身利益;

③竞争的手段是采用各种方法和营销策略排除对手的争夺;

④竞争总是发生在一定的市场范围内,因此,对市场的界定,常常是竞争法律分析的首要问题;

⑤竞争使用的手段要合乎商业道德和法律规定。

竞争的作用:

①最大限度地调动经营者的积极性,并为经营者造成可能失败的压力,促使经营者通过不断完善管理,不断开发和采用新技术、新工艺等手段,力争降低单位产品的成本;

②竞争迫使生产和消费的社会性质得以显现,使社会生产各部门利润率趋于平均化,社会资源得到合理配置,并使经济活动充满活力,健康发展;

③市场竞争是市场中买卖双方的动态互动过程,它诱导生产者与消费者搜集信息以追求产权收益的最大化。这有助于减少人们的无知,扩散新知识,节约交易成本。因此竞争是一种效率机制、创造机制和分配机制。

2.垄断

从经济学意义上讲,垄断就是在一个产品市场上只有少数买家或少数卖家。导致市场被独占的原因是各式各样的,由不同原因引起的市场垄断对经济效率的影响也不相同。

一般而言,发生市场垄断的原因大体有以下五种:

①由资源的天然禀性带来产品(或服务)的独特性。这类产品在市场上独一无二,所有者就拥有排他性的独占权。

②创新带来的垄断。如发明的专利权、版权或商业秘密带来的独占权。

③实力和能力带来的垄断。指竞争的胜出者在一段时期内凭借其实力和经营策略而拥有的一定垄断能力。

④成本特性产生的垄断,即"自然垄断"。有些产业或产品需要巨大的一次性投资才能形成供给能力。这些投资一旦发生,就成为巨大的"沉没成本"(几乎别无他用),也会使新的竞争对手因进入成本巨大而被排挤在外,从而形成自然垄断。

⑤强制势力形成的垄断。即通过运用非经济的强制力量,清除竞争对手,保持对市场的排他性独占。这种强制的势力,可以是高度非制度化的,如欺行霸市、强买强卖;也可以是高度制度化的,如政府管制牌照数量,或由立法来阻止竞争而产生的行政性垄断。

四、市场规则与市场秩序

1.市场规则

市场规则是一系列相辅相成的由社会认可的非正式约束、外在强制的正式约束及其有效的实施机制所构成的规则体系。市场规则分为外在规则和内在规则。

外在规则:市场的外在规则属正式的制度安排,包括法律、法规、政策等,它以外在强制的形式约束经济主体的行为,称之为正式约束或硬约束。

内在规则:市场的内在规则属社会所认可的非正式的制度安排,包括价值信念、伦理规范、道德观念、风俗习惯、意识形态等,它构成对经济主体非强制性的约束,称之为非正式约束或软约束。内在规则无法排除败德行为,所以,要促成市场主体之间的合作,必须注意市场的外在规则与内在规则的协调,如社会信用制度,它正是一种以诚实守信的商业道德为基础、以法律为保障的市场规则体系。

2.市场秩序

市场秩序指在市场交易活动中,市场主体遵循市场规则所形成的、符合可识别模式的制度框架,具体表现为有关的市场法律和市场规则。

市场主体的行为可以通过两种协调方式使之秩序化:一是直接凭借外部权威,靠指示和计划来实现;二是以一种自发自愿方式遵循共同的规则来实现。

第四节 收入分配

一、按劳分配

按劳分配指在社会主义制度下,以劳动作为分配个人收入的尺度,按照劳动者提供的劳动数量和质量分配个人收入,等量劳动领取等量报酬,多劳多得,少劳少得,不劳动者不得。

按劳分配是社会主义的分配原则,它体现着个人消费品分配领域中社会主义性质的分配关系。

二、按要素分配

按要素分配是一种总产品在扣除资本耗费与劳动力耗费后,所有剩余被劳动力要素所有者与资本要素所有者依照等量投入得等量剩余的原则分别获得的分配方式,其实质是各要素主体按照要素的产权含量参加收入分配。

三、以按劳分配为主体、多种分配方式并存的分配制度

以按劳分配为主体、多种分配方式并存的分配制度是我国初级阶段的分配制度。它旨在实行按劳分配并坚持其主体地位的同时,还采取按劳分配以外的其他各种分配方式。

四、效率与公平

1.效率与公平概述

效率是指人类活动中所消耗的人力、物力资源与所获得的以货币收益或实物收益表示的成效或效果的比率。现代西方经济学认为效率是一种最优状态,在这种状态下,当任何偏离该状态的方案都

不可能使一部分人受益而其他人不受损,这种状态就是帕累托状态。

2.效率与公平的关系

一个社会的发端往往是以效率优先原则起步的,当社会财富积累到一定的程度,公平问题就突出起来,成为亟待解决的问题。这就是效率优先原则的主导性和公平的继发性问题。在效率与公平这对矛盾中,效率一般占据着主导地位,效率的提高决定着公平的程度,效率优先的原则是生产力最终起决定作用的体现。

第二章　宏观经济

第一节　概述

宏观经济政策是指国家或政府为了增进整个社会经济福利、改进国民经济的运行状况、达到一定的政策目标而有意识和有计划地运用一定的政策工具制定的解决经济问题的指导原则和措施。宏观经济政策的主要内容包括：(1)财政政策；(2)货币政策；(3)收入分配政策；(4)消费政策。宏观调控的目标如表 2-2-1 所示。

表 2-2-1　宏观调控四大目标

四大目标	详情
充分就业	充分就业是宏观经济政策的首要目标，它是指包含劳动在内的一切生产要素都以愿意接受的价格参与生产活动的状态 凯恩斯把失业分为摩擦失业、自愿失业和非自愿失业三种类型,把充分就业定义为消灭非自愿失业的就业状态,在这一状态下,所有资源都得到充分利用
物价稳定	物价稳定是宏观经济政策的一个重要目标,它是指整体物价总水平的稳定,一般采用价格指数来表示价格水平的变化。物价稳定不是通货膨胀为零,一般来说,当经济中存在温和的通货膨胀时就实现了物价稳定
经济增长	经济增长是指一定时期内经济持续均衡增长。所谓可持续增长,就是既要根据资源和技术进步来确定适度的增长率,又能考虑到环境保护和减少污染等问题 经济增长和充分就业有密切的联系,由于人口的增长和劳动生产率的提高,一个国家如果不能保持一定的经济增长率就无法实现充分就业,所以说经济持续稳定增长是宏观经济政策的一项长期目标
国际收支平衡	国际收支平衡是指既无国际收支赤字又无国际收支盈余。若国际收支长期处于盈余状态,就意味着外汇资金未得到及时充分的利用,这样就会减少国内需求,不利于以上三个目标的实现;若国际收支赤字,说明本国可能进口多出口少,也可能是外债过多,产生了债务危机,使得国民经济陷入恶性循环

第二节 财政与税收

一、财政收入和财政支出

1.财政收入

财政收入是指政府为满足公共支出的需要,依法通过国家财政集中一定数量的货币或实物收入。财政收入主要包括四个部分:税、利、债、费。

表 2-2-2 财政收入

税	指税收,是政府收入中最主要的部分,它是国家为了实现其职能,按照法律预先规定的标准,强制地、无偿地取得财政收入的一种手段
	我国的税收通常占财政收入的90%以上,是财政收入最主要的来源
利	指利润,是国家凭借国有资产所有权获得的利润、租金、股息、红利、资金使用费等收入的总称
债	指公债,是政府对公众的债务,或公众对政府的债权,它是政府财政收入的另一个组成部分。公债是政府运用信用形式筹集财政资金的特殊形式,到期必须还本付息。公债包括中央政府的债务与地方政府的债务。一般把中央政府的债务称为国债
费	指费用,是指国家政府机关或事业单位在提供公共服务、实施行政管理或提供特定公共设施的使用时,向受益人收取一定费用的收入形式。收费收入具有有偿性、不确定性的特点,不宜作为政府财政收入的主要形式
其他	其他收入,如基本建设贷款归还收入、基本建设收入、捐赠收入等也是财政收入的一部分

2.财政支出

财政支出包括政府购买和转移支付。

(1)政府购买。政府购买是指政府对商品和劳务的购买,涉及各种项目,包括购买军需品、警察装备用品、政府机关办公用品、付给政府雇员的酬金、各种公共工程项目的支出等。

政府购买的规模直接关系到社会总需求的增减。购买支出对整个社会总支出水平具有十分重要的调节作用。

(2)政府转移支付。政府转移支付是指政府的社会福利等支出,如卫生保健支出、收入保障支出、退伍军人福利、失业救济和各种补贴等方面的支出,它是一种不以购买本年的商品和劳务为目的而作的货币性支付。

注意:转移支付不能算作国民收入的组成部分,政府对农业的补贴也被看作是政府转移支付。

3.国家预算

政府当年的税收和支出之间的差额叫做预算余额。预算余额为零叫做预算平衡,为正数叫做预算盈余,为负数叫做预算赤字。如果政府增加支出而没有相应地增加税收,或者减少税收而没有相应地减少支出,这种做法叫做赤字财政。

河南省农村信用社招聘考试专用教材

二、扩张性的和紧缩性的财政政策

1.扩张性的财政政策

适用时期:经济衰退时。

主要措施:增加政府支出和转移支付;减少税收。

当社会总支出水平过低,人们的有效需求不足,经济进入衰退,失业率提高时,按照凯恩斯的理论,需要增加社会的总支出。这种政府主动增加总需求的政策即为扩张性的财政政策。

政府支出增加,会使总需求与国民收入增加,消费水平提高。增加政府的转移支付,减少税收,会使可支配收入增加进而消费水平提高,消费水平的提高通过乘数作用使得国民收入成倍增加。

2.紧缩性的财政政策

适用时期:经济过热时。

主要措施:直接减少政府开支,减少补贴和转移支付,增税以减少人们的可支配收入从而减少消费需求。

当社会需求过度,存在通货膨胀时,政府主动增加收入减少总支出,即减少总需求的政策。

经典真题

(单选题)政府为了扶植农业,对农产品实行支持价格,但政府为了维持这个高于均衡价格的支持价格,就必须( )。

A.试行农产品配给制   B.收购过剩的农产品

C.增加对农产品的税收   D.给农民补贴

【答案】B。解析:保护价格高于均衡价格,会刺激生产,限制消费,导致市场过剩,当市场出现过剩时,政府应及时入市收购并予以储备,否则保护价格必然流于形式。

第三节 货币政策与通货膨胀

一、货币政策概念

货币政策是指一个国家根据既定目标,通过中央银行运用其政策工具,调节或改变货币供给量,以影响利率和宏观经济活动水平的一种宏观经济政策。在我国,中国人民银行在国务院领导下,制定和执行货币政策。

货币政策除了具有宏观调控的四大目标之外,还具有保持货币币值的稳定,稳定利率以防止利率大幅度波动等目标。

二、三种基本的货币政策工具

1.存款准备金率

法定存款准备金率是指法律规定的商业银行对于存款所必须保持的准备金的比例。商业银行吸收存款后,必须按照法定的比率保留规定数额的准备金(法定准备金),其余部分才能用作放款。

准备金率的高低因银行类型、存款种类、存款期限和数额等不同而有所区别,如城市银行的准备金率高于农村银行的准备金率、活期存款的准备金率高于定期存款的准备金率。法定准备金率有最高限和最低限。商业银行为了获取最大利润,一般都愿意尽可能按最低准备金率留准备金。

2.再贴现

操作与应用:

当中央银行降低贴现率或放宽贴现条件时,商业银行愿意从中央银行获得更多的资金,随着商业银行向客户贷款的增加,通过商业银行的货币供给放大机制,市场货币供给呈倍数增加。

当中央银行提高贴现率或严格贴现条件时,通过商业银行的货币供给放大机制,市场货币供给呈倍数减少。

再贴现是指存款货币银行持客户贴现的商业票据向中央银行请求贴现,以取得中央银行的信用支持。就广义而言,再贴现政策并不单纯指中央银行的再贴现业务,也包括中央银行向存款货币银行提供的其他放款业务。中央银行通过变动贴现率来调节货币供给量和利息率,从而促使经济扩张或收缩。

3.公开市场业务

操作与应用:

经济扩张时,实行卖出政府债券的政策,可以减少商业银行的准备金,降低它们的信贷能力,促使贷款利率上涨,遏制过度的投资需求。

经济萧条时,则买进政府债券,以便提高商业银行的准备金,扩大它们的信贷能力,促使利息率下降,从而扩大投资需求。

通过中央银行与指定交易商进行有价证券和外汇交易,实现货币政策调控目标的活动,是中央银行吞吐基础货币,调节市场流动性的主要货币政策工具。中国公开市场操作包括人民币操作和外汇操作两部分。

三、利率及利率政策

1.利率

利息率又称为利率,表示一定时期内利息量与本金的比率,通常用百分比表示,其计算公式是利息率=利息量/本金;利息率的高低,决定着一定数量的借贷资本在一定时期内获得利息的多少。

2.利率政策

操作与应用:

在萧条时期,降低利息率,扩大货币供应量,刺激经济发展。在膨胀时期,提高利息率,减少货币供应量,抑制经济的恶性发展。

利率政策是西方宏观货币政策的主要措施,政府为了干预经济,可通过变动利息率的办法来间接调节通货膨胀。

目前,中国人民银行采用的利率工具主要有:

①调整中央银行基准利率。主要包括:再贷款利率,指中国人民银行向金融机构发放再贷款所采用的利率;再贴现利率,指金融机构将所持有的已贴现票据向中国人民银行办理再贴现所采用的利率;存款准备金利率,指中国人民银行对金融机构交存的法定存款准备金支付的利率;超额存款准备金利率,指中央银行对金融机构交存的准备金中超过法定存款准备金水平的部分支付的利率。

②调整金融机构法定存贷款利率。

③制定金融机构存贷款利率的浮动范围。

④制定相关政策对各类利率结构和档次进行调整等。

随着利率市场化改革的逐步推进,作为货币政策主要手段之一的利率政策将逐步从对利率的直接调控向间接调控转化。利率作为重要的经济杠杆,在国家宏观调控体系中将发挥更加重要的作用。

四、货币政策类型

1.紧缩性的货币政策

适用时期:通货膨胀时。

主要措施:中央银行实行抽紧银根政策,通过减少流通中货币量的办法以提高货币购买力,减轻通货膨胀压力。

中央银行一般采取的紧缩性货币政策工具有:

表2-2-3 紧缩性货币政策

出售政府债券	这是公开市场业务的一种方法,中央银行在公开市场上出售各种政府债券,就可以缩减货币供应和货币供应潜在的膨胀,这是最重要且经常被利用的一种货币政策工具
提高贴现率和再贴现率	影响商业银行的利息率,这势必带来信贷紧缩和利率上升,有利于控制信贷的膨胀
提高商业银行的法定准备金	减少商业银行放款,从而减少货币供应量
直接提高利率,紧缩信贷	利率的提高会增加使用信贷资金的成本,减少借贷,同时提高利率,还可以吸收储蓄存款,减轻通货膨胀压力

2.扩张性的货币政策

适用时期:经济萧条时。

主要措施:扩张性货币政策,即通过增加货币供给来带动总需求的增长。货币供给增加时,利率会降低,取得信贷更为容易。

扩张性货币政策工具有降低法定存款准备金率;降低央行再贴现利率;发行货币;降低利率等。

3.财政政策与货币政策对比

表2-2-4 财政政策与货币政策对比

政策	实施的主体	传导过程	政策手段	政策时滞
财政政策	政府	直接作用于企业和居民	税收、预算、补贴、公债	内部时滞较长,外部时滞较短
货币政策	中央银行	必须借助中介手段: 利率、货币供应量、汇率等	公开市场业务、再贴现率、法定存款准备金率等	外部时滞较长,内部时滞较短

五、通货膨胀

1.定义

货币(纸币)的发行量超过流通中实际货币需求量而引起的商品和劳务的价格普遍和持续上涨。请注意下列几个特点:

①它指的是一般价格水平的普遍和持续的上升,而部分、个别商品的涨价、季节性的价格调整、暂时性的物价上涨,都不能算作通货膨胀。

②它不是指物价水平一时的上升,而指持续一定时期的物价上涨。

③物价的上涨幅度必须相当大,才能判定发生了通货膨胀。

④它是商品和劳务的价格上涨,而不是指其他物品的价格上涨,如有价证券等价格上涨不归此类。

⑤货币过多是通货膨胀的总体特征,所以,通货膨胀是货币现象。

2.按成因分类

(1)需求拉动型。社会总需求超过社会总供给,从而导致物价上涨,并直接引起商品价格上涨,这种通货膨胀称为需求拉动型通货膨胀。

在现实生活中,供给表现为市场上的商品和劳务,需求则体现在用于购买和支付的货币上。因此,需求拉动型通货膨胀又被通俗地表述为"过多的货币追逐过少的商品"。

(2)成本推进型。在成本推动的过程中也会伴随需求拉动的通货膨胀,假如通货膨胀的初始原因是成本推动,如果没有需求增长的伴随,将会出现生产萎缩,失业增加,最终引起严重的经济萧条,物价走向低迷。

通货膨胀的原因在于成本上升引起了总供给曲线的上移,即为成本推动的通货膨胀。

在一个封闭经济中,货币工资在劳动生产率和价格水平均未提高前率先自动上升;或者其他生产投入品或要素价格因市场垄断力量的存在而上升,导致因生产成本提高而价格上涨。其中,由于提高工资而引致的生产成本增加又称工资推动,由于生产要素价格垄断而导致的生产成本增加又称利润推动。

(3)结构型。在总需求和总供给处于平衡状态时,由于经济结构、部门结构等因素发生变化,也可能引起物价水平的上涨,这种通货膨胀称为结构型通货膨胀。

3.衡量通货膨胀率的三种价格指数

(1)消费者价格指数(CPI)。又称生活费用指数,指通过计算城市居民日常的社会用品和劳务的价格水平变动而得到的指数。

$$CPI=\frac{本期价格指数}{基期价格指数}\times100\%$$

消费品的价格变化能及时反映消费品供给与需求的对比关系,直接与公众的日常生活相联系,在分析通货膨胀效应方面,具有其他指标难以比拟的优点。

(2)批发物价指数(WPI)。它是根据制成品和原材料的批发价格编制的指数。它包括生产资料和消费品在内的全部商品批发价格,但劳务价格不包括在内。

它能在最终产品价格变动之前获得工业投入品和非零售消费品的价格变动信号,进而能够判断其价格变动对最终进入流通的零售商品价格变动的影响。

在一般情况下,即使存在过度需求,其波动幅度也常常小于零售商品的价格波动幅度。因此,在使用它来判断总供给与总需求的关系时,可能会导致不正确的结论。

(3)国内生产总值价格折算指数。又称 GDP 平减指数,是指现期 GDP 与基期 GDP 之比,或者说是名义 GDP 与实际 GDP 之比。覆盖范围全面,能度量各种商品价格变动对价格总水平的影响。

4.通货膨胀的治理

表 2-2-5 通货膨胀的治理措施

紧缩性货币政策	主要包括出售政府债券、直接提高银行存贷款利率、提高贴现率和再贴现率、提高存款准备金率,减少流通中的货币量
紧缩性财政政策	主要包括提高税率、增加税收、减少政府支出、谋求预算平衡等
其他政策	主要包括价格、工资管制、结构调整、收入指数化等 当出现恶性通货膨胀,以上方法都不能解决的时候,政府可以废除现行币制,发行新币

第三章　政治经济学

第一节　商品与货币

一、商品

1.商品及商品经济

商品是用于交换的劳动产品,一个物品成为商品必然具备两个条件:一是劳动产品,二是用于交换。

商品经济是直接以交换为目的的经济形式,先有商品和商品交换,然后有商品生产和商品经济。市场经济就是一种社会化的商品经济。商品经济的产生和存在必须具备两个条件:一是社会分工;二是生产资料和产品属于不同的所有者。商品经济的产生具有两方面的原因:一方面,社会分工使生产者或独立的经济主体相互联系、相互依存,彼此都需要对方的产品,为交换的发生提供了必要性。另一方面,由于生产资料和产品为不同的所有者所有,从事不同产品生产的生产者或经济主体之间,只能通过等价交换来取得对方的产品,从而为交换的发生提供了可能性。

2.商品的二因素

商品是用来交换的劳动产品,具有使用价值与价值两个因素,即商品二因素。商品二因素是相互依存、互为条件、不可分割的矛盾统一体。

(1)商品的使用价值是商品的有用性,即能够满足人(社会)某种需要的有用性。物品的使用价值是由物品的物理、化学、生物等自然属性决定的。使用价值在一切社会中都存在,它构成社会财富的物质内容,是人类社会存在和发展的物质基础。商品的使用价值的特点是要通过交换满足他人的需要。

(2)商品的价值是凝结在商品中无差别的一般人类劳动(或称抽象劳动)。价值是商品的社会属性,它反映商品生产者相互交换劳动的社会关系。价值是商品特有的本质属性,是一个历史范畴。

(3)交换价值首先表现为一种使用价值同另一种使用价值相交换的量的关系或比例。交换价值是价值的表现形式,价值是交换价值的内容。

(4)商品的二因素之间既有联系也有矛盾。联系是:商品的使用价值是价值的物质承担者,没有使用价值的物品就没有价值。矛盾是:对于一个商品生产者或购买者来说,他不可能同时占有商品的使用价值和价值,两者只能占其一。这种矛盾只有通过商品交换才能解决。

3.体现在商品中的劳动二重性

商品具有二因素是因为生产商品的劳动具有二重性,既是具体劳动又是抽象劳动。

具体劳动是指人类劳动力在特殊的有目的的形式上的耗费,千差万别的具体劳动创造出千差万别的使用价值;抽象劳动是指撇开劳动具体形式的无差别的人类劳动力在生理学意义上的耗费,它是商品价值的唯一源泉。

抽象劳动和具体劳动是矛盾统一体。统一即商品生产者在进行具体劳动的同时,也付出了抽象劳动,它们是同一劳动的两个方面。矛盾即具体劳动反映的是人与自然的关系,抽象劳动反映的是社会生产关系,是与社会经济发展的一定历史阶段相联系的。

商品二因素的矛盾,构成了具体劳动和抽象劳动的矛盾,最后转化为私人劳动和社会劳动的矛盾,这是简单商品经济的基本矛盾。这一矛盾决定了商品生产的本质和发展过程,资本主义生产关系就是这样自发地、缓慢地产生出来的。

4.商品的价值量

商品的价值量是由生产商品所耗费的社会必要劳动时间决定的。社会必要劳动时间是指在现有的社会正常的生产条件下,在社会平均的劳动熟练程度和劳动强度下,制造某种使用价值所需要的劳动时间。

商品的价值量随着劳动生产率的变化而变化。劳动生产率有两种表示方法:一是用单位劳动时间内所生产的产品数量来表示;二是用生产单位商品所耗费的劳动时间来表示。二者之间的关系是:劳动生产率越高,单位时间内生产的商品就越多,单位商品所包含的价值量就越少;反之,劳动生产率越低,单位商品所包含的价值量就越多。所以,单位商品的价值量是与劳动生产率成反比的。

二、货币

1.货币的本质

货币是商品交换发展到一定阶段的自发产物,是固定地充当一般等价物的特殊商品,它体现着商品生产者之间的经济关系。

商品的价值不能通过自己表现出来,需要在交换过程中通过其他商品表现出来。比如:2只羊=1把斧子,这里1把斧子就是2只羊的等价物,表现2只羊的价值。随着交易的扩大,出现了某种商品可以表现很多商品的价值,那这种商品就叫做一般等价物。历史上有很多商品充当过一般等价物,比如贝壳、珍珠、食盐等。当金银成为一般等价物的时候,货币就出现了。

2.货币的职能

货币使商品循环的任何一个环节都要经历两个阶段或两次形态变化:商品形式转化为货币形式,W—G(W指商品、G指货币),即卖;货币形式转化为商品形式,G—W,即买。商品所有者以货币作为媒介进行的交换,打破了时间、空间和个人的限制,使商品交换过程进一步展开为商品流通过程。货币具备五大职能,见表2-3-1。

表 2-3-1 货币的职能

职能名称	作用(含义)	特点	地位和产生
价值尺度	衡量商品的价值	观念中的货币	基本职能,随着货币产生而产生
流通手段	充当商品交换的媒介	现实的货币	
支付手段	清偿或支付债务、赋税、租金、工资等	现实的货币	在货币产生以后逐步具备的
贮藏手段	贮藏财富	现实且足值的货币	
世界货币	在世界市场上充当一般等价物	现实的货币	

3.货币流通规律

流通中所需要的货币量,同商品的价格总额(待售商品量×价格水平)成正比,而同货币的流通速度成反比。其公式是:

流通中所需货币量=商品价格总额/货币流通次数=待售商品量×价格水平/货币流通次数

三、价值规律

价值规律是商品运动的基本规律。其主要内容是:商品的价值量由社会必要劳动时间决定,商品按照等价交换的原则进行交换。它的表现形式是:价格围绕价值上下波动。在市场上,发生价格与价值相背离主要是市场上的商品供给和需求不平衡引起的。

价值规律的作用形式可以分为以下三个方面:

第一,生产中的价值规律,即价值在生产过程中的规律。该规律表明,各商品间价值的比例等于生产各商品的社会必要劳动时间之间的比例,因此,在竞争的市场中,各生产者会根据市场价格自发调节其资源的配置,使其在社会生产各部门间进行最佳分配,以使得自己的劳动时间更多地低于社会必要劳动时间,获得更多价值。

第二,交换中的价值规律,即价值规律在交换过程中的展开。该规律要求交换双方各自商品包含的社会必要劳动量相等,要等价交换,这必然刺激生产者改进技术以提高劳动生产率,加强管理以降低成本,以取得有利交换的劳动时间。

第三,流通中的价值规律,即等价交换规律展开为价格与价值相符的规律。该规律要求商品流通必须遵循市场调节。市场调节客观要求生产商品的个别劳动时间必须符合社会必要的劳动时间,也要求商品价格与商品价值相符。而在自然资源配置不均的社会生产中,各个商品生产者对自然资源的利用效率不同,生产的商品价格和价值就不同,这必然导致商品生产者在竞争中优胜劣汰。

经典真题

(单选题)1.在银行发放贷款的情况下,货币作为价值运动的独立形式从银行单方面转移到借款人,这时货币执行的职能是(   )。

A.价值尺度　　　　　B.支付手段　　　　　C.流通手段　　　　　D.贮藏手段

【答案】B。解析:支付手段是指货币作为独立的价值形式进行单方面运动(如清偿债务、缴纳税款、支付工资和租金等)时所执行的职能。

(多选题)2.商品标价是货币执行价值尺度职能的重要体现,也就是说,商品标价表现着商品的内在价值。在普通商品中某商品标价为9.98元,而完全相同的该商品在高档商品的标价为99.8元。这表明(   )。

A.标价的差异体现了两家商场产品品质的差异

B.货币作为衡量商品价值的尺度有时是不准确的

C.商品标价不仅包含商品本身的价值,还包括与买卖商品相关服务的价值

D.标价的差异体现了商品价格影响因素的多样性

【答案】CD。解析:首先排除A,因为题干已经指出是"完全相同的该商品";货币作为衡量商品价值的尺度和商品的价值可能是有差异的,但这并不能说是"不准确的",尽管有的标价高于商品的实际价值,有的标价低于商品的实际价值(促销活动中),但不会出现标价远远偏离(高于或低于)商品实际价值的情况。而选项C,到高档商场购物买的可能不仅仅是商品本身,还包括了对舒适购物环境、优质服务的享受等。对于选项D,商品价格的影响因素是多种多样的,如供求关系、竞争策略等,本题所举案例就可能是经营者在商品定位方面的一种竞争政策,因此这种解释也是合乎情理的。

第二节 资本与剩余价值

一、货币转化为资本

1.货币与资本的区别

资本是能够带来剩余价值的价值，它体现着资本家剥削工人的关系。因此不是一切货币都是资本，只有那些能够自行增值、能够带来剩余价值的货币才是资本。

作为商品交换媒介的货币与作为资本的货币，具有本质的区别：

(1)流通公式不同：商品流通公式是商品—货币—商品(W—G—W)，资本流通公式是货币—商品—货币(G—W—G′)。

(2)货币在流通中的职能不同：在商品流通中，货币只是商品交换的媒介，执行着流通手段等职能；在资本流通中，货币主要作为一种增值的手段，即获得剩余价值的手段。

(3)流通目的不同：商品流通公式表明，商品生产者是为买而卖，其最终目的是获得使用价值，满足自己的需要；资本流通公式表明，资本家是为卖而买，目的是获得剩余价值。

2.劳动力成为商品的条件和劳动力商品价值的内容

(1)资本总公式的矛盾。

货币转化为资本的条件可通过资本总公式的矛盾加以说明。按照价值规律，商品必须实行等价交换，因此无论是商品流通公式中的 G—W 过程还是 W—G 过程，都不会发生增值。但是，资本总公式表明货币经过 G—W—G′ 的流通之后，发生了增值。这一矛盾显示，货币的价值增值额即剩余价值不能从流通中产生。①等价交换不能产生增值，等价交换只能改变价值形式而不能使价值量发生变化；②不等价交换也不能产生增值，因为不等价交换只能使买卖双方得失相抵，不会增大整个社会的价值量。解决资本总公式矛盾的关键条件，即货币转化为资本的条件是劳动力成为商品。

(2)劳动力成为商品的条件。

劳动力是一切社会生产不可缺少的要素，但是，劳动力成为商品却不是历来就有的。劳动力成为商品必须具备以下两个基本条件：

①劳动者有人身自由，有权支配自己的劳动力；

②劳动者没有足够的生产资料，为了谋生，不得不出卖自己的劳动力。

(3)劳动力商品的价值。

劳动力商品与一般商品一样，同样具有价值和使用价值。劳动力商品的使用价值就是劳动，而劳动创造价值。

劳动力商品的价值是由生产和再生产劳动力商品所需要的社会必要劳动时间决定的，包括三个部分：

①维持劳动者自身生存所必需的生活资料的价值；

②劳动者养活其家属所必需的生活资料的价值；

③劳动者的教育和培训费用。

劳动力商品的使用价值具有特殊性，它是价值的源泉，它不仅能创造价值，而且能创造出比劳动

河南省农村信用社招聘考试专用教材

力自身价值更大的价值。在资本主义社会里,资本家看中的正是劳动力商品的使用价值的特殊性。

二、剩余价值及其生产过程

1.资本的本质

在现实生活中,资本总是表现为一定的物,如货币、机器、厂房、原料、商品等,但这些物不能说它们在任何时候都是资本,只有当它们成为资本家榨取工人剩余劳动的手段时,才成为资本。马克思关于资本的本质概括起来说主要有三个要点:

(1)资本是带来剩余价值的价值;

(2)资本是一个历史范畴,它体现资本家剥削雇佣工人的剥削关系;

(3)资本是一种运动。

2.剩余价值的本质和来源

剩余价值就是雇佣工人创造的新价值中超过劳动力价值而被资本家无偿占有的那部分价值,它直接体现着资本家对雇佣工人的剥削关系。

资本主义生产过程的实质是为了攫取剩余价值。资本主义生产过程一方面是生产使用价值的劳动过程;另一方面是价值形成过程。资本主义生产的时间实际上分为两部分即必要劳动时间和剩余劳动时间。与之相对应,劳动也分为两部分即必要劳动和剩余劳动。用于再生产劳动力价值所必要的劳动时间称必要劳动时间,在这个时间内耗费的劳动称必要劳动。超过必要劳动时间以外的延长了的那部分劳动时间称剩余劳动时间,在这个时间内耗费的劳动称剩余劳动。剩余价值正是产生于这部分劳动时间,因此剩余价值是剩余劳动时间的凝结,是物化的剩余劳动。

3.绝对剩余价值和相对剩余价值

绝对剩余价值生产是在必要劳动时间不变的条件下,由于延长工作日的绝对量所产生的剩余价值。相对剩余价值生产是在工作日不变的条件下,由于必要劳动时间缩短所产生的剩余价值。相对剩余价值是通过各个部门中的资本家追逐超额剩余价值来实现的。超额剩余价值是由于商品的个别价值低于社会价值而多得的那部分剩余价值。资本家对超额剩余价值的追逐,刺激资本主义生产技术的改进,使得全社会劳动生产率普遍提高。

绝对剩余价值生产和相对剩余价值生产是生产剩余价值的两种方法,它们既有联系又有区别。首先,二者在本质上是一致的;其次,绝对剩余价值是资本主义生产的一般基础,也是相对剩余价值的起点;最后,绝对剩余价值生产是在生产技术较低的条件下采用的,相对剩余价值生产则是在生产技术水平较高的条件下采用的。剩余价值规律即剩余价值的产生及其增值的规律,是资本主义的基本经济规律。

4.不变资本和可变资本的区分及其意义

资本在生产过程中以生产资料和劳动力两种形态存在。因此,马克思把资本分为不变资本和可变资本。以生产资料形态存在的那部分资本,其价值在生产过程中或一次或多次转移到新产品中去,不会发生增值,因此称不变资本(c)。以劳动力价值形态存在的那部分资本,在生产过程中可以使价值增值,因此称可变资本(v)。

不变资本和可变资本的划分,说明剩余价值不是靠全部资本产生的,而是资本家用于购买劳动力的可变资本产生的。这就进一步揭示了工人的剩余劳动乃是剩余价值的唯一源泉,同时为考察资本主义剥削程度提供了科学依据。

三、资本主义制度下的工资

资本主义工资是劳动力的价值或价格的转化形式,是对劳动力必要劳动的支付。资本主义工资不是工人劳动的报酬,它的本质是由资本主义的生产关系决定的,体现着资本家和工人之间的剥削与被剥削的关系;只要资本主义制度没有改变,资本主义工资的本质就不会改变。

资本主义制度下的工资是劳动力的价值或价格,而不是劳动的价值或价格。资本家购买的是工人的劳动力,付给工人的工资是劳动力的价值,用货币表示的是劳动力的价格。劳动力价值或价格采取了资本主义工资形式后,抹杀了必要劳动时间和剩余劳动时间的区别,掩盖了资本家无偿占有工人剩余劳动的剥削关系。

资本主义制度下的工资表现为劳动的价值或价格是一种假象,这种假象是由资本主义生产方式的特点造成的。第一,资本家购买劳动力,工人出卖劳动力,同其他商品交换一样,买者支付一定的货币,卖者交出在一定时间内进行劳动的能力。但劳动力是看不见的,人们看到的只是工人的劳动。这样,工人出卖的好像是劳动,工资就表现为劳动的价格了。第二,工人往往是在劳动之后才得到工资,这很容易使人们误认为工资就是工人出卖劳动所取得的报酬。第三,工人劳动时间越长或劳动熟练程度越高,工资就越多,这些都进一步加强了工资是劳动的价格的假象。

马克思透过资本主义工资的现象形态,揭示出资本主义工资的本质,彻底揭穿了剩余价值生产即资本主义剥削的秘密。

经典真题

(单选题)超额利润中属于剥削的是( )。

A.由垄断带来的

B.由创新带来的

C.由承担风险带来的

D.以上都不是

【答案】A。解析:超额利润分为创新利润、风险利润、垄断利润等。垄断产生的利润,是一种基于独占、排斥竞争、控制他人行为而产生的利润,是一种不平等的交易,是基于独占控制交易权力产生的利润,是无偿占有,属于剥削。

第三节 资本积累

一、资本主义再生产与资本积累

1.资本主义简单再生产与扩大再生产

生产总是一个周而复始的过程。这种周而复始的生产,就是再生产。再生产包括物质资料再生产和一定的历史的生产关系的再生产。资本生产的剩余价值如果全部作为资本家的消费基金消费掉,生产只能在原有规模上重复进行,这是简单再生产。资本主义生产的特征不是简单再生产而是扩大再生产。资本主义扩大再生产是指资本家把一部分剩余价值转化为资本,用来购买追加的生产资料和劳动力,使生产在扩大的规模上进行。资本主义扩大再生产是产品扩大再生产和资本主义生产关系扩大再生产的统一。

2.资本积累

把剩余价值再转化为资本,叫做资本积累。显然,剩余价值是资本积累的源泉,资本积累是扩大再生产的源泉。剩余价值减去资本家的个人消费是积累额,积累额与总收入的比率是积累率。积累率决定积累规模。积累规模扩大,资本物质生产能力不断增长,客观要求金融资本的积累与实物形式的积累之间保持平衡。

用无偿占有雇佣劳动者创造的一部分价值来扩大无偿占有雇佣劳动者创造的新价值的权利,这就是资本积累的实质。资本积累使商品生产的所有权规律转化为资本主义的占有规律。商品生产的所有权规律是以自己劳动为基础的权利平等的商品所有者,占有别人的商品的手段只能是让渡自己的商品;而资本主义的占有规律对资本家来说,表现为占有别人无偿劳动或产品的权利,对工人来说,则表现为不能占有自己劳动的产品。

在剩余价值分割为积累基金与消费基金比例已定的情况下,资本积累的数量就取决于以下几个基本因素:第一,资本对劳动力的剥削程度;第二,社会劳动生产率的水平;第三,所用资本与所费资本的差额;第四,预付资本量的大小;第五,自然资源的利用效率;第六,科技进步的速率。

二、资本有机构成和相对过剩人口

1.资本有机构成

资本的构成可以从两个方面来考察:一是从价值方面看,资本是由一定数量的不变资本和可变资本构成的,它们之间的比例叫做资本的价值构成;二是从物质方面来看,资本家为组织生产,购买追加的生产资料数量与劳动力数量要根据生产技术水平和各生产部门的特点保持适当的比例,生产资料数量与劳动力数量的比例,叫做资本的技术构成。

由资本技术构成所决定并反映技术构成变化的资本价值构成,叫做资本有机构成。它的公式是c:v,资本有机构成这一含义,反映了资本技术构成和价值构成有着密切联系,即资本的价值构成以技术构成为基础,资本的技术构成决定价值构成。它要求两者在数量上要均衡,质量上要相互适应,空间聚集上要合理,时序上要统一、及时和准确。

资本有机构成有不断提高的趋势。这是由于在扩大再生产过程中,商品生产者为了追求更多的剩余价值和在竞争中取得优势,必然不断改进企业的技术装备,从而在全部资本中,使不变资本所占比重增大,可变资本所占比重缩小,导致资本有机构成不断提高。

2.相对过剩人口

相对过剩人口的形成原因:一方面是由于资本有机构成不断提高,总资本中可变资本部分相对减少,从而资本对劳动力的需求相对减少;另一方面是由于妇女儿童要求工作以及小生产者、中小资本家破产,又使劳动力的供应增加,结果必然使大量工人失业,形成相对过剩人口。

相对过剩人口,是相对资本的需要,表现为过剩的劳动人口,所以,人口过剩不是绝对的。这是资本主义生产方式特有的人口规律。

处于失业状态的过剩人口,组成产业后备军。当资本家扩大规模或创立新的生产部门时,可随时获得可供榨取的劳动力。产业后备军也迫使在业劳动者接受苛刻的就业条件。产业后备军是资本主义生产方式存在与发展的必要条件。

产业后备军的形成与扩大,也使社会财富的分配格局发生了变化。在资本积聚与集中的扩大再生产进程中,资产阶级的财富迅速膨胀,而无产阶级的贫困迅速加剧。虽然市场的扩大和新兴产业部门的开辟为无产阶级提供了更多的就业机会,劳动者的实际工资有所增加,生活水平也有所提高,但劳动者生活条件的改善赶不上资本财富积累的速度。资本财富积累和工人贫困积累之间的对立运动,是资本主义积累的绝对的、一般的规律。

第四节 资本的流通过程

一、资本的循环

1.资本循环的三个阶段、三种形态和三种职能

第一个阶段是购买阶段。在这一阶段,资本家用货币购买生产资料和劳动力,为生产进行准备。货币在这一阶段中转化成了商品,资本的形态从货币资本变成了生产资本。这种转变虽然表面上同一般的商品买卖一样,都是由货币转化为商品,但有着特殊的职能即购买具有特殊使用价值的劳动力商品以及生产所必需的生产资料为生产剩余价值做准备。资本家只有在购买到这两种商品之后,才能够顺利生产剩余价值。因此,资本的这一阶段和职能是整个资本运动不可缺少的一个特定环节。

第二个阶段是生产阶段。在这一阶段,资本家按照自己的需要,让购买来的劳动力同生产资料结合起来进行生产,这时的资本形态是生产资本。其职能一是补偿资本家对生产资料和劳动力必要生活条件的支出,二是生产资本家追求的剩余价值。

第三个阶段是销售阶段。在这一阶段,资本家售出生产出来的商品,从流通中收回货币,实现其必要支出的补偿和获取剩余价值的愿望。这时资本的形态从生产资本又重新转化为货币资本,回到其最初的形态。与最初的货币资本 G(货币)所不同的是,现在它的数量变化了,从 G 变为了 G′,即除原来的货币以外,有了新的增值额。这个增值额就是剩余价值,其大小体现着资本家对雇佣工人的剥削程度。

2.资本循环的含义

资本是带来剩余价值的价值。它从某种职能形式出发,依次经过购买、生产、销售三个阶段,分别地采取货币资本、生产资本、商品资本三种职能形式,相应地完成剩余价值生产准备条件、生产剩余价值、实现剩余价值三种职能,实现了价值增值,最后又回到原点出发点形式的全部运动过程,就称资本的循环。如用 G 表示货币资本,P 表示生产资本,W 表示商品资本,A 表示劳动力,Pm 表示生产资料,资本循环用公式表示是:

$$G — W \begin{smallmatrix} A \\ \diagup \\ \diagdown \\ Pm \end{smallmatrix} \cdots P \cdots W′ — G′$$

资本循环是生产过程和流通过程的统一,是货币资本循环、生产资本循环、商品资本循环三种循环和形态的统一。在整个循环的过程中,起决定作用的是生产过程,因为生产过程是创造价值和剩余价值的过程。但是,资本的运动也离不开流通过程,因为流通过程是为生产剩余价值做准备,以及实现剩余价值所不可缺少的关键环节。有了流通过程,资本的循环才能顺利进行。

3.资本实现连续不断循环的条件

资本要实现连续不断循环必须具备两个条件:

(1)必须保持产业资本三种职能形式在空间上并列存在。也就是说,全部产业资本不能同时处在

河南省农村信用社招聘考试专用教材

一种职能形式上,必须按一定比例分割为货币资本、生产资本、商品资本三个部分,否则循环就会中断或不能顺利进行。

(2)必须保持产业资本的每一种职能形式在时间上相继进行转化。如果停顿,产业资本循环就会发生中断。产业资本只有并列处在三种职能形式上又同时处在三种循环形式上,才能保持循环过程的连续性。

可见,资本的循环要求资本的三个阶段、三种形态和三种职能在空间上同时并存,在时间上相互继起。资本循环运动进一步揭示出资本的本质,资本不仅是能够带来剩余价值的价值,体现着特定社会的经济关系,而且资本的本性还在于运动。资本"只能理解为运动",一旦中止了运动,就不能带来剩余价值,资本也就不成其为资本了。

二、资本的周转

资本周转是不断重复、周而复始的资本循环过程。

资本周转的核心问题是资本周转速度,因为资本周转速度直接关系着剩余价值的多少。资本周转越快,剩余价值获得就越多,反之亦然。资本周转的速度可以用资本周转时间的长短和资本次数的多少来表示。

1.资本的周转时间和周转次数

(1)资本周转时间。

资本的周转时间,是指预付资本价值,从一定形式出发,经过循环运动,带着剩余价值,全部回到它原来出发点的形式所经历的时间,即预付资本价值周转一次的时间。资本的周转时间由生产时间和流通时间之和构成。

生产时间是资本处于生产阶段的时间,它包括劳动时间、自然力对劳动对象独立发生作用的时间、生产资料的储备时间以及正常的停工时间。流通时间是指资本处于流通领域内的时间,它包括生产要素的购买时间和商品的销售时间。

(2)资本周转次数。

资本的周转次数,是指一定时期内(通常为一年)资本所经历的周转循环的次数。资本周转的速度可以用资本周转时间的长短和资本次数的多少来表示。资本周转速度(快慢)与资本周转时间(长短)成反比,与资本周转次数(多少)成正比。

资本周转次数的计算公式为:n(周转次数)=U(通常为一年)/u(周转一次的时间)

2.预付资本的总周转

影响资本周转的因素主要有两个:其一是资本的周转时间(一次周转的时间);其二是生产资本的构成。生产资本的构成包括固定资本和流动资本。

预付资本中的固定资本与流通资本,它们的周转速度是不同的。预付资本的总周转,就是预付资本中的固定资本和流动资本的平均周转。

计算预付资本总周转速度的公式是:

预付资本的总周转速度=

$$\frac{\text{一年内固定资本周转价值总额}+\text{一年内流动资本周转价值总额}}{\text{预付资本总额}}$$

影响预付资本周转速度的因素:一是生产资本中的固定资本和流动资本的比例。生产中固定资本占的比例越多,整个资本周转就越慢;流动资本占的比例越多,资本周转就越快。二是固定资本和流动资本的周转速度。在固定资本和流动资本的比例一定的条件下,固定资本和流动资本的周转速度与预付资本的总周转速度呈正比例变化。

3.资本周转速度对商品生产和价值增值的影响

(1)加快资本周转,可以节省预付资本,特别是流动资本。

节约预付资本意味着预付较小量的资本就可以经营同样规模的再生产,或者预付同量资本可以进行更大规模的生产,从而提高资本的增值能力。

(2)加快资本周转,可以提高固定资本的投资效益。

这是因为加快资本周转,一方面可以避免或减少无形(精神)损耗造成的损失,另一方面可以提高固定资本的利用率,加快固定资本的更新,提高劳动生产率,这同样可以扩大生产规模,使资本家获得更多的剩余价值。

(3)加快资本周转,可以增加年剩余价值。

这是因为,一般来说加快预付资本的周转速度,其中预付的可变资本周转速度也加快,也就是一年中实际发挥作用的可变资本越多。而剩余价值正是由发挥作用的可变资本产生的,这样,以年来计算的剩余价值量就会增加。

(4)加快资本周转,可以提高年剩余价值率。

年剩余价值率是一年内生产的剩余价值总量同一年内预付的可变资本的比率。在剩余价值率一定的条件下,资本周转速度越快,意味着预付可变资本周转速度就越快,剥削的劳动力就越多,年剩余价值量就越多,因而年剩余价值率就越高;反之,年剩余价值率就越低。

三、社会总资本的再生产和流通

1.社会总资本运行的核心问题

(1)单个资本和社会资本。

在资本主义条件下,独立经营,发挥着资本职能的资本叫做单个资本或个别资本。在社会化大生产的分工协作体系中,单个资本之间相互联系和相互依存而形成一个有机的整体。这些相互联系、相互依存的单个资本的总和就构成社会资本或社会总资本。

个别资本运动和社会资本运动的区别在于:社会资本运动不仅包括资本的流通,而且包含剩余价值的流通;社会资本运动不仅包括资本流通,也包括一般商品流通;社会资本运动不仅包括生产消费,也包括个人消费;社会资本运动不仅包括价值补偿,也包括实物补偿。

(2)社会总资本运动的核心问题是总产品的实现。

社会总产品,是指社会各个物质生产部门在一定时期内(通常为一年)所生产的全部物质资料的总和。社会总产品也就是全社会商品资本的总和。

①社会总产品在实物形式上,按其最终用途,可分为用于生产消费的生产资料和用于个人消费的消费资料。与此相适应,整个社会生产也可分为两大部类:第一部类(Ⅰ)即生产生产资料的部类和第二部类(Ⅱ)即生产消费资料的部类。

②社会总产品在价值形式上,由三部分构成:不变资本的价值(c)、可变资本的价值(v)和剩余价值(m)。社会生产分为两大部类和社会总产品在价值上由 c+v+m 构成是研究社会总资本运行的两个基本理论前提。

社会总资本的运动,就是社会总资本的再生产和流通。其运行的核心问题是社会总产品的实现问题,即社会总产品各个部分的价值补偿和实物补偿(替换)问题。价值补偿要求社会总产品价值的各个部分,实现从商品形式转化为货币,用以补偿生产过程中消耗的预付不变资本和可变资本,并获得剩余价值。实物补偿要求社会总产品的各个部分,实现由货币转化为商品形式,购买所需要的生产资料

河南省农村信用社招聘考试专用教材

和消费资料。这是社会资本再生产和流通能够正常进行的条件。价值补偿是社会资本再生产和流通正常进行的前提,实物补偿是社会资本再生产和流通正常进行的关键。

2.社会总资本简单再生产的实现条件

(1)社会资本简单再生产的实现过程。

社会总产品的构成和社会生产两大部类原理指明,社会资本简单再生产的实现过程,也就是社会总产品的实现过程,而社会总产品的实现即两大部类的总产品的价值补偿和实物补偿。社会资本再生产的实现过程是通过三方面交换而实现的:①第一部类内部各部门、各企业之间的交换;②第二部类内部各部门各企业之间的交换;③两大部类之间的交换。

(2)社会资本简单再生产的实现条件。

社会总资本简单再生产所应具备的基本实现条件是:第一部类的可变资本价值和剩余价值之和必须等于第二部类的不变资本价值,即 $I(v+m)=IIc$。这个条件表明,两大部类之间存在相互依存、相互制约的关系,即两大部类之间必须保持一定的比例关系。

从这个基本实现条件可以引申出另外两个实现条件:一是第一部类生产的全部产品在价值上必须等于两大部类所消耗的不变资本之和,即 $I(c+v+m)=Ic+IIc$。这个条件表明整个社会的生产资料的供给与整个社会对生产资料的需求之间必须保持一定的比例关系。二是第二部类生产的全部产品在价值上必须等于两大部类的可变资本和剩余价值之和,即 $II(c+v+m)=I(v+m)+II(v+m)$。这个条件表明整个社会的消费资料的供给与整个社会对消费资料的需求之间必须保持一定的比例关系。

以上三个条件客观要求的比例关系如果遭到破坏,社会总资本简单再生产就不能顺利进行。

第五节 剩余价值的分割与国民收入分配

一、利润和平均利润

1.剩余价值转化为利润

当剩余价值不是被看做可变资本产物,而是全部预付资本的增加额时,剩余价值就转化为利润。

随着剩余价值转化为利润,剩余价值率也相应转化为利润率。利润率,就是剩余价值与全部预付资本的比率。

影响利润率的因素主要有:一是剩余价值率的高低。剩余价值率与利润率二者呈同方向变化。二是资本有机构成的高低。有机构成高低与利润率二者成反方向变化。三是资本周转速度的快慢。周转速度与利润率二者呈同方向变化。四是不变资本节省的状况。不变资本节省状况与利润率二者呈同方向变化。

2.利润转化为平均利润

利润转化为平均利润或平均利润的形成,是资本在部门之间自由转移的竞争结果。平均利润率是剩余价值总量和预付总资本的比率。一定量资本根据平均利润率分得的一份剩余价值,就是平均利润。

平均利润更加掩盖了资本主义剥削关系。剩余价值转化为利润就已经掩盖了剩余价值的真正来源,但这种转化只是一种质上的转化,在量上,一个生产部门的利润仍等于剩余价值。而当利润转化为平均利润后,不同生产部门的等量资本获得的是等量利润。这样各个生产部门的平均利润与剩余价值之间,就不仅质上发生了变化,而且在数量上也不相同。平均利润无论从质上还是量上都表现为全部预付资本的产物,利润的真正来源完全看不到了,从而资本主义剥削关系更加被掩盖了。

3.价值转化为生产价格

随着利润转化为平均利润,商品的价值就转化为生产价格。生产价格由生产成本加平均利润构成。它是价值的转化形式。

生产价格形成后,价值规律的作用形式,是市场价格以生产价格为中心上下波动。生产价格成为商品交换的基础,市场价格已不再以价值为中心。价值规律作用形式的这种变化,是由于受到平均利润率规律的影响。平均利润率规律要求,商品不再按价值出卖,而是按生产成本加平均利润的生产价格出卖。

生产价格形成后并不排斥超额利润的存在。平均利润反映的是不同部门企业之间的关系。超额利润反映的是同一部门内部不同企业之间的关系,是同一部门内部个别生产价格低于社会生产价格的差额。

4.平均利润率下降趋势的规律

平均利润率具有下降的趋势。企业为追求超额利润同时在竞争中取胜,必然不断改进技术,使用新的生产资料,从而使社会资本的平均有机构成不断提高。在此情况下,即使剩余价值率不变甚至提高,平均利润率仍然会下降。但平均利润率下降并不意味社会资本所占有的利润量绝对减少,因为利润是决定于资本所使用的劳动力的多少,只要可变资本的绝对数量即劳动力的绝对数量没有减少,利润量也不会减少。所以平均利润率下降规律也称为平均利润率下降但利润量同时增长的规律。

平均利润率下降受到各种因素的阻碍:一是剥削程度的提高;二是不变资本各要素价值的降低;三是相对过剩人口的存在;四是对外贸易的发展。但这些因素不能消除平均利润率下降的规律,而只是使这个规律的作用减弱。

二、商业资本和商业利润

1.商业资本

商业资本,是由产业资本循环中的商品资本的独立化形成的,是在流通领域中独立发挥作用的资本,是专门从事商品买卖、以获取商业利润为目的的资本。商业资本的职能,就是执行商品资本的职能,即通过售卖行为,把商品资本转化为货币资本,实现价值包括剩余价值,从而具有媒介商品流通的功能和提高资本使用效率的作用。

2.商业利润

商业利润的主要来源是产业工人创造的剩余价值。产业资本家按低于商品价值的价格将商品卖给商人,商人按商品的价值出售给消费者,也就是产业资本家将产业工人创造的一部分剩余价值让渡给商业资本家,从而形成了商业利润。随着科学技术的进步和生产力的发展,在商业以及其他服务业领域,有越来越多的劳动成为创造价值的生产性劳动,从而也成为商业利润的来源。商业利润率相当于平均利润率,它同样受平均利润率规律的支配。

三、借贷资本和利息

1.借贷资本

借贷资本,是为了取得利息而暂时贷给职能资本家(包括产业资本家和商业资本家)使用的货币

河南省农村信用社招聘考试专用教材

资本。它来源于产业资本循环过程中产生的暂时闲置的货币资本。

借贷资本是从职能资本分离出来的一种独立的资本形式,具有三个特征:

(1)它是一种商品化的资本。

(2)它是一种作为财产的资本。

(3)它是最具拜物教性质的资本。它的运动形式是 G—G′,表现为货币直接生出更多的货币。

2.利息和利息率

利息是货币所有者因贷出货币而从借款人那里获得的报酬,是货币所有权在经济上的实现。在资本主义制度下,利息的本质,是职能资本家使用借贷资本而让渡给借贷资本家的一部分剩余价值,是剩余价值的一种特殊转化形式。

利息归根到底是来源于产业工人创造的剩余价值。由于借贷资本的所有权是借贷资本家,使用权是职能资本家,因而职能资本家使用借贷资本获得的平均利润,就要分割为企业利润和利息,所以说利息是平均利润的一部分。

利息率是一定时期内的利息量与借贷资本量的比率。利息率的高低,主要取决于:一是平均利润率的高低。利息是平均利润的一部分,故利息率最高界限是平均利润率。当平均利润率既定时,利息率取决于平均利润分割为企业利润与利息之间的比例。二是借贷资本的供求状况。借贷资本供过于求,平均利润的分割就有利于职能资本家,从而利息率下降。反之,利息率提高。

四、资本主义地租

1.资本主义地租的本质

资本主义地租,本质是农业工人创造的、被农业资本家以地租形式转让给土地所有者的、超过平均利润的那部分剩余价值,它体现着土地所有者与农业资本家共同剥削农业工人的关系。

资本主义地租有级差地租与绝对地租两种形式。

2.级差地租

级差地租,是与土地质量等级相联系的地租。资本主义级差地租,本质是农产品个别生产价格低于社会生产价格的差额而形成的超额利润。

级差地租产生的条件,是土地的好坏不同。由于土地好坏不同,产量和收益不同,缴纳地租的多少也不同,从而产生了级差地租。

级差地租的源泉,是农业工人的剩余劳动所创造的剩余价值。因为耕种优等、中等地的农业工人的劳动,是一种具有较高生产率的劳动,所以能够创造出超额剩余价值即超额利润。级差地租有两种形态:由于土地肥沃程度差别和地块位置差别而形成的级差地租,叫级差地租第一形态;由于在同一块土地上连续投资的劳动生产率不同而形成的级差地租,叫级差地租第二形态。

3.绝对地租

绝对地租,是由于土地所有权的垄断,租种任何土地都必须缴纳的地租。资本主义绝对地租的本质,是农产品价值高于社会生产价格的差额而形成的超额利润。

绝对地租形成的原因,在于农业中存在土地私有权垄断。土地私有权垄断的存在,就排斥其他资本自由转入农业部门,因而农业中生产的剩余价值就不参加利润平均化过程,从而使农产品能够按照价值出售。于是农产品价值便高于社会生产价格。这样一来,剩余价值高于平均利润的超额利润,就留在农业部门,而转化为绝对地租。

绝对地租产生的条件,在一个相当长时期内是农业的资本有机构成低于社会平均资本有机构成。

农业资本有机构成低,即可变资本比重大,在剩余价值率相同的情况下,同量资本带来的剩余价值量就大,农产品的价值就高于社会生产价格。农产品按价值出售,其价值高于社会生产价格所产生的超额利润,便形成绝对地租。

五、资本主义国民收入分配

1.国民收入及其影响因素

国民收入,是社会在一定时期(通常为一年)内活劳动创造的新价值的总和。从价值形态看,是 v+m;从实物形态看,是体现新价值的生产资料和消费资料的总和。

影响国民收入量增长的因素,主要有三个:一是增加社会投入物质生产领域的劳动量;二是发展科学技术,提高劳动生产率,这是增加国民收入的主要途径;三是节约使用生产资料。

2.国民收入的初次分配与再分配

国民收入的分配可分为初次分配与再分配。

国民收入的初次分配,是指国民收入在与物质生产直接联系的各阶级、阶层及其成员之间进行的分配。其分配情形大致是:产业资本首先占有全部国民收入(v+m),然后把其中相当于 v 的部分作为工资支付给工人;把相当于 m 的部分,以产业利润、商业利润、利息、地租等形式,在社会各个集团之间进行分配。

国民收入的再分配,是指在国民收入初次分配基础上在整个社会范围内的分配。国民收入必须进行再分配的原因,是为了满足非物质生产部门及其成员的需要。政府、军队、警察等非物质生产部门,不创造国民收入。所以,必须通过国民收入再分配把物质生产部门创造的一部分原始收入,转给不创造国民收入的非物质生产部门,满足这些部门发展的需要和这些部门从业人员的需要。

国民收入再分配的途径,主要是财政收支和服务收付费。财政收入的主要来源是税收,它包括直接税和间接税两大类。通过征税,国家把各阶级收入的一部分纳入财政收入。然后以财政支出的方式分配给政府、军队、警察、科教文卫、社会福利等部门。服务行业通过收取服务费,分得一部分国民收入。然后用于补偿这些部门的物质资料消耗、业主的利润和雇员的工资。

3.剩余价值的创造与剩余价值的分配

马克思的劳动价值理论、剩余价值创造理论和分配理论说明,剩余价值的创造与剩余价值的分配两者是不同的。劳动价值论和剩余价值论揭示了价值和剩余价值的来源,说明活劳动和物化劳动在价值创造中的不同作用。而剩余价值的分配理论,则是阐明由于生产要素的所有制关系不同,人们对剩余价值占有的结果不同。在资本主义条件下,雇佣工人只能从自己新创价值中分得大体相当于劳动力价值的工资,而新创价值中的大部分剩余价值,则分别归产业资本、商业资本、借贷资本、土地的所有者以利润、利息、地租的形式所占有。这种剩余价值分配中的资本家独有化倾向,构成资本主义条件下资本家阶级和其他剥削阶级共同对工人阶级的剥削关系。

第六节　资本主义发展的历史趋势

一、资本主义基本矛盾

资本主义基本矛盾,是生产社会化和资本主义私人占有形式之间的矛盾。它表现在以下几个方面:
(1)在生产上表现为单个企业生产的有组织性同整个社会生产的无政府状态之间的矛盾。
(2)资本主义生产无限扩大的趋势和广大劳动人民有支付能力需求相对缩小之间的矛盾。
(3)无产阶级与资产阶级之间的矛盾。

二、资本主义经济危机

1.经济危机的实质

资本主义经济危机的实质,是生产相对过剩,而不是绝对过剩,即不是生产的商品确实超过了人们物质生活的需要,而是相对过剩,即生产的商品相对于劳动人民有支付能力的需求的过剩。所以,资本主义经济危机,就是生产相对过剩的危机。

2.经济危机的根源

经济危机的根源,在于资本主义制度本身,即在于生产的社会化和生产资料的资本主义私人占有形式之间的基本矛盾。这一基本矛盾的表现就是:一方面,资本主义生产具有无限扩大的趋势;另一方面,劳动人民有支付能力的需求相对缩小。资本家为了利润而尽量扩大生产,同时又为了利润而加重对雇佣工人的剥削,使工人有支付能力的商品需求受到限制。当两者的矛盾严重加剧,若干类重要商品大量积压时,就会形成生产相对过剩的经济危机。

3.资本主义再生产的周期性

资本主义再生产周期,一般包括危机、萧条、复苏、高涨四个阶段。危机阶段是再生产周期的决定性阶段,主要表现是生产过剩,大量商品积压,大批工厂停工。萧条阶段的主要表现是生产停滞,经济不景气。复苏阶段的主要表现是生产回升,社会生产大体恢复。高涨阶段的主要表现是生产迅速扩大,经济一片繁荣。当代资本主义国家的反危机政策和措施,使得再生产周期的阶段已不像上述四个阶段那样分明,经济危机的发生也不如以往频繁。资本主义再生产周期的物质基础,是固定资本的大规模更新。危机过后必会导致固定资本的大规模更新,这种固定资本更新为暂时摆脱危机阶段、促进复苏和高涨阶段的到来准备了物质条件,同时它又为下一次危机的到来创造着物质前提。

4.经济危机的作用

经济危机的作用和后果是双重的:
一方面,危机造成社会生产力的大破坏和各种矛盾的加剧。严重的经济危机,使社会生产急剧下降,失业人数急剧增多,资本主义国家里的各种经济和社会矛盾,以及资产阶级内部和资本主义国家之间的矛盾加剧。
另一方面,危机又是资本主义社会再生产比例关系的强制性调整方式,是资本主义经济运行的一种特殊调节机制和调节手段。

第四章 国际贸易

一、国际贸易原理和国际贸易方式

国际贸易,指国家与地区之间货物或服务的相互交换活动,它包括进口和出口。

1.国际贸易三大理论

国际贸易基本理论主要有三个:绝对优势理论、比较优势理论和要素禀赋论。

绝对优势理论由英国经济学家亚当·斯密提出。斯密认为,如果各国都只生产自己具有绝对优势的产品,并用它从别的国家去换取自己不具有绝对优势的产品,这样对各国都有利。这种理论解释了国际贸易产生的原因。

比较优势理论是对绝对优势理论的进一步发展,是英国经济学家大卫·李嘉图提出的。李嘉图认为,国际贸易的基础并不限于各国的绝对差别,只要各国之间存在着相对优势,那么本着"两利取其重,两害取其轻"的原则进行分工合作,各国仍然都会获利。

要素禀赋论是对李嘉图理论的进一步发展,它由瑞典的经济学家赫克歇尔和俄林提出。该理论认为,在进行商品的生产时,需要多种生产要素,这些生产要素会影响到各国的劳动生产率和产品的成本,只要各国都密集地生产自己具有丰裕要素的产品,减少或停止生产稀缺要素的产品,然后相互交换就会获利。

2.国际贸易方式

国际贸易中常见的贸易方式按其组织形式可分为协定贸易、有固定组织形式的贸易、无固定组织形式的贸易。

协定贸易是根据缔约国之间签订的贸易协定进行的贸易,可分为双边贸易协定和多边贸易协定、政府间的贸易协定和民间团体签署的贸易协定。

有固定组织形式的贸易是指按照一定的规章和交易条件,在特定地点进行交易的贸易方式,主要有商品交易所、国际拍卖、招标与投标、国际博览会等。在国际贸易中,对某些商品特别是大宗商品的买卖,通常采用有固定组织形式的贸易方式。

无固定组织形式的贸易是指不按照固定的规章和交易条件,在非特定的地点进行交易的较为灵活的贸易方式,大体可分两类:一类是单纯的商品购销方式,如单边出口和单边进口;另一类是与其他因素结合的复合的购销方式,主要包括代理、包销、定销、寄售、补偿贸易、易货贸易、加工贸易、租赁贸易等。这种方式具有很大的灵活性,能够适应国际贸易中各种不同的需要。

二、反倾销与贸易壁垒

1.反倾销

反倾销是指对外国商品在本国市场上的倾销所采取的抵制措施。一般是对倾销的外国商品除征收一般进口税外,再增收附加税,使其不能廉价出售,此种附加税称为"反倾销税"。一成员要实施反倾销措施,必须遵守三个条件:首先,确定存在倾销的事实;其次,确定对国内产业造成了实质损害或实质损害的威胁,或对建立国内相关产业造成实质阻碍;再次,确定倾销和损害之间存在因果关系。

按照倾销的定义,若产品的出口价格低于正常价格,就会被认为存在倾销。出口价格低于正常价格的差额被称为倾销幅度。所以,确定倾销必须经过三个步骤:确定出口价格、确定正常价格、对出口价格和正常价格进行比较。

正常价格通常是指在一般贸易条件下出口国国内同类产品的可比销售价格。如该产品的国内价格受到控制,往往以第三国同类产品出口价格来确认正常价格。

倾销行为的受害国在开始反倾销调查前没有与当事成员进行磋商的义务;在审查倾销对国内产业的影响时,需要考虑倾销幅度的大小并确定倾销幅度。世贸组织规定,倾销幅度不超过进口价格2%,倾销产品进口量占同类产品进口比例不超过3%是可以忽略不计的倾销幅度的最低限额。

反倾销的最终补救措施是对倾销产品征收反倾销税。征收反倾销税的数额可以等于倾销幅度,也可以低于倾销幅度。

一成员政府应该在接到国内受倾销产品损害的企业或产业的申请后,展开反倾销调查。各当事方必须得到关于启动调查的通知。它们包括出口商所在成员政府、出口商或国外生产商、被调查产品的进口商、行业协会、进口国同类产品的生产商及其行业协会等。若没有充分证据表明存在倾销及其损害,或者倾销幅度或倾销进口数量低于最低限额,则应终止调查。

在世贸组织框架下,只有政府,而不是贸易商和产业界,才能采取反倾销措施。因此,一国的贸易商或产业界必须通过政府来启动反倾销程序。

若出口产品受到调查的成员不满展开调查的成员所采取的行动,它可以将问题提交世贸组织争端解决机构解决。在这种情况下,出口商必须通过本国政府采取这样的行动。

2.贸易壁垒

贸易壁垒又称贸易障碍。一般分为关税壁垒和非关税壁垒两类。就广义而言,凡是使正常贸易受到阻碍,市场竞争机制作用受到干扰的各种人为措施,均属贸易壁垒的范畴。如进口税或起同等作用的其他捐税;商品流通的各种数量限制;在生产者之间、购买者之间或使用者之间实行的各种歧视措施或做法(特别是关于价格或交易条件和运费方面);国家给予的各种补贴或强加的各种特殊负担;以及为划分市场范围或谋取额外利润而实行的各种限制性做法等。

值得注意的是,国际上非关税壁垒的作用正在上升,或有上升的趋势。一些发达国家利用其自身的技术优势对来自其他国家产品的认证要求,极大地阻碍了欠发达和发展中国家制成品的出口;而只能出口一些资源性的初级产品,加剧了南北间的经济及贸易发展差距。另外,发达国家,以及一些次发达甚至发展中国家越来越多地采用的反倾销手段,也是非关税壁垒之一。就我国而言,配额、许可证制度也属于后者。

offcn 中公·金融人

第三篇

金　融

第一章 国际金融学

第一节 外汇与汇率

一、外汇

1.外汇的概念

外汇(foreign exchange)是国际汇兑的简称。准确把握外汇的含义,需要从动态和静态两个方面理解:动态含义上的外汇是指国际间为清偿债权债务,将一国货币兑换成另一国货币的过程;静态含义上的外汇是指国际间为清偿债权债务进行的汇兑活动所凭借的手段或工具,也可以说是用于国际汇兑活动的支付手段和支付工具。

外汇又有广义与狭义之分。广义的外汇是泛指一国拥有的以外国货币表示的资产或证券,如以外国货币表示的纸币和铸币、存款凭证、定期存款、股票、政府公债、国库券、公司债券和息票等。中国《外汇管理条例》中规定外汇的具体范围包括:①外国货币,包括纸币、铸币;②外币支付凭证,包括票据、银行存款凭证、邮政储蓄凭证等;③外币有价证券,包括政府债券、公司债券、股票等;④特别提款权;⑤其他外汇资产。狭义的外汇是指以外国货币为载体的一般等价物,或以外国货币表示的、用于清偿国际间债权债务的支付手段,其主体是在国外银行的外币存款,以及包括银行汇票、支票等在内的外币票据。

严格地说,一种货币成为外汇应具备三个条件:第一,普遍接受性,即该货币在国际经济往来中被各国普遍接受和使用;第二,可偿付性,即该货币是由外国政府或货币当局发行并可以保证得到偿付;第三,自由兑换性,即该货币必须能够自由地兑换成其他国家的货币或购买其他信用工具以进行多边支付。国际货币基金组织按照货币的可兑换程度,把各国货币大体分类为:可兑换货币、有限制的可兑换货币、不可兑换货币。严格意义上的外汇应是可兑换货币。

依据外汇的来源、兑换条件、交割期限的不同,可对外汇作如下分类:

(1)来源不同。依据来源不同,外汇可分为贸易外汇和非贸易外汇。贸易外汇是指通过贸易出口而取得的外汇;非贸易外汇则是通过对外提供服务(劳务、运输、保险、旅游等)、投资(利息、股息、利润等)和侨汇等方式取得的外汇。

(2)可否自由兑换。依据可否自由兑换,外汇可分为自由外汇和记账外汇。自由外汇是指不需经过货币发行国批准就可随时兑换成其他国家货币的支付手段。记账外汇是指必须经过货币发行国的同意,才能兑换成其他国家货币的支付手段。记账外汇一般是在双边贸易支付结算协议的安排下,由贸易双方设立专用账户,记载彼此间的债权和债务,并在年度终了时,对账面余额进行轧差。由于记账双方协定开立的专用账户用于贸易清算,故记账外汇也可称为协定外汇或清算外汇。

(3)交割期限不同。依据交割期限不同,外汇可分为即期外汇和远期外汇。即期外汇是指外汇买卖成交后,在2个营业日内办理交割的外汇,又称为现汇;远期外汇是指外汇买卖双方按照约定,在未来某一日期办理交割的外汇,又称为期汇。

2.外汇的作用

外汇的作用主要表现在:

(1)国际购买手段,买卖国际货物、服务等产出。

(2)国际支付手段,清偿国际商品、国际金融、国际劳务、国际资金等方面的债权、债务。

(3)国际储备手段,支付一国必须偿付的债务,维持本币汇率稳定,促进经济发展与增长。

(4)国际财富的象征,实际是持有国外债权,并能转化为其他资产。

3.外汇市场的作用

(1)实现购买力的国际转移。国际贸易和国际资金融通至少涉及两种货币,而不同的货币对不同的国家形成购买力,这就要求将本国货币兑换成外币来清理债权债务关系,使购买行为得以实现。

(2)提供资金融通。外汇市场向国际间的交易者提供了资金融通的便利。

(3)提供外汇保值和投机的机制。外汇市场的存在既为套期保值者提供了规避外汇风险的场所,又为投机者提供了承担风险、获取利润的机会。

经典例题

(单选题)下列不属于外汇市场作用的是(　　)。

A.避免和减少外汇风险　　　　　　　　B.提供资金融通

C.实现购买力的国际转移　　　　　　　D.调节币值

【答案】D。

二、汇率及其标价方法

汇率又称汇价,是指一种货币与另一种货币之间兑换或折算的比率,也称一种货币用另一种货币所表示的价格。

汇率有直接标价法和间接标价法两种标价方法。直接标价法又称应付标价法,是以一定整数单位(1、100、10 000等)的外国货币为标准,折算为若干单位的本国货币。这种标价法是以本国货币表示外国货币的价格,因此可以称为外汇汇率。目前,我国和世界其他绝大多数国家和地区都采用直接标价法。间接标价法又称应收标价法,是以一定整数单位(1、100、10 000等)的本国货币为标准,折算为若干单位的外国货币。这种标价法是以外国货币表示本国货币的价格,因此可以称为本币汇率。目前,世界上只有英国、美国等少数几个国家采用间接标价法。

从不同的角度可以将汇率划分为不同的种类:根据汇率的制定方法,可以将汇率划分为基本汇率与套算汇率;根据商业银行对外汇的买卖,可以将汇率划分为买入汇率与卖出汇率;根据汇率适用的外汇交易背景,可以将汇率划分为即期汇率与远期汇率;根据汇率形成的机制,可以将汇率划分为官方汇率与市场汇率;根据商业银行报出汇率的时间,可以将汇率划分为开盘汇率与收盘汇率;根据外汇交易的支付通知方式,可以将汇率划分为电汇汇率、信汇汇率与票汇汇率;根据汇率制度的性质,可以将汇率划分为固定汇率与浮动汇率;根据汇率水平研究的需要,可以将汇率划分为双边汇率、有效汇率与实际有效汇率。

三、汇率的决定与变动

1.汇率的决定基础

(1)金本位制下汇率的决定基础。在金本位制下,各国以金币作为本位货币,黄金是价值的"天然实体",单位金币都有含金量,黄金可以自由输出和输入。这种货币制度下汇率的决定基础,从本质上是各国单位货币所具有的价值量;从现象上看是各国单位货币的含金量。

汇率的标准是铸币平价,即一国货币的含金量与另一国货币的含金量之比。市场汇率受供求关系变动的影响而围绕铸币平价波动, 波动的范围被限制在由黄金输出点和黄金输入点构成的黄金输送点内。

(2)纸币制度下汇率的决定基础。在纸币制度下,各国以纸币作为本位货币,纸币是本身没有价值的价值符号,单位纸币所代表的价值量往往以国家规定的法定含金量来表示。这种货币制度下汇率的决定基础,从本质上来说是各国单位货币所代表的价值量;从现象上看是各国单位货币的法定含金量或购买力。

在第二次世界大战以后建立的布雷顿森林货币体系下,按照国际货币基金协定的要求,均衡汇率就是法定平价,即一国货币的法定含金量与另一国货币的法定含金量之比。根据购买力平价理论,均衡汇率就是购买力平价。

2.汇率变动的形式

(1)法定升值与法定贬值:官方汇率的变动。法定升值是指一国官方货币当局以法令的形式,公开宣布提高本国货币的法定含金量或币值,降低外汇汇率。

法定贬值是指一国官方货币当局以法令的形式,公开宣布降低本国货币的法定含金量或币值,提高外汇汇率。

(2)升值与贬值:市场汇率的变动。升值是指在外汇市场上,一定量的一国货币可以兑换到比以前更多的外汇。贬值是指在外汇市场上,一定量的一国货币只能兑换到比以前少的外汇。

3.汇率变动的决定因素

(1)物价的相对变动。根据购买力平价理论,反映货币购买力的物价水平变动是决定汇率长期变动的根本因素。

如果一国的物价水平与其他国家的物价水平相比相对上涨,即该国相对通货膨胀,则该国货币对其他国家货币贬值;反之,如果一国的物价水平与其他国家的物价水平相比相对下跌,即该国相对通货紧缩,则该国货币对其他国家货币升值。

在长期中,物价水平变动最终导致汇率变动是通过国际商品和劳务的套购机制实现的,通过国际收支中经常项目收支变化传导的。

(2)国际收支差额的变化。市场汇率的变动是直接由外汇市场上的外汇供求变动所决定的。如果外汇供过于求,则外汇汇率下跌,本币升值;反之,如果外汇供不应求,则外汇汇率上升,本币贬值。

外汇市场上的外汇供求关系基本是由国际收支决定的, 国际收支差额的变动决定外汇供求的变动。如果国际收支逆差,则外汇供不应求,外汇汇率上升;反之,如果国际收支顺差,则外汇供过于求,外汇汇率下跌。

进一步说来,国际收支又是由物价、国民收入、利率等因素决定的。如果一国与其他国家相比,物价水平相对上涨,则会限制出口,刺激进口;国民收入相对增长,则会扩大进口;利率水平相对下降,则会刺激资本流出,阻碍资本流入。这些都是导致该国国际收支出现逆差从而造成外汇供不应求,外汇汇率上升的原因。反之,如果一国与其他国家相比,物价水平相对下降,则会刺激出口,限制进口;国民收入相对萎缩,则会减少进口;利率水平相对上升,则会限制资本流出,刺激资本流入。这些都是导致该国国际收支出现顺差,从而造成外汇供过于求,外汇汇率下跌的原因。

(3)市场预期的变化。市场预期的变化是导致市场汇率短期变动的主要因素。市场预期的变化决定市场汇率变动的基本机理是:如果人们预期未来本币贬值,就会在外汇市场上抛售本币,导致本币现在的实际贬值;反之,如果人们预期未来本币升值,就会在外汇市场上抢购本币,导致本币现在的实际升值。

市场预期是建立在对经济运行的基本面分析、经济政策走势分析和风险分析之上的,因此便形成了经济变量预期、经济政策预期和风险预期。预期本币贬值,来源于经济变量预期中的预期本国物价水平相对上涨、本国国民收入水平相对下降和本国利率水平相对下跌;来源于经济政策预期中的预期本国要采取松的财政政策、松的货币政策和本币贬值的汇率政策;来源于风险预期中的本国政策性风险、政治性风险和社会性风险增大。反之,预期本币升值,会是因为在经济变量预期中预期到本国物价水平相对下降、本国国民收入水平相对上升和本国利率水平相对提高;会是因为在经济政策预期中预期到本国要采取紧的财政政策、紧的货币政策和本币升值的汇率政策;会是因为在风险预期中预期到本国的政策性风险、政治性风险和社会性风险降低。

(4)政府干预汇率。世界各国政府都赋予货币当局主要是中央银行干预外汇市场,稳定汇率的职责。有的国家为此还专门设立了"外汇平准基金"。当外汇市场上因外汇供不应求、外汇汇率上涨的幅度超出规定的限界或心理大关时,货币当局就会向外汇市场投放外汇,收购本币,使外汇汇率回调;当外汇市场上因外汇供过于求、外汇汇率下跌的幅度超出规定的限界或心理大关时,货币当局就会向外汇市场投放本币,收购外汇,使外汇汇率反弹。

在某些非常情况下,当通过干预外汇市场的措施难以达到预期目的时,如果认为必要,货币当局还会采取外汇管制等行政手段直接管制汇率以促进汇率的稳定。

四、汇率变动对经济的影响

1.汇率变动产生的直接经济影响

(1)汇率变动影响国际收支。首先,汇率变动会直接影响经常项目收支。当本币贬值以后,以外币计价的本国出口商品与劳务的价格下降,而以本币计价的本国进口商品与劳务的价格上涨,从而刺激出口,限制进口,增加经常项目收入,减少经常项目支出。反之,当本币升值时,则影响正好相反,最终会减少经常项目收入,增加经常项目支出。其次,汇率变动会直接影响资本与金融项目收支。如果本币贬值,会加重偿还外债的本币负担,减轻外国债务人偿还本币债务的负担,从而减少借贷资本流入,增加借贷资本流出;会提高国外直接投资和证券投资的本币利润,降低外国在本国直接投资和证券投资的外国货币利润,从而刺激直接投资和证券投资项下的资本流出,限制直接投资和证券投资项下的资本流入。反之,如果本币升值,则其影响正好相反。

(2)汇率变动影响外汇储备。汇率变动对外汇储备的影响,集中在对外汇储备价值影响的评价上,需具体情况具体分析。如果汇率变动发生在本币与外币之间,汇率变动不会影响通常以外币计值的外汇储备价值。只有当外汇储备被国家以某种机制或形式结成本币,用于国内时,本币升值,用外汇储备结成本币的金额会减少,折射出外汇储备价值缩水。如果汇率变动发生在不同储备货币之间,例如美元与欧元之间,由于通常以美元计量外汇储备价值,则在美元对欧元升值时,欧元外汇储备的美元价值会缩水;反之,在美元对欧元贬值时,欧元外汇储备的美元价值膨胀。

(3)汇率变动形成汇率风险。汇率变动形成汇率风险,属于汇率变动微观经济影响的范畴。

2.汇率变动产生的间接经济影响

(1)汇率变动影响经济增长。在本币贬值时,由于刺激了商品和劳务的出口,限制了商品和劳务的进口,在推动出口部门和进口替代部门经济增长的同时,还会通过"外贸乘数"作用带动所有经济部门的增长。本币升值对经济增长的影响正好与此相反,是负面的。在本币升值时,由于刺激了借贷资本、直接投资和证券投资的流入,限制了这些资本的流出,如果宏观管理和金融监管得当,则会推动实体经济和金融经济的增长。而本币贬值对实体经济和金融经济的影响则恰好相反,是负面的。

(2)汇率变动影响产业竞争力和产业结构。由于本币贬值首先刺激了出口部门和进口替代部门的经济增长,也就提升了这两类产业部门的产业竞争力;国内其他产业部门的增长会滞后于这两类产业部门的增长,产业竞争力的提升也会相应滞后和落后。因此,这两类产业部门在整个产业中的占比和地位就得到有力提升,使产业结构发生变化。

经典例题

(单选题)1.以下关于汇率的说法中错误的是(　　)。

A.汇率是两种货币之间的相对价格

B.汇率的直接标价法可以表示为1单位外币等于多少本币

C.我国的汇率报价一般采用直接标价法

D.我国的汇率报价一般采用间接标价法

【答案】D。解析:直接标价法,以一定单位的外币为标准,用一定的本币来表示其价格,简言之,外币不动本币动。目前世界上大多数国家采用这种标价法,我国也采用这种标价法。

(单选题)2.本国货币贬值,可以使(　　)。

A.本国进口、出口都增加

B.本国进口、出口都减少

C.本国出口增加、进口减少

D.本国进口增加、出口减少

【答案】C。解析:本题考查货币贬值和进出口的关系,答案为C。贬值使本国产品在国外更便宜了,利于出口,国外产品价格上升会抑制进口。

第二节　国际收支及其调节

一、国际收支与国际收支平衡表

1.国际收支的概念

国际收支是一个宏观的经济范畴。伴随历史的演进和国际经济交易的发展,国际社会对国际收支的界定经历了由狭义到广义的发展。

在狭义上,国际收支是指在一定时期内,一国居民与非居民所发生的全部货币或外汇的收入和支出。该定义是以支付为基础的,即判断是否是国际收支,核心是看是否发生了货币或外汇的支付。

在广义上,国际收支是指在一定时期内,一国居民与非居民所进行的全部经济交易以一定货币计值的价值量总和。该定义是以交易为基础的,即判断是否是国际收支,核心是看是否发生了经济交易。在此,被狭义国际收支定义所不能涵盖的易货贸易、物品捐赠、以实物投入的直接投资等都被纳入国际收支。

一国国际收支不平衡时,无论是顺差还是逆差,都会给经济带来影响。通常判断一国国际收支是否平衡要看自主性交易的差额。国际收支平衡,是指自主性交易差额为零,既无巨额国际收支赤字,也无巨额国际收支盈余。国际收支顺差,自主性交易差额为贷方余额,即国际收支总额大于零;国际收支逆差,自主性交易差额为借方余额,即国际收支总额小于零。

国际收支由经常项目收支和资本项目收支构成。经常项目收支包括贸易收支、服务收支、要素报酬收支和单方转移收支。资本项目收支包括直接投资、证券投资和其他投资。

2.国际收支平衡表

国际收支平衡表是按照一定会计原理和方法编制的系统记录国际收支的统计报表。

(1)国际收支平衡表的编制原理。国际收支平衡表是按照复式记账法编制的,在表中分设借方和贷方。借方以"-"号表示,记录资金占用科目,即国际收支中的支出科目;贷方以"+"号表示,记录资金来源科目,即国际收支中的收入科目。

(2)国际收支平衡表的账户。根据国际货币基金1993年第5版《国际收支手册》中的规定,国际收支平衡表所包括的账户是:经常账户,该账户记录实质资源的国际流动,包括商品、服务、收入和经常转移。资本与金融账户,该账户记录资产和资本的国际流动。资本账户包括资本转移和非生产、非金融资产的收买与放弃;金融账户包括直接投资、证券投资、其他投资和储备资产。错误与遗漏账户,该账户专为人为平衡借方和贷方的总差额而设。

二、国际收支不均衡调节的政策措施

1.国际收支不均衡调节的宏观经济政策

(1)财政政策。在国际收支逆差时,可以采用紧的财政政策。紧的财政政策对国际收支的调节作用主要有两个方面:一是产生需求效应,即实施紧的财政政策导致进口需求减少,进口下降;二是产生价格效应,即实施紧的财政政策导致价格下跌,从而刺激出口,限制进口。在国际收支顺差时,可以采用松的财政政策。松的财政政策能对国际收支产生进口需求扩大的需求效应和价格上涨限制出口、刺激进口的价格效应。财政政策主要调节经常项目收支。

(2)货币政策。在国际收支逆差时,可以采用紧的货币政策。紧的货币政策对国际收支的调节作用主要有三个方面:一是产生需求效应,即实施紧的货币政策导致有支付能力的进口需求减少,进口下降;二是产生价格效应,即实施紧的货币政策导致价格下跌,从而刺激出口,限制进口;三是产生利率效应,即实施紧的货币政策导致利率提升,从而刺激资本流入,阻碍资本流出。在国际收支顺差时,可以采用松的货币政策。松的货币政策能对国际收支产生进口需求扩大的需求效应,价格上涨限制出口、刺激进口的价格效应,以及利率降低阻碍资本流入、刺激资本流出的利率效应。货币政策既调节经常项目收支,又调节资本项目收支。

(3)汇率政策。汇率政策就是货币当局实行本币法定贬值或法定升值,或有意在外汇市场上让本币贬值或升值。

汇率政策能够产生相对价格效应。这里的相对价格是指以外币标价的本国出口价格,以本币标价的本国进口价格。

在国际收支逆差时,可以采用本币法定贬值或贬值的政策。这样,以外币标价的本国出口价格下降,从而刺激出口,而以本币标价的本国进口价格上涨,从而限制进口。在国际收支顺差时,可以采用本币法定升值或升值的政策,这会使以外币标价的本国出口价格上涨,从而限制出口,以本币标价的本国进口价格下跌,从而刺激进口。汇率政策主要调节经常项目收支。

2.国际收支不均衡调节的微观政策措施

当国际收支出现严重不均衡时,为了迅速扭转局面,收到立竿见影的调节效果,政府和货币当局还可以采取外贸管制和外汇管制的措施。在国际收支逆差时,加强外贸管制和外汇管制;在国际收支顺差时,放宽乃至取消外贸管制和外汇管制。此外,在国际收支逆差时,还可以采取向国际货币基金或其他国家争取短期信用融资或直接动用本国的国际储备的措施。

三、国际收支不均衡调节中内部均衡与外部均衡的兼顾

1.内部均衡与外部均衡的不同组合

内部均衡是国民经济运行处于经济增长、物价稳定和充分就业的状态。外部均衡就是国际收支均衡。

内部均衡与外部均衡可能有四种不同组合:

(1)内部均衡与外部均衡。

(2)内部均衡与外部不均衡。

(3)内部不均衡与外部均衡。

(4)内部不均衡与外部不均衡。

内部不均衡与外部不均衡的组合可能内含四种情形:

(1)经济衰退、失业与国际收支逆差。

(2)经济衰退、失业与国际收支顺差。

(3)通货膨胀与国际收支逆差。

(4)通货膨胀与国际收支顺差。

2.兼顾内部均衡与外部均衡的政策措施

内部均衡与外部均衡的第一种组合,即内部均衡与外部均衡并存,是最理想的状态,无须采用任何政策措施调节。

第二种组合的内部均衡与外部不均衡并存,此时无须采用影响内部均衡的政策措施,只需采用调节外部不均衡的政策措施,如运用汇率政策等。

第三种组合的内部不均衡与外部均衡并存,此时只需采用调节内部均衡的政策措施,如运用财政政策或货币政策,而无须采用影响外部均衡的政策措施。

第四种组合的内部不均衡与外部不均衡并存,情况复杂,需要区别对待。其中,第二种情形和第三种情形比较容易调节,此时调节内部不均衡和外部不均衡的财政和货币政策的政策取向相同。例如,前者可以采用松的财政和货币政策,既医治了经济衰退和失业,又调节了国际收支顺差;后者可以采用紧的财政和货币政策,既医治了通货膨胀,又调节了国际收支逆差。但是,第一种情形和第四种情形则是两难处境,医治经济衰退和失业需要采用松的财政和货币政策,但会加剧国际收支逆差;医治通货膨胀需要采取紧的财政和货币政策,但会加剧国际收支顺差。

在第一种情形和第四种情形的两难处境下,需要将财政、货币和汇率政策搭配使用。其中,在第一种情形下,可以采取松的财政政策刺激经济增长,增加就业;采取紧的货币政策刺激资本流入,改善国际收支;同时采取本币贬值的汇率政策刺激出口,限制进口,改善国际收支。在第四种情形下,可以采取紧的财政和货币政策遏制通货膨胀,同时采取本币升值的汇率政策刺激进口,限制出口,减少国际收支顺差。

经典例题

(单选题)国际收支的顺差是指(　　)。

A.经常账户差额大于零

B.资本账户差额大于零

C.国际收支总差额大于零

D.净误差与遗漏项目大于零

【答案】C。解析:通常判断一国国际收支是否平衡看自主性交易的差额。自主性交易差额为零时为

平衡；差额为贷方余额时为顺差，即国际收支总差额大于零时；差额为借方余额时为逆差，即国际收支总差额小于零时。

第三节 国际储备及其管理

一、国际储备的概念

国际储备是指一国货币当局所持有的、为世界各国所普遍接受的货币资产。

该定义表明，国际储备具有四个本质特征：

(1)国际储备是官方储备，为货币当局所持有，不包括民间持有的黄金、外汇等资产。

(2)国际储备是货币资产，不包括实物资产，即使某些实物资产(如文物等)价值昂贵。

(3)国际储备是为世界各国普遍接受的货币资产，只有如此才能够实现国际储备的目的，即用于国际支付等，因此不能将他国不可兑换货币等用作国际储备。

(4)国际储备是一个存量的概念，一般以截至某一时点的余额来表示或计量国际储备总量。国际储备包括黄金储备、外汇储备以及在基金组织的储备头寸和特别提款权(SDR)。

二、国际储备的功能

国际储备的主要功能是：

(1)弥补国际收支逆差。这是国际储备的基本功能。当出现暂时性国际收支逆差时，通过动用国际储备来弥补逆差，可以不必采取其他可能影响内部均衡的调节政策和措施。

(2)稳定本币汇率。当出现国际收支逆差或投机性冲击，外汇供不应求，外汇汇率急剧上升，本币剧烈贬值时，为了稳定汇率，避免对内部均衡产生负面影响，或为了履行在固定汇率制下承担的义务，可以动用外汇储备，向外汇市场投放外汇，缓解和平衡外汇供求。

(3)维持国际资信和投资环境。当向国外举债，国外债权人在进行信用评估时，要把债务国的国际储备数量和增减趋势作为重要的因素；在吸引国际直接投资的场合，国外投资者在评价投资环境时，也要把投资对象国的国际储备数量和增减趋势作为重要的考量。因此，维持一个良好的国际资信和良好的投资环境，需要保有足够的国际储备。

三、国际储备的管理

1.国际储备的总量管理

国际储备总量管理的目标是使国际储备总量适度，既不能少也不能多。如果国际储备少，会在动用国际储备实现其功能时捉襟见肘，力不从心；如果国际储备多，会造成资源闲置，产生机会成本。

在确定国际储备总量时应依据的因素是：

(1)是否是储备货币发行国。如果是，则对国际储备需求少，反之则多。

(2)经济规模与对外开放程度。该因素与国际储备需求量成正比。

(3)国际支出的流量。该因素与国际储备需求量正相关。

(4)外债规模。该因素也与国际储备需求量正相关。

(5)短期国际融资能力。在国际收支逆差时，如果在国际上获得短期融资的能力强，则可以不动用或少动用国际储备，从而对国际储备的需求就少；反之则多。

(6)其他国际收支调节政策和措施的可用性与有效性。在国际收支逆差时,如果可供选择的其他国际收支调节政策和措施较多,实施后见效的时滞短,效果好,则可以不动用或少动用国际储备,从而对国际储备的需求就少;反之则多。

(7)汇率制度。如果实行固定汇率制度或其他弹性低的汇率制度,则对干预外汇市场、稳定汇率所需要的国际储备就多;反之则少。

在实践中,测度国际储备总量是否适度的经验指标是:

(1)国际储备额与国民生产总值之比,一般为10%。

(2)国际储备额与外债总额之比,一般在30%~50%。

(3)国际储备额与进口额之比,一般为25%;如果以月来计量,国际储备额应能满足3个月的进口需求。

2.国际储备的结构管理

国际储备结构管理的目标是使国际储备结构最优,在安全性、流动性和盈利性之间找到最佳均衡点。

国际储备结构管理的内容是:

(1)国际储备资产结构的优化。由于在基金组织的储备头寸和特别提款权的数量是由基金组织给定的,因此,国际储备资产结构的优化集中在黄金储备和外汇储备结构的优化上。要根据黄金和外汇在安全性、流动性和盈利性上的不同特征及其变化,在黄金储备与外汇储备之间动态地建立最佳比例。

(2)外汇储备货币结构的优化。不同储备货币的安全性(与汇率风险相对应)和盈利性(与升值和贬值相对应)是不同的。因此,为了追求安全性,需要将外汇储备的货币结构与未来外汇支出的货币结构相匹配,从而在未来的外汇支出中,将不同储备货币之间的兑换降低到最低程度;为了追求盈利性,需要尽量提高储备货币中硬币的比重,降低储备货币中软币的比重。

(3)外汇储备资产结构的优化。在活期存款、支付凭证和有价证券三种资产形式上,外汇储备的流动性和盈利性是不同的。需要根据先满足即时支付需要,再实现保值增值需要的优先顺序对三种资产结构做出统筹安排和最佳安排。

> **经典例题**

(多选题)一国的国际储备通常包括(　　)。

A.外汇储备

B.黄金储备

C.在国际货币基金组织(IMF)的储备头寸

D.特别提款权

【答案】ABCD。解析:国际储备包括黄金储备、外汇储备以及在基金组织的储备头寸和特别提款权(SDR)。

第四节 国际资本流动

一、国际资本流动的概念

国际资本流动,简言之,是指资本在国际间转移,或者说,资本在不同国家或地区之间做单向、双向或多向流动,具体包括:贷款、援助、输出、输入、投资、债务的增加、债权的取得,利息收支、买方信贷、卖方信贷、外汇买卖、证券发行与流通等。

二、国际资本流动的分类

1.从时期的长短来分,可以分为长期资本流动和短期资本流动两种类型

长期资本流动是指期限一年以上的资本流动,包括国际直接投资、间接投资和中长期贷款。

短期资本流动则是指期限不超过一年的金融资产在国家或地区之间的转移,包括国际证券投资和国际贷款等。

2.从资本流动方式来分,可以分为外国直接投资、国际证券投资和国际贷款等类型

外国直接投资的具体方式包括:在东道国开办独资企业;收购或合并国外企业;与东道国企业合资开办企业;对国外企业进行一定比例以上股权投资;利润再投资等。

三、国际资本流动的原因

1.过剩资本

过剩资本是指相对的过剩资本。随着资本主义生产方式的建立,资本主义劳动生产率和资本积累率的提高,资本积累迅速增长,在资本的特性和资本家唯利是图的本性支配下,大量的过剩资本就被输往国外,追逐高额利润,早期的国际资本流动就由此而产生了。随着资本主义的发展,资本在国外获得的利润也大量增加,反过来又加速了资本积累,加剧了资本过剩,进而导致资本对外输出规模的扩大,加剧了国际资本流动。总之,过剩资本的形成与国际收支大量顺差是早期也是现代国际资本流动的一个重要原因。

2.利润的驱动

增值是资本运动的内在动力,利润驱动是各种资本输出的共有动机。当投资者预期到一国的资本收益率高于他国,资本就会从他国流向这一国;反之,资本就会从这一国流向他国。此外,当投资者在一国所获得的实际利润高于本国或他国时,该投资者就会增加对这一国的投资,以获取更多的国际超额利润或国际垄断利润,这些也会导致或加剧国际资本流动。在利润机制的驱动下,资本从利率低的国家或地区流往利率高的国家或地区。这是国际资本流动的一个重要原因。

3.汇率变化

汇率的变化也会引起国际资本流动,如果一个国家货币汇率持续上升,则会产生兑换需求,从而导致国际资本流入,如果一个国家货币汇率不稳定或下降,资本持有者可能预期到所持的资本实际价值将会降低,则会把手中的资本或货币资产转换成他国资产,从而导致资本向汇率稳定或升高的国家或地区流动。在一般情况下,利率与汇率呈正相关关系。一国利率提高,其汇率也会上浮;反之,一国利率降低,其汇率则会下浮。利率、汇率的变化,伴随着的是短期国际资本的经常或大量的流动。还有通

货膨胀、政治经济及战争风险等方面的原因。

经典例题

(多选题)国际资本流动从资本流动方式来分,可以分为( )。

A.国际贷款 　　　　　　　　　　　B.外国直接投资

C.国际证券投资 　　　　　　　　　D.长期资本流动

【答案】ABC。解析:从资本流动方式来分,可以分为外国直接投资、国际证券投资和国际贷款等类型;从时期的长短来分,可以分为长期资本流动和短期资本流动两种类型。

第二章 货币银行学

第一节 货币与货币制度

一、货币

1.货币的本质

货币是商品,货币的根源在于商品本身,这是为价值形式发展的历史所证实了的结论。但货币不是普通的商品,而是固定地充当一般等价物的特殊商品,并体现一定的社会生产关系。这就是货币的本质的规定。

2.货币的职能

货币的本质是通过货币的职能充分地表现出来的。在发达的商品经济条件下,货币一般具有五种职能:价值尺度、流通手段、贮藏手段、支付手段、世界货币。

3.货币流通规律

货币流通规律是指一定时间内商品流通过程中所需货币的规律。流通中所需要的货币量取决于三个因素:一是流通中的商品总量;二是商品的价格水平;三是同一货币的流通速度。

二、货币制度的构成要素

1.法律规定货币金属

法律规定以何种金属作为货币材料。不同的货币金属构成不同的货币本位制度,这是确定整个货币制度的基础。例如,在资本主义初期,一般以白银作为货币金属;随着资本主义经济的发展,黄金成为货币金属,统称金本位制。

2.货币单位

货币单位是由法律规定货币单位的名称和货币单位所包含的货币金属的重量。

3.本币及其铸造与流通

本位货币是按照国家法律规定的货币单位所铸造的铸币,亦称主币,它是一个国家的基本通货。本位货币是足值的铸币,即铸币的名义价值(面值)与实际价值相一致。

4.辅币及其铸造与流通

辅币通常用贱金属铸造。辅币的名义价值高于实际价值,故铸造辅币可以得到一部分收入并归国家垄断。辅币不能自由铸造,统一由国家用国库的金属铸造,以防止辅币排挤主币。

5.信用货币和纸币的发行与流通

任何一个国家即便在金本位币制条件下,流通中并不都由金铸币发挥流通和支付手段。无论是信用货币还是纸币,都是真实货币的符号,执行货币的职能。为适应货币流通的需要而出现了各种信用货币,包括商品票据、银行券和支票。纸币是为了弥补政府开支而发行的,特别是在战争年代。

河南省农村信用社招聘考试专用教材

6.确立国家的准备金制度

为了稳定货币,各国都建立了准备金制度,这是货币制度的一项重要内容。

准备金有三方面的用途:

(1)作为国际收支。

(2)调节国内金属货币流通。

(3)支付存款和兑换银行券。

三、货币制度的发展与演变

在货币制度发展史曾存在四种不同的货币制度,依次为银本位制、金银复本位制、金本位制、纸币制度。

1.银本位制

银本位制以白银作为本位货币的一种金属货币制度。银铸币为本位货币,具有无限法偿能力。银币可以自由铸造,自由融化。

2.金银复本位制

前后经历了三种形态:金银平行本位制、金银双本位制、金银跛行本位制。其中,在金银双本位制下,出现了劣币驱逐良币的现象。

金银币的比价由国家法律规定,金银币的法定比价和金银的市场比价有可能不一致,于是就出现了劣币驱逐良币的现象。

劣币是指实际价值低于名义价值的货币;良币是指实际价值高于名义价值的货币。劣币驱逐良币规律即格雷欣法则,是指在双本位制中,当一个国家同时流通两种实际价值不同而面额价值相同但法定比价不变的货币时,实际价值高的货币(良币)必然被人们熔化,收藏或输出而退出流通,而实际价值低的货币(劣币)反而充斥市场。

3.金本位制

在金本位制下,主要有金币本位制、金块本位制、金汇兑本位制。其中,金币本位制是相对稳定的货币制度。在金本位制下,用黄金来规定货币所代表的价值,每一货币都有法定的含金量,各国货币按其所含黄金的重量而有一定的比价。

4.纸币本位制

纸币本位制是指一个国家的本位货币使用纸币而不与黄金发生任何联系的一种货币制度。纸币流通条件下,保证币值的稳定是货币制度的核心,必须要以社会公众提供给中央银行分配的资源或资产作为稳定币值的基础。我国人民币制度是一种纸币本位制。它的发行不与任何贵金属挂钩,也不依附于任何一国的货币,是一种独立的货币。

经典例题

(单选题)1.当货币作为资产成为持有者的财富时,货币是在执行(　　)。

A.价值尺度　　　　　　　　　　　　B.流通手段

C.支付手段　　　　　　　　　　　　D.贮藏手段

【答案】D。解析:当货币作为资产成为持有者的财富时,货币暂时退出流通领域处于相对静止状态,执行价值的贮藏功能。

(单选题)2.劣币是指实际价值(　　)的货币。

A.等于零　　　　　　　　　　　　　B.等于名义价值

C.高于名义价值 　　　　　　　　　D.低于名义价值

【答案】D。解析：经济学中的"劣币驱逐良币"现象又称之为"格雷欣法则"，是以16世纪英国金融家兼伊丽莎白女王一世的顾问托马斯·格雷欣的名字命名的。格雷欣认为，当价值不同的金属货币被赋予同等的偿付能力时，实际价值较低的货币必然会取代价值较高的货币成为主要的流通货币。法律上低估的货币(实际价值高于法定价值的货币，即"良币")必然会被人们收藏、熔化或者输出国外，法律上高估的货币(实际价值低于法定价值的货币，即"劣币")必定占主流。

第二节　信用、利息与利率

一、信用

所谓信用就是以偿还和付息为特征的借贷行为。一般认为，当商品交换出现延期支付、货币执行支付手段职能时，信用就产生了。信用基本上表现为两种典型的形态：高利贷信用和借贷资本信用。

(1)信用活动的构成要素：债权人与债务人、时间间隔、信用工具。

(2)信用的基本形式：商业信用、银行信用、国家信用和消费信用。

商业信用：商业信用是指工商企业之间在买卖商品时，以商品形式提供的信用。主要形式有：赊购商品、预收货款和商业汇票。

银行信用：银行信用是银行或其他金融机构以货币形态提供的信用。是在商业信用的基础上发展起来的。

国家信用：国家信用是以国家和地方政府为债务人的一种信用形式，它的主要方式是通过金融机构等承销商发行公债借入资金，公债的发行单位按规定支付利息。

消费信用：消费信用是企业、银行和其他金融机构向消费者个人提供的用于生活消费的信用。

(3)信用的最基本特征：偿还性。信用的这种有偿让渡使其与其他形式的让渡区别开来。

二、信用工具

1.信用工具的特征

(1)收益性。信用工具能定期或不定期带来收益，这是信用的目的。

(2)风险性。为了获得收益提供信用，同时必须承担风险。

(3)流动性。金融工具可以买卖和交易，可以换得货币，此即为具有变现力或流通性。在短期内，在不遭受损失的情况下，能够迅速出卖并换回货币，称为流动性强，反之则称为流动性差。

2.信用工具的分类

(1)按信用形式划分，可分为商业信用工具，如各种商业票据等；银行信用工具，如银行券和银行票据等；国家信用工具，如国库券等各种政府债券；证券投资信用工具，如债券、股票等。

(2)按期限划分，可分为长期、短期和不定期信用工具。长期与短期的划分没有一个绝对的标准，一般以1年为界，1年以上为长期，1年以下则为短期。短期信用工具主要是指国库券、各种商业票据，包括汇票、本票、支票等。西方国家一般把短期信用工具称为"准货币"，这是由于其偿还期短，流动性强，随时可以变现，近似于货币。长期信用工具通常是指有价证券，主要有债券和股票。不定期信用工具是指银行券和多数的民间借贷凭证。

经典例题

(单选题)1.信用最基本的特征是( )。

A.收益性   B.偿还性

C.安全性   D.流动性

【答案】B。解析:信用最基本的特征是偿还性。

(单选题)2.甲公司同意乙公司以分期付款的方式偿还所欠贷款,这种信用属于( )。

A.直接信用   B.国家信用

C.银行信用   D.消费信用

【答案】A。解析:本题考查信用分类,答案为 A。两公司之间的借贷信用是属于商业信用,也是直接信用。

(单选题)3.企业开出转账支票偿还债务,这种信用形式为( )。

A.商业信用   B.国家信用

C.银行信用   D.消费信用

【答案】A。解析:本题考查信用分类,答案为 A。虽然支票要通过银行转账,银行只是做资金的转移,没有银行信用的担保,故仍为商业信用。

三、利息与利率

1.利息的概念

利息是指在借贷活动中,债务人支付给债权人的超过借贷本金的那部分货币资金,是债务人为取得货币使用权所付出的代价。或者说,它是债权人让渡货币的使用权所获得的报酬。

2.利息的计算

利息的计算方法有单利法和复利法两种。

(1)单利法。单利法是指只对本金计息,不对利息计息的方法。因此,每期的利息是固定不变的。其计算公式为:

$$F=P(1+i\cdot n)$$

式中:F—第 n 期期末的本利和;P—本金;i—计息期单利利率;n—计息期。

(2)复利法。复利法就是对利息也计息的方法,即由本金加上先前周期中累计利息总额进行计息,也就是利上加利。所“利滚利”就是复利计算的意思。其计算公式为:

$$F=P(1+i)^n$$

F,P,i,n 的含义同单利计算公式。

3.利率的种类

(1)按计算利率的期限单位可划分为:年利率、月利率与日利率。年利率一般用%(百分之),月利率一般用‰(千分之)表示,日利率按本金的万分之几表示。

日利率与年利率、月利率的换算公式:

日利率=年利率÷360;月利率=年利率÷12

(2)按利率的决定方式可划分为:市场利率、官定利率和公定利率。

(3)按借贷期内利率是否调整可划分为:固定利率与浮动利率。固定利率是指在整个借贷期限内,利率水平保持不变的利率。浮动利率是指在借贷关系存续期内,利率水平可随市场变化而定期变动的利率。

(4)按利率的地位可划分为：基准利率与一般利率。

(5)按借贷期限长短可划分为：长期利率和短期利率。通常以 1 年为标准。凡是借贷期限满 1 年的利率为长期利率，不满 1 年的则为短期利率。

(6)按利率的真实水平可划分为：名义利率与实际利率。名义利率是指没有剔除通货膨胀因素的利率，即包括补偿通货膨胀风险的利率。实际利率是指剔除通货膨胀因素的利率。即物价不变，从而货币购买力不变条件下的利息率。

4.利率变动对经济的影响

首先，从宏观角度上看，利率变动会对资金供求产生影响：在市场经济中，利率是一种重要的经济杠杆，这种杠杆作用首先表现在对资金供求的影响上。当利率提高时，意味着人们借款的成本增大，资金短缺者的负担也越重，他们的借款需要就会受到制约。

其次，利率变动会影响微观经济：从居民消费看，当利率上升时，会抑制人们的消费欲望，反之则会增强。再从厂商投资来看，投资代表着社会资金需要，提高利率则使厂商投资成本增加。当利率水平提高时，一方面减少消费、增加储蓄，使社会资金供给扩大，从而有可能使社会产出扩大；另一方面，又可能使投资受到抑制，从而使社会产出减少。

最后，利率变动会对国际收支产生重要影响：当发生严重的逆差时，可将本国短期利率提高，以吸引外国的短期资本流入，减少或消除逆差；当发生巨额的顺差时，可将本国利率水平调低，以限制外国资本的流入，减少或消除顺差。

> **经典例题**

(单选题)1.按复利计算，年利率为 5% 的 100 元贷款，经过两年后产生的利息是(　　)。

A.5 元　　　　　　　　B.10 元　　　　　　　　C.10.25 元　　　　　　　　D.20 元

【答案】C。**解析**：$100×(1+0.05)^2-100=10.25$(元)。

(单选题)2.当银行的年利率为 3.6%，那么日利率为(　　)。

A.0.1　　　　　　　　B.0.01　　　　　　　　C.0.001　　　　　　　　D.0.000 1

【答案】D。**解析**：日利率$=3.6\%÷360=0.000\ 1$。

第三节　金融市场与金融工具

一、金融市场与金融工具概述

金融市场是指有关主体，按照市场机制，从事货币资金融通、交易的场所或营运网络。它是由不同市场要素构成的相互联系、相互作用的有机整体，是各种金融交易及资金融通关系的总和。

尽管各国各地区金融市场的组织形式和发达程度有所不同，但都包含四个基本的构成要素，即金融市场主体、金融市场客体、金融市场中介和金融市场价格。

一般来说，金融市场主体包括家庭、企业、政府、金融机构、中央银行及监管机构。

金融市场客体即金融工具，是指金融市场上的交易对象或交易标的物。

1.金融工具的分类

根据不同的标准，金融工具可以划分为许多不同的种类：

第一，按期限不同，金融工具可分为货币市场工具和资本市场工具。货币市场工具是期限在 1 年

河南省农村信用社招聘考试专用教材

以内的金融工具,包括商业票据、国库券、银行承兑汇票、大额可转让定期存单、同业拆借、回购协议等。资本市场工具是期限在 1 年以上,代表债权或股权关系的金融工具,包括国债、企业债券、股票等。

第二,按性质不同,金融工具可分为债权凭证与所有权凭证。

第三,按与实际金融活动的关系,可分为原生金融工具和衍生金融工具。前者是指商业票据、股票、债券、基金等基础金融工具。后者是在前者的基础上派生出来的,包括期货合约、期权合约、互换合约等新型金融工具。

第四,按融资方式划分,金融工具可分为直接融资工具和间接融资工具。直接融资工具包括政府、企业发行的国库券、企业债券、商业票据、公司股票等。间接融资工具包括银行债券、银行承兑汇票、可转让大额存单、人寿保险单等。

2.金融工具的性质

金融工具具有四个方面的性质:期限性、流动性、收益性和风险性。

金融工具的上述四个性质之间存在着一定的联系。一般而言,金融工具的期限性与收益性、风险性成正比,与流动性成反比。而流动性与收益性成反比,即流动性越强的金融工具,越容易在金融市场上迅速变现,所要求的风险溢价就越小,其收益水平往往也越低。同时,收益性与风险性成正比,高收益的金融工具往往具有高风险,反之亦然。

3.金融市场的种类

按照不同的标准,金融市场可以划分为许多不同的种类。

(1)按金融工具的期限划分,金融市场可分为货币市场和资本市场。

货币市场是指以短期金融工具为媒介进行的、期限在 1 年以内(含 1 年)的短期资金融通市场。我国货币市场主要包括银行间同业拆借市场、银行间债券回购市场和票据市场。

资本市场是指以长期金融工具为媒介进行的、期限在 1 年以上的长期资金融通市场,主要包括债券市场和股票市场。在资本市场上,发行主体所筹集的资金大多用于固定资产的投资,偿还期长,流动性相对较小,风险相对较高,被当作固定资产投资的资本来运用。因此被称为"资本市场"。

(2)按具体的交易工具类型划分,金融市场可分为债券市场、票据市场、外汇市场、股票市场、黄金市场、保险市场等。

(3)按金融工具交易的阶段来划分,金融市场可分为发行市场和流通市场。

发行市场也称为初级市场或一级市场,是债券、股票等金融工具初次发行,供投资者认购投资的市场。

流通市场也称为二级市场,是对已上市的金融工具(如债券、股票等)进行买卖转让的市场。

(4)按成交后是否立即交割划分,金融市场可分为现货市场和期货市场。

现货市场是当日成交,当日、次日或隔日等几日内进行交割(一方支付款项、另一方交付证券等金融工具)的市场。

期货市场是将款项和证券等金融工具的交割放在成交后的某一约定时间(如 1 个月、2 个月、3 个月或半年等,一般在 1 个月以上、1 年之内)进行的市场。

(5)按交易活动是否在固定的场所进行,金融市场可分为场内交易市场和场外交易市场。

场内交易市场又称为有形市场,是指有固定场所、有组织、有制度的金融交易市场,如股票交易所。

场外交易市场又称为柜台市场或无形市场,指没有固定交易场所的市场,交易者通过经纪人或交易商的电话、网络等洽谈成交。

4.金融市场融资方式

金融市场的融资方式主要分为直接融资和间接融资两种。

(1)直接融资。直接融资是指资金供给者与资金需求者通过一定的金融工具直接形成债权债务关系的金融行为。在直接融资中,金融媒介的作用是帮助资金供给者与资金需求者形成债权债务关系。在这个过程中,金融媒介并不因此与资金供给者或者资金需求者之间形成债权债务关系。直接融资工具包括政府、企业发行的国库券、企业债券、商业票据、公司股票等。

(2)间接融资。间接融资是指资金供给者与资金需求者通过金融中介机构间接实现资金融通的行为。在间接融资中,资金的供求双方不直接形成债权债务关系,而是由金融中介机构分别与资金供求双方形成两个各自独立的债权债务关系。对资金的供给方来说,中介机构是债务人;对资金的需求方来说,中介机构是债权人。间接融资工具包括银行债券、银行承兑汇票、可转让大额存单、人寿保险单等。

5.金融市场的功能

金融市场是金融工具交易的场所,具有货币资金融通功能、优化资源配置功能、风险分散与风险管理功能、经济调节功能和定价功能。

(1)货币资金融通功能。融通货币资金是金融市场最主要、最基本的功能。金融市场一方面为社会中资金不足的一方提供了筹集资金的机会;另一方面也为资金的富余方提供了投资机会,即为资金的需求方和供给方搭起了一座桥梁。

(2)优化资源配置功能。通常货币资金总是流向最有发展潜力、能为投资者带来最大利益的地区、部门和企业,而金融资产的价格变动则反映了整体经济运行的态势和企业、行业的发展前景,是引导货币资金流动和配置的理想工具。

(3)风险分散与风险管理功能。金融市场的参与者通过买卖金融资产转移或者接受风险,利用组合投资可以分散那些投资于单一金融资产所面临的非系统性风险。

(4)经济调节功能。金融市场的经济调节功能既表现在借助货币资金供应总量的变化影响经济的发展规模和速度,又表现在借助货币资金的流动和配置可以影响经济结构和布局。还表现在借助利率、汇率、金融资产价格变动促进社会经济效益的提高。

(5)定价功能。金融市场具有决定利率、汇率、证券价格等重要价格信号的功能,并通过调节价格引导资源配置。

经典例题

(单选题)1.下列不能成为金融市场主体的是( )。

A.个人　　　　B.企业　　　　C.中央银行　　　　D.世界银行

【答案】D。

(单选题)2.某种金融工具能迅速变为货币而不遭受损失的能力称为( )。

A.金融工具的流动性　　　　　　B.金融工具的风险性

C.金融工具的期限性　　　　　　D.金融工具的收益性

【答案】A。解析:流动性指金融工具迅速变为货币而不致遭受损失的能力。

二、我国的金融市场

我国金融市场从20世纪80年代起步,经过20多年的发展,形成了一个初具规模、层次清楚、分工明确的金融市场体系。从市场类型看,由同业拆借市场、债券回购市场和票据市场等组成的货币市场,由债券市场和股票市场等组成的资本市场,以及外汇市场、黄金市场、期货市场、保险市场等均已经建立并形成一定规模。从市场层次看,以银行间市场为主体的场外交易市场与以交易所市场为主体的场内交易市场相互补充、共同发展。

1.货币市场

我国银行业金融市场的发展是从 1984 年同业拆借市场开始的。1996 年 1 月,全国统一的同业拆借市场形成,1997 年 6 月,依托同业拆借市场的债券回购业务获准开展,同业拆借市场与票据市场一起构成我国的货币市场,成为金融机构管理流动性和中央银行公开市场操作的重要平台。

2.资本市场

1990 年底,上海证券交易所和深圳证券交易所先后成立,标志着我国股票市场正式形成。1997 年 6 月,银行间债券市场成立,并与交易所债券市场共同构成了我国的债券市场。目前,我国已经初步形成了以债券和股票等证券产品为主体、场外交易市场与交易所市场并存的资本市场。

3.其他市场

1994 年 4 月,全国统一的银行间外汇市场建立,并逐渐成为境内金融机构进行外汇交易的主要市场。2002 年 10 月,上海黄金交易所成立,目前已初步形成了以黄金交易所为主要交易平台、商业银行柜台交易为补充的黄金市场架构。我国的商品期货市场起步于 20 世纪 90 年代初,目前已有上海期货交易所、大连商品交易所和郑州商品交易所 3 家期货交易所,以及 2006 年 9 月在上海成立的中国金融期货交易所。自 1980 年恢复国内保险业务以来,我国保险业获得了快速发展,已经形成了多种中外资保险机构并存的保险市场体系。

经典例题

(单选题)现代金融市场中存在着直接融资和间接融资两种形式,下列不属于直接融资的是(　　)。

A.商业信用　　　　　　　　　　　　B.国家信用

C.消费信用　　　　　　　　　　　　D.银行信用

【答案】D。解析:直接融资与间接融资的区别在于债权债务关系的形成方式不同。银行信用是由商业银行或其他金融机构授给企业或消费者个人的信用,属于间接融资渠道。

第四节　我国银行体系概况

中国银行体系由中央银行、监管机构、行业自律组织和银行业金融机构组成。

一、中央银行

我国中央银行是中国人民银行。

1.中国人民银行简介

中国人民银行(简称央行或人行)是中华人民共和国的中央银行,中华人民共和国国务院组成部门之一,于 1948 年 12 月 1 日组成。

中国人民银行根据《中华人民共和国中国人民银行法》的规定,在国务院的领导下依法独立执行货币政策,履行职责,开展业务,不受地方政府、各级政府部门、社会团体和个人的干涉。

中国人民银行总行位于北京,2005 年 8 月 10 日在上海设立中国人民银行上海总部。

2.中国人民银行职能

中国人民银行是中央银行,在国务院的领导下,负责制定和执行货币政策,防范和化解金融风险,维护金融稳定。

3.中国人民银行职责

管政策(货币政策)、管金钱(人民币的发行及其流通的管理)、管市场(银行间同业拆借市场和银行间债券市场)、管外汇(银行间外汇市场)、管黄金(黄金市场)、管储备(外汇储备和黄金储备)、管国库、管清算、管反洗钱。

二、监管机构

我国银行业的监管机构是中国银行业监督管理委员会(以下简称银监会)。

1.银监会简介

中国银行业监督管理委员会为国务院直属正部级事业单位,根据授权,统一监督管理银行、金融资产公司、信托投资公司及其他存款类金融机构,全系统参照公务员法管理。银监会成立于2003年,中国银行业监督管理委员会自2003年4月28日起正式履行职责。

2.银监会职能

银监会负责对全国银行业金融机构及其业务活动实施监管。

3.银监会职责

管审批(银行的设立、变更、终止等)、管资格(董事和高管的任职资格)、管规则(制定审慎经营规则)、管监督(非现场监管和现场检查)、管并表、管突发(突发事件的处理)、管统计(全国银行业的统计数据处理)、管自律(中国银行业协会受银监会监管)、管日常(主要是指重点银行业金融机构监事会的日常管理工作)。

> **经典真题**

(单选题)下列不属于银监会的监管目标的是(   )。

A.通过审慎有效的监管,保护广大存款人和消费者的利益

B.帮助银行业金融机构实现利润最大化

C.通过审慎有效的监管,增强市场信心

D.通过宣传教育工作和相关信息披露,增进公众对现代金融的了解

【答案】B。解析:银监会的监管目标是:通过审慎有效的监管,保护广大存款人和消费者的利益;通过审慎有效的监管,增进市场信心;通过宣传教育工作和相关信息披露,增进公众对现代金融了解;努力减少金融犯罪。不包含B选项。

三、行业自律组织

我国银行行业自律组织是中国银行业协会。

1.中国银行业协会简介

中国银行业协会成立于2000年,是由中华人民共和国境内注册的各商业银行、政策性银行自愿结成的非盈利性社会团体,经中国人民银行批准并在民政部门登记注册,是我国银行业的自律组织。该协会及其业务接受中国人民银行的指导、监督和民政部的管理。2003年中国银监会成立后,中国银行业协会主管单位由中国人民银行变更为中国银监会。

2.中国银行业协会组织机构

截至2014年7月,中国银行业协会共有373家会员单位和4家观察员单位。会员单位包括政策性银行、国有商业银行、股份制商业银行、城市商业银行、资产管理公司、中央国债登记结算有限责任

公司、中国邮政储蓄银行、农村商业银行、农村合作银行、农村信用社联合社、外资银行、村镇银行、各省(自治区、直辖市、计划单列市)银行业协会、金融租赁公司、货币经纪公司、汽车金融公司等。观察员单位为中国银联股份有限公司、农信银资金清算中心、山东省城市商业银行合作联盟有限公司、城市商业银行资金清算中心。

3.中国银行业协会职责

根据《章程》规定,中国银行业协会的主要职责包括:

(1)依据有关法律、法规,制定银行业同业公约和自律规则。

(2)督促会员贯彻执行国家法律、法规和各项政策;维护会员的合法权益,对侵害会员合法权益的行为,向有关部门提出申诉或要求。

(3)加强会员与中国人民银行及其他政府部门的联系。

(4)加强会员之间的交流,协调会员之间在业务方面发生的争议。

(5)促进国内银行业与国外银行业的交往与合作。

(6)组织和促进会员间的职员业务培训和与业务有关的调查研究,为会员提供咨询服务等。

四、银行业金融机构

1.国家开发银行及政策性银行

我国原有的政策性银行包括3家:国家开发银行、中国进出口银行、中国农业发展银行。

(1)国家开发银行。国家开发银行于1994年3月成立,直属国务院领导。国家开发银行的主要任务是为国家基础设施、基础产业和支柱产业("两基一支")提供长期资金支持,引导社会资金投向,缓解经济发展瓶颈制约。电力、公路、铁路、石油石化、煤炭、邮电通信、农林水利、公共基础设施等始终是国家开发银行的主要业务领域和贷款支持重点。2008年国家开发银行股份有限公司成立。

(2)中国进出口银行(TEIBC)。中国进出口银行成立于1994年,是直属国务院领导的、政府全资拥有的政策性银行,其国际信用评级与国家主权评级一致。银行总部设在北京。中国进出口银行的主要职责是贯彻执行国家产业政策、外经贸政策、金融政策和外交政策,为扩大我国机电产品、成套设备和高新技术产品出口,推动有比较优势的企业开展对外承包工程和境外投资,促进对外关系发展和国际经贸合作,提供政策性金融支持。

(3)中国农业发展银行(ADBC)。中国农业发展银行是根据中华人民共和国国务院1994年4月19日发出的《关于组建中国农业发展银行的通知》(国发〔1994〕25号)成立的国有农业政策性银行,直属国务院领导。

中国农业发展银行的主要任务是:按照国家的法律、法规和方针、政策,以国家信用为基础,筹集农业政策性信贷资金,承担国家规定的农业政策性和经批准开办的涉农商业性金融业务,代理财政性支农资金的拨付,为农业和农村经济发展服务。中国农业发展银行在业务上接受中国人民银行和中国银行业监督管理委员会的指导和监督。

2.大型商业银行

(1)中国工商银行(ICBC):1984年成立,承接中国人民银行原先办理的工商信贷和储蓄业务;2005年整体改制为股份有限公司;2006年10月在上海和香港同步上市。

(2)中国农业银行(ABC):1979年恢复,2010年7月15日在上交所挂牌交易,7月16日H股开始交易。

(3)中国银行(BOC):1912年成立,2004年8月整体改制为股份有限公司,2006年6月在香港上市,同年7月在上交所上市。

(4)中国建设银行(CCB):1954年成立,2004年9月整体改制为股份有限公司,2005年10月在香港上市。

(5)交通银行(BOCOM):1987年重建,是我国第一家全国性股份制商业银行;2005年6月在香港上市,2007年5月在上交所上市。

3.股份制商业银行

自实行经济体制改革以来,越来越多的股份制商业银行开始成立并上市。

(1)中信银行(CNCB):1987年成立,2007年4月,沪港两地同步上市,总部设在北京。

(2)招商银行(CMB):1987年成立,第一家完全由企业法人持股的股份制商业银行,国内第一家采用国际会计标准的上市公司。2002年在上海上市,总部设在深圳。

(3)中国光大银行(CEB):1992年创建,1997年完成股份制改造,国内第一家国有控股并有国际金融组织参股的全国性股份制商业银行,总部设在北京。

(4)华夏银行(HXB):1992年创建,2003年在上海证券交易所挂牌上市,总部设在北京。

(5)上海浦东发展银行(SPDB):1992年创建,1999年在上海证券交易所挂牌上市,总部设在上海。

(6)中国民生银行(CMBC):1996年创建,我国首家主要由非公有制企业入股的全国性股份制商业银行。2000年在上交所挂牌上市,总部设在北京。

(7)平安银行(PAB):由深圳发展银行(以下简称深发展)更名而来。深发展1987年12月22日正式宣告成立。2012年6月14日,深发展正式公告,已完成吸收合并平安银行的所有法律手续,深发展和平安银行已经正式合并为一家银行,并更名为平安银行。

(8)广发银行(CGB):1988年创建,2006年11月,花旗集团、IBM信贷、中国人寿、国家电网、中信信托、普华投资6家机构组成的投资者团队认购广发85%的股份,其中花旗、中国人寿、国家电网分别持股20%,中信信托12.8%,普华投资8%,IBM信贷4.7%,总部设在广州。

(9)兴业银行(CIB):1988年创建,2007年在上海证券交易所挂牌上市,总部设在福建福州。

(10)恒丰银行(EGB):成立于1987年,前身是烟台住房储蓄银行,2003年股份制改造成为恒丰银行股份有限公司,总部设在烟台。

(11)浙商银行(CZB):1993年创建,前身是浙江商业银行,由中国银行、南洋商业银行、交通银行和浙江省国际信托公司共同组建的中外合资银行。2004年,银监会同意浙江商业银行从外资银行重组为一家以浙江民营资本为主体的中资股份制商业银行并更名为浙商银行股份有限公司,总行从宁波迁址到杭州,民营资本占85%以上。

(12)渤海银行(CBHB):2005年创建,第一家在发起设立阶段就引入境外战略投资者的中资商业银行,总部设在天津。

4.中小商业银行以及城市商业银行

第一家城市信用社于1979年成立于河南驻马店。

2005年11月,安徽省内6家商业银行和7家城市信用社合并重组,成立徽商银行,拉开了城市商业银行合并重组的序幕。

2006年6月,上海银行宁波分行开业,打响了城市商业银行跨区域经营的第一枪。

5.农村金融机构

农村金融机构包括农村信用社、农村商业银行、农村合作银行、村镇银行和农村资金互助社。

6.中国邮政储蓄银行

中国邮政储蓄银行于2007年3月20日正式挂牌成立,是在改革邮政储蓄管理体制的基础上组建的商业银行。2012 年 2 月 27 日,中国邮政储蓄银行发布公告称,经国务院同意,中国邮政储蓄银行有限责任公司于 2012 年 1 月 21 日依法整体变更为中国邮政储蓄银行股份有限公司。

7.外资银行

为推进银行业开放,外资银行稳健发展,我国修订和颁布了包括《外资银行管理条例》在内的一系列法律、法规和规章,建立了中外资银行统一适用的审慎监管体系,为中外资银行创造了平等的经营和竞争环境。

目前,我国外资银行营业网点数量稳步增加,法人化趋势明显。例如,汇丰银行、花旗银行、渣打银行、东亚银行、星展银行、恒生银行、瑞士银行、华侨银行、摩根大通银行和德意志银行都是外资法人银行。

8.非银行金融机构

非银行金融机构包括:金融资产管理公司、信托公司、企业集团财务公司、金融租赁公司、汽车金融公司和货币经纪公司。

经典真题

(单选题)中国银行业不包括(　　)。

A.中央银行　　　　　　　　　　　　B.投资银行

C.自律组织　　　　　　　　　　　　D.银行业金融机构

【答案】B。解析:中国银行体系由中央银行,监管机构,自律组织和银行业金融机构组成。中国人民银行是中央银行,在国务院的领导下,负责制定和执行货币政策,防范和化解金融风险,维护金融稳定。中国银行业监督管理委员会,简称银监会,负责对全国银行业金融机构及其业务活动实施监管。中国银行业协会是在民政部登记注册的全国性非营利社会团体,是中国银行业的自律组织。中国的银行业金融机构包括政策性银行,大型商业银行,中小商业银行,农村金融机构,以及中国邮政储蓄银行和外资银行。投资银行不属于中国银行体系。故本题答案选 B。

第五节　银行主要业务

一、负债业务

负债业务是商业银行形成资金来源的业务,是商业银行资产业务和中间业务的重要基础。商业银行负债主要由存款和借款构成。

1.存款业务

存款是存款人基于对银行的信任而将资金存入银行,并可以随时或按约定时间支取款项的一种信用行为。存款是银行对存款人的负债,是银行最主要的资金来源。

存款业务主要包括个人存款业务、单位存款业务、人民币同业存款和外币存款业务。

(1)个人存款业务。个人存款又叫储蓄存款,是指居民个人将闲置不用的货币资金存入银行,并可以随时或按约定时间支取款项的一种信用行为,是银行对存款人的负债。

《中华人民共和国商业银行法》(以下简称《商业银行法》)规定,办理储蓄业务,应当遵循"存款自愿、取款自由、存款有息、为存款人保密"的原则。

国务院颁布的《个人存款账户实名制规定》(自 2000 年 4 月 1 日起施行)规定,个人在金融机构开立个人存款账户时,应当出示本人身份证件,使用实名。

表 3-2-1 个人存款业务种类

个人存款	活期存款		
	定期存款	整存整取	
		零存整取	
		整存零取	
		存本取息	
	定活两便存款		
	个人通知存款		
	教育储蓄存款		

(2)单位存款业务。单位存款又叫对公存款,是机关、团体、部队、企业、事业单位和其他组织以及个体工商户将货币资金存入银行,并可以随时或按约定时间支取款项的一种信用行为。

按存款的支取方式不同,单位存款一般分为单位活期存款、单位定期存款、单位通知存款、单位协定存款和保证金存款等。

(3)人民币同业存款。同业存款,也称同业存放,全称是同业及其他金融机构存入款项,是指因支付清算和业务合作等的需要,由其他金融机构存放于商业银行的款项。同业存放属于商业银行的负债业务,与此相对应的概念是存放同业,即存放在其他商业银行的款项,属于商业银行的资产业务。

(4)外币存款业务与人民币存款业务除了存款币种和具体管理方式不同之外,有许多共同点:两种存款业务都是存款人将资金存入银行的信用行为,都可按存款期限分为活期存款和定期存款,按客户类型分为个人存款和单位存款等。许多银行提供"本外币一本通"之类的存款产品,实际上已将人民币账户与外币账户的界限淡化。

目前,我国银行开办的外币存款业务币种主要有 9 种:美元、欧元、日元、港元、英镑、澳大利亚元、加拿大元、瑞士法郎、新加坡元。其他可自由兑换的外币,不能直接存入账户,需由存款人自由选择上述货币中的一种,按存入日的外汇牌价折算存入。

2.借款业务

商业银行的借款包括短期借款和长期借款两种。短期借款是指期限在一年或一年以下的借款,主要包括同业拆借、证券回购和向中央银行借款等形式。长期借款是指期限在一年以上的借款,一般采用发行金融债券的形式,具体包括发行普通金融债券、次级金融债券、混合资本债券、可转换债券等。

借款业务主要包括同业拆借、债券回购、向中央银行借款和金融债券。

(1)同业拆借。我国的同业拆借,是指经中国人民银行批准进入全国银行间同业拆借市场(以下简称同业拆借市场)的金融机构之间,通过全国统一的同业拆借网络进行的无担保资金融通行为。

同业拆借具有期限短、金额大、风险低、手续简便等特点,从而能够反映金融市场上的资金供求状况。因此,同业拆借市场上的利率是货币市场最重要的基准利率之一。

(2)债券回购。债券回购是商业银行短期借款的重要方式,包括质押式回购与买断式回购两种。与纯粹以信用为基础、没有任何担保的同业拆借相比,债券回购的风险要低得多,对信用等级相同的金融机构来说,债券回购利率一般低于拆借利率。因此,债券回购的交易量要远大于同业拆借。

(3)向中央银行借款。商业银行在需要时还可以向中央银行申请借款。但是,商业银行一般只把向中央银行借款作为融资的最后选择,只有在通过其他方式难以借到足够的资金时,才会求助于中央银行,这也是中央银行为什么被称为"最后贷款人"的原因。商业银行向中央银行借款有再贴现和再贷款两种途径。

(4)金融债券。金融债券是商业银行在金融市场上发行的、按约定还本付息的有价证券。我国商业银行所发行的金融债券,均是在全国银行间债券市场上发行和交易的。

经典真题

(单选题)以下不是储蓄存款业务的业务类型是( )。

A.个人通知存款业务   B.整存零取业务

C.单位协定存款业务   D.教育储蓄存款业务

【答案】C。解析:储蓄存款业务是个人业务,C选项是单位存款业务,单位存款也叫对公存款。故本题答案选C。

二、资产业务

1.贷款业务

贷款是指经批准可以经营贷款业务的金融机构对借款人提供的并按约定的利率和期限还本付息的货币资金。贷款是银行最主要的资产,是银行最主要的资金运用。贷款业务是指商业银行发放贷款相关的各项业务。

贷款业务有多种分类标准,按照客户类型可划分为个人贷款和公司贷款;按照贷款期限可划分为短期贷款和中长期贷款;按有无担保可划分为信用贷款和担保贷款。

(1)个人贷款业务。个人贷款是指以自然人为借款人的贷款。虽然部分个人贷款也用于生产经营,但绝大多数个人贷款主要用于消费。个人贷款主要分为四大类,即个人住房贷款、个人消费贷款、个人经营贷款和个人信用卡透支。

(2)公司贷款业务。公司贷款,又称企业贷款或对公贷款,是以企事业单位为对象发放的贷款,主要包括流动资金贷款、固定资产贷款、并购贷款、房地产贷款、银团贷款、贸易融资、票据贴现等。

2.债券投资业务

随着金融市场的发展,债券市场近年来发展较快,市场创新不断,债券发行规模和债券余额均有较大幅度提高。债券投资已成为商业银行的一种重要资产形式,我国部分商业银行的债券投资在总资产中的占比已经接近贷款所占比例。

(1)债券投资的目标。商业银行债券投资的目标,主要是平衡流动性和盈利性,并降低资产组合的风险、提高资本充足率。

(2)债券的投资对象。商业银行债券投资的对象,与债券市场的发展密切相关。我国商业银行债券投资的对象主要包括国债、地方政府债券、金融债券、中央银行票据、资产支持证券、企业债券和公司债券等。

(3)债券投资的收益。债券投资的收益一般通过债券收益率进行衡量和比较。债券收益率是指在一定时期内,一定数量的债券投资收益与投资额的比率,通常用年率来表示。由于投资者所投资债券的种类和中途是否转让等因素的不同,收益率的概念和计算公式也有所不同。

①名义收益率,又称票面收益率,是票面利息与面值的比率,其计算公式是:

$$名义收益率=票面利息/面值\times100\%$$

②即期收益率,是债券票面利率与购买价格之间的比率,其计算公式是:

$$即期收益率=票面利息/购买价格\times100\%$$

③持有期收益率,是债券买卖价格差价加上利息收入后与购买价格之间的比率,其计算公式是:

$$持有期收益率=(出售价格-购买价格+利息)/购买价格\times100\%$$

④到期收益率,是投资购买债券的内部收益率,即可以使投资购买债券获得的未来现金流量的现值等于债券当前市场价格的贴现率,相当于投资者按照当前市场价格购买并且一直持有到满期时可以获得的年平均收益率。

(4)债券投资的风险。商业银行债券投资的风险,主要包括信用风险、价格风险、利率风险、购买力风险、流动性风险、政治风险、操作风险等。

3.现金资产业务

现金资产,是商业银行持有的库存现金以及与现金等同的可随时用于支付的银行资产。

我国商业银行的现金资产主要包括三项:一是库存现金,二是存放中央银行款项,三是存放同业及其他金融机构款项。

库存现金是指商业银行保存在金库中的现钞和硬币。库存现金的主要作用是银行用来应付客户提现和银行本身的日常零星开支。因此,任何一家营业性的银行机构,为了保证对客户的支付,都必须保存一定数量的现金。但由于库存现金是一种非营利性资产,而且保存库存现金还需要花费银行大量的保卫费用,因此从经营的角度讲,库存现金不宜保存太多。库存现金的经营原则就是保持适度的规模。

存放中央银行款项,是指商业银行存放在中央银行的资金,即存款准备金。商业银行在中央银行存款由两部分构成:一是法定存款准备金,二是超额准备金。

存放同业及其他金融机构款项,是指商业银行存放在其他银行和非银行金融机构的存款。在其他银行保有存款的目的是在同业之间开展代理业务和结算收付。由于存放同业的存款属于活期存款性质,可以随时支用,因而属于银行现金资产的一部分。

三、中间业务

中间业务是指不构成银行表内资产、表内负债,形成银行非利息收入的业务。

1.交易业务

作为中间业务的交易业务,是指银行为满足客户保值或自身风险管理等方面的需要,利用各种金融工具进行的资金交易活动,主要包括外汇交易业务和金融衍生品交易业务。

(1)外汇交易业务。外汇交易既包括各种外国货币之间的交易,也包括本国货币与外国货币的兑换买卖。外汇交易既可满足企业贸易往来的结汇、售汇需求,也可供市场参与者进行投资或投机的交易活动。根据外汇交易方式的不同,外汇交易可以分为即期外汇交易和远期外汇交易。

即期外汇交易又称为现汇交易或外汇现货交易,是指在交易日后的第二个营业日或成交当日办理实际货币交割的外汇交易。

远期外汇交易又称为期汇交易,是指交易双方在成交后并不立即办理交割,而是事先约定币种、金额、汇率、交割时间等交易条件,到期才进行实际交割的外汇交易。

(2)金融衍生品交易业务。金融衍生品是一种金融合约,其价值取决于一种或多种基础资产或指数,合约的基本种类包括远期、期货、掉期(互换)和期权。金融衍生品还包括具有远期、期货、掉期(互换)和期权中一种或多种特征的结构化金融工具。

①远期是指交易双方约定在未来某个特定时间以约定价格买卖约定数量的资产,包括利率远期合约和远期外汇合约。

②期货是由期货交易所统一制定的、规定在将来某一特定的时间和地点交割一定数量标的物的标准化合约。期货按照交易的标的物(也称基础资产)的不同可分为商品期货和金融期货。标的物是某种商品的,如铜或原油,属于商品期货;标的物是某种金融产品或金融指标的,如外汇、债券、利率、股

票指数,属于金融期货。

③互换是指交易双方基于自己的比较利益,对各自的现金流量进行交换,一般分为利率互换和货币互换。利率互换是指交易双方约定在未来的一定期限内,根据约定数量的同种货币的名义本金交换利息额的金融合约。最常见的利率互换是在固定利率与浮动利率之间进行转换。货币互换是指在约定期限内交换约定数量两种货币的本金,同时定期交换两种货币利息的交易。

④期权是指期权的买方支付给卖方一笔权利金,获得一种权利,可于期权的存续期内或到期日当天,以执行价格与期权卖方进行约定数量的特定标的的交易。为了取得这一权利,期权买方需要向期权卖方支付一定的期权费。与远期、期货不同。期权的买方只有权利而没有义务。期权分为看涨期权和看跌期权。期权按行使权利的时限可分为两类:即欧式期权和美式期权。

2.清算业务

银行清算业务是指银行间通过账户或有关货币当地清算系统,在办理结算和支付中用以清讫双边或多边债权债务的过程和方法。按地域划分,清算业务可分为国内联行清算和国际清算。

(1)国内联行清算。国内联行清算根据交易行是否属于同一银行分为系统内联行清算和跨系统联行往来。

同一家银行的总、分、支行间彼此互称为联行。当资金结算业务发生在同一个银行系统,即同属一个总行的各个分支机构间的资金账务往来,称为联行往来。系统内联行清算包括全国联行往来、分行辖内往来和支行辖内往来。

跨系统联行往来是指结算业务发生在两家不同的银行间的清算业务。跨系统往来的资金清算必须通过中国人民银行办理。

(2)国际清算。国际清算业务是国际银行间办理结算和支付中用以清讫双边或多边债权债务的过程和方法。国际清算业务是商业银行的一项综合性、服务性、国际性的基础业务。国际清算的类型主要分为内部转账型和交换型两种。

3.支付结算业务

支付结算业务是指银行为单位客户和个人客户采用票据、汇款、托收、信用证、信用卡等结算方式进行货币支付及资金清算提供的服务。

支付结算业务是银行的中间业务,主要收入来源是手续费收入。

传统的结算方式是指"三票一汇",即汇票、本票、支票和汇款。在银行为国际贸易提供的支付结算及带有贸易融资功能的支付结算方式中,通常是采用汇款、信用证和托收。从信用证和托收又派生出许多带有融资功能的服务,如打包贷款、出口押汇、出口托收融资、出口票据贴现、进口押汇、提货担保等。近年来,又出现了电子汇兑、网上支付等结算方式。

4.银行卡业务

银行卡是由商业银行(或者发卡机构)发行的具有支付结算、汇兑转账、储蓄、循环信贷等全部或部分功能(见图3-2-1)的支付工具或信用凭证。银行卡可根据不同的分类标准分为多种类型(见表3-2-2)。

```
                    ┌──────────────┐
                    │  银行卡的功能  │
                    └──────┬───────┘
   ┌────────┬────────┬─────┴────┬────────┬────────┐
┌──┴───┐ ┌──┴───┐ ┌──┴──┐ ┌───┴───┐ ┌──┴───┐ ┌──┴───┐
│支付结算│ │汇兑转账│ │储 蓄│ │循环信贷│ │个人信用│ │综合服务│
└──────┘ └──────┘ └─────┘ └───────┘ └──────┘ └──────┘
```

图3-2-1 银行卡功能

表 3-2-2 银行卡分类

分类标准	银行卡种类
清偿方式	信用卡、借记卡
结算币种	人民币卡、外币卡、双(多)币卡
发行对象	单位卡(商务卡)、个人卡
信息载体	磁条卡、芯片卡(智能卡,IC卡)
资信等级	白金卡、金卡、普通卡等不同等级
流通范围	国际卡、地区卡
持卡人地位和责任	主卡、附属卡

5.代理业务

(1)代收代付业务。代收代付业务是商业银行利用自身的结算便利,接受客户委托代为办理指定款项收付事宜的业务。代收代付业务主要包括代理各项公用事业收费、代理行政事业性收费和财政性收费、代发工资、代扣住房按揭消费贷款等。目前主要是委托收款和托收承付两类。

(2)代理银行业务。代理银行业务主要包括代理政策性银行业务、代理中央银行业务和代理商业银行业务。

(3)代理证券业务。代理证券资金清算业务是指商业银行利用其电子汇兑系统、营业机构以及人力资源为证券公司总部及其下属营业部代理证券资金的清算、汇划等结算业务。

(4)代理保险业务。代理保险业务是指代理机构接受保险公司的委托,代其办理保险业务的经营活动。代理保险业务的种类主要包括:代理人寿保险业务、代理财产保险业务、代理收取保险费及支付保险金业务、代理保险公司资金结算业务。

(5)其他代理业务。例如:委托贷款业务、代销开放式基金、代理国债买卖。

6.托管业务

托管业务包括资产托管业务和代保管业务。

(1)资产托管业务。资产托管业务是指具备托管资格的商业银行作为托管人,依据有关法律法规,与委托人签订委托资产托管合同,履行托管人相关职责的业务。

(2)代保管业务。代保管业务是银行利用自身安全设施齐全等有利条件设置保险箱库,为客户代理保管各种贵重物品和单证并收取手续费的业务。

7.担保业务

我国银行的担保业务分为银行保函业务和备用信用证业务。

(1)银行保函业务。银行保函是指银行应申请人的要求,向受益人作出的书面付款保证承诺,银行将凭受益人提交的与保函条款相符的书面索赔履行担保支付或赔偿责任。银行保函根据担保银行承担风险的不同及管理的需要,可分为融资类保函和非融资类保函两大类。

(2)备用信用证业务。备用信用证是开证行应借款人的要求,以放款人作为信用证的受益人而开具的一种特殊信用证,以保证在借款人不能及时履行义务或破产的情况下,由开证行向受益人及时支付本利。备用信用证主要分为可撤销的备用信用证和不可撤销的备用信用证两类。

8.承诺业务

承诺业务是指商业银行承诺在未来某一日期按照事先约定的条件向客户提供约定的信用业务,包括贷款承诺等。贷款承诺指应客户的申请,银行对项目进行评估论证,在项目符合银行信贷投向和贷款条件的前提下,对客户承诺在一定的有效期内,提供一定额度和期限的贷款,用于指定项目建设或企业经营周转。

贷款承诺业务可以分为:项目贷款承诺、开立信贷证明、客户授信额度和票据发行便利四大类。

9.理财业务

商业银行理财业务是商业银行将客户关系管理、资金管理和投资组合管理等业务融合在一起,向公司、个人客户提供综合性的定制化金融产品和服务。

10.电子银行业务

电子银行业务是指商业银行等银行业金融机构利用面向社会公众开放的通讯通道或开放型公众网络,以及银行为特定自助服务设施或客户专用网络,向客户提供的离柜式银行服务。电子银行渠道主要包括:网上银行(利用计算机和互联网)、电话银行(利用电话等声讯设备和电信网络)、手机银行(利用移动电话和移动通信网络)、自动终端(多媒体自动终端、自助上网机等)。

经典真题

(单选题)商业银行向客户直接提供资金支持,这属于商业银行的(   )。

A.授信业务   B.受信业务

C.表外业务   D.中间业务

【答案】A。解析:授信是指商业银行向非金融机构客户直接提供的资金,或者对客户在有关经济活动中可能产生的赔偿、支付责任做出的保证;中间业务,是指商业银行代理客户办理收款、付款和其他委托事项而收取手续费的业务。是银行不需动用自己的资金,依托业务、技术、机构、信誉和人才等优势,以中间人的身份代理客户承办收付和其他委托事项,提供各种金融服务并据以收取手续费的业务;表外业务,是指商业银行所从事的,按照通行的会计准则不列入资产负债表内,不影响其资产负债总额,但能影响银行当期损益,改变银行资产报酬率的经营活动。故本题答案选A。

第六节 中央银行与货币政策

一、中央银行概述

中央银行是金融管理机构,它代表国家管理金融、制定和执行金融方针政策,主要采用经济手段对金融经济领域进行调节和控制。中央银行是一国最高的货币金融管理机构,在各国金融体系中居于主导地位。

最早设立的中央银行是瑞典银行,但它直到1897年才独占发行权,开始履行中央银行职责,成为真正的中央银行。其次是1694年成立的英格兰银行,它虽然晚于瑞典银行成立,但是被公认为是近代中央银行的鼻祖。

当代各国的中央银行均居于本国金融体系的领导和核心地位,其主要任务是制定和实施国家金融政策,并代表国家监督和管理全国金融业。中央银行不能首先考虑自身的经济利益,而是要考虑国家的宏观经济问题;中央银行的业务目标不是为实现赢利,而是为实现国家的宏观经济目标;中央银行不是一个办理货币信用业务的经济实体,不是经营型银行,而是国家金融管理机关,是管理型银行。

1.中央银行的独立性

中央银行是国家实施金融宏观调控的执行者,同时又要为政府服务;中央银行业务技术的专业性,使中央银行的全部业务已不能单靠法律来规定,但中央银行又必须与政府相互信任,密切合作。因此,不能视中央银行为国家的一般政府机构,但也不能完全独立于政府之外,而应在国家总体经济发展战略和目标之下,独立地制定、执行货币政策。这就是当代中央银行的相对独立性。

2.中央银行的职能

(1)发行的银行。中央银行是发行的银行,指中央银行垄断货币发行,具有货币发行的特权、独占权,是一国唯一的货币发行机构。

(2)国家的银行。中央银行是国家货币政策的执行者和干预经济的工具。中央银行是国家宏观经济管理的一个重要部门,但在一定程度上又超脱于国家政府的其他部门,与一般政府机构相比独立性更强。这种地位使中央银行成为国家管理宏观经济的重要工具。

其一,政府是中央银行的存款户。中央银行为政府开立存款账户,并在此基础上开展业务:代理国库,代理政府办理出纳,代理政府债券的发行、认购和还本付息等。

其二,政府是中央银行的贷款户。各国中央银行都有支持政府、为政府融资的任务。当国家财政需要时,中央银行可以通过下列方式对政府提供信贷支持:直接给国家财政以贷款,一般主要解决短期临时性财政困难,因容易造成货币供应量上升而较少采用;购买国家债券;需要注意的是中央银行在一级市场和二级市场上购买国债对货币流通的影响是不同的。

其三,其他。主要包括保管外汇和黄金,进行外汇、黄金的买卖和管理;制定和执行货币政策;制定并监督执行有关金融管理法规;代表政府参加国际金融组织和从事国际金融活动等。

(3)银行的银行。中央银行是银行的银行,指中央银行通过办理存、放、汇等项业务,作商业银行与其他金融机构的最后贷款人,履行以下几项职责:集中保管存款准备金、充当最后贷款人、主持全国银行间的清算业务、主持外汇头寸抛补业务。

经典例题

(单选题)1.在银行体系中,处于主体地位的是( )。

A.中央银行　　　　　B.专业银行　　　　　C.商业银行　　　　　D.投资银行

【答案】C。解析:中央银行是银行的银行,商业银行才在银行体系中处于主体地位。

(单选题)2.有权发行货币的是( )。

A.商业银行　　　　　B.中央银行　　　　　C.中国银行　　　　　D.财政部

【答案】B。解析:在中国由中央银行即中国人民银行负责发行货币。

(单选题)3.若中央银行向商业银行办理再贴现,则货币供应量( )。

A.等量增加　　　　　B.等量减少　　　　　C.多倍增加　　　　　D.多倍减少

【答案】C。解析:中央银行与商业银行办理再贴现,商业银行得以融资,从而得到基础货币,基础货币又以货币乘数进行派生创造。货币乘数大于1,所以是多倍增加。

二、货币政策体系

货币政策是中央银行为实现特定的经济目标而采取的各种控制、调节货币供应量或信用量的方针、政策、措施的总称。其构成要素主要有货币政策目标、实现目标所运用的政策工具和预期达到的政策效果等。从确定目标、运用工具到实现预期的政策效果,这中间还存在着一些作用环节,其中主要有中介目标和政策传导机制等。

1.货币政策的类型

货币政策有以下几种类型:

(1)扩张型货币政策。这是指中央银行通过增加货币供应量,使利率下降,从而增加投资,扩大总需求,刺激经济增长。主要措施包括:一是降低法定准备金率,以提高货币乘数,增加货币供应量;二是降低再贴现利率,以诱使商业银行增加再贴现,增强对客户的贷款和投资能力,增加货币供应量;三是公开市场业务,通过多购进证券,增加货币供应。除以上措施外,中央银行也可用"道义劝告"方式来影响商业银行及其他金融机构增加放款,以增加货币供应。在我国,扩张型货币政策常表现为扩大贷款规模。

(2)紧缩型货币政策。这是指中央银行通过减少货币供应量,使利率升高,从而抑制投资,压缩总需求,限制经济增长。措施是扩张型货币政策中所采用措施的反向操作。

(3)非调节型货币政策。这是指中央银行并不根据不同时期国家的经济目标和经济状况,不断地调节货币需求,而是把货币供应量固定在预定水平上。其理由是在较短时期内,货币供应量的增减会自动地得到调节,国家的经济目标和经济状况不会因此受到影响。但实践证明,由于货币政策效应的不确定性、长期性和对利率波动不予调节可能带来损失的确定性和即期性,各国中央银行一般不采用这种类型的货币政策。

(4)调节型货币政策。这是指中央银行根据不同时期国家的经济目标和经济状况,不断地调节货币供应量。具体内容是:当超额准备金的需求和货币的需求增长时,中央银行增加准备金供给;反之则相反。其理由是:在需要时调节准备金需求和货币需求正是为了稳定货币、稳定利率,因为货币币值和利率的剧烈波动会扰乱金融市场。实践中,大部分国家采用这种类型的货币政策。

2.金融宏观调控机制

金融宏观调控机制的构成要素及每一构成要素的功能特性如下:

(1)调控主体:中央银行。

(2)调控工具:三大货币政策工具。

(3)操作目标:超额存款准备金与基础货币。

(4)变换中介:商业银行。

(5)中介指标:货币供应量。

(6)调控受体:企业与居民户。

(7)最终目标:总供求对比及相关四大政策目标。

(8)反馈信号:市场利率与市场价格。

3.货币政策的目标

货币政策的最终目标包括:物价稳定、充分就业、经济增长、国际收支平衡。

4.货币政策工具

货币政策工具是指中央银行直接控制的、能够通过金融途径影响经济单位的经济活动,进而实现货币政策目标的经济手段。因此,货币政策工具一般体现为中央银行的业务活动。

货币政策工具主要有一般性货币政策工具、选择性货币政策工具和补充性货币政策工具。

一般性货币政策工具也称为货币政策的总量调节工具。它通过调节货币和信贷的供给影响货币供应的总量,进而对于经济活动的各个方面都产生影响。它主要包括存款准备金政策、再贴现政策和公开市场业务。

(1)存款准备金政策。存款准备金率通常被认为是货币政策最猛烈的工具之一。其作用于经济的途径有:

对货币乘数的影响。按存款创造原理,货币乘数随法定存款准备金率做反向变化,即法定存款准备金率高,货币乘数则小,银行原始存款创造的派生存款亦少;反之则相反。

对超额准备金的影响。当降低存款准备金率时,即使基础货币和准备金总额不发生变化,也等于解冻了一部分存款准备金,转化为超额准备金,超额准备金的增加使商业银行的信用扩张能力增强;反之则相反。

宣示效果。存款准备金率上升,说明信用即将收缩,利率随之上升,公众会自动紧缩对信用的需求;反之则相反。

(2)再贴现政策。再贴现是商业银行以未到期、合格的客户贴现票据再向中央银行贴现。对中央银行而言,再贴现是买进票据,让渡资金;对商业银行而言,再贴现是卖出票据,获得资金。再贴现政策是中央银行最早拥有的也是现在一项主要的货币政策工具。

(3)公开市场业务。公开市场业务是指中央银行在金融市场上买卖国债或中央银行票据等有价证券,影响货币供应量和市场利率的行为。

公开市场业务由于对买卖证券的时间、地点、种类、数量及对象可以自主、灵活地选择,故具有以下优点:

①主动权在中央银行,不像再贴现那样被动;

②富有弹性,可对货币进行微调,也可大调,但不会像存款准备金政策那样作用猛烈;

③中央银行买卖证券可同时交叉进行,故很容易逆向修正货币政策,可以连续进行,能补充存款准备金、再贴现这两个非连续性政策工具实施前后的效果不足;

④根据证券市场供求波动,可以起稳定证券市场的作用。

公开市场业务的主要缺点是:

①从政策实施到影响最终目标,时滞较长;

②干扰其实施效果的因素比存款准备金率、再贴现多,往往带来政策效果的不确定性。

选择性货币政策工具是中央银行对于某些特殊领域实施调控所采取的措施或手段,可作为一般性货币政策工具的补充,根据需要选择运用。这类工具主要有证券市场信用控制、消费者信用控制、不动产信用控制、优惠利率。

补充性货币政策工具主要包括直接信用控制和间接信用控制。

①直接信用控制的货币政策工具。直接信用控制是指中央银行以行政命令或其他方式,直接控制金融机构尤其是商业银行的信用活动。主要有:贷款限额、利率限制、流行性比率和直接干预。

②间接信用控制的货币政策工具。间接信用控制是指中央银行利用道义劝告、窗口指导等办法间接影响商业银行的信用创造。

5.货币政策的传导机制与中介指标

中央银行在确定了货币政策最终目标之后,就要考虑如何运用货币政策工具,最终实现这些目标。这既涉及货币政策传导机制的问题,也与中介指标的选择有关。

(1)货币政策的中介目标。货币政策的中介目标又称为货币政策的中介指标、中间变量等,它是介于货币政策工具变量(操作目标)和货币政策目标变量(最终目标)之间的变量指标。理想的货币政策中介目标应符合以下3个要求:可测性、可控性和相关性。

通常而言,货币政策的中介目标体系一般包括中长期利率和货币供应量。

凯恩斯学派主张将充分就业作为最终目标,为了达到充分就业,认为货币政策的中介目标应该是利率而不是货币供应量。他们认为:在利率很低的情况下,货币供应量即使很大,也会被公众吸收、贮藏,成为休闲货币,掉入流动性陷阱,对社会经济的影响微不足道。因此,在凯恩斯主义经济思想的影响下,美国等西方国家过去的传统都以市场利率为主要的中介目标。

货币供应量也称总量目标,这是以弗里德曼为代表的现代货币主义者所推崇的中介目标。

(2)货币政策的操作指标。操作指标也称近期目标,介于货币政策工具和中介目标之间。

从主要工业化国家中央银行的操作实践来看,被选作操作指标的主要有短期利率、银行体系的存款准备金和基础货币。

基础货币（或称高能货币）是指处于流通界为公众所持有的现金和商业银行所持有的准备金总和。从数量关系上说，货币供应量等于基础货币与货币乘数之积。因此，基础货币的增加和减少，是货币供应量倍数伸缩的基础。

6.货币政策的时滞

货币政策的滞后效应，简言之，就是从决策采取某种政策，到这一政策最终发生作用，其中每一个环节都需要占用一定的时间，即被称之为"货币政策的时滞"。

（1）内部时滞。内部时滞是指作为货币政策操作主体的中央银行制定和实施货币政策的全过程。当经济形势发生变化，中央银行认识到应当调整政策，并着手制定新政策，修正政策的实施方位或力度，再到操作政策工具的过程，每一步都需要耗费一定的时间。这部分时滞的长短，取决于中央银行对金融的调控能力的强弱。

（2）外部时滞。外部时滞是指从中央银行采取行动到对政策目标产生影响所经过的时间，也就是货币对经济起作用的时间。

经典真题

（单选题）中央银行在公开市场上卖出政府债券是企图（　　）。

A.收集一笔资金帮助政府弥补财政赤字　　B.减少商业银行在中央银行的存款

C.减少流通中基础货币以紧缩货币供给　　D.通过买卖债券获取差价利益

【答案】C。解析：中央银行在公开市场上卖出政府债券回笼货币，从而减少流通中的基础货币，紧缩货币供给。

第七节　货币供求均衡

一、货币需求

货币需求是指经济主体对执行流通手段和价值贮藏手段的货币的需求。凯恩斯认为，人们持有货币的心理动机大致可分为三类：一是交易动机，二是预防动机，三是投机动机。

1.货币需求理论的演变

（1）马克思的货币需求理论。马克思关于流通中货币量的分析，后人多用"货币必要量"的概念来表述。基本公式是：

$$执行流通手段职能的货币必要量=商品价格总额/货币的流通速度$$

这一规律可用符号表示为：$PT/V=M_d$

式中，P是商品价格，T是商品交易量，V是货币流通的平均速度，M_d是货币必要量。公式表明，货币必要量取决于价格水平、进入流通的商品数量和货币的流通速度这三个因素，与商品价格和进入流通的商品数量成正比，与货币流通速度成反比。

（2）货币数量论的货币需求理论。欧文·费雪于1911年出版的《货币的购买力》一书，是货币数量论的代表作。在该书中，费雪提出了著名的"交易方程式"，也被称为费雪方程式，即$MV=PT$。

式中，M是总货币存量，P是价格水平，T是各类商品的交易数量，V是货币流通速度，它代表了单位时间内货币的平均周转次数。该方程式表明，名义收入等于货币存量和流通速度的乘积。

上式还可以表示为：$P=MV/T$

这一方程式表明,物价水平的变动与流通中货币数量的变动和货币的流通速度变动成正比,而与商品交易量的变动呈反比。

与费雪方程式不同,剑桥学派认为,处于经济体系中的个人对货币的需求,实质是选择以怎样的方式保持自己资产的问题。每个人决定持有多少货币,有种种原因,但在名义货币需求与名义收入水平之间总是保持一个较为稳定的比例关系。因此有:$M_d = kPY$

式中,M_d 为名义货币需求,Y 为总收入,P 为价格水平,k 为以货币形式保存的财富占名义总收入的比例,这就是剑桥方程式。

费雪方程式和剑桥方程式是两个意义大体相同的模型,但两个方程式存在显著的差异。

第一,对货币需求分析的侧重点不同。费雪方程式强调的是货币的交易手段功能,而剑桥方程式侧重货币作为一种资产的功能。

第二,费雪方程式重视货币支出的数量和速度,而剑桥方程式则是从用货币形式保有资产存量的角度考虑货币需求,重视存量占收入的比例。所以对费雪方程式也有人称之为现金交易说,而剑桥方程式则称现金余额说。

第三,两个方程式所强调的货币需求决定因素有所不同。费雪方程式是从宏观角度用货币数量的变动来解释价格,而剑桥方程式则是从微观角度进行分析,认为人们对于保有货币有一个满足程度的问题。

(3)凯恩斯的货币需求函数。凯恩斯认为人们持有货币的主要目的是为了交易,这称为交易动机;还为了应付可能遇到的意外支出,这称为预防动机。由交易动机和预防动机引起的货币需求和收入有关,收入增加,货币需求增加;反之,货币需求减少。另外,人们持有货币的目的可能是为了储存价值或财富,这称为投机动机。由投机动机形成的投机性货币需求主要受到市场利率变化的影响,而且是负相关的关系,即市场利率越高,人们的投机性货币需求越小,市场利率越低,投机性货币需求越高。

由于交易动机和预防动机引起的货币需求是收入的函数,可记为 $L_1(Y)$;由于投机性货币需求是利率的函数,可记为 $L_2(R)$,则凯恩斯的货币需求函数可表示为:$M = L_1(Y) + L_2(R)$

凯恩斯主义把可用于储存财富的资产分为货币与债券,认为货币是不能产生收入的资产,债券是能产生收入的资产,把人们持有货币的三个动机划分为两类需求。一是消费动机与预防动机构成对消费品的需求,人们对消费品的需求取决于"边际消费倾向"。二是投机动机构成对投资品的需求,主要由利率水平决定:利率低,人们对货币的需求量大;利率高,人们对货币的需求量小。

凯恩斯认为,在利率极高时,投机动机引起的货币需求量等于零,而当利率极低时,投机动机引起的货币需求量将是无限的。也就是说,由于利息是人们在一定时期放弃手中货币流动性的报酬,所以利率不能过低,否则人们宁愿持有货币而不再储蓄,这种情况被称为"流动性偏好陷阱"。

(4)弗里德曼的货币需求函数。弗里德曼的新货币数量说是现代货币数量论的代表。弗里德曼认为货币作为一种资产,最终财富拥有者对它的需求,会受到以下几个因素的影响:

①财富总量。财富总量用实际持久性收入来代表。持久性收入是指消费者在较长时间内所能获得的平均收入。

②财富在人力和非人力上的分配。当一个人的人力财富在其总财富中占的比例较大时,它必须通过持有货币来增加它的流动性。

③持有货币的机会成本。即其他资产的预期收益。

④其他因素。如财富所有者的偏好等。

弗里德曼将货币需求函数表述为:

河南省农村信用社招聘考试专用教材

$$\frac{M}{P} = f\left(Y, W; r_m, r_b, r_e, \frac{1}{P} \cdot \frac{\mathrm{d}p}{\mathrm{d}t}; U\right)$$

式中 P 代表价格水平, r_m、r_b、r_e 分别表示存款债券和股票的名义收益率, $\frac{1}{P} \cdot \frac{\mathrm{d}p}{\mathrm{d}t}$ 代表通货膨胀率, W 为非人力财富对人力财富的比例, Y 为恒久收入, U 代表影响货币需求偏好的其他因素。

在上述影响因素中, 除了实际持久性收入和货币的预期报酬率与货币需求成正向关系外, 其他因素都与货币需求成负向关系。

弗里德曼最重要的贡献是, 用货币需求函数证明了: 货币需求是稳定的。因此, 随意增加或减少货币供给, 都会在不可预知的未来, 冲击货币市场, 带来经济的不稳定。

二、货币供给

货币供给是指一定时期内一国银行体系向经济中投入、创造、扩张(或收缩)货币的行为。货币供给首先是一个经济过程, 即银行系统向经济中注入货币的过程。其次在一定时点上会形成一定的货币数量, 称为货币供给量。货币供给又可分为名义货币供给和实际货币供给。

1.货币层次的划分

按照不同形式货币的流动性, 或者说不同金融工具发挥货币职能的效率高低确定货币层次。流动性是指金融资产迅速变为现实货币购买力, 而且持有人不会遭受损失的能力。

(1)国际货币基金组织的货币层次划分。一般把货币划分为三个层次:

M_0=流通于银行体系之外的现金

M_1=M_0+活期存款(包括邮政汇划制度或国库接受的私人活期存款)

M_2=M_1+储蓄存款+定期存款+政府债券(包括国库券)

(2)我国的货币层次划分。

我国对外公布的货币供应量为三个层次: 一是流通中现金(M_0), 即在银行体系外流通的现金; 二是狭义货币供应量, 一般称为货币(M_1), 即 M_0 加上企事业单位活期存款; 三是广义货币供应量, 一般称为货币和准货币(M_2), 即 M_1 加上企事业单位定期存款、居民储蓄存款和其他存款。

现阶段我国的货币层次有以下几个:

M_0=流通中的现金

M_1=M_0+单位活期存款

M_2=M_1+准货币[单位定期存款+个人储蓄存款+居民储蓄存款+其他存款]

M_3=M_2+金融债券+商业票据+大额可转让定期存单

其中, M_1 是狭义货币供应量, M_2 是广义货币供应量, M_2 减 M_1 是准货币, M_3 是根据金融工具的不断创新而设置的。中央银行在实施货币政策, 控制货币供应量时, 会把侧重点放在流动性强的货币层次上, 也就是 M_0 或 M_1, 而对 M_2 的关注程度则低得多。

2.货币供给机制

现代信用制度下货币供应量的决定因素主要有两个: 一是基础货币(b); 二是货币乘数(M)。它们之间的决定性关系可用公式表示为: $Ms=M \cdot b$, 即货币供应量等于基础货币与货币乘数的乘积。

三、中央银行对货币供求的调节

价格和利率的变动可以使货币趋于均衡, 而物价水平又是中央银行无法掌控的, 中央银行可以用来调控货币供求的最重要的手段就是利率手段。

中央银行对货币供给的控制能力较强, 而货币需求更多的取决于企业、个人的行为, 中央银行的影响很小。所以中央银行对货币供求均衡的调节一般通过货币政策工具调节货币供给量来实现。

经典例题

(单选题)1.下列属于货币层次划分的重要依据的是（　　）。

A.金融资产的稳定性

B.金融资产的安全性

C.金融资产的收益性

D.金融资产的流动性

【答案】D。解析：流动性是划分货币层次的重要依据。

(单选题)2.货币层次有广义和狭义之分,下列选项中,不属于狭义货币的是（　　）。

A.现金　　　　　　　　　　　　　　　B.银行活期存款

C.旅行支票　　　　　　　　　　　　　D.储蓄存款

【答案】D。解析：储蓄存款属于广义货币。

第八节　商业银行经营与管理

一、商业银行概述

1.商业银行的职能

商业银行的主要职能包括四个方面：信用中介、支付中介、信用创造、金融服务。

2.商业银行的组织结构

商业银行的组织结构分为：单元银行制、分支行制、银行控股公司制以及连锁银行制。

3.商业银行的经营原则

商业银行的经营原则,是指商业银行在经营活动中所必须遵循的行为准则,包括盈利性原则、流动性原则和安全性原则。

4.商业银行的资本

商业银行资本是银行经营的基础。从经营管理的角度来看,银行资本具有三大基本功能,即营业功能、保护功能和管理功能。

二、巴塞尔协议对商业银行的规定

1.《巴塞尔协议》的主要内容和主要思想

《巴塞尔协议》主要由四部分构成：资本的构成,风险资产权数的规定,标准化比率,过渡期和实施安排。

《巴塞尔协议》的主要思想是：商业银行的最低资本由银行资产结构形成的资产风险所决定,资产风险越大,最低资本额越高;银行的主要资本是银行持股人的股本,构成银行的核心资本;协议签署国银行的最低资本限额为银行风险资产的8%,国际银行业竞争应使银行资本金达到相似的水平。

2.资本的构成

《巴塞尔协议》将银行资本分为两大类：一类是核心资本,又称一级资本;另一类是附属资本,又称二级资本。

核心资本是银行资本中最重要的组成部分,应占银行全部资本的50%以上。核心资本主要由实收资本和公开储备两部分组成:①实收资本是指已发行并完全缴足的普通股和永久性非累积优先股,这是永久的股东权益。②公开储备是指以公开的形式,通过保留盈余或其他盈余,并反映在资产负债表上的储备。包括股票发行溢价、保留利润、普通准备金和法定准备金的增值等。

附属资本具体包括以下五项内容:①未公开储备,又叫隐蔽储备。②重估储备。③普通准备金。④混合资本工具。⑤次级长期债务资本。

3.《新巴塞尔资本协议》对资本的补充

新协议提出了监管部门监督检查和信息披露两方面要求,从而构成了新资本协议的三大支柱,这三大支柱是:最低资本规定、监管当局的监督检查和市场纪律。

4.《巴塞尔协议Ⅲ》

受到了2008年全球金融危机的催生,最新通过的《巴塞尔协议Ⅲ》的草案于2010年提出,并在短短一年时间内就获得了最终通过。巴塞尔协议Ⅲ对资本提出了以下新要求:

(1)最低普通股要求。根据巴塞尔委员会会议达成的协议,最低普通股要求,即弥补资产损失的最终资本要求,将由现行的2%严格调整到4.5%。这一调整将分阶段实施到2015年1月1日结束。同一时期,一级资本(包括普通股和其他建立在更严格标准之上的合格金融工具)也要求由4%调整到6%。

(2)建立资本留存超额资本。中央行行长和监管当局负责人集团一致认为,在最低监管要求之上的资本留存超额资本将应达到2.5%,以满足扣除资本扣减项后的普通股要求。留存超额资本的目的是确保银行维持缓冲资金以弥补在金融和经济压力时期的损失。当银行在经济金融出于压力时期,资本充足率越接近监管最低要求,越要限制收益分配。这一框架将强化良好银行监管目标并且解决共同行动的问题,从而阻止银行即使是在面对资本恶化的情况下仍然自主发放奖金和分配高额红利的(非理性的)分配行为。

(3)建立反周期超额资本。反周期超额资本,比率范围在0~2.5%的普通股或者是全部用来弥补损失的资本,将根据经济环境建立。反周期超额资本的建立是为了达到保护银行部门承受过度信贷增长的更广的宏观审慎目标。

(4)运行期限规定。上述这些资本比例要求是通过在风险防范措施之上建立非风险杠杆比率。2010年7月,央行行长和监管机构负责人同意对平行运行期间3%的最低一级资本充足率进行测试。基于平行运行期测试结果,任何最终的调整都将在2017年上半年被执行,并通过适当的方法和计算带入2018年1月起的最低资本要求中。

(5)其他要求。巴塞尔委员会和金融稳定委员会正在研发一种对银行非常好的包括资本附加费、核心资金和担保金在内的综合的方法。

经典例题

(单选题)商业银行的核心资本包括(　　)。

A.实收资本、重估资本、未分配利润、长期次级债券

B.实收资本、资本公积、未分配利润、各项损失准备

C.实收资本、资本盈余、重估资本、未分配的利润

D.实收资本、资本公积、盈余公积、未分配的利润

【答案】D。解析:商业银行的核心资本包括实收资本或普通股、资本公积、盈余公积、未分配利润和少数股权。

offcn 中公·金融人

第四篇

财 会

第一章 总论

第一节 会计概述

一、会计的概念

会计是以货币为主要计量单位,以凭证为依据,采用专门的技术方法,对特定主体的经济活动进行全面、综合、连续、系统地核算和监督,并向有关方面提供会计信息的一种经济管理活动或信息系统。

二、会计的特点

①会计以货币为主要计量单位。
②会计以凭证为依据,具有严格的规范性。
③会计交易和事项的核算具有全面性、连续性、系统性和综合性的特点。

三、会计职能

会计职能是指会计在经济管理中所具有的功能,即人们在经济管理中用会计干什么。一般认为会计基本职能包括核算职能和监督职能。

1.会计核算

(1)会计核算的概念。会计核算是以货币为主要计量单位,对企业、事业等单位一定时期的经济活动进行真实、准确、完整和及时的记录、计算和报告,即处理、转换经济数据,是提供会计信息的系统。

会计核算的内容是会计对象要素,具体表现为经济活动中的各种经济业务。它包括:①款项和有价证券的收付。②财物的收发、增减和使用。③债权债务的发生和结算。④资本、基金的增减和经费的收支。⑤收入、费用、成本的计算。⑥财务成果的计算和处理。⑦其他需要办理会计手续、进行会计核算的事项。

(2)会计核算依据。《中华人民共和国会计法》(以下简称《会计法》)第9条规定,各单位必须根据实际发生的经济业务事项进行会计核算,填制会计凭证,登记会计账簿,编制财务会计报告。任何单位不得以虚假的经济业务事项或者资料进行会计核算。

①实际发生的经济业务事项,是指各单位在生产经营或者预算执行中发生的包括引起资金增减变化的经济活动。以实际发生的经济业务事项为依据进行会计核算,是会计核算客观性原则的要求,是保证会计信息真实可靠的重要前提。

②没有经济业务事项发生,会计核算的对象就不存在。以虚假的经济业务事项为对象进行会计核算,生成的会计信息就是缺乏依据的、不可信的,并且会产生误导作用,损害会计信息使用者的利益。以虚假的经济业务事项或资料进行会计核算,是一种严重的违法行为。

2.会计监督

会计监督是依据监督标准,对企业、事业等单位的资金运动进行的指导、控制和检查。即是运用反馈的会计信息和数据,指定目标运行的系统。会计监督的对象是资金运动,在企业资金运动表现为筹集资金、使用资金和收回资金的过程。会计对资金运动的监督主要表现在:①监督经济业务的真实性。②监督财务收支的合法性。③监督公共财产的完整性。会计监督要依据会计监督的标准,包括党和国家的路线、方针、政策,法律、法规、制度和计划,企业、事业等单位的制度、计划和定额。会计监督也是一个过程,包括事前监督、事中监督和事后监督。

3.会计核算和会计监督的关系

对经济业务活动进行监督的前提是正确地进行会计核算,相关而可靠的会计资料是会计监督的依据。同时,也只有搞好会计监督,保证经济业务按规定进行并达到预期的目的,才能真正发挥跨级参与管理的作用。

四、会计对象

会计对象是指会计核算和监督的内容。凡是特定主体能够以货币表现的经济活动,都是会计核算和监督的内容,即会计对象。而以货币表现的经济活动,通常又称为价值运动或资金运动。因此,会计对象就是会计主体的资金运动。

工业企业的资金运动通常表现为资金的投入、资金的运用和资金的退出三个过程。

经典例题

(单选题)以下活动纳入企业会计对象的是( )。

A.企业股东的业务开支

B.企业债权人的业务开支

C.企业董事长业务开支

D.员工家庭的开支

【答案】C。解析:企业董事长的业务开支涉及企业的相关业务,所以应纳入到会计核算的范围中去,属于会计对象。

五、会计计量属性

1.会计计量概念

会计计量是指企业在将符合确认条件的会计要素登记入账,并列报于会计报表及其附注时,应当按照规定的会计计量属性进行计量,确定其金额。会计计量是会计信息系统的核心环节,它由计量单位和计量属性构成。

2.计量属性

会计计量属性主要包括历史成本、重置成本、可变现净值、现值和公允价值。

第二节 会计基本假设

会计假设即会计核算的基本前提是指会计核算工作赖以存在的前提条件。会计核算的基本假设有四项：会计主体、持续经营、会计分期、货币计量。

一、会计主体

会计主体是指会计所核算和监督的特定单位或者组织，限定了会计确认、计量和报告的空间范围。

企业应当对其本身发生的交易或者事项进行会计确认、计量和报告。

会计主体与法律主体（法人）并非是对等的概念，法人可作为会计主体，但会计主体不一定是法人。

二、持续经营

持续经营是指在可以预见的将来，会计主体将会按当前的规模和状态持续经营下去，不会停业，也不会大规模削减业务。

持续经营明确了会计核算的时间范围，是"会计分期"假设、实际成本原则和配比原则等建立的基础。

三、会计分期

会计分期是指将一个会计主体持续经营的生产经营活动划分为一个个连续的、长短相同的期间，以便分期结算账目和编制财务会计报告。

会计期间分为年度和中期。中期是指短于一个完整的会计年度的报告期间，又可以分成月度、季度、半年度。

"会计年度自公历1月1日起至12月31日止。"这是《会计法》对我国会计年度的规定。

一般来讲，每个会计年度还可以按照公历日期，划分为半年度、季度、月份。

由于会计分期，才产生了当期与以前期间、以后期间的差别，才使不同类型的会计主体有了会计确认和计量的基准，形成了权责发生制和收付实现制两种不同的会计基础，进而出现了折旧、摊销等会计处理方法。

经典例题

(单选题)1.在会计核算中，产生权责发生制和收付实现制两种记账基础的会计基本假设是（　　）。

A.会计主体　　　　　　　　　　B.会计分期

C.货币计量　　　　　　　　　　D.持续经营

【答案】B。解析：在会计核算中，产生权责发生制和收付实现制两种记账基础的会计基本假设是会计分期。

(单选题)2.根据《中华人民共和国会计法》规定，会计年度自（　　）。

A.公历4月1日至次年3月31日止

B.农历1月1日至12月31日止

C.公历1月1日至12月31日止

D.公历 9 月 1 日至次年 8 月 31 日止

【答案】C。解析：会计年度自公历 1 月 1 日起至 12 月 31 日止。

四、货币计量

货币计量是指会计主体在财务会计确认、计量和报告时采用货币作为统一的计量单位，反映会计主体的生产经营活动。

《企业会计准则》中规定：我国的会计核算应以人民币作为记账本位币。外商投资企业等业务收支以人民币以外的货币为主的企业，根据会计核算的实际需要，可以选定某种外币作为记账本位币进行会计核算，但这些企业对外提供报表时，应该折算成人民币，提供以人民币表示的财务报表。在境外设立的中国企业向国内报送的财务会计报告，应当折算为人民币。

第三节 会计基础和会计核算方法

一、会计基础

1.会计基础的概念和种类

会计基础是指会计以什么为标准来确认、计量和报告企业的收入和费用，其目的是为了更加真实地反映企业在一定会计期间的财务状况或经营成果。

会计基础包括权责发生制和收付实现制。《企业会计准则——基本准则》第 9 条规定："企业应当以权责发生制为基础进行会计确认、计量和报告。"

目前，我国的行政单位会计一般采用收付实现制，事业单位除经营业务采用权责发生制外，其他业务采用收付实现制。

2.权责发生制

权责发生制也称应计制或应收应付制，它是以收入、费用是否发生而不是以款项是否收到或付出为标准来确认收入和费用的一种记账基础。

根据权责发生制基础的要求，收入的归属期间应是创造收入的会计期间，费用的归属期间应是费用所服务的会计期间。

①凡是当期已经实现的收入和已经发生或应当负担的费用，不论款项是否收付，都应当作为当期的收入和费用。

②凡是不属于当期的收入和费用，即使款项已在当期收付，也不应当作为当期的收入和费用。

3.收付实现制

收付实现制是与权责发生制相对应的一种确认基础。收付实现制也称现金制或现收现付制，它是以款项的实际收付为标准来确认本期收入和费用的一种方法。

收付实现制的要求为：

①凡是本期实际收到款项的收入和付出款项的费用，不论其是否归属于本期，都应作为本期的收入和费用处理。

②凡是本期没有实际收到款项的收入和付出款项的费用，即使应归属于本期，也不作为本期的收入和费用处理。

二、会计核算方法

①设置科目和账户。

②复式记账。

③填制和审核会计凭证。

④登记会计账簿。

⑤成本计算。

⑥财产清查。

⑦编制会计报表。

第四节 会计信息质量要求

一、概念

会计信息质量要求是指对企业财务报告中所提供的会计信息质量的基本要求，是使财务报告中所提供的会计信息对使用者决策有用所应具备的基本特征。

二、内容

会计信息质量要求包括可靠性、相关性、可理解性、可比性、实质重于形式、谨慎性、重要性、及时性等。

经典例题

(单选题)企业会计核算时将劳动资料划分为固定资产和低值易耗品,是基于( )信息质量要求。

A.可比性 　　　　　　　　　　　　　　B.重要性

C.谨慎性 　　　　　　　　　　　　　　D.可靠性

【答案】B。解析:重要性原则是指选择会计方法和程序时,要考虑经济业务本身的性质和规模,根据特定的经济业务对经济决策影响的大小,来选择合适的会计方法和程序。因此,企业将劳动资料划分为固定资产和低值易耗品是基于重要性原则。

第五节 会计要素

会计要素是会计工作的具体对象,是会计用以反映财务状况、确定经营成果的因素,是会计核算内容的具体化,是构成财务会计报告的基本因素,也是设计会计科目的依据。会计要素之间的关系从数量上构成会计等式。《企业会计准则》分列资产、负债、所有者权益、收入、费用、利润六个会计要素。

一、反映财务状况的要素

会计用以下公式反映企业在一定日期的财务状况:

资产=负债+所有者权益

1.资产

资产是指企业过去的交易或者事项形成的,由企业拥有或者控制的,预期会给企业带来经济利益的资源。资产按其流动性分为:流动资产和非流动资产。流动资产是指可以在1年或超过1年的一个营业周期内变现、出售或耗用的资产和现金及现金等价物,主要包括库存现金、银行存款、交易性金融资产、应收及预付款项和存货等。非流动资产是指流动资产以外的资产,主要包括长期投资、固定资产、无形资产和长期待摊费用等其他资产。

2.负债

负债是指企业过去的交易或者事项形成的、预期会导致经济利益流出企业的现时义务。负债按偿付期长短分为流动负债和非流动负债。流动负债是指将在1年或不超过一个营业周期内偿还的债务;非流动负债是指将在长于1年或超过一个营业周期以上偿还的债务。

3.所有者权益

所有者权益是指企业资产扣除负债后,由所有者享有的剩余权益。公司的所有者权益又称股东权益。资产减负债为净资产,所有者权益实际上是投资者对企业净资产的所有权。

其来源包括所有者投入的资本、直接计入所有者权益的利得和损失、留存收益等。

所有者权益按其构成不同,可以分为实收资本、资本公积、盈余公积和未分配利润等。

经典例题

(单选题)1.下列不属于流动资产的是(   )。

A.存货   B.现金

C.应收账款   D.长期股权投资

【答案】D。解析:长期股权投资属于非流动资产。

(单选题)2.某企业年初所有者权益160万元,本年度实现净利润300万元,以资本公积转增资本50万元,提取盈余公积30万元,向投资者分配现金股利20万元。假设不考虑其他因素,该企业年末所有者权益为(   )万元。

A.360   B.410

C.440   D.460

【答案】C。解析:该企业年末所有者权益=160+300-20=440(万元)。

二、反映经营成果的要素

会计用下列公式反映企业在一定时期内的经营成果:

收入-费用=利润

1.收入

收入是指企业在日常活动中形成的、会导致所有者权益增加的、与所有者投入资本无关的经济利益的总流入。

2.费用

费用是指企业在日常活动中发生的、会导致所有者权益减少的、与向所有者分配利润无关的经济利益的总流出。包括各种物质的消耗、劳动力的消耗以及各种开支。

费用和成本是两个并行使用的概念,两者之间既有联系又有区别。两者间的联系主要表现在:成本是按一定对象所归集的费用,是对象化的费用,即生产成本是相对于一定的产品而言所发生的费用,是按照产品品种等成本计算对象对当前发生的费用进行的归集而形成的。两者之间的区别主要表现在:费用是资产的耗费,它与一定的会计期间相联系,而与生产哪一种产品无关;成本与一定种类和数量的产品相联系,而不论发生在哪一个会计期间。

3.利润

利润是指企业在一定会计期间的经营成果。通常情况下,企业实现了利润,表明企业所有者权益增加,业绩得到了提升;反之,若企业出现了亏损,表明企业所有者权益减少,业绩下滑。利润往往是评价企业管理层业绩的一项重要指标,也是投资者等财务报告使用者进行决策时的重要参考。

利润金额的确定主要取决于收入和费用、利得和损失金额的计量。

营业利润=营业收入-营业成本-营业税金及附加-销售费用-管理费用-财务费用-
资产减值损失+公允价值变动收益(-公允价值变动损失)+投资收益(-投资损失)

利润总额=营业利润+营业外收入-营业外支出

净利润=利润总额-所得税费用

经典例题

(单选题)1.下列会计要素中,用以反映企业在一定时期内经营成果的是( )。

A.资产   B.负债

C.收入   D.所有者权益

【答案】C。解析:资产、负债和所有者权益都是反映企业一定日期的财务状况。

(单选题)2.会计要素是会计对象内容的构成部分,是会计核算对象的概括分类,其内容包括( )。

A.资产、负债、所有者权益

B.收入、费用、利润

C.资产、负债、所有者权益、收入、费用、利润

D.资产、负债、所有者权益收入、费用

【答案】C。解析:会计要素是会计对象内容的构成部分,是会计核算对象的概括分类,其内容包括资产、负债、所有者权益、收入、费用、利润。

第六节 会计核算的具体内容和一般要求

一、会计核算的具体内容

会计核算的具体内容是由《会计法》规定的,不同种类、不同行业、不同规模的单位虽然在经济业务的内容上有较大的差别,但归结起来,会计核算的具体内容主要表现在以下七个方面:

①款项和有价证券的收付。

②财物的收发、增减和使用。

③债权债务的发生和结算。

④资本、基金的增减。

⑤收入、支出、费用、成本的计算。

⑥财务成果的计算和处理。

⑦需要办理会计手续、进行会计核算的其他事项。

二、会计核算的一般要求

尽管不同的企业或者单位的经济业务内容不同,但对其会计核算的基本要求是一致的。企业和单位进行会计核算必须遵守的一般要求有:

①各单位必须按照国家统一的会计制度的要求设置会计科目和账户、复式记账、填制会计凭证、登记会计账簿、进行成本计算、财产清查和编制财务报表。

②各单位必须根据实际发生的经济业务事项进行会计核算,编制会计报表。

③各单位发生的各项经济业务事项应当在依法设置的会计账簿上统一登记、核算,不得违反《会计法》和国家统一的会计制度的规定私设会计账簿登记和核算。

④各单位对会计凭证、会计账簿、财务报告和其他会计资料应当建立档案,妥善保管。

⑤使用电子计算机进行会计核算的,其软件及其生成的会计凭证、会计账簿、财务报告和其他会计资料,也必须符合国家统一的会计制度的规定。

⑥会计记录的文字应当使用中文。

第二章　会计账户与借贷记账法

第一节　会计等式、会计科目与会计账户

一、会计等式

1.会计等式的概念

会计等式是反映各会计要素之间数量关系的等式。会计等式是设置会计账户的理论依据。会计等式决定了会计账户的基本类别,同时也决定了各类账户的性质和基本结构特点。会计要素是会计对象的基本内容,是对资金运动两种形态的基本分类。

2.会计等式的形式

①资产=负债+所有者权益(最基本会计等式) 或资产=权益(负债是债权人权益,可以把债权人权益和所有者权益统称为权益),这是企业资金运动的静态表现等式。

②收入=费用+利润,这是企业资金运动的动态表现等式。

③会计等式的转化等式:

$$资产+利润=负债+所有者权益+(收入-费用)$$

这是企业资金运动的静态和动态的表现的综合等式。

3.会计等式的意义

建立会计等式有着重要的意义。它不仅明确了资产、负债、所有者权益、收入、成本等几项之间的关系,而且是会计设置账户、复式记账和编制会计报表的依据。

4.会计事项及类型

发生于企业生产、经营过程中,引起会计要素增减变化的事项,在会计中通常称为会计事项。一个企业在经营中所发生的经济业务是多种多样的,内容不一。然而,以一个会计主体来说,任何经济业务只会引起会计等式中左方某一会计要素的增加,同时另一会计要素等额地减少,或者引起会计等式左右两方同时发生等额的增减变化,而无论怎样变化也不会破坏会计等式的平衡关系,即不会破坏会计等式。

经典例题

(单选题)1.某公司资产总额为 600 万元,负债总额为 200 万元,以银行存款 50 万元偿还短期借款,并以银行存款 150 万元购买设备,则上述业务入账后该公司资产总额为(　　)元。

A.200 万　　　　　　　　　　　　B.350 万

C.400 万　　　　　　　　　　　　D.550 万

【答案】D。解析:600-50=550(万元),以银行存款 50 万偿还短期借款,资产减少,负债减少,以银行存款 150 万购买设备,银行存款减少,固定资产增加,资产总额不变。

(单选题)2.收回应收账款 35 000 元,款项已送存银行,这一经济业务对会计要素的影响是(　　)。

A.资产增加 35 000 元,同时负债减少 35 000 元

B.资产增加 35 000 元,同时负债增加 35 000 元

C.资产减少 35 000 元,同时负债增加 35 000 元

D.资产总额不变

【答案】D。解析:收回应收账款 35 000 元并将款项并送存银行引起资产内部一增一减,资产总额不变。

(单选题)3.甲公司某会计期间的期初资产总额为 200 000 元,当期期末,负债总额比期初减少 20 000 元,所有者权益总额比期初增加 60 000 元,则该企业期末资产总额为(   )元。

A.180 000   B.200 000

C.240 000   D.260 000

【答案】C。解析:由于资产=负债+所有者权益,本期负债减少 20 000 元,所有者权益增加 60 000 元,那么本期资产增加 40 000 元,因此该企业期末资产总额=200 000+40 000=240 000(元)。

(单选题)4.下列各项,会引起企业资产与所有者权益总额同时增减变动的有(   )。

A.宣告发放现金股利

B.资本公积转增资本

C.盈余公积转增资本

D.接受投资者追加投资

【答案】D。解析:宣告发放现金股利会引起负债增加,所有者权益减少;资本公积转增资本、盈余公积转增资本会引起所有者权益内部一增一减;接受投资者追加投资会引起企业资产与所有者权益总额同时增加。

二、会计科目

企业设置会计科目,是设置账户、进行账务处理的依据,同时,也是正确组织会计核算的重要依据。

1.会计科目的概念

会计科目是指对会计要素的具体内容进行分类核算的项目。会计科目是进行各项会计记录和提供各项会计信息的基础,在会计核算中具有重要意义。

2.会计科目的级次

每个会计科目不是彼此孤立的,而是相互联系、相互补充地组成了一个完整的会计科目体系。会计科目按其提供指标的详略程度不同,可分为一级科目、二级科目和三级科目。

①一级科目。一级科目即总分类科目,也称总账科目,是指对会计要素的具体内容进行总括分类的会计科目,是进行总分类核算的依据。一级科目一般由国家统一制定。

②二级科目。二级科目即二级明细分类科目,也称子目,是指在一级科目的基础上,对一级科目所反映的经济内容进行明细分类,又称明细分类科目。

③三级科目。三级科目即三级明细分类科目,也称细目。

3.会计科目的分类

①按其归属的会计要素分类。会计科目按其归属可分为资产类、负债类、所有者权益类、损益类、成本类和共同类。

资产类科目:按照资产的流动性,资产分为流动资产、长期投资、固定资产、无形资产和其他资产。

河南省农村信用社招聘考试专用教材

其中流动资产包括库存现金、银行存款、应收账款、存货等。在资产负债表中,资产按照流动性由强到弱列示。

负债类科目:负债的流动性是指负债的到期期限的长短,在短期内需要偿还的债务,其流动性较强。按照流动性划分,负债分为流动负债和长期负债。流动负债包括短期借款、应付账款、预收账款和应付工资等。长期负债包括长期借款、应付债券和长期应付款等。在资产负债表中,负债按照流动性由强到弱列示。

所有者权益类科目:所有者权益包括实收资本(股份公司称股本)、资本公积、盈余公积和未分配利润。实收资本和资本公积源于所有者的投入,而盈余公积和未分配利润是从利润中转增的所有者权益。

成本类科目:通常有生产成本、制造费用等科目。

损益类科目:进一步分为收入类会计科目和费用类会计科目。收入类科目包括主营业务收入、其他业务收入、营业外收入等,费用类科目包括三大期间费用,主营业务成本,其他业务成本等。

②按提供信息的详细程度及其统驭关系分类。会计科目按提供信息的详细程度及其统驭关系可分为总分类科目和明细分类科目。

总分类科目又称一级科目或总账科目,它是对会计要素具体内容进行总括分类、提供总括信息的会计科目,如"应收账款""应付账款""原材料"等。总分类科目反映各种经济业务的概括情况,是进行总分类核算的依据。

明细分类科目又称明细科目,是对总分类科目做进一步分类、提供更详细和更具体会计信息的科目。如"应收账款"科目按债务人名称或姓名设置明细科目,反映应收账款的具体对象。

4.会计科目设置的原则

会计科目在设置时应当遵循以下原则。

①合法性原则。合法性原则指所设置的会计科目应当符合国家统一的会计制度的规定。例如,应收账款不能写成应收货款。

总分类科目是在国家统一会计制度中统一规定的。明细分类科目除国家统一会计制度规定设置的以外,各单位可以根据实际需要自行设置。

②相关性原则。相关性原则指所设置的会计科目应为提供有关各方所需要的会计信息服务,满足对外报告与对内管理的要求。

③实用性原则。实用性原则指所设置的会计科目应符合单位自身特点,满足单位实际需要。

经典真题

(单选题)下列各项中,属于总分类会计科目的是(   )。

A.应交增值税　　　　　　　　　　　　B.应付账款

C.专利权　　　　　　　　　　　　　　D.专用设备

【答案】B。解析:总分类科目,也叫总账科目或一级科目,是对会计要素具体内容进行总括分类、提供总括信息的会计科目,如"应收账款""应付账款""原材料"等。

三、会计账户

1.账户的含义

账户是根据会计科目设置的,对会计要素的增减变动及其结果进行分类记录、反映的工具。

账户根据会计科目设置,会计科目是账户的名称。

2.账户的结构

账户在基本结构上分为左右两方,一方登记增加数,另一方登记减少数,至于哪一方登记增加,哪一方登记减少,则由所采用的记账方法和所记录的经济内容决定。通常我们用"T"形账户(亦称丁字形账户)简单表示。

账户能够提供金额指标。每个账户一般有四个金额要素:期初余额、本期增加发生额、本期减少发生额和期末余额。

账户是对会计要素的再分类,所以相应地设置了六大类:资产类账户、负债类账户、所有者权益类账户、收入类账户、费用类账户和利润类账户,然后再根据每一类的具体内容、特点和管理要求,分别设置若干个账户,每个账户都记录某一特定的经济内容,具有一定的结构和格式。

3.账户的作用

账户的作用包括:①账户是人们因提供会计信息的需要而对会计要素所做的分类;②账户能够提供静态和动态的核算资料。

第二节 借贷记账法

一、借贷记账法

借贷记账法产生于 13 世纪的意大利,后来逐渐被引入其他国家和地区,从而得到了不断的完善和发展。借贷记账法是以"借"和"贷"为记账符号的一种复式记账方法。

"借""贷"两字最初是从借贷资本家的角度来解释的,用来表示债权和债务的增减变动,随着时间的推移,"借""贷"两字已逐渐失去了最初的含义,而演变成纯粹的记账符号。

1.记账符号

借贷记账法用"借""贷"作为记账符号,把会计科目左方称为借方,右方称为贷方。采用借贷记账法,所有科目的借方和贷方按相反方向记录,也就是一方记增加额,另一方就记减少额。

2.记账方向

"借"和"贷"是账户的两个部分,分别代表左方和右方,即左方为借方,右方为贷方(左借右贷),这一规定适用于所有类型的账户。

3.记账规则

"有借必有贷,借贷必相等",记录一个账户的借方,同时必须记录另一个账户或几个账户的贷方;记录一个账户的贷方,同时必须记录另一个或几个账户的借方。记入借方的金额与记入贷方的金额必须相等。

4.借贷记账法的理论依据

"资产=负债+所有者权益"是借贷记账法的理论依据。

5.借贷记账法的账户结构

账户的基本结构是左方为借方、右方为贷方。但哪一方登记增加,哪一方登记减少,则要根据账户反映的经济内容的性质决定。借贷记账法的账户结构如图 4-2-1 所示。

河南省农村信用社招聘考试专用教材

借方	账户名称(会计科目)	贷方
资产的增加		资产的减少
费用的增加		费用的减少
成本的增加		成本的减少
支出的增加		支出的减少
负债的减少		负债的增加
所有者权益的减少		所有者权益的增加
收入的减少		收入的增加

图 4-2-1 账户结构

①资产类:借加、贷减,余额在增加方即借方。

②负债及所有者权益类:贷加、借减,余额在贷方。

③成本类:借加、贷减,余额在借方。

④损益类:一般期末无余额。

收入类:贷加、借减。

费用类:借加、贷减。

6.计算公式

期末余额=期初余额+本期增加发生额−本期减少发生额

①资产类、费用类账户:期末余额=期初余额+本期借方发生额−本期贷方发生额。

②负债类、所有者权益类、收入类账户:期末余额=期初余额+本期贷方发生额−本期借方发生额。

经典例题

(单选题)1.借贷记账法"借""贷"的含义是(   )。

A.债权与债务

B.标明记账方向

C.增加或减少

D.收入和付出

【答案】B。

(多选题)2.采用借贷记账法时,"借"可以表示(   )。

A.资产的增加或负债的减少

B.资产的减少或负债的增加

C.费用的增加或收入的减少

D.费用的减少或收入的增加

【答案】AC。解析:资产类和成本费用类账户,增加记借方;负债类、所有者权益类以及收入类账户,增加记贷方,减少记借方。

二、试算平衡

1.试算平衡的含义

所谓试算平衡是指根据"资产=负债+所有者权益"的恒等关系以及借贷记账法的记账规则,检查和验证所有账户记录是否正确的过程。

2.试算平衡的分类

试算平衡的方法包括发生额试算平衡和余额试算平衡两种。

(1)发生额试算平衡法。

①公式:全部账户本期借方发生额合计=全部账户本期贷方发生额合计

②依据:"有借必有贷,借贷必相等"的记账规则。

(2)余额试算平衡法。

①公式:

全部账户的借方期初余额合计=全部账户的贷方期初余额合计

全部账户的借方期末余额合计=全部账户的贷方期末余额合计

②依据:会计基本等式的恒等关系——"资产=负债+所有者权益"的恒等关系。

经典真题

(单选题)最基本的会计等式是(　　)。

A.收入−费用=利润

B.资产=负债+所有者权益

C.期初余额+本期增加额−本期减少额=期末余额

D.资产=负债+所有者权益+(收入−费用)

【答案】B。解析:资产=负债+所有者权益是企业最基本的会计等式。

三、会计分录

会计分录简称分录,是按照复式记账法的要求,对每项经济业务列示出应借、应贷的账户名称及其金额的一种记录。

在实际工作中,会计分录是填写在记账凭证上的。会计分录是记账凭证的内容,记账凭证是分录的载体。

1.格式

第一,按照国际惯例,每一会计分录都是借方在上,贷方在下。

第二,为了便于识别,每一会计分录都是借方在左,贷方在右。或者说,贷方记账符号、账户、金额都要比借方退后一格或退后两格。

2.分录三要素

①账户的名称,即会计科目。

②记账方向的符号,即借方或贷方。

③记录的金额。

3.会计分录分类

会计分录分简单会计分录和复合会计分录。

①简单会计分录是只涉及一个账户借方和另一个账户贷方的会计分录,即一借一贷的会计分录。

一借一贷:

借:固定资产　　20 000

　贷:银行存款　　20 000

②复合会计分录是由两个以上(不含两个)对应账户所组成的会计分录,即一借多贷、一贷多借、多借多贷的会计分录。

一借多贷：

借：银行存款		11 700
贷：主营业务收入		10 000
应交税费——应交增值税(销项税额)		1 700

一贷多借：

借：银行存款		10 000
库存现金		5 000
贷：短期借款		15 000

多借多贷：

借：银行存款		23 000
应收账款		400
贷：主营业务收入		20 000
应交税费——应交增值税(销项税额)		3 400

四、会计科目的对应关系

会计科目的对应关系是指按照借贷记账法的记账规则记录经济业务时，在两个或两个以上有关科目之间形成的应借、应贷相互对照关系。对每项经济业务记录所形成的这种"借"记科目和"贷"记科目之间的联系，称为会计科目(账户)的对应关系，存在着这种对应关系的会计科目(账户)称为对应科目(账户)。

五、总分类账户与明细分类账户及其平行登记

1.总分类账户与明细分类账户

总分类账户：按照总分类科目设置，仅以货币计量单位登记，提供总括核算资料的账户。

明细分类账户：按照明细分类科目设置，提供详细核算资料的账户。除以货币计量单位登记外，必要时还要采用实物计量单位等。

总账与明细账的关系：

①控制与被控制的关系。总账对其所属明细账起统驭作用；明细账则对其所隶属的总账起辅助作用。

②相互配合的关系。核算内容相同，它们提供的核算资料相互补充。

2.平行登记

所谓平行登记，是指对所发生的每一项经济业务都要以会计凭证为依据，一方面记入有关总分类账户，另一方面也要记入有关总分类账户所属明细分类账户。

平行登记要求：

①所依据会计凭证相同(依据相同)。对发生的交易或事项计入总分类账户及其所属明细分类账户时，所依据的会计凭证相同。虽然登记总分类账户及其所属明细分类账户的直接依据不一定相同，但原始依据是相同的。

②借贷方向相同(方向相同)。总分类账户记入借方，明细分类账户也记入借方；总分类账户记入贷方，明细分类账户也记入贷方。

③所属会计期间相同(期间相同/同时登记)。对每项经济业务在记入总分类账户和明细分类账户过程中,可以有先有后,但必须在同一会计期间全部登记入账。

④计入总分类账户的金额与计入其所属明细分类账户的金额合计相等(金额相等)。

总分类账户本期发生额与其所属明细分类账户本期发生额合计相等;

总分类账户期初余额与其所属明细分类账户期初余额合计相等;

总分类账户期末余额与其所属明细分类账户期末余额合计相等。

第三章 会计凭证

第一节 会计凭证概述

一、会计凭证的概念

会计凭证是记录经济业务事项发生或完成情况的书面证明,也是登记账簿的依据。通过填制或取得会计凭证,可以明确经济责任。

二、会计凭证的种类

按照编制的程序和用途不同,分为原始凭证和记账凭证。

1.原始凭证

原始凭证又称为单据,是在经济业务发生或者完成时取得或填制的,用以记录或证明经济业务的发生或者完成情况的文字凭据。它不仅能用来记录经济业务发生和完成的情况,还可以明确经济责任,是会计核算的原始资料和重要依据,也是会计资料中最具有法律效力的一种证明文件。

2.记账凭证

记账凭证又称记账凭单,是会计人员根据审核无误的原始凭证按照经济业务事项的内容加以归类,并据以确定会计分录后所填制的会计凭证。记账凭证是登记账簿的直接依据。

第二节 原始凭证

一、原始凭证的概念

原始凭证又称单据,是在经济业务发生或完成时取得或填制的,用以记录或证明经济业务的发生或完成情况的文字凭据。它不仅能用来记录经济业务发生或完成情况,还可以明确经济责任,是进行会计核算工作的原始资料和重要依据,是会计资料中最具有法律效力的一种文件。工作令号、购销合同、购料申请单等不能证明经济业务发生或完成情况的各种单证不能作为原始凭证并据以记账。

二、原始凭证的种类

1.原始凭证按其来源不同,可以分为外来原始凭证和自制原始凭证

①外来原始凭证。外来原始凭证指在经济业务发生或完成时,从其他单位或个人直接取得的原始凭证。如购货时取得的发票、火车票、飞机票、收款单位或个人开具的收据等。

②自制原始凭证。自制原始凭证指由本单位内部经办业务的部门和人员(可以不是会计),在执行或完成某项经济业务时自行填制的、仅供本单位内部使用的原始凭证。如验收材料时填制的收料单、领用材料时填制的领料单、发放工资时填制的工资结算单、出差人员填制的差旅费报销单、出纳员开出的汇款单和支票等。

2.原始凭证按其格式不同,可以分为通用凭证和专用凭证

①通用凭证。通用凭证是指由有关部门统一印制、在一定范围内使用的具有统一格式和使用方法的原始凭证。如全国通用的火车票、专用发票等。

②专用凭证。专用凭证是指由本单位自行印制、仅在本单位内部使用的原始凭证。如某单位的收料单、单位报销单等。

3.原始凭证按其填制手续及内容不同,可以分为一次凭证、累计凭证和汇总凭证

①一次凭证。一次凭证是指一次填制完成、只记录一笔经济业务的原始凭证。领料单、收料单都是一次性凭证。

②累计凭证。累计凭证是指在一定时期内多次记录发生的同类型经济业务的原始凭证。在一张凭证内可以连续登记相同性质的业务,随时结出累计数及结余数,并按照费用限额进行费用控制,期末按实际发生额记账。

③汇总凭证。汇总凭证也称原始凭证汇总表,是指对一定时期内反映经济业务内容相同的若干张原始凭证,按照一定标准综合填制的原始凭证。如工资汇总表、耗用材料汇总表等就是汇总凭证。

三、原始凭证的基本内容

各种原始凭证都应该具有以下共同的基本内容,通称为凭证要素,主要包括:

①原始凭证的名称。
②填制凭证的日期。
③填制凭证的单位名称或者盖章。
④经办人员的签名或者盖章。
⑤接受凭证单位的名称。
⑥经济业务内容(含数量、单价和金额)。
⑦原始凭证的附件(如有关的经济合同、费用预算等)。

经典例题

(单选题)下列各项中,不属于原始凭证基本内容的是(　　)。
A.填制的日期
B.经济业务的内容
C.接受单位的名称
D.经济业务的记账方向

【答案】D。解析:原始凭证的基本内容主要有:原始凭证名称、填制凭证的日期、凭证的编号、接受凭证单位名称(抬头人)、经济业务内容(含数量、单价、金额等)、填制单位签章、有关人员(部门负责人、经办人员)签章、填制凭证单位名称或者填制人姓名、凭证附件。

四、原始凭证的填制要求

一个单位的会计工作是从取得或填制原始凭证开始的,原始凭证填制得正确与否影响会计核算的质量。因此,填制原始凭证必须符合规定的要求。

①记录要真实。

②内容要完整。

③手续要完备。单位自制原始凭证必须有经办单位领导人或者其他指定人员签名盖章;对外开出的原始凭证必须有本单位公章;从外部取得的原始凭证,除某些特殊的外来原始凭证如火车票、汽车票外,必须盖有填制单位的公章或财务专用章;从个人取得的原始凭证,必须有填制人员的签名盖章。

④书写要清楚、规范。原始凭证要按规定填写,文字要简要,字迹要清楚,易于辨认,不得使用未经国务院公布的简化汉字。大小写金额必须相符且填写规范,小写金额用阿拉伯数字逐个书写,不得写连笔字,在金额前要填写人民币符号"￥",人民币符号"￥"与阿拉伯数字之间不得留有空白,金额数字一律填写到角分,无角分的,写"00"或符号"－",有角无分的,分位写"0",不得用符号"－";大写金额用汉字壹、贰、叁、肆、伍、陆、柒、捌、玖、拾、佰、仟、万、亿、元、角、分、零、整等,一律用正楷或行书字书写,大写金额前未印有"人民币"字样的,应加写"人民币"三个字,"人民币"字样和大写金额之间不得留有空白,大写金额到元或角为止的,后面要写"整"或"正"字,有分的,不写"整"或"正"字。如小写金额为￥1 008.00,大写金额应写成"壹仟零捌元整"。

⑤编号要连续。如果原始凭证已预先印定编号,在写坏作废时,应加盖"作废"戳记,妥善保管,不得撕毁。

⑥不得涂改、刮擦、挖补。原始凭证有错误的,应当由出具单位重开或更正,更正处应当加盖出具单位印章。原始凭证金额有错误的,应当由出具单位重开,不得在原始凭证上更正。

⑦填制要及时。各种原始凭证一定要及时填写,并按规定的程序及时送交会计机构、会计人员进行审核。

经典例题

(单选题)1.关于原始凭证填制的基本要求,下列说法不正确的是(　　)。

A.从外单位取得的原始凭证,必须盖有填制单位的公章或财务专用章

B.自制的原始凭证,必须有经办单位领导人或者指定人员的签名或盖章

C.凡填有大写和小写金额的原始凭证,大写和小写金额必须相符

D.职工外出的借款凭据,在其报账时退还给其本人

【答案】D。解析:职工因公出差的借款凭据,必须附在记账凭证之后。收回借款时,应当另开收据或者退还借据副本,不得退还原借款收据。

(单选题)2.用大写表示人民币 30 010.56 元的正确写法是(　　)。

A.人民币三万零十元五角六分　　　　　　B.人民币三万零十元五角六分整

C.人民币叁万零壹拾元零伍角陆分　　　　D.人民币叁万零拾元零伍角陆分整

【答案】C。解析:人民币大写"分"位后面不加"整"。

五、原始凭证的审核

会计人员审核原始凭证应当按照国家统一会计制度的规定进行。审核的主要内容有以下几项:

①审核原始凭证的真实性。真实性对会计信息的质量有着至关重要的影响,其审核内容包括凭证的日期是否真实,业务内容是否真实和数据是否真实等。对于外来原始凭证,必须盖有填制单位的公章或财务专用章;自制的原始凭证,应有经办人员和经办单位负责人的签名或盖章。除此之外,对于通用原始凭证,还应审核本身的真实性,以防用假冒的原始凭证记账。

②审核原始凭证的合法性。审核原始凭证所反映的经济业务是否有违反国家法律法规的情况,是否符合规定的审核权限,是否履行了规定的凭证传递和审核的程序,是否有营私舞弊、仿造涂改等违法行为。

③审核原始凭证的合理性。审核原始凭证所记录的经济业务是否符合企业生产经营活动的需要,是否符合有关的计划和预算等。

④审核原始凭证的完整性。审核原始凭证所填写的项目是否齐全,是否有漏记项目的情况,日期是否完整,数字是否清晰,文字是否工整,有关人员签章是否齐全等。

⑤审核原始凭证的正确性。审核原始凭证各项金额的计算和填写是否正确,书写是否清楚。

⑥审核原始凭证的及时性。经济业务发生完成时,应及时填制相关原始凭证。

六、原始凭证舞弊

原始凭证舞弊是指篡改、伪造、窃取、不如实填写原始凭证,或利用旧、废原始凭证来将个人所花的费用伪装为单位的日常开支,借以达到损公肥私的目的。

第三节 记账凭证

一、记账凭证的概念

记账凭证是指由财会部门会计人员根据审核无误的原始凭证或原始凭证汇总表填制的,载明经济业务的简要内容,确定会计分录并直接据以登记会计账簿的会计凭证(是会计核算的第二手资料)。

有了原始凭证又编制记账凭证的原因是:

①便于记账、简化记账手续。

②便于会计监督和会计检查。

③便于将来进行账证核对。

二、记账凭证的种类

(1)记账凭证按内容不同,分为收款凭证、付款凭证和转账凭证。

收款凭证是指用于记录库存现金和银行存款收款业务的会计凭证。它是根据有关库存现金和银行存款收入业务的原始凭证编制的。

付款凭证是指用于记录库存现金和银行存款付款业务的会计凭证。它是根据有关库存现金和银行存款付出业务的原始凭证填制的。

转账凭证是指用于记录不涉及库存现金和银行存款业务的会计凭证。它是根据不涉及库存现金和银行存款收付的有关转账业务的原始凭证填制的。

(2)记账凭证按其运用的经济业务,分为专用记账凭证和通用记账凭证。

专用记账凭证。专用记账凭证是指专门用来记录某一类经济业务的记账凭证。

通用记账凭证。通用记账凭证是指适用于各类经济业务、具有统一格式的记账凭证,也称标准凭证。

(3)记账凭证按其包括的会计科目是否单一,分为复式记账凭证和单式记账凭证。

(4)记账凭证按其是否经过汇总,可以分为汇总记账凭证和非汇总记账凭证。

(5)记账凭证按其用途不同可分为分录记账凭证、汇总记账凭证和联合记账凭证。

经典例题

(单选题)编制转账凭证的业务是( )。

A.不需要会计反映的经济业务
B.不涉及货币资金增减变动的业务
C.直接引起现金或银行存款变动的业务
D.涉及转账支票的业务

【答案】B。

三、记账凭证的基本内容

①填制单位的名称。

②记账凭证的名称。

③填制凭证的日期。

④凭证的编号。

⑤经济业务内容的摘要。

⑥应借、应贷的会计科目(包括一级科目、二级科目或明细科目)和金额。

⑦所附原始凭证的张数。

⑧会计主管、制证、审核、记账等有关人员的签名或盖章。

经典例题

(单选题)记账凭证的内容之一是所附原始凭证的张数和其他附件资料,其"所附原始凭证的张数"必须使用( )。

A.阿拉伯数字小写
B.阿拉伯数字大写
C.中文汉字数字大写
D.压数机压上阿拉伯数字小写

【答案】A。解析:填制记账凭证时,应使用阿拉伯数字的小写填写所附附件的张数。

四、记账凭证的填制要求

记账凭证填制正确与否直接关系到记账的真实性和正确性。因此,填制记账凭证,除了要遵守填制原始凭证的要求外,还必须注意以下几点。

1.填制凭证必须有依据

记账凭证的填制必须以审核无误的原始凭证为依据。记账凭证可以根据每一张原始凭证单独填制,也可以根据若干张反映同类经济业务的原始凭证汇总填制。

2.摘要简练概括

记账凭证的摘要是对经济业务的简要说明,也是登记账簿的重要依据,必须针对不同的经济业务内容,正确地、简明地概括业务内容,不可错填或漏填。

3.科目运用准确、对应清晰,会计分录正确

会计科目的运用要以会计制度的规定为依据,不得任意变更会计科目的名称和其核算内容,同时要依据经济内容的性质,正确编制会计分录,以确保会计科目的正确运用。

4.金额必须按规范填写

记账凭证的金额、登记的方向必须正确,符合数字书写规定。

5.各种记账凭证必须连续编号

记账凭证在1个月内应当连续编号,以便查核。一笔经济业务需要编制多张记账凭证时,可采用

"分数编号法"。如一笔经济业务需要编制两张转账凭证时,若凭证的顺序号为30号时,可编制转字30(1/2)号、转字30(2/2)号两张凭证。

6.附件数量完整

除结账和更正错误的记账凭证可以不附原始凭证外,其他记账凭证必须附有原始凭证。记账凭证上应注明所附原始凭证的张数,以便查对。如果原始凭证需要另行保管的,则应在附件栏内加以注明。

7.所有项目应填写准确、完整

记账凭证填写完毕,应进行复核与检查各项目是否均已填写,填写是否正确,是否签名或盖章。填制记账凭证时若发生错误应当重新填制。已登记入账的记账凭证在当年内发现填写错误时,可以用红字填写一张与原内容相同的记账凭证,在摘要栏注明"注销某月某日某号凭证"字样,同时再用蓝字重新填制一张正确的记账凭证,注明"订正某月某日某号凭证"字样。如果会计科目没有错误,只是金额错误,也可将正确数字与错误数字之间的差额,另编一张调整的记账凭证,调增金额用蓝字、调减金额用红字。发现以前年度记账凭证有错误的,应当用蓝字填制一张更正的记账凭证。

五、记账凭证的审核

记账凭证的审核内容包括以下几个方面:

(1)审核原始凭证与记账凭证是否相符。记账凭证是根据审核无误的原始凭证填制的,那么记账凭证的经济业务内容、金额、所附原始凭证张数应与原始凭证相符。

(2)记账凭证的主要项目是否填写正确、无误。应做到摘要正确、简单明了,会计科目准确无误,金额填写的方向及数字正确、规范,合计正确无误。

(3)审核记账凭证的所有项目是否填写完整,如日期、编号等;手续是否齐全,如有关人员是否签章等,以明确责任。

六、记账凭证与原始凭证的区别与联系

原始凭证是在经济业务最初发生之时即填制的原始书面证明,如销货发票、款项收据等;记账凭证是以原始凭证为依据,作为计入账簿内各个分类账户的书面证明,如收款凭证、付款凭证、转账凭证等。记账凭证和原始凭证同属于会计凭证,但两者存在着以下差别:

①原始凭证是由经办人员填制的;记账凭证一律由会计人员填制。

②原始凭证是根据发生或完成的经济业务填制;记账凭证是根据审核后的原始凭证填制。

③原始凭证仅用以记录、证明经济业务已经发生或完成;记账凭证要依据会计科目对已经发生或完成的经济业务进行归类、整理。

④原始凭证是填制记账凭证的依据;记账凭证是登记账簿的依据。

第四节 会计凭证的传递与保管

一、会计凭证传递

会计凭证传递,是指会计凭证从编制时起到归档时止,在单位内部各有关部门及人员之间的传递程序和传递时间, 具体内容包括两部分:一是会计凭证在企业内部各部门及经办人员之间的传递程

序;二是会计凭证在各环节及其有关人员之间的停留及传送时间,即会计凭证的传递时间。制定会计凭证传递程序应当注意下列几个问题:

①确定传递的环节。

②明确每一环节的停留时间。

③制定会计凭证传递过程中的交接签收制度。

上一环节应随所传递凭证附送"凭证送达单",列明凭证名称、张数、起讫号数目,由下一环节接收人签收。

二、会计凭证的保管

会计凭证的保管是指会计凭证登账后的整理、装订和归档存查。会计凭证是重要的会计档案和历史资料。特别是发生贪污、盗窃等违法乱纪行为时,会计凭证还是依法处理的有效证据。因此,企业在记账后,必须按规定的立卷归档制度,将会计凭证妥善保管,不得丢失或任意销毁。

1.会计凭证的日常保管

①会计凭证应及时传递,不得积压。记账凭证在装订成册之前,原始凭证一般是用回形针或大头针固定在记账凭证后面,在这段时间内,凡使用记账凭证的财会人员都有责任保管好原始凭证和记账凭证。使用完后要及时传递,并且要严防在传递过程中散失。

②凭证在装订以后存档以前,要妥善保管,防止出现受损、弄脏、霉烂以及鼠咬虫蛀等情况。

③对于性质相同,数量过多或各种随时需要查阅的原始凭证,如收、发料单、工资卡等,可以单独装订保管,在封面上注明记账凭证种类、日期、编号,同时在记账凭证上注明"附件另订"和原始凭证的名称及编号。

④各种经济合同和涉外文件等凭证,应另编目录,单独装订保存,同时在记账凭证上注明"附件另订"。

⑤原始凭证不得外借,其他单位和个人经本单位领导批准调阅会计凭证,要填写"会计档案调阅表",详细填写借阅会计凭证的名称、调阅日期、调阅人姓名和工作单位、调阅理由、归还日期、调阅批准人等。调阅人员一般不准将会计凭证携带外出。需复制的,要说明所复制的会计凭证名称、张数,经本单位领导同意后在本单位财会人员监督下进行,并应登记与签字。

⑥会计凭证装订成册后,应由专人负责分类保管,年终应登记归档。

2.会计凭证归档

会计凭证存档后,保管责任随之转移到档案保管人员身上。保管人员应当按照会计档案管理的要求,对装订成册的会计凭证按年、分月顺序排列,以便查阅。作为会计档案,会计凭证不得外借,其他单位如因特殊原因需要使用原始凭证时,经本单位领导批准可以复制。

3.会计凭证的保管期限和销毁

会计凭证的保管期限和销毁手续,应严格遵守《会计档案管理办法》的有关规定。一般会计凭证保管期限为15年,未满保管期限的会计凭证不得任意销毁。会计凭证保管期限届满后,必须按照规定的审批手续,报经批准后才能销毁。但销毁前要填制"会计档案销毁目录",交档案部门编入会计档案销毁清册。批准销毁后要进行监销,并取得销毁过程中有关人员的签字盖章。

第四章 会计账簿

第一节 会计账簿概述

一、会计账簿的概念

会计账簿是指由具有一定格式的账页组成,以经过审核的会计凭证为依据,用以全面、系统、连续地记录各项经济业务的簿籍。由于每个单位的业务活动和经营特点不同,所设置的账簿的种类和结构也有很大不同。

设置和登记会计账簿是编制会计报表的基础,是连接会计凭证与会计报表的中间环节,在会计核算中具有重要的意义。此外,通过账簿的设置和登记,还能够检查、校正会计信息。

经典 例题

(单选题)(   )是会计工作得以开展的基础环节,是连接会计凭证与财务会计报告的中间环节,是编制财务会计报告的基础。

A.设置和登记账簿   B.复式记账

C.填制凭证   D.审核凭证

【答案】A。解析:设置和登记账簿是会计工作得以开展的基础环节,是连接会计凭证与财务会计报告的中间环节,是编制财务会计报告的基础。

二、会计账簿的分类

1.按用途分类

(1)序时账簿。序时账簿又称日记账,是按照经济业务发生或完成时间的先后顺序逐日逐笔进行登记的账簿。

特种日记账:现金日记账、银行存款日记账。

普通日记账:类似于记账凭证,也叫"分录账"或"原始分类簿"。

(2)分类账簿。分类账簿是对全部经济业务事项按照会计要素的具体类别而设置分类账户进行登记的账簿。

总分类账簿:分类登记全部经济业务。

明细分类账簿:分类登记某一类经济业务。

(3)备查账簿。简称备查簿,是对某些在序时账簿和分类账簿等主要账簿中都不予登记或登记不够详细的经济业务事项进行补充登记时使用的账簿。例如,租入固定资产登记簿。

备查账簿并非每个单位都应设置,只需根据各个单位的实际需要来设置和登记。

2.按外形特征分类

(1)订本账。启用之前就已将账页装订在一起,并对账页进行了连续编号的账簿。

优点：可以避免账页散失，防止账页被抽换，比较安全。

缺点：同一账簿在同一时间只能由一人登记，这样不便于记账人员分工记账。

适用：总分类账、现金日记账和银行存款日记账。

（2）活页账。在账簿登记完毕之前并不固定装订在一起，而是装在活页账夹中。特点是在平时使用过程中把账页存放在活页账夹内，随时可以取放，待年终才装订成册。

优点：可以根据实际需要增添账页，不会浪费账页，使用灵活，并且便于同时分工记账。

缺点：账页容易散失和被抽换。

适用：一般各种明细分类账可采用活页账形式。

（3）卡片账。卡片账也是一种活页账，在我国，一般只对固定资产明细账采用卡片账形式。

三、会计账簿与账户的关系

账簿与账户是形式和内容的关系。账户存在于账簿之中，账簿中的每一账页就是账户的存在形式和载体，没有账簿，账户就无法存在。账簿序时、分类地记载经济业务，是在个别账户中完成的。因此，账簿只是一个外在形式，账户才是它的真实内容。

第二节 会计账簿的设置与登记规则

一、登记账簿的依据

依据审核无误的会计凭证登记会计账簿，是基本的记账规则。记账人员在登记账簿之前，应当审核会计凭证的合法性、完整性和真实性，这是确保会计信息质量的重要措施。

二、登记账簿的间隔要求

各种账簿应当间隔多长时间登记一次，没有统一规定。但是，一般情况下，总分类账要按照单位所采用的会计核算形式及时登账；各种明细分类账的登记时间间隔要短于总账，可以每天进行登记，也可以定期（3天或5天）登记。现金日记账、银行存款日记账和债权债务明细账1天至少登记一次。

三、会计账簿的登记规则

会计人员应当根据审核无误的会计凭证登记会计账簿，会计账簿的登记规则如下：

①应当将会计凭证日期、编号、业务内容摘要、金额和其他有关资料逐项记入账内，做到数字准确、摘要清楚、登记及时、字迹工整。

②账簿登记完毕后，应在记账凭证上签名或盖章，并注明已经登账的符号表示已经记账。

③账簿中书写的文字和数字应紧靠底线，上面要留有适当空格，不要写满格，一般应占格距的1/2。

④登记账簿必须使用蓝黑墨水或碳素墨水书写，不得使用圆珠笔（银行的复写账簿除外）或者铅笔书写。

⑤下列情况，可以用红色墨水记账：①按照红字冲账的记账凭证，冲销错误记录；②在不设借贷等栏的多栏式账页中，登记减少数；③在三栏式账户的余额栏前，如未印明余额方向的，在余额栏内登记负数余额；④根据国家统一的会计制度的规定可以用红字登记的其他会计记录。

⑥各种账簿应按页次顺序连续登记，不得跳行、隔页。如果发生跳行、隔页，应当将空行、空页划线注销，或者注明"此行空白"、"此页空白"字样，并由记账人员签名或者盖章。

⑦凡需要结出余额的账户，结出余额后，应当在"借或贷"等栏内写明"借"或者"贷"等字样。没有余额的账户，应在"借或贷"栏内写"平"字，并在"余额"栏用"0"表示。

⑧每一账页登记完毕结转下页时，应当结出本页合计数及余额，写在本页最后一行和下页第一行有关栏内，并在摘要栏内注明"过次页"和"承前页"字样；也可以将本页合计数及金额只写在下页第一行有关栏内，并在摘要栏内注明"承前页"字样。

对需要结计本月发生额的账户，结计"过次页"的本页合计数应当为自本月初起至本页末止的发生额合计数；对需要结计本年累计发生额的账户，结计"过次页"的本页合计数应当为自年初起至本页末止的累计数；对既不需要结计本月发生额也不需要结计本年累计发生额的账户，可以只将每页末的余额结转次页。

⑨实行会计电算化的单位，总账和明细账应当定期打印。发生收款和付款业务的，在输入收款凭证和付款凭证的当天必须打印出现金日记账和银行存款日记账，并与库存现金核对无误。

第三节 对账

在结账之前要做好对账的工作，所谓对账，就是核对账目，定期对账簿、账户记录进行核对工作。对账的内容一般包括账证核对、账账核对和账实核对。通过对账，应当做到账证相符、账账相符和账实相符，从而为编制会计报表提供真实可靠的数据。

一、账证核对

账证核对是指核对会计账簿记录与原始凭证、记账凭证的时间、凭证字号、内容、金额是否一致，记账方向是否相符。

一般来说，日记账应与收款、付款凭证相核对，总账应与记账凭证相核对，明细账应与记账凭证和原始凭证相核对。

二、账账核对

账账核对是指核对不同会计账簿之间的账簿记录是否相符。

1.总分类账簿有关账户的余额核对

通过"资产=负债+所有者权益"这一会计等式和"有借必有贷、借贷必相等"的记账规则，总分类账户的期初余额、本期发生额和期末余额之间存在对应的平衡关系，各账户的期末借方余额合计数和贷方余额合计数也存在平衡关系。

总分类账有关账户的平衡关系：
①总分类账户所有借方期初余额合计数=总分类账户所有贷方期初余额合计数。
②总分类账户所有借方本期发生额合计数=总分类账户所有贷方本期发生额合计数。
③总分类账户所有借方期末余额合计数=总分类账户所有贷方期末余额合计数。

2.总分类账簿与所属明细分类账簿核对

总分类账的借方、贷方本期发生额和期末余额与所属明细分类账的借方、贷方本期发生额和期末余额之和应核对相等。

3.总分类账簿与序时账簿核对

现金日记账和银行存款日记账期末余额应与总分类账的库存现金、银行存款期末余额核对相符。

4.明细分类账簿之间的核对

会计部门财产物资明细分类账期末余额与财产物资保管和使用部门的有关财产物资明细分类账期末余额应核对相符。

经典例题

(单选题)在下列有关账项核对中,不属于账账核对的内容是(   )。

A.日记账余额与其总账余额的核对

B.银行存款日记账余额与银行对账单余额的核对

C.总账账户余额与有关的明细账账户的余额合计的核对

D.各总账账户贷方余额合计与借方余额合计的核对

【答案】B。解析:B选项属于账实核对。

三、账实核对

账实核对是指各项财产物资、债权债务等账面余额与实有数额之间的核对。

①库存现金日记账账面余额与库存现金数额是否相符。库存现金日记账账面余额应每天同库存现金实际实有数相核对。

②银行存款日记账账面余额与银行对账单的余额是否相符。银行存款日记账的账面余额,应同开户银行寄送企业的银行对账单相核对,一般至少每月核对一次。

③各项财产物资明细账账面余额与财产物资的实有数额是否相符。各项财产物资(包括原材料、库存商品和固定资产等)明细账账面余额与财产物资的实有数额定期核对相符。

④有关债权债务明细账账面余额与对方单位的账面记录是否相符。即各项应收、应付、应交款明细账的期末余额应与债务、债权单位的账目核对相符,与上下级单位、财政和税务部门的拨缴款项也应定期核对无误。

第四节 错账的查找与更正

一、查找错账

查找错账的四种方法,具体包括差数法、尾数法、除2法和除9法。各种方法适用于不同的记账错误。

1.差数法

差数法适用于漏记、重记、错记等原因造成的差错。当账簿记录出现差数时,一般要先确定差数的范围,再直接从账账之间的差额数字来查找错误。

2.尾数法

尾数法适用于账簿记录的错误仅是角位、分位。只检查元以下的位数即可。

3.除2法

除2法适用于记账过程中出现将记账方向记反了的情况,即借方记入贷方、贷方记入借方。则用差数除以2;商值就是记错的数字。

4.除9法

除9法适用于查找数字错位和相邻数字颠倒所引起的差错。除9法是用差数除以9来查找错账的方法。具体分为以下三种情况:

①因笔误将数字少写位数而写小。

②因笔误将数字多写位数而写大。

③相邻两数写颠倒。

二、错账的更正方法

错账的更正方法一般包括三种:划线更正法、红字更正法和补充登记法。这三种方法是日常实务工作中经常运用的方法,适用于不同的错账更正。如果账簿记录发生错误,必须按照规定的方法予以更正,不准涂改、挖补、刮擦或用药水消除痕迹,不准重新抄写。

1.划线更正法

在结账前,如果发现账簿记录有错误,而记账凭证并无错误,只是过账时不慎,纯属账簿记录中的文字或数字的笔误,应采用划线更正法予以更正。

更正的时候,先在错误的文字或数字上划一条红色横线,表示注销;然后将正确的文字或数字用蓝字或黑字写在被注销的文字或数字的上方,并由记账人员在更正处盖章,以明确责任。

对于错误数字应当全部划销,而不是只划销写错的个别数字;对划销的数字,不许全部涂抹,应当使原有字迹仍能辨认,以备日后查考。对于文字错误,可只划去错误的部分。

例如:

某账簿记录中,将512.68元误记为512.69元。

正确的更正方法:应当把"512.69"全部用红线划去,并在其上方写上"512.68"。

2.红字更正法

红字更正法又称红字冲销法,在会计上,以红字记录表明对记录的冲减。红字更正法适用于两种情况:

①记账后,在当年内发现记账凭证所记的会计科目错误,从而引起记账错误,可以采用红字更正法。

记账凭证所记会计科目错误时,用红字填写一张与原记账凭证完全相同的记账凭证,以示注销原记账凭证,然后用蓝字填写一张正确的记账凭证,并据以记账。记账凭证的摘要分别为"冲销某月某日第×号记账凭证的错账"与"补记某月某日账"。

例如:

A公司购入行政管理部门用办公用品10 000元,货款尚未支付。在填制记账凭证时,误记入"财务费用"科目,并据以登记入账,其错误记账凭证反映的会计分录如下:

借:财务费用   10 000

  贷:应付账款   10 000

该项业务的会计分录应借记"管理费用"科目。在更正时,应用红字金额填制一张记账凭证冲销原会计分录,并据以登记入账,冲销原错误的账簿记录。

借:财务费用	10 000
贷:应付账款	10 000

然后再用蓝字填写一张正确的记账凭证,并据以登记入账。

借:管理费用	10 000
贷:应付账款	10 000

②记账后,发现记账凭证和账簿中所记金额大于应记金额,而应借、应贷的会计科目并无错误。

更正时,用红字填制一张与原记账凭证应借、应贷科目完全相同的记账凭证,以冲销多记的金额。记账凭证的摘要为"冲销某月某日第×号记账凭证多记金额"。

例如:

某企业支付员工工资3 000元。

在填制记账凭证时,误记金额为30 000元,但会计科目、借贷方向均没有错误,并已据以登记入账。其错误记账凭证所反映的会计分录如下:

借:应付职工薪酬——工资	30 000
贷:银行存款	30 000

更正时,应将多记的金额27 000元用红字编制如下的记账凭证,并登记入账。

借:应付职工薪酬——工资	27 000
贷:银行存款	27 000

3.补充登记法

记账后,如果发现记账凭证和账簿中所记金额小于应记金额,而应借、应贷的会计科目并无错误。

更正时,补记少记的金额,按少记的金额(即差额)用蓝字编制一张与记账凭证应借、应贷科目完全相同的记账凭证,以补充少记的金额,并据以记账。记账凭证的摘要为"补记某月某日第×号记账凭证少记金额"。

例如:

A公司收到外单位偿还的货款5 000元,存入银行。

在填制记账凭证时,误记金额为500元,但会计科目、借贷方向均没有错误,并已据以登记入账。其错误凭证所反映的会计分录是:

借:银行存款	500
贷:应收账款	500

更正时,应将少记的金额4 500元用蓝字编制如下的记账凭证。

借:银行存款	4 500
贷:应收账款	4 500

第五节 结账

结账就是在会计期末(月末、季末、年末)将本期内所有发生的经济业务全部登记入账以后,计算出本期发生额和期末余额。根据结账时期的不同,可分为月结、季结和年结三种。

一、结账的程序

①将本期发生的经济业务事项全部登记入账,并保证其正确性。

②根据权责发生制的要求,调整有关账项,合理确定本期应计的收入和应计的费用。

③将损益类科目转入"本年利润"科目,结平所有损益类科目。

④结算出资产、负债和所有者权益科目的本期发生额和余额,并结转下期,作为下期的期初余额。

二、结账的方法

结账的方法如表4-4-1所示。

表4-4-1 结账的方法

账簿	结账方法	划线方式
①不需按月结计本期发生额的账户,如债权、债务明细账等。	每次记账以后,都要随时结出余额,每月最后一笔余额即为月末余额。	月末结账时,只需要在最后一笔经济业务事项记录之下通栏划单红线,不需要再结计一次余额。
②库存现金、银行存款日记账和需要按月结计发生额的收入、费用等明细账。	每月结账时,要在最后一笔经济业务记录下面通栏划单红线,结出本月发生额和余额,在摘要栏内注明"本月合计"字样。	需要在"本月合计"下面通栏划单红线。
③需要结计本年累计发生额的某些明细账户,如主营业务收入明细账等。	应当在"本月合计"行下结出自本年年初至本月末止的累计发生额,登记在月份发生额下面,在摘要栏内注明"本年累计"字样,并在下面通栏划单红线。	12月月末的"本年累计"是全年累计发生额,全年累计发生额下通栏要划双红线。
④总账账户平时只需结出月末余额。	年终结账时,将所有总账账户结出全年发生额和年末余额,在摘要栏内注明"本年合计"字样。	需要在合计数下通栏划双红线。

第六节 会计账簿的更换与保管

一、会计账簿的更换

会计账簿的更换通常在新会计年度建账时进行。一般来说,总账、日记账和多数明细账应每年更换一次。部分明细账,如固定资产明细账等,因年度内变动不多,新年度可不必更换账簿。但"摘要"栏内,要加盖"结转下年"戳记,以划分新旧年度之间的金额。各种备查账簿可以连续使用。

二、会计账簿的保管

年度终了,各种账户在结转下年、建立新账后,一般都要把旧账送交总账会计集中统一管理。会计账簿暂由本单位财务会计部门保管1年,期满之后,由财务会计部门编造清册移交本单位的档案部门保管。

第五章　财务管理

第一节　财务管理目标

一、财务管理的概念

财务管理是企业管理的重要组成部分,是基于企业再生产中客观存在的财务活动和财务关系而产生的,是组织企业各种财务活动、处理企业各方面财务关系的一种管理工作。因此,必须熟悉企业资金运动中产生的财务活动和财务关系,才能准确掌握企业财务管理的含义和内容。

二、财务活动

企业的财务活动是指资金的筹集、投放与回收及收益分配等一系列财务行为。企业的财务活动包括筹资活动、投资活动、资金营运活动、收益分配活动四个方面的内容。

1.筹资活动

企业进行生产经营离不开资金,因此,筹资就成了财务活动的第一阶段。筹资活动正是为了满足企业生产经营和投资的需要,是筹集所需资金的过程。筹资是企业资金活动的起点,是具体财务活动的初始环节。

2.投资活动

投资是企业财务活动的第二阶段,企业筹集到所需要的资金后,紧接着就必须将其投放出去。企业筹集资金的目的是投入生产经营过程以获取投资收益,就是利用资金在生产经营中增值,否则就失去了筹资的意义。

投资活动就是企业将筹资活动取得的资金投放于生产经营活动以获取投资收益的过程。投资按其领域有对内投资和对外投资两种。对内投资是企业将资金投放在企业内部,如扩建厂房、安装新的机器设备或引进新的技术。对内投资的目的是扩大企业规模,增强市场竞争能力,最终增加企业的利润。对外投资是企业将资金投放在企业外部,如购买其他公司的股票、债券或与其他投资方合资、合作、联合经营,目的是获得投资收益或达到其他财务目的。广义的投资包括企业内部使用资金过程(如购置流动资产、固定资产、无形资产等)和对外投放资金的过程(如购买股票、债券、基金等)。狭义的投资仅指对外投资。

投资阶段的财务目标是决策最优投资方案,以较低的投资风险和较小的投资额获取较大的投资收益。

3.资金营运活动

企业在日常生产经营活动中,会发生一系列的资金收付行为。为满足企业日常营业活动的需要而垫支的资金,称为营运资金。因企业日常经营而引起的财务活动,也成为资金营运活动。

4.收益分配活动

收益分配活动是企业将取得的利润和收益在各相关利益者之间分配的过程。企业经过投资活动取得的收入,首先应交纳企业所得税,将剩余利润作为税后利润,其次是提取法定盈余公积金,最后才能给投资者分配利润。收益分配阶段的财务目标是在法律法规允许的范围内,制定最优的利润分配政策以利于公司长远发展。

企业完成利润分配后,又进入新一轮的筹资、投资、运营和分配阶段,这样由四个阶段的不断重复形成的财务活动的循环和周转,也称作资金的循环和周转。这几个方面的财务管理活动是相互联系、相互制约、相互依存的,构成了企业财务管理最基本的内容。

三、财务管理的目标

财务管理目标又称理财目标,是在特定的理财环境中,通过组织财务活动、处理财务关系所要达到的根本目的,它决定着企业财务管理的基本方向,是企业总目标在财务上的体现。财务管理的总体目标是企业全部财务活动需要实现的最终目标,它是企业开展一切财务活动的基础和归宿。

根据现代企业财务管理理论和实践,最具有代表性的财务管理目标主要有以下四个不同解释。

1.利润最大化目标

利润最大化是古典微观经济学的理论基础。西方经济学家以往都是以利润最大化这一概念来分析和评价企业行为和业绩的。经济学家们对利润的概念有多层含义的理解。但是会计学家则不同,他们对利润有着严格的定义,即利润是企业一定时期的全部收入减去全部费用后的盈余,直接体现了投资者的投资目的和企业的目标,有其现实的意义。在财务上,用其来定位企业理财目标,简明实用,便于理解。但是,这里的"利润"如果被定义为会计上的利润,则存在四个方面的缺陷:

(1)没有考虑利润发生的时间,即没有考虑资金的时间价值因素。例如,今年盈利100万元和明年获利100万元,哪一个更符合企业的目标?可明显看出是不一样的,如果将今年的盈利100万元存入银行,1年后收到的本利和肯定要大于100万元。

(2)利润最大化是一个绝对指标,没有考虑为取得利润所需投入的资本额,即没有考虑投入和产出的比例关系。例如,同样获得100万元的利润,一个企业投入了50万元,另一个企业投入了80万元,哪一个更符合企业财务管理的目标?若不与投入的资本额联系起来,就难以作出正确判断。

(3)利润最大化没有考虑为取得利润所承担的风险的程度,即没有考虑获取利润风险的大小。例如,两个企业同样获得利润100万元,一个企业的利润全部实现为现金收入,另一个企业的利润全部为应收账款,有可能发生坏账损失,两者的风险显然不一样。若不考虑风险的大小,就会使企业的财务管理人员进行财务决策时,不顾风险的大小盲目追求利润最大化,有可能导致企业破产。

(4)利润最大化往往会使企业财务决策行为具有短期行为的倾向增加,而不考虑企业长远的发展。

2.每股收益最大化

每股收益也称每股盈余,是企业税后利润与发行在外流通股总数的对比率,这里的利润额是税后净利润。将每股收益最大化作为企业财务目标同把利润最大化作为企业财务目标有许多相似之处,其优点是克服了后者没有考虑投入产出比例的缺陷。但由于该项指标是根据企业的利润额计算出来的,所以,该项指标仍然不能避免与利润最大化目标共性的缺陷,具体如下:

(1)每股利润的横向不可比性。发行在外的每股普通股,其面值和市价不一样,每股的市价可能是100元,也可能是1元,故每股收益指标的分母在不同企业间是横向不可比的,由此导致了该指标本身的横向不可比。将不可比的指标当作企业财务管理的目标显然是不合理的。

（2）仍然没有考虑每股收益发生的时间。该指标没有明确是现在每股收益最大化,还是将来每股收益最大化。而不同时点上金额相等的每股收益其效用是不同的。

（3）仍然没有考虑每股收益取得的风险。

（4）在一定条件下,如果扩大负债的规模,减少发行在外的普通股股数,则在其他条件不变的情况下,公司的每股收益会提高。但由于负债经营的风险要大于发行普通股筹资的风险,故每股收益提高的同时,公司的风险也加大了。如果公司不能按期偿还债务,则会面临破产的结局。故每股收益最大化也不是最佳财务管理目标。

3.股东财富最大化

这种观点认为:增加股东财富是财务管理的目标,股东创办企业的目的是增加财富。如果企业不能为股东创造价值,他们就不会为企业提供资金。没有了权益资金,企业也就不存在了。因此,企业要为股东创造价值。

股东财富可以用股东权益的市场价值来衡量。股东财富的增加可以用股东权益的市场价值与股东投资资本的差额来衡量,它被称为"权益的市场增加值"。权益的市场增加值是企业为股东创造的价值。

4.企业价值最大化

企业价值最大化是指通过企业财务上的合理经营,采用最优的财务政策,充分考虑资金的时间价值和风险与报酬的关系,在保证企业长期稳定发展的基础上,使企业总价值达到最大。其基本思想是将企业长期稳定发展摆在首位,强调在企业价值增长中满足各方利益关系。

其优点有:

（1）考虑了资金的时间价值和风险价值,有利于统筹安排长短期计划、合理选择投资方案、有效筹措资金等。

（2）反映了对企业资产保值增值的要求,从某种意义上说,股东财富越多,企业价值就越大,追求股东财富最大化的结果,可以促使企业资产保值或增值。

（3）企业价值,是指企业的市场价值,有利于克服管理上的片面性和短期行为。

（4）有利于社会资源合理配置。社会资金通常流向企业价值最大化或股东财富最大化的企业或者行业,有利于实现社会效益最大化。

经典例题

（单选题）1.每股收益最大化目标与利润最大化目标相比具有的优点是（ ）。

A.考虑了资金的时间价值

B.考虑了风险因素

C.考虑了投入资本与收益的对比关系

D.不会导致企业的短期行为

【答案】C。

（多选题）2.下列各项中属于狭义投资的有（ ）。

A.与其他企业联营　　　　　　　　　　B.购买无形资产

C.购买国库券　　　　　　　　　　　　D.购买零件

【答案】AC。

第二节 财务管理环境

财务管理环境,或称理财环境,是指对企业财务活动和财务管理产生影响作用的企业内外各种条件的统称。环境构成了企业财务活动的客观条件。企业财务活动是在一定的环境下进行的,必然受到环境的影响。企业的资金的取得、运用和收益的分配会受到环境的影响,资金的配置和利用效率会受到环境的影响,企业成本的高低、利润的多少、资本需求量的大小也会受到环境的影响,企业的兼并、破产和重整与环境的变化仍然有着千丝万缕的联系。所以,财务管理要获得成功,企业必须深刻认识和认真研究自己所面临的各种环境。

影响企业财务管理环境的因素很多,但其中对财务活动产生重要影响的主要是经济环境、法律环境和金融环境。

一、经济环境

1.经济运行周期

在市场经济条件下,经济的发展呈现出周期性的变化,这是市场经济的规律,并呈现出由繁荣、衰退、萧条、复苏再到繁荣的经济周期性特征。经济运行周期性在不同的发展阶段对企业经营和管理策略的影响有很大的不同。为应对经济周期的变化,企业的资本结构和资产结构也必须随之进行相应的变化,企业的财务活动要进行适时的调整。

在经济萧条时期,企业对债务的承受能力相对较差,这时企业采取的财务策略就应该是削减债务规模,防止企业因现金流量减小,资产的流动性降低而导致财务危机。同时,也要求企业适当减少流动负债,相应增加长期债务,以减少企业的负债风险。而在经济复苏阶段,市场借贷的利率较低,为有效发挥负债的财务杠杆作用,此时应该不失时机地提高负债比率,扩大企业规模。在经济繁荣时期,企业积极扩张,资产投资规模急速加剧,这就要求企业采取不同的筹资方式,通过负债和权益大量增加企业资金规模,以满足企业生产经营发展的需要。

2.经济发展水平

经济发展水平则是指不同国家处于不同的经济发展阶段,其市场的成熟度也存在着差距。这对企业的财务管理活动有着重要影响。

3.经济政策

经济政策是国家进行宏观调控的重要手段。国家的产业政策、金融政策、财税政策对企业的融资、投资和收益分配活动有着重要的影响。如金融政策中的货币发行量、信贷规模会影响企业的投资规模和资本结构的选择;产业政策、价格政策会影响资本的投向、投资回收期及预期收益等。财务管理人员应当对经济政策的调整及其影响进行准确的分析和判断,以应对国家经济政策的变化。

二、法律环境

财务管理的法律环境是指企业和外部发生经济关系时应遵守的各种法律、法规和规章。企业在其经营管理过程中,要和国家、其他企业和组织、企业职工或其他公民以及国外的经济组织或个人发生经济关系,需要更多地运用经济手段和法律手段来处理这些关系。法律一方面给企业的经营提供了保护,另一方面也对企业的经营作出了限制。影响财务管理的主要法律环境因素包括企业的组织形式法律规定、税法法律规定、证券法律规定及财务法规等。

1.企业组织形式

企业是市场的主体,不同类型的企业其财务组织和财务管理方式也不相同。组织及其职责取决于企业的组织形式。按企业资本金的构成,企业组织有个人独资企业、合伙企业和公司制企业。

2.税法

税务法规是规定国家税收征缴关系的法律规范。税收具有保护企业经济实体地位、促进公平竞争、改善企业经营管理和提高经济效益的作用。国家税种的设置、税率的高低、征收范围、减免规定、优惠政策等都会影响企业的财务活动。企业的财务决策应当适应税收政策的导向,合理安排资金投资,以追求最佳的经济效益。

与企业经济活动相联系的税收种类主要有:(1)所得税类,包括企业所得税、个人所得税等。(2)流转税类,包括增值税、消费税、营业税、关税等。(3)资源税类,包括资源税、城镇土地使用税、土地增值税等。(4)财产行为税类,包括印花税、房产税、契税等。(5)特定目的税类,包括城市维护建设税、耕地占用税、烟叶税等。

3.证券法律制度

证券法律制度是确认和调整在证券管理、发行与交易过程中各主体的地位与权利、义务关系的法律规范。上市公司通过发行股票、债券等筹集资金,通过证券把企业与社会资本供给者紧密联系在一起。为了保护广大投资者的利益,国家特别以证券法规的形式规范了上市公司的经济行为和财务行为,以维护证券市场的交易秩序,防止内幕交易、操纵市场、欺诈客户、虚假陈述等证券欺诈行为的发生。证券法律政策对企业以证券形式进行的筹资与投资、上市公司信息的披露具有重要的影响,主要表现在企业内部财务制度如何根据证券法的规定体现这些具体要求。

4.财务法规

财务法规是对财务法律的补充,主要是由国务院制定发布的涉及公司财务方面的条例和办法,例如《股票发行与交易管理暂行条例》《国有资产评估管理办法》《总会计师条例》《中华人民共和国企业所得税暂行条例》《中华人民共和国营业税暂行条例》《中华人民共和国消费税暂行条例》等。

三、金融环境

企业总是需要资金从事投资和经营活动的。金融政策的变化必然影响企业的筹资、投资和资产运营活动。所以金融环境是企业财务管理最为重要的环境因素。金融环境由金融市场、金融机构、金融工具以及利息率等要素组成。

经典例题

(多选题)影响企业财务管理决策的经济环境因素主要包括(　　)。

A.企业组织形式   B.经济周期

C.经济发展水平   D.经济政策

【答案】BCD。

第三节 货币时间价值

一、货币时间价值的概念

货币时间价值是指货币经历一定时间的投资和再投资所增加的价值,也称为资金时间价值。

二、利息的计算

1.复利终值

复利终值,是指现在特定资金按复利计算的将来一定时间的价值,或者说是现在的一定本金在将来一段时间按复利计算的本金和利息之和。

$$F=P\times(1+i)^n$$

其中,$(1+i)^n$称为复利终值系数,用符号$(F/P,i,n)$表示。

P——现值或初始值;i——报酬率或利率;F——终值或本利和。

2.复利现值

复利现值是复利终值的对称概念,是指未来一段时间的特定资金按复利计算的现在价值,或者说是为取得将来一定本利和现在所需要的资金。

$$P=F\times(1+i)^{-n}$$

其中$(1+i)^{-n}$称为复利现值系数,用符号$(P/F,i,n)$表示。

3.系数间的关系

复利现值系数$(P/F,i,n)$与复利终值系数$(F/P,i,n)$互为倒数。

> **经典例题**

(判断题)现有 10 000 元,年利率为 10%。按复利计算,2 年后终值为 12 000 元。(　　)

【答案】×。解析:复利计算公式为:$10\,000\times(1+10\%)^2=12\,100$。故本题判断错误。

三、年金

1.年金的概念

年金,是指一定时期内等额、定期的系列收支。具有两个特点:一是金额相等;二是时间间隔相等。按照收付时点和方式的不同可以将年金分为普通年金、预付年金、递延年金和永续年金。

2.普通年金

普通年金又称后付年金,是指各期期末收付的年金。

(1)普通年金终值。普通年金终值是指最后一次支付时的本利和,它是每次支付的复利终值之和。

(2)偿债基金。偿债基金是指为了使年金终值达到既定金额每年末应支付的年金数额。

(3)普通年金现值。普通年金现值是指为了在每期期末取得相等金额的款项,现在需要投入的金额。

河南省农村信用社招聘考试专用教材

3.预付年金

预付年金是指每期期初支付的年金,又称为即付年金或期初年金。

4.递延年金

递延年金,是指第一次发生在第二期或第二期以后的年金。

5.永续年金

永续年金是指无期限定额支付的年金。永续年金没有终止的时间,没有终值。

6.各种年金的计算

表 4-5-1 年金的计算公式

项目	计算公式	系数
普通年金终值	终值=年金额×普通年金终值系数 $F=A\times(F/A,i,n)$ $F=A\times\dfrac{(1+i)^{n}-1}{i}$	$(F/A,i,n)=\dfrac{(1+i)^{n}-1}{i}$
偿债基金	$A=F\times\dfrac{i}{(1+i)^{n}-1}$	$(A/F,i,n)=\dfrac{i}{(1+i)^{n}-1}$
普通年金现值	现值=年金额×普通年金现值系数 $P=A\times(P/A,i,n)$ $P=A\times\dfrac{1-(1+i)^{-n}}{i}$	$(P/A,i,n)=\dfrac{1-(1+i)^{-n}}{i}$
预付年金终值	终值=年金额×预付年金终值系数 $F=A[(F/A,i,n+1)-1]$ 或 终值=普通年金终值×(1+i) $F=A\times(F/A,i,n)\times(1+i)$	(1)预付年金终值系数,等于普通年金终值系数期数加1,系数减1。 (2)预付年金终值系数=普通年金终值系数×$(1+i)=(F/A,i,n)\times(1+i)$
预付年金现值	现值=年金额×预付年金现值系数 $P=A[(P/A,i,n-1)+1]$ 或 现值=普通年金现值×(1+i) $P=A\times(P/A,i,n)\times(1+i)$	(1)预付年金现值系数,等于普通年金现值系数加1,期数减1。 (2)预付年金现值系数=普通年金现值系数×$(1+i)=(P/A,i,n)\times(1+i)$
递延年金终值	$F=A\times(F/A,i,n)$	
递延年金现值	(1)$P=A(P/A,i,n)\times(P/F,i,m)$ (2)$P=A(P/A,i,m+n)-A(P/A,i,m)$	(1)$(P/A,i,n)\times(P/F,i,m)$ (2)$(P/A,i,m+n)-(P/A,i,m)$
永续年金现值	现值=年金额/折现率 $P=A/i$	

注:P——现值或初始值,i——报酬率或利率,F——终值或本利和,A——年金,m——递延期数

第四节　风险与收益

一、资产的收益与收益率

资产的收益是资产的价值在一定时期的增值。一般情况下,有两种表述资产收益的方式:一是以绝对数表示的资产价值的增值量,称为资产的收益额;二是以相对数表示的资产价值的增值率,称为资产的收益率或报酬率。

资产的收益额通常来源于两个部分:一是一定期限内资产的现金净收入;二是期末资产的价值(或市场价格)相对于期初价值(价格)的升值。前者多为利息、红利或股息收益,后者称为资本利得。

资产的收益率通常是以百分比表示的,是资产增值量与期初资产价值(或价格)的比值,该收益率也包括两部分:一是利息(股息)的收益率;二是资本利得的收益率。

二、资产的风险

1.风险的概念

从财务管理的角度看,风险就是企业在各项财务活动过程中,由于各种难以预料或无法控制的因素作用,使企业的实际收益与预计收益发生背离,从而蒙受经济损失的可能性。

资产的风险是资产收益率的不确定性,其大小可用资产收益率的离散程度来衡量。

资产收益率的离散程度是资产收益率的各种可能结果与预期收益率的偏差。

2.资产的风险及其衡量

衡量风险的指标主要有收益率的方差、标准差和标准离差率等。

(1)收益率的方差(σ^2)。收益率方差是用来表示某资产收益率的各种可能结果与其期望值之间的离散程度的一个指标。

(2)收益率的标准差(σ)。收益率标准差是反映了某资产收益率的各种可能结果与其期望值的偏离程度的一个指标。

标准差和方差都是以绝对数衡量某资产的全部风险,在预期收益率(即收益率的期望值)相同的情况下,标准差或方差越大,风险越大;相反,在预期收益率相同的情况下,标准差或方差越小,风险也越小。由于标准差或方差指标衡量的是风险的绝对大小,因而不适用于比较具有不同的预期收益率的资产的风险。

(3)收益率的标准离差率(V)。标准离差率是收益率的标准差与期望值之比,也可称为变异系数。其计算公式为:

$$V=\sigma/E(R)$$

标准离差率以相对数衡量资产的全部风险的大小,它表示每单位预期收益所包含的风险,即每一元预期收益所承担的风险的大小。一般情况下,标准离差率越大,资产的相对风险越大;相反,标准离差率越小,相对风险越小。标准离差率可以用来比较具有不同预期收益率的资产的风险。

3.系统风险和非系统风险

系统风险是指那些影响所有公司的因素引起的风险。例如,战争、经济衰退等。所以,不管投资多样化有多充分,也不可能消除系统风险,即使购买的是全部股票的市场组合。由于系统风险是影响整个资本市场的风险,所以也称"市场风险"。由于系统风险没有有效的方法消除,所以也称"不可分散风险"。

非系统风险,是指发生于个别公司的特有事件造成的风险。由于非系统风险是个别公司或个别资产所特有的,因此也称"特殊风险"或"特有风险"。由于非系统风险可以通过投资多样化分散掉,因此也称"可分散风险"。

非系统风险可以通过分散化消除,因此一个充分的投资组合几乎没有非系统风险。

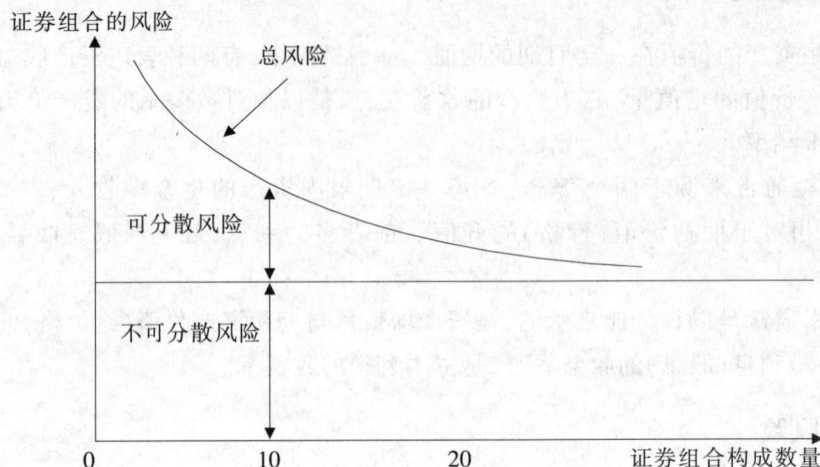

图 4-5-1 投资组合风险

4.资本资产定价模型

(1)贝塔系数(β)。度量一项资产系统风险的指标是贝塔系数,用希腊字母 β 表示。贝塔系数被定义为某个资产的收益率与市场组合之间的相关性。

对于投资组合来说,其系统风险程度也可以用 β 系数来衡量。投资组合的 β 系数是所有单项资产 β 系数的加权平均数,权数为各种资产在投资组合中所占的比重。计算公式为:

$$\beta = \sum_{i=1}^{n} X_i \beta_i$$

投资组合的贝塔系数大于组合中单项资产最小的贝塔系数,小于组合中单项资产最大的贝塔系数。

(2)资本资产定价模型如下:

$$R_i = R_f + \beta(K_m - R_f)$$

式中:R_i——必要报酬率,R_f——无风险报酬率,K_m——平均收益率。

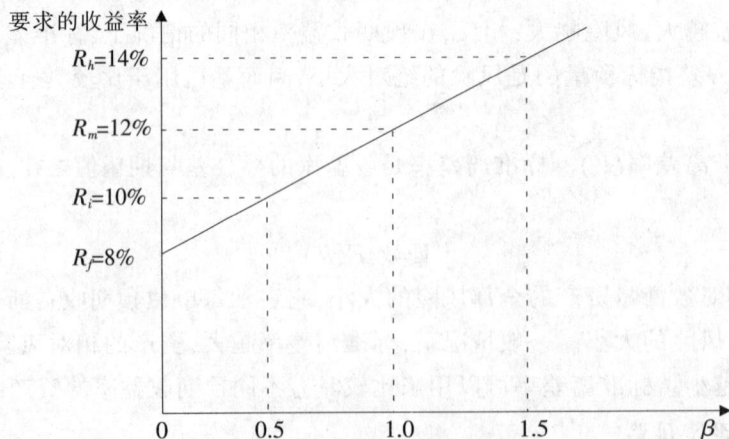

图 4-5-2 β值与要求的收益率

三、风险控制对策

1.规避风险

当资产风险所造成的损失不能由该资产可能获得的收益予以抵销时,应当放弃该资产,以规避风险。

2.减少风险

减少风险主要有两方面的意思:一是控制风险因素,减少风险的发生;二是控制风险发生的频率和降低风险损害程度。

3.转移风险

对可能给企业带来灾难性损失的资产,企业应以一定的代价,采取某种方式转移风险。

4.接受风险

接受风险包括风险自担和风险自保两种。风险自担是风险损失发生时,直接将损失摊入成本或费用,或冲减利润;风险自保是企业预留一笔风险金或随着生产经营的进行,有计划地计提资产减值准备等。

四、风险偏好

根据人们的效用函数的不同,可以按照其对风险的偏好分为风险回避者、风险追求者和风险中立者。

1.风险回避者

风险回避者选择资产的态度是:当预期收益率相同时,偏好于具有低风险的资产;而对于具有同样风险的资产,则偏好于具有高预期收益的资产。

2.风险追求者

与风险回避者恰恰相反,风险追求者主动追求风险,喜欢收益的动荡胜于喜欢收益的稳定。他们选择资产的原则是:当预期收益相同时,选择风险大的,因为这会给他们带来更大的效用。

3.风险中立者

风险中立者既不回避风险,也不主动追求风险。他们选择资产的唯一标准是预期收益的大小,而不管风险状况如何。

第五节 金融企业承担风险能力的要求

一、金融企业承担风险能力的要求

衡量一个金融企业承担风险能力的综合指标主要有:资本充足率、偿付能力充足率、净资本负债率等。我国有关法律法规对金融企业承担风险能力的指标做出了相应规定。

1.商业银行的资本保证能力要求

商业银行各级资本充足率不得低于如下最低要求:核心一级资本充足率不得低于 5%;一级资本充足率不得低于 6%;资本充足率不得低于 8%。

河南省农村信用社招聘考试专用教材

2.保险公司的偿付能力充足率要求

衡量保险公司偿付能力的一个重要指标就是偿付能力充足率,其计算公式为:

$$偿付能力充足率=实际偿付能力额度÷最低偿付能力额度×100\%$$

保险公司必须具备足够的偿付能力,才能保障被保险人的利益。根据2004年保监会发布的《保险公司管理规定》第87条规定,对偿付能力充足率小于100%的保险公司,保监会可以将该公司列为重点监管对象,根据具体情况采取不同的监管措施。

3.证券公司的资本保证能力要求

衡量证券公司资本保证能力的指标有许多,其中净资本负债率是主要的指标之一。其计算公式为:

$$净资本负债率=净资本÷负债总额×100\%$$

式中,净资本=净资产－金融资产的风险调整－其他资产的风险调整－或有负债的风险调整－/+中国证监会认定或核准的其他调整项目。

2008年6月24日,中国证监会修改的《证券公司风险控制指标管理办法》规定,证券公司的净资本与负债的比例不得低于8%。

4.其他金融企业的资本保证能力要求

按照有关法律法规的规定,从事信托投资业务的金融企业,其固有财产对同一借款人及其关系人的授信及投资余额不得超过自身资本净额的10%;对全部关系人的授信及投资余额不得超过自身资本净额的50%。

主营担保业务的企业,对单个客户提供的担保责任金额最高不得超过自身实收资本的10%;担保责任总额一般不超过自身实收资本的5倍,最高不得超过10倍。

从事金融租赁业务的金融企业,拆入资金余额不得超过资本总额的100%;资本总额不得低于风险资产总额的10%。

属于财务公司性质的金融企业,资本充足率不得低于10%;自有固定资产与资本总额比率不得低于20%;拆入资金余额不得超过资本总额的100%。

二、金融企业支付能力的要求

1.银行的存款准备金和备付金要求

《商业银行法》等法律法规规定,从事银行业务的金融企业,应按中国人民银行的规定,向中国人民银行缴存存款准备金,留足备付金。

2.保险公司的资本保证金要求

保证金是指保险公司成立后依法提取并向指定银行缴存的,用以担保保险公司偿付能力的资金。《保险法》第79条规定,保险公司成立以后应当按照其注册资本总额的20%提取保证金,存入保险监督机构规定条件的银行,除保险公司清算时用于清偿债务外,不得动用。

3.证券公司的支付能力要求

净资产负债率(也称为产权比率)是反映证券公司支付能力的主要财务指标,它也可以反映由债权人提供的资本与股东提供的资本的相对关系及证券经营机构的基本财务结构的稳定情况。

三、金融企业风险管理的要求

1.金融企业资产质量管理的要求

金融企业应当定期或者至少于每年年终对各类资产进行评价,并逐步实现动态评价,按照规定进行风险分类,对可收回金额低于账面价值的部分,按照国家有关规定计提资产减值准备。

金融企业对计提减值准备的资产,应当落实监管责任。对能够收回或者继续使用的,应当收回或者使用;对已经损失的,应当按照规定的程序核销;对已经核销的,应当实行账销案存管理。

2.金融企业管理利率、汇率风险的要求

金融企业应当及时分析市场利率、汇率波动情况,预计可能发生的风险,并按照规定的程序,运用金融衍生工具,减少利率、汇率风险损失。

3.金融企业关联交易风险管理的要求

金融企业发生关联交易,必须履行规定的程序,并按照规定控制总量和规模,遵循公开、公平、公正的原则,确定并及时结算资源、劳务或者义务的价款,不得利用关联交易操纵利润、逃避税收。

4.金融企业委托业务风险管理的要求

金融企业委托其他机构理财或者从事其他业务,应当进行风险评估,依法签订书面合同,明确业务授权和具体操作程序,定期对账,制定风险防范的具体措施。金融企业委托其他机构理财或者从事其他业务,投入的资金不得影响主营业务的开展,取得的收入应当纳入账内核算。

5.金融企业受托业务风险管理的要求

金融企业依法受托发放贷款、经营衍生产品、进行证券期货交易、买卖黄金、管理资产以及开展其他业务,应当与自营业务分开管理,按照合同约定分配收益、承担责任,不得挪用客户资金,不得转嫁经营风险。

6.金融企业担保业务风险管理的要求

金融企业对外提供担保应当符合法律、行政法规的规定,根据被担保对象的资信及偿债能力,采取相应的风险控制措施,并设立备查账簿登记,及时跟踪监督。金融企业提供除主营担保业务范围以外的担保,应当由股东(大)会或者董事会决议;为金融企业投资者或者实际控制人提供担保的,应当由股东(大)会决议。

7.金融企业表外业务风险管理的要求

表外业务是指金融企业从事不列入资产负债表内,但能产生收益和费用的服务性业务,主要包括结算、银行卡、代理、承诺、咨询、基金托管业务和投资托管业务等。金融企业应当按照风险程度对表外业务进行授权,并严格按照授权执行,禁止违规操作。金融企业应当及时、完整记录所有表外业务,跟踪检查表外业务变动情况,预计可能发生的损失,并按照有关规定进行披露。

> **经典例题**
>
> (单选题)商业银行资本充足率不得低于(　　)。
>
> A.8%　　　　　　　B.10%　　　　　　　C.15%　　　　　　　D.20%
>
> 【答案】A。

第六节 财务分析与评价概述

一、财务分析概述

1.企业财务分析的含义

财务分析是从整体的角度,系统、全面、总括地对企业的财务指标进行分析、比较、综合,旨在揭示企业财务状况、经营成果及现金流量的现状及存在问题,并为企业经营绩效评价提供依据。

2.财务分析的特点

(1)总括性。总括性是指财务分析的着眼点,是企业财务活动的核心方面,如企业影响利润的因素、经营风险的状况、企业的发展趋势等。它通过对过去及现在有关财务指标的分析,力求反映企业财务状况的总体情况。

(2)全面性。综合分析是对财务状况、经营成果及现金流量变动情况所涉及的主要指标进行的分析,它要揭示的是企业财务的整体状况。

(3)效益性。财务分析的核心目的是效益及与效益相关的风险。单项分析的目标可能是资产负债结构,也可能是资产质量等,而综合分析的目的就是企业的财务目标也就是企业价值的最大化,体现企业价值最大化的财务指标是资本收益率,因而财务分析的核心体系就是资本收益率分析体系。

3.财务分析的局限性

(1)资料来源的局限性:包括报表数据的时效性问题、报表数据的真实性问题、报表数据的可靠性问题、报表数据的可比性问题、报表数据的完整性问题。

由于报表本身的原因,其提供的数据是有限的。对报表使用者来说,可能不少需要的信息,在报表或附注中根本找不到。

(2)财务分析方法的局限性:包括财务指标体系不严密、财务指标所反映的情况具有相对性、财务指标的评价标准不统一、财务指标的计算口径不一致。

二、财务分析的方法

财务分析的方法有趋势分析法、比率分析法和因素分析法。

1.趋势分析法

趋势分析法又叫比较分析法、水平分析法,它是通过对财务报表中各类相关数字资料,将两期或多期连续的相同指标或比率进行定基对比和环比对比,得出它们的增减变动方向、数额和幅度,以揭示企业财务状况、经营情况和现金流量变化趋势的一种分析方法。

趋势分析法的具体运用主要有:重要财务指标的比较、会计报表的比较、会计报表项目构成的比较。采用趋势分析法时,应注意以下问题:所对比指标的计算口径必须一致;应剔除偶发性项目的影响;应运用例外原则对某项有显著变动的指标作重点分析。

2.比率分析法

比率分析法是以同一期财务报表上若干重要项目的相关数据相互比较,求出比率,用以分析和评价公司的经营活动以及公司目前和历史状况的一种方法,是财务分析最基本的工具。

比率分析法中的财务比率包括:构成比率、效率比率、相关比率。采用比率分析法时,应注意以下几点:对比项目的相关性,对比口径的一致性,衡量标准的科学性。

3.因素分析法

因素分析法是指通过分析影响财务指标的各项因素并计算其对指标的影响程度,来说明本期实际数与计划数或基期数相比较,财务指标变动或差异的主要原因的一种分析方法。

因素分析法主要有两种:连环替代法和差额分析法。采用因素分析法时,必须注意以下问题:因素分解的关联性,因素替代的顺序性,顺序替代的连环性,计算结果的假定性。

三、财务评价

财务评价,是对企业财务状况和经营情况进行的总结、考核和评价。它以企业的财务报表和其他财务分析资料为依据,注重对企业财务分析指标的综合考核。

目前我国企业经营绩效评价主要使用的是功效系数法。

功效系数法又叫功效函数法,它根据多目标规划原理,对每一项评价指标确定一个满意值和不允许值,以满意值为上限,以不允许值为下限。计算各指标实现满意值的程度,并以此确定各指标的分数,再经过加权平均进行综合,从而评价被研究对象的综合状况。

第七节 财务指标分析

企业常用的财务分析指标主要包括偿债能力指标、运营能力指标、盈利能力指标和发展能力指标。

一、偿债能力指标

偿债能力是企业偿还到期债务(包括本息)的能力。偿债能力指标包括短期偿债能力指标和长期偿债能力指标。

1.短期偿债能力指标

企业短期偿债能力的衡量指标主要有两项:流动比率和速动比率。

(1)流动比率。流动比率是流动资产与流动负债的比率,它表明企业每1元流动负债有多少流动资产作为偿还保证,反映企业用可在短期内转变为现金的流动资产偿还到期流动负债的能力。其计算公式为:

$$流动比率=(流动资产/流动负债)\times100\%$$

一般情况下,流动比率越高,说明企业短期偿债能力越强。

(2)速动比率。速动比率是企业速动资产与流动负债的比率。其中,速动资产是指流动资产减去变现能力较差且不稳定的存货、预付账款、待摊费用等后的余额。其计算公式为:

$$速动比率=(速动资产/流动负债)\times100\%$$

一般情况下,速动比率越高,说明企业偿还流动负债的能力越强。

2.长期偿债能力指标

长期偿债能力是企业偿还长期负债的能力。企业长期偿债能力的衡量指标主要有两项:资产负债率和产权比率。

河南省农村信用社招聘考试专用教材

(1)资产负债率。资产负债率又称负债比率,是企业负债总额对资产总额的比率,反映企业资产对债权人权益的保障程度。其计算公式为:

$$资产负债率(负债比率)=(负债总额/资产总额)\times100\%$$

一般情况下,资产负债率越小,说明企业长期偿债能力越强。

(2)产权比率。产权比率也称资本负债率是企业负债总额与所有者权益总额的比率,反映企业所有者权益对债权人权益的保障程度。其计算公式为:

$$产权比率=(负债总额/所有者权益总额)\times100\%$$

一般情况下,产权比率越低,说明企业长期偿债能力越强。

经典例题

(单选题)1.目前企业的流动比率是120%,假设此时企业赊购一批材料,则企业的流动比率将会( )。

A.提高   B.降低

C.不变   D.不能确定

【答案】B。解析:企业赊购一批材料,则企业的原材料增加,应付账款增加,即流动资产与流动负债等额增加,由于企业的流动比率大于1,所以流动比率会下降。

(多选题)2.下列各指标中,可用于分析企业短期偿债能力的有( )。

A.产权比率   B.流动比率

C.存货周转率   D.速动比率

【答案】BD。

二、运营能力指标

运营能力指标主要包括生产资料运营能力指标。生产资料的运营能力实际上就是企业的总资产及其各个组成要素的运营能力。生产资料运营能力可以从流动资产周转情况、固定资产周转情况、总资产周转情况等方面进行分析。

1.流动资产周转情况

反映流动资产周转情况的指标主要有应收账款周转率、存货周转率和流动资产周转率。

(1)应收账款周转率。应收账款周转率是企业一定时期营业收入(或销售收入,本章下同)与平均应收账款余额的比率,反映企业应收账款变现速度的快慢和管理效率的高低。其计算公式为:

$$应收账款周转率(周转次数)=营业收入/平均应收账款余额$$

$$平均应收账款余额=(应收账款余额年初数+应收账款余额年末数)\div2$$

$$应收账款周转期(周转天数)=(平均应收账款余额\times360)/营业收入$$

一般情况下,应收账款周转率越高越好。应收账款周转率高,表明收账迅速,账龄较短,资产流动性强,短期偿债能力强,可以减少坏账损失等。

(2)存货周转率。存货周转率是企业一定时期营业成本(或销售成本,本章下同)与平均存货余额的比率,反映企业生产经营各环节的管理状况以及企业的偿债能力和获利能力。其计算公式为:

$$存货周转率(周转次数)=营业成本/平均存货余额$$

$$平均存货余额=(存货余额年初数+存货余额年末数)\div2$$

$$存货周转期(周转天数)=(平均存货余额\times360)/营业成本$$

一般情况下,存货周转率越高越好。存货周转率高,表明存货变现的速度快;周转额较大,表明资金占用水平较低。

(3)流动资产周转率。流动资产周转率是企业一定时期营业收入与平均流动资产总额的比率。其

计算公式为:

$$流动资产周转率(周转次数)=营业收入/平均流动资产总额$$

$$平均流动资产总额=(流动资产总额年初数+流动资产总额年末数)÷2$$

$$流动资产周转期(周转天数)=平均流动资产总额×360/营业收入$$

一般情况下,流动资产周转率越高越好。流动资产周转率高,表明以相同的流动资产完成的周转额较多,流动资产利用效果较好。

2.固定资产周转情况

反映固定资产周转情况的主要指标是固定资产周转率,它是企业一定时期营业收入与平均固定资产净值的比值。其计算公式为:

$$固定资产周转率(周转次数)=营业收入/平均固定资产净值$$

$$平均固定资产净值=(固定资产净值年初数+固定资产净值年末数)÷2$$

$$固定资产周转期(周转天数)=(平均固定资产净值×360)/营业收入$$

一般情况下,固定资产周转率越高越好。固定资产周转率高,表明企业固定资产利用充分,固定资产投资得当,固定资产结构合理,能够充分发挥效率。

3.总资产周转情况

反映总资产周转情况的主要指标是总资产周转率,它是企业一定时期营业收入与平均资产总额的比值。其计算公式为:

$$总资产周转率(周转次数)=营业收入/平均资产总额$$

$$平均资产总额=(年初资产总额+年末资产总额)÷2$$

$$总资产周转期(周转天数)=(平均资产总额×360)/营业收入$$

三、获利能力指标

获利能力就是企业资金增值的能力,通常表现为企业收益数额的大小与水平的高低。获利能力指标主要包括营业利润率、成本费用利润率、总资产报酬率和净资产收益率四项。实务中,上市公司经常采用每股股利、每股净资产等指标评价其获利能力。

1.营业利润率

营业利润率是企业一定时期营业利润与营业收入的比率。其计算公式为:

$$营业利润率=(营业利润/营业收入)×100\%$$

营业利润率越高,表明企业市场竞争力越强,发展潜力越大,盈利能力越强。

在实务中,也经常使用营业毛利率、营业净利率等指标来分析企业经营业务的获利水平。其计算公式分别如下:

$$营业毛利率=[(营业收入-营业成本)/营业收入]×100\%$$

$$营业净利率=(净利润/营业收入)×100\%$$

2.成本费用利润率

成本费用利润率是企业一定时期利润总额与成本费用总额的比率。其计算公式为:

$$成本费用利润率=(利润总额/成本费用总额)×100\%$$

其中:

$$成本费用总额=营业成本+营业税金及附加+销售费用+管理费用+财务费用$$

成本费用利润率越高,表明企业为取得利润而付出的代价越小,成本费用控制得越好,盈利能力越强。

3.总资产报酬率

总资产报酬率是企业一定时期内获得的报酬总额与平均资产总额的比率，反映了企业资产的综合利用效果。其计算公式为：

总资产报酬率=(息税前利润总额/平均资产总额)×100%

其中：

息税前利润总额=利润总额+利息支出

一般情况下，总资产报酬率越高，表明企业的资产利用效益越好，整个企业盈利能力越强。

4.净资产收益率

净资产收益率是企业一定时期净利润与平均净资产的比率，反映了企业自有资金的投资收益水平。其计算公式为：

净资产收益率=(净利润/平均净资产)×100%

其中：

平均净资产=(所有者权益年初数+所有者权益年末数)÷2

一般认为，净资产收益率越高，企业自有资本获取收益的能力越强，运营效益越好，对企业投资人、债权人利益的保证程度越高。

四、发展能力指标

发展能力是企业在生存的基础上，扩大规模、壮大实力的潜在能力。分析发展能力主要考察以下四项指标：营业收入增长率、资本保值增值率、总资产增长率和营业利润增长率。

1.营业收入增长率

营业收入增长率是企业本年营业收入增长额与上年营业收入总额的比率，反映企业营业收入的增减变动情况。其计算公式为：

营业收入增长率=(本年营业收入增长额/上年营业收入总额)×100%

其中：

本年营业收入增长额=本年营业收入总额−上年营业收入总额

营业收入增长率大于零，表明企业本年营业收入有所增长。该指标值越高，表明企业营业收入的增长速度越快，企业市场前景越好。

2.资本保值增值率

资本保值增值率是企业扣除客观因素后的本年末所有者权益总额与年初所有者权益总额的比率，反映企业当年资本在企业自身努力下实际增减变动的情况。其计算公式为：

资本保值增值率=(扣除客观因素后的本年末所有者权益总额/年初所有者权益总额)×100%

一般认为，资本保值增值率越高，表明企业的资本保全状况越好，所有者权益增长越快，债权人的债务越有保障。该指标通常应当大于100%。

3.总资产增长率

总资产增长率是企业本年总资产增长额同年初资产总额的比率，反映企业本期资产规模的增长情况。其计算公式为：

总资产增长率=(本年总资产增长额/年初资产总额)×100%

其中：

$$本年总资产增长额=年末资产总额-年初资产总额$$

4.营业利润增长率

营业利润增长率是企业本年营业利润增长额与上年营业利润总额的比率，反映企业营业利润的增减变动情况。其计算公式为：

$$营业利润增长率=(本年利润增长额/上年营业利润数额)\times100\%$$

其中：

$$本年营业利润增长额=本年营业利润总额-上年营业利润总额$$

经典真题

(单选题)反应股份公司普通股每股市价与普通股每股利润之间比率的指标是(   )。

A.流动比率

B.市盈率

C.速动比率

D.利息保障倍数

【答案】B。解析：市盈率=股价/每股收益。流动比率=流动资产/流动负债；速动比率=速动资产/流动负债；利息保障倍数=息税前利润÷利息费用。

第八节　企业综合绩效分析与评价

一、综合指标分析的含义

综合指标分析,就是将营运能力、偿债能力、获利能力和发展能力指标等诸方面纳入一个有机的整体之中,对企业经营状况、财务状况进行全面地解剖与分析。

二、综合指标分析方法

综合指标分析方法主要有杜邦财务分析体系和沃尔比重评分法。

1.杜邦财务分析体系

杜邦财务分析体系(简称杜邦体系),是利用各财务指标间的内在关系,对企业综合经营理财及经济效益进行系统分析评价的方法。该体系以净资产收益率为核心,将其分解为若干财务指标,通过分析各分解指标的变动对净资产收益率的影响来揭示企业获利能力及其变动原因。杜邦体系各主要指标之间的关系如下：

$$净资产收益率=总资产净利率\times权益乘数$$
$$=营业净利率\times总资产周转率\times权益乘数$$

其中：

$$营业净利率=净利润÷营业收入$$
$$总资产周转率=营业收入÷资产总额$$
$$权益乘数=资产总额÷所有者权益总额$$

在具体运用杜邦财务分析体系进行分析时,可以采用因素分析法,首先确定营业净利率、总资产周转率和权益乘数的基准值;然后顺次代入这三个指标的实际值,分别计算分析这三个指标的变动对净资产收益率的影响方向和程度;还可以使用因素分析法进一步分解各个指标并分析其变动的深层次原因,找出解决的方法。

2.沃尔比重评分法

沃尔比重评分法是指将选定的财务比率用线性关系结合起来,并分别给定各自的分数比重,然后通过与标准比率进行比较,确定各项指标的得分及总体指标的累积分数,从而对企业的信用水平作出评价的方法。

第六章 审计

第一节 审计的概念

一、审计的基本含义

审计是一个系统化过程,即通过客观地获取和评价有关经济活动与经济事项认定的证据,以证实这些认定与既定标准的符合程度,并将结果传达给有关使用者。

政府审计、内部审计和注册会计师审计共同构成了我国审计监督体系,尽管执行审计的主体不同,但它们都具有以下基本要素:

1.审计主体

执行审计的一方称为审计主体。审计主体是指专职机构或专业人员。专职机构是指以审计为专门任务的单位,包括国家审计机关、内部审计机构和社会审计组织。专业人员是指在国家审计机关、内部审计机构和社会审计组织中从事审计工作的审计人员。

2.审计客体

接受审计的一方称为审计客体,具体是指被审计单位。

3.审计对象

审计对象一般是指被审计单位在一定时期的经济活动。具体是指被审计单位的财务收支及其有关经营管理活动、作为提供这些经济活动信息载体的会计资料和其他有关资料。

4.审计依据

审计依据包括国家法律、法规、政策及会计准则等。

5.审计职能

审计具有经济监督、经济鉴证和经济评价职能。

6.审计目的

审计目的即为维护财经法纪、改善经营管理、提高经济效益、促进宏观调控。

7.审计本质

审计是一项具有独立性的经济监督活动。

由上述的分析可以看出,审计与查账分属两个不同的范畴,是两个不同的概念。一般来说,审计和查账之间具有密切的联系,审计监督离不开查账,查账是进行审计的必要基础工作。审计是对会计监督的内容进行的再监督。

二、审计监督体系

1.审计监督体系介绍

从国内外审计的历史和现状来看，审计按不同主体划分为政府审计、内部审计和注册会计师审计，并相应地形成了三类审计组织机构，共同构成审计监督体系。

(1)政府审计。政府审计是由政府审计机关代表政府依法进行的审计。政府审计主要监督检查各级政府及其部门的财政收支及公共资金的收支、运用情况。我国宪法规定，审计机关独立行使审计监督权，不受其他行政机关、社会团体和个人的干涉。

(2)内部审计。内部审计是由各部门、各单位内部设置的专门机构或人员实施的审计。内部审计主要监督检查本部门、本单位的财务收支和经营管理活动。我国目前的内部审计部门一般由本部门、本单位的主要负责人领导，业务上接受当地政府审计机构或上一级主管部门审计机构的指导。相对外部审计而言，内部审计的独立性较弱。

(3)注册会计师审计。注册会计师审计是由经政府有关部门审核批准的注册会计师组成的会计师事务所进行的审计。在我国，会计师事务所是注册会计师的工作机构，注册会计师必须加入会计师事务所才能接受委托，办理业务。会计师事务所不附属于任何机构，自收自支、独立核算、自负盈亏、依法纳税，因此在业务上具有较强的独立性、客观性和公正性，并且为社会公众所认可。

2.政府审计与注册会计师审计的关系

现代意义上的政府审计是近代民主政治发展的产物。按照民主政治的原则，人民有权对国家事务和人民财产的管理进行监督。因此，各级政府机构和官员在受托管理属于全民所有的公共资金和资源的同时，还要受到严格的经济责任制度的约束。这种约束方式就表现为政府审计机关对受托管理者的经济责任进行监督。因此，政府审计担负的是对全民财产的审计责任。

注册会计师审计是商品经济发展到一定阶段的必然产物，也是商品经济条件下社会经济监督机制的主要表现形式。由于所有权与经营权的分离，以及债权人对自身权益的关心，必然产生对投资运用或债务收回前景的密切关注。这种关注即依赖于注册会计师的审计结果。因此，相对于审计客体而言，政府审计和注册会计师审计均是外部审计，都具有较强的独立性。从我国来看，两者在许多方面存在区别。

(1)两者的审计目标不同。政府审计是对单位的财政收支或者财务收支的真实、合法和效益依法进行的审计；注册会计师审计是注册会计师对财务报表是否按照适用会计准则和相关会计制度编制进行的审计。

(2)两者的审计标准不同。政府审计是审计机关依据《中华人民共和国审计法》和国家审计准则等进行的审计；注册会计师审计是注册会计师依据《注册会计师法》和中国注册会计师审计准则进行的审计。

(3)两者的经费或收入来源不同。政府审计履行职责所必需的经费，应当列入财政预算，由本级人民政府予以保证；注册会计师的审计收入来源于审计客户，由注册会计师和审计客户协商确定。

(4)两者的取证权限不同。审计机关有权就审计事项的有关问题向有关单位和个人进行调查，并取得有关证明材料，有关单位和个人应当支持、协助审计机关工作，如实向审计机关反映情况，提供有关证明材料；注册会计师在获取证据时很大程度上有赖于被审计单位及相关单位的配合和协助，对被审计单位及相关单位没有行政强制力。

(5)两者对发现问题的处理方式不同。审计机关审定审计报告，对审计事项做出评价，出具审计意见书；对违反国家规定的财政收支、财务收支行为，需要依法给予处理、处罚的，在法定职权范围内做出审计决定或者向有关主管机关提出处理、处罚意见。注册会计师对审计过程中发现需要调整和披露的事项只能提请被审计单位调整和披露,没有行政强制力,如果被审计单位拒绝调整和披露,注册会计师视情况出具保留意见或否定意见的审计报告。如果审计范围受到被审计单位或客观环境的限制,注册会计师视情况出具保留意见或无法表示意见的审计报告。

3.内部审计与注册会计师审计的关系

(1)内部审计与注册会计师审计的区别。内部审计与注册会计师审计都是现代审计体系的组成部分。从我国情况看,注册会计师审计与内部审计在许多方面存在很大区别:

第一,两者的审计目标不同。内部审计主要是对内部控制的有效性、财务信息的真实性和完整性以及经营活动的效率和效果开展的一种评价活动;注册会计师审计主要对被审计单位财务报表的合法性和公允性进行审计。

第二,两者独立性不同。内部审计为组织内部服务,接受总经理或董事会的领导,独立性较弱;注册会计师审计为需要可靠信息的第三方提供服务,不受被审计单位管理层的领导和制约,独立性较强。

第三,两者接受审计的自愿程度不同。内部审计是代表总经理或董事会实施的组织内部监督,是内部控制制度的重要组成部分,单位内部的组织必须接受内部审计人员的监督;注册会计师审计是以独立的第三方对被审计单位进行的审计,委托人可自由选择会计师事务所。

第四,两者遵循的审计标准不同。内部审计人员遵循的是内部审计准则;而注册会计师遵循的是注册会计师审计准则。

第五,两者审计的时间不同。内部审计通常对单位内部组织采用定期或不定期的审计,时间安排比较灵活;而注册会计师审计通常是定期审计,每年对被审计单位的财务报表审计一次。

(2)内部审计与注册会计师审计的联系。注册会计师审计与内部审计尽管存在很大的差别,但是注册会计师审计作为一种外部审计,在工作中要利用内部审计的工作成果。任何一种外部审计在对一个单位进行审计时,都要对其内部审计的情况进行了解并考虑是否利用其工作成果。这是由于:

第一,内部审计是单位内部控制的一个重要组成部分。内部审计作为单位内部的经济监督机构,虽然不参与单位内部的经营管理活动,但主要对各项经营管理活动是否达到预定目标,是否遵循了单位的规章制度等进行监督,属于单位内部控制体系的一个组成部分。外部审计人员在对被审计单位进行审计时,要对内控制度进行测评,就须了解其内部审计的设置和工作情况。

第二,内部审计和外部审计在工作上具有一致性。内部审计在审计内容、审计方法等方面都和外部审计有许多相似之处。例如,在进行财务审计时,两者在方法上都要评价内控制度,检查凭证、账册,核对账表一致性等。这就为外部审计利用内部审计工作的成果创造了条件。

第三,利用内部审计工作成果可以提高工作效率,节约审计费用。外部审计人员在对内部审计工作进行评价以后,利用其全部或部分工作成果,可以减少现场测试的工作量,提高工作效率,从而节约被审计单位的审计费用。

经典真题

(单选题)1.审计的主体是指(　　)。

A.被审计单位

B.被审计单位的财政财务活动

C.专职审计机构或人员

D.有关的法规和审计标准

【答案】C。解析:审计主体是指在审计活动中主动实施审计行为,行使审计监督权的审计机构及其审计人员。

河南省农村信用社招聘考试专用教材

(单选题)2.审计的客体是指( )。

A.被审计单位

B.专职审计机构或人员

C.被审计单位的经济活动

D.有关的法规和审计标准

【答案】A。解析：审计客体是指接受审计人审计的经济责任承担者和履行者，即被审计单位。选项C属于审计的对象。

第二节 审计对象和审计目标

一、审计的特征

审计监督是经济管理的重要组成部分。较之其他经济监督种类，审计监督有两个最基本的特征，即独立性与权威性，这是审计监督与其他经济监督相区别的标志。

1.独立性

审计不同于其他经济监督，其根本原因在于，审计是一项具有独立性的经济监督活动。独立性是审计的灵魂与生命，没有独立性就没有审计。审计独立于被审计单位之外，独立性是审计有别于其他经济监督的最根本特征。并且，独立性是客观性、公正性的基础和保证。但是审计的独立性往往会因审计类别不同而在程度上有所差别。如政府审计的独立性要强于内部审计。比较而言，独立性最强的是注册会计师审计。审计的独立性主要表现在以下四个方面：

(1)组织机构独立。审计组织机构应独立于被审计单位。在我国，各级政府审计机关均独立于同级人民政府的财政主管部门。注册会计师审计机构是完全独立的会计中介机构，其独立性最明显。比较而言，内部审计机构则具有相对独立性，即内部审计机构相对于本部门、本单位其他职能部门(特别是财务会计部门)是独立设置的。

(2)地位独立。审计组织及其人员具有独立的身份，处于被审计单位与审计委托人以外的第三者的超脱地位，不参与被审计单位的经营管理活动，与被审计单位和审计委托人不存在任何直接的经济利益关系，使他们能以客观的态度对待审计事务，这是审计独立性的实质所在。

(3)经济独立。审计机构从事审计业务活动必须要有一定的经费来源，以保证其生存与发展。经济独立是指审计机构的经济来源要有法律法规作为保证，不受被审计单位制约。在我国，各级政府审计机关经费来源于国家财政拨款。社会审计经费来源于按规定向委托人收取的款项，它们在经济上都是独立的。比较而言，内部审计机构经济来源表现为相对独立性，即相对于本部门、本单位其他职能部门来说，其预算经费的安排和使用是独立的。

(4)行使职权独立。审计机构及其人员在执行审计业务时，应从客观公正的立场出发，根据审计准则要求收集审计证据，谨慎合理地进行评价，独立行使审计监督权，不受其他任何行政机关、社会团体和个人干涉，以事实为依据，客观地发表审计意见。

由于注册会计师审计的独立性最强，中国注册会计师协会会员职业道德守则对独立性规定也更为严苛，独立性包括实质上的独立性和形式上的独立性：

(1)实质上的独立性是一种内心状态，要求注册会计师在提出结论时不受有损于职业判断的因素影响，能够诚实公正行事，并保持客观和职业怀疑态度。

(2)形式上的独立性要求注册会计师避免出现重大的事实和情况，使得一个理性且掌握充分信息的第三方在权衡这些事实和情况后,很可能推定会计师事务所或项目组成员的诚信、客观或职业怀疑态度已经受到损害。

2.权威性

审计的权威性是确保审计监督作用正常发挥的重要保证。

(1)审计的权威性来自审计机构的独立性。审计机构及人员并不依附于被审计单位,并不参与被审计单位的经营管理活动。在审计活动中,审计机构或人员以独立的"第三者"身份接受财产所有者或最高管理者的委托或授权,依法进行审计监督,从而保证了审计过程公正、客观及审计结论的科学性,使审计结论在社会公众中具有公认的权威性。

(2)审计的权威性来自国家法律的支持。为了维护审计的权威性,世界各国或以《宪法》或以《公司法》《证券法》《破产法》等法律形式赋予审计机构的监督职权,并对审计对象、范围以及审计结论的强制执行均作出了相应的法律规定,以保障审计监督的权威性。

二、审计对象

审计对象又称审计客体,是指审计所要考察的客体,即被审单位的财务收支,及其有关的经营管理活动和作为提供这些经济活动信息载体的会计报表及其他有关资料。审计对象可以概括为被审计单位的经济活动,具体包括两个方面的内容:

(1)被审计单位的财务收支及其有关的经营管理活动。无论是传统审计还是现代审计,也无论是政府审计还是注册会计师审计、内部审计,都要求以被审计单位客观存在的财务收支及其有关的经营管理活动为审计对象,对其是否真实、合法、合规及其效益情况进行审计,以及对其所受托经济责任是否得以认真履行进行鉴证。政府审计对象是国务院各部门和地方各级政府及其各部门的财政收支,国有金融机构和企事业单位的财务收支。注册会计师审计的对象为委托人指定的被审计单位的财务收支及其有关的经营管理活动。内部审计的对象为本部门、本单位的财务收支及其他有关经济活动。

(2)被审计单位各种作为提供财务收支及其有关经营管理活动信息载体的会计资料及其相关资料。审计对象的内容是通过一定的载体反映出来的,这个载体就是会计资料及其他有关经济资料,如财务报表、会计账簿、会计凭证以及计划、预算、统计、合同、章程等相关资料。提供被审计单位经营管理活动信息的载体,除了上述会计、统计、计划等资料外,还有经营目标、预测、决策方案、经济活动分析资料、技术资料等其他资料,电子计算机磁带、磁盘等会计信息载体。

三、审计目标

审计目标是指审计机构或人员通过审查和评价审计对象所要达到的目的和要求。审计目标包括财务报表总体审计目标以及与各类交易、账户余额和披露相关的具体审计目标两个层次。

1.财务报表总体审计目标

财务报表审计总体目标包括以下两个方面:

(1)对财务报表整体是否不存在由于舞弊或错误导致的重大错报获取合理保证,使得注册会计师能够对财务报表是否在所有重大方面按照适用的财务报告编制基础编制发表审计意见。

(2)按照审计准则的规定,根据审计结果对财务报表出具审计报告,并与管理层和治理层沟通。

2.具体审计目标

(1)与各类交易和事项相关的认定和相应的审计目标,如表4-6-1所示:

河南省农村信用社招聘考试专用教材

表 4-6-1　与各类交易和事项相关的认定与具体审计目标

名称	与交易和事项有关的认定	对应的审计目标
发生	记录的交易或事项已发生,且与被审计单位有关	已记录的交易是真实的
完整性	所有应当记录的交易和事项均已记录	已发生的交易确实已经记录
准确性	与交易和事项有关的金额及其他数据已恰当记录	已记录的交易是按正确金额反映的
截止	交易和事项已记录于正确的会计期间	接近于资产负债表日的交易记录于恰当的期间
分类	交易和事项已记录于恰当的账户	被审计单位记录的交易经过适当分类

(2)与期末账户余额相关的认定和相应的审计目标,如表 4-6-2 所示:

表 4-6-2　与期末账户余额相关的认定与具体审计目标

名称	有关期末余额的认定	对应的审计目标
存在	记录的资产、负债和所有者权益是存在的	记录的金额确实存在
权利和义务	记录的资产由被审计单位拥有或控制,记录的负债是被审计单位应当履行的偿还义务	资产归属于被审计单位,负债属于被审计单位的义务
完整性	所有应当记录的资产、负债和所有者权益均已记录	已存在的金额均已记录
计价和分摊	资产、负债和所有者权益以恰当的金额包括在财务报表中,与之相关的计价或分摊调整已恰当记录	资产、负债和所有者权益以恰当的金额包括在财务报表中,与之相关的计价或分摊调整已恰当记录

(3)与列报和披露相关的认定和相应的审计目标,如表 4-6-3 所示:

表 4-6-3　与列报和披露相关的认定与具体审计目标

名称	有关列报和披露的认定	对应的审计目标
发生以及权力和义务	披露的交易、事项和其他情况已发生,且与被审计单位有关	确认没有将未发生的交易、事项或与被审计单位无关的交易和事项包括在财务报表中
完整性	所有应当包括在财务报表中的披露均已包括	确认应当披露的事项均包括在财务报表中
分类和可理解性	财务信息已被恰当地列报和描述,且披露内容表述清楚	确认财务信息已被恰当地列报和描述,且披露内容表述清楚
准确性和计价	财务信息和其他信息已公允披露,且金额恰当	确认财务信息和其他信息已公允披露,且金额恰当

经典例题

(判断题)"完整性"认定主要与财务报表组成要素的低估有关,若被审计单位登记了未发生的经济业务,则其违反了完整性认定。(　　)

【答案】×。解析:登记了未发生的经济业务,违反的是"存在"或"发生"认定。

第三节 审计计划

一、初步业务活动

1.初步业务活动的目的

(1)具备执行业务所需的独立性和能力。

(2)不存在因管理层诚信问题而影响注册会计师保持该项业务意愿的事项。

(3)与被审计单位之间不存在对业务约定条款的误解。

2.初步业务活动的内容

(1)针对保持客户关系和具体审计业务实施相应的质量控制程序。

(2)评价遵守相关职业道德要求的情况。

(3)就审计业务约定条款达成一致意见。

二、审计计划

审计计划分为总体审计策略和具体审计计划两个层次,如图 4-6-1 所示:

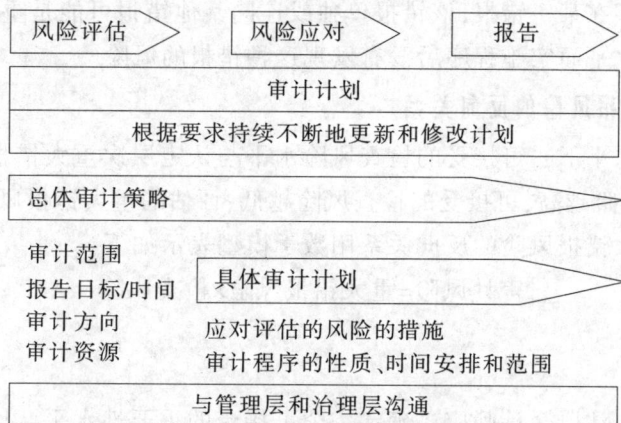

图 4-6-1 审计计划的两个层次

1.总体审计策略

总体审计策略用以确定审计范围、时间安排和方向,并指导具体审计计划的制定。在制定总体审计策略时,应当考虑以下主要事项:

(1)审计范围。

(2)报告目标、时间安排及所需沟通的性质。

(3)审计方向。

(4)审计资源。

2.具体审计计划

具体审计计划包括以下三部分内容:

(1)风险评估程序。为了足够识别和评估财务报表重大错报风险,注册会计师计划实施的风险评估程序的性质、时间安排和范围。

(2)计划实施的进一步审计程序。针对评估的认定层次的重大错报风险,注册会计师计划实施的进一步审计程序的性质、时间安排和范围,即控制测试和实质性程序。

(3)计划其他审计程序。对财务报表项目之外的特殊事项实施的其他审计程序。

三、审计风险

审计风险是指财务报表存在重大错报时注册会计师发表不恰当审计意见的可能性。审计风险取决于重大错报风险和检查风险。

1.重大错报风险

重大错报风险是指财务报表在审计前存在重大错报的可能性。重大错报风险包括财务报表层次和认定层次的风险。

(1)财务报表层次重大错报风险与财务报表整体存在广泛联系,受被审计单位控制环境的影响,可能影响多项认定,但难以界定于某类交易、账户余额和披露的具体认定。

(2)认定层次的风险可进一步分为固有风险和控制风险。固有风险是指在考虑相关的内部控制之前,某类交易、账户余额或披露的某一认定易于发生错报的可能性。控制风险是指某类交易、账户余额或披露的某一认定发生错报,该错报单独或连同其他错报是重大的,但没有被内部控制及时防止或发现并纠正的可能性。

2.检查风险

检查风险是指如果存在某一错报,该错报单独或连同其他错报可能是重大的,注册会计师为将审计风险降至可接受的低水平而实施程序后没有发现这种错报的风险。

3.检查风险与重大错报风险的反向关系

在既定的审计风险水平下,可接受的检查风险水平与认定层次重大错报风险的评估结果成反向关系。评估的重大错报风险越高,可接受的检查风险越低;评估的重大错报风险越低,可接受的检查风险越高。检查风险与重大错报风险的反向关系用数学模型表示如下:

$$审计风险=重大错报风险×检查风险$$

四、重要性的确定

在计划审计工作时,注册会计师应当确定一个可接受的重要性水平,以发现在金额上重大的错报。注册会计师在确定计划的重要性水平时,需要考虑对被审计单位及其环境的了解、审计的目标、财务报表各项目的性质及其相互关系、财务报表项目的金额及其波动幅度。同时,还应当从性质和数量两个方面合理确定重要性水平。

实际执行的重要性,是指注册会计师确定的低于财务报表整体重要性的一个或多个金额,旨在将未更正和未发现错报的汇总数超过财务报表整体的重要性的可能性降至适当的低水平。如果适用,实际执行的重要性还指注册会计师确定的低于特定类别的交易、账户余额或披露的重要性水平的一个或多个金额。

确定实际执行的重要性并非简单机械的计算,需要注册会计师运用职业判断,并考虑下列因素的影响:

(1)对被审计单位的了解(这些了解在实施风险评估程序的过程中得到更新)。

(2)前期审计工作中识别出的错报的性质和范围。

(3)根据前期识别出的错报对本期错报作出的预期。

通常而言,实际执行的重要性通常为财务报表整体重要性的50%~75%。接近财务报表整体重要性50%的情况:①非连续审计。②以前年度审计调整较多(如处于高风险行业,经常面临较大市场压力,首次承接的审计项目或者需要出具特殊目的报告等)。接近财务报表整体重要性75%的情况:①连续审计,以前年度审计调整较少。②项目总体风险较低(如处于低风险行业,市场压力较小)。

五、重要性与审计风险的关系

重要性与审计风险之间存在反向关系。重要性水平越高,审计风险越低;重要性水平越低,审计风险越高。这里所说的重要性水平高低指的是金额的大小。

第四节 审计基本流程与审计责任

一、审计基本流程

基本线索:认定→具体审计目标→审计程序→审计证据→审计报告

注册会计师为了出具恰当的审计报告,首先,必须制定审计计划,明确审计重点和目标;其次,在执行审计程序过程中运用抽样等测试方法,同时还要考虑信息技术对审计的影响,将审计的过程和获取的充分适当的证据记录于审计工作底稿;最后,形成结论,出具审计报告。

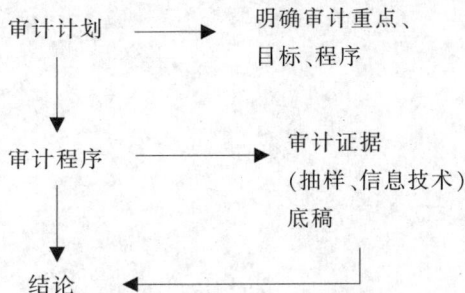

图4-6-2 审计基本流程

经典例题

(单选题)审计全过程的中心环节是( )。

A.准备阶段 B.实施阶段
C.终结阶段 D.审批阶段

【答案】B。解析:在审计的实施阶段,审计人员要根据计划阶段确定的审计范围、重点、步骤、方法,收集证据并进行评价,借以形成审计结论。实施阶段是审计全过程的中心环节。

二、财务报表审计责任

表 4-6-4　管理层和治理层的责任与注册会计师的责任

管理层对编制财务报表的责任	注册会计师的责任
在治理层的监督下，管理层作为会计工作的行为人，对编制财务报表负有直接责任 (1)选择适用的会计准则和相关的会计制度 (2)选择和运用恰当的会计政策 (3)根据企业的具体情况,作出合理的会计估计	按照中国注册会计师审计准则的规定对财务报表发表审计意见是注册会计师的责任;注册会计师通过签署审计报告确认其责任
财务报表审计不能减轻被审计单位管理层和治理层的责任 第一,财务报表中如果含有错报,管理层和治理层应承担完全责任 第二,如果财务报表存在重大错报,而注册会计师通过审计没有能够发现,也不能因为财务报表已经注册会计师审计这一事实而减轻管理层和治理层对财务报表的责任 第三,如果财务报表存在重大错报,由于注册会计师的问题而未发现,则表明注册会计师没有履行好审计责任	

📘 **经典例题**

(单选题)(　　)应当保证财务会计报告真实、完整。

A.主管会计工作的负责人　　　　　　B.会计主管人员

C.单位负责人　　　　　　　　　　　D.会计记账员

【答案】C。

offcn 中公·金融人

第五篇

法 律

第一章 公司法

第一节 概述

一、公司种类

表 5-1-1 公司种类

公司类型	注册资金	发起人数	股东人数	股东大会的表决
有限责任公司	在公司登记机关登记的全体股东认缴的出资额		50人以下	股东会会议作出修改公司章程、增加或者减少注册资本的决议，以及公司合并、分立、解散或者变更公司形式的决议，必须经代表2/3以上表决权的股东通过
股份有限公司（上市公司：股票在证券交易所上市交易的股份有限公司）	发起设立：在公司登记机关登记的全体发起人认购的股本总额 募集设立：在公司登记机关登记的实收股本总额	2~200人	不限	股东大会作出决议，必须经出席会议的股东所持表决权过半数通过。但是，股东大会作出修改公司章程、增加或者减少注册资本的决议，以及公司合并、分立、解散或者变更公司形式的决议，必须经出席会议的股东所持表决权的2/3以上通过

经典例题

(单选题)上市公司是指其股票在证券交易所上市交易的(   )。

A.股份有限公司

B.有限责任公司

C.两合公司

D.国有独资公司

【答案】A。

二、公司法人

公司是企业法人，有独立的法人财产，享有法人财产权。但应注意：公司设立的分公司不具有法人资格，其民事责任由公司承担；公司设立的子公司具有法人资格，依法独立承担民事责任。

公司以其全部财产对公司的债务承担责任。有限责任公司的股东以其认缴的出资额为限对公司承担责任；股份有限公司的股东以其认购的股份为限对公司承担责任。

经典例题

(单选题)1.法人是具有民事权利能力和民事行为能力，依法独立享有民事权利和承担民事义务的组织。下列属于法人的是(   )。

A.某合伙企业

B.依据《公司法》设立的某股份有限公司

C.依据《公司法》设立的某有限责任公司的分公司

D.某合伙企业的分支机构

【答案】B。

(单选题)2.有限责任公司中的"有限责任"是指(　　)。

A.公司本身对公司债务承担有限清偿责任

B.公司管理层对公司债务承担有限清偿责任

C.公司股东对公司债务承担有限清偿责任

D.公司董事会对公司债务承担有限清偿责任

【答案】C。解析:有限责任公司又称有限公司,是指符合法律规定的股东出资组建,股东以其出资额为限对公司承担责任,公司以其全部资产对公司的债务承担责任的企业法人。

三、公司资本

《公司法》上的资本,通常指公司的注册资本,即由章程所确定的、股东认缴的出资总额,又称股本。

股东可以用货币出资,也可以用实物、知识产权、土地使用权等可以用货币估价并可以依法转让的非货币财产作价出资;但是,法律、行政法规规定不得作为出资的财产除外。对作为出资的非货币财产应当评估作价,核实财产,不得高估或者低估作价。

第二节　公司的组织结构

一、股东会或股东大会

1.股东会的职权

股东会由全体股东组成。股东会是公司的权力机构,行使下列职权:

(1)决定公司的经营方针和投资计划。

(2)选举和更换非由职工代表担任的董事、监事,决定有关董事、监事的报酬事项。

(3)审议批准董事会的报告。

(4)审议批准监事会或者监事的报告。

(5)审议批准公司的年度财务预算方案、决算方案。

(6)审议批准公司的利润分配方案和弥补亏损方案。

(7)对公司增加或者减少注册资本做出决议。

(8)对发行公司债券做出决议。

(9)对公司合并、分立、解散、清算或者变更公司形式做出决议。

(10)修改公司章程。

(11)公司章程规定的其他职权。

2.有限责任公司的股权转让

股份有限公司是开放式公司,除法律另有规定外,公司的股东可以自由转让其所持有的本公司股份;有限责任公司是封闭式公司,股权转让受到一定的限制。有限责任公司的股权转让方式包括:

(1)对内转让。

①转让的原则:自由转让。股东相互之间可以自由转让股权。

②转让的形式:可以是转让部分股权,也可以是转让全部股权。

③转让的后果:公司须办理股东事项的变更登记,若因股东之间转让股权而导致公司仅剩下一个

股东时,公司可以继续存在,只是要符合一人有限责任公司的有关条件,同时还要办理公司组织机构的变更登记。

(2)对外转让。

①书面通知其他股东征求同意。其他股东自接到书面通知之日起满30日未答复的,视为同意转让。

②须经其他股东过半数同意。其他股东半数以上不同意转让的,不同意的股东应当购买该转让的股权;不购买的,视为同意转让。

③其他股东的优先购买权。经股东同意转让的股权,在同等条件下,其他股东有优先购买权。两个以上股东主张行使优先购买权的,协商确定各自的购买比例。协商不成的,按照转让时各自的出资比例行使优先购买权。

公司章程对股权转让另有规定的,从其规定。

特殊情形下的股权转让:

人民法院依照法律规定的强制执行程序转让股东的股权时,应当通知公司及全体股东,其他股东在同等条件下有优先购买权。其他股东自人民法院通知之日起满20日不行使优先购买权的,视为放弃优先购买权。

3.股份有限公司的股权转让

(1)转让的一般原则:自由转让(无论对内、对外)。

(2)转让的限制性规定。

①对股份转让场所的限制。股东转让其股份,应当在依法设立的证券交易所进行,或者按照国务院规定的其他方式进行。

②对发起人持有本公司股份转让的限制。发起人所持有的本公司的股份,自公司成立之日起1年内不得转让。公司公开发行股份前已发行的股份,自公司股票在证券交易所上市交易之日起1年内不得转让。

③对董事、监事、高级管理人员持有本公司股份转让的限制。公司董事、监事、高级管理人员应当向公司申报所持有的本公司的股份及其变动情况,在任职期间每年转让的股份不得超过其所持有本公司股份总数的25%;所持本公司股份自公司股票上市交易之日起1年内不得转让。上述人员离职后半年内,不得转让其所持有的本公司股份。公司章程可以对公司董事、监事、高级管理人员转让其所持有的本公司股份做出其他限制性规定。

4.股东的股权收购请求权

(1)有限责任公司的股权收购。

①收购的情形:有下列情形之一的,对股东会该项决议投反对票的股东可以请求公司按照合理的价格收购其股权:公司连续5年不向股东分配利润,而公司该5年连续盈利,并且符合《公司法》规定的分配利润条件的;公司合并、分立、转让主要财产的;公司章程规定的营业期限届满或者章程规定的其他解散事由出现,股东会会议通过决议修改章程使公司存续的。

②收购的程序:自股东会会议决议通过之日起60日内,股东与公司不能达成股权收购协议的,股东可以自股东会会议决议通过之日起90日内向人民法院提起诉讼。

(2)股份有限公司的股权收购。

在一般情况下,公司不得收购本公司的股份,但以下情形例外:

①减少公司注册资本。公司因减少注册资本而收购本公司股份的,应当经股东大会决议,并应当自收购之日起10日内注销。

②将股份奖励给本公司职工。公司因这一原因而收购的本公司股份,不得超过本公司已发行股份总额的5%;用于收购的资金应当从公司的税后利润中支出;所收购的股份应当在1年内转让给职工。

③与持有本公司股份的其他公司合并。因这一原因而收购本公司股份的,应当在6个月内转让或者注销。

④股东因对股东大会做出的公司合并、分立决议持异议,要求公司收购其股份的。因这一原因而收购本公司股票的,应当在6个月内转让或者注销。

经典例题

(单选题)2010年6月18日,某股份有限公司依股东大会决议收购了本公司部分股份用于奖励公司职工。该公司现有已发行股份总额8 000万股。下列关于该公司收购本公司部分股份奖励职工的表述,符合我国《公司法》规定的是( )。

A.公司用于收购本公司股份的资金可以从公司的税前利润中支出

B.公司可以收购的本公司股份不得超过800万股

C.公司可以收购的本公司股份不得超过400万股

D.公司收购的本公司股份应在2012年6月18日之前转让给职工

【答案】C。解析:公司因将股份奖励给本公司职工这一原因而收购本公司股份的,不得超过本公司已发行股份总额的5%,故可以收购的股份不能超过400万股,B项错误,C项正确。用于收购的资金应当从公司的税后利润中支出,A项错误。所收购的股份应当在1年内转让给职工,即在2011年6月18日之前转让给职工,而非2012年,故D错误。

二、董事会

董事会是公司的经营决策机构,是股东会的执行机构。

1.董事会的职权

(1)召集股东会会议,并向股东会报告工作。

(2)执行股东会的决议。

(3)决定公司的经营计划和投资方案。

(4)制定公司的年度财务预算方案、决算方案。

(5)制定公司的利润分配方案和弥补亏损方案。

(6)制定公司增加或者减少注册资本以及发行公司债券的方案。

(7)制定公司合并、分立、解散或者变更公司形式的方案。

(8)决定公司内部管理机构的设置。

(9)决定聘任或者解聘公司经理及其报酬事项,并根据经理的提名决定聘任或者解聘公司副经理、财务负责人及其报酬事项。

(10)制定公司的基本管理制度。

(11)公司章程规定的其他职权。

2.经理的职权

经理由董事会决定聘任或者解聘。经理对董事会负责,行使下列职权:

(1)主持公司的生产经营管理工作,组织实施董事会决议。

(2)组织实施公司年度经营计划和投资方案。

(3)拟订公司内部管理机构设置方案。

（4）拟订公司的基本管理制度。

（5）制定公司的具体规章。

（6）提请聘任或者解聘公司副经理、财务负责人。

（7）决定聘任或者解聘除应由董事会决定聘任或者解聘以外的负责管理人员。

（8）董事会授予的其他职权。

公司章程对经理职权另有规定的，从其规定。

三、监事会

1.组 成

成员不得少于3人。监事会应当包括股东代表和适当比例的公司职工代表，其中职工代表的比例不得低于1/3，具体比例由公司章程规定。监事会中的职工代表由公司职工通过职工代表大会、职工大会或者其他形式民主选举产生。

监事会设主席1人，由全体监事过半数选举产生。监事会主席召集和主持监事会会议；监事会主席不能履行职务或者不履行职务的，由半数以上监事共同推举一名监事召集和主持监事会会议。

董事、高级管理人员不得兼任监事。

2.任 期

监事的任期每届为3年。监事任期届满，连选可以连任。

3.监事会、不设监事会的公司的监事行使下列职权

（1）检查公司财务。

（2）对董事、高级管理人员执行公司职务的行为进行监督，对违反法律、行政法规、公司章程或者股东会决议的董事、高级管理人员提出罢免的建议。

（3）当董事、高级管理人员的行为损害公司的利益时，要求董事、高级管理人员予以纠正。

（4）提议召开临时股东会会议，在董事会不履行本法规定的召集和主持股东会会议职责时召集和主持股东会会议。

（5）向股东会会议提出提案。

（6）依照《公司法》第151条的规定，对董事、高级管理人员提起诉讼。

（7）公司章程规定的其他职权。

经典例题

（单选题）1.依据我国《公司法》的规定，有限责任公司的权力机构是（   ）。

A.股东会

B.董事会

C.监事会

D.职工代表大会

【答案】A。解析：有限责任公司的权力机构是股东会，它是由全体股东所组成的表达公司意思的非常设的机构，是每一个公司都必需的机构。

（单选题）2.甲公司章程规定：董事长未经股东会授权，不得处置公司资产，也不得以公司名义签订非经营性合同。一日，董事长任某见王某开一辆新款宝马车，遂决定以自己乘坐的公司旧奔驰车与王某调换，并办理了车辆过户手续。对任某的换车行为，下列说法正确的是（   ）。

A.违反公司章程处置公司资产，其行为无效

B.违反公司章程从事非经营性交易,其行为无效

C.并未违反公司章程,其行为有效

D.无论是否违反公司章程,只要王某无恶意,该行为有效

【答案】D。解析:任某行为已经违反了公司章程,C 项错误。但是内部行为章程对公司、董事、高级管理人员有约束力,不得对抗善意第三人,故 D 项正确。

第三节 公司的财务与会计制度

一、公司财务会计报告公开

(1)有限责任公司应当依照公司章程规定的期限将财务会计报表送交各股东。

(2)股份有限公司财务会计报告。

应当在召开股东大会年会的 20 日前将财务会计报表置备于本公司,供股东查阅。

(3)募集设立的股份有限公司公告财务会计报告的义务。

募集设立的股份有限公司必须公告其财务会计报告。

二、聘用会计师事务所的义务

聘用会计师事务所承办公司的审计业务,是公司的法定义务。

三、公司的收益分配顺序

公司的税后利润按照以下顺序进行分配。

1.弥补亏损

即在公司已有的法定公积金不足以弥补上一年度公司亏损时,先用当年利润弥补亏损。

2.提取法定公积金

公司分配当年税后利润时,应当提取利润的 10%列入公司法定公积金。公司法定公积金累计额为公司注册资本的 50%以上的,可以不再提取。

3.提取任意公积金

公司从税后利润中提取法定公积金后,经股东会或者股东大会决议,还可以从税后利润中提取任意公积金。

四、对股东分配股利

(1)有限责任公司:按照股东实缴的出资比例分配红利,全体股东另有约定的除外。

(2)股份有限公司:按照股东持有的股份比例分配红利,公司章程另有规定的除外。

(3)并非公司所有的股东都可以分配利润,公司持有的本公司股份不得分配利润。

五、破产财产的清偿顺序

《企业破产法》第 113 条规定,破产财产在优先清偿破产费用和共益债务后,依照下列顺序清偿:

(1)破产人所欠职工的工资和医疗、伤残补助、抚恤费用,所欠的应当划入职工个人账户的基本养老保险、基本医疗保险费用,以及法律、行政法规规定应当支付给职工的补偿金。

（2）破产人欠缴的除前项规定以外的社会保险费用和破产人所欠税款。

（3）普通破产债权。

破产财产不足以清偿同一顺序的清偿要求的，按照比例分配。

经典例题

（单选题）清算组在对公司资产、债权、债务进行清理时，应首先拨付（　　）。

A.职工工资和劳动保险费用

B.所欠税款

C.公司债务

D.清算费用

【答案】D。解析：《企业破产法》第113条规定，破产财产在优先清偿破产费用和共益债务后，依照下列顺序清偿……故此公司破产财产应先支付清算费用。

第四节 一人公司

一、概念和特征

一人有限责任公司，是指只有一个自然人股东或者一个法人股东的有限责任公司。一人有限责任公司具有以下特征：

1.股东的资格

股东为一人，可以是自然人，也可以是法人。一个自然人只能投资设立一个一人有限责任公司。该一人有限责任公司不能投资设立新的一人有限责任公司，法人股东无此限制。

2.股东的责任

股东对公司债务以承担有限责任为原则，承担连带责任为例外。当一人有限责任公司的股东不能证明公司财产独立于股东自己财产的，应当对公司债务承担连带责任。

3.公司组织机构简化

一人公司不设股东会，董事会和监事会是否设立，则由公司章程规定。

二、《公司法》对一人有限责任公司的规定

1.自然人股东再投资的限制

一个自然人只能投资设立一个一人有限责任公司。该一人有限责任公司不能投资设立新的一人有限责任公司。

2.股东连带责任

一人有限责任公司的股东不能证明公司财产独立于股东自己财产的，应当对公司债务承担连带责任。

经典例题

（单选题）下列关于公司分类中哪一项表述是错误的？（　　）

A.一人公司是典型的人合公司

B.上市公司是典型的资合公司

C.非上市股份公司是资合为主兼具人合性质的公司

D.有限责任公司是以人合为主兼具资合性质的公司

【答案】A。解析：一人公司仅有一个股东，无所谓人合和资合，故 A 项错误；上市公司是典型的开放式公司，也是典型的资合公司，故 B 项正确；非上市股份公司和有限责任公司都是人合兼具资合的公司，只是侧重的性质不同。故 C、D 两项正确。

第五节 国有独资公司

国有独资公司，是指国家单独出资、由国务院或者地方人民政府授权本级人民政府国有资产监督管理机构履行出资人职责的有限责任公司。《公司法》对国有独资公司做出以下特别规定。

1.设立审批机构

国有独资公司的设立，必须经政府有关部门的批准。

2.股东仅有一个

国有独资公司的股东为国务院或者地方人民政府授权的本级人民政府国有资产监督管理机构。

3.公司结构特殊

(1)股东会。

①只有一个股东，不设股东会。②股东职权由国有资产监督管理机构行使。国有资产监督管理机构可以授权董事会行使股东会的部分职权，但以下三条必须由国有资产监督管理机构决定：第一，合并，分立，解散。第二，增减注册资本。第三，发行公司债券。③重要的国有独资公司的"合并，分立，解散，申请破产"，应当由国有资产监督管理机构审核后，报本级人民政府批准。

注意：重要的国有独资公司的生死存亡必须由本级政府批准。

(2)董事会。

①董事会中必须包括职工代表，职工代表由职工代表大会选举产生，其他董事由国有资产监督管理机构委派。②设董事长1人，副董事长可设可不设。③董事长，副董事长由国有资产监督管理机构从董事会成员中"指定"。注意：不是选举产生的。④国有独资公司的董事长，副董事长，董事，高级管理人员，未经国有资产监督管理机构同意，不得在其他有限责任公司、股份有限公司或者其他经济组织兼职。⑤国有独资公司设经理，由董事会聘任或解聘。

注意：一般公司的高级管理人员也由董事会聘任或解聘。

(3)监事会。

①监事会成员不得少于5人(一般有限责任公司不得少于3人)，其中职工代表的比例不得低于1/3。②监事会成员由国有资产监督管理机构委派，但监事会中的职工代表由职工代表大会选举产生。③监事会主席由国有资产监督管理机构从监事会成员中"指定"，注意：不是选举产生的。一般有限责任公司的监事会主席由全体监事过半数"选举"产生。

注意：国有独资公司的"董事长，副董事长，监事会主席"这些都是"指定"的，不是"选举"产生的。

经典例题

(单选题)国有独资公司董事会成员中的职工代表由(   )方式产生。

A.公司职工大会选举

B.董事推选

C.国有资产监督管理机构委派

D.国有资产监督管理机构从董事会成员中指定

【答案】A。解析：《中华人民共和国公司法》第67条规定："国有独资公司设董事会，依照本法第46条、第66条的规定行使职权。董事每届任期不得超过3年。董事会成员中应当有公司职工代表。董事会成员由国有资产监督管理机构委派；但是，董事会成员中的职工代表由公司职工代表大会选举产生。"

第二章　物权法

第一节　物权法概述

一、基本概念

物权法上的物是指存在于人体之外,能够为人力所支配,并能够满足人类某种需要,具有稀缺性的物质对象。主要包括动产与不动产,不动产是指土地以及房屋、林木等地上附着物;动产是指不动产以外的物。

二、物权变动模式

1.不动产物权登记

不动产物权以登记为公示手段。《物权法》第 9 条规定:"不动产物权的设立、变更、转让和消灭,经依法登记,发生效力;未经登记,不发生效力,但法律另有规定的除外。依法属于国家所有的自然资源,所有权可以不登记。"

2.动产交付

《物权法》第 23 条规定:"动产物权的设立和转让,自交付时发生效力,但法律另有规定的除外。"同时,第 24 条规定:"船舶、航空器和机动车等物权的设立、变更、转让和消灭,未经登记,不得对抗善意第三人。"

经典例题

(单选题)甲、乙双方订立房屋买卖合同,房屋所有权何时由卖方转移给买方?(　　)

A.买卖合同订立之时

B.办理过户登记之时

C.买卖合同订立之时或办理过户登记之时

D.买卖合同生效之时

【答案】B。解析:按我国有关法律规定,房屋所有权因买卖转移变更时,应办理转移变更登记手续,因此,当事人只有办理完成房屋过户登记手续,房屋所有权才发生转移。过户登记的时间即为所有权转移的时间。

第二节 抵押权

一、抵押权概述

抵押权是指为担保债务的履行,债务人或者第三人不转移财产的占有,将该财产抵押给债权人,债务人不履行到期债务或者发生当事人约定的实现抵押权的情形,债权人有权就该财产优先受偿。提供担保财产的债务人或者第三人为抵押人,债权人为抵押权人,提供担保的财产为抵押财产。

二、可抵押的财产范围

债务人或者第三人有权处分的下列财产可以抵押:
(1)建筑物和其他土地附着物。
(2)建设用地使用权。
(3)以招标、拍卖、公开协商等方式取得的荒地等土地承包经营权。
(4)生产设备、原材料、半成品、产品。
(5)正在建造的建筑物、船舶、航空器。
(6)交通运输工具。
(7)法律、行政法规未禁止抵押的其他财产。抵押人可以将以上所列财产一并抵押。

三、不得抵押的财产范围

(1)土地所有权。
(2)耕地、宅基地、自留地、自留山等集体所有的土地使用权,但法律规定可以抵押的除外。
(3)学校、幼儿园、医院等以公益为目的的事业单位、社会团体的教育设施、医疗卫生设施和其他社会公益设施。
(4)所有权、使用权不明或者有争议的财产。
(5)依法被查封、扣押、监管的财产。
(6)法律、行政法规规定不得抵押的其他财产。

四、抵押权的设立

根据我国物权法的规定,设立抵押权,当事人应当采取书面形式订立抵押合同。
抵押权登记是指抵押权人向法律规定的有关部门将其在特定物上所设定的抵押权的事项予以记载的事实。

1.不动产登记生效规定

必须办理抵押物登记的财产(不动产抵押法定登记)包括建筑物和其他土地附着物;建设用地使用权;以招标、拍卖、公开协商等方式取得的荒山、荒沟、荒丘、荒滩等土地承包经营权;正在建造的建筑物。
上述财产的抵押,应当办理抵押物登记,抵押权自登记时发生效力。抵押物登记记载的内容与抵押合同约定的内容不一致的,以登记记载的内容为准。

2.动产抵押的效力规定

当事人以上述之外的其他财产抵押的,可以自愿办理抵押物登记。抵押权自抵押合同生效时发生效力;未经登记,不得对抗善意第三人。

五、抵押权的顺位

同一财产向两个以上债权人抵押的,拍卖、变卖抵押财产所得的价款依照下列规定清偿:

(1)抵押权已登记的,按照登记的先后顺序清偿;顺序相同的,按照债权比例清偿。

(2)抵押权已登记的先于未登记的受偿。

(3)抵押权未登记的,按照债权比例清偿。

经典真题

(单选题)抵押是担保的一种方式,根据《物权法》,下列说法正确的是( )。

A.债权人不占有债务人或第三人用于抵押的财产

B.债权人任何时候都无权就抵押财产优先受偿

C.抵押需将财产移交给债权人,一旦债务人不能履行到期债务,可直接用于清偿

D.抵押财产的使用权归债权人所有

【答案】A。解析:《物权法》第179条规定,为担保债务的履行,债务人或者第三人不转移财产的占有,将该财产抵押给债权人的,债务人不履行到期债务或者发生当事人约定的实现抵押权的情形,债权人有权就该财产优先受偿。A项正确,BC错误。抵押权作为一种担保物权,是实践中最理想,被广泛使用的担保形式,因为它的担保效力最可靠,而且能充分发挥担保财产的作用,既然抵押物不转移其占有,那么它既可以发挥其使用价值,也可以由所有人继续使用并发挥它的使用价值,取得的收益亦可以清偿债务,这样就使债权人的权益得到最充分的保障。D项说法错误。故本题答案选A。

第三节 质权

一、概念

质权是指为了担保债权的履行,债务人或第三人将其动产或权利移交债权人占有,当债务人不履行债务时,债权人有就其占有的财产优先受偿的权利。债权人为质权人,债务人或第三人为出质人,交付的动产或权利为质物。

二、分类

质权分为动产质权与权利质权。

根据《物权法》第223条规定,债务人或者第三人有权处分的下列权利可以出质:

(1)汇票、支票、本票。

(2)债券、存款单。

(3)仓单、提单。

(4)可以转让的基金份额、股权。

(5)可以转让的注册商标专用权、专利权、著作权等知识产权中的财产权。

(6)应收账款。

(7)法律、行政法规规定可以出质的其他财产权利。

三、质权的设立

设立质权,当事人应当采取书面形式订立质权合同。质权人在债务履行期届满前,不得与出质人约定债务人不履行到期债务时质押财产归债权人所有。

(1)动产质权自出质人交付质押财产时设立。

(2)权利质权的设立以交付或登记为质权生效的标志。其中以汇票、支票、本票、债券、存款单、仓单、提单出质的,质权自权利凭证交付之日起生效。没有权利凭证的,质权自有关部门办理出质登记时设立。

经典例题

(单选题)根据《物权法》规定,下列权利中不能设定权利质押的是(　　)。

A.专利权中的财产权　　　　　　　　B.应收账款债权

C.房屋所有权　　　　　　　　　　　D.可以转让的股权

【答案】C。解析:房屋为不动产,可以设立抵押权但不能设立质权。

第四节　留置权

一、概念

留置权是指债务人不履行到期债务,债权人可以留置已经合法占有的债务人的动产,并有权就该动产优先受偿的权利。债权人为留置权人,占有的动产为留置财产。

二、受偿顺序

留置权是法定物权,而不是通过合同约定而设立。同一动产上已设立抵押权或者质权,该动产又被留置的,留置权人优先受偿。

三、抵押、质押、留置的区别

表 5-2-1　抵押、质押、留置的区别

类型	对象	形式
抵押	不动产、动产	不转移财产占有
质押	动产、权利	占有
留置	动产	已经合法占有

第三章 仲裁法

仲裁是指双方当事人在争议发生前或争议发生后达成协议，将争议事项提交非司法机关的第三者审理，并由其作出具有约束力的裁决，双方当事人对此有义务执行的一种解决争议的方法。仲裁具有以下特征：(1)自愿性；(2)专业性；(3)灵活性；(4)保密性；(5)效率性和经济性；(6)独立性。

一、仲裁法的适用范围

平等主体的公民、法人和其他组织之间发生的合同纠纷和其他财产权益纠纷，可以仲裁。但下列纠纷不能仲裁：(1)婚姻、收养、监护、扶养、继承纠纷；(2)依法应当由行政机关处理的行政争议。

二、仲裁法的基本原则

仲裁法的基本原则是指在仲裁活动中，仲裁机构、双方当事人及其他仲裁参与人必须遵循的基本行为准则。

1.自愿原则

自愿原则主要体现在以下几个方面：(1)以仲裁方式解决纠纷，应以双方当事人自愿为前提；(2)仲裁机构和仲裁地点，由双方当事人协商选定；(3)仲裁庭组成形式及仲裁员，由当事人选定；(4)提交仲裁的争议事项，由当事人双方约定；(5)当事人可以约定开庭形式、审理方式等有关程序事项。

2.公平合理仲裁原则

公平合理仲裁原则是指仲裁庭在仲裁活动中必须保持中立，平等对待双方当事人，依据事实公平合理地作出裁决。其包括两层含义：(1)仲裁庭对待双方当事人应一律平等；(2)仲裁庭应公平合理地作出裁决。

3.符合法律规定原则

符合法律规定，即仲裁庭在查清事实的基础上，应当根据法律的有关规定确认当事人各方的权利与义务，确定承担赔偿责任的方式以及赔偿数额的大小。

4.独立仲裁原则

独立仲裁原则包括以下三个方面内容：(1)仲裁独立于行政；(2)仲裁组织体系中的仲裁协会、仲裁委员会和仲裁庭三者之间相互独立；(3)仲裁不受团体和个人干涉。

三、仲裁法的基本制度

1.协议仲裁制度

我国《仲裁法》第4条规定，当事人采用仲裁方式解决纠纷，应当双方自愿，达成仲裁协议。没有仲裁协议，一方申请仲裁的，仲裁委员会不予受理。其含义有两个：(1)仲裁协议是协议仲裁制度的核心。(2)仲裁机构受理案件，必须是基于双方当事人的共同授权。

2.或裁或审制度

或裁或审制度是指争议发生前或发生后,当事人有权选择,解决争议的途径,或者双方达成仲裁协议,将争议提交仲裁机构解决,或者争议发生后向人民法院提起诉讼。其含义是指:(1)当事人达成仲裁协议的,应当向仲裁机构申请仲裁,不能向法院起诉。(2)人民法院不受理当事人之间有仲裁协议的起诉。但仲裁协议无效的除外。

3.一裁终局制度

一裁终局制度是指仲裁机构受理并经仲裁庭审理的纠纷,一经仲裁庭裁决,该裁决即发生终局的法律效力,当事人不能就同一纠纷向人民法院起诉,也不能向其他仲裁机构再申请仲裁。

4.回避制度

具体内容包括:(1)回避的事由:是本案当事人或者当事人、代理人的近亲属;与本案有利害关系;与本案当事人、代理人有其他关系,可能影响公正仲裁的;私自会见当事人、代理人,或者接受当事人、代理人请客送礼的。(2)回避的后果:仲裁员因回避不能履行职责的,应当依照仲裁法规定重新选定或者指定仲裁员。因回避而重新或者指定仲裁员后,当事人可以请求已进行的仲裁程序重新进行,是否准许,由仲裁庭决定;仲裁庭也可以自行决定已进行的仲裁程序是否重新开始。

5.不公开审理制度

不公开审理制度具体包括三个方面内容:(1)仲裁审理以不公开为原则;(2)当事人协议公开的,可以公开仲裁;(3)涉及国家秘密的案件,无论协议与否,都绝对不允许公开。

仲裁不公开进行,不仅要求仲裁庭在公开审理案件时不公开进行,而且请求仲裁庭对争议作出裁决也不能公开宣告。

6.开庭审理与书面审理相结合的制度

仲裁应当开庭进行,当事人协议不开庭的,仲裁庭可以根据仲裁申请书、答辩书以及其他材料作出裁决。

四、仲裁协议的效力

仲裁协议是指当事人双方自愿将已经发生的或将来可能发生的纠纷提交仲裁机构进行裁决的共同意思表示。仲裁协议有如下效力:

1.对当事人的效力

仲裁协议是双方当事人的合意,所以,它首先对双方当事人产生约束力。(1)当事人就协议仲裁事项的诉权受到限制。(2)当事人可提请仲裁的范围受到限制。(3)对当事人科以附随义务。

2.对仲裁机构的效力

仲裁机构受理仲裁案件的前提和依据是当事人之间的仲裁协议,仲裁协议对仲裁机构也产生约束力。仲裁协议中仲裁条款虽然作为主合同的一部分,但其在性质上、效力上均独立于主合同,其效力有独立的确定性,不受主合同变更、解除、终止、无效等情形的影响。

3.对人民法院的效力

仲裁协议对人民法院的效力表现为两个方面:(1)排除人民法院对有仲裁协议的争议案件的管辖权。(2)对仲裁机构基于有效仲裁协议所作出的有效裁决,基于当事人的执行申请,法院负有执行责任。

4.仲裁协议无效的情形

我国《仲裁法》第 17 条规定:"有下列情形之一的,仲裁协议无效:(一)约定的仲裁事项超出法律规定的仲裁范围的;(二)无民事行为能力人或者限制民事行为能力人订立的仲裁协议;(三)一方采取胁迫手段,迫使对方订立仲裁协议的。"

5.仲裁协议效力的认定

当事人对仲裁协议的效力有异议的,可以请求仲裁委员会作出决定或者请求人民法院作出裁定。一方请求仲裁委员会作出决定,另一方请求人民法院作出裁定的,由人民法院裁定。

五、仲裁裁决的撤销

申请撤销仲裁裁决是指当仲裁裁决有违反法律规定的情形时,当事人向人民法院提出申请,要求人民法院撤销仲裁裁决的行为。

申请撤销仲裁裁决的主体当事人是提请仲裁机构的争议案件的利害关系人。根据《仲裁法》第 59 条的规定,当事人申请撤销仲裁裁决的,应当自收到裁决书之日起 6 个月内提出。《仲裁法》第 58 条规定,当事人可以向作出仲裁裁决的仲裁委员会所在地的中级人民法院提出申请。

根据《仲裁法》第 58 条规定,当事人可以向有管辖权的人民法院申请撤销裁决:

(1)没有仲裁协议的。(2)裁决的事项不属于仲裁协议的范围或者仲裁委员会无权仲裁的。(3)仲裁庭的组成或者仲裁的程序违反法定程序的。(4)裁决所根据的证据是伪造的。(5)对方当事人隐瞒了足以影响公正裁决的证据的。(6)仲裁员在仲裁该案时有索贿受贿、徇私舞弊、枉法裁决行为的。

除出现上述 6 种可撤销的情形以外,人民法院在审查过程中,认为仲裁裁决违背社会公共利益的,也应当予以撤销。

【经典真题】

(不定项选择题)天龙公司与新天地装饰公司签订了一份装饰工程合同。合同约定:新天地公司包工包料,负责完成天龙公司办公大楼的装饰工程。事后双方另行达成了补充协议,约定因该合同的履行发生纠纷,由某仲裁委员会裁决。在装饰工程竣工后,质检单位鉴定复合地板及瓷砖均属于不合格产品。天龙公司要求新天地公司返工并赔偿损失,新天地公司不同意,引发纠纷。

根据以上材料回答问题:

1.假设某法院受理了天龙公司的起诉,新天地公司应诉答辩,新天地公司在首次开庭时,向法院提交了仲裁协议,对此,该法院的处理应是( )。

A.裁定驳回天龙公司的起诉

B.裁定不予受理,告知当事人通过仲裁方式解决

C.裁定将案件移送仲裁机构处理

D.继续审理本案

2.天龙公司与新天地公司通过仲裁委员会解决纠纷,那么下列关于仲裁委员会的说法正确的是( )。

A.属于民间性组织,独立于行政机关

B.各仲裁委员会之间存在一定的隶属关系

C.仲裁委员会与司法行政机关存在隶属关系

D.仲裁委员会是中国仲裁协会的下属单位

3.若天龙公司与新天地公司对仲裁委员会的裁决均不满意,对此,下列表述正确的是( )。

A.双方可以就同一纠纷再申请仲裁

B.双方可以就该纠纷向人民法院起诉

C.双方可以要求人民法院通过审判程序对仲裁裁决进行审查

D.仲裁裁决发生法律效力

4.根据《仲裁法》的规定,下列关于仲裁裁决的说法正确的是(　　)。

A.按照多数仲裁员的意见做出,少数仲裁员的不同意见可以在裁决书中写明

B.按照多数仲裁员的意见做出,少数仲裁员的不同意见可以记入笔录

C.仲裁庭不能形成多数意见时,另行组成仲裁庭进行合议

D.仲裁庭不能形成多数意见时,裁决应当按照首席仲裁员的意见做出

1.【答案】D。解析:根据《仲裁法》第26条规定,当事人达成仲裁协议,一方向人民法院起诉未声明有仲裁协议,人民法院受理后,另一方在首次开庭前提交仲裁协议的,人民法院应当驳回起诉,但仲裁协议无效的除外;另一方在首次开庭前未对人民法院受理该案提出异议的,视为放弃仲裁协议,人民法院应当继续审理。本题中新天地公司在首次开庭时向法院提交了仲裁协议,并非开庭前提出,因此不能驳回起诉。故本题答案选D。

2.【答案】A。解析:《仲裁法》第14条规定,仲裁委员会独立于行政机关,与行政机关没有隶属关系。仲裁委员会之间也没有隶属关系。第15条规定,中国仲裁协会是社会团体法人。仲裁委员会是中国仲裁协会的会员。故本题答案选A。

3.【答案】D。解析:《仲裁法》第9条规定,仲裁实行一裁终局的制度。裁决作出后,当事人就同一纠纷再申请仲裁或者向人民法院起诉的,仲裁委员会或者人民法院不予受理。故本题答案选D。

4.【答案】BD。解析:《仲裁法》第53条规定,裁决应当按照多数仲裁员的意见作出,少数仲裁员的不同意见可以记入笔录。仲裁庭不能形成多数意见时,裁决应当按照首席仲裁员的意见作出。故本题答案选BD。

第四章 商业银行法

第一节 商业银行概述

一、商业银行概念

商业银行是指依照《中华人民共和国商业银行法》和《中华人民共和国公司法》设立的吸收公众存款、发放贷款、办理结算等业务的企业法人。

二、商业银行的业务

1.商业银行的业务概述

根据《中华人民共和国商业银行法》的规定,我国商业银行可以经营下列业务:吸收公众存款,发放贷款;办理国内外结算、票据贴现、发行金融债券;代理发行、兑付、承销政府债券,买卖政府债券;从事同业拆借;买卖、代理买卖外汇;提供信用证服务及担保;代理收付款及代理保险业务等。按照规定,商业银行不得从事政府债券以外的证券业务和非银行金融业务。

2.商业银行的资产业务

(1)贷款法律制度。《商业银行法》对银行关系人的贷款做出了限制。该法第40条规定:"商业银行不得向关系人发放信用贷款;向关系人发放担保贷款的条件不得优于其他贷款人同类贷款的条件。前款所称关系人是指:商业银行的董事、监事、管理人员、信贷业务人员及其近亲属;前款所列人员投资或者担任高级管理职务的公司、企业和其他经济组织。"

(2)投资业务。由于我国实行金融业的分业经营,商业银行的投资业务受到限制,依据《商业银行法》第43条,商业银行在中华人民共和国境内不得从事信托投资和证券经营业务,不得向非自用不动产投资或者向非银行金融机构和企业投资,但国家另有规定的除外。

3.商业银行的负债业务

(1)存款业务。

(2)其他负债业务:

①向人民银行借款。主要有直接借款和票据再贴现两种形式。

②发行金融债券。

③同业拆借。同业拆借是指商业银行因临时资金不足向其他银行及金融机构进行的临时借款。拆入资金用于弥补票据结算、联行汇差头寸不足和解决临时性周转资金的需要;禁止利用拆入资金发放固定资产贷款或者用于投资;拆出资金限于交足存款准备金、留足备付金和归还中国人民银行到期贷款之后的闲置资金。

④发行短期融资债券。

⑤发行大额可转让定期存单。

4.商业银行的中间业务

即不运用资金,为社会提供有关的金融服务收取手续费用的业务,如办理结算、提供保管箱的服务等。

经典真题

(多选题)《商业银行法》规定的办理储蓄业务的原则包括( )。

A.存款自愿   B.取款自由

C.存款有息   D.为存款人保密

【答案】ABCD。**解析:**《商业银行法》第29条规定:"商业银行办理个人储蓄存款业务,应当遵循存款自愿、取款自由、存款有息、为存款人保密的原则。"

第二节 银行业监督管理法

一、监管对象

国务院银行业监督管理机构负责对全国银行业金融机构及其业务活动监督管理的工作。具体范围包括:

(1)本法所称银行业金融机构,是指在中华人民共和国境内设立的商业银行、城市信用合作社、农村信用合作社等吸收公众存款的金融机构以及政策性银行。

(2)在中华人民共和国境内设立的金融资产管理公司、信托投资公司、财务公司、金融租赁公司以及经银监会批准设立的其他金融机构。

(3)经其批准在境外设立的金融机构以及前两种金融机构在境外的业务活动。

二、银监会监管职责

(1)依照法律、行政法规制定并发布对银行业金融机构及其业务活动监督管理的规章、制度。

(2)依照法律、行政法规规定的条件和程序,审查批准银行业金融机构的设立、变更、终止以及业务范围。

(3)对银行业金融机构的董事和高级管理人员实行任职资格管理。

(4)依照法律、行政法规制定银行业金融机构的审慎经营规则。

(5)对银行业金融机构的业务活动及其风险状况进行非现场监管,建立银行业金融机构监督管理信息系统,分析、评价银行业金融机构的风险状况。

(6)对银行业金融机构的业务活动及其风险状况进行现场检查,制定现场检查程序,规范现场检查行为。

(7)对银行业金融机构实行并表监督管理。

(8)会同有关部门建立银行业突发事件处置制度,制定银行业突发事件处置预案,明确处置机构和人员及其职责、处置措施和处置程序,及时、有效地处置银行业突发事件。

(9)负责统一编制全国银行业金融机构的统计数据、报表,并按照国家有关规定予以公布。

(10)对银行业自律组织的活动进行指导和监督。

(11)开展与银行业监督管理有关的国际交流、合作活动。

(12)对已经或者可能发生信用危机,严重影响存款人和其他客户合法权益的银行业金融机构实行接管或者促成机构重组。

(13)对有违法经营、经营管理不善等情形银行业金融机构予以撤销。

(14)对涉嫌金融违法的银行业金融机构及其工作人员以及关联行为人的账户予以查询,对涉嫌转移或者隐匿违法资金的申请司法机关予以冻结。

(15)对擅自设立银行业金融机构或非法从事银行业金融机构的业务活动予以取缔。

(16)负责国有重点银行业金融机构监事会的日常管理工作。

(17)承办国务院交办的其他事项。

三、银监会监管目标

通过审慎有效的监管,保护广大存款人和消费者的利益;通过审慎有效的监管,增进市场信心;通过宣传教育工作和相关信息披露,增进公众对现代金融的了解;努力减少金融犯罪。

经典例题

(多选题)根据我国《银行业监督管理法》的规定,在我国境内设立的下列哪些机构属于银行业监督管理的对象?(　　)

A.农村信用合作社　　　　　　　　　B.财务公司

C.信托投资公司　　　　　　　　　　D.证券公司

【答案】ABC。解析:《中华人民共和国银行业监督管理法》第2条规定:"国务院银行业监督管理机构负责对全国银行业金融机构及其业务活动监督管理的工作。本法所称银行业金融机构,是指在中华人民共和国境内设立的商业银行、城市信用合作社、农村信用合作社等吸收公众存款的金融机构以及政策性银行。对在中华人民共和国境内设立的金融资产管理公司、信托投资公司、财务公司、金融租赁公司以及经国务院银行业监督管理机构批准设立的其他金融机构的监督管理,适用本法对银行业金融机构监督管理的规定。国务院银行业监督管理机构依照本法有关规定,对经其批准在境外设立的金融机构以及前二款金融机构在境外的业务活动实施监督管理。"D项所述的证券公司由国务院证券监督管理机构负责监督管理。所以本题的正确选项是 A、B、C。

第五章 合同法

第一节 合同订立

一、要约

表5-5-1 要约

概念	要约是希望和他人订立合同的意思表示,又称发盘、出价,是订立合同的必经阶段。
构成要件	(1)要约是由特定人做出的意思表示。 (2)要约必须具有订立合同的意图。 (3)要约必须向要约人希望与之订立合同的受要约人发出。 (4)要约的内容必须具体、确定。
效力	(1)要约的生效:要约到达受要约人时生效(到达主义)。 (2)要约的失效情况:①受要约人拒绝邀约;②承诺期限届满,受要约人未做出承诺;③要约人撤销邀约;④受要约人对邀约内容做出实质性变更。 (3)要约的效力:受要约人享有承诺权。
撤回	撤回是指要约人在发出要约后,于要约到达受要约人之前取消其要约的行为。撤回要约的通知应当在要约到达受要约人之前或与要约同时到达受要约人。
撤销	(1)撤销是指在要约发生法律效力后,要约人取消要约从而使要约归于消灭的行为,撤销要约的通知应当在受要约人发出承诺通知之前到达受要约人。 (2)不可撤销要约:①要约人确定了承诺期限或者以其他方式明示要约不可撤销;②受要约人有理由认为要约是不可撤销的,并且已经为履行合同做了准备工作。

二、承诺

表5-5-2 承诺

概念	承诺是受要约人同意要约的意思表示。
构成要件	(1)承诺必须由受要约人做出。 (2)承诺必须在合理期限内向要约人发出。 (3)承诺的内容必须与要约的内容相一致。
效力	(1)承诺的生效时间:承诺到达要约人时生效。 (2)承诺的效力:承诺生效时合同成立。
变更	实质性变更:承诺无效,构成新要约。 非实质性变更:承诺有效,除非要约人及时表示反对或者要约表明不得变更。
撤回	撤回指受要约人在发出承诺通知以后,在承诺正式生效之前撤回其承诺。 撤回承诺的通知应当在承诺通知到达要约人之前或同时到达要约人。

经典例题

(单选题)A 公司于 10 月 20 日向 B 公司发出一项要约,欲向其购买一批材料,第二天因为发生安全事故公司停产,便想反悔,10 月 23 日发出撤回通知。要约于 10 月 26 日到达 B 公司。27 日,B 公司正在开会讨论是否应该接受这个要约的时候,撤回通知到达。则(　　)。

A.要约有效,要约未被撤销

B.要约有效,撤回通知后于要约到达,未被撤回

C.要约无效,要约已被撤回

D.要约无效,要约已被撤销

【答案】B。解析:要约的撤回是指要约人在发出要约后,于要约到达受要约人之前取消其要约的行为,要求撤回要约的通知应当在要约到达受要约人之前或与要约同时到达受要约人。本案中要约在 10 月 26 日已经到达 B 公司,要约已经生效,未被撤回。故 B 选项正确。

第二节　合同的效力

依法成立的合同,自成立时生效,法律有其他规定的从其规定。合同效力的类型如表 5-5-3 所示:

表 5-5-3　合同效力的类型

类型	表现情形	法律后果
有效	(1)行为人具有相应的民事行为能力。 (2)意思表示真实。 (3)不违反法律或社会公共利益。	(1)履行——合同消灭。 (2)不履行——违约责任。
无效	(1)一方以欺诈、胁迫的手段订立合同,损害国家利益的。 (2)恶意串通,损害国家、集体或者第三人利益的。 (3)以合法形式掩盖非法目的的行为。 (4)损害社会公共利益。 (5)违反法律、行政法规的强制性规定。	(1)返还(单方返还和双方返还)。 (2)折价(无法返还时)。 (3)赔偿(有损失应赔偿)。 (4)追缴(恶意串通,追缴财产归国家,或返还第三人)。
可变更、可撤销	(1)重大误解的。 (2)显失公平的。 (3)欺诈。 (4)胁迫。 (5)乘人之危。	(1)合同被撤销,合同无效(同无效合同后果)。 (2)合同仅变更或者未撤销,合同有效(同有效合同后果)。
效力待定	(1)无权处分行为。 (2)无权代理行为。 (3)限制民事行为能力人超越能力行为。	(1)未被追认的合同无效(同无效合同后果)。 (2)被追认或取得处分权的合同有效(同有效合同后果)。

第三节 合同的履行

一、合同的相对性

1.概念

所谓合同关系的相对性,主要是指合同关系只能发生在特定的合同当事人之间,只有一方合同当事人能够基于合同向另一方当事人提出请求或提出诉讼;与合同当事人没有发生合同上权利义务关系的第三人不能依据合同向合同当事人提出请求或提出诉讼,也不应承担合同的义务或责任;非依法律或合同规定,第三人不能主张合同上的权利。

2.重点法条

(1)《合同法》第64条,当事人约定由债务人向第三人履行债务的,债务人未向第三人履行债务或者履行债务不符合约定,应当向债权人承担违约责任。

(2)《合同法》第65条,当事人约定由第三人向债权人履行债务的,第三人不履行债务或者履行债务不符合约定,债务人应当向债权人承担违约责任。

【经典例题】

(单选题)甲与乙签订一份合同,约定由丙向甲履行债务,现丙履行债务的行为不符合合同的约定,甲有权请求谁承担违约责任?( )

A. 请求丙承担违约责任

B. 请求乙承担违约责任

C. 请求乙和丙共同承担违约责任

D. 请求乙或者丙承担违约责任

【答案】B。解析:《合同法》第65条规定:"当事人约定由第三人向债权人履行债务的,第三人不履行债务或履行债务不符合约定,债务人应当向债权人承担违约责任。"依据合同相对性原理,只有合同当事人才享有合同权利、承担合同义务。因此,B正确。

二、同时履行抗辩权

同时履行抗辩权是指在未约定先后履行顺序的双务合同中,当事人应当同时履行,一方在对方未为对待给付之前,有权拒绝其履行要求。构成要件为:

(1)在同一双务合同中互负对待给付义务。

(2)双方债务均已届清偿期。

(3)对方未履行债务。

(4)对方的债务可能履行。

三、先履行抗辩权

先履行抗辩权,是指当事人互负债务,有先后履行顺序的,先履行一方未履行之前,后履行一方有权拒绝其履行请求;先履行一方履行债务不符合约定的,后履行一方有权拒绝其相应的履行请求。构成要件:

(1)须双方当事人互负债务。

(2)两个债务须有先后履行顺序,至于该顺序是当事人约定的,还是法律直接规定的,在所不问。

(3)先履行一方未履行债务或其履行不符合约定。

四、不安抗辩权

1.不安抗辩权的构成要件

(1)双方当事人因同一双务合同而互负债务。

(2)后给付义务人的履行能力明显降低,有不能为对待给付的现实危险。

2.可以行使不安抗辩权的情形

《合同法》第 68 条规定,应当先履行债务的当事人,有确切证据证明对方有下列情形之一的,可以中止履行:

(1)经营状况严重恶化。

(2)转移财产、抽逃资金,以逃避债务。

(3)丧失商业信誉。

(4)有丧失或者可能丧失履行债务能力的其他情形。

当事人没有确切证据中止履行的,应当承担违约责任。

《合同法》第 69 条规定,当事人依照本法第 68 条的规定中止履行的,应当及时通知对方。对方提供适当担保时,应当恢复履行。中止履行后,对方在合理期限内未恢复履行能力并且未提供适当担保的,中止履行的一方可以解除合同。

> **经典例题**

(单选题)依据《合同法》,先履行方可行使不安抗辩权的情形是( )。

A.后履行方的法定代表人变更

B.后履行方的法定住所变更

C.后履行方经营状况恶化

D.后履行方丧失商业信誉

【答案】D。解析:行使抗辩权的情形有:经营状况严重恶化;转移财产、抽逃资金,以逃避债务;丧失商业信誉;其他丧失或者可能丧失履行能力的情况。故 D 选项入选。A、B 选项错误,C 选项应该是严重恶化。

第四节 合同的分类

一、主合同与从合同

根据合同间的主从关系,合同分为主合同与从合同。前者指不依赖他合同而独立存在的合同。后者指以他合同的存在为存在前提的合同。

二、单务合同与双务合同

根据合同当事人双方权利、义务的分担不同,合同分为双务合同和单务合同。前者指合同当事人双方相互享有权利,相互负有义务的合同。后者指合同一方当事人只享有权利而不负担义务,另一方只负担义务而不享有权利的合同。

河南省农村信用社招聘考试专用教材

三、有偿合同与无偿合同

以当事人取得权益是否须付相应代价为标准,合同分为有偿合同与无偿合同。前者指当事人一方享有合同规定的权益,须向对方当事人偿付相应代价的合同。后者指当事人一方享有合同规定的权益,不必向对方当事人偿付相应的代价的合同。

四、诺成性合同与实践性合同

根据合同是否可以交付标的物为生效要件,合同分为诺成性合同和实践性合同。前者指当事人意思表示一致即可成立且生效的合同。后者指除当事人意思表示一致外,须以实际交付标的物才能生效的合同。

五、要式合同与非要式合同

根据合同的成立是否需要特定的法律形式,合同分为要式合同和非要式合同。前者指须采用特殊法定形式才能成立的合同。后者指法律没有特别规定,当事人也没有特别约定须采用特殊形式的合同。

六、有名合同和无名合同

根据法律上有无规定一定的名称,合同可分为有名合同和无名合同。

有名合同是指法律上或者经济生活习惯上按其类型已确定了一定名称的合同,又称典型合同。我国合同法中规定的合同和民法学中研究的合同都是有名合同。如我国《合同法》所规定的 15 类合同,包括买卖合同,供用电、水、气、热力合同,赠与合同,借款合同,租赁合同,融资租赁合同,承揽合同,建设工程合同,运输合同,技术合同,保管合同,仓储合同,委托合同,行纪合同和居间合同,都属于有名合同。无名合同是指有名合同以外的、尚未统一确定一定名称的合同。无名合同如经法律确认或在形成统一的交易习惯后,可以转化为有名合同。

经典例题

(单选题)根据当事人一方从对方取得利润有无代价,合同可分为(　　)。

A.要式合同与不要式合同

B.有偿合同与无偿合同

C.双务合同与单务合同

D.实践性合同与诺成性合同

【答案】B。解析:根据当事人取得权利是否以偿付为代价,可以将合同分为有偿合同与无偿合同。根据合同的成立是否需要特定的形式,可将合同分为要式合同与不要式合同。根据当事人双方权利义务的分担方式,可把合同分为双务合同与单务合同。根据合同的成立是否以交付标的物为要件,可将合同分为诺成性合同与实践性合同。

第五节　违约责任

一、违约的形态

在我国《合同法》上违约的样态有两大类,其一是实际违约,其二是预期违约。实际违约又可以划分为四个类型,即拒绝履行、履行不能、迟延履行、不完全履行。

二、违约责任的形式

1.继续履行

继续履行也称强制实际履行,是指违约方根据对方当事人的请求,由人民法院强制其继续履行合同规定义务的合同责任形式。

2.采取补救措施

补救措施适用于不完全履行的情形,其主要方式有:修理、更换、重做、退货、减少价款或者报酬等。

3.损害赔偿

损害赔偿适用完全赔偿原则,即应当赔偿非违约方因为违约而受到的全部损失。

三、违约金责任

违约金是依据合同约定当事人一方违反合同时应当向对方支付一定数量的金钱或财物。

四、定金责任

1.当事人可以依照《担保法》约定一方向对方给付定金作为债权的担保

债务人履行债务后,定金应当抵作价款或者收回。给付定金的一方不履行约定的债务的,无权要求返还定金;收受定金的一方不履行约定的债务的,应当双倍返还定金。

2.定金合同

《担保法》第90条规定,定金应当以书面形式约定。当事人在定金合同中应当约定交付定金的期限。定金合同从实际交付定金之日起生效。

3.定金的数额限制

《担保法》第91条规定,定金的数额由当事人约定,但不得超过主合同标的额的20%。

4.实际交付定金数额多于或者少于约定数额处理规则

定金合同签订后,如果应当交付定金的一方实际交付的定金数额多于或者少于约定数额,根据最高人民法院《关于适用〈中华人民共和国担保法〉若干问题的解释》第119条规定视为变更定金合同;收受定金一方提出异议并拒绝接受定金的,定金合同不生效。

5.迟延履行或者其他违约行为处理规则

最高人民法院通过《关于适用〈中华人民共和国担保法〉若干问题的解释》第120条规定:"因当事人一方迟延履行或者其他违约行为,致使合同目的不能实现,可以适用定金罚则。但法律另有规定或者当事人另有约定的除外。"因此,实践中如果当事人一方延迟履行合同的,应当按照延迟履行部分所占合同约定内容的比例,适用定金罚则。

【经典例题】

(单选题)1.合同当事人为了确保合同的履行,可以约定由一方当事人预先向对方给付一定数额的金钱,债务人履行债务后,该金钱应当抵作价款或者收回。给付该金钱的一方不履行约定债务的,无权要求返还;收受该金钱的一方不履行约定债务的,应当双倍返还。该种性质的金钱在法律上称为( )。

A.押金   B.预付款   C.保证金   D.定金

【答案】D。解析:定金是指合同当事人约定一方向对方给付一定数额的货币作为债权的担保。债务人履行债务后,定金抵作价款或者收回。给付定金的一方不履行约定的债务的,无权要求返还定金;收受定金的一方不履行约定的债务的,应当双倍返还定金。

(单选题)2.甲、乙双方订立买卖合同,为保证货款的实现,甲要求乙交付总货款6 000万元的15%为定金,共计900万元,乙对此表示同意,并同时签订定金合同。在交付定金时,乙仅仅带了600万元,并表示2天后补齐。甲接受了600万元定金,但之后乙再也没有交付剩余定金。之后,甲多次催要定金,乙一直没有交付。后甲以乙不履行定金合同为由,要求其承担违约责任。对此,下列表述正确的是(   )。

A.甲可以提出解除定金合同与主合同

B.甲的请求能够在法律上得到支持,因为定金合同已经明确约定定金数额

C.因为不履行定金合同,甲可以提出相应比例的主合同不履行作为抗辩

D.乙的行为不属于违约,定金的实际交付已经改变定金合同的内容

【答案】D。解析:最高人民法院《关于适用〈中华人民共和国担保法〉若干问题的解释》第119条规定,实际交付的定金数额多于或者少于约定数额,视为变更定金合同;收受定金一方提出异议并拒绝接受定金的,定金合同不生效。本案中实际交付的定金金额已更改且甲收受了定金,因此,此时定金合同已经更改,故D项正确。

第六章　票据法

第一节　票据法概述

一、概念

票据是指出票人依法签发,由自己无条件支付或委托他人无条件支付一定金额的有价证券。按照《票据法》的规定,票据包括汇票、本票、支票。

二、票据行为

1.概念

票据行为是指设立、变更或消灭票据法律关系的合法活动,包括出票、背书、承兑、参加承兑、保证、涂改、禁止背书、付款和参加付款等活动。

2.票据记载事项的更改规定

票据金额、日期、收款人名称不得更改,更改的票据无效。对票据上的其他记载事项,原记载人可以更改,更改时应当由原记载人签章证明。

3.分类

在我国票据法上,就票据行为来说,汇票包括出票、背书、承兑、保证;本票包括出票、背书、保证;支票包括出票和背书。

(1)出票。出票是指出票人签发票据并将其交付给收款人的票据行为。

(2)背书。背书是指持票人将票据权利转让给他人或者将一定的票据权利授予他人行使的票据行为。

(3)承兑。承兑是指汇票付款人承诺在汇票到期日支付汇票金额的票据行为。汇票上的付款人一经承兑,就必须承担无条件的绝对的付款责任。

(4)保证。保证是指行为人在已签发的票据上,进行保证文句的记载,完成签章,并将其交付持票人,从而表明对特定票据债务人的票据债务履行承担保证的行为。

经典例题

(单选题)1.票据金额、日期、收款人不得更改,更改的票据(　　)。

A.有效　　　　　　　　　　　　　　　　B.无效

C.受理　　　　　　　　　　　　　　　　D.不可受理

【答案】B。解析:《中华人民共和国票据法》第9条规定:"票据上的记载事项必须符合本法的规定。票据金额、日期、收款人名称不得更改,更改的票据无效。对票据上的其他记载事项,原记载人可以更改,更改时应当由原记载人签章证明。"

(多选题)2.《票据法》所称票据是指(　　)。

A.汇票　　　　　　　　B.本票　　　　　　　　C.债券　　　　　　　　D.支票

【答案】ABD。解析:根据《票据法》的规定,票据包括汇票、本票和支票。

河南省农村信用社招聘考试专用教材

第二节 汇票

汇票是支付工具中最重要的一种。我国《票据法》第19条规定,汇票是由出票人签发的,委托付款人在见票时或在指定日期无条件支付确定的金额给收款人或持票人的票据。

一、汇票的分类

汇票可以按不同的标准进行不同的分类。

1.银行汇票与商业汇票

(1)银行汇票是指汇款人将款项交存当地银行,由银行签发给汇款人持往异地办理转账结算或支取现金的票据。

(2)商业汇票,根据我国《支付结算办法》第72条规定,商业汇票是指由出票人签发的,委托付款人在指定日期无条件支付确定金额给收款人或者持票人的票据。

2.即期汇票和远期汇票

(1)即期汇票是指以提示日为到期日,持票人持票到银行或其他委托付款人处,后者见票必须付款的一种汇票,这种汇票的持票人可以随时行使自己的票据权利,在此之前无须提前通知付款人准备履行义务。

(2)远期汇票是指约定一定的到期日付款的汇票,可分为定期付款汇票、出票日后定期付款汇票、见票后定期付款汇票三种。

3.光单汇票和跟单汇票

这是以票据有无附属单据的不同而做的划分。其中银行汇票基本上是光单汇票。跟单汇票是指附带货运单据的汇票。我国国内的汇票主要是光单汇票,只有银行承兑汇票在承兑时,应当交验有关交易合同所涉及的增值税发票。

二、汇票的记载事项

(1)表明"汇票"的字样。

(2)无条件支付的委托。

(3)确定的金额。

(4)付款人名称。

(5)收款人名称。

(6)出票日期。

(7)出票人签章。

汇票上未记载前款规定事项之一的,汇票无效。

三、贴现

贴现是指银行承兑汇票的持票人在汇票到期日前,为了取得资金,贴付一定利息将票据权利转让给银行的票据行为,是银行向持票人融通资金的一种方式。

1.贴现的性质

贴现是银行的一项资产业务,汇票的支付人对银行负债,银行实际上与付款人有一种间接贷款关系。

2.再贴现和转贴现

再贴现是指贴现银行向中央银行再转让汇票,转贴现是指贴现银行向其他商业银行转让汇票,二者都是贴现银行以未到期的贴现票据,经背书后的再次贴现,中央银行或其他商业银行按规定扣除再贴现或转贴现的利息后,给申请贴现行兑付票款。

第三节 本票

一、概念

本票是由出票人签发的,承诺自己在见票时无条件支付确定的金额给收款人或持票人的票据。本票的特征包括:

(1)自付票据。本票是由出票人本人对持票人付款。

(2)基本当事人少。本票的基本当事人只有出票人和收款人两个。

(3)无须承兑。本票在很多方面可以适用汇票法律制度。但是由于本票是由出票人本人承担付款责任,无须委托他人付款,所以,本票无须承兑就能保证付款。

二、付款规定

(1)提示付款。本票的出票人在持票人提示本票时,必须承担付款的责任。

(2)付款期限最长不超过 2 个月。

(3)与提示付款相关的权利:第一次向出票人提示本票是行使第一次请求权,它是向本票的其他债务人行使追索的必经程序,没有按期提示的本票,持票人就不能向其前手追索。

第四节 支票

一、概念

支票是指由出票人签发的,委托办理支票存款业务的银行或其他金融机构在见票时无条件支付确定的金额给收款人或持票人的票据。

二、支票的特征

支票是见票即付的票据,不像汇票、本票有即期和远期之分(虽然我国《票据法》只规定了即期本票,但本票可以为远期),但支票只能是即期的,因为支票是支付证券,其主要功能在于代替现金进行支付。支票的持票人应当自出票日起 10 日内提示付款。

经典真题

(单选题)根据《支付结算办法》规定,支票的提示付款期限为( )。

A.自出票日起 1 个月　　　　　　　　　B.自出票日起 2 个月

C.自出票日起 10 天　　　　　　　　　　D.自出票日起 3 个月

【答案】C。解析:《支付结算办法》第 126 条规定:支票的提示付款期限为自出票日起 10 日,但中国人民银行另有规定的除外。超过提示付款期限提示付款的,持票人开户银行不予受理,付款人不予付款。

第五节 票据权利

一、概念

票据权利是指持票人向票据债务人请求支付票据金额的权利,包括付款请求权和追索权。票据权利是我国法律保护的一种民事权利。

二、付款请求权

《票据法》规定持票人最基本的权利是请求付款人按票据金额支付款项。付款请求权是票据的第一次权利,实践中人们常称此权利为主票据权利。

三、追索权

追索权指持票人行使付款请求受到拒绝承兑或拒绝付款时,或有其他法定事由请求付款未果时,向其前手请求支付票据金额的权利。追索对象视票据种类有所不同,包括出票人、背书人、保证人、承兑人和参加承兑人,这些人在票据中的地位是连带债务人,持票人可以不按先后顺序,对其中的任何一人、数人或全体行使追索权;对一个人或数人已进行追索而未得清偿时,持票人仍可对其他债务人行使追索权。被追索人清偿债务后,与持票人享有相同的权利。

第六篇

计算机

第一章 Office 办公软件

第一节 Word 概述

一、Word 的功能

Word 2003 利用 Windows 亲切友好的界面和集成的操作环境，采用了全新的自动排版概念和技术以及"所见即所得"的设计方式。

在功能上，Word 具有汉字竖排、自由表格和突出显示等新特点，并大大加强了自动拼写检查、自动更正、自动套用格式等功能，Word 还可以任意缩放文字的长宽比例，在实际的文档编排中非常有用。

二、Word 的启动与退出

（一）启动 Word

启动 Word 最常用的方法有以下三种：

（1）从 Windows 菜单中启动。操作步骤如下：

①启动 Windows 后，单击桌面上的"开始"按钮，显示"开始"菜单。

②将光标移到"所有程序"处，弹出"所有程序"子菜单，选择"Microsoft Office Word"命令。

（2）在"我的电脑"或"资源管理器"窗口中，双击 Word 的可执行文件，或者与 Word 关联的文档。

（3）双击 Windows 桌面上的 Word 图标 启动。

（二）退出 Word

在 Word 的工作结束以后，要执行退出操作。退出 Word 最常用的方法有以下四种：

（1）单击 Word 工作区窗口标题栏右端的关闭按钮。

（2）单击"文件"菜单中的"退出"选项。

（3）使用 Alt+F4 组合键。

（4）双击菜单左上角的 Word 图标。

注意：不论使用哪一种方法退出 Word，如果所编辑的文档没有存盘，系统就会出现提示存盘的对话框，单击对话框中的"是"按钮，则文档被保存后退出；单击"否"按钮，则不保存此次的编辑结果退出；单击"取消"按钮，则放弃操作。

三、Word 窗口的组成

启动 Word 应用程序后，屏幕上会出现如图 6-1-1 所示的工作窗口。它主要由标题栏、菜单栏、工具栏、标尺、状态栏和文本区等部分组成，并可以由用户根据自己的爱好自行修改和设定。

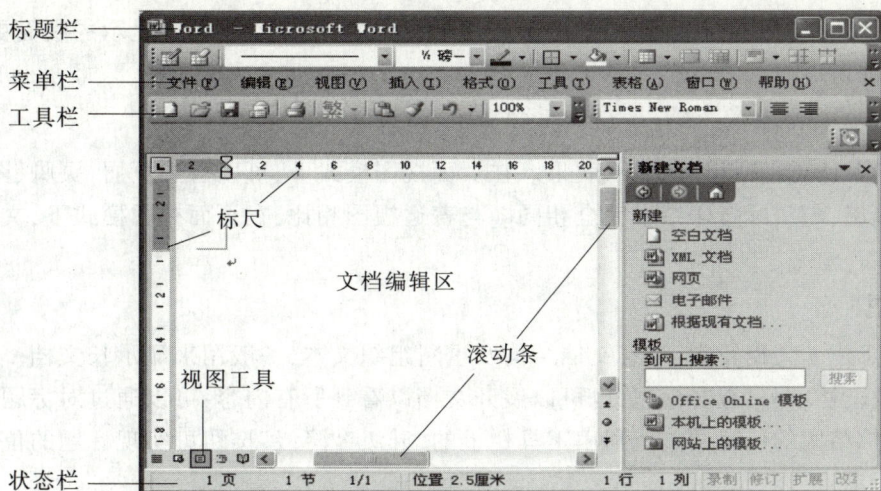

图 6-1-1 Word 窗口组成图

(一)工具栏

Word 中可同时显示并使用多个工具栏,首次运行时,会显示"常用"和"格式"工具栏。在工具栏处单击鼠标右键在快捷菜单中选择"自定义",在对话框中设置自己需要的工具栏。

单击"视图"菜单中的"工具栏"命令,然后在子菜单中选择某一工具栏来实现在屏幕上显示或隐藏,在已经显示的工具栏名称前有复选标记(√)。

(二)标尺

标尺是位于工具栏下面的包含有刻度的栏。常用于调整页边距、文本的缩进、快速调整段落的编排和精确调整表格等。Word 有水平和垂直两种标尺,水平标尺中包括左缩进、右缩进、首行缩进、悬挂缩进、制表符等标记,它可以通过单击"视图"菜单中的"标尺"命令来设置标尺的显示或隐藏。

(三)文本区和状态栏

1.文本区

文本区是 Word 中面积最大的区域,是用户的工作区,可用于显示编辑的文档和图形。

2.状态栏

状态栏是位于 Word 窗口底部的一个栏,提供当前文档的页码、节号、当前页数/总页数、插入点所在的行、列位置等信息。单击"工具|选项"命令,再选择"视图"选项卡可设置状态栏的隐藏或显示。

(四)视图按钮

Word 提供了几种不同的视图模式显示窗口文档的内容,包括普通、Web 版式、页面、大纲视图及文档结构图等。单击视图切换按钮,可改变视图显示模式。

1.普通视图

该视图模式下,不显示页眉、页脚、图片等特殊内容,文档中可显示更多的文本信息,工作效率较高。不足之处是其显示形式无法反映出排版的实际效果。

2.Web 版式视图

可以使屏幕获得特殊的背景效果。由于采用了优化的版式布局,正文显示的版面更大,并能自动换行以适应当前窗口。

3.页面视图

该模式具有"所见即所得"的显示效果。在页面视图模式下,可以看到页眉、页脚、图片、分栏等各种编辑、排版情况,与实际打印结果完全相同。与普通视图相比,在页面视图模式下,文档的显示速度相对较慢。

4.大纲视图

该模式用于建立文档轮廓、观察文档结构及重新组织文本,一般用来显示长文档。在大纲视图模式下,可以折叠文档,即只查看标题,也可以展开文档以看到所有内容;可以通过对标题及所属文本的移动实现对文档结构的快速调整。利用工具栏上的"升级""降级"按钮可实现标题的位置变化或降为文本(即删除标题)。

5.文档结构图

这是一个独立的窗格,作为大纲视图的补充。它可以在任何视图模式中显示类似大纲视图的标题或特定级别以及所有高于该级别的标题,可在文档结构图中的某个标题处单击鼠标右键,然后单击快捷菜单中的所需数字即可。

第二节 Word 文档的使用

一、新建文档

在 Word 中建立新文档可以有三种方式,即新文档可以基于三种不同的模板类型,即标准文档、Word 自带的模板和模板向导。模板是一个预定义的格式特性集,如样式、页边距、制表位设置等。建立一个新文档时,如果不进行特别的指定,Word 都将使用 normal.dot 模板作为新文档的基础。建立一个新的空文档的操作方法为:

选择"文件|新建"命令,弹出"新建"对话框,或直接单击工具栏中的"新建"按钮,将直接产生一个空白文档,而不出现"新建"对话框。

在"新建"对话框中,显示出 Word 提供的代表各种模板类型的选项卡,如"常用""信函和传真""备忘录"等,用户可按需要单击相应的选项卡并在下面的列表中选择所需的模板格式。按照默认设置,对话框中自动选择的是"常用"选项卡,并选定"空白文档"模板,一般来说大多数文档都会选用这一模板。

单击"确定"按钮,返回 Word 窗口,进入编辑状态。

二、保存文档

在编排文档的过程中,应该养成随时保存文档的好习惯,以避免因突然停电、机器故障、死机或者误操作而引起的数据丢失。

(一)人工保存

Word 文档的保存是很简单的,只需要在"文件"菜单中单击"保存"命令,或者用鼠标单击常用工具栏下的"保存"按钮。如果在"文件"菜单中选择"另存为"命令后,屏幕显示"另存为"对话框。具体如图 6-1-2 所示,此时,在"保存位置"下拉列表框中选定存放该文件的文件夹,在"保存类型"下拉列表框中选择合适的文档类型,并在"文件名"输入该文档的文件名,最后单击"保存"按钮。

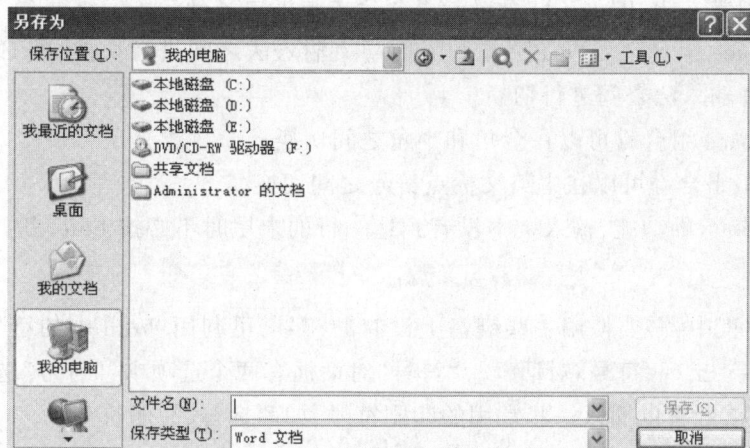

图 6-1-2 "另存为"对话框

(二)Word 自动保存

为了减少或避免因忘记保存文档而带来的损失,Word 提供了自动保存 Word 文档的功能。用户可以根据实际情况,设定自动保存文档的时间间隔可以是 1~120 分钟之间的任意值。具体操作如下:

在"工具"菜单中选择"选项"命令后,屏幕显示"选项"对话框,激活"保存"选项。在"保存选项"框中选中"自动保存时间间隔"复选框,并在其后的"分钟"框中设置具体的自动保存时间间隔,最后单击"确定"按钮。Word 的自动保存功能将所有打开的文档保存在临时的副本中,通常是 \Windows\Temp 文件夹中。

当在工作过程中突然出现电源故障或死机事件时,就可以还原到上次自动保存之前的工作。当下次打开 Word 时,临时副本就出现在窗口中,标题栏中的文档名旁边将显示"恢复",用户可将其保存起来,以减少损失。正如在 Word 中可以打开非 Word 格式的文档,并对其进行编排一样,在 Word 中也可以将一个 Word 文档保存为非 Word 格式的文档,以便提供给其他文字处理软件编辑使用。Word 文档保存为非 Word 格式文档的种类很多,主要包括文档模板、纯文本和 rtf 格式文档等。如果关闭文档之前尚未保存文档,则系统会给出提示,询问是否保存对该文档的修改。

经典例题

(单选题)打开 Word 文档 A,修改后另存为文档 B,则文档 A( )。

A.被修改未关闭

B.被修改并关闭

C.未修改被关闭

D.被文档 B 覆盖

【答案】C。解析:文档 A 修改后另存为文档 B,则文档 A 未修改被关闭,文档 B 是文档 A 被修改之后的文档,并处于打开状态。故本题答案选 C。

三、输入与删除

(一)输入文字与符号

1.输入文字

在 Word 文档中,英文和数字可以直接输入。如果输入汉字,应选择一种输入法。用键盘输入,可以使用快捷键切换各种输入法、中英文标点符号以及全角和半角字符。

(1)按 Ctrl + Space 组合键可以在英文和当前中文输入法之间进行切换;按 Ctrl + Shift 组合键可以在英文和中文各种输入法之间进行切换。

(2)按 Shift + Space 组合键可以在全角和半角之间切换。

(3)按 Ctrl +空格组合键可以在中英文标点符号之间切换。

Word 具有自动换行的功能,输入文本没有到达一行的末尾时不必按 Enter 键。

2.输入符号

在 Word 编辑过程中,需要使用一些键盘上没有的符号,可利用 Word 中的符号和特殊符号输入。选择"插入|符号"命令,出现"符号"对话框。"符号"对话框有两个选项卡,"符号"选项卡可以插入各种符号;"特殊字符"选项卡可以插入一些常用的印刷符号,如商标符、注册符等。

经典例题

(判断题)在中文输入法状态下,同时按下 shift+空格键会将打字法转换成英文状态。( )

【答案】×。解析:"Ctrl+空格键"是切换中英文输入法状态的组合键,故本题说法错误。

(二)删除

当需要删除一两个字符时,可以直接用 Del 或 Backspace 键。当删除的文字很多时,就需要先选定要删除的文本,然后再按 Del 键删除,或者用鼠标单击常用工具栏中的"剪切"按钮,或在编辑菜单中选择"剪切"命令。特别要说明的是,按 Del 键后,选定的内容被删除并且也不送入剪贴板中;而用鼠标单击常用工具栏中的"剪切"按钮后,选定的内容被删除,但同时送入剪贴板中。如果删除文本出现了误操作,或者希望恢复最近刚被删除的文字,可以用鼠标单击常用工具栏中的"撤消"按钮,或在编辑菜单中选择"撤消(U)键入"命令。通过不断执行该命令,可以撤消最近若干次的键入操作。

四、剪切与复制

(一)剪切

剪切文本需要先选定文本,接着使用"编辑|剪切"命令,或单击"常用"工具栏上的"剪切"按钮插入图标,或使用 Ctrl+X 快捷键,将文本存放在剪贴板。

(二)复制

复制文本的操作与剪切类似,只是将"剪切"命令换成"复制",快捷键使用 Ctrl+C。

使用"编辑"菜单中的"粘贴"命令,或单击"常用"工具栏上的"粘贴"按钮,或使用 Ctrl+V 快捷键,则剪切板中的内容将被粘贴到指定位置。

五、插入与改写

Word 的默认状态是插入方式,没有改变这种状态时,输入的字符插入到插入点所在的位置,原位置的字符向后移动。

如果要在插入方式和改写方式之间切换,可以双击状态栏的"改写"图标,或按 Insert 键。"改写"变成黑色,处于改写状态,即新输入的字符覆盖插入点后边的字符。

六、查找与替换

如果在一篇很长的文档中查找某个字符或用新的字符替换已有的字符时,用人工来完成既费力又费时。Word 提供了自动查找和替换功能,能够很方便地解决这个问题。

查找字符:选择"编辑|查找"命令,在弹出的"查找和替换"对话框中选择"查找"选项卡,在"查找内容"框键入要查找文本。查找内容最多为 255 个字符。

替换文本:一般来说,查找的目的就是为了替换。因此,当用户在当前的文档中设置了要查找的内容后,还需要指定用于替换它的内容。在"查找和替换"对话框选择"替换"选项卡,在"查找内容"框中输入要被替换的目标文本,在"替换为"框中输入用来替换的新文本。

经典真题

(多选题)用 word 编辑文档时,要将选定的一个文本块复制到该文档的其他地方,可以使用(   )。

A.选择"编辑"菜单的"复制"命令和"粘贴"命令

B.选择"编辑"菜单的"剪切"命令和"粘贴"命令

C.单击工具栏的"复制"和"粘贴"按钮

D.单击工具栏的"剪切"和"粘贴"按钮

【答案】AC。**解析:**从题中可知,应选择的是"复制"和"粘贴"选项,排除 BD。故本题答案选 AC。

第三节 Word 文档的排版

文档编辑完成后,为了达到美观的输出效果,还需要对其进行格式编排,包括字符设置、段落设置和纸张大小、方向、分隔符、页码及其他选项等。

一、字符格式

字符是指字母、空格、标点符号、数字和符号(如 &、@、# 等)及汉字。字符设置主要包括设置不同的字体、字号、字形、修饰、颜色和字符间距等。

(一)设置字体、字号和字形

在用 Word 键入新文本时,中文是以默认字体(宋体)、字号(五号)和常规字形显示的。英文字体默认为 Times New Roman,字号也为五号。用户可以对任何数量的字符设置不同的字体、字形和字号,还可以将常用的字符格式设置成默认的格式。可按下列三种方法设置字体、字号和字形。

1.使用"字体"对话框

选择"格式|字体"命令,或按鼠标右键在弹出的快捷菜单中选择"字体"选项,出现"字体"对话框(如图 6-1-3 所示)。选择"字体"选项卡,即可在对话框中设置字体、字号和字形。每设置一种参数后,在下方的预览框中将显示其效果。

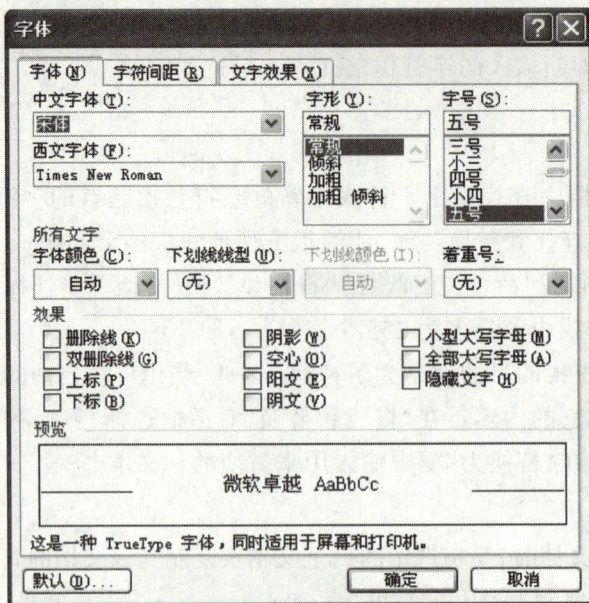

图 6-1-3 "字体"对话框

2.使用"格式"工具栏上的按钮

在"格式"工具栏的"字体"下拉列表框中显示了各种字体的名称和实际外观,可选择所要使用的字体名,在"字号"下拉列表框中选择所要使用的字号或字体点阵大小;"加粗"按钮、"倾斜"按钮可设置字形。

3.复制字符格式

利用工具栏上的"格式刷"按钮可以复制字符格式。其操作方法为:选定要复制的已设置格式的文字,若将格式复制到一个位置,单击工具栏上的"格式刷"按钮;若将格式复制到多个位置,双击工具栏上的"格式刷"按钮。当鼠标指针变为格式刷形状时,选择要格式化的文字即可。完成复制字符格式后,单击"格式刷"按钮或按 Esc 键。

在"字体"对话框中还可以设置字体效果、字符间距等。

(二)设置字符底纹、边框和字符缩放

选定要格式化的文本,根据需要在"格式"工具栏中分别单击"字符边框"按钮、"字符底纹"按钮和"字符缩放"按钮即可实现字符底纹、边框和字符缩放的设置。其中,"字符缩放"可以确定字符水平缩放的比例。单击"字符缩放"按钮右侧的下拉箭头时,会显示缩放比例清单,用户可从中选择一个比例数。

二、段落格式

段落是指以段落结束标记结束的文字、图形、对象或其项目的集合,段落标记不仅标识了一个段落的结束,而且还带有对每个段落所应用的格式编排。要改变一个文档的外观,可以从字符的对齐方式、段落缩进、行间距、段落间距、制表位等方面来进行。"段落"对话框如图 6-1-4 所示。

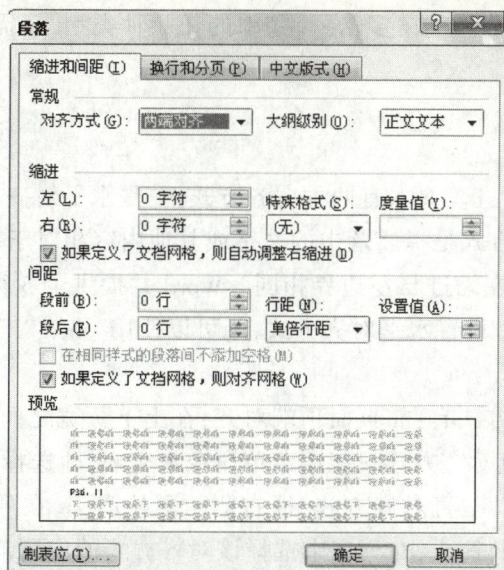

图 6-1-4 "段落"对话框

(一)设置段落缩进

缩进可以把一个段落与其他文本分开。缩进是指段落边界与页边距之间的距离,页边距规定文本的总宽度和总长度,而段落缩进是使段落的文本从左、右边距缩进去或突出来。Word 可以设置正文段落的首行缩进、左缩进、右缩进和悬挂缩进。

首行缩进:只缩进一个段落的首行,这是一般文档的使用格式,中文习惯首行缩进两汉字。

左缩进或右缩进:即从左(右)边缩进文档,也可以从左、右两边同时缩进文档,使文档与页边距之间留有空白。

悬挂缩进:即文档除首行外,其余各行均缩进,使其他行文档悬挂于第一行之下。这种方式一般用于参考条目、词汇表项目等。

设置段落的缩进有以下三种方法:

用标尺和鼠标设置缩进。通过拖动标尺上的 4 个标记快速设置文档的缩进量。

使用"格式"工具栏设置缩进。要快速为当前段落或被选定的段落增加或减少缩进量,可以单击"格式"工具栏上的"增加缩进量"或"减少缩进量"按钮,直到满足缩进量的要求为止。

用"段落"对话框设置缩进。这种方法不仅可以设置任何形式的缩进,而且可输入精确的缩进值。

(二)调整段落间距

段落间距有段前间距和段后间距之分。段前间距指上一段落的最后一行与当前段落的第一行之间的距离;段后间距则指当前段落的最后一行与下一段落的第一行之间的距离。将插入点定位到要设置段落间距文本的任意位置,或选定该段落,选择"格式|段落"命令。在对话框中选择"缩进和间距"选项卡,单击"段前"(或"段后")框中的微调按钮选择合适的间距,或在框中直接键入所需要的数字,设置完毕,点击"确定"即可。

(三)设置行距

行距设置有单倍行距、1.5 倍行距和 2 倍行距等,但具体值的多少是根据字体的大小来决定的。在"段落"对话框中选择"缩进和间距"选项卡,单击"行距"框右侧的箭头,在下拉列表框中选择所需行距。如果选择"最小值""固定值"或"多倍行距"中的任一种类型,还需在"设置值"框内输入或选择磅值。

(四)设置段落对齐

有时文档在页面上需要对齐。文本有两种对齐方式:一是水平对齐;二是垂直对齐。

(1)水平对齐。水平对齐方式是指段落中的文字或其他内容相对于左、右页边距的位置。Word 默认的水平对齐是左对齐,这时左缩进与左边界相同。Word 共提供了 5 种水平对齐方式:左对齐、右对齐、居中、两端对齐、分散对齐。设置水平对齐方式,既可以使用"格式"工具栏上的对齐按钮,也可以使用"段落"对话框。

(2)垂直对齐。垂直对齐方式有:靠页面顶端对齐;在上下页宽之间均匀分布的两端对齐;居中对齐、底端对齐。设置文档的垂直对齐方式只能用菜单命令来实现,即选择"文件|页面设置"命令,在对话框中选择"版式"选项卡,单击"垂直对齐方式"框右侧的下拉箭头,在列出的垂直对齐方式中进行选择,单击"应用于"框右侧的下拉箭头,在列表中选择该对齐方式的应用范围,点击"确定"即可。

三、符号与编号

在编写文档时要经常使用条目性文本,为使文档的条理清晰,阅读时一目了然,可以为这些项目添加符号或编号。在 Word 中选择了添加"项目符号与编号"格式后,Word 将设置 0.75cm 的悬挂缩进,并在选定的段落及新输入的段落前面添加项目符号或编号。

(一)建立项目符号

选定要设置项目符号的段落,或将插入点插入到要输入列表的位置;选择"格式|项目符号和编号"命令,在弹出的"项目符号和编号"对话框中选择"项目符号"选项卡,用户可以在列表框中选择自己所需的项目符号样式。

(二)设置项目编号

编号列表是按编号的顺序排列,给编号列表添加的每个段落都会根据前一个段落的编号按序排号。选定要设置编号的段落,或将插入点插入到该段落中;在"项目符号和编号"对话框中选择"编号"选项卡,用户可从列表框中选择自己所需的项目编号样式。其中,按"起始编号"按钮设置起始编号;在"编号位置"区域设置编号对齐方式和对齐位置;按"文字位置"按钮调节文字的缩进位置。

四、分隔符

Word 的"分隔符"用来在插入点位置插入换行符、分页符、分栏符或分节符。单击"插入|分隔符"命令,弹出"分隔符"对话框,如图 6-1-5 所示。

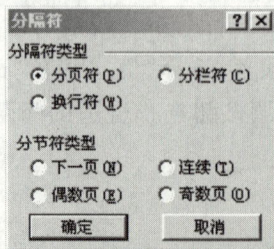

图 6-1-5 "分隔符"对话框

(一)设置、删除分节符

节是 Word 用来格式化文档的 4 层结构(字符、段落、页面和节)中的重要一层,可以将文档分成任意几节并且分别格式化每一节,不同的节可以有不同的页面设置。最小的节为一个段落,最大的节为整个文档。在用 Word 建立新文档时,整个文档为一个节,用户可以根据需要用分节符将文档分成任意几个节,并确定每个节开始和结束的位置。其方法为:将插入点定位到要分节的位置,选择"插入|分隔符"命令,打开一个对话框,在分节符设置区中,按照需要选择新节开始位置的选项,"确定"即可。要删除分节符,应在普通视图下将插入点定位到分节符上,按删除键(Backspace 或 Delete)即可。

(二)设置分页符

Word 中有软分页符和硬分页符两种。默认情况下,当前页文本内容已满时,系统将自动插入分页符,开始新的一页,这种分页符称为软分页符,在普通视图中以单点线表示。用户按需要可以在特殊位置人工插入分页符,这种分页符称为硬分页符,在普通视图中以包含"分页符"字样的横跨屏幕的单点线表示。插入硬分页符时需将插入点移到分页位置,选择"插入|分隔符"命令,在对话框中单击"分页符"选项,"确定"即可。

五、脚注和尾注

文档中的脚注和尾注是一种解释性或说明性的文本,是提供给文档正文的参考资料。一般脚注是作为对正文的说明,出现在文档中每一页的末尾;尾注是作为整个文档的引用文献,位于整篇文章的末尾。

脚注和尾注由相互连接的注释引用标记和其对应的注释文本两个部分组成。引用标记由 Word 自动编号,也可以创建自定义标记。脚注和尾注的标记是连续编号的,在添加、删除或移动自动编号的注释时,Word 将自动对引用注释标记重新编号。

设置脚注和尾注。将插入点移到要插入脚注或尾注的位置,选择"插入|引用|脚注和尾注"命令,打开对话框。选择"脚注"或"尾注"选项及"编号方式"栏中的"连续"选项,这样就以 1,2,3,…,进行编号。如果选择"自定义标记",应在该项右面的方框中输入自定义的标记;也可以单击"符号"按钮,打开"符号"对话框,从中选择需要的符号,单击"确定"按钮。

查看文档中的脚注和尾注。选择"编辑|定位"命令,打开"查找和替换"对话框中的"定位"选项卡,在"定位目标"框中单击"脚注"或"尾注"项,在"请输入脚注编号"或"请输入尾注编号"框中输入脚注或尾注的编号。键入编号后,"下一处"按钮已改为"定位"按钮,单击此按钮就能够很快找到相应的脚注或尾注的标记。

在文档中删除脚注或尾注。选定要删除的引用标记,然后按下 Delete 键即可。

六、设置分栏

Word 自动将文本设置为单栏格式。根据需要,还可以将整个文档或部分文档设置成板报样式的多栏,以改变文档的外观。根据页面宽度、页边空白宽度、栏宽和栏间距,可以确定栏数,Word 规定栏宽至少为 1.27 cm。要在屏幕上查看分栏效果,应切换到页面视图模式下。在 Word 2003 中,设置分栏效果的操作步骤如下:

步骤一:选定要进行分栏的整个文档或部分文档,选择"格式|分栏"命令,弹出"分栏"对话框。

步骤二:在"预设"框内,单击想要的分栏格式。

步骤三:在"宽度和间距"下面的"宽度"和"间距"框中键入或选择所需的数值。如果要建立宽度不同的栏,可清除"栏宽相等"复选框。

步骤四:单击"应用于"框右侧箭头,从中选择分栏的范围。

步骤五:选择"分隔线"选项,将在两栏之间加垂线,单击"确定"即可。

如果预定的分栏类型都不符合要求,则可以在"分栏"对话框中选择自己的设置(最大为12),在"宽度"和"间距"中改变每栏的宽度。要把多栏正文转换为正常的一栏正文,可在选定多栏正文后,在"分栏"对话框中的"预设"框中,选择"一栏"命令,再单击"确定"按钮,多栏正文就变成了一栏。操作界面如图6-1-6所示。

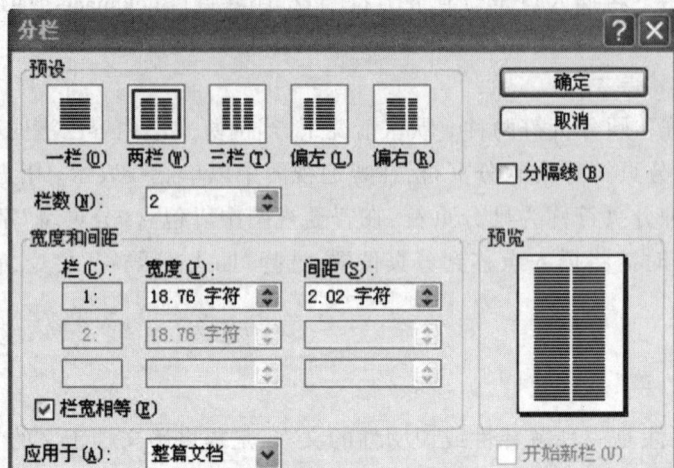

图6-1-6 "分栏"对话框

七、样式

样式是存储在Word中的段落或字符的一组格式化命令,利用它可以快速地改变文本的外观。在"格式"工具栏中的"样式"列表框中可以预览样式的外观。

(一)应用默认样式

Word包含有预定义的内部样式,并提供了多种方法将已定义的样式应用于文档中的段落或字符中。从"格式"工具栏中的"样式"框,或从"格式|样式和格式"命令弹出的"样式和格式"窗格中都可以选择应用默认样式。还可以通过"常用"工具栏的"格式刷"按钮复制段落或字符样式,以便连续多次应用相同的样式。

(二)建立新样式

如果在当前使用的模板或文档中没有需要的样式,用户可以创建自己喜欢的样式。自定义样式的方法有两种:

(1)根据已有段落建立新样式。选定一个段落,对该段落进行字符格式化或段落格式化;将插入点移到该段落中,单击"格式"工具栏上的"样式"框,如图6-1-7所示。在"样式"框中删除原有的样式名,输入新的样式名称,即可完成新段落样式的设置。

(2)使用样式对话框建立新样式。选择"格式|样式"命令,打开对话框,单击"新建"按钮,弹出"新建样式"对话框,如图6-1-8所示。在"名称"文本框输入新建的样式名,新名应与原有的样式名相区别;在"基准样式"框中,选择基准样式的样式名,如果不需要基准样式,则选择"无样式";在"样式类型"下拉列表中选择需要新建样式的类型:段落样式或字符样式;单击"格式"按钮,打开格式设置列表,可从字体、段落、边框等方面对新样式的格式进行定义。若要把新样式添加到当前文档使用的模板中,使得

基于同样模板的文档都能使用,应选定"添加到模板"复选框,否则新样式仅在当前文档中存在。完成新样式的各项设置后,在"预览"栏中显示出当该样式用于当前文档中的选定段落时所呈现的外观。在"说明"栏中,给出新建样式格式选项的说明。单击"确定"按钮完成新样式的创建,返回到"样式"对话框;如果要将最后创建的段落应用于当前段落,则应单击"应用"按钮。单击"关闭"按钮,关闭"新建样式"对话框。

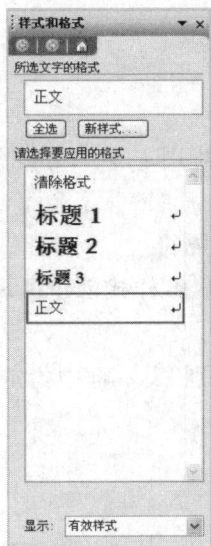

图 6-1-7 "样式和格式"任务窗格　　　图 6-1-8 "新建样式"对话框

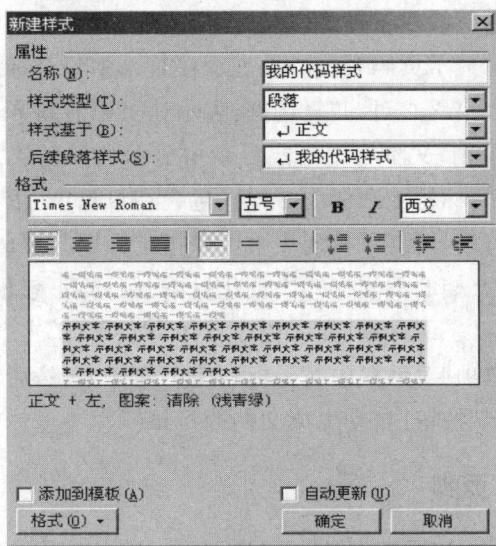

八、文档目录

目录为读者提供了导读的功能,便于读者查阅全书内容,同时也显示了全书内容的分布和结构组成。Word 提供了非常好的目录提取功能。为文档插入目录必须的工作是将 Word 内置的标题样式应用于目录中的各级标题。Word 中有标题 1~9,共 9 个级别的内置标题。设置好各级标题,可以为文档插入目录。"索引和目录"对话框如图 6-1-9 所示。

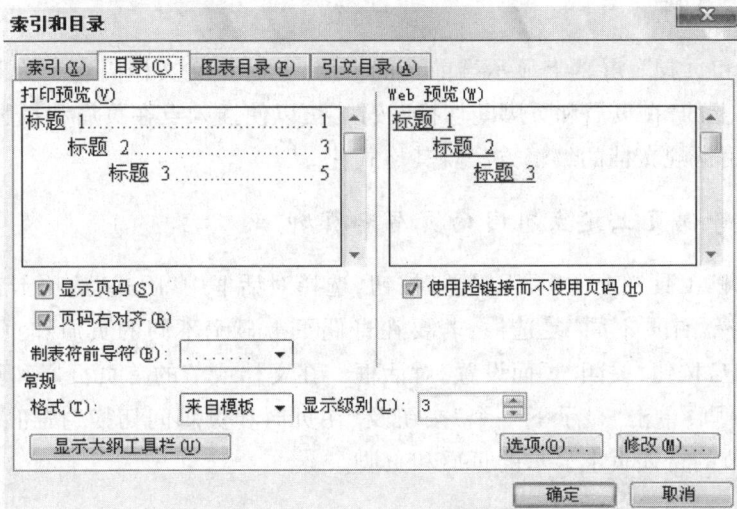

图 6-1-9 "索引和目录"对话框

设置目录的方法如下:

检查文档中的标题,确保它们已经以标题样式被格式化。要应用某个标题样式,只需将插入点定位在该标题所在的段落,然后单击"格式"工具栏中"样式"列表框右侧向下的箭头,从弹出的下拉列表中选择一个标题样式。

将插入点移到要插入目录的位置,通常位于文档的开头。

选择"插入|引用|索引和目录"命令,出现"索引和目录"对话框。

单击"目录"标签。

在"格式"下拉列表中选择目录的风格,选择的结果可以通过"预览"框查看。选择"来自模板"选项,表示使用内置的目录样式(目录 1~9)格式化目录。

如果选中"显示页码"复选框,表示在目录中每个标题后面将显示页码。

如果选中"页码右对齐"复选框,表示让页码右对齐。

在"显示级别"文本框中指定目录中显示的标题层次。当选择 1 时,只有标题 1 样式包含在目录中;当选择 2 时,标题 1 和标题 2 样式包含在目录中,依次类推。

在"制标符前导符"下拉列表中可以指定标题与页码之间的分隔符。

如果要从文档的不同样式中创建目录,例如:不想根据"标题 1~9"样式创建目录,而是根据自定义的"一级标题"~"三级标题"样式创建目录,则可以单击"选项"按钮。

从"目录选项"对话框中找到标题使用的样式,然后在"目录级别"文本框中指定标题的级别。

单击"确定"按钮,自动生成文档的目录。

九、页眉页脚

页眉可以包含文字或图形,通常在每一页的顶端,如公司的标志、章节的标题等;页脚通常在页面的底端,如日期、单位地址等。页眉和页脚不属于文档的正文内容,如果设置了页眉和页脚,在页面视图模式下,Word 会自动将页眉和页脚的内容应用到文档的每一页上。"页眉和页脚"工具栏如图 6-1-10 所示。

图 6-1-10 "页眉和页脚"工具栏

(一)创建页眉、页脚

选择"视图|页眉和页脚",屏幕上显示当前页的页眉,此时正文文档内容变为灰色的文字,表明不能编辑。单击工具栏上的"在页眉和页脚间切换"按钮,可以使插入点在页眉和页脚间切换。在页眉和页脚区输入内容,并用常规文档的编辑方法将其格式化。

(二)在首页和奇偶页上建立不同的页眉和页脚

单击"页眉和页脚"工具栏上的"页面设置"按钮,选择对话框中"版式"选项卡,若要在首页显示不同的页眉和页脚,选择"首页不同"复选框;若要在奇偶页上显示不同的页眉和页脚,选择"奇偶页不同"复选框,单击"确定"按钮,关闭"页面设置"对话框。在文档或节的首页页眉和页脚区,创建要显示在首页上的页眉和页脚;单击"显示下一个"按钮及"在页眉和页脚间切换"按钮,移动到页眉和页脚区,创建要在文档或节的奇偶页上显示的页眉和页脚。

(三)删除页眉或页脚

将插入点置于要删除页眉和页脚的节中,选定要删除的页眉或页脚,按 Backspace 键或 Delete 键。

十、页码

Word 提供有丰富的页码格式,用户可根据需要将页码加在页眉或页脚的不同位置,并且可以从多种编号格式中选择页码格式。页码在普通视图中不显示,在页面视图和打印预览状态中可显示出来。

选择"插入|页码"命令,在"页码"对话框中,如图 6-1-11 所示,在"位置"下拉列表框中选择页码放置的位置;在"对齐方式"下拉列表框中选择对齐方式。Word 默认的页码格式是阿拉伯数字(如 1,2,3,…)。要选取不同的页码或起始页码,单击"格式"按钮,在"页码格式"对话框中选择所需的格式和起始页码。另外,插入页码也可以选择"视图|页眉和页脚"命令完成,方法是:在"页眉和页脚"编辑状态,将插入点移到要显示页码的位置,单击"页眉和页脚"工具栏上的"插入页码"按钮即可。

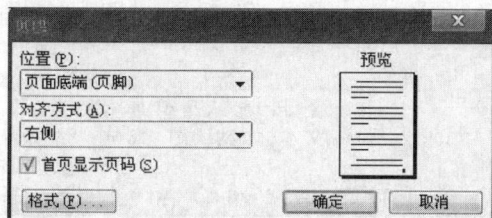

图 6-1-11 "页码"对话框

Word 允许从个别节中或整个文档中删除页码。其方法为:选择"视图|页眉和页脚"命令,选定某页上的页码,按 Backspace 键或 Delete 键,将删除文档中的所有页码。如果文档有多个节,而且已经在某节中断开了页眉和页脚的链接,那么它将只删除当前节中的页码。

经典例题

(单选题)在 Word 中,如果要在一个表格中一次插入 5 行,正确的操作选择是(　　)。

A.选择"表格"菜单中的"插入行"命令

B.把插入点放在行尾部,连接按 5 次回车键

C.在插入菜单中选择行数命令

D.选定 5 行,选择表格菜单中的插入行的命令

【答案】D。

第四节　Word 图片/表格制作与文档打印

一、插入图片

在 Word 文档中插入图片有多种方法,可以直接粘贴已经放入剪贴板的图片对象,也可以利用菜单和工具栏插入剪辑库中的图片和图片文件。

(一)粘贴"剪贴板"上的图片对象

在 Word 本身或其他处理软件中利用"剪切""复制"的方法放入剪贴板中的图片对象,都可以利用"粘贴"的方法粘贴到 Word 文档中插入点所在的位置。

河南省农村信用社招聘考试专用教材

（二）插入图片文件

存为图片文件的图片也可以插入到 Word 文档中。插入的方法是：将插入点移动到要插入图片的位置，选择"插入|图片|来自文件"命令，打开"插入图片"对话框。

二、绘制和编辑图片

在 Word 文档中可以绘制图形，为此，Word 专门提供了一个功能强大的"绘图"工具栏。利用"绘图"工具栏，不仅可以绘制多种图形，还可以对图形进行修饰。

打开"绘图"工具栏的方法是：单击"常用"工具栏的"绘图"按钮，或选择"视图|工具栏|绘图"命令，或在菜单栏或工具栏上右击，在出现的快捷菜单中选择"绘图"命令，都会出现"绘图"工具栏。

"绘图"工具栏有各种绘制和编辑图形的工具，利用这些工具可以方便地编辑和绘制图形。绘图工具栏如图 6-1-12 所示。

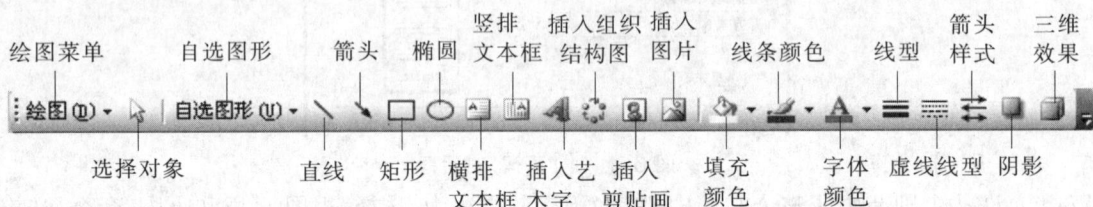

图 6-1-12 "绘图"工具栏

三、使用文本框

文本框是文档中包含图形、表格、文字等任何文本的局部文档，它打破了规则排版的局限。通过改变文本框的大小、文本框与周围文字的关系以及文本框的位置等，文本框可以固定在页面上的任何位置，甚至在页边距外，以满足复杂的版面要求。

（一）文本框的插入

插入文本框之前，最好将视图方式设置为页面视图，以便准确观察文本框的位置和大小。插入的文本框可以是空文本框，也可以是包含选定文本的文本框。

（1）插入一个空文本框的方法：选择要插入文本的位置，然后在"插入"菜单中选择"文本框"命令，然后在下一层菜单中选择"横排"或"竖排"。此时，出现一个虚线勾画出的矩形框，可以通过鼠标拖动改变矩形框的大小。

（2）插入一个包含选定文本的文本框的方法：选定需要放入文本框中的文本，在"插入"菜单中选择"文本框"命令，并选择"横排"或"竖排"后，生成一个单线边框的实线矩形框，即文本框，该文本框自动包含了选定的文本，且其大小根据选定文本的大小自动设置。如果选定的文本中包含了分隔符，如分页符、分栏符、分节符等，则 Word 会自动将分隔符前后的文本分别包含在两个文本框中，也就是说，此时插入的一个文本框会自动分成两个，但不能在文本框中再插入一个文本框，否则会出现无法控制的结果。如果希望给文本框加边框，或者想改变文本框的边框样式，则首先选中该文本框，然后在"格式"菜单中选择"边框和底纹"命令。

（二）文本框的文本编辑和大小的调整

1.文本框的文本编辑

文本框实际上就是一种版面格式，因此，其中的文本编辑与一般文档中的文本编辑完全一样。除了不能再在其中插入文本框以外,可以使用一般文档编辑的所有方法。

2.文本框大小的调整

当需要重新调整文本框的大小时,可以采用下列两种方法:

(1)利用文本框四周的 8 个尺寸控制点,使用鼠标拖动这些尺寸控制点,来实现文本框大小的调整。这 8 个尺寸控制点分别位于文本框的左上角、右上角、左下角、右下角、上边界中点、下边界中点、左边界中点和右边界中点。

(2)在"设置文本框格式"对话框中设置文本框的大小,包括文本框的宽度和高度。具体方法为:首先选定需要改变大小的文本框,或者将光标定位到该文本框内。然后在"格式"菜单中选择"文本框"命令,即进入"设置文本框格式"对话框,在"大小"选项下就可以设置所选定文本框的大小。

(三)文本框位置的移动和正文环绕

1.文本框位置的移动

文本框的位置发生变化时,Word 会自动调整该文本框周围的文本,无须人工干预。当需要移动文本框时,可以利用鼠标拖动文本框到新的位置。

2.文本框的正文环绕

文本框可以被其周围的正文所环绕,也可以令其不被正文环绕,这是文本框可以实现复杂版面的原因。当文本框处于正文环绕特性时,无论文本框如何改变位置和大小,只要其左右可能填充正文文本,Word 都会自动编排相应的文本置于其左右。当文本框处于无正文环绕时,无论文本框左右的空间有多大,Word 都不会在其中填充正文文本。

设置文本框是否被正文环绕的方法为:首先选定需要改变大小的文本框,或者将光标定位到该文本框内。然后进入"设置文本框格式"对话框,如图 6-1-13 所示,在"版式"选项下选择合适的文本框环绕特性。

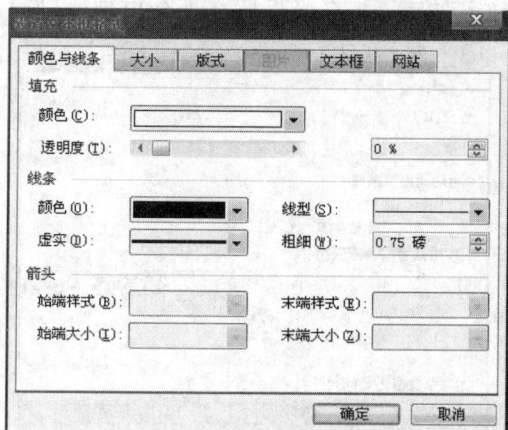

图 6-1-13 "设置文本框格式"对话框

四、艺术字

艺术字是一种特殊的图形,它以图形的格式表示文字,使文字更加醒目。插入艺术字的步骤如下:

步骤一:选择"插入|图片|艺术字"命令,或利用"绘图"工具栏的"插入艺术字"命令,打开"艺术字库"对话框。

步骤二:在"艺术字库"对话框中选择需要的艺术字式样,单击"确定"按钮,出现"编辑'艺术字'文字"对话框。

河南省农村信用社招聘考试专用教材

步骤三：在该对话框的"文字"文本框中输入作为艺术字的文字，在"字体"下拉列表中选择艺术字的字体，在"字号"下拉列表中选择需要的字号，还可以设置艺术字加粗和倾斜。

步骤四：设置完毕，单击"确定"按钮，艺术字出现在文档窗口。

选择添加的"艺术字"，出现"艺术字"工具栏，利用"艺术字"工具栏对艺术字进行修饰。

五、插入公式

选择"插入"菜单中的"对象"命令，弹出"对象"对话框，在"新建"选项卡的"对象类型"列表框中选择"Microsoft 公式 3.0"，单击"确定"按钮，即进入公式录入状态，同时出现"公式"工具栏，利用工具栏中提供的符号和模板即可录入数学公式，具体如图 6-1-14 所示。

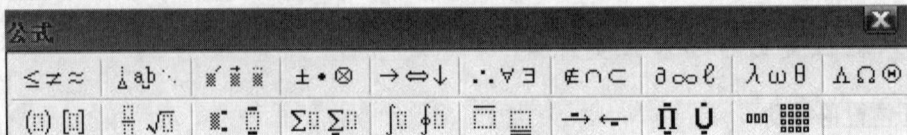

图 6-1-14 "公式"工具栏

六、建立表格

建立表格的方法主要有以下两种：

方法一：利用"插入表格"按钮▦。

将光标定位到文档中需要插入表格的位置。然后用鼠标单击常用工具栏中的"插入表格"按钮，移动鼠标可生成不多于 4 行 5 列的表格。

方法二：用菜单创建表格方法。

将光标定位到文档中需要插入表格的位置。在"表格"菜单中选择"插入表格"命令后，屏幕将显示"插入表格"对话框（如图 6-1-15 所示）。在"列数"文本框中输入合适的表格列数，在"行数"文本框中输入合适的表格行数。单击"确定"按钮后，在光标所在处会出现所创建的表格。

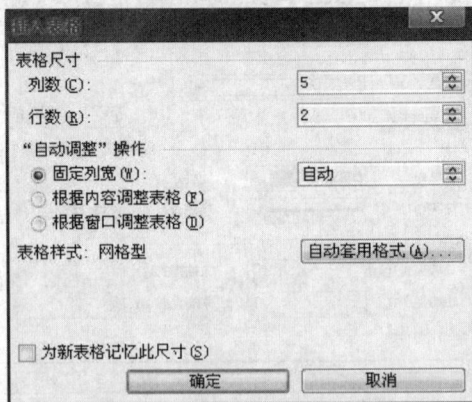

图 6-1-15 "插入表格"对话框

七、编辑表格

建立表格之后，在表格中输入文字、插入图片，对表格进行编辑。

在表格的单元格中输入文字，必须先将插入点移到需要输入文字的单元格中。要顺序移动插入点可使用 Tab 键或右向光标移动键；要反序移动插入点可使用 Shift+Tab 组合键或左向光标移动键。如果要在一个单元格中开始新段，按 Enter 键。

不按顺序移动插入点时，单击要输入文字的单元格，将插入点移到该单元格中，或利用光标移动键操作。

在单元格中输入文字或插入图片,与在正文中相同。

(一)行、列、单元格和整个表格的选择

对表格的操作,也是先选择后操作。掌握对象的选择,对表格的设置才能达到预期的效果。表格的选择包括行、列、单元格和整个表格的选择。选择整个表格可以利用菜单,但是利用鼠标选择更方便。

1.利用菜单选择表格

(1)选择整个表格:将插入点放在表格的任意单元格中,选择"表格|选择|表格"命令。

(2)选择行:将插入点放在要选择行的任意单元格中,选择"表格|选择|行"命令。

(3)选择列:将插入点放在要选择列的任意单元格中,选择"表格|选择|列"命令。

(4)选择单元格:将插入点放在要选择的单元格中,选择"表格|选择|单元格"命令。

2.利用鼠标选择表格

(1)选择一个单元格:鼠标指针指向单元格的选择区,然后单击选定。

(2)选择一行单元格:鼠标指针指向该行的选择区,然后单击选定。

(3)选择一列单元格:鼠标指针指向该列顶部的边框,指针变成一个向下指向的黑箭头,然后单击选定。

(4)选取多个连续的单元格、行或列:按住鼠标左键拖动经过这些单元格、行或列。

(5)选取多个不连续的单元格、行或列:按住 Ctrl 键,按住鼠标左键在要选择的单元格、行或列上拖动。

(6)选择整个表格:单击表格左上角的整个表格按钮。

(二)行、列、单元格的插入和删除

制作表格时,往往需要在已有的表格中添加和删除行、列或单元格。删除单元格、行或列有两种类型,如果只删除单元格、行或列中的内容,而不删除单元格、行或列本身,则在选择单元格、行或列后,直接按 Delete 键。如果要删除或添加单元格、行或列,则可以通过下列方法实现。

1.添加行

在表格的底部添加一行,把插入点放置在该表格的最后一个单元格中,按 Tab 键;或将插入点放在表格最后一行段落标记前,按 Enter 键。

在表格的中间添加行,选定位置,插入一行则选择一行;插入多行则选择多行。然后,选择"表格|插入|行(在上方)或行(在下方)"命令,或单击"常用"工具栏中的"插入行"按钮。

2.删除行

首先,先选择要删除的一行或多行,然后选择"表格|删除|行"命令,或选择"表格|删除|单元格"命令,打开"删除|单元格"对话框,选择对话框中的"整行删除"单选按钮。

3.添加列

将光标定位在要插入列的地方,选择"表格|插入|单元格"命令,在打开的"单元格"对话框中选择"整列插入"单选按钮,可以插入列。

在表格的右侧添加列,还可以将鼠标指针指向表格右侧的顶部,指针变成黑色的下指箭头时,单击选取各行的段落标记。然后选择"表格|插入|列(在右侧)"命令,或单击"常用"工具栏中的"插入列"按钮。

4.删除列

先选择要删除的一列或多列,然后选择"表格|删除|列"命令;或选择"表格|删除|单元格"命令,打开"删除单元格"对话框,选择对话框中的"整列删除"单选按钮。

5.添加单元格

选取要添加的单元格所在的位置,选择"表格|插入|单元格"命令,打开"插入单元格"对话框。对话框有四个选项:"活动单元格右移""活动单元格下移""整行插入"和"整列插入",根据需要选择其中一个选项。

6.删除单元格

先选择要删除的单元格,然后选择"表格|删除|单元格"命令,打开"删除单元格"对话框。对话框有四个选项:"右侧单元格左移""下方单元格上移""删除整行"和"删除整列",根据需要选择其中某一选项。

(三)表格和单元格的拆分与合并

可以将一个表格拆分为两个表格,也可以将两个表格合并为一个表格。但是表格只能拆分为上下两个表格,不能左右拆分。表格合并时不要求被合并的两个表格的列数和列宽相同。在编辑表格过程中,有时需要将一个单元格拆分成若干个单元格,有时需要将某些单元格合并为一个单元格。利用菜单或工具按钮,可以完成单元格的拆分与合并。

1.拆分表格

拆分表格时,将插入点移到作为下面一个表格的第一行中的任意单元格,选择"表格|拆分表格"命令。

2.合并表格

合并表格时,只需将上下两个表格之间的文字、图片及段落标记删除干净,就可以将两个表格合并为一个表格。

3.拆分单元格

拆分单元格时,先选择要拆分的单元格,然后选择"表格|拆分单元格"命令,或单击"表格和边框"工具栏的"拆分单元格"按钮,都会出现"拆分单元格"对话框,在该对话框中选择要拆分的行数和列数,单击"确定"按钮,选择的单元格就会按要求拆分。

4.合并单元格

合并单元格时,先选择要合并的单元格,然后选择"表格|合并单元格"命令,或单击"表格和边框"工具栏的"合并单元格"按钮,则被选择的多个单元格将合并为一个单元格。

八、表格、单元格属性

(一)表格行高的设置

创建表格时,Word 将表格的每一行的行高设置成自动,目的在于当往表格中填充文本时,表格的行高会自动根据文本的增加而增高。如果需要明确规定表格的行高,就涉及行高的设置问题。表格的行高有三种形式,即自动、最小值或者精确设置。三者的区别如下:

(1)当表格的行高为"自动设置"时,无论该行中的文本增加或者减少,该行的行高均会自动调整,以保证与其中的文本高度一致。

(2)当表格的行高为"最小值"时,如果该行任意一列中的文本高度未超过此最小高度,则表格该行的行高固定为此最小值；只要该行中有一列中的文本高度超过此最小值，Word 就会自动增加该行的高度，以保证与其中的文本高度一致。

(3)当表格的行高为"精确设置"时，则该行始终保持这一固定高度。如果该行的文本高度超过该精确设置值，则超过部分的文本将被截掉。

表格行高可以采用下列两种方法来设置：

(1)将光标定位到表格中需要设置行高的那一行的任意位置，或者选定表格的一行或者若干行。然后在"表格"菜单中选择"表格属性"命令，进入"表格属性"对话框，并激活"行"选项，在"行高"选项的列表框中选择行高的设置方式是"最小值"或者"固定值"，如果是后两者，必须同时在"设置值"选项的文本框中输入行高的精确值。

(2)直接将鼠标指针指向垂直标尺上的表格某一行的行边界标记，当鼠标指针变为垂直方向的双向箭头时，拖动鼠标往上或者往下移动。

(二)表格栏宽的设置

如果要调整表格中各列的宽度，制作成一个不规则的、符合要求的表格，就需要设置栏宽。通过设置栏宽，Word 可以使同一行的不同列栏宽不同，不同行的同一列也可以栏宽不同。"列"指的是表格纵向的整个一列，"栏"指的是表格的一个或者几个单元格。

栏宽只能用菜单的方式设置，方法是在"表格"菜单中选择"表格属性"命令。进入"表格属性"对话框后，激活"表格"选项，选择"选项"按钮，将"允许调整单元间距"打对勾，然后设置。

(三)表格列间距的设置

列间距规定了表格各列之间的间距，实际上是各列中填充的文本之间的间距。

设置所选栏的列间距可采用以下三种方法：

(1)在"表格"菜单中选择"表格属性"命令，进入"表格属性"对话框，并激活"列"选项，在"指定高度"栏中选择栏宽的精确值。

(2)将鼠标指针指向表格选定栏的左边界(或右边界)，当鼠标指针变为中间夹着两条竖线的水平方向的双向箭头时，拖动鼠标往左或往右移动。

(3)将鼠标指针指向水平标尺上的表格选定栏的左列边界标记(或右列边界标记)，当鼠标指针变为水平方向的双向箭头时，拖动鼠标往左或者往右移动。

九、表格与文本转换

(一)由文本创建表格

1.用鼠标实现由文本创建表格的具体方法

先选定需要转换成表格的文本，然后用鼠标单击常用工具栏中的"插入表格"按钮，则 Word 会自动选择合适的文本分隔符，将选定的文本转换成相应的表格。

2.用菜单命令实现由文本创建表格

选定需要转换成表格的文本，在表格菜单中选择"将文字转换成表格"命令，屏幕显示"将文字转换成表格"对话框。在"文字分隔位置"选项下选中合适的文本分隔符复选框，此时，在"列数"选项的文本框中会出现生成表格的相应列数，在"行数"选项的文本框中则会生成表格的相应行数(注意该选项呈灰色，不可更改)。单击"确定"按钮后，则将选定的文本转换成相应的表格。

(二)表格内容转换为文本内容

Word 也可以将表格的内容转换成文档中的一般文本。方法如下：

(1)选定需要转换成文本的表格。注意,选定的表格可以是一个表格的一行或者多行,但是不可以是表格的一列或者多列。

(2)在表格菜单中选择"将表格转换成文字"命令后,屏幕显示"将表格转换成文字"对话框。

(3)在"文字分隔符"选项下选中合适的文本分隔符复选框,单击"确定"按钮后,Word 按照在表格的每个单元格之后添加一个选中的文本分隔符,在表格的一行结束后,添加一个段落。

十、打印设置

打印设置主要指打印机的设置,包括设置与打印机有关的若干选项。

(一)打印机的设置

要打印文档,首先需要设置打印机。在 Word 中设置打印机的操作过程为:在"文件"菜单中选择"打印"命令后,屏幕显示"打印"对话框。从"打印机"选项中选出合适的打印机名称及各个参数。还可以在"打印"对话框中单击"属性"按钮,显示"属性"对话框,从中可以设置纸张或图形的一些属性。打印机设置完成后,所有文档均根据该默认打印机的驱动程序的要求进行排版。

(二)打印选项的设置

打印选项用来控制打印文档的方式和效果,它包括通用打印选项和特定打印选项。通用打印选项是一般打印机在打印文档时应该遵守的若干准则,特定打印选项则是与特定打印机(默认打印机)相关的选项,作为对通用打印选项的补充。通用打印选项的设置方法为:在"工具"菜单中选择"选择"命令,进入"选择"对话框后激活"打印"选项,或者在"文件"菜单中选择"打印"命令,进入"打印"对话框后单击"选项"按钮根据要求设置"打印选项""打印文档的附加信息""只用于当前文档的选项"和"双面打印选项"4 项中的各参数。

十一、页面视图与打印预览

为了实现在打印前预先在屏幕上看到文档的打印效果,可以采用两种方法:页面视图和打印预览。

(一)页面视图

Word 提供了 4 种查看文档的方式,即普通视图、大纲视图、页面视图和 Web 版式视图。在普通视图下,简化了文档的页面布局,只显示文档的正文格式。在大纲视图下,以 10 级标题外加正文文字为层次,根据需要显示的层次,隐藏或者展开文档,方便于编排和重组冗长的文档。页面视图不仅显示文档的正文格式,而且显示文档的页面布局,包括页眉/页脚、栏、文本框等复杂格式,适合于复杂的版面和打印预览。Web 版式视图最大的优点是联机阅读方便,它不以实际打印效果显示文字,而是将文字显示得大一些,并使段落自动换行以适应当前窗口的大小,它还可以添加文档背景颜色和图案。

(二)打印预览

打印预览所看到的完全是将要打印出来的文档的式样。如果页面视图的显示速度太慢,可以采用普通视图或大纲视图来显示文档,当文档修改完成后,再利用打印预览的方式对文档进行排版。这种方法特别适合于冗长的文档。

在打印预览的状态下,只能调整和修改页边距、段落缩进格式等。为了便于比较若干页的版面,还可以选择一屏所显示的页面数。打印预览的具体实现方法为:在"文件"菜单中选择"打印预览"命令后,屏幕上多了打印预览工具栏。按下标尺按键以显示水平和垂直标尺,则可以调整和修改页边距、段落缩进格式等。按下多页按键选择一屏所显示的页面数。利用鼠标单击常用工具栏中的"打印预览"按钮,可以快速预览打印文档。

十二、打印输出

在设置的默认打印机下,编排好文档后,就可以打印文档了。打印文档时,需要进一步设定打印输出参数,并选择打印结果是直接输出到连接好的打印机上,还是输出到指定的文件中。

(一)打印输出的设置

打印输出设置主要包括打印内容、打印份数和打印范围等方面。

(1)打印内容包括文档、摘要信息、批注、样式或者自动图文集词条等。通常都是打印文档本身。

(2)打印份数是指一次打印文档的份数。

(3)打印范围为用户提供了任意选择打印页面的可能性。打印范围包括全部文档、光标所在的当前页和设定的页码范围。设定页码范围的方法是输入所要打印的页的页码,如果是连续的若干页,可以只给出起始页码和终止页码,起始页码和终止页码之间用短横线连接。各页码之间用半角的逗号隔开。若希望奇偶页分开打印,则可以选中相应的打印选项。值得注意的是,页码是以状态栏最左边的页号为准的。当需要打印的页码在同一个文档中有几个时,无论这些页码的格式是否相同,Word 都会全部将其打印出来。

打印输出设置的具体实现方法为:在"文件"菜单中选择"打印"命令后,进入"打印"对话框,在"打印内容""份数""打印范围"和"打印"选项下设置相应的参数。

(二)打印输出到默认打印机和文件

当打印输出设置完成后,就可以开始打印。如果设置的默认打印机已经连接到计算机上,则在打印输出设置完成后,单击"确定"按钮,默认打印机就会根据输出设置,将规定范围内的内容打印出来。

如果在"打印"对话框中选中"打印到文件"复选框,则单击"确定"按钮后,屏幕显示"打印输出到文件"对话框,在该对话框中给出打印文件名及其放置的驱动器和目录,确认后,默认打印机就会将规定范围内的内容打印到该文件中。

经典例题

(单选题)1.在 Excel 电子表格中,要在单元格中强制换行,应执行的操作是(   )。

A.按回车键   B.Alt+回车键   C.Ctrl+回车键   D.Shift+回车键

【答案】B。

(单选题)2.用 Excel 可以创建各类图表。为了描述特定时间内,各个项之间的差别情况,对各项进行比较,应该选择(   )。

A.条形图   B.饼图   C.折线图   D.散点图

【答案】A。解析:条形图,显示了各个项目之间的比较情况。纵轴表示分类,横轴表示值,它与柱形图的功能及特点相似。饼图,显示了数据系列的项目相对于项目总和的比例大小。折线图,显示了相同间隔内数据的连续变化情况。散点图,经常用于实验中,比较实验得到的结果与理论值之间的差异,并根

河南省农村信用社招聘考试专用教材

据实验误差的特征曲线研究误差的规律，得出实验中研究的对象主体与和对象主体相关事物之间的关系。故本题答案选 A。

第五节 Excel 概述及操作

一、Excel 电子表格窗口

Excel 一经启动，即在该应用程序的工作区中显示一个新的、空白的工作簿，表示 Excel 已经正常启动。

启动 Excel 的方法有以下三种：

方法一：直接双击桌面上的 Excel 快捷方式图标。

方法二：单击"开始|所有程序|Microsoft Office|Microsoft Excel"命令。

方法三：在"资源管理器"中双击以.xls 为后缀的文件。

Excel 的界面和 Word 的界面有些相似，同样有 9 个菜单，只是菜单内容稍有不同。此外，Excel 的常用工具栏、格式工具栏以及任务窗口与 Word 也基本相似。Excel 与 Word 唯一不同的是它的编辑栏和工作窗口，Excel 的编辑栏、行号、列标、单元格、工作表选项卡等都是其特有的。

Excel 的工作窗口主要由标题栏、菜单栏、工具栏、编辑栏和状态栏等组成，如图 6-1-16 所示。

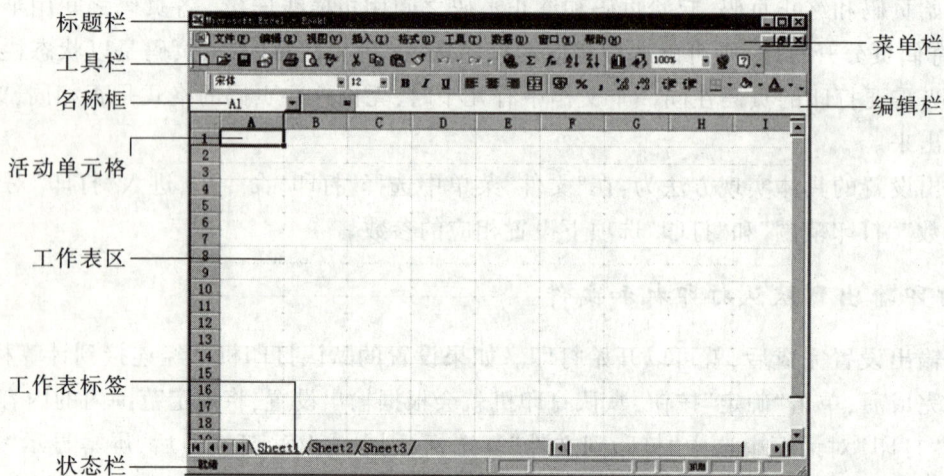

图 6-1-16 Excel 窗口组成图

（一）标题栏

标题栏位于窗口的最上方，用来显示"Microsoft Excel"及当前工作簿文件名，默认情况下为"Book1"。

标题栏左侧是控制菜单按钮，单击它显示控制功能菜单；标题栏右侧有 3 个按钮，依次为最小化按钮、最大化/还原按钮、关闭窗口按钮；移动标题栏可以改变 Excel 窗口的位置；标题栏的文件标题会随着建立的文件名改变而变化。

（二）菜单栏

菜单栏位于标题栏的下方，包含 "文件""编辑""视图""插入""格式""工具""数据""窗口""帮助"9个下拉菜单，各菜单均含有若干命令。通过菜单栏可执行 Excel 中的所有命令，进行所有设置。

Excel 的菜单栏具有记忆功能，它可以将常用的菜单功能和操作习惯记录下来，将不常用的命令隐藏起来,使菜单栏中只显示一些常用的命令,为用户选择命令提供了方便。从"格式"菜单中就可以看出用户常用的格式命令。

(三)工具栏

Excel 提供了丰富的工具栏,如"常用""格式""绘图""图片""表格和边框"等。通过工具栏可执行一些最常用的 Excel 命令和设置操作。所有工具栏不一定全部显示在窗口中,可以根据当前需要显示若干工具栏,其他工具栏则隐藏起来。

(四)编辑栏

编辑栏是 Excel 所特有的,能显示活动单元栏中的内容,并能在其中进行录入公式、编辑公式等操作。编辑栏左边是"名称框",用来存放当前单元格的名称或单元格区域名称。进行函数运算时,名称框变为函数框,单击名称框右侧的下拉箭头,可进行函数的选取。名称框右边依次是"编辑公式栏"和"编辑栏"。

(1)"编辑公式栏"中有 ✕ 、✔ 、ƒx 按钮,按钮 ✕ 用于对输入数据的取消,按钮 ✔ 用于对输入数据的确认,按钮 ƒx 用于进入"插入函数"对话框。

(2)"编辑栏"通常用于显示当前单元格的内容或当前单元格的计算公式,可直接在此公式栏中输入或编辑内容。

(五)状态栏

窗口最下面一行称状态栏,用于指明目前的工作状态。Excel 的任意一个单元格都只有三种状态:就绪、输入和编辑。

另外,在状态栏中的任意位置单击鼠标右键,弹出一个自动计算的快捷菜单,用户可直接对选中的单元格区域进行求平均值、最大值、最小值、求和等简单计算。

(六)工作簿窗口和任务窗格

在 Excel 窗口中还有一个小窗口,称为工作簿窗口,有标题栏、控制菜单按钮、最小化和最大化按钮、关闭窗口按钮。工作簿窗口下方左侧是当前工作簿的工作表标签,每个标签显示工作表名称,其中一个高亮标签(其工作表名称有下划线)是当前正在编辑的工作表,称为当前工作表。

单击工作簿窗口的最大化按钮,工作簿窗口将与 Excel 窗口合二为一,这样可以增大工作表的空间。原工作簿窗口的标题将合并到 Excel 窗口的标题栏,最大(小)化按钮及关闭按钮出现在 Excel 窗口的菜单栏右侧,而且最大化按钮变成还原按钮,单击它可恢复原样。

任务窗格是自 Windows XP 以后才有的一个特殊窗口,其中罗列了 Excel 的一些常用任务指示,通过任务窗格还可打开 Excel 的帮助、剪贴板和剪贴画等。

二、工作簿与工作表

(一)工作簿

Word 处理的是文档,Excel 直接处理的对象为工作表,若干工作表的集合称为工作簿。保存 Excel 文件,是指保存工作簿,其默认扩展名为.xls。

工作簿是指在 Excel 环境中用来存储和处理工作数据表格的文件。当第一次打开 Excel 时,默认工作簿为 Book 1,并且显示它的第一个工作表 Sheet 1。由于一个工作簿可以包含多个工作表,因此,

■ 河南省农村信用社招聘考试专用教材 ■

把正在处理的工作表称为当前工作表,以便与其他工作表加以区别。

(二)工作表

工作表是 Excel 完成任务的基本单位。工作表由行和列组成,行号从 1 开始到 65 536,共 65 536 行;列号从 A 到 IV,共 256 列,第 1~26 列用由 A 到 Z 的 26 个英文字母表示,而第 27~256 列由 26 个英文的两两组合来表示。例如:第 27~52 列的列标为 AA~AZ,而第 256 列的列标为 IV。

工作表中每个行列交叉处的小格称为单元格,共构成 65 536×256 个单元格。

三、工作簿的操作

(一)建立工作簿

建立新的工作簿通常有以下三种方法:

(1)启动进入 Excel 时,系统自动建立一个名为 Book 1 的新工作簿,可以直接在此工作簿的当前工作表中输入数据或编辑数据。

(2)单击"常用"工具栏上的"新建"按钮,可以新建一个工作簿。

(3)选择"文件|新建"命令,弹出"新建工作簿"任务窗格。此时,Excel 允许用户通过"新建"和"模板"两个选项来进行操作。选择"新建"栏中的"空白工作簿"选项,可以新建一个空白工作簿;选择"模板"栏中的"本机上的模板"选项,弹出"模板"对话框,在其中的"电子方案表格"选项卡中选择所需的模板工作簿,单击"确定"按钮,可建立一个模板工作簿。

新建的工作簿文件取名为 Book 1,Book 2 等。当新建的文件第一次存盘时,系统会提示用户为该文件指定新的文件名。

(二)保存工作簿

当工作簿文件建立并经过编辑后,需要将其保存在磁盘上。常用的保存方法有以下三种:

(1)选择"文件|保存"命令。

(2)单击"常用"工具栏的"保存"按钮。如果工作簿是新建的,则出现"另存为"的路径和文件名存盘。

(3)为了保护工作簿免受他人非法使用,可以加密码保护。

(三)打开工作簿

如果要用的工作簿已经存在于磁盘中,有以下三种常用的方法可以将它打开。

1.选择"文件|打开"命令

选择"文件|打开"命令,出现"打开"对话框,其形式类似于 Word 中的"打开"对话框;在"查找范围"下拉列表中确定工作簿文件所在的文件夹,并单击要打开的工作簿文件,也可以直接在"文件名"文本框中输入工作簿的文件名,单击"打开"按钮。

2.用工具栏中的"打开"按钮

单击"常用"工具栏的"打开"按钮,出现"打开"对话框,其他操作同上。

3.单击"文件"菜单中存放的工作簿文件名

如果工作簿文件最近编辑过,单击"文件"菜单,找到对应文件名,单击这一文件名,即可打开。

如果工作簿进行了密码保护,在回答正确的密码之后,才能打开该文件。

（四）关闭工作簿

有三种常用的方法可以关闭当前工作簿文件：

（1）选择"文件|关闭"命令。

（2）单击工作簿窗口的"关闭"按钮。

（3）双击工作簿窗口左上角的"控制菜单"按钮。

四、工作表的操作

（一）新建工作表

新建工作表的具体操作步骤如下：

步骤一：在工作表标签 Sheet 3 处右击，从弹出的快捷菜单中单击"插入"命令，打开"插入"对话框，如图 6-1-17 所示。

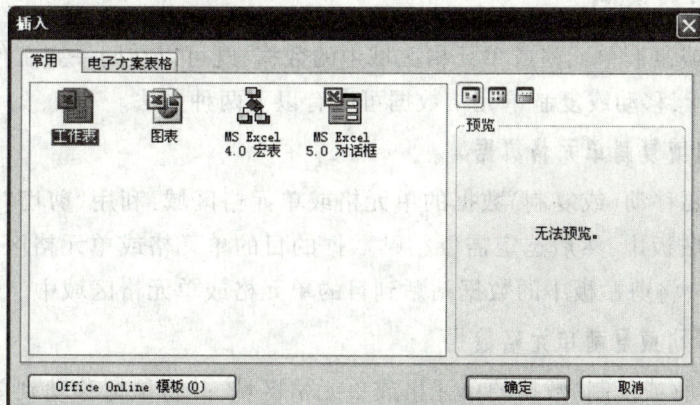

图 6-1-17 "插入"对话框

步骤二：在"插入"对话框的"常用"选项卡中，选择"工作表"图标，然后单击"确定"按钮，就会在 Sheet 3 工作表的前面添加一个新的工作表"Sheet 4"。

（二）工作表的重新命名

当打开一个工作簿后，默认的工作表名称为 Sheet 1、Sheet 2……。在"格式"菜单的"工作表"命令子菜单中选择"重命名"命令，此时，选定的工作表名称处于可编辑状态，重新输入新的名称即可；也可右键单击要重新命名的工作表，在弹出的快捷菜单中选择"重命名"命令。

（三）移动与复制工作表

选定要移动或复制的工作表，然后在"编辑"菜单中选择"移动或复制工作表"命令，或者右键单击，在弹出的快捷菜单中选择"移动或复制工作表"，屏幕显示"移动或复制工作表"对话框。在该对话框中输入或选定目的工作簿以及在其中的位置，如果是复制，则应选中"建立副本"复选框。最后单击"确定"按钮。

（四）工作表的拆分与冻结

1.拆分工作表

拆分工作表是把当前工作表窗口拆分成几个窗格，在每个窗格都可以使用滚动条来显示工作表的一部分。既可以对工作表进行水平拆分，也可以对工作表进行垂直拆分。

具体操作:选定单元格,选定的单元格所在位置将成为拆分的分割点。选择"窗口l拆分"命令,则在选定单元格处工作表被拆分为 4 个独立的窗口。单击"窗口l取消拆分"或在分割条上双击,均可取消拆分。

2.冻结窗格

冻结窗格是把工作表的上窗格和左窗格冻结在屏幕上。当工作表中的数据较多时,可以使用冻结窗格方便地查看数据。

具体操作:选定单元格,选定的单元格所在位置将成为冻结的分割点,选择"窗口l冻结窗格"命令。冻结后工作表的上窗口只能左右滚动,而左窗口只能上下滚动。同样,单击"窗口l取消冻结窗格"可取消冻结。

五、单元格的操作

(一)数据的移动与复制

在 Excel 中,移动或复制单元格或单元格区域中的数据,既可以在同一张工作表中进行,也可以在不同的工作表之间进行,移动或复制单元格数据可以有以下两种方法。

1.利用剪贴板移动或复制单元格数据

首先选定包含需要移动(或复制)数据的单元格或单元格区域,利用"剪切"(或"复制")操作将数据移动(或复制)到剪贴板中;然后选定需要粘贴数据的目的单元格或单元格区域左上角的第一个单元格,利用"粘贴"操作,将剪贴板中的数据粘贴到目的单元格或单元格区域中。

2.利用鼠标拖动移动或复制单元格数据

选定包含需要移动(或复制)数据的单元格或单元格区域,并将鼠标移动到单元格边框,当鼠标指针呈空心箭头状时,按住鼠标左键(或同时按住 Ctrl 键后)拖动鼠标到要粘贴的单元格后放开鼠标左键即可。

(二)单元格数据格式化

在 Excel 中,利用"格式"菜单中的"单元格"命令,可以对工作表中的单元格数据进行格式化操作,使工作表中的数据更加整齐、美观。当选择格式菜单中的"单元格"命令后,屏幕将显示一个"单元格格式"对话框,如图 6-1-18 所示。在这个对话框中,共有 6 个标签,分别用于设置选定单元格数据的显示格式、字体、对齐方式、边框线、图案、数据保护等功能。

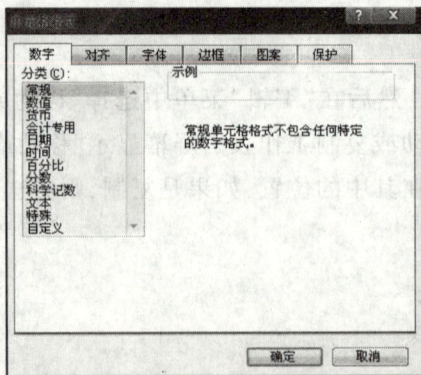

图 6-1-18 "单元格格式"对话框

1.数据的显示格式

在 Excel 内部共设置了 11 种数据格式,分别是常规、数值、货币、会计专用、日期、时间、百分比、分数、科学记数、文本和特殊。用户还可以自己定义数据格式。

2.文字与数值的对齐方式

在为单元格输入数据时,对于文字数据默认是左对齐,而对于数值数据默认是右对齐。在"单元格格式"对话框中选择"对齐"标签后,就可以分别在水平对齐、垂直对齐、方向框中选择需要的选项,最后单击"确定"按钮。也可以利用工具栏中的"左对齐""右对齐""居中对齐"或"跨列居中"等按钮。

3.字体、字形、大小与颜色

在"单元格格式"对话框中选择"字体"标签后,就可以分别在字体、字形、大小等列表框中选择需要的选项,最后单击"确定"按钮。

4.边框线

在"单元格格式"对话框中选择"边框"标签后,就可以在"边框"列表框中选择边框线的种类,然后在"线形"列表框中选择线型与颜色,最后单击"确定"按钮。设置边框线也可以利用工具栏中的"边框线"按钮。

5.图案与颜色

在"单元格格式"对话框中选择"图案"标签后,就可以分别选择单元格底纹的颜色与图案,最后单击"确定"按钮。

(三)自动套用格式

在 Excel 中还提供了一些已经定义好的由各种格式组合成的表格式,用户可以直接套用这些表格式。首先选定需要格式化的单元格区域,然后在"格式"菜单中选择"自动套用格式"命令,就会出现一个"自动套用格式"对话框。在该对话框中的左边有一个"格式"列表框,其中列出了 Excel 定义的各种可供选用的格式类型,用户可在其中进行选择,当选中某个格式类型(单击它)后单击"确定"按钮。

(四)数据的清除与单元格的删除

1.清除单元格数据

所谓清除单元格数据是指将单元格中的内容、公式、格式等加以清除,也可以只清除其中的一部分。具体操作方式如下:

首先选定包含需要清除数据的单元格或单元格区域,然后在"编辑"菜单中选择"清除"命令,此时会弹出一个子菜单。在该子菜单中,若选择"全部",则清除选定单元格中的所有资料,使其成为空白单元格;若选择"格式",则只清除选定单元格中的格式,如字体、颜色、边框线等;若选择"内容",则只清除选定单元格中的公式或数据;若选择"附注",则只清除选定单元格中的附注。

2.删除单元格

所谓删除单元格是指删除单元格的全部内容(包括单元格自身)。具体操作方式如下:

首先选定要删除的单元格或单元格区域,然后在"编辑"菜单中选择"删除"命令,此时会弹出一个"删除"对话框。在"删除"对话框中,若选择"右侧单元格左移",则在删除选定的单元格后,其右侧的所有单元格依次左移;若选择"下方单元格上移",则在删除选定的单元格后,其下方的所有单元格依次上移;若选择"整行",则删除选定单元格所在的整行;若选择"整列",则删除选定单元格所在的整列。

经典例题

(单选题)在 Excel 提供的四类运算符号中,优先级最高的是(   )。

A.算术运算符   B.比较运算符

C.文本运算符   D.引用运算符

【答案】D。解析:在 Excel 提供的四类运算符号中,优先级从高到低依次为:引用、算术、文本、比较。故本题答案选 D。

第二章 数据库

第一节 数据库技术概述

数据库技术作为数据管理的实现技术,已成为计算机应用技术的核心。随着计算机技术、通信技术、网络技术的迅速发展,人类社会进入了信息时代。建立一个行之有效的管理信息系统已成为每个企业或组织生存和发展的重要条件。从某种意义而言,数据库的建设规模、数据库信息量的大小和使用频度,已成为衡量一个国家信息化程度的重要标志。

一、数据库的基本概念

1.数据

数据是描述现实世界事物的符号记录,是用物理符号记录的可以鉴别的信息。物理符号有多种表现形式,包括:数字、文字、图形、图像、声音及其他特殊符号。数据的各种表现形式,都可以经过数字化后存入计算机。

2.数据库

数据库是长期存储在计算机内、有组织的、可共享的数据集合。这种集合具有如下特点:

最小的冗余度。

应用程序对数据资源共享。

数据独立性高。

统一管理和控制。

3.数据库管理系统

数据库管理系统(DBMS)是位于用户与操作系统之间的一个数据管理软件,它的基本功能包括以下几个方面:

数据定义功能:DBMS 提供数据定义语言,用户通过它可以方便地对数据库中的数据对象进行定义。

数据操纵功能:DBMS 提供数据操纵语言,用户可以操纵数据,实现对数据的基本操作,如查询、插入、删除和修改。

数据库的运行管理功能:数据库在建立、运行和维护时由数据库管理系统统一管理和控制,以保证数据的安全性、完整性。其包括对并发操作的控制以及发生故障后的系统恢复等。

数据库的建立和维护功能:它包括数据库初始数据的输入、转换功能,数据库的转储、恢复功能,数据库的重组织功能和性能监视、分析功能等。

4.数据库系统

数据库系统是指在计算机系统中引入数据库后构成的系统。一般由数据库、操作系统、数据库管理系统(及其开发工具)、应用系统、数据库管理员和用户构成。

二、数据库系统的体系结构

数据库系统的体系结构划分为集中式系统、个人计算机系统、分布式系统、客户/服务器系统和浏览器/服务器系统五类。目前,客户/服务器系统和浏览器/服务器系统是数据库系统中最为常用的结构。

1.集中式系统

在集中式系统中,DBMS 和应用程序以及与用户终端进行通信的软件等都运行在一台宿主计算机上,所有的数据处理都是在宿主计算机中进行。宿主计算机一般包括大型机、中型机或小型机。应用程序和 DBMS 之间通过操作系统管理的共享内存或应用任务区来进行通信,DBMS 利用操作系统提供的服务来访问数据库。

集中系统的主要优点是:具有集中的安全控制,以及处理大量数据和支持大量并发用户的能力。集中系统的主要缺点是:购买和维持这样的系统一次性投资太大,并且不适合分布处理。

2.个人计算机系统

当 DBMS 在个人计算机(PC)上运行时,PC 机起到宿主机的作用,同时也起到了终端的作用。与大型系统不同,通常个人计算机(微机)上的 DBMS 功能和数据库应用功能是结合在一个应用程序中的,这类 DBMS 的功能灵活,系统结构简洁,运行速度快,但这类 DBMS 的数据共享性、安全性、完整性等控制功能比较薄弱。

3.客户/服务器系统

在客户/服务器(Client/Server,简记为 C/S)结构的数据库系统中,数据处理任务被划分为两部分:一部分运行在客户端;另一部分运行在服务器端。划分的方案可以有多种,一种常用的方案是客户端负责应用处理,服务器端完成 DBMS 的核心功能。

数据库服务器把数据处理任务分开在客户端和服务器上运行,因而充分利用了服务器的高性能数据库处理能力以及客户端灵活的数据表示能力。通常从客户端发往数据库服务器的只是查询请求,从数据库服务器传回给客户端的只是查询结果,不需要传送整个文件,从而大大减少了网络上的数据传输量。

C/S 系统的主要缺点是:这种模型中,客户机上都必须安装应用程序和工具,使客户端过于庞大、负担太重,而且系统安装、维护、升级和发布困难,从而影响效率。

4.分布式系统

一个分布式数据系统由一个逻辑数据库组成,整个逻辑数据库的数据,存储在分布于网络中的多个结点上的物理数据库中。较早的分布式数据库是由多个宿主系统构成的,数据在各个宿主系统之间共享。在当今的客户/服务器结构的数据库系统中,服务器的数目可以是一个或多个。当系统中存在多个数据库服务器时,就形成了分布系统。

在分布式数据库中,由于数据分布于网络中的多个结点上,因此,与集中式数据库相比,存在一些特殊的问题,例如,应用程序的透明性、结点自治性、分布式查询和分布式更新处理等,这就增加了系统实现的复杂性。

5.浏览器/服务器系统

随着 Internet 的迅速普及,出现了三层客户机/服务器模型:客户机→应用服务器→数据库服务器。这种结构的客户端只需安装浏览器就可以访问应用程序,这种系统称为浏览器/服务器(Browser/Server,简记为 B/S)系统。B/S 结构克服了 C/S 结构的缺点,是 C/S 的继承和发展。

三、数据库系统三级模式结构

从 DBMS 方面考虑，数据库系统通常采用三级模式结构，这是 DBMS 内部的系统结构。

在数据库中，数据模型可以分为三个层次，分别称为外模式、模式和内模式。外模式反映的是一种局部的逻辑结构，它与应用程序相对应，由用户自己定义。一个数据库可以有多个外模式。模式反映的是总体的逻辑结构，一个数据库只有一个模式，它是由数据库管理员(DBA)定义的。内模式是反映物理数据存储的模型，它也是由数据库管理员(DBA)定义的。

在数据模型中有"型"(Type)和"值"(Value)的概念。型是对某一类数据的结构和属性的说明(或定义)，值是对型的一个具体赋值。例如，图书记录定义为"(编号,书名,作者,出版社,出版日期,定价)"，这是记录的型，而"(G11.11,C 语言程序设计,张大海,蓝天,2004.4,26.30)"是记录型的一个记录值。

模式是数据库中全体数据的逻辑结构和特征的描述，它仅仅涉及型的描述，不涉及具体的值。模式的一个具体值称为模式的一个实例。同一模式可以有很多实例。模式反映的是数据的结构及其联系，而实例反映的是数据库某一时刻的状态。所以模式是相对稳定的，而实例是相对变动的。

1.模式

模式也称为逻辑模式，是数据中全体数据的逻辑结构和特征描述，是所有用户的公共数据视图。它是数据库系统模式结构的中间层，既不涉及数据的物理存储细节和硬件环境，也与具体的应用程序及其所使用的开发工具(如 C、Visual Basic、Power Build、ASP、JSP 等)无关。数据库模式以某一种数据模型为基础，统一综合地考虑了所有用户的需求，并将这些需求有机地结合成一个逻辑整体。

定义模式时不仅要定义数据的逻辑结构(包括数据记录由哪些数据项构成，数据项的名字、类型、取值范围等)，而且要定义数据之间的联系，定义与数据有关的安全性、完整性要求。

2.外模式

外模式也称为子模式或用户模式，它是数据库用户(包括应用程序员和最终用户)能够看到和使用的局部数据的逻辑结构和特征的描述，是数据库用户的数据视图，是与某一应用有关的数据的逻辑表示。

外模式通常是模式的子集。由于它是各个用户的数据视图，如果不同的用户在应用需求、看待数据的方式、对数据保密的要求等方面存在差异，则其外模式描述就是不同的。即使模式中同一数据记录，在外模式中的结构、类型、长度、保密级别等都可以不同。另一方面，同一个外模式也可为某一用户的多个应用系统所用，但一个应用程序只能使用一个外模式。

外模式是保证数据库安全性的一个有力措施。每个用户只能看见和访问所对应的外模式中的数据，数据库中其余数据是不可见的。

3.内模式

内模式也称为存储模式，它是数据物理结构和存储方式的描述，是数据在数据库内部的表示方式。

第二节 数据模型与关系模型

一、数据模型的基本概念

(一)数据模型基本概念

模型就是对现实世界特征的模拟和抽象,数据模型是对现实世界数据特征的抽象。从事物的客观特性到计算机里的具体表示经历了 3 个数据领域:现实世界、信息世界和机器世界。

现实世界:现实世界的数据就是客观存在的各种报表、图表和查询格式等原始数据。计算机只能处理数据,所以首先要解决的问题是按用户的观点对数据和信息建模,即抽取数据库技术所研究的数据,分门别类,综合出系统所需要的数据。

信息世界:是现实世界在人们头脑中的反映,人们用符号、文字记录下来。在信息世界中,数据库常用的术语是实体、实体集、属性和码。

机器世界:是按计算机系统的观点对数据建模。现实世界的问题如何表达为信息世界的问题,而信息世界的问题又要表达在具体的机器世界里。机器世界中数据描述的术语有字段、记录、文字和记录码。

(二)数据模型的三要素与常用的数据模型

1.数据模型三要素

数据库的基础是数据模型,是用来描述数据的一组概念和定义。数据模型的三要素是数据结构、数据操作和数据的约束条件。

数据结构:所研究的对象类型的集合,是对系统静态特性的描述。

数据操作:对数据库中的各种对象的实例允许执行的操作的集合,包括操作及操作规则。

数据的约束条件:是一组完整性规则的集合。对于具体的应用数据必须遵循特定的语义约束条件,以保证数据的正确、有效和相容。

2.常用的数据模型

最常用的数据模型分为概念数据模型和基本数据模型。

(1)概念数据模型。也称信息模型,是按用户的观点对数据和信息建模,是现实世界到信息世界的第一层抽象,强调其语义表达功能,易于用户理解,是用户和数据库设计人员交流的语言,主要用于数据库设计。这类模型中最著名的是实体联系模型,简称 E—R 模型。

(2)基本数据模型。它是按计算机系统的观点对数据建模,是现实世界数据特征的抽象,用于DBMS 的实现。基本的数据模型有层次模型、网状模型、关系模型。

目前出现了许多数据库应用的新领域,采用基本的数据模型有一定的局限性,所以面向对象模型越来越受关注。

3.E—R 模型

E—R 模型是实体—联系模型的简称,所采用的三个主要概念是实体、联系和属性。

4.层次模型

层次模型采用树型结构表示数据与数据间的联系。在层次模型中每一个节点表示一个记录类型（实体），记录之间的联系用节点之间的连线表示，并且根节点以外的其他节点有且仅有一个双亲节点。层次模型记录之间的联系通过指针实现，比较简单，查询效率高。

5.网状模型

采用网络结构表示数据与数据间的联系的数据模型称为网状模型。在网状模型中，允许一个以上的节点无双亲，一个节点可以有多于一个的双亲。网状模型是一个比层次模型更普遍性的数据结构，是层次模型的一个特例。

6.关系模型

关系模型是目前最常用的数据模型之一。关系数据库采用关系模型作为数据的组织方式，在关系模型中用表格结构表达实体集，以及实体集之间的联系，其最大的特色是描述的一致性。关系模型是由若干个关系模式组成的集合。一个关系模式相当于一个记录型，对应于程序设计语言中类型定义的概念。关系是一个实例，也是一张表，对应于程序设计语言中的变量的概念。给定变量的值随时间可能发生变化；类似地，当关系被更新时，关系实例的内容也随时间发生了变化。

二、数据模型构成

模型是现实世界特征的模拟和抽象。数据模型（Data Model）也是一种模型，它是实现数据特征的抽象。数据库系统的核心是数据库，数据库是根据数据模型建立的，因而，数据模型是数据库系统的基础。

一般地讲，任何一种数据模型都是严格定义的概念的集合。这些概念必须能够精确地描述系统的静态特性、动态特性和完整性约束条件。因此，数据模型通常都是由数据结构、数据操作和数据完整性约束三个要素组成。

1.数据结构

数据结构研究数据之间的组织形式（数据的逻辑结构）、数据的存储形式（数据的物理结构）以及数据对象的类型等。存储在数据库中的对象类型的集合是数据库的组成部分。例如，在图书馆管理中，要管理的数据对象有图书、读者、借阅等基本情况。图书对象集中，每本图书包括编号、书名、作者、出版社、出版日期、定价等信息，这些基本信息描述了每本图书的特性，构成在数据库中存储的框架，即对象类型。

数据结构用于描述系统的静态特性，是刻画一个数据模型性质最重要的方面。因此，在数据库系统中，通常按照其数据结构的类型来命名数据模型。例如，层次结构、网状结构、关系结构的数据模型分别命名为层次模型、网状模型和关系模型。

2.数据操作

数据操作用于描述系统的动态特性。数据操作是指对数据库中的各种对象（型）的实例（值）允许执行的操作的集合，包括操作及有关的操作规则。数据库主要有查询和更新（包括插入、删除、修改）两大类操作。数据模型必须定义这些操作的确切含义、操作符号、操作规则（如优先级）以及实现操作的语言。

3.数据完整性约束

数据完整性约束是一组完整性规则的集合。完整性规则是给定的数据模型中数据及其联系所具有的制约和储存规则，用以符合数据模型的数据库状态以及状态的变化，以保证数据的正确、有效和相容。

三、数据模型种类

目前,数据库领域中,最常用的数据模型有:层次模型、网状模型和关系模型。其中,层次模型和网状模型统称为非关系模型。非关系模型的数据库系统在 20 世纪 70 年代非常流行,到了 20 世纪 80 年代,关系模型的数据库系统以其独特的优点逐渐占据了主导地位,成为数据库系统的主流。

1.层次模型

层次模型是数据库中最早出现的数据模型,层次数据库系统采用层次模型作为数据的组织方式。用树型(层次)结构表示实体类型以及实体间的联系是层次模型的主要特征。

层次模型的另一个最基本的特点是,任何一个给定的记录值(也称为实体)只有按照其路径查看时,才能显出它的全部意义。

2.网状模型

在现实世界中事物之间的联系更多的是非层次关系的,用层次模型表示非树型结构是很不直接的,网状模型则可以克服这一弊端。

用网状结构表示实体类型及实体之间联系的数据模型称为网状模型。

记录之间联系是通过指针实现的,因此,数据的联系十分密切。网状模型的数据结构在物理上易于实现,效率较高,但是编写应用程序较复杂,程序员必须熟悉数据库的逻辑结构。

3.关系模型

关系模型是目前最常用的一种数据模型。关系数据库系统采用关系模型作为数据的组织方式。20世纪 80 年代以来,计算机厂商推出的数据库管理系统几乎都支持关系模型,非关系模型系统的产品也大都加上了接口。数据库领域当前的研究工作也都是以关系方法为基础。在关系模型中,数据在用户观点下的逻辑结构就是一张二维表。每一张二维表称为一个关系。关系在用户看来是一个表格,记录是表中的行,属性是表中的列。

关系模型是数学化的模型,可把表格看成一个集合,因此,集合论、数理逻辑等知识可引入到关系模型中来。关系模型已得到广泛应用。

四、关系模型的基本概念

关系:一个关系对应一张二维表。

属性:二维表中的一列称为属性。

关系模式:对关系的描述。通常记做:关系名(属性 1,属性 2,……,属性 n)。

元组:二维表中一行称为元组,一个表格中不允许有完全相同的行出现。

分量:表中的每一个属性。

域:每个属性的取值范围。

主关键字:又称为主键,是挑选出来作为表行唯一标识的候选关键字。一个表中只有一个主关键字,主键不允许为空值,不能存在具有相同的主键值的两个行,并且字段的长度应尽量小。

候选关键字:可以唯一确定一个元组而又不含多余属性的一个属性或属性组。

外关键字:又称为外键,用于建立和加强两个表数据之间的链接的一列或多列,一个表引用其他表的主键到自身,则在该表中叫外键。

主属性:可以作为候选码的属性。

非主属性：不能作为候选码的属性。

五、关系型数据库中的对象

数据库对象是一种数据库组件，是数据库的主要组成部分。关系数据库中常见的数据库对象有以下几种：

1.表(Table)

与日常生活中使用的表格类似，表由行和列组成，一行为一条"记录"，每列为一个"字段"，列的标题为列名。每个表中通常都有一个主关键字，也是唯一地确定一条记录。

2.约束

对数据的限制，这个限制一般是加在表中的属性上，约束主要有以下几类：

空值约束：对表中的某列不允许存在 NULL 值。

唯一约束：对某一列指定此约束时，该列内的所有数值都不能重复。

主键约束：该约束是空值约束和唯一约束的并集，一般说，主键是表中数据的唯一标志。

外键约束：可以保证数据库的一致性。

检查约束：定义了被约束列的数值范围，也称为"规则"。如性别只能是"男"和"女"。

缺省值约束：用户在插入数据时，如果不指定拥有缺省值约束列的数值的话，系统会自动将缺省值填入该列。

3.索引

索引是根据指定的数据库表列建立起来的顺序，它提供了快速访问数据的路径。为缩短从数据库系统中查询大量数据所用的时间，一般都需要建立索引。

4.视图

视图可以用来控制用户对数据的访问，并能简化数据的显示，通过视图可只显示那些需要的数据信息。视图要由查询数据库表产生的，是一个虚拟的表，在数据库中并不实际存在。

5.聚簇

聚簇是数据排列的一种方式，聚簇会把所有特征相同或相近的数据记录排列在一起，可减少磁盘操作的次数。

6.图表

数据库表之间的关系示意图，利用它可以编辑表与表之间的关系。

7.触发器

它是一个用户定义的 SQL 事务命令的集合。当对一个表进行插入、更改、删除时，这组命令可以自动执行。

8.存储过程

为完成特定的功能而汇集在一起的一组 SQL 语句，存储在数据库中供用户调用的 SQL 程序。

9.锁

作用是控制用户对同一资源的并发操作。如果多个用户争夺多个资源的时候，当他们分别锁定一个资源后，还要等待对方释放他们各自锁定的资源，则会产生死锁。锁有共享锁（只读锁）、修改锁和排他锁三种最基本的模式。当一个用户把一个资源加上锁时，共享锁允许别的用户还可以读取这个资源，排他锁则不允许其他用户访问该资源，修改锁是介于共享锁和排他锁之间的一种形式，可减少两

河南省农村信用社招聘考试专用教材

者间的死锁。

10.事务

事务是单个的逻辑单元,一个事务内可以有很多操作,这些操作被当作整体去执行,遇到错误时,可回滚事物取消事物所做的所有改变,从而保证数据库的一致性和可恢复性。事务有四个属性:原子性、一致性、隔离性和永久性。原子性是指事务要么都被执行,要么都不被执行。一致性是指事务开始以前和结束以后,所有的数据都必须处于一致的状态。隔离性是指一个事物所做的修改必须能够与其他事物所做的修改隔离开来。永久性是指事务完成之后,它对数据库所做的修改被永久地保持下来。

六、关系运算

关系操作的特点是操作对象和操作结果都是集合。而非关系数据模型的数据操作方式则为一次一个记录的方式。关系数据语言分为3类:关系代数语言、关系演算语言和具有关系代数和关系演算双重特点的语言。关系演算语言包含元组关系演算语言和域关系演算语言。

关系代数语言、元组关系演算和域关系演算是抽象查询语言,它与具体的DBMS中实现的实际语言并不一样,但是可以用它评估实际系统中的查询语言能力的标准。

关系代数运算符有4类:集合运算符号、专门的关系运算符、算术比较符和逻辑运算符。根据运算符的不同,关系代数运算可分为传统的集合运算和专门的关系运算。传统的集合运算是从关系的水平方向进行的,包括并、交、差及广义笛卡儿积。专门的关系运算既可以从关系的水平方向进行运算,也可以向关系的垂直方向运算,包括选择、投影、连接以及除法。并、差、笛卡儿积、投影、选择是5种基本的运算,因为其他运算可以通过基本的运算导出。

经典真题

(单选题)1.关系数据中的视图属于四个数据抽象级别中的( )。
A.外部模型　　　　　　　　　　B.概念模型
C.逻辑模型　　　　　　　　　　D.物理模型
【答案】A。
(单选题)2.在下列关系代数的操作中,哪一个不属于专门的关系运算?( )。
A.自然连接　　　　　　　　　　B.投影
C.广义笛卡尔积　　　　　　　　D.连接
【答案】C。解析:关系代数中的专门的运算包括选择、投影和连接;广义笛卡尔积属于传统的集合运算,而不是针对数据库环境专门设计的关系运算。故本题答案选C。

第三节　SQL 数据库基础知识

一、SQL 基本组成

SQL 由以下几个部分组成。
数据定义语言(DDL):SQL DDL 提供定义关系模式和视图、删除关系和视图、修改关系模式的命令。
交互式数据操纵语言(DML):SQL DML 提供查询、插入、删除和修改的命令。

事务控制:SQL 提供定义事务开始和结束的命令。

嵌入式 SQL 和动态 SQL 用于嵌入到某种通用的高级语言中混合编程。其中 SQL 负责操纵数据库,高级语言负责控制程序流程。

完整性:SQL DDL 包括定义数据库中的数据必须满足的完整性约束条件的命令,对于破坏完整性约束条件的更新将被禁止。

权限管理:SQL DDL 中包括说明对关系和视图的访问权限。

二、SQL 数据定义

(一)创建表(CREATE TABLE)

语句格式:

CREATE TABLE <表名>(<列名><数据类型>[列级完整性约束条件]、<列名><数据类型>[列级完整性约束条件]、……、<列名><数据类型>[列级完整性约束条件]);

列级完整性约束条件有:NULL(空)、UNIQUE(取值唯一)等,如 NOT NULL UNIQUE 表示取值唯一,不能取空值。

(二)修改表和删除表

1.修改表(ALTER TABLE)

语句格式:

ALTER TABLE <表名>[ADD 〈新列名〉〈数据类型〉[完整性约束条件]][DROP 〈完整性约束名〉][MODIFY 〈列名〉〈数据类型〉];

2.删除表(DROP TABLE)

语句格式:

DROP TABLE 〈表名〉;

(三)定义和删除索引

可以利用数据库中的索引快速查找所需要的信息,使数据库程序无须对整个表进行扫描,就可以在其中找到所需数据。索引是某个表中一列或者若干列值的集合和相应的指向表中物理标识这些值的数据页的逻辑指针清单。

索引分为聚集索引和非聚集索引。聚集索引是指索引列表中索引项的顺序与表中记录的物理顺序一致的索引。

1.建立索引

语句格式:

CREATE [UNIQUE][CLUSTER]INDEX〈索引名〉ON 〈表名〉(〈列名〉[〈次序〉][,〈列名〉][〈次序〉]);

参数说明:

次序。可选 ASC(升序)或 DSC(降序),默认为升序。

UNIQUE。表明此索引的每一个索引值只对应唯一的数据记录。

CLUSTER。表明要建立的索引是聚集索引,意为索引项的顺序是与表中记录的物理顺序一致的索引组织。

河南省农村信用社招聘考试专用教材

2.删除索引

语句格式：

DROP INDEX〈索引名〉；

(四)定义、删除、更新视图

视图是从一个或者多个表或视图中导出的表,其结构和数据是建立在对表的查询基础上的。视图包括几个被定义的数据列和多个数据行,但从本质上讲,这些数据列和数据行来源于其所引用的表。因此,视图不是真实存在的基础表而是一个虚拟表,视图所对的数据并不实际地以视图结构存储在数据库中,而是存储在视图所引用的表中。

1.视图的创建

语句格式：

CREATE VIEW 视图名[(列名)[,〈列名〉]] AS <子查询> [WITH CHECK OPTION];

在视图创建中,必须遵循如下规定：

子查询可以是任意复杂的 SELECT 语句,但通常不允许含有 ORDER BY 子句和 DISTINCT 短语。

WITH CHECK OPTION 表示对 UPDATE,INSERT,DELETE 操作时保证更新、插入或删除的行满足视图定义中的谓词条件(即子查询中的条件表达式)。

组成视图的属性列名或者全部省略或全部指定。如果省略属性列名,则隐含该视图由 SELECT 子查询目标列的诸属性组成。

2.视图的撤消

语句格式：

DROP VIEW <视图名>。

第三章　计算机网络及其应用

第一节　计算机网络基础

一、计算机网络定义

计算机网络是指将地理位置不同的具有独立功能的多台计算机及其外部设备,通过通信线路连接起来,在网络操作系统、网络管理软件及网络通信协议的管理和协调下,实现资源共享和信息传递的计算机系统。

二、计算机网络的功能

数据通信:这是计算机网络最基本的功能,其他功能都是基于数据通信功能之上才实现的。数据通信包括电子邮件、远程登录、信息浏览,等等。

资源共享:

①硬件资源的共享,可以共享一台打印机、绘图仪、光驱,等等。

②软件资源的共享,这适合于占用空间比较大的系统软件和应用软件,把它安装在一台配置高的计算机上,设置为共享,那么其他计算机就可以来使用了。

③数据共享,这主要指网络数据库资源的共享。

分布式处理:就是说把一项复杂的任务划分为若干个小任务,将这些小任务同时运行在网络中不同的计算机上,使每一台计算机都承担一部分工作。

提高计算机的可靠性:计算机网络中每一台计算机都可以通过网络为另一台计算机做备份(就是将重要的资料复制一份并保存起来),这样,就算有一天,网络中的某台计算机突然崩溃和瘫痪,例如遇到攻击性强的病毒,那么也不用担心,因为重要的资料还在另一台上,这样就可以减少很多损失。

三、计算机网络的分类

1.按网络覆盖范围与规模划分

局域网:一种小的区域范围内,各种计算机和数据通信设备互联在一起的计算机网络通信。

城域网:在一个城市,但不在同一地理小区范围内的计算机互联。

广域网:在不同城市之间的 LAN 或者 MAN 网络互联,地理范围可从几百公里到几千公里。

2.按传输介质划分

有线网:指采用双绞线或光导纤维来连接的计算机网络。

无线网:采用一种电磁波作为载体来实现数据传输的网络类型。

3.按网络拓扑结构划分

集中式网络,分散式网络,分布式网络。

四、计算机网络的应用

1.商业运用

①主要是实现资源共享最终打破地理位置束缚,主要运用客户–服务器模型。

②提供强大的通信媒介。如电子邮件视频会议。

③电子商务活动。如各种不同供应商购买子系统,然后再将这些部件组装起来。

④通过 Internet 与客户做各种交易。如在家里购买商品或者服务。

2.家庭运用

①访问远程信息。如浏览 Web 页面获得艺术、商务、烹饪、政府、健康、历史、爱好、娱乐、科学、运动、旅游等信息。

②个人之间的通信。如即时消息、运用(QQ、MSN、yy)聊天室、对等通信。

③交互式娱乐。如视频点播、即时评论及参加活动。

④广义的电子商务。如电子方式支付账单、管理银行账户、处理投资。

3.移动用户以无线网络为基础

①可移动的计算机:笔记本电脑、PDA、3G 手机。

②运货车队、出租车、快递专车等应用。

经典例题

(单选题)计算机网络技术包含的两个主要技术是计算机技术和(　　)。

A.微电子技术　　　　　　　　　　　B.通信技术

C.数据处理技术　　　　　　　　　　D.自动化技术

【答案】B。解析:计算机网络技术是通信技术与计算机技术相结合的产物。

第二节 Internet

从用户角度来看,整个互联网在逻辑上是统一的、独立的,在物理上则由不同的网络互联而成。从技术角度看,Internet 本身不是某一种具体的物理网络技术,它是能够互相传递信息的众多网络的一个统称,或者说它是一个网间网,只要人们进入这个互联网,就是在使用 Internet。

Internet 由美国的 ARPANET 网络发展而来。因此,它沿用了 ARPANET 使用的 TCP/IP 协议,由于该协议非常有效且使用方便,许多操作系统都支持它,无论是服务器还是个人计算机都可安装使用。

一、Internet 地址

Internet 上每一台计算机、每个用户都有唯一的地址来标识它是谁以及在何处,以方便与几千万个用户、几百万台计算机和成千上万的组织联系。

Internet 地址格式主要有两种书写形式:域名格式和 IP 地址格式。

1.域名

域名通常是用户所在的主机名字或地址。域名格式由若干部分组成,每个部分又称子域名,它们之间用"."分开,每个部分最少由两个字母或数字组成。域名通常按分层结构来构造,每个子域名都有其特定的含义。通常一个完整、通用的层次型主机域名由 4 部分组成:

计算机主机名.本地名.组名.最高层域名

从右到左,子域名分别表示不同国家或地区的名称(只有美国可以省略表示国家的顶级域名)组织类型、组织名称、分组织名称和计算机名称等。域名地址的最后一部分子域名称为高级域名,它大致可分为两类:一类是组织性顶级域名;另一类是地理性顶级域名。

例如:WWW.dzkjdx.edu.cn　　　　"cn"是地理性顶级域名,表示"中国"。

　　　　WWW.263.net　　　　"net"是组织性顶级域名,表示"网络技术组织机构"。

如果一个主机所在的网络级别较高,它可以拥有的域名仅 3 部分"本地名.组名.最高层域名"。

2.IP 地址

Internet 地址是按名字来描述的,这种地址表示方式易于理解和记忆。Internet 中的主机地址是用 IP 地址来唯一标识的。这是因为 Internet 中所使用的网络协议是 TCP/IP 协议,故每个主机必须用 IP 地址来标识。

每个 IP 地址都由小于 256 的 4 个数字组成,数字之间用"."分开。Internet 的 IP 地址共有 32 位,4 个字节。

域名和 IP 地址是一一对应的,域名容易记忆和使用,因此得到比较普遍的使用。当用户和 Internet 上的某台计算机交换信息时,只需要使用域名,网络则会自动将其转换成 IP 地址,找到该台计算机。

Internet 中的地址分为 5 类:A 类、B 类、C 类、D 类和 E 类。在 IP 地址中,全 0 代表网络,全 1 代表广播。

网络软件和路由器是用子网掩码来识别报文是仅存放在网络内部还是被路由转发到其他地方。在一个字段内"1"的出现表明一个字段包含所有或部分网络地址。"0"表明主机地址位置。例如,最常用的 C 类地址使用前三个 8 位来识别网络,最后一个 8 位识别主机,因此,子网掩码是 255.255.255.0。

河南省农村信用社招聘考试专用教材

3.子网掩码

子网地址掩码是相对特别的 IP 地址而言的,如果脱离了 IP 地址就毫无意义。它的出现一般是跟着一个特定的 IP 地址,用来为计算机这个 IP 地址中的网络号部分和主机号部分提供依据。换句话说,就是在写一个 IP 地址后,再指明哪些是网络号部分,哪些是主机号部分。子网掩码的格式和 IP 地址相同,所有对应网络号的部分用 1 填上,所有对应的主机号部分用 0 填上。

如果需要将网络进行子网划分,此时子网掩码可能不同于以上默认的子网掩码。例如,138.96.58.0 是一个 9 位子网化的 B 类网络 ID。基于 B 类的主机 ID 的 8 位被用来表示子网化的网络,对于网络 138.96.39.0,其子网掩码应为 255.255.255.0。

例如,一个 B 类地址:172.16.3.4,为了直观地告诉大家前 16 位是网络号,后 16 位是主机号,就可以附上子网掩码:255.255.0.0。

二、Internet 服务

作为全世界最大的国际性计算机网络 Internet,为全球的科研界、教育界、娱乐界等方面提供了极其丰富的信息资源和最先进的信息交流手段。

本部分主要介绍 Internet 的服务, 如 DNS 域名服务、E-mail 电子邮件服务、WWW 服务、FTP 文件传输服务等。

1.DNS 域名服务

Internet 中的域名地址与 IP 地址是等价的, 它们之间是通过域名服务 DNS 来完成映射变换的。DNS 是一种分布地址信息数据库系统,服务器中包含整个数据库的某部分信息,并供客户查询。DNS 允许局部控制整个数据库的某些部分,但数据库的每一部分都可通过全网查询得到。

域名系统采用的是客户机/服务器模式,整个系统由解析器和域名服务器组成。

2.E-mail 电子邮件服务

电子邮件就是利用计算机进行信息交换的电子媒体信件。电子邮件是一种通过计算机网络与其他用户进行联系的快速、简便、高效、价廉的现代化通信手段。电子邮件地址的一般格式为:用户名 @ 主机名,例如 ABC@china.com。

E-mail 系统基于客户机/服务器模式,整个系统由 E-mail 客户软件、E-mail 服务器和通信协议三部分组成。E-mail 客户软件是用户用来收发和管理电子邮件的工具;E-mail 服务器主要采用 SMTP 协议,本协议描述了电子邮件的信息格式及其传递的处理方法,保证被传送的电子邮件能够正确地寻址和可靠地传输,它是面向文本的网络协议,其缺点是不能用来传递非 ASCII 码文本和非文字性附件。

POP(Post Office Protocol,邮局协议)协议有两个版本:POP2 和 POP3。目前使用的 POP3 既能与 SMTP 共同使用,也可以单独使用,以传送和接受电子邮件。POP 协议是一种简单的纯文本协议,每次传输以整个 E-mail 为单位,不能提供部分传输。

3.WWW 服务

万维网 WWW(World Wide Web)是一种交互式图形界面的 Internet 服务,具有强大的信息连接功能,是目前 Internet 中最受欢迎的、增长速度最快的一种多媒体信息服务系统。

万维网是基于客户机/服务器模式的信息发送技术和超文本技术的综合,WWW 服务器把信息组织为分布的超文本,这些信息节点可以是文本、子目录或信息指针。WWW 浏览程序为用户提供基于超文本传输协议 HTTP(Hyper Text Transfer Protocl)的用户界面,WWW 服务器的数据文件由超文本标记语言 HTML(Hyper Text Markup Language)描述,HTML 利用统一资源定位器 URL 的指标是超媒体链接,并在文本内指向其他网络资源。

在 WWW 上查询信息, 必不可少的一项操作是在浏览器中输入查询目标地址, 这个地址就是 URL,也称 Web 地址,俗称"网址"。一个 URL 指定一个远程服务器域名和一个 Web 页,即每个 Web 页都有唯一的 URL。URL 也可指向 FTP,WAIS 和 GOPHER 服务器代表的信息。通常用户只需要了解和使用主页的 URL,通过主页再访问其他页。

4.FTP 文件传输服务

文件传输协议(File Transfer Protocol,FTP)是将文件复制到使用 TCP/IP 协议的网络上的远程计算机系统中,或从远程计算机系统中将文件复制出来的协议。该协议还允许用户使用 FTP 命令对文件进行操作。通过 FTP 可传输任意类型、任意大小的文件,也为远程管理、更新 WWW 服务器中的内容提供了极大的支持。由于 Internet 有各种免费和共享的资源,如果想将他们下载到用户的计算机上,最主要的方法之一是通过 FTP 来实现,它是 Internet 中广为使用的一种服务。

通常用户需要在 FTP 服务器中进行注册,即建立用户账号,在拥有合法的登录用户名和密码后,才可能进行有效的 FTP 连接和登录。实际上 Internet 上的 FTP 服务是一种匿名 FTP 服务,它设置了一个特殊的用户名——anonymous, 供公众使用, 任何用户都可以使用这个用户名与提供这种匿名 FTP 服务的主机建立连接,并共享这个主机对公众开放的资源。

经典例题

(单选题)1.下列选项中,不属于 Internet 提供的服务是(　　)。

A.电子邮件　　　　　　　　　　　　B.文件传输

C.远程登录　　　　　　　　　　　　D.实时监测控制

【答案】D。解析:Internet 提供的常用服务是环球网(WWW),电子邮件(E-mail),文件传输协议(FTP),远程登录(Telnet),电子公告牌系统(BBS)。

(单选题)2.下列四项中,合法的电子邮件地址是(　　)。

A.abc.sina.com.cn　　　　　　　　　B.sina.com.cn.abc

C.sina.com.cn @ abc　　　　　　　　D.abc@ sina.com.cn

【答案】D。解析:电子邮件地址有统一的标准格式:用户名 @ 服务器域名。

三、Internet 协议

在计算机网络中,为在计算机之间能正确地传送信息,必须在有关信息的传输顺序、信息格式和信息内容等方面,有一组约定或规则,这组约定或规则即为网络协议。

1.TCP/IP 协议

Internet 允许世界各地的网络接入作为它的子网, 而连入的各个子网的计算机可以是不同类型的,计算机所使用的操作系统也可以是不同的。要保证这些计算机之间进行无障碍的通信,必须有相通的语言,即统一的通信协议。Internet 使用的协议是 TCP/IP 协议。

2.TCP 协议

TCP(Transmission Control Protocol,传输控制协议)的作用是在发送与接收计算机系统之间维持连接,同时还要提供无差错的通信服务,将发送的数据报文还原并组装起来,自动根据计算机系统间的距离远近修改通信确认的超时值,从而利用确认和超时机制处理数据丢失问题,以便保证数据传送的正确性。

河南省农村信用社招聘考试专用教材

3.IP 协议

IP(Internet Protocol,网际协议)的作用是控制网络上的数据传输。它定义数据的标准格式,并给多台计算机分配相应的 IP 地址,使互联的一组网络如同一个庞大的单一网络那样运行。IP 还包含路由选择协议,用于选择合适的传输途径(路由)来保证数据报文传到接收方计算机中。

Internet 常用的协议还包括远程登录协议 (Telnet)、简单邮件传输协议 (SMTP)、文件传输协议(FTP)、域名系统(DNS)、动态主机配置协议(DHCP)、用户数据报协议(UDP)、超文本传输协议(HTTP)等,这些协议都是建立在传输控制协议(TCP)和网际协议(IP)之上。有了这些协议,计算机就可以在不同结构的不同操作系统的网络上彼此通信。

第七篇

统计与概率

第一章 统计调查和整理

一、统计调查

统计调查是根据已经确定的统计指标、指标体系以及统计设计的其他有关要求,运用各种科学的调查方法,有计划、有组织地搜集有关社会经济现象各个单位的真实可靠的原始资料。

统计调查方法指的是搜集调查对象原始资料的方法,也就是调查者向被调查者搜集答案的方法。统计调查方法按组织方式分成以下五种:

1.统计报表制度

统计报表制度是我国统计调查方法体系中的一种重要的组织方式。它是根据国家的统一规定,按统一的表格形式,统一的指标内容,统一的报送时间,自上而下逐级提供统计资料的统计报告制度,统计报表制度具备统一性、时效性、全面性、可靠性的特点,可以满足各级管理层次的需要。

2.普查

普查是专门组织的一次性全面调查。普查一般是调查属于一定时点上的社会经济现象的总量,但也可以调查某些时期现象的总量,乃至调查一些并非总量的指标。普查涉及面广,指标多,工作量大,时间性强。为了取得准确的统计资料,普查对集中领导和统一行动的要求最高。

3.抽样调查

抽样调查是非全面调查的一种主要组织形式。它是按照随机原则从总体中抽取部分单位作为样本进行观察,并用观察结果推断总体数量特征的一种调查方式。抽样调查与其他非全面调查相比,具有如下特点:(1)按照随机原则抽取调查单位;(2)以推断总体为目的,而且能够对推断结果的可靠性作出数学上的说明。

4.重点调查

重点调查是一种非全面调查。它是在调查对象中,只选择少数重点单位所进行的调查。重点调查的特点是省时、省力,能反映总体的基本情况。能否开展重点调查是由调查任务和调查对象特点所决定的。当调查任务只要求掌握基本情况,而且调查对象中又确实存在重点单位时,方可实施。

5.典型调查

典型调查是一种非全面调查。它是根据调查目的,在对研究对象进行全面分析的基础上,有意识地选出少数有代表性的单位,进行深入细致调查的一种调查方法。典型调查可以弥补其他调查方法的不足,为数字资料补充丰富的典型情况,在有些情况下,可用典型调查估算总体数字或验证全面调查数字的真实性。

经典例题

(单选题)1.下列调查中,属于全面调查的是(   )。

A.普查   B.重点调查   C.典型调查   D.抽样调查

【答案】A。

(单选题)2.调查大庆、胜利等几个主要油田来了解我国石油生产的基本情况,这种调查方式属于( )。

A.普查　　　　　　B.典型调查　　　　　　C.重点调查　　　　　　D.抽样调查

【答案】C。

二、统计分组

(一)统计分组的概念

根据统计研究任务的要求和研究现象总体的内在特点,把现象总体按某一标志划分为若干性质不同但又有联系的几个部分称统计分组。

总体的变异性是统计分组的客观依据。统计分组是总体内进行的一种定性分类,它把总体划分为一个个性质不同的范围更小的总体。总体经过分组以后,各组内部的差异缩小趋于同质,组与组之间的差异拉大以表明现象间质的差别或量的不同。

统计分组按分组标志的性质分为品质分组和变量分组。品质分组是指按定性变量进行分组。如:按"性别"分组、按"籍贯"分组、按"企业经济性质"分组等。变量分组是指按定量变量进行分组。如:按"考试成绩"分组、按"产品产量"分组、按"工资总额"分组等。

(二)统计分组的方法

1.品质标志分组方法

品质标志分组一般较简单,分组标志一旦确定,组数、组名、组与组之间的界限也就确定。有些复杂的品质标志分组可根据统一规定的划分标准和分类目录进行。

2.数量标志分组方法

按数量标志分组的目的并不是单纯确定各组在数量上的差别,而是要通过数量上的变化来区分各组的不同类型和性质。

(1)单项式分组和组距式分组。

离散变量如果变量值的变动幅度小,就可以一个变量值对应一组,称单项式分组。

离散变量如果变量值的变动幅度很大,变量值的个数很多,则把整个变量值依次划分为几个区间,各个变量值则按其大小确定所归并的区间,区间的距离称为组距,这样的分组称为组距式分组。

连续变量由于不能一一列举其变量值,只能采用组距式的分组方式,且相邻的组限必须重叠。

(2)等距分组和不等距分组。

等距分组是各组保持相等的组距,也就是说各组标志值的变动都限于相同的范围。不等距分组即各组组距不相等的分组。

统计分组时采用等距分组还是不等距分组,取决于研究对象的性质特点。在标志值变动比较均匀的情况下宜采用等距分组。等距分组便于各组单位数和标志值直接比较,也便于计算各项综合指标。在标志值变动很不均匀的情况下宜采用不等距分组。不等距分组有时更能说明现象的本质特征。

(3)组限和组中值。

组距两端的数值称组限。其中,每组的起点数值称为下限,每组的终点数值称为上限。上限和下限的差称组距,表示各组标志值变动的范围。

组中值是上下限之间的中点数值，以代表各组标志值的一般水平。

一般情况下，组中值=(上限+下限)÷2

对于第一组是"多少以下"，最后一组"多少以上"的开口组，组中值的计算可参照邻组的组距来决定。即：缺下限开口组组中值=上限—1/2 邻组组距，缺上限开口组组中值=下限+1/2 邻组组距。

经典例题

(单选题)某外商投资企业按工资水平分为四组：1 000 元以下，1 000~1 500 元；1 500~2 000 元；2 000元以上。第一组和第四组的组中值分别为(　　)。

A.750 和 2 500　　　　　　　　　　　　B.800 和 2 250

C.800 和 2 500　　　　　　　　　　　　D.750 和 2 250

【答案】D。

第二章 统计指标

统计指标既是统计资料整理的结果,又是统计分析的基础和前提。由于统计指标所反映的社会经济现象是复杂多样的,因此,各种各样的统计指标可以总的归纳为四类基本指标,即:总量指标、相对指标、平均指标和变异指标。

一、总量指标

(一)概念

总量指标是反映现象在一定条件下的总规模、总水平的指标,是事物总量的表现,同时总量指标还可以反映总量的数量差异,表现为总量增加或总量减少。总量指标都是以绝对数表示的,又称为绝对指标。

(二)总量指标的种类

1.总体单位总量和总体标志总量

总体单位总量是总体内各个单位数的总和,它说明总体本身规模的大小。总体标志总量是总体内各单位标志值的总和,它反映总体的数量特征。

2.时期指标和时点指标

时期指标反映现象在一段时期内发展过程的总量。时期指标有两个明显特点:(1)可以累计;(2)指标数值的大小直接与时间长短有关,即在其他条件不变的情况下,时间越长指标数值越大。

时点指标反映现象在某一时点、某一瞬间上的总量。其特点是:(1)不具有可加性,因为不同时点上的时点指标累计相加是没有意义的;(2)时点指标只表明现象在该瞬间所处的状态,其数值大小与两个时点的时间间隔长短没有直接关系。

二、相对指标

(一)概念

相对指标是由两个有联系的指标相对比所得的数值,也叫相对数。

通过计算相对指标,可以把两个具体数值抽象化,使人们更清楚地认识现象之间的数量关系,有利于对所研究事物进行比较和分析。

(二)相对指标的种类与计算

1.计划完成相对指标

$$计划完成相对数 = \frac{实际完成数}{计划任务数} \times 100\%$$

河南省农村信用社招聘考试专用教材

2.结构相对指标

$$结构相对指标=\frac{总体部分数值}{总体全部数值}\times100\%$$

3.比例相对指标

$$比例相对指标=\frac{总体中某一部分数值}{总体中另一部分数值}\times100\%$$

4.比较相对指标

$$比较相对指标=\frac{甲地区(部门、单位)某一指标数值}{乙地区(部门、单位)同类指标数值}\times100\%$$

5.强度相对指标

$$强度相对指标=\frac{某一总体总量}{另一有联系的总体总量}\times100\%$$

6.动态相对指标

$$动态相对指标=\frac{某报告期水平}{基期水平}\times100\%$$

相对指标分析应注意的问题:

(1)正确选择作为对比标准的基数。

(2)保证两个对比指标的可比性。

(3)相对量分析应与绝对量分析结合应用。

(4)注意多种相对指标的结合运用。

(5)当对比的两个绝对指标很小时,不宜计算相对指标。

三、平均指标

(一)平均指标的概念

平均指标是说明一个总体内各个单位在某个数量标志上的一般水平,或者说代表水平。平均指标有两个特点:第一,它是把总体各个单位在某一数量标志值上的差异抽象化的结果;第二,它是一个代表数值,代表总体各单位某一数量标志的一般水平。

社会经济统计中的平均指标有算术平均数、调和平均数、几何平均数、中位数和众数等五种。它们各自的计算方法不同,指标含义和应用场合也不同。

(二)平均指标的计算

1.算术平均数的基本公式

算术平均数是计算平均指标的基本形式和最常用的方法。计算算术平均数的基本公式为:

$$算术平均数=\frac{总体标志总量}{总体单位数}$$

简单算术平均数就是当我们不掌握总体的标志总量,但知道总体各单位的标志值时,直接将各单位的标志值相加得出标志总量,再除以总体单位数而求得的平均数。其计算公式为:

$$\bar{x}=\frac{x_1+x_2+\cdots+x_n}{n}=\frac{\sum\limits_{i=1}^{n}x_i}{n}$$

其中: $\bar{x}$ ——算术平均数;

      x_n ——各单位标志值(变量值);

      n ——总体单位数,通常称为项数;

      $\sum$ ——总和符号。

加权算术平均数是在总体经过分组形成变量数列(包括分组数列和组距数列),有变量值和次数的情况下,先用各组的变量值分别乘以相应的各组单位数(即次数)并加总求得标志总量,同时把各组单位数相加得到总体单位数;然后用总体标志总量除以总体单位总数而求得的平均数。其计算公式为:

$$\bar{x} = \frac{x_1 f_1 + x_2 f_2 + \cdots + x_n f_n}{\sum\limits_{i=1}^{n} f_i} = \frac{\sum\limits_{i=1}^{n} x_i f_i}{\sum\limits_{i=1}^{n} f_i}$$

式中: f ——次数,即各组总体单位数,其他符号与简单算术平均数相同。

2.调和平均数

调和平均数是平均指标的一种。它是各个变量值倒数的算术平均数的倒数。由于它是根据变量值的倒数计算的,所以又称为倒数平均数。调和平均数也有简单调和平均数和加权调和平均数两种。

(1)简单调和平均数。

$$\bar{x} = \frac{1}{(\frac{1}{x_1} + \frac{1}{x_2} + \cdots + \frac{1}{x_n})/n} = \frac{n}{\sum\limits_{i=1}^{n} \frac{1}{x_i}}$$

式中: $\bar{x}$ ——平均数;

      x_n ——各变量值;

      n ——项数。

(2)加权调和平均数。

$$\bar{x} = \frac{m_1 + m_2 + \cdots + m_n}{\frac{m_1}{x_1} + \frac{m_2}{x_2} + \cdots + \frac{m_n}{x_n}} = \frac{\sum\limits_{i=1}^{n} m_i}{\sum\limits_{i=1}^{n} \frac{m_i}{x_i}}$$

式中, m ——调和平均数的权数(实质为各组标志总量),其他符号与简单调和平均数公式中的符号相同。

3.几何平均数

几何平均数是指 n 个观察值连乘积的 n 次方根。其计算公式为:

$$\bar{x} = \sqrt[n]{x_1 x_2 \cdots x_n}$$

4.中位数和众数

将总体各单位某一变量值按大小顺序排列起来,处于数列中点位置的那个变量就是中位数。中位数把全部变量分成两部分,一部分比它大,另一部分比它小,中位数本身则处于中等水平,不受极端数值的影响。

所谓众数,是指总体中出现次数最多的那个变量值,也是总体现象内最常见的数值。由于这种变量值出现的次数最多,在总体中占有重要地位,所以有时利用它来表明一般水平。

四、变异指标

(一)变异指标的概念和作用

变异指标是和平均指标相联系的一种综合指标。它反映总体各单位标志值的差异程度或离散程度,变异指标又称标志变动度。

标志变动度有两方面的具体作用:

第一,它是评价平均指标代表性大小的依据。平均指标作为总体某一数量标志的代表值,其代表性大小与总体各单位标志值的差异程度直接相关。平均数的代表性大小与标志变动度成反比关系,即标志变动度越大,平均数的代表性越小,标志变动度越小,则平均数的代表性越大。

第二,它是反映社会经济现象均衡性和稳定性的重要指标。标志变动度可以表明生产过程的稳定程度或均衡性,说明经济管理工作的质量。

(二)变异指标的分类

测定标志变动度常用的方法有四种:全距、平均差、标准差、离散系数。

1.全距

全距,也叫极差,它是总体中各单位标志值的最大值与最小值的差数,通常以 R 表表示,说明标志值变动的最大范围。全距的计算公式为:

$$全距(R)=最大标志值-最小标志值$$

2.平均差

平均差是总体各单位标志值与其算术平均数离差的绝对值的算术平均数。

其计算公式为:

$$对未分组资料:平均差=\frac{\sum_{i=1}^{n}\left|x_i-\bar{x}\right|}{n}$$

$$对于分组数据:平均差=\frac{\sum_{i=1}^{n}\left|x_i-\bar{x}\right|f_i}{\sum_{i=1}^{n}f_i}$$

3.标准差

标准差是总体各单位标志值与其算术平均数的离差平方的算术平均数的平方根。一般以 "σ" 表示,标准差与平方差的意义基本相同,它也是总体各单位标志值与其算术平均数的平均离差,但在数学处理上有所不同,平均差平均的是离差绝对值,而标准差平均的是离差平方,而后再开方求得方根。标准差解决了正负离差相抵为零的问题。

其计算公式为:

$$对于未分组资料:标准差(\sigma)=\sqrt{\frac{\sum_{i=1}^{n}\left(x_i-\bar{x}\right)^2}{n}}$$

$$对于分组资料:标准差(\sigma)=\sqrt{\frac{\sum_{i=1}^{n}\left(x_i-\bar{x}\right)^2 f_i}{\sum_{i=1}^{n}f_i}}$$

4.离散系数

离散系数,是标准差与相应的平均数对比的结果。

以上全距、平均差和标准差都是反映标志变动度的绝对指标,都具有和平均数相同的计量单位。但是标志变动程度的大小,不仅仅取决于标志值的离散程度,同时还受到平均水平高低的影响。标志值平均水平较高,其标准差相应也比较大,标志值平均水平较低,其标准差相应也较小。因此,对于平均水平不同的总体各单位标志值,就不能用标准差来直接比较平均数代表性的大小,而应该通过计算相对指标来说明平均指标代表性的大小。这个相对指标就是标准差系数,其计量单位一般以"v"表示。标准差系数的计算公式为:

$$标准差系数\ v=\frac{\sigma}{\bar{x}}$$

经典例题

(单选题)1.标志变异指标中的平均差是( )。

A.各标志值对其算术平均数的平均离差

B.各变量值离差的平均数

C.各变量值对其算术平均数离差的绝对值的绝对值

D.各标志值对其算术平均数离差绝对值的算数平均数

【答案】D。

(单选题)2.平均差的主要缺点是( )。

A.与标准差相比计算复杂　　　　　　　B.易受极端变量值的影响

C.不符合代数方法的演算　　　　　　　D.计算结果比标准差数值大

【答案】C。

(单选题)3.计算平均差时对每个离差取绝对值是因为( )。

A.离差有正有负

B.计算方便

C.各变量值与其算术平均数离差之和为零

D.便于数学推导

【答案】C。

(单选题)4.标准差是其各变量值对其算数平均数的( )。

A.离差平均数的平方根　　　　　　　　B.离差平方平均数的平方根

C.离差平方的平均数　　　　　　　　　D.离差平均数平方的平方根

【答案】B。

(单选题)5.计算离散系数是为了比较( )。

A.不同分布数列的相对集中程度

B.不同水平的数列的标志变动度的大小

C.相同水平的数列的标志变动度的大小

D.两个数列平均数的绝对离差

【答案】B。

第三章 指数分析

一、统计指数概述

(一)统计指数概念

统计指数是研究社会经济总体现象数量变动情况的一种重要的分析方法。

(二)指数的分类

由于研究和观察问题的角度不同的种类,主要有以下几种。

1.个体指数和总指数

按照计算指数的总体范围不同,统计指数可分为个体指数和总指数。个体指数是反映个体现象或个体事物变动情况的相对数。它的总体范围非常单一。总指数则是反映整个复杂社会经济现象综合变动情况的相对数。

2.数量指标指数和质量指标指数

按照统计指标的性质和内容不同,统计指数可分为数量指标指数和质量指标指数。数量指标指数是说明总体数量变化的指数。它通常是根据数量指标编制的,可以反映生产经营管理活动的总量变化。例如,商品销售量指数、产品产量指数等。质量指标指数是说明总体质量变化的指数。它通常用平均数作为表现形式,以反映生产经营管理活动的质量变化。根据质量指标编制的指数也就是质量指标指数。例如,物价指数、产品成本指数、劳动生产率指数、平均工资指数等。

3.定基指数和环比指数

按照对比的基期不同,统计指数可分为定基指数和环比指数。指数的编制一般都是连续进行的,需要依据时间的先后形成指数数列。在指数数列中,如果每一指数的基期是固定不变的,则为定基指数;如果每一指数都以前一时期为基期,即基期是可变的,则为环比指数。这同前面所讲的定基发展速度和环比发展速度相类似。

二、指标的计算

(一)综合指数

综合指数作为说明多种事物综合变动的动态比较指标,是按照加权综合的方法计算出两个总量指标进行对比而形成的相对数。这个相对数是包含有两个以上(包括两个)的因素指标。并将其中的一个或多个因素指标固定下来,观察和测定另一个因素指标的综合变动程度,从而有效解决了多种事物因计量单位不同而不能直接相加的关键问题,使之能够从"平均"意义上正确反映全部个体事物变动情况的代表值,能够从相对和绝对两个数量方而综合说明总体中各个构成因素变动所代表的实际经济内容。

综合指数有数量指标综合指数和质量指标综合指数两种,下面说明其计算方法。

1. 数量指标综合指数

数量指标综合指数是说明总体规模变动情况的动态比较指标。多种商品销售量总指数、多种产品产量总指数等,都是数量指标综合指数。

2. 质量指标综合指数

质量指标综合指数是说明质量指标总变动情况的动态比较指标。商品价格综合指数、单位生产成本综合指数、劳动生产率综合指数、农作物单位面积产量综合指数等均属于质量指标综合指数。

综合指标计算方法见下图:

$$(1)综合数量指数(\bar{K}_q)\begin{cases}\bar{K}_q=\dfrac{\sum q_1 p_0}{\sum q_0 p_0} & 拉氏公式 \\[3mm] \bar{K}_q=\dfrac{\sum q_1 p_1}{\sum q_0 p_1} & 派氏公式\end{cases}$$

式中: q_0, p_0 分别代表基期数量指标指数和质量指标指数;

q_1, p_1 分别代表报告期数量指标指数和质量指标指数。

$$(2)综合质量指数(\bar{K}_p)\begin{cases}\bar{K}_p=\dfrac{\sum q_0 p_1}{\sum q_0 p_0} & 拉氏公式 \\[3mm] \bar{K}_p=\dfrac{\sum q_1 p_1}{\sum q_1 p_0} & 派氏公式\end{cases}$$

式中: q_0, p_0 分别代表基期数量指标指数和质量指标指数;

q_1, p_1 分别代表报告期数量指标指数和质量指标指数。

3. 综合指数分析体系

进行因素分析,按包含因素的多少,可分为两因素分析和多因素分析(即两个以上因素的分析)两种。

(1)两因素分析体系。

相对数

$$\sum p_1 q_1 \bigg/ \sum p_0 q_0 = \sum p_0 q_1 \bigg/ \sum p_0 q_0 \times \sum p_1 q_1 \bigg/ \sum p_0 q_1$$

绝对数

$$\sum p_1 q_1 - \sum p_0 q_0 = \left(\sum p_0 q_1 - \sum p_0 q_0\right) + \left(\sum p_1 q_1 - \sum p_0 q_1\right)$$

(2)多因素分析体系(以三因素为例)。

相对数

河南省农村信用社招聘考试专用教材

$$\sum a_1 b_1 c_1 \Big/ \sum a_0 b_0 c_0 = \sum a_1 b_0 c_0 \Big/ \sum a_0 b_0 c_0 \times \sum a_1 b_1 c_0 \Big/ \sum a_1 b_0 c_0 \times \sum a_1 b_1 c_1 \Big/ \sum a_1 b_1 c_0$$

绝对数

$$\sum a_1 b_1 c_1 - \sum a_0 b_0 c_0 = \left(\sum a_1 b_0 c_0 - \sum a_0 b_0 c_0 \right) + \left(\sum a_1 b_1 c_0 - \sum a_1 b_0 c_0 \right) + \left(\sum a_1 b_1 c_1 - \sum a_1 b_1 c_0 \right)$$

(3)排序规则。

数量指标在前,质量指标在后;相邻指标的乘积必须有独立的经济含义。

(二)平均指数

平均数指数是计算总指数的一种形式,是依据非全面资料计算的。平均数指数是个体指数的平均数,其编制、计算的基本方法是从个体指数出发,先计算出数量指标个体指数或质量指标个体指数,然后进行加权平均计算总指数,以测定现象总的变动情况。

1.加权算术平均数指数

加权算术平均数指数是对个体指数 K 进行加权算术平均后而得到的总指数。它的一般形式是:

$$\bar{K} = \frac{\sum Kf}{\sum f}$$

式中:$\bar{K}$——加权算术平均数指数;

K——个体指数,包括数量指标个体指数 K_q 和质量指标个体指数 K_p;

f——权数,其本质是总量指标。

计算加权算术平均数指数的关键环节之一,就是有效确定权数。确定权数既要考虑实际经济意义,又要考虑取得资料的可能性。根据确定权数的方法不同,加权算术平均数指数的计算又可用综合指数变形权数计算。以数量指标指数为例,若已知个体销售量指数和以基期价格计算的基期销售额,计算公式为:

$$\bar{K}_q = \frac{\sum q_1 p_0}{\sum q_0 p_0} = \frac{\sum \frac{q_1}{q_0} q_0 p_0}{\sum q_0 p_0} = \frac{\sum k_q q_0 p_0}{\sum q_0 p_0}$$

2.加权调和平均指数

加权调和平均数指数是对个体指数 K 进行加权调和平均计算而得到的总指数。一般公式为:

$$\bar{K} = \frac{\sum f}{\sum \frac{1}{k} f}$$

加权调和平均指数的计算也可用综合指数变形权数计算。以数量指标指数为例,若已知个体价格指数和以基期价格计算的报告期销售额,则计算公式为:

$$\bar{k}_q = \frac{\sum q_1 p_1}{\sum q_1 p_0} = \frac{\sum q_1 \frac{p_1}{p_0} p_0}{\sum q_1 p_0} = = \frac{\sum k_p q_1 p_0}{\sum q_1 p_0} = \frac{\sum q_1 p_0}{\sum \frac{1}{k_p} q_1 p_0}$$

第四章 概率

一、事件

```
                    ┌──────────┐
                    │   事件   │
                    └──────────┘
               ┌──────────┴──────────────────┐
        ┌────────────┐              ┌──────────────────────┐
        │  确定事件  │              │ 随机事件(不确定事件) │
        └────────────┘              └──────────────────────┘
        ┌─────┴─────────┐
  ┌────────────┐  ┌────────────┐
  │  必然事件  │  │ 不可能事件 │
  └────────────┘  └────────────┘
```

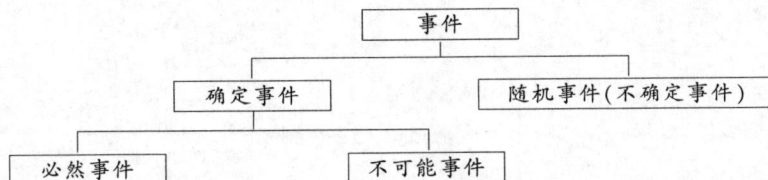

必然事件:在一定的条件下必然要发生的事件,叫做必然事件。

不可能事件:在一定的条件下不可能发生的事件,叫做不可能事件。

随机事件:在一定的条件下可能发生也可能不发生的事件,叫做不确定事件。

二、事件的概率

(1)描述定义:事件发生的可能性大小的数值。

(2)古典定义:表示事件可能发生的结果数占所有等可能结果数的比值。

(3)几何定义:表示事件可能发生的点所在区域的面积占所有等可能点所在区域面积的比值。

(4)统计定义:表示在重复试验中事件发生的频率的稳定性。

三、求概率的方法

运用列举法(包括列表、画树状图)计算简单事件的概率。

通过实验,获得事件发生的概率。大量重复实验时,频率可作为事件发生概率的估计值。

(1)频数、频率与概率。

在相同的条件下重复 n 次试验,观察某一事件 A 是否出现,称 n 次试验中事件 A 出现的次数 n_A 为事件 A 出现的频数;称事件 A 出现的比例 $f_n(A)=\dfrac{n_A}{n}$ 为事件 A 出现的频率。对于给定的随机事件 A,如果随着试验次数的增加,事件 A 发生的频率 $f_n(A)$ 稳定在某个常数上,把这个常数记作 $P(A)$,称为事件 A 的概率。

(2)频率与概率的区别及联系。

随机事件的频率,指此事件发生的次数 n_A 与试验总次数 n 的比值 $\dfrac{n_A}{n}$,它具有一定的稳定性,总在某个常数附近摆动,且随着试验次数的不断增多,这种摆动幅度越来越小。我们把这个常数叫做随机事件的概率,概率从数量上反映了随机事件发生的可能性的大小。频率在大量重复试验的前提下可以近似地作为这个事件的概率。

【经典真题】

(单选题)加工一个产品要经过三道工序,第一、二、三道工序不出现废品的概率分别是 0.9、0.95、

河南省农村信用社招聘考试专用教材

0.8。若假设各工序是否出现废品相互独立,那么经过三道工序而不出现废品的概率为(　　)。

A.0.684　　　　　　　　　　　　　　　B.0.001

C.0.004　　　　　　　　　　　　　　　D.0.036

【答案】A。解析:经过三道工序而不出现废品的概率为第一、二、三道工序不出现废品的概率之积。所求为 0.9×0.95×0.8=0.684。故本题答案选 A。

offcn 中公·金融人

第八篇

管 理

第一章 管理学

第一节 管理概述

一、管理的概念

管理是指在组织中,为了实现预期目标,管理者通过履行计划、组织、领导、控制等职能,设计、创造一种良好环境,协调、借助部属力量,共同高效地完成组织目标的过程。

二、管理的性质

管理的性质主要包括管理的两重性、管理的科学性和艺术性。

1.管理的两重性

管理具有两重性。一种是与生产力、社会化大生产相联系的管理自然属性,它是由共同劳动的性质所产生,是合理组织生产力的一般职能;一种是与生产关系、社会制度相联系的管理社会属性,它是由生产关系的性质和社会制度所决定,是维护和完善生产关系的职能。

2.管理的科学性和艺术性

管理是科学性与艺术性的结合。管理的科学性是指管理作为一个活动过程,其间存在着一系列基本客观规律。人们经过一百余年的探索、研究和总结,在管理历史上已经形成了反映管理过程中客观规律、比较系统的管理理论和一般方法。管理的艺术性就是强调其实践性,没有实践则无所谓艺术。管理的艺术性,就是强调管理活动除了掌握一定的管理理论和方法外,还要灵活运用这些知识和技能的技巧和诀窍。

三、管理的原则

管理原则是从事管理需要遵循的一些普遍的原则,也是管理的客观规律。主要有:

1.人本原则

管理是由内外多种相关因素共同作用的活动过程。其中,人是最主要的因素和决定因素。所谓"人本原则",就是强调人在管理中的主导作用和做好人的工作的重要性这样一个基本思想。

2.激励原则

人的需要产生动机,动机决定行为,行为取得成果,成果又能使人的需要得到满足。在管理中,从分析、考虑和满足人的各种需要出发,以引起某种理想的动机和动力,进而造成有效的激励力,激励人们努力工作并取得好的行为效果,这就是管理学上的激励原则。许多管理学家都把激励问题看做管理中的一个核心问题,认为有效地实施激励是搞好管理工作的一个关键。

激励原则的核心是以人们各种需要为基本内容的动力问题。动力的正确运用和需要满足度的提高,能产生巨大的激励力。根据人们需要的不同层次和内容,激励的动力分为三种基本类型,即物质动力、精神动力、信息动力。

3.能级原则

能级原则又称能级相称原则,即根据人的能力大小,赋予相应的责任和授以相应的职权,使有不同才能的人都处于相应的能级岗位上,各展其能,各施其才,以保持和发挥组织或团体的整体效能。

4.系统原则

运用系统理论,对管理对象进行系统分析,研究系统内部以及系统与外部环境之间的有机联系,着力于发挥系统的整体功能,以实现管理最优化的原则,就是管理中的系统原则。

5.权变原则

权变原则是指根据系统所处的内外环境因素,因势利导,随机应变,适时调整管理对策和管理方法的一种管理理论。

6.效益原则

管理中的效益原则,也可称为效率原则、效能原则,是指在管理中如何按照总目标的要求以尽可能少的总投入获得尽可能多的总产出的有关理论和方法。

经典例题

(单选题)激励原则的核心是以人们各种需要为基本内容的动力问题。下列不属于激励动力的基本类型的是(　　)。

A.物质动力 　　　　　　　　　　　　B.精神动力

C.信息动力 　　　　　　　　　　　　D.社会动力

【答案】D。

第二节　管理学理论

一、科学管理理论

1.泰勒及其科学管理理论

科学管理理论着重研究如何提高单个工人的生产率。其代表人物主要有:泰勒、弗兰克·尼尔布雷斯等。

泰勒被称为"科学管理之父",他的代表著作有:《计件工资制》《车间管理》和《科学管理原理》。

泰勒的科学管理理论主要包括以下几个方面:①工作定额;②标准化;③能力与工作相适应;④差别计件工资制;⑤计划职能与执行职能相分离。

2.法约尔及其组织管理理论

组织管理理论着重研究管理职能和整个组织结构。其主要代表人物有:亨利·法约尔等。

法约尔的管理理论贡献主要体现在他对管理职能的划分和管理原则的归纳上:

①企业的基本活动和管理的五种职能。法约尔指出,任何企业都存在着六种基本活动,管理只是其中的一种。这六种基本活动是:技术活动、商业活动、财务活动、安全活动、会计活动、管理活动。他定义管理为五个主要要素:计划、组织、指挥、协调和控制。

②管理的 14 条原则。法约尔在其《工业管理与一般管理》一书中首次提出一般管理的 14 条原则：分工、权力与责任、纪律、统一指挥、统一领导、个人利益服从集体利益、报酬合理、集权与分权、等级链与跳板、秩序、公平、人员稳定、首创精神、集体精神。

3.韦伯及其行政组织理论

韦伯对管理理论的主要贡献是提出了"理想的行政组织体系"理论。他的"理想的行政组织体系"具有如下特点：

①存在明确的分工。

②按等级原则对各种公职或者职位进行法定安排，形成一个自上而下的指挥链或等级体系。

③根据经过正式考试或教育培训而获得的技术资格来选拔员工，并完全根据职务的要求来任用。

④除个别需要通过选举产生的公职以外，所有担任公职的人都是任命的。

⑤行政管理人员是"专职的"管理人员，领取固定的"薪金"，有明文规定的升迁制度。

⑥行政管理人员不是其管辖的企业的所有者，只是其中的工作人员。

⑦行政管理人员必须严格遵守组织中的规则、纪律和办事程序。

⑧组织中成员之间的关系以理性准则为指导，不受个人情感的影响。

二、行为科学管理理论

1.人际关系学及行为科学理论

梅奥等人的霍桑试验得出以下主要结论：

①工人是"社会人"，而不是单纯追求金钱收入的"经济人"。

②企业中除了"正式组织"之外，还存在着"非正式组织"。

③新型的领导应通过对职工"满意度"的增加，来提高工人的"士气"，从而达到提高效率的目的。霍桑试验的影响是巨大的，它促进了管理对人的因素的关注，管理人员开始主动寻求提高职工的满足感和激励士气的人及管理研究成为研究管理的一个普遍方法，并掀起了一场人际关系运动。

2.行为科学理论

①马斯洛及其需要层次理论。美国心理学家亚伯拉罕·马斯洛创立了人的需要层次论，把人的需要划分为 5 个等级：生理需要、安全需要、归属和爱的需要、尊重需要、自我实现需要。他认为，需要是逐步提高的，当基础需要（或当前的需要）得到满足，才能产生更高一级的需要。

②赫茨伯格及其双因素理论。美国心理学家赫茨伯格认为两种因素共同影响职工工作态度，即保健因素和激励因素。

③麦格雷戈 X 理论和 Y 理论。美国麻省理工学院教授道格拉斯·麦格雷戈首先提出了 X 理论和 Y 理论，主要围绕"人的本性"来论述人类行为规律及其对管理的影响。X 理论是从悲观否定的角度来看待工人的，Y 理论是从积极的角度看待工人的。

三、现代管理理论丛林

第二次世界大战以后，资本主义经济发生了新的变化，对管理提出了许多新的要求，管理理论研究空前繁荣，出现了"百家争鸣"的局面。美国管理学家哈罗德·孔茨把这种现象称为"管理理论丛林"。

经典例题

（单选题）在马斯洛的五个需求层次理论中，最高需求层次为（   ）。

A.爱和归属的需要

B.受人尊重的需要

C.安全需要

D.自我实现需要

【答案】D。

第三节 管理的基本职能

一、计划工作

1.计划的定义

计划是管理的首要职能,计划职能是指管理者为实现组织目标对工作所进行的筹划活动,组织中所有层次的管理者,都必须从事计划活动。

2.计划的特性

计划的特性有:目标性、领先性、普遍性、效益性、创造性等。可见,计划工作是一个指导性、预测性、科学性和创造性很强的管理活动。

3.计划与其他职能的关系

①计划是组织实施的纲要。

②计划为控制提供标准。

③领导在计划实施中确保计划取得成功。

4.计划的种类

①按时间分。

短期计划(1 年)、中期计划(1~3 年)和长期计划(3~5 年)。

②按范围分。

战略计划、战术计划和职能计划。

③按编制的方法分。

弹性计划和滚动计划。

5.计划的步骤

①估量机会。

其内容包括:掌握市场需求变化的趋势;了解竞争对手动向;明确自身的长短处等。

②确定目标。

即明确要向哪里发展;打算实现什么目标;什么时候实现等。

③确定前提条件。

即明确计划在什么内外部环境下实施。

④拟订可供选择的方案。

即明确为了实现目标,有哪些最有希望的方案。

⑤评价各种备选方案。

河南省农村信用社招聘考试专用教材

即评价哪个方案最有可能以最低的成本和最高的效益实现目标。

⑥选择方案。

选择所采取的行动方案。

⑦拟订辅助计划。

即拟订投资计划、生产计划、采购计划、培训计划等。

⑧编制预算。

通过数量形式具体反映整个计划,如进行项目预算、销售预算、采购预算、工资预算等。

6.计划的表现形式

目的或任务:又称宗旨。它是社会赋予组织的基本职能,它要回答组织是干什么的及应该干什么。目标是在目的或任务指导下,提出整个组织所要达到的具体目标。

战略:它是实现目标的方针,是一个组织为全面实现目标而对主攻方面以及资源进行布置的总纲。

政策:它是组织在决策或处理问题时指导和沟通思想与行动方针的一般规定。

程序:它规定了如何处理那些重复发生的例行问题的标准方法。

规则:它是对具体场合和具体情况下,允许或不允许采取某种特定行动的规定。

规划:为了实施既定方针所必需的目标、政策、程序、规则、任务分配、执行步骤、使用的资源等而制定的综合性计划。

预算:以数字表示预期结果的一种报告书,又称数字化计划。

二、组织工作

1.组织的定义

组织是为实现某一共同目标,经由分工与合作及不同层次的权力和责任制度,而构成人的集合。这个概念具有三层含义:组织必须具有共同目标;没有分工与协作也不能称为组织;组织要有不同层次的权力与责任制度。

2.组织的类型

按组织的性质,可以把组织分为经济组织、政治组织、文化组织、群众组织和宗教组织五类。

按组织是否自发形成,可以分为正式组织和非正式组织。

3.组织工作

组织工作的主要内容包括:组织结构的设计;适度分权和正确授权;组织内各职务人员的选择和配备;组织文化的培育和建设;组织运作和组织变革;组织与外部环境的关系。

4.组织工作的原则

统一指挥原则;分工协作原则;权责一致原则;集权与分权相结合原则;有效管理幅度原则;弹性结构原则;经济原则。

5.组织结构的类型

组织结构是表明组织内各部分的排列顺序、空间位置、聚散状态、联系方式以及各要素之间相互关系的一种模式,组织结构是组织的"框架"。

常见的组织结构的类型有:直线职能制、事业部制、模拟分权式结构、矩阵制结构、多维立体组织结构等。

6.组织权力

（1）职权。

职权是建立在管理职位上能够做出决定、发布命令并期待下属服从其命令的真实的、合法的权力。

职权与权力的区别在于：权力是指影响他人或组织行为的能力，而职权则是来源于组织中职位的权力。

职权一般分为直线职权、参谋职权和职能职权。

（2）授权。

授权就是委派工作和分配权力的过程。授权的含义包括以下三点：

①分派任务；

②授予权力；

③明确责任。

授权与分权的主要区别是，授权是一种管理行为，表现权力的授予和责任的建立；分权是一种管理模式，一种决策体制。

管理者授权的意义在于：

①管理人员可以从日常事务中解脱出来，专心处理重大问题；

②可以提高下属的工作积极性，增强其责任心，并增进工作效率；

③可以增长下属的才干，有利于管理人员的培养；

④可以充分发挥下属的专长，以补救授权者自身才能的不足。

授权应坚持的原则：

①重要原则；

②明责原则；

③适度原则；

④选择合适的人授权；

⑤不可越级授权。

（3）集权与分权。

集权是指较多和较重要的权力集中在组织的高层或几个人手中；分权是指较多和较重要的权力分散到组织的中下层去。

影响分权程度的因素有：

①决策的代价；

②政策的一致性；

③组织的规模；

④组织的成长；

⑤管理哲学；

⑥人才的数量和素质；

⑦控制的可能性；

⑧职能领域。

三、领导

1.领导的概念

领导是一种影响力，是影响个体、群体或组织来实现所期望目标的各种活动的过程。这个领导过程是由领导者、被领导者和所处环境这三个因素所组成的复合函数。

可用公式表示：领导=f(领导者、被领导者、环境)

在整个管理过程中，领导职能是联结计划、组织、控制等各个职能的纽带，是实现组织目标的关键。

2.领导的作用

在指导和影响组织成员为实现组织目标而努力的过程中，领导主要有以下三个方面的作用：

①能更有效、更协调地实现组织目标；

②有利于调动人的积极性；

③有利于个人目标与组织目标相结合。

3.领导者的影响力

影响力是指一个人在与他人的交往中，影响和改变他人的心理和行为的能力。

领导者的影响力主要来自两个方面：

一是来自于职位的权力，称为权力影响力或正式权力、职位权力；

二是来自于领导者个人的权力，称为非权力影响力或非正式权力、个人权力。

4.领导者的素质

概括起来讲，优秀的领导者的素质应包括几个方面，即政治素质、思想素质、道德素质、知识素质、能力素质和身心素质。

5.领导行为理论

(1)领导行为的连续统一理论。

该理论是由组织行为学家坦南鲍姆与施密特于 1958 年提出来的。他们指出，领导行为是包含了各种领导方式的连续统一体。在独裁式的领导方式和民主式的领导方式的两种极为极端的领导方式中间，还有多种领导方式。

(2)管理系统理论。

该理论是由美国密执安大学的研究人员利克特等在对连续统一体理论作了进一步推演后提出来的。他以数百个组织机构为对象，对领导人员的领导类型和作风作了长达 30 年之久的研究。

利克特提出了四种管理方式，作为研究和阐明他的概念的指导原则。管理方式 1 被称为"压榨和权威式"方式。管理方式 2 被称为"开明和权威式"方式。管理方式 3 可称为"协商式"方式。管理方式 4 是最富于参与性的，因而把它称为"集体性参与"方式。

(3)管理方格图理论。

在俄亥俄州立大学管理四分图的基础上，罗伯特·布莱克和简·莫顿于 1964 年就企业中的领导行为方式提出了管理方格图。这是一张九等分的方格图，横坐标表示领导者对生产的关心程度，纵坐标表示领导者对人的关心程度，这两个基本因素相结合的一个领导方式。

(4)领导情境(权变)理论。

领导情境(权变)理论所关注的是领导者与被领导者的行为和环境的相互影响，该理论认为，某一具体领导方式并不是到处都适用，领导的行为若想有效，就必须随着被领导者的特点和环境的变化而变化，而不能是一成不变的。

四、控制

1.控制的定义

控制是管理人员监视各项活动以保证它们按计划进行并纠正各种显著偏差的过程。控制工作就是指接受系统内外的有关信息，按既定的目标对系统进行监督、检查，发现偏差，采取正确的措施使系统按预定的计划运行，或适当地调整计划，以达到预期目的的管理活动。

2.控制与计划的关系

计划和控制是一个问题的两个方面。计划是实现控制工作的依据，控制是实现计划的保证。两者的关系具体表现在：

①一切有效的控制方法首先就是计划方法。

②之所以需要控制，是因为要实现目标和计划。

③控制职能使管理工作成为一个闭路系统，成为一个连续的过程。

控制工作既是一个管理过程的终结，又是一个新的管理过程的开始。控制工作不仅限于衡量计划执行中出现的偏差，更在于通过采取纠偏措施，把那些不符合计划要求的管理活动引回到正常的轨道上来，使组织系统稳步地实现预定目标。

3.控制的类型

控制可分为许多不同的类型。最常见的分类方式，是按照控制侧重点的不同把控制工作分为前馈控制、现场控制和反馈控制。

4.控制工作的步骤

控制工作分为三个步骤：确定控制标准；根据标准衡量执行情况；纠正实际执行中偏离标准或计划的误差。

5.控制工作的要求

控制工作的要求有：目的性、及时性、经济性、客观性、灵活性、适应性、关键点与例外情况。

> **经典真题**

(多选题)领导决策的基础和依据是（　　）。

A.决策体制

B.调查研究

C.情报信息

D.科学预测

【答案】BCD。解析：决策体制并不是决策的基础和依据，因此排除 A 选项。

第四节　企业组织结构的基本形式

一、一般的组织结构

应用最广泛的有：直线结构、直线职能结构、事业部结构、模拟分权结构和矩阵结构。

1.直线结构

直线结构是最早、最简单的企业组织形式。

(1)特点:指挥和管理的职能,由企业的行政领导人执行,不设专门的职能管理部门。

(2)优点:形式简单、指挥单一、职责分明、决策迅速、集中统一领导。

(3)缺点:对企业领导人的素质要求高,要求企业领导者必须是企业管理的全才,具备广泛的业务知识和能力。

(4)适用于产品单一、工艺简单、规模小的企业。

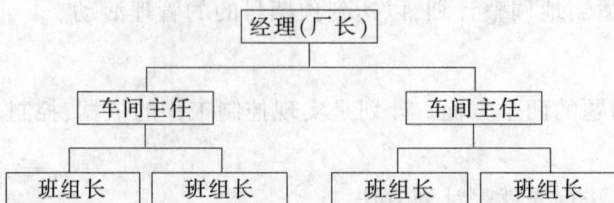

图 8-1-1 直线结构

2.直线职能结构

直线职能结构是一种以集权为主要特征的组织结构,它是在直线结构的基础上发展起来的。

(1)特点:按集中统一原则设置直线行政领导者(如厂长、车间主任等),又按分工管理的原则设置各级职能机构或人员(如研发、生产、销售、财务、人事等);行政领导者对直属下级有直接指挥权,各级职能机构和人员的职责是为同级行政人员出谋划策,对下级没有直接指挥权,只起业务上的指导和监督作用。

(2)优点:分工严密、上下级之间的关系清楚、工作效率高、稳定性好。

(3)缺点:同向协调差、适用性不太好、不利于调动职工的积极性、不利于培养全面性人才。

(4)适用于中小型企业。

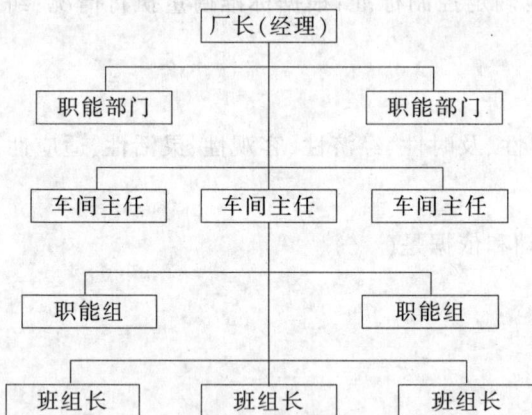

图 8-1-2 直线职能结构

3.事业部结构

事业部结构又称联邦分权制,或部门化组织结构。所谓事业部,就是在公司最高领导层和各事业部之间增设若干事业总部,负责统辖和协调各个事业部的活动,使企业在分权的基础上再度集中,从而较好地克服传统事业部结构的本位主义弊端,超事业部结构尤其适合规模巨大的跨国公司。

(1)特点:把企业的经营活动按产品(或地区)加以划分,成立各个经营单位,即事业部。每个事业部在财务上向总公司负责,内部实现独立核算、自负盈亏。每个事业部都是一个利润中心,并拥有相应的独立经营的自主权。

(2)优点:①权力下放,利于充分发挥各自的积极性;②稳定性高,适应性强;③便于考核;④利于培养全面的管理人才。

(3)缺点:用人多、费用高、本位主义强。

(4)适用于品种多样化、市场环境变化较快的大型企业。

4.模拟分权结构

模拟分权结构,就是把企业分成若干"组织单位",它们各自拥有自己的职能结构,给它们尽可能大的生产经营自主权,但不是真正的独立核算、自负盈亏,只是模拟这种经营方式,目的是调动企业各级组织的积极性,改善经营管理。

(1)特点:模拟分权结构的基本单元不是真正的事业部,实际上是生产阶段;这些生产阶段有自己的管理层,自己的利润指标,这些指标是按整个企业的内部价格确定的,而不来源于市场;这些生产阶段一般没有独立的外部市场。

(2)优点:解决了企业规模过大不易管理的问题。

(3)缺点:各个模拟事业部之间沟通和协调困难,各个部门的负责人也难以了解整个企业的概貌。

(4)适用于对大型的钢铁、化学、铝业、玻璃、造纸等企业,模拟分权结构是目前最适合的组织结构。

5.矩阵结构

矩阵结构是直线职能结构和事业部结构的结合。

(1)特点:既有按职能划分的垂直管理系统,又有按工程或项目划分的横向管理系统,纵横结合,形如矩阵。

(2)优点:灵活性、适应性强;有利于加强各职能部门之间的协作配合;每个工作人员的整体观念得到加强,有利于小组任务的完成。

(3)缺点:稳定性差。项目小组经常变动,小组成员来自各职能部门,任务完成后,这些人仍回到原部门,因此人们之间的协作关系不稳定,也容易产生临时观点。机构比较臃肿,用人较多,管理费用较高。

(4)适合于因技术发展迅速和产品品种较多而具有创新性强、管理复杂等特点的企业,如军工、航天工业公司。

在矩阵结构的基础上,出现了多维立体结构,它是指企业的组织由三大管理系统构成,按产品划分的事业部,按地区划分的管理结构,按职能划分的专业结构,这种结构有助于企业各部门及时互通情报,集思广益,共同决策,适用于跨国公司或规模巨大的跨地区公司。

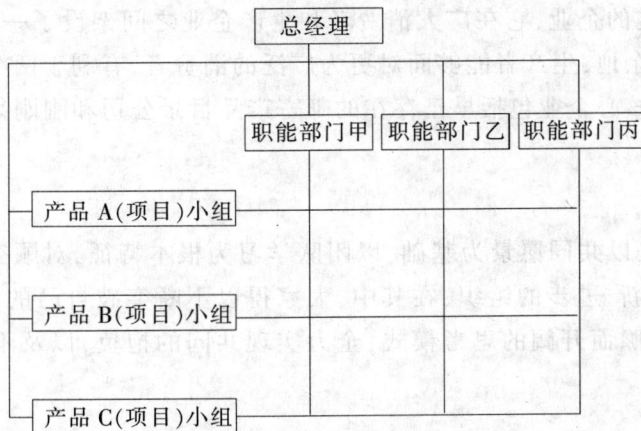

图 8-1-3 矩阵结构

河南省农村信用社招聘考试专用教材

(单选题)最基本的、又是比较简单的结构形式是( )。

A.直线型组织结构

B.职能型组织结构

C.直线参谋型组织结构

D.矩阵型组织结构

【答案】A。解析:直线型组织结构是最简单和最基础的组织形式。它的特点是企业各级单位从上到下实行垂直领导,呈金字塔结构。其优点是:结构比较简单,责任分明,命令统一。

二、新型的组织结构

新型组织结构的基本特点是强调快速、灵活和适应变化的能力。

1.网络组织

网络型组织是由多个独立的个人、部门和企业为了共同的任务而组成的联合体,它的运行不靠传统的层级控制,而是在定义成员角色和各自任务的基础上通过密集的多边联系、互利和交互式的合作来完成共同追求的目标。网络的基本构成要素是众多节点和节点之间的相互关系,在网络型组织中,节点可以由个人、企业内的部门、企业或是它们的混合组成,每个节点之间都以平等的身份保持着互动式的联系。密集的多边联系和充分的合作是网络型组织最主要的特点,而这正是其与传统企业组织形式的最大区别。

网络组织包括以下几种类型:

①内部网络。内部网络包括两个方面的含义,第一个方面是通过减少管理层级,使得信息在企业高层管理人员和普通员工之间更加快捷的流动;第二个方面是通过打破部门间的界限(但这并不意味着部门分工的消失)使信息和知识在水平方向上更快地传播。

②垂直网络。垂直网络是在特定行业中由位于价值链不同环节的企业——原材料供应商、零部件供应商、生产商、经销商等共同组成的企业间网络型组织。垂直网络中各个企业间联系的纽带是实现最终顾客价值这一共同使命。

③市场网络。市场网络是指由来自不同行业的企业所组成的网络,这些企业之间发生着业务往来,在一定程度上相互依存。

④机会网络。机会网络是围绕顾客利益组织起来的企业群,这个群体的核心是一个专门从事市场信息搜集、整理与分类的企业,它在广大消费者和生产企业之间架设了一座沟通的桥梁,使得消费者能够有更大的选择余地,生产者能够面对更为广泛的消费者,有利于两个群体之间交易的充分展开。典型的机会网络核心企业包括早已存在的邮寄产品目录公司和刚刚兴起的电子商务平台企业等。

2.学习型组织

所谓学习型组织,是以共同愿景为基础,以团队学习为根本特征,对顾客负责的组织系统。学习型组织是一个不断创新、进步的组织,在其中,大家得以不断突破自己的能力上限,创造真心向往的结果,培养全新、前瞻而开阔的思考模式,全力实现共同的抱负,以及不断一起学习如何共同学习。

3.发展型组织

发展型组织是美国学者杰瑞·W·吉利和安·梅坎尼克在学习型组织的基础上提出的一种更新型

的企业组织。他们认为,人力资源在实现组织战略中的重要程度,以及组织再造能力及提高竞争能力的愿望是衡量组织发展能力和组织形态最重要的两个指标。根据这两个指标他们提出了企业组织演变的三种形态:传统型组织、学习型组织和发展型组织,并认为发展型组织是组织形态演变的最终形式。

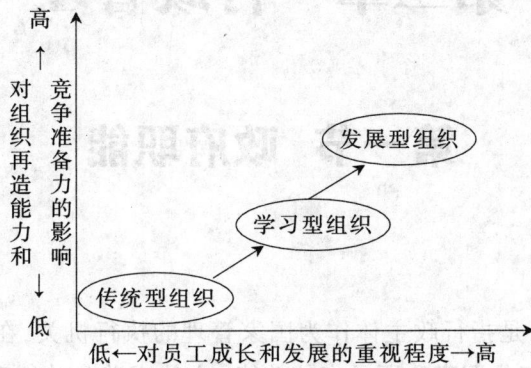

图 8-1-4 发展型组织

第二章 行政管理

第一节 政府职能

一、政府职能的含义

政府职能也叫行政职能,是指行政主体作为国家管理的执行机关,在依法对国家政治、经济和社会公共事务进行管理时应承担的职责和所具有的功能。它体现着公共行政活动的基本内容和方向,是公共行政本质的反映。政府职能在国家行政管理中占有十分重要的地位,具体体现在以下三个方面:

第一,政府职能体现了国家行政管理的本质要求。政府职能直接体现了国家行政管理的性质、范围和方向。第二,政府职能转变是政府机构改革的关键因素。第三,政府职能的实施情况是衡量行政效率高低的重要准绳,提高行政效率是行政管理的核心问题和主要目标。

二、政府职能的分类

政府行政管理内容的广泛性,决定了政府职能的多样性。各项职能不是孤立地存在的,而是具有内在的逻辑联系,共同构成一个结构严密的职能体系。通常分为两大类:

(一)基本职能

政治职能:主要指维护国家的独立和主权完整,打击敌对分子,确保统治阶级地位和根本利益。政治职能主要包括军事保卫、治安和镇压、民主建设三项内容。

经济职能:指政府及其部门运用经济的、行政的、法律的手段,推动社会生产力发展,为经济建设服务的职责和功能。我国政府的经济职能主要包括:统筹规划、制定并实施经济法规、政策指导、控制协调、检查监督和公共服务。

文化职能:指国家行政机关依法对教育、科技、文学、艺术、新闻、出版、广播影视、卫生、体育、文物等方面实施管理。主要内容是领导和组织社会主义精神文明建设,满足人民群众日益增长的文化生活的需要。

社会职能:指政府组织动员社会力量对社会公共生活领域进行管理的职能。目前政府行政管理的社会职能主要包括:制定社会保障的有关法律制度,完善社会保障体系;创建各种社会公益服务事业;做好社会救济工作;发展社会福利事业;保护环境;加强社区建设,提高人民群众和社会组织的自我服务和自我管理能力。

(二)运行职能

政府的行政目标都是经过一系列的环节和步骤来实现的。我们把政府为完成任务,在行政管理过程中产生的各种基本行为和活动视为行政运行职能作用的发挥。根据我们的实际情况,政府行政管理的运行职能可分为计划职能、组织职能、协调职能、控制职能。

党的十六大对政府职能进行了概括,指出政府主要承担经济调节、市场监管、公共服务、社会管理这四大职能,加深了人们对社会主义市场经济条件下政府职能的认识。

三、政府职能的转变

(一)政府职能转变的必然性

(1)社会主义市场经济发展的需要。经过30多年的改革开放,我国的经济体制和经济结构都发生了深刻的变化。计划经济体制已经向社会主义市场经济体制转变,单一公有制已经向多种经济共同发展转变。经济领域里的这些变化,迫切要求政府的职能也发生相应的变化,使行政行为能有效地推动经济社会的发展进步。

(2)适应全球性竞争的需要。随着经济全球化的发展,当今的世界性竞争已由军事对抗转向以经济和科技为主要内容的综合国力的较量。政府行政管理的经济、教育和科技职能的强化直接关系到国家各项事业的发展。政府职能转变就是要使政府更有力、更有效地推动科技创新和经济发展。

(二)政府职能转变的内容和方式

政府职能转变的内容从总的方面来说,是要从原来计划经济条件下政府无所不包的全能政府的管理职能转为市场经济条件下有限政府的职能,凡是市场能做到的政府就不再插手和干预,而在市场存在功能缺陷的地方,政府要有效地承担起弥补市场缺陷的职能。

政府职能转变是深化行政体制改革的核心。转变国务院机构职能,必须处理好政府与市场、政府与社会、中央与地方的关系,深化行政审批制度改革,减少微观事务管理,该取消的取消、该下放的下放、该整合的整合,以充分发挥市场在资源配置中的基础性作用、更好发挥社会力量在管理社会事务中的作用、充分发挥中央和地方两个积极性,同时该加强的加强,改善和加强宏观管理,注重完善制度机制,加快形成权界清晰、分工合理、权责一致、运转高效、法治保障的国务院机构职能体系,真正做到该管的管住管好,不该管的不管不干预,切实提高政府管理科学化水平。

第二节　行政组织

一、行政组织的含义和特点

行政组织是行政体制的载体,是社会组织中的一种最广泛、最重要的组织。行政组织是指国家为了履行行政职能而依法建立的有职位设置、人员配备和制度规范的机构实体。在我国,行政组织就是国家行政机关,包括中央人民政府及其所属工作部门和地方各级人民政府及其所属工作部门。行政组织作为国家机构的重要组成部分,具有以下特点:

河南省农村信用社招聘考试专用教材

表 8-2-1 行政组织的特点

政治性	行政组织具有鲜明的政治性,是为统治阶级的利益服务的。这种政治性是由国家的性质即国体决定的。我国的社会主义性质,决定了行政组织必须为广大人民群众服务
系统性	行政组织从中央到地方的各级政府以及各部门,均按《宪法》和法律规定,组成上下沟通、彼此配合、有一定层次和结构严密的组织体系,以保证国家行政权力的正常运行
服务性	行政组织作为公共机构,必须履行服务职能,为国家经济发展和社会进步提供良好的服务
法制性	行政组织是依法建立并代表国家行使行政权力的执行机关。它在机构设置、人员编制、官员任免等方面,均以《宪法》和有关法律为依据。同时,行政组织在运用行政权力处理社会公共事务时,也必须依法行政
权威性	行政组织的一切合法活动以国家权力为后盾,具有权威性。我国行政组织对行政权力的行使,体现了强制性与民主性的统一。它对极少数敌对分子实行专政,在人民内部实行民主管理。但其政策、政令对各企事业单位、各群众团体和全体公民均有约束力

二、行政组织的类型

行政组织按照其权力特点、管理范围、工作性质、职能和作用等方面的不同,可以划分为以下六种类型:

领导机关:领导机关是指从中央到地方的各级行政首脑机关,是各级政府决策和指挥中心,主要任务是对辖区内的行政工作进行统一领导。在我国,领导机关即指中央人民政府(国务院)和地方各级人民政府的首脑机关。

职能机关:职能机关是指在行政领导机关的领导下,负责组织和管理某一方面行政事务的机关。这些机关是根据社会公共事务管理的需要,按法定程序经过批准而成立的,是政府的组成部分,如农业、交通、教育、民政等部门。职能机关对上必须贯彻执行领导机关的决定和指示,对下要领导和指导下级政府相应行政部门的工作。

办事机关:办事机关是直接受领导机关领导,并直接为领导机关辅助和服务的办事机构,如各级政府办公厅(室)。其主要任务是协助领导机关的行政首长办理专门事项,或处理本级行政机关的综合性事务。

参谋咨询机关:参谋咨询机关是设于政府中以参谋咨询为主要职能的辅助机关,如国务院研究室。其主要任务是调查研究,了解情况,为领导机关出谋划策或完成行政首长交办的其他工作。

直属机关:直属机关是在一级政府中设立的主管某些专门业务的行政机构。这些专门业务不便划归于其他职能部门管理,但根据工作的需要,又有必要设立专门机构进行管理,因此设立直属机构承担管理任务。直属机构法律地位略低于职能部委或厅局,一般为副部级或副厅级,如国家林业局是主管林业工作的国务院直属机构。

派出机关:派出机关是指一级政府根据政务管理的需要,按法律规定或经上级批准,在下级或外地派驻的代表机关,它不是一级单独的国家行政机关。其主要任务是检查、督促下级行政机关贯彻执行上级行政机关的法规、政策和指示,或完成上级行政机关交办的其他工作任务,如省政府驻京办事处。

三、行政组织结构

行政组织结构是指行政组织各层级和各部门间所建立的一种关系模式。它主要表现为行政组织的层级结构和部门结构,以及层级结构与部门结构的关系。层级结构和部门结构也可称为纵向结构和横向结构。

(一)行政组织的纵向结构

行政组织的纵向结构即层级结构,是指政府上下级之间和政府各部门内部上下级之间的行政隶属关系。行政组织的纵向结构,其实就是由高低不等的管理层次组成的等级权责体系。体系内的责任、权力同管理层次的高低成正比例关系,行政组织的管理层次越高,其承担的责任和拥有的权力也就越大;反之则越小。所以,它所解决的是行政组织的纵向分工问题。

我国目前的行政组织自上而下分为国务院、省、县、乡四个基本层次,有的省和自治区实行市管县的体制,在省与县之间还有市,这就成了五个层次。每一级政府行政组织内部又分为若干管理层次,如省级行政组织内部分为省级、厅(局)级、处级、科级等。

(二)行政组织的横向结构

行政组织的横向结构是指行政组织的横向分工模式。同级政府之间或一级政府各部门之间构成具有分工与合作要求的平行关系,这种关系的组合方式即为行政组织的横向结构。它所解决的是行政组织的横向分工问题。行政组织的横向结构,一般从工作性质和业务内容上来划分和设置。横向结构的特点是专业分工明确,事权统一,职责范围清楚。

四、管理层次与管理幅度

管理层次:指行政组织纵向结构中的等级层次,如省、市、县;厅、处、科等。

管理幅度:指上级机关或领导者直接指挥和监督下级机关及其成员的数目。

在行政组织系统中,管理幅度与管理层次密切相关。管理幅度与管理层次在行政组织结构中成反比例关系,即在行政组织规模确定的前提下,管理幅度越大,管理层次越少;管理幅度越小,则管理层次越多,即:

$$组织规模=管理层次×管理幅度$$

根据管理层次与管理幅度之间的关系,常见行政组织的管理结构类型有:

尖形结构:层次多、幅度小的行政组织。其特点是权力集中、控制有力、便于政令统一,但不利于调动下级的积极性和创造性。

扁形结构:层次少、幅度大的行政组织。其特点是分权较多、控制较弱,下属自主权较大,但容易出现无政府主义。

在实际工作中一定要根据工作需要来设置行政组织结构。

第三节 行政领导

一、行政领导的含义与基本职责

行政领导就是通过指挥和说服行政组织内的个体和群体,在一定条件下实现某种公共管理目标的活动过程;致力于这一过程的人,就是行政领导者。行政领导的职责,是指国家行政机关赋予行政领导职位的工作职务和责任。任何一个行政领导担任一定的职位,同时也承担了由这个职位所连带的职责。职位不同,所承担的职责也不同。但不论职位高低、所负责任大小,每一个行政领导都要尽职尽责,对国家对人民负责。

行政领导的职责和一般领导职责大致相同,只是履行的具体范围、目标要求、实施手段等有区别。概括起来,行政领导的职责主要体现在四个方面:科学决策、选才用人、组织协调、有效激励。

（一）科学决策

所谓决策就是按照最优化的要求，从若干准备实施的方案中进行选择，通过实施以达到目标的活动过程。

决策是行政过程的中心环节，整个行政过程就是进行决策和实施决策的循环往复的不间断过程，所以可以认为没有决策也就没有行政领导活动。

（二）选才用人

选才用人是行政领导的基本职责，能否正确地选才用人关系到工作的成败，事业的兴衰。行政领导科学地选才用人必须正确把握如下原则：

德才兼备原则：坚持德才兼备的原则，必须正确地处理德与才之间的关系。德与才是一个完整的统一体，它们不能分割，德与才相比，德是先决条件，是应该居于主导地位的。

扬长避短原则：领导者如果能够用其长而避其短，人人都可以成为人才；但领导者如果不会用人，舍长而就短，那么人才也会变为庸人。

能位相当原则：坚持能位相当的原则，就是要因事用人、因岗择人，防止因人设事，就人论事。

培养教育原则：一个优秀的行政领导，不仅要善于发现和使用人才，而且要善于培养人才，重视造就人才。

（三）组织协调

所谓组织协调，就是领导者为实现组织目标而对影响因素，以及相互关系进行合理配置和调整，使之发挥最佳整体效能的过程。组织协调是一项综合性职能，它的正确把握和运用对领导活动的目标实现有着重大的作用。有效的组织协调必须紧紧围绕建设组织的五要素——目标、人员、权责、财物和整体价值观进行。

表 8-2-2 组织协调五要素

目标协调	要善于综合组织与个人之间的目标，组织与组织之间的目标，以及组织与社会发展之间的目标，使之实现平衡有序
人员协调	对组织成员之间的各种关系进行合理协调，使之各得其所，各展其才
权责协调	权力和责任必须保持一致，不能权大于责，也不能有责无权
财物协调	科学合理地配置每一份财和物，使有限的投入得到最佳的管理和社会效果
整体价值观的培养	将个体不同的价值观逐渐向有利于组织整体精神确立方向发展

（四）有效激励

激励作为调动人的积极性的重要手段，贯穿于行政领导过程的始终。激励就是激发人的积极性，充分发挥人的智力效应，从而保证其所在的组织系统有效地发展，顺利实现组织目标。激励的方式主要有：目标激励、奖惩激励、竞赛与评比激励、领导行为激励、关怀激励、榜样激励等。激励的内容虽形式多样，但均可纳入精神激励和物质激励两大系统。在新时期，行政领导要特别重视思想政治工作在激励中的作用。

二、行政领导的基本素质

根据形势发展对各级领导干部素质提出的要求，我们把行政领导应具备的基本素质概括为四个方面：思想理论修养、求真务实作风、宏观战略思维、开拓创新能力。

三、领导方式

领导方式是指领导者在从事领导工作过程中所采取的形式、方法、程序和结构的总称。领导方式是为最有效地履行领导职责、提高领导效能服务的,主要有以下三种:

集中领导方式:强调在领导过程中自上而下的指挥和服从,否认自下而上的决策参与和主张的权利。这种领导方式虽然不符合社会发展的总趋势,但在现代化建设过程中,集中领导方式有它独特的作用:领导统一、行政统一、反应迅速、行动有力。

民主领导方式:注重自下而上的决策过程,鼓励广泛地参与和介入,强调多数人的意志在决策中的决定作用。这种领导方式是社会发展孜孜以求的目标,它的作用突出表现如下:集思广益、调动力量、实现变革、推动民主发展。

法治领导方式:即依照宪法和法律进行合法领导,领导人民群众依法办事、依法管理国家和社会事务。这种领导方式要求领导者在实施领导过程中,把党的主张、国家意志和人民愿望统一起来,把党的领导、发扬人民民主和严格依法办事统一起来,逐步实现领导方式法制化、程序化,权力监督公开化、制度化。法治领导方式的主要特征表现如下:领导主体和守法主体的统一,领导职权的法定性,领导行为的合法性,领导决策的法制化,权力监督的公开性。

第四节 行政执行

一、行政执行概述

行政执行是指国家行政机关及其公务员利用各种物质条件和精神力量,将决策机关颁发的政策、指示、命令付诸实施,以求解决所针对的社会问题。行政执行是行政决策的实现过程,这个过程本身又包含着若干环节。

三个阶段:准备阶段、具体实施阶段和评估阶段。执行的不同阶段各有具体的要求:准备阶段要求充分、周密、经济;实施阶段力求迅速、准确、有效;评估阶段必须全面、真实、公正。只有三个阶段的工作能够协调配合,整个行政执行才能有高效率。

基本原则:忠于决策原则;坚定彻底原则;迅速果断原则;依法执行原则;跟踪检查原则;执行有序原则。严格遵循行政执行的基本原则,有助于行政执行行为的规范化,有助于准确有效地实施决策意图。

四种手段:在行政执行中常用的执行方法或手段主要有行政手段、经济手段、法律手段、教育手段。行政执行的四种手段各有长处和短处,行政机关应根据所处理事务的性质特点以及当时当地的实际情况灵活选用。此外,由于事务本身的复杂性,单纯依靠一种手段有时也难以取得较好效果,四种手段往往要综合运用才能收到事半功倍的效果。

二、行政执行环节

行政执行环节中,实施阶段是关键环节,是行政执行的核心内容。而在实施阶段,指挥和授权、沟通和协调等环节贯穿始终。

(一)行政指挥

行政指挥是指行政领导者采用命令、指示等形式对行政执行所作的调度和安排。行政指挥有三种类型:第一种是口头指挥,即领导者用口头语言表达其权力意志,要求下级服从。第二种是书面指挥,即领导者通过发布通知、决定、公告等书面文件对行政执行活动进行指挥。第三种是会议指挥,即领导者通过召开各种类型的会议,如执行前的动员会、执行中的协调会或现场办公会指挥执行活动。为了充分发挥行政指挥对行政执行的促进作用,必须做到:指挥必须统一、指挥必须逐级、指挥必须果断、指挥必须有方。

(二)行政授权

行政授权是指领导者把一些本属自己职权范围的事,通过一定的程序委托给部下处理,以便及时有效地完成特定任务的领导活动。行政授权的类型分为刚性授权、柔性授权、惰性授权和模糊授权。

1.行政授权的效用价值

(1)授权有助于减轻领导者的权力负担,使领导者从大量具体繁琐的事务中摆脱出来,集中有限的时间与精力,专注于事关组织存亡发展的重大问题。

(2)授权有助于调动下级的工作积极性。授权正是以上级对下级德、才、学、识的充分信任为基础,是知人基础上的善任,这种信任本身就是一项价值巨大的激励资源,可调动起下级更高的工作积极性和劳动热情。

(3)授权有助于促进下级工作人员的发展与提高。授权是组织所能提供的最好锻炼机会。在工作任务压力下,工作人员的潜能得到激发,工作能力随之会有长足的进步。

(4)授权有助于增强组织的整体功能,从而提高管理的效能与效率。通过授权,从组织和心理两方面密切了上下级之间的关系,提高了组织内部上下之间的一体化程度。一旦上下同心同力,组织的整体功能与合力就会呈倍增趋势。

2.行政授权的基本原则

权责一致原则:下属被授予的权力必须同其承担的责任相一致,权力与责任间任何形式的不一致,都不利于下属开展行政执行工作。

量力授权原则:授权也是一种任用行为,为此就必须坚持量力授权的原则,充分考虑授权相对人的德才条件——事业心、责任感、工作能力、工作经验等,把权力与责任委托给最恰当的人选,做到人与事相称,人能当其事,事能尽其功。

适当控制原则:正确的授权,并不是全权放任撒手不管,而是保留着某种控制程度的授权。因为授权以后,由于主客观方面的原因,授权事项的处理难免会出现各种失误、偏差。一个设计优良的控制机制,会使下级少犯错误,并在重大错误来临之际使授权者迅速警觉。

充分信任原则:授权的心理基础是上级对下级德才配置情况的信任。授权以后仍必须保持这种信任,并不断给予肯定、鼓励和支持,对下级暂时遭受的挫折、偶然的失误要持科学、理性的态度。

(三)行政沟通

行政沟通是指行政机关为了有效开展工作,运用各种媒介传递或交流行政信息的过程。行政沟通总体上可分为正式沟通和非正式沟通两大类。

1.正式沟通

正式沟通是通过组织明文规定的渠道进行信息的传递和交流。例如,组织之间公函往来和会商洽谈,组织规定的汇报制度,定期或不定期的会议制度,上级的指示按组织系统逐级向下传达或下级的情况逐级向上反映。正式沟通根据信息流动的方向可以分为下行沟通、上行沟通与平行沟通。

优点:沟通效果好,比较严肃,约束力强,易于保密,可以使信息沟通保持权威性。重要的消息和文件的传达一般都采取这种方式。

缺点:组织系统层层传递,较为刻板,沟通速度慢,此外随着组织层次的延伸,信息的扭曲和失真也可能逐渐加剧。

2.非正式沟通

非正式沟通是在正式沟通渠道之外进行的信息传递与交流。这种沟通是非正式组织的副产品,是建立在行政人员之间的社会联系基础上的。在表现方式上,多是不固定的,具有很强的不稳定性和随机性。

它对正式沟通的影响和作用是双重的,一方面能因其灵活性、随机性、宽松性而在某种程度上弥补正式沟通的不足,另一方面又可能因传递过程中的无规则化、无约束化而混淆视听,影响正式沟通的质量。因此,行政领导者必须慎用非正式沟通,对于非正式沟通中传递过来的信息应该进行认真仔细的分析鉴别,去伪存真,并结合正式渠道过来的信息,相互印证,以求获得一个全面真实的认识。

(四)行政协调

行政协调是指行政领导者运用各种方法调节各相关机构之间的利益、意见和行动,及时处理相互之间的矛盾分歧和冲突,使各相关机构相互配合,协同一致,实现预定的决策目标。

行政协调是一个复杂的过程,协调行为的任何失误、失当或失范都可能激化矛盾,使事态复杂化,因此,行政协调应坚持一些基本原则:(1)统筹兼顾原则;(2)异中求同原则;(3)公正无偏、积极主动的原则;(4)协调于初始阶段的原则。协调是一个动态的过程,不能期望通过一次协调就解决所有问题。因此,要注意协调的及时性,同时还要注意协调的连续性。

三、行政成本

(一)行政成本的含义

成本是与收益相对立的概念。广义上的行政成本是指政府的行政行为所耗费的各种资源,包括物质资源、信息资源、精神资源、关系资源等。狭义上的行政成本是指行政机关在履行其职能的过程中所花费的各种支出。它包括两方面的支出:一是维持行政机关自身运行的费用;二是为了履行本机关所承担的职能而消耗的费用。

(二)衡量行政成本的标准

(1)行政机关维持自身正常运转的开支。

(2)行政机关中工作人员的数量。

(3)行政机关占用的物质与财富资源在国内生产总值中的比重。行政机关占用的物质资源指行政机关办公过程中所使用的一切物材,包括政府设施、政府所投资的项目计划、使用的物品等。财富资源指用以支持行政机关施政行为的所有财政经费。这两种资源在国内生产总值中的比重是衡量行政成本的宏观指标。

(4)行政机关的数量与规模。行政机关的数量与规模不是一个简单的计算指标。它还涉及政府与市场、政府与社会之间的关系模式。如果政府干预市场、干预社会的程度越深,那么行政机关的数量和规模也就相应越大。与机关数量和规模增大相联系,行政机关内部进行沟通和协调的成本也会增加,这是影响行政成本的重要因素。

第五节 行政监督

一、行政监督的含义

行政监督,是指国家机关、政党、人民群众等各类监督主体依法对政府机关及其公务员的行政行为和行政权力运作过程所实施的监察、督促活动。行政监督是国家监督的重要组成部分,也是现代公共行政管理的重要环节。

行政监督之所以如此被重视,一个重要的原因是它所具有的巨大作用和意义。行政监督的功能作用主要有:评价作用、预防作用、补救作用、改进作用、教育作用。

二、行政监督体系

我国的行政监督自新中国成立以来,特别是改革开放以来,已经形成有中国特色的行政监督体系,主要包括内部行政监督体系和外部行政监督体系两部分。

(一)内部行政监督

内部行政监督也称为政府自我监督,是由政府主动实施的行政监督。政府是行政监督的对象,同时也可以是行政监督的主体。内部行政监督是行政监督体系的第一道防线,也是最直接、最迅速的监督。

表 8-2-3 内部行政监督

直辖监督	定义:上下级行政组织之间按照隶属关系而展开的监督
	监督方法:(1)工作报告;(2)工作指导;(3)工作督查;(4)工作检查;(5)复议
行政监察	定义:政府配置的一项自我净化职能,是指政府设立专门行使监督的国家监察机关,对所有的行政机关及其工作人员实行的监督。中央人民政府和县以上地方各级人民政府内部专设的监察机关是专职履行行政监察职能的责任机构 主要职责:(1)监督、核查国家行政机关及其工作人员和国家行政机关任命的其他人员贯彻执行国家法律、法规和政策以及决定、命令的情况;(2)受理对国家行政机关及其工作人员和国家行政机关任命的其他人员违反国家法律、法规以及违反政纪行为的控告、检举;(3)调查、处理监察对象的违法违纪行为以及受理公务员不服行政处分等人事处理决定的申诉和对上级行政机关及其领导所施行的违法违纪行为的控告,维护正常的行政工作秩序和公务员及行政相对人的合法权益
审计监督	定义:国家审计机关根据国家预算和有关制度、规定,独立地对政府机关、财政金融部门和企事业单位的会计资料进行审查,并对其所反映的经济业务及有关经济活动的真实性、合法性、准确性加以评价,提出改进意见和建议的一种专门活动,是国家进行财政、经济监督的一个重要手段 目的:规范公共财政财务的收支行为

(二)外部行政监督

内部行政监督因监督者与被监督者同处行政系统,受立场所限,这种监督有其致命弱点,远不能实现行政监督的宗旨。为此就必须健全和强化外部监督体系。外部行政监督由外在且独立于政府的组织和人员来实施对政府的外部制约。这是针对政府行政的第二道防线,也是最有力、最有效的一道防线。

表 8-2-4 外部行政监督

立法监督	定义:主要是指人大及其常委会的监督权,这是宪法赋予的重要职权
	监督方法:(1)听取和审查人民政府工作报告;(2)法制审查;(3)罢免同级人民政府组成人员;(4)质询
司法监督	定义:司法机关负责实施的对行政机关及其工作人员的监督
	监督方法:(1)人民检察院的监督主要是通过对严重破坏国家的政策、法律、法规的重大犯罪案件以及侵犯公民民主权利的案件和渎职案、贪污案、行贿受贿案的侦查起诉,来追究行政机关工作人员违法犯罪行为的刑事法律责任。对行政机关及其工作人员的一般违法乱纪行为,检察机关不直接查处,而由党政机关作党纪政纪处理。(2)人民法院是国家的审判机关。它有权独立审理与行政机关及其工作人员有关的案件,追究有失职渎职、滥用职权、贪污受贿及其他侵犯国家利益和公民合法权益等违法犯罪行为的行政人员的法律责任,以维护法律的权威和正常的社会秩序。另外,法院还可以以司法建议的形式,将了解到的有关情况、问题、意见,反映给有关行政机关,来实现对行政管理的监督
政党监督	定义:主要指中国共产党及各民主党派依法对国家行政机关及其工作人员的监督
	监督方法:(1)共产党的监督主要通过以下几种方法:①通过各级党委及其职能部门,对政府贯彻执行党的路线、方针、政策和实施宪法、法律的情况进行检查,及时指出并纠正行政管理过程中的政治性偏差,始终保持行政管理的社会主义政治方向和为人民服务的根本宗旨;②通过组织部门对各级人民政府中党员领导干部的制度化考察、评价,保证这些党员领导干部的政治忠诚性,保证政府始终与党保持一致;③通过党的纪律检查部门,查处行政机关中党员干部的违纪案件,清除党内腐败,保持政府机体的纯洁性;④通过行政机关中的广大党员干部的批评、建议、检举、揭发来实现对政府行政的日常化监督。(2)民主党派:通过中国人民政治协商会议这一组织形式参与对国家事务的管理和对政府行政的监督
社会监督	定义:广大人民群众和社会团体对行政机关的监督
	监督方法:(1)人民群众对行政机关及其工作人员的监督。(2)社会团体对行政管理活动的监督。如工会、妇联、共青团等团体对政府工作的监督。(3)大众传媒:是一种最有效、最快捷、最廉价、最易于操作的监督

第六节 依法行政与行政责任

一、依法行政

(一)依法行政的基本内容

(1)行政机关的内部活动要依照相关法律、规章进行。依法行政的主体是行政机关及其公务员,行政机关的性质、任务、职权、组成、活动方式以及成立、变更和撤销的程序,由行政机关组织法和行政机关编制法规定。公务员的录用、任命、晋升、奖惩、待遇等由公务员法规定。行政机关组织法和公务员法统称为行政组织法。行政机关、公务员的产生和活动,必须依据行政组织法。

(2)行政组织的外部活动要依法。行政机关及其公务员行使公共事务管理的职权,即行政机关的行政行为,必须严格遵循依法行政的原则。行政行为是与公民、法人或其他组织发生各种关系的行为,极为广泛而复杂。它是依法行政的基本内容。

(3)行政组织行使职权时必须依据法定程序。行政程序伴随着行政活动的全过程和一切方面。没有无程序的行政行为。行政程序法是依法行政的重要组成部分。

(4)行政职权的行使必须有监督。在行政系统内部实施的监督,包括审计与行政监察,以及行政机关上下级之间的监督等,也都属于行政活动的范畴。行政监督的体制、标准、形式及程序,同样要遵循依法行政的原则。

(5)依法行政必须有司法保障。对行政机关依法行政的行为,法院将予以维护,必要时提供司法强制;对违反依法行政的行为,法院将予以撤销和纠正,由此保障行政机关依法行政。公民、法人权利受到损害时必须有公正的法律救济机制。

(二)依法行政的基本要求

1.行政合法

一是行政主体合法。法律授权是行政主体合法的唯一依据。行政主体资格因为法定授权机关的授权而产生,授权须有法律依据,并且公告授权决定。

二是行政行为合法。行政行为合法的具体内容是:行政主体实施了作为或不作为行为;行政主体实施的行为在自己的职权范围之内;行政行为符合法律的要求;合法行政行为是能够引起法律效果的行为。

三是行政行为的内容合法。具体内容包括:行政主体限制行政相对人权利或赋予其义务应有法律依据;行政主体非依法不得为行政相对人免除法定义务或设定特殊权利,任何人不应享有特权。

四是程序合法。行政程序是行政行为的方式、步骤、顺序,程序法是规范行政程序的规则。行政合法既包括符合实体法,也包括符合程序法。违反法定程序的行政行为同样是无效行政行为。

2.行政适当

行政适当主要是针对自由裁量行为。一是行政行为要符合法律授权的目的,即满足公共需求、实现公共利益、保护公民权益。二是行政行为要有充分、客观的依据。否则,行政主体的自由裁量行为就是不适当行为。三是充分考虑一切相关因素。四是不应考虑一切不相关因素。五是不得违反客观规律。六是符合习惯与伦理。法律是以理服人的工具,对于那些与法律和法规不抵触的习惯和伦理,自由裁量应当予以考虑。

3.行政公正

行政公正要求:一是制定法律规范作为禁止行政主体肆意妄为的前提。二是法律平等,即法律对一切相同的情形相同对待,法律对一切不相同的情形则不相同对待,法律面前人人平等。三是凡与当事人有利害关系的行政人员一律要回避参与相关行政行为。四是行政机关在做出影响相对人权益的决定时必须听取相对人的意见,行政机关要为行政相对人依照法律和程序行使辩护权提供保护和必要条件。

二、行政责任

(一)行政责任的含义

行政责任,是指政府及其公务员因为其公权地位和公职身份,对授权者和法律以及行政法规所承担的责任。行政责任包括的内容主要是:

1.应为行政责任与不应为行政责任

这包括两层含义:其一,政府及其公务员依据宪法和法律法规进行政府行政活动时,有做一定事情的义务,即负有应为行政责任;其二,政府及其公务员在依法进行公务活动时有不超越行政权限和不侵害公民权益的责任,这种责任称为不应为行政责任。

2.广义行政责任与狭义行政责任

广义行政责任是指政府作为行使行政权力的整体,在实施政府职能时对国家权力主体承担的行政责任;狭义行政责任是作为政府构成主体的公务员个体,在代表政府实施行政行为时所承担的责任。

3.国家行政责任与个人行政责任

这主要是指行政责任所包含的两种责任主体:其一,政府作为执掌公共行政权力的主体所承担的行政责任表现为国家责任,在通常情况下,由国家承担政府公务人员在公务活动中所造成的后果;其二,政府公务人员作为具体执行行政职能的个体,所承担的行政责任表现为个人行政责任。在特定条件下,则要追究公务人员个人在直接行政行为后果中的责任。

(二)行政责任的主要特征

行政责任作为一种国家现象,是具有广泛政治、社会、道德内容及含义的责任体系。可以从以下几个方面来理解和把握行政责任的特征:

1.行政责任是一种责任

行政责任首先是一种责任,它规定政府及其官员有作为或不作为的义务,要求他们对自身的所作所为承担行为责任,如果出现违背义务的行为,还将受到追究和制裁;行政责任是一种政治责任,政府由国家权力主体赋予行政权力,因而要对广大国民负责,工作人员则因其公务员身份也必须分担政府承担的责任;行政责任是一种法律责任,政治责任的落实由法律的规定性和强制性保证,任何违背行政责任的行为都将受到法律的制裁;行政责任是一种道义责任,政府及其公务员根据社会普遍的道德原则行使公共行政权力,并为公务活动中出现的失误向公众道歉、负责。

2.行政责任是一种义务

行政责任作为一种义务,主要表现为:国家行政主体对国家权力主体承担依法行政、尽职尽责的义务,这种义务具有法律的性质;而行政系统内的下级对上级承担忠于职守、努力工作的义务,这种义务具有行政法规的性质。

3.行政责任是一种任务

要把作为一种义务的行政责任落到实处,需要国家权力主体以宪法和法律的形式向政府规定行政任务,而政府组织将这些任务分解委派给具体的公务员个体。因此,行政机关及其公务人员行使职能完成具体任务的过程就是落实行政责任的过程。

4.行政责任是一种制度

在国家整体制度内部,行政机关及其公务人员的行政责任由宪法和法律明确规定,并对违背责任的行为进行追究和惩罚;同时,行政机关又在系统内部用法规和规章以及行政纪律,将行政责任进一步明确化和具体化,并以此作为追究行政责任的依据。

5.行政责任是一种监控

行政责任的核心在于如何保障国家权力主体对政府行政行为的有效监督和控制。凡违反法律或违背职守的行政行为都要受到相应的惩处。因此行政责任实质上是对行政主体的监控。

(三)行政责任的确定

行政责任的确定主要是指以下两种情形:第一,国家行政组织根据一定的管理原则,对与作为整体的公共行政职权相联系的行政责任进行分解,使行政责任具体化、规范化,落实到每个不同的行政主体,并以此作为追究行政责任的依据。第二,根据相关的法律法规,经由一定的法律程序来确定具体行政活动中的行政责任是否成立以及责任主体、惩罚与赔付等内容。

(四)行政责任的追究

行政责任的追究,是在行政责任的主体、事实、依据确定的条件下,依据一定法律规定,对损害性行政行为的责任主体予以相应的行政和法律惩处,并根据情况使之承担赔偿的制度。行政责任追究的基本问题是追究责任的主体、程序性和实体性问题。

行政裁决:是法定国家行政机关按照一定程序受理并做出调解或裁决由政府行政行为引起的个别具体行政纠纷案件的行为。

行政诉讼:是指因违反行政法规而引起的诉讼,主要包括行政机关及其公务人员因行政行为违法或者侵权、失职,以及公民因违反行政法规而受到的诉讼。

行政惩处:是国家行政公务人员在被确定与具体损害性行政行为后果有相关责任但尚未触犯法律的条件下,将受到相应行政惩处;在触犯法律的情况下,将受到法律制裁。

行政赔偿:是在发生损害性行政行为后果的条件下,除有法律规定豁免或审判豁免外,国家要承担其赔偿责任。

第三章　人力资源管理

第一节　工作分析概述

一、工作分析的作用和流程

表 8-3-1　工作分析的作用和流程

含义	通过系统分析的方法来确定工作的职责,以及所需的知识和技能的过程。	
作用	在企业管理中	(1)支持企业战略;(2)优化组织结构;(3)优化工作流程;(4)优化工作设计;(5)改进工作方法;(6)完善工作相关制度和规定;(7)树立职业化意识。
	在人力资源管理中	人力资源规划、人员招聘、人力资源培训与开发、绩效管理、工作评价、薪酬管理、员工职业生涯规划。
流程	(1)确定工作分析的目的:构建整个工作分析系统的依据。 (2)调查工作相关的背景信息:为工作相关信息的收集、分析、整理以及结果的形成奠定基础。 (3)运用工作分析技术收集工作相关信息。 (4)整理和分析工作相关信息。 (5)形成工作分析结果:职位说明书(之一)。 (6)核对与应用工作分析结果:应遵循动态应用的原则。	

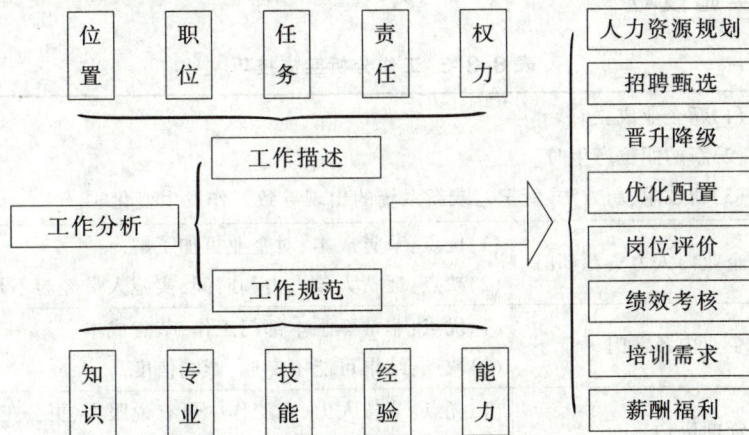

图 8-3-1　工作分析的内容及作用示意图

二、工作分析方法

表 8-3-2 工作分析方法

通用方法	访谈法	又称面谈法。目前在国内企业中运用最广泛、最成熟并且最有效的方法,是唯一适用于各类工作的方法。
	问卷法	(1)操作程序简单、成本较低。 (2)被大多数企业采用。
	观察法	一种传统的工作分析方法。
	工作实践法	能够掌握工作要求的第一手资料的方法。
	工作日志法	在缺乏工作文献时,其优势尤为明显。
	文献分析法	(1)一种经济且有效的信息收集方法。 (2)一般用于收集工作的原始信息,编制任务清单初稿。
	主题专家会议法	由熟悉目标职位的企业内外部人员就该职位的相关信息展开讨论,搜集数据,验证并确认分析结果。
现代方法	以人为基础	(1)职位分析问卷法(PAQ)。 (2)工作要素法(JEA):一种典型的开发式人员导向型工作分析系统。 (3)临界特质分析系统(TTAS):完全以个人特质为导向的工作分析系统。 (4)能力要求法(ARA)。
	以工作为基础	(1)关键事件法(CIT)。 (2)管理职位分析问卷法(MPDQ):一种结构化的、以工作为基础、以管理型职位为分析对象的工作分析方法,用于评价管理工作。 (3)功能性工作分析方法(FJA):一种以工作为导向的工作分析方法。 (4)工作任务清单分析法(TIA):一种典型工作倾向性工作分析系统。

三、工作分析实施技巧

表 8-3-3 工作分析实施技巧

实施时机		(1)新企业成立时。 (2)新的职位产生时。 (3)新技术、新方法、新工艺或新系统的出现导致工作发生变化时。
实施主体	企业内人力资源部门	(1)优点:节省成本、对企业更加了解。 (2)缺点:耗费大量人力和时间,实施人员经验不足。
	企业内各部门	(1)优点:非常熟悉本部门工作,节省成本。 (2)缺点:结果可能不专业,影响信度。
	咨询机构	(1)优点:节省人力,在工作中更有说服力、更公正。 (2)缺点:耗费资金,对企业不了解。
标杆职位的选取标准		(1)职位的代表性; (2)职位的关键程度; (3)职位内容变化的频率和程度; (4)职位任职者的绩效。

取得相关人员的支持	企业高层	(1)是否清楚地了解工作分析的必要性。 (2)工作分析的目标是什么。 (3)实施工作分析的流程是什么。 (4)将要花费多少时间、金钱和人力。 (5)在工作分析实施中,自己的责任是什么。
	中层管理者	(1)是否了解工作分析的必要性。 (2)工作分析对本部门的影响是什么。 (3)在工作分析实施中,自己的责任是什么。
	一般员工	(1)工作分析的目标是什么。 (2)工作分析过程中自己需要给予哪些配合。

第二节 绩效管理概述

一、绩效管理概述

1.绩效管理与绩效考核的区别

表 8-3-4 绩效管理与绩效考核

	绩效管理	绩效考核
概念	管理者与员工通过持续开放的沟通,就组织目标和目标实现方式达成共识的过程,也是促进员工做出有利于组织的行为、达到组织目标、取得卓越绩效的管理实践。	一套正式的、结构化的制度,它用来衡量、评价、反馈并影响员工的工作特性、行为和结果。
区别	(1)一个完整的管理过程。 (2)侧重于信息的沟通和绩效的提高。	(1)绩效管理中的一个环节。 (2)侧重于绩效识别、判断和评估。
联系	(1)绩效考核是绩效管理的重要组成部分,绩效考核的顺利实施不仅取决于评价过程本身,更取决于评价相关的整个绩效管理过程。 (2)有效的绩效考核是对绩效管理的有力支撑,成功的绩效管理亦会推动绩效考核的顺利开展。	

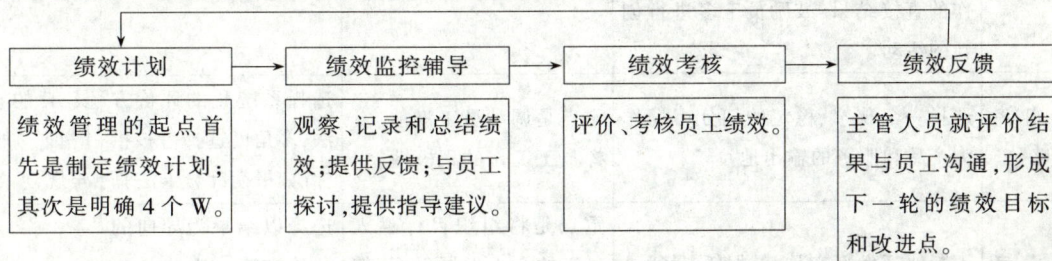

绩效计划	→	绩效监控辅导	→	绩效考核	→	绩效反馈
绩效管理的起点首先是制定绩效计划;其次是明确4个W。		观察、记录和总结绩效;提供反馈;与员工探讨,提供指导建议。		评价、考核员工绩效。		主管人员就评价结果与员工沟通,形成下一轮的绩效目标和改进点。

图 8-3-2 从绩效管理的流程看绩效管理与绩效考核的关系

河南省农村信用社招聘考试专用教材

2.绩效管理的作用、特征及影响因素

表 8-3-5 绩效管理的作用、特征及影响因素

作用	组织管理	(1)有助于组织内部的沟通。 (2)有助于管理者成本的节约。 (3)有助于促进员工的自我发展。 (4)有助于建立和谐的组织文化。 (5)是实现组织战略的重要手段。
	人力资源管理	(1)为其他人力资源管理环节的有效实施提供依据。 (2)可以用来评估人员招聘、员工培训等计划的执行效果。
有效的绩效管理特征	敏感性、可靠性、准确性、可接受性、实用性。	
影响因素	(1)观念。 (2)高层领导支持。 (3)人力资源管理部门的尽职态度。 (4)各层员工对绩效管理的态度。 (5)绩效管理与组织战略的相关性。 (6)绩效目标的设定。 (7)绩效指标的设置。 (8)绩效系统的时效性。	

二、战略性绩效管理

表 8-3-6 战略性绩效管理

	战略类型	内容	绩效计划、监控和反馈面谈	绩效考核	绩效考核结果应用
竞争优势战略	成本领先战略（低成本战略）	(1)强调以最低的单位成本价格为价格敏感用户提供标准化的产品。 (2)组织应尽量本着节约人力、物力、财力的原则实施绩效管理。	强化员工的成本意识，引导员工通过对工作的改进节约组织运行的成本。	选择以结果为导向、实施成本较低的评价方法(如目标管理法)。	成本的改进和控制。
	差异化战略	(1)战略的核心是独特的产品与服务，而不是标准化。 (2)在绩效管理中应当弱化员工工作的直接结果，鼓励员工多进行创新的活动。	鼓励员工发挥创造性思维。	选择以行为为导向的评价方法。	员工的开发、培训。
不同竞争态势战略	防御者战略	选择一个狭窄、稳定的细分市场作为产品和服务的输出地。	重点是调动员工潜能，发挥员工工作的积极性。	选择系统化的评价方法，多角度选择考核指标(如平衡计分卡法)。	员工的开发、培训、职业生涯规划。
	探索者战略	不断地开发新产品、挖掘新市场，寻求更广阔的市场机会。	重点是将组织目标融入员工的个人发展目标，使组织与员工的利益趋于一致。	选择以结果为导向的评价方法，强化员工新产品、新市场的开发成功率。	薪酬分配。
	跟随者战略	靠模仿生存，通过复制探索者战略取得成功，核心是学习。	采用与标杆组织作对照的方式与员工分析绩效现状，并加以改进。	选择标杆超越法。	员工绩效的改进与标杆组织的对比。

第四章 市场营销管理

第一节 市场营销学概论

一、市场与市场营销

1.市场的概念

在市场营销中,市场是指在一定时空条件下某类商品现实需求与潜在需求总和。

市场是三个要素的综合体现,或者是三个变量的函数。

$$市场=f(x,y,z)$$

其中:x 表示消费者(人口),y 表示购买力(收入),z 表示购买意向(购买欲望与习惯)。

2.市场营销的概念

市场营销是企业围绕市场所开展的一切活动,其目的是为了创造销售产品的机会。

根据菲利普·科特勒的定义,市场营销是个人和群体通过创造并同他人交换产品和价值以满足需求和欲望的一种社会和管理过程。

二、市场营销观念

1.市场营销观念的含义与作用

市场营销观念是指企业各级管理人员和各专业职能部门,特别是市场营销人员在开展商务活动中的指导思想,它是指导人们开展生产经营活动,处理各种经济关系和经济矛盾所持有的认识和态度的总和,它表现为主营销观念或叫商业观。它概括了一个企业的经营观点和经营思维方式。市场营销观的内涵和实质,在于确立以什么为中心思想来指导企业各类人员开展生产经营活动,确立自己的经营行为。

市场营销观的作用表现为导向作用和准则作用。

2.两类不同的经营观

(1)传统市场经营观。传统市场经营观具体表现为三种:

①生产观念。这种观念是以企业增加生产为中心,生产什么产品就销售什么产品。

②产品观念。随着生产同类产品的生产厂家的增加,同类产品的供给饱和,顾客要货比多家,择优选购。对那些质量高、性能好、有特色、价格又公道的产品,成为顾客争相购买的对象。因此,同类产品生产厂家之间的竞争开始激烈起来,竞争的重心转向质量。

③推销观念。当现有产品出现供求平衡或供过于求的市场态势,同类生产厂家之间的竞争激烈起来,等客上门订货的风光已不存在,企业大批量生产,库存积压严重,产品销售已成为首要问题。企业必须组织销售人员走出厂门,到客户中间,到消费者中间去推销产品,推销观念随即确立。

以上三种传统经营观念的共同点,就是生产厂家以自己生产的产品为出发点,以卖方的要求为中心,以产品销售出去获取利润为目的,是一种"以生产者为导向"的经营观念。

经典例题

(多选题)传统的营销观念包括( )。

A.生产观念 　　　　　　　　　　B.产品观念

C.推销观念 　　　　　　　　　　D.市场营销观念

【答案】ABC。

(2)现代市场经营观念。现代市场经营观念有两种具体表现:

①市场营销观念。企业以市场需求为导向,顾客需要什么产品,就开发和生产什么产品,销售什么产品。完全把顾客的需求作为出发点,按顾客的需要和要求去组织产品开发、安排生产和销售;企业的主要目标不是片面去追求短期销售量的增长,而是着重于长期地占领市场和不断地提高市场占有率;在处理企业与顾客的关系上,强调尊重顾客,用户至上,为顾客创造价值,努力做到想顾客之所想,急顾客之所急。

②社会营销观念。这是在市场营销观念的基础上出现的新观念,是市场营销观念的发展。市场营销观念是正确处理企业与顾客关系的正确观念,实现企业与顾客的双赢。如企业开发和生产了不少新产品,满足顾客的需要,企业赢得了利润,而产品的使用却造成环境的污染、生态的破坏。如大量塑料制品的使用,给环境带来了"白色污染"。因而要求兼顾社会、顾客和企业三方利益的观念应运而生,这就是社会营销观念产生的背景,是为实现整个社会可持续发展的客观要求。

以上两种经营观念属于现代经营观念,共同的特点都要以市场需要、社会需要为导向,以产品适销对路为核心,开展整体的市场营销活动。

3.现代营销观念的新发展

现代营销观念也在深化和发展,具体表现在:

(1)循环经济观念。这是产品生产厂家在社会营销观念基础上应确立的新观点,是实现社会和企业可持续发展的要求,即生产厂家要花大力气采用清洁生产方式,减少生产过程中的"三废",下一个生产阶段尽可能将上一个生产阶段的"废渣废料""废液废水""废气"加以利用,循环使用,变"废"为宝,努力减少对环境的污染。

(2)明智消费观念。由于人们生活节奏的加快,生产厂家开发和生产了越来越多的方便用品,如一次性使用的商品、方便饭盒、方便筷子、方便的塑料茶杯、方便快捷的食品。使用和消费的确方便了,但这些方便用品却造成了对环境的破坏,资源的浪费。这些都提醒人们需要确立明智的消费观念。

(3)服务营销观念。生产经营厂家在营销过程中,不仅要提供质量可靠,价格公道的商品,而且还要求提供最佳服务。如售前的信息服务,培训服务;售中的业务性和事务性服务;以及售后在使用中的"三包"和技术服务。

第二节 目标市场营销战略

一、市场细分

1.市场细分含义

市场细分是指根据众多用户或众多消费者不同需求的特点,把企业某一产品的总体市场,划分为若干个用户群或消费者群,即细小市场的分类过程。

2.市场细分的必要性

(1)市场细分便于掌握不同顾客的需求特点,正确地进行产品开发和市场开发。不同的用户或不同的消费者对产品的功能、质量、价格、包装、服务等,会提出不同的要求。

(2)市场细分便于掌握市场分布情况,发现市场缝隙。根据用户和消费者的分布情况,分析不同细分市场的有利条件和不利条件,不同细分市场的现有规模,发现市场缝隙,更准确地选择目标市场。

(3)市场细分便于确定重点目标市场。进行细分市场,掌握现有市场分布后,就能弄清哪些用户和哪些消费者是企业的主要市场,哪些是次要市场。

3.市场细分的标志

按产品的用途不同,划分为两大类总体市场,即消费品市场和生产资料市场,再根据不同的标志进行细分。

(1)消费品市场细分的标志。

①按人口因素细分。按人口的年龄划分,可细分为中老年市场、青年市场、少年儿童市场和婴幼儿市场。按性别划分,可细分为男性市场和女性市场。按民族因素划分,可细分为大民族市场和少数民族市场。按职业划分,可细分为工人市场、农民市场、军人市场、知识分子市场。按收入多少划分,可细分为高收入市场、中等收入市场和低收入市场等。

②按地理区域因素细分。按地区划分,可细分为国内市场与国际市场;国内市场再细分为不同地区(如东北、华北、西北、华东、中南、西南等地区)以及各省、市、自治区市场;国际市场再细分为各大洲、各地区(如亚洲细分为东北亚、东南亚、南亚、西亚等地区)、各国或地区市场。按地域气候条件划分,可细分为寒带市场、温带市场、热带市场。按城乡划分,可细分为城镇市场和农村市场。

③按购买心理因素细分。由于人们的生活格调、个性、购买动机、价值取向等不同,从而形成不同的购买心理。

④按购买行为因素细分。即根据不同消费者的消费行为、购买行为来细分市场。

(2)生产资料产品市场细分的标志。

①按企业规模细分。生产资料产品的用户,一般就是企业;而企业规模不同,购买产品的数量相差很大。大企业构成大量用户市场;中型企业则成为中量用户市场;小型企业成为少量用户市场。

②按客户使用要求细分。例如叉车厂可以把使用叉车的用户细分为以下几个不同的市场:把需要平移、上吊、码低垛等作业的归并为需要"普通型"叉车的市场;把电缆厂、轮胎厂、轧钢厂、建材厂等需要搬运管状物体,要求叉车具有串挑功能的用户归并为一个细分市场,等等。

③按产业、行业特点等标志细分市场。例如按用户所属产业来划分,可细分为工业市场、农业市

河南省农村信用社招聘考试专用教材

场、交通运输业市场、建筑业市场、商业市场、金融业、邮电业以及其他第三生产业等市场。

4.市场细分的要求

(1)划分特性的可衡量性。细分市场的划分标志或者说特点、特性,应该是可以衡量的。

(2)市场开发的效益性。市场细分要考虑企业经营目标的要求,即细分市场的规模要优化,要有利于企业去占领,并达到一定的市场占有率,获得一定的经济效益。如果市场划分过粗,即细分市场的规模过大,虽然有利于企业批量生产,但可能抹杀用户和消费者的某些差异性需求,不利于发现市场缝隙。

(3)进入市场的可行性。这是指企业细分的市场,通过自身的营销活动,能够进入的可能性。衡量企业能否进入各个细分市场,一是看企业能否影响该细分市场的顾客;二是企业的产品能否进入该市场,如果企业能够通过自身的努力,派员推销或经过选择的销售渠道,把产品运抵该市场,展现在顾客面前,说明这个市场是可进入的,有细分和开发的必要。

(4)划分标志的动态性。根据情况的变化,选择新的市场细分标准或调整细分范围。

经典例题

(单选题)1.某跨国集团将其目标市场划分为中国、东盟、韩国等,其划分的依据属于( )。

A.地理细分　　　　B.人口细分　　　　C.心理细分　　　　D.行为细分

【答案】A。

(多选题)2.以下属于消费者市场行为细分依据的有( )。

A.地理因素　　　　B.购买时机　　　　C.购买数量　　　　D.品牌忠诚程度

【答案】BCD。

(多选题)3.市场细分的要求有( )。

A.可衡量性　　　　B.有效益性　　　　C.有差异性　　　　D.可行性

【答案】ABD。

二、市场选择战略

1.选择目标市场

目标市场是企业打算进入的细分市场,或打算满足的具有某一需求的顾客群体。企业在选择目标市场时有五种可供考虑的市场覆盖模式。

(1)市场集中化。市场集中化是一种最简单的目标市场模式。即企业只选取一个细分市场,只生产一类产品,供应某一单一的顾客群,进行集中营销。

(2)选择专业化。选择专业化是企业选取若干个具有良好的盈利潜力和结构吸引力,且符合企业的目标和资源的细分市场作为目标市场,其中每个细分市场与其他细分市场之间较少联系。其优点是可以有效地分散经营风险,即使某个细分市场盈利不佳,仍可在其他细分市场取得盈利。采用选择专业化模式的企业应具有较强资源和营销实力。

(3)产品专业化。产品专业化是企业集中生产一种产品,并向各类顾客销售这种产品。产品专业化模式的优点是企业专注于某一种或一类产品的生产,有利于形成和发展生产和技术上的优势,在该领域树立形象。其局限性是当该领域被一种全新的技术与产品所代替时,产品销售量有大幅度下降的危险。

(4)市场专业化。市场专业化经营的产品类型众多,能有效地分散经营风险。但由于集中于某一类顾客,当这类顾客的需求下降时,企业也会遇到收益下降的风险。

(5)市场全面化。市场全面化是企业生产多种产品去满足各种顾客群体的需要。实力雄厚的大型企业选用这种模式,才能收到良好效果。

2.目标市场战略

(1)无差异性营销战略。实行无差异营销战略的企业把整体市场看做一个大的目标市场,不进行细分,用一种产品、统一的市场营销组合对待整体市场。从传统的产品观念出发,强调需求的共性,漠视需求的差异。因此,企业为整体市场生产标准化产品,并实行无差异的市场营销战略。

采用无差异性营销战略的最大的优点是成本的经济性。大批量的生产销售,必然降低单位产品成本;无差异的广告宣传可以减少促销费用;不进行市场细分,也相应减少了市场调研、产品研制与开发,以及制定多种市场营销战略、战术方案等带来的成本开支。

但是,无差异性营销战略对市场上绝大多数产品都是不适宜的,因为消费者的需求偏好具有极其复杂的层次,某种产品或品牌受到市场的普遍欢迎是很少的。即便一时能赢得某一市场,如果竞争企业都如此仿照,就会造成市场上某个部分竞争非常激烈,而其他市场部分的需求却未得到满足。

(2)差异性营销战略。差异性市场营销战略是把整体市场划分为若干需求与愿望大致相同的细分市场,然后根据企业的资源及营销实力选择部分细分市场作为目标市场,并为各目标市场制定不同的市场营销组合策略。

采用差异性市场营销战略的最大长处是可以有针对性地满足具有不同特征的顾客群的需求,提高产品的竞争能力。但是,由于产品品种、销售渠道、广告宣传的扩大化与多样化,市场营销费用大幅度增加。所以,无差异性营销战略的优势基本上成为差异性市场战略的劣势。其他问题还在于:该战略在推动成本和销售额上升的同时,市场效益并不具有保证。因此,企业在市场营销中有时需要进行"反细分"或"扩大顾客的基数"。

(3)集中性市场战略。集中性市场战略是在将整体市场分割为若干细分市场后,只选择其中某一细分市场作为目标市场。其指导思想是把企业的人、财、物集中用于某一个或几个小型市场,不求在较多的细分市场上都获得较小的市场份额,而要求在少数较小的市场上得到较大的市场份额。

这种战略也称为"弥隙"战略,即弥补市场空隙的意思,适合资源薄弱的小企业。小企业如果与大企业硬性抗衡,弊多于利,必须学会寻找对自己有利的小生存环境。用生态学的理论说,必须找到一个其他生物不会占领、不会与之竞争,而自己却有适应本能的小生存环境。也就是说,如果小企业能避开大企业竞争激烈的市场部位,选择一两个能够发挥自己技术、资源优势的小市场,往往容易成功。由于目标集中,可以大大节省营销费用和增加盈利;又由于生产、销售渠道和促销的专业化,也能够更好地满足这部分特定消费者的需求,企业易于取得优越的市场地位。

这一战略的不足是经营者承担风险较大,如果目标市场的需求情况突然发生变化,目标消费者的兴趣突然转移(这种情况多发生于时髦商品)或是市场上出现了更强有力的竞争对手,企业就可能陷入困境。

(4)选择目标市场营销战略的条件。

①企业能力。企业能力是指企业在生产、技术、销售、管理和资金等方面力量的总和。如果企业力量雄厚,且市场营销管理能力较强,即可选择差异性营销战略或无差异性营销战略。如果企业能力有限,则宜选择集中性营销战略。

②产品同质性。同质性产品主要表现在一些未经加工的初级产品上,如水力、电力、石油等,虽然产品在品质上或多或少存在差异,但用户一般不加区分或难以区分。因此,同质性产品竞争主要表现在价格和提供的服务条件上。该类产品适于采用无差异战略。而对服装、家用电器、食品等异质性需求产品,可根据企业资源力量,采用差异性营销战略或集中性营销战略。

③产品所处的寿命周期阶段。新产品上市往往以较单一的产品探测市场需求,产品价格和销售渠道基本上单一化。因此,新产品在引入阶段可采用无差异性营销战略。而待产品进入成长或成熟阶段,

河南省农村信用社招聘考试专用教材

市场竞争加剧,同类产品增加,再用无差异经营就难以奏效,所以成长阶段改为差异性或集中性营销战略效果更好。

④市场的类同性。如果顾客的需求、偏好较为接近,对市场营销刺激的反应差异不大,可采用无差异性营销战略;否则,应采用差异性或集中性营销战略。

⑤视竞争者战略而定。如果竞争对手采用无差异性营销战略时,企业选择差异性或集中性营销战略有利于开拓市场,提高产品竞争能力。如果竞争者已采用差异性战略,则不应以无差异战略与其竞争,可以选择对等的或更深层次的细分或集中化营销战略。

经典例题

(单选题)1.无差异性目标市场策略主要适用于(　　)。

A.企业实力较弱　　　　　　　　B.产品性质相似

C.市场竞争者多　　　　　　　　D.消费需求复杂

【答案】B。

(单选题)2.某奶粉生产企业,生产、销售婴幼儿奶粉,将婴幼儿奶粉市场分为0~2岁、2~5岁、5~7岁三个子市场。该企业在不同的市场通过不同的市场营销组合策略推出不同的产品和品牌,0~2岁推出"妈妈乐"、2~5岁推出"宝宝爱"、5~7岁推出"快乐成长"。该企业实施的是(　　)。

A.无差异市场营销　　　　　　　B.集中市场营销

C.差异市场营销　　　　　　　　D.兼有集中市场营销策略和差异化市场营销

【答案】C。

三、市场定位战略

1.市场定位的概念

市场定位,也被称为产品定位或竞争性定位,是根据竞争者现有产品在细分市场上所处的地位和顾客对产品某些属性的重视程度,塑造出本企业产品与众不同的鲜明个性或形象并传递给目标顾客,使该产品在细分市场上占有强有力的竞争位置。也可以说,市场定位是塑造一种产品在细分市场的位置。产品的特色或个性可以从产品实体上表现出来,如形状、成分、构造、性能等;也可以从消费者心理上反映出来,如豪华、朴素、时髦等;还可以表现为价格水平、质量水准,等等。

2.市场定位的方式

市场定位作为一种竞争战略,显示了一种产品或一家企业同类似的产品或企业之间的竞争关系。定位方式不同,竞争态势也不同,下面分析三种主要定位方式:

(1)避强定位。这是一种避开强有力的竞争对手的市场定位。其优点是:能够迅速地在市场上站稳脚跟,并能在消费者或用户心目中迅速树立起一种形象。由于这种定位方式市场风险较少,成功率较高,常常为多数企业所采用。

(2)对抗性定位。这是一种与在市场上占据支配地位的、亦即最强的竞争对手"对着干"的定位方式。显然,这种定位有时会产生危险,但不少企业认为能够激励自己奋发上进,一旦成功就会取得巨大的市场优势。实行对抗性定位,必须知己知彼,尤其应清醒估计自己的实力,不一定试图压垮对方,只要能够平分秋色就是巨大的成功。

(3)重新定位。重新定位是对销路少、市场反应差的产品进行二次定位。这种重新定位旨在摆脱困境,重新获得增长与活力。这种困境可能是企业决策失误引起的,也可能是对手有力反击或出现新的强有力竞争对手而造成的。不过,也有重新定位并非因为已经陷入困境,而是因为产品意外地扩大了销售范围引起的。

实行市场定位应与产品差异化结合起来。正如上述：定位更多地表现在心理特征方面，它产生的结果是潜在的消费者或用户怎样认识一种产品，对一种产品形成的观念和态度；产品差异化是在类似产品之间造成区别的一种战略，因而，产品差异化是实现市场定位目标的一种手段。

经典例题

(单选题)(　　)是指企业力图回避与目标市场上现有的实力最强或较强的竞争者的直接对抗，即避开强者，将本企业的产品定位于市场上某些空白领域或缝隙之处。

A.迎强定位　　　　B.避强定位　　　　C.比附定位　　　　D.竞争性定位

【答案】B。

3.市场定位的步骤

市场定位通过识别潜在竞争优势、企业核心竞争优势定位和制定发挥核心竞争优势的战略三个步骤实现。

(1)识别潜在竞争优势。识别潜在竞争优势是市场定位的基础。通常企业的竞争优势表现在两方面：成本优势和产品差别化优势。成本优势是企业能够以比竞争者低廉的价格销售相同质量的产品，或以相同的价格水平销售更高一级质量水平的产品。产品差别化优势是指产品独具特色的功能和利益与顾客需求相适应的优势，即企业能向市场提供的在质量、功能、品种、规格、外观等方面比竞争者更好的产品。

(2)企业核心竞争优势定位。核心竞争优势是与主要竞争对手相比，企业在产品开发、服务质量、销售渠道、品牌知名度等方面所具有的可获取明显差别利益的优势。应把企业的全部营销活动加以分类，并将主要环节与竞争者相应环节进行比较分析，以识别和形成核心竞争优势。

(3)制定发挥核心竞争优势的战略。企业在市场营销方面的核心能力与优势，不会自动地在市场上得到充分的表现，必须制定明确的市场战略来加以体现。譬如，通过广告传导核心优势战略定位，逐渐形成一种鲜明的市场概念，这种市场概念能否成功，取决于它是否与顾客的需求和追求的利益相吻合。

4.市场定位战略

(1)产品差别化战略。产品差别化战略是从产品质量、产品款式等方面实现差别。寻求产品特征是产品差别化战略经常使用的手段。实践证明，某些产业特别是高新技术产业，哪一企业掌握了最尖端的技术，率先推出具有较高价值的产品创新特征，就能够发展成为一种十分有效的竞争优势。

产品质量是指产品的有效性、耐用性和可靠程度等。产品质量与投资报酬之间存在着高度相关的关系，即高质量产品的盈利率高于低质量和一般质量的产品，但质量超过一定的限度时，顾客需求开始递减。显然，顾客认为过高的质量，需要支付超出其质量需求的额外的价值(即使在没有让顾客付出相应价格的情况下可能也是如此)。

(2)服务差别化战略。服务差别化战略是向目标市场提供与竞争者不同的优异服务。企业的竞争力越能体现在顾客服务水平上，市场差别化就越容易实现。如果企业把服务要素融入产品的支撑体系，就可以在许多领域建立进入障碍。因为，服务差别化战略能够提高顾客总价值，保持牢固的顾客关系，从而击败竞争对手。

服务战略在各种市场状况下都有驰骋的天地，尤其在饱和的市场上。对于技术精密产品，如汽车、计算机、复印机等更为有效。

强调服务战略并没有贬低技术质量战略的重要作用。如果产品或服务中的技术占据了价值的主

河南省农村信用社招聘考试专用教材

要部分,则技术质量战略是行之有效的。但是,竞争者之间技术差别越小,这种战略作用的空间也越小。一旦众多的厂商掌握了相似的技术,技术领先就难在市场上有所作为。

(3)人员差别化战略。人员差别化战略是通过聘用和培训比竞争者更为优秀的人员以获取差别优势。实践早已证明,市场竞争归根到底是人才的竞争。

一个受过良好训练的员工应具有以下基本的素质和能力:①能力;②礼貌;③诚实;④可靠;⑤反应敏锐;⑥善于交流。

(4)形象差异化战略。形象差异化战略是在产品的核心部分与竞争者类同的情况下塑造不同的产品形象以获取差别优势。为企业或产品成功地塑造形象,需要具有创造性的思维和设计,需要持续不断地利用企业所能利用的所有传播工具。具有创意的标志融入某一文化的气氛,也是实现形象差别化的重要途径。

第三节 产品策略

产品是满足目标顾客需求的载体,它同价格、渠道、营销传媒等因素结合起来,共同构成了企业营销组合策略。

一、产品的概念

1.产品的含义

产品在语言学、经济学和营销学中有不同的含义。在营销学中,产品是能够提供给市场、以满足顾客需要和欲望的任何东西。

2.产品的形式

随着社会经济的发展,产品的形态不断发展。今天,产品可以分为以下十种形态:实体商品、服务、财产权、信息、地点、个人、组织、事件、经历和创意。

3.产品的层次

企业在设计产品时,要体现出产品的五个层次,每个层次都在增加顾客价值,构成顾客价值层级。

(1)核心产品。产品为购买者提供的本质属性即产品的效用或利益。如住旅店的顾客购买的是"休息的条件",服装购买者购买的是"御寒和遮体"。

(2)基础产品。产品满足顾客对核心产品需求的载体,旅店应包括房间、床、卫生间、浴室、桌子等。

(3)期望产品。产品满足购买者在基础产品之上希望达到的一组属性和条件。如旅店的安静房间、干净的床、工作台灯、网络端口、通信设施等。

(4)附加产品。产品向购买者额外提供的服务和利益。如送货、维修、保证、融资、培训等。

(5)潜在产品。产品向购买者提供的未来附加功能和转换功能。如电视机预留出连接家庭影院的功能,航空公司在大型客机上增设购物区等。

上述五个层次构成了整体产品。整体产品是企业贯彻市场营销观念的基础,是企业竞争的手段。

经典例题

(单选题)购买海尔的空调,厂家负责免费送货上门,这属于( )产品。

A.核心   B.形式

C.附加   D.潜在

【答案】C。

二、产品组合

1.产品组合的涵义

(1)产品组合。产品组合是指一个特定企业生产或经营的全部产品线和产品项目的有机搭配。

(2)产品线。产品线是指能满足同类需要,在功能、使用与销售等方面具有类似性质的一组产品。

(3)产品项目。产品线中不同品种档次的数目。

2.产品组合的四种状态

企业产品组合具有宽度、长度、深度和粘度四种状态。

(1)产品组合的宽度。产品组合的宽度是指企业拥有产品线的数目。较宽的产品组合可以满足消费者需要,充分挖掘企业现有资源潜力。多产品线组合通常是企业实施多角化经营战略在产品组合上的体现。

(2)产品组合的长度。产品组合的长度是指企业产品组合中包含的产品项目总数。产品组合长度能够反映企业产品在整个市场上的覆盖面大小。总长度除以产品线数即为平均长度。

(3)产品组合深度。产品组合的深度是指企业产品组合中某一产品线内某种产品的规格、款式、花色的数目。产品组合深度一般表现企业某个产品线的专业化程度,同时对于满足同一目标市场的多样化需求,降低成本具有重要意义。

(4)产品组合的粘度(关联性)。产品组合的粘度是指一个企业的各个产品大类在最终使用、生产条件、分销渠道等方面的密切相关程度。一般说来,产品组合的相关性或一致性程度越高,则各个产品线之间相互支持、协同作用,从而共同利用同一资源(如设备、技术、销售渠道、推销队伍、需求群体等)的可能性越大,因而也越容易降低成本,节约费用,取得较高的效益。

3.产品组合策略

为了适应市场环境和企业资源的情况,企业可以调整产品组合的宽度、长度、深度和粘度,以达到优化产品组合的目的。

(1)调整产品组合的宽度。企业可以增加或减少产品线来调整产品组合的宽度。如增加产品线则可以充分发挥企业的资源优势,满足市场多方面的需求。同时还可以降低经营风险,增强企业的竞争力。

(2)调整产品组合的长度和深度。企业可以通过增加或减少产品项目的办法来调整产品组合的长度。

(3)企业在产品线不变的情况下,增减每种产品的规格、花色、款式来调整产品组合的深度。

(4)调整产品组合的粘度。企业设法使本公司产品线之间在生产、销售和使用上的相关性增强,可以达到资源共享、增强竞争力的目的。

4.产品线决策

企业对于一个产品线,经常是先开发一个基础产品原型,然后,根据顾客需求开发更多的品种。为了产品线的扩展,就需要对产品线加以分析。

(1)产品线分析。产品线经理要明确了解产品线上的每个产品项目的销售额和利润,了解各产品项目的市场定位状况。

①产品项目的销售和利润分析。一般说来,在同类产品中,企业不应将销售额和利润高度集中于少数项目之上。因为,这样将隐藏风险,企业必须仔细地保护好这些项目。对于销售额和利润都占较小

河南省农村信用社招聘考试专用教材

比重的项目,如果不是具有较强的增长潜力,就可以考虑在产品线中淘汰它。

②产品线市场定位分析。产品线经理还要分析自己的产品线的定位状况。

(2)产品线长度决策。产品线长度应适度,企业可以通过调整产品线长度来增加利润。

①产品线扩展。产品线扩展有三种方式:

一是向下扩展。企业原来生产高档产品,现决定增加生产中、低档产品。企业采取向下延伸策略的主要原因,第一,企业发现其高档产品增长缓慢,因此,不得不将其产品大类向下延伸;第二,企业的高档产品面临激烈的竞争,不得不采用进入中、低档产品市场的方式来反击竞争者;第三,企业当初进入高档产品市场是为了建立其质量形象,然后再向下延伸;第四,企业增加低档产品是为了填补空白,不使竞争者有隙可乘。但向下延伸策略会使企业面临一些风险:首先,要能影响企业原有产品的市场形象及品牌产品的市场声誉;其次,推出低档产品迫使竞争者转向高档产品的开发;最后,需要重新设置销售系统,有可能增加企业营销费用开支。

二是向上扩展。是指企业原来生产低档产品,现决定在原有产品线内增加高档产品项目,进入高档产品市场。其理由在于:第一,高档产品市场具有较大的潜在成长率和较丰厚的利润;第二,企业估计高档产品市场上的竞争者较弱,易于击败;第三,企业想使自己成为生产种类全面的企业。但采用向上延伸策略也要冒一定风险:首先,可能引起生产高档产品的竞争者进入低档产品市场进行反攻;其次,顾客可能不相信企业能生产高档产品;最后,原有的销售系统缺乏销售高档产品应具备的技能和经验。

三是双向扩展。双向扩展是指原来定位于中档产品市场的企业,在取得市场优势之后,决定向高档和低档两个方向延伸。延伸成功后,能大幅度提高市场占有率,形成在市场上的领导地位。

②产品线填补。产品线填补是在现有产品线的范围内增加一些产品项目。企业采取产品线填补的原因,一是为了增加利润,二是充分利用生产能力,三是成为产品线完整的企业,四是满足顾客地需求,五是防止竞争者侵入。

企业做出产品线填补决策,一定要使顾客能区别本企业同一产品线内的不同项目。如果顾客不能明显地将本企业同一产品线内的不同项目加以区别,这样的产品线填补也就过头了。

(3)产品线特色化。产品线中的一个项目或几个项目必须具有特色。企业一般是推出最低档或最高档的产品来形成自己的特色。如本田摩托车打入美国市场的第一辆摩托车售价仅为250美元,只是当时美国造摩托车1 000~1 500美元售价的零头。一般说来,特色策略是以低档产品吸引消费者,以高档产品为产品线树立企业形象和产品信誉。

(4)产品线现代化。产品线现代化是指对那些长度虽然适当,但产品质量、技术水平落后的产品进行升级换代。其目的是实现产品线的现代化,与市场发展保持同步。产品线现代化的基本方法有逐步更新和一次性更新两种。

(5)产品线削减。企业应定期对产品线的市场潜力和获利能力进行分析,淘汰无利可图的产品线或产品项目。

第四节 定价策略

一、影响定价的因素

价格作为营销组合中最活跃的因素,受多方面的影响,这些因素主要包括成本、市场需求、竞争状况、消费者心理及政策法规等。

1.成本因素

成本是商品价格构成中最基本、最重要的因素,也是商品价格的最低经济界限。公司制定的价格除了应包括所有生产、销售、储运该产品的成本,还应考虑公司所承担的风险。这里对通常涉及的几个成本概念稍作分析。

(1)固定成本。固定成本是指不随产量变化而变化的成本,如固定资产折旧、月房租租金、行政人员的薪水、利息等。

(2)变动成本。变动成本是指随产量变化而变化的成本,如原材料、生产工人工资等。

(3)总成本。总成本是一定水平的生产所需的固定成本和变动成本的总和。

(4)平均固定成本。平均固定成本等于总固定成本除以产量。虽然固定成本不随产量的增减而变动,但是平均固定成本将随着产量的增加或减少而相应的下降或上升。

(5)平均变动成本。平均变动成本等于总变动成本除以产量。变动成本随产量的增减而同向增减,但平均变动成本不随产量变动而发生变动,其数额通常保持在某一特定水平上。

(6)平均总成本。平均总成本是给定的生产水平的单位成本,简称平均成本,它等于总成本除以产量,一般随产量的增加而减少。企业所制定的价格至少应该包括该单位成本。

(7)边际成本。边际成本是每增减一单位产量所增加或减少的总成本。

(8)机会成本。机会成本是企业从事某一项经营活动而放弃另一项经营活动的机会,即另一项经营活动本应取得的收益。

2.需求因素

企业制定价格就必须了解价格变动对市场需求的影响程度。反映这种影响程度的一个指标就是商品需求的价格弹性。所谓需求的价格弹性,通常简称需求弹性,是指一种物品需求量对其价格变动反应程度的衡量,用需求量变动的百分比除以价格变动的百分比来计算。

不同物品的需求弹性存在着差异,特别是在消费品的需求弹性方面。造成不同物品需求弹性差异的主要因素有:

(1)产品对人们生活的重要性。通常情况下,米、盐等生活必需品弹性小,奢侈品的需求弹性大。

(2)商品的替代性。如果一种商品替代品的数目越多,则其需求弹性越大。因为价格上升时,消费者会转而购买其他替代品;价格下降,消费者会购买这种商品来取代其他替代品。

(3)消费者对商品的需求程度。需求程度大,弹性小。如当医药价格上升时,尽管人们会比平常看病的次数少一些,但不会大幅度地改变他们看病的次数。与此相比,当汽车的价格上升时,汽车的需求量会大幅度减少。

(4)商品的耐用程度。一般而言,使用寿命长的耐用消费品需求弹性大。

(5)产品用途的广泛性。用途单一的需求弹性小,用途广泛的需求弹性大。

河南省农村信用社招聘考试专用教材

(6)产品价格的高低。价格昂贵的商品需求弹性较大。

由于商品的需求弹性会因时期、消费者收入水平和地区而不同,所以我们在考虑商品的需求弹性到底有多大时,往往不能只考虑其中的一种因素,而要全面考虑多种因素的综合作用。在我国,彩电、音响、冰箱等商品刚出现时,需求弹性相当大,但随居民收入水平的提高和这些商品的普及,其需求弹性逐渐变小了。

3.竞争因素

成本因素和需求因素决定了价格的下限和上限,然而在上下限之间确定具体价格时,则很大程度上要考虑市场的竞争状况。竞争性定价在当今市场上越来越普遍,价格战也越打越激烈,没有人不受竞争影响,起码在长期里是如此。在缺乏竞争的情况下,企业几乎可完全依照消费者对价格变化的敏感性来预期价格变化的效果,然而由于有了竞争,对手的反应甚至可完全破坏企业的价格预期。因此,市场竞争是影响价格制定的一个非常重要的因素。一般说来,竞争越激烈,对价格的影响也越大。

4.心理因素

消费者的心理是影响企业定价的一个重要因素。无论哪种消费者,在消费过程中,必然会产生复杂的心理活动来指导自己的消费行为。面对不太熟悉的商品,消费者常常从价格上判断商品的好坏,认为高价高质。在大多数情况下,市场需求与价格呈反向关系,即价格升高,市场需求降低;价格降低,市场需求增加。但在某些情况下,由于受消费者心理的影响,会出现完全相反的反应。如"非典"初发期,白醋、板蓝根等商品的大幅涨价反而引起了人们的抢购。因此,在研究消费者心理对定价的影响时,要持谨慎态度,要仔细了解消费者心理及其变化规律。

5.政策法规因素

政府为了维护经济秩序,或为了其他目的,可能通过立法或者其他途径对企业的价格策略进行干预。政府的干预包括规定毛利率,规定最高、最低限价,限制价格的浮动幅度或者规定价格变动的审批手续,实行价格补贴等。因此企业制定价格时还必须考虑是否符合政府有关部门的政策和法令的规定。

6.其他因素

除以上因素外,还有其他许多因素也会影响企业价格的制定。如有时企业根据企业理念和企业形象设计的要求,需要对产品价格做出限制。例如,企业为了树立热心公益事业的形象,会将某些有关公益事业的产品价格定得较低;为了形成高贵的企业形象,将某些产品价格定得较高等。

二、定价目标

定价目标是企业通过定价措施要达到的营销目的,它是企业营销战略目标的一个重要组成部分,同时也受企业具体的经营目标如当期利润、收入等的影响。不同的企业有不同的定价目标,同一企业在不同时期定价目标也不尽相同。定价目标是企业定价策略和定价方法的依据。企业的定价目标有如下几种:

(1)生存目标。在企业营销环境发生重大变化,难于按正常价格出售产品的情况下,企业有时将生存目标作为自己的定价目标。这是企业为了避免受到更大冲击造成倒闭等严重后果而采取的一种过渡性策略。

(2)利润目标。获利是企业生存和发展的必要条件,因此许多企业将利润最大化作为自己的经营目标,并以此来制定价格。最大利润目标是指企业在保证利润最大化的前提下来确定商品的价格。

(3)市场占有率目标。市场占有率,又称市场份额,是指企业的销售额占整个行业销售额的百分比,或者是指某企业的某产品在某市场上的销量占同类产品在该市场销售总量的比重。市场占有率是企业经营管理水平和竞争能力的综合表现,提高市场占有率有利于增强企业控制市场的能力从而保证产品的销路,还可以提高企业控制价格水平的能力从而使企业获得较高的利润。作为定价目标,市场占有率与利润的相关性很强,从长期来看,较高的市场占有率必然带来高利润。企业以提高市场占有率为目标时,应根据自身的生产经营能力、营销组合的配套安排、市场需求状况、竞争态势等方面的情况做出价格水平的决策。

(4)质量目标。企业也可以树立在市场上成为产品质量领袖地位这样的目标。企业为了维持产品的质量也必须付出较高的代价,如采用先进的技术、精湛的工艺、优质的原料、独特的配方等,所有这些使得产品在同类产品中脱颖而出。因而企业需要制定一个较高的价格,来弥补高质量产品的高成本,并且可以有更多的资金来加大对产品的科技投入、广告投入、服务投入等,使其成为市场上的常青树。

(5)其他定价目标。企业还可采用其他一些定价目标。如有的企业为了在市场上树立一种良好的企业形象,在一定时期将优质产品制定较低的价格,让利于民。另外一些非营利组织的定价目标可能是为了抵销其部分或全部成本。如一家非营利医院的定价目标可能是抵销其全部成本。

三、定价导向

在影响定价的几种因素中,成本因素、需求因素与竞争因素是影响价格制定与变动的最主要因素。企业通过考虑这三种因素的一个或几个来定价,但是,在实际工作中企业通常根据实际情况侧重考虑某一方面的因素并据此选择定价方法,此后再参考其他方面因素的影响对制定出来的价格进行适当的调整。因此,企业的定价导向可以划分为三大基本类型,即成本导向、需求导向和竞争导向。

1.成本导向定价

所谓成本导向定价,就是企业以成本费用为基础来制定价格,主要包括成本加成定价法和目标利润定价法两种具体方式。

(1)成本加成定价法。成本加成定价法即根据单位成本与一定的加成率来确定产品的单位价格,具体有如下两种方式:

①以成本为基础的加成。即企业在产品的单位总成本(包括单位变动成本和平均分摊的固定成本)上加一定比例的利润(即加成)来制定产品的单位销售价格。

该方法的计算公式是:

$$单位产品价格=单位成本\times(1+成本加成率)$$

②以售价为基础的加成。有的企业(如零售商)往往以销售额中的预计利润率为加成率来定价。

成本加成定价法的关键是加成率的确定。不同的商品、不同的行业、不同的市场、不同的时间、不同的地点加成率是不同的,甚至同一行业中不同的企业也会有不同的加成率。一般地说,加成率应与单位产品成本、资金周转率、需求价格弹性成反比(需求价格弹性不变时加成率也应保持相对稳定);零售商使用自己品牌的加成率应高于使用制造商品牌的加成率。

(2)目标利润定价法。目标利润定价法也称为目标收益定价法、投资报酬定价法,这是制造企业普遍采用的一种定价方法。该方法的操作过程是企业在单位总成本、预计销售量等指标的基础上,考虑企业的投资所能获得的投资报酬率来制定价格。公式为:

$$价格=单位成本+\frac{总投资额\times投资报酬率}{预计销售量}$$

成本导向定价法存在很明显的缺陷。在大多数行业中,要在产品价格确定之前确定产品单位成本

河南省农村信用社招聘考试专用教材

是不可能的,这是因为单位成本随产品的销量而变化。为了解决确定单位成本的问题,成本导向的定价者,只能假设产品价格不影响销售数量,销售量也不影响成本,这显然与实际情况相违背。成本导向定价往往容易导致在市场疲软时定价过高,在市场景气时定价过低。

2.需求导向定价

根据市场需求状况和消费者对产品的感觉差异来确定价格的方法叫做需求导向定价法,又称"市场导向定价法""顾客导向定价法",主要包括认知价值定价法、反向定价法、需求差异定价法、价值定价法、集团定价法等,其中需求差异定价法将在定价策略中专门论述。

(1)认知价值定价法。认知价值定价法是指企业依据消费者对商品价值的理解,而不是依据企业的成本费用水平来定价,通过运用各种营销策略和手段,在消费者心目中建立并加强认知。认知价值定价法的关键和难点,是获得消费者对有关商品价值认知的准确资料。企业如果过高估计消费者的认知价值,其价格就可能过高,难以达到应有的销量;反之,若企业低估了消费者的认知价值,其定价就可能低于应有水平,使企业收入减少。因此,企业必须通过广泛的市场调研,了解消费者的需求偏好,根据产品的性能、用途、质量、品牌、服务等要素,判定消费者对商品的认知价值,然后据此来定价。如假设某家庭一个月用两瓶酱油,其单价为 4.5 元,现有一种浓缩酱油,一瓶可让同样的家庭使用一个月,则对其定价为 7 元一瓶是可被消费者接受的,因为每月可为消费者节省 2 元。该浓缩酱油的定价是以消费者的认知价值为基础的,而不是以产品的实际成本为基础。认知价值定价法的关键在于提供并向潜在顾客展示比竞争者更高的价值。

(2)反向定价法。反向定价法主要不是考虑产品成本,而是重点考虑需求状况,依据消费者能够接受的最终销售价格,反向推算出中间商的批发价和生产企业的出厂价格。反向定价法被分销渠道中的批发商和零售商广泛采用。该方法的特点是:价格能反映市场需求情况,有利于加强与中间商的良好关系,保证中间商的正常利润,使产品迅速向市场渗透,并可根据市场供求情况及竞争状况及时调整,定价比较灵活。

(3)价值定价法。目前,顾客都希望从购买的商品中获取高价值,所以,采用以低价出售高质量供应品的价值定价法在某种程度上可获得顾客忠诚,其主要的表现形式就是天天低价(EDLP)定价法,被许多零售商采用。从某种意义上说,"天天低价"中的"低"并不一定最低。对这种定价方法更准确的表述应该是"每日稳定价",因为它防止了每周价格的不稳定性。成功运用天天低价法会使零售商从与对手的残酷价格战中撤出。一旦顾客意识到价格是合理的,他们就会更多、更经常地购买。天天低价法下的稳定价格还减少了高/低定价法中的每周进行大量促销所需要的广告,而是把注意力更多地放在塑造企业形象上。另外,天天低价法的销量和顾客群都较稳定,不会因贱卖的刺激而产生新的突发消费群,因而销售人员可以在稳定的顾客身上花更多的时间,多为顾客着想,提高企业整体服务水平。

由于对大多数零售商而言,天天低价难于保持,且采用天天低价法,零售商的商品价格与其竞争者的价格必须是可比的,比如某百货公司销售的全国名牌产品或超级市场上的牛奶和糖这样的日用品。因而,在零售市场上与天天低价法对立的高/低定价法也被广泛采用。在高/低定价法中,零售商制定的价格会高于其竞争者的天天低价,但使用广告进行经常性的降价促销。在降价过程中常常出现一种"仅此一天,过期不候"的氛围,从而导致购买者人头攒动,大大刺激了消费。

(4)集团定价法。为了给顾客以更多的实惠,不少企业制定了一系列团购价,尤其是对一些金额较大的商品如小汽车,顾客自发组织起来以团购价购买,可以大大降低购买价格。互联网的兴起更加便利了这种方式,毫不相识的顾客通过互联网,可以加入企业已有购买意向的顾客当中,当购买量达到一定标准后,顾客便可以以理想的价格进行购买。当然这种方式对顾客的耐性是一种挑战,因为有些顾客可能等不到集团价格实行的时候就退出了。

3.竞争导向定价

竞争导向定价是指在激烈的竞争性市场上,企业通过研究竞争对手的生产条件、服务状况、价格水平等因素,依据自身的竞争实力,参考成本和供求状况来确定商品的价格。其特点是:价格的制定以竞争者的价格为依据,与企业自身商品的成本及市场需求状况不发生直接关系。竞争导向定价主要包括:

(1)通行价格定价法。通行价格定价法也称随行就市定价法、流行水准定价法,是指企业按照行业的现行平均价格水平来定价,利用这样的价格来获得平均报酬。在企业难以估算成本、打算与同行业竞争对手和平共处、另行定价时很难估计购买者和竞争者对本企业价格的反应,经营的是同质产品、产品供需基本平衡时,采用这种定价方法比较稳妥。这样定价易于被消费者接受,可以避免激烈竞争特别是价格竞争带来的损失,同时可以保证适度的盈利。另外,由于企业不必去全面了解消费者对不同价差的反应,可为营销、定价人员节约很多时间。

采用通行价格定价法,最重要的就是确定目前的"行市"。在实践中,"行市"的形成有两种途径:第一种途径是在完全竞争的环境里,各个企业都无权决定价格,通过对市场的无数次试探,相互之间取得一种默契而将价格保持在一定的水准上。第二种途径是在垄断竞争的市场条件下,某一部门或行业的少数几个大企业首先定价,其他企业参考定价或追随定价。

(2)封闭式投标拍卖定价法。许多大宗商品、原材料、成套设备和建筑工程项目最终的买卖和承包价格就是通过此方法确定的。其具体操作方法是首先由采购方通过刊登广告或发出函件说明拟采购商品的品种、规格、数量等具体要求,邀请供应商在规定的期限内投标。供应商如果想做这笔生意就要投标,即在规定的期限内填写标单,填明可供应商品的名称、品种、规格、价格、数量、交货日期等,密封送给招标人(采购方)。采购方在规定的日期内开标,选择报价最合理的、最有利的供应商成交并签订采购合同。一般说来,招标方只有一个,处于相对垄断地位,而投标方有多个,处于相互竞争地位,因此,最后的价格是供应商根据对竞争者报价的估计制定的,而不是按照供应商自己的成本费用或市场需求来制定的。

四、定价策略

企业的定价策略主要有以下几种类型:

1.新产品定价策略

新产品的定价策略主要有三种:撇脂定价、渗透定价和满意定价策略。

(1)撇脂定价。撇脂定价又称取脂定价、撇油定价,该策略是一种高价格策略,是指在新产品上市初期,将新产品价格定得较高,以便在较短的时间内获取丰厚利润,尽快收回投资,减少投资风险。这种定价策略因类似于从牛奶中撇脂奶油而得名,在需求缺乏弹性的商品上运用得较为普遍。

一般情况下,撇脂定价适用于如下情形:①流行商品、全新产品或换代新产品上市之初;②受专利保护的产品、难以仿制的产品;③新产品与同类产品、替代产品相比具有较大的优势和不可替代的功能;④新产品采取高价策略获得的利润足以补偿因高价造成需求减少所带来的损失。

撇脂定价的优势非常明显,在顾客求新心理较强的市场上,高价有助于开拓市场;主动性大,产品进入成熟期后,价格可分阶段逐步下降,有利于吸引新的购买者;价格高,限制需求量过于迅速增加,使其与生产能力相适应。

当然,运用这种策略也存在一定的风险,高价虽然获利大,但不利于扩大市场、增加销量,也不利于占领和稳定市场;价格远远高于价值,在某种程度上损害了消费者利益,容易招致消费者的抵制,甚至会被当作暴利来加以取缔,损坏企业形象;容易很快招来竞争者,迫使价格下降,好景不长。因此,在

河南省农村信用社招聘考试专用教材

消费者日益成熟、购买行为日趋理性的今天,采用这一定价策略必须谨慎。

(2)渗透定价。与撇脂定价策略相对立的是渗透定价策略,这是一种低价策略,又称薄利多销策略,指在新产品投入市场时,利用消费者求廉的消费心理,有意将价格定得很低,以吸引顾客,迅速扩大销量,提高市场占有率。这种定价策略适用于新产品没有显著特色、产品存在着规模经济效益、市场竞争激烈、需求价格弹性较大、市场潜力大的产品。低价可以有效地刺激消费需求、阻止竞争者介入从而保持较高的市场占有率、扩大销售而降低生产成本与销售费用。如日本精工手表采用渗透定价策略,以低价在国际市场与瑞士手表角逐,最终夺取了瑞士手表的大部分市场份额。

(3)满意定价。满意定价策略也叫适价策略,是一种介于撇脂价和渗透价之间的价格策略。该策略是指企业将新产品的价格定得比较适中,以便照顾各方面的利益,使各方面都满意。由于撇脂定价策略定价过高,对消费者不利,可能遇到消费者拒绝,具有一定风险;渗透定价策略定价过低,虽然对消费者有利,但容易引起价格战,且由于价低利薄,资金的回收期也较长,实力不强的企业将难以承受;而满意价格策略采取适中价格,基本上能够做到供求双方都比较满意,因此不少企业采取满意定价策略。有时企业为了保持产品线定价策略的一致性,也会采用满意定价策略。满意定价策略由于获得的是平均利润,既可吸引消费者,又可避免价格竞争,从而在市场上站稳脚跟,获得长远发展,但要确定企业与顾客双方都比较满意的价格比较困难。

2.折扣定价策略

折扣定价策略是指销售者为回报或鼓励购买者的某些行为,如批量购买、提前付款、淡季购买等,将其产品基本价格调低,给购买者一定的价格优惠。具体办法有:现金折扣、数量折扣、功能折扣、季节性折扣、促销折扣等。

(1)现金折扣。现金折扣是为了鼓励顾客尽早付款,加速资金周转,降低销售费用,减少企业风险,而给购买者的一种价格折扣。财务上常用的表示方式为"2/10,n/30",其含义是双方约定的付款期为30天,若买方在10天内付款,将获得2%的价格折扣,超过10天,在30天内付款则没有折扣,超过30天要加付利息。

(2)数量折扣。数量折扣是因买方购买数量大而给予的折扣,目的是鼓励顾客购买更多的商品。购买数量越大,折扣越多。其实质是将销售费用节约额的一部分,以价格折扣方式分配给买方。目的是鼓励和吸引顾客长期、大量或集中向本企业购买商品。数量折扣可以分为累计数量折扣和非累计数量折扣两种形式。累计数量折扣规定顾客在一定时间内,购买商品若达到一定数量或金额,则按其总量给予一定折扣。非累计数量折扣也称一次性数量折扣,该折扣规定一次购买某种产品达到一定数量或购买多种产品达到一定金额,则给予折扣优惠。

(3)功能折扣。功能折扣又称交易折扣、贸易折扣,是企业根据其中间商在产品销售中所承担的功能、责任和风险的不同,而给予的不同价格折扣,以补偿中间商的有关成本和费用。对中间商的主要考虑因素有:在分销渠道中的地位、对生产企业产品销售的重要性、购买批量、完成的促销功能、承担的风险、服务水平、履行的商业责任、以及产品在分销中所经历的层次和在市场上的最终售价等。目的在于鼓励中间商大批量订货,扩大销售,争取顾客,与生产企业建立长期、稳定、良好的合作关系。一般而言,给予批发商的折扣较大,给予零售商的折扣较少。

(4)季节折扣。季节折扣是企业为在淡季购买商品的顾客提供的一种价格折扣。由于有些商品的生产是连续的,而其消费却具有明显的季节性,通过提供季节折扣,可以鼓励顾客提早进货或淡季采购,从而有利于企业减轻库存,加速商品流通,迅速收回资金,促进企业均衡生产,充分发挥生产和销售潜力,避免因季节需求变化所带来的市场风险,如商家在夏季对冬季服装进行的打折促销便是季节折扣。

(5)促销折扣。促销折扣指企业在进行促销活动的过程中给顾客价格上的优惠。由于促销活动往往是在一定期限内进行,因此这种折扣一般有时间上的限制。

3.心理定价策略

心理定价策略是企业针对消费者的不同消费心理,制定相应的商品价格,以满足不同类型消费者的需求的策略。常用的心理定价策略一般包括以下几种:

(1)尾数定价。尾数定价又称"奇数定价""非整数定价",是指企业利用消费者求廉、求实的心理,故意将商品的价格带有尾数,以促使顾客购买商品,这种定价方法多用于中低档商品。心理学家的研究表明,价格尾数的微小差别,能够明显影响消费者的购买行为。如将肥皂的零售价定为3.9元而不是4.1元。虽然前后仅相差2角钱,但会让消费者产生一种前者便宜很多的错觉。

(2)整数定价。整数定价是指针对消费者的求名、求方便心理,将商品价格有意定为以"0"结尾的整数。在日常生活中,对于难以辨别好坏的商品,消费者往往喜欢以价论质,而将商品的价格定为整数,使商品显得高档,正好迎合了消费者的这种心理。如将一套西服定价为1 000元,而不是998元,尽管实际价格仅相差2元钱,给人的感觉却是这套西服上了一个档次,因为它的价格是在1 000元的范围内,而不是900元的范围内。因此,对那些高档名牌商品或消费者不太了解的商品,采用整数定价可以提高商品形象。另外,将价格定为整数还省去了找零的麻烦,提高了商品的结算速度。

(3)声望定价。声望定价策略是指根据消费者的求名心理,企业有意将名牌产品的价格制订得比市场中同类商品的价格高。由于名牌商品不但可减轻购买者对商品质量的顾虑,还能满足某些消费者的特殊欲望,如地位、身份、财富、名望和自我形象等,因而消费者往往愿意花高价来购买它们。如德国的奔驰轿车、巴黎里约时装中心的服装、台湾宝丽来太阳镜以及我国的一些国产精品等,虽然价格偏高,但仍然畅销无阻。这一方面也反映了企业创名牌、树商誉的重要性。

声望定价往往采用整数定价方式,这更容易显示商品的高档。当然,声望定价策略切不可滥用,一般适用于名优商品,如果企业本身信誉不好、商品的质量也不过硬,采用这一策略反而容易失去市场。另外,为了使声望价格得以维持,有时需要适当控制市场拥有量。

(4)招徕定价。招徕定价是一种有意将少数商品降价以招徕吸引顾客的定价方式。企业在一定时期将某些商品的价格定得低于市价,一般都能引起消费者的注意,吸引他们前来购物,这是适合消费者"求廉"心理的。顾客在选购这些特价商品时,往往还会光顾店内其他价格正常或偏高的商品,这实际上是以少数商品价格的损失来扩大其他商品的销售,增加企业的总体利润。

采用这种策略要注意以下几点:商品的降价幅度要大,一般应接近成本或者低于成本。只有这样,才能引起消费者的注意和兴趣,才能激起消费者的购买动机;降价品的数量要适当,太多商店亏损太大,太少容易引起消费者的反感;用于招徕的降价品,应该与低劣、过时商品明显地区别开来。招徕定价的降价品,必须是品种新、质量优的适销产品,而不能是处理品。否则,不仅达不到招徕顾客的目的,反而可能使企业声誉受到影响。

4.差别定价策略

差别定价是指企业对同一产品或劳务制定两种或多种价格以适应顾客、地点、时间等方面的差异,但这种差异并不反映成本比例差异。差别定价主要有以下几种形式:

(1)顾客细分定价。即企业按照不同的价格把同一种产品或劳务卖给不同的顾客。比如,对老客户和新客户、长期客户和短期客户、女性和男性、儿童和成人、残疾人和健康人、工业用户和居民用户等,分别采用不同的价格。我国的火车票对学生的售价就是半票,比售给一般人的价格要低。

(2)产品式样定价。即企业对不同花色品种、式样的产品定不同的价格,但这个价格对于它们各自的成本是不成比例的。如新潮服装与普通式样的服装虽然成本近似,但价格差异较大。

(3)渠道定价。指企业对经不同渠道出售的同一商品制定不同的价格。如出售给批发商、零售商和用户的价格往往不同。在图书城出售的书与在网上书店出售的书的价格也不一样。

(4)地点定价。即对处于不同地点的同一商品收取不同的价格,即使在不同地点提供的商品的成本是相同的。比较典型的例子是影剧院、体育场、飞机等,其座位不同,票价也不一样。这样做的目的是调节客户对不同地点的需求和偏好,平衡市场供求。

(5)时间定价。即企业对于不同季节、不同时期甚至不同钟点的产品或服务也分别制定不同的价格。如在节假日,旅游景点的收费较高。又如哈尔滨市洗衣机商场规定,商场的商品从早上9点开始,每一小时降价10%。特别在午休时间及晚上下班时间商品降价幅度较大,吸引了大量上班族消费者,在未延长商场营业时间的情况下,带来了销售额大幅度增加的好效果。

实行差别定价必须具备一定的条件,否则,不仅达不到差别定价的目的,甚至会产生负作用。这些条件包括:①市场能够细分,且不同细分市场之间的需求存在差异。这样顾客就不会因为价格不同而对企业不满;②企业实行差别定价的额外收入要高于实行这一策略的额外成本,这样企业才会有利可图;③低价市场的产品无法向高价市场转移;④在高价市场上,竞争者无法与企业进行价格竞争。⑤差别定价的形式合法。

5.产品组合定价策略

一个企业往往并非只提供一种产品,而是提供许多产品。产品组合定价策略的着眼点在于制定一组使整个产品组合利润最大化的价格。常用的产品组合定价有以下几种形式:产品线定价、选择特色定价、附属产品定价、两段定价、副产品定价、产品捆绑定价。

> **经典真题**

(单选题)消费者对价格敏感,生产与销售成本低,竞争者容易进入,商品差异性小的新产品定价,应采用( )。

A.高价策略   B.低价策略

C.满意策略   D.折扣策略

【答案】B。解析:采用低价策略应具备条件:(1)产品需求的价格弹性大,消费者在价格感受方面比较敏感,低价可以刺激市场需求快速增长。(2)生产和分销成本有可能随着产量和销售量的扩大而降低。(3)低价不会引起市场激烈的竞争。

第五节　分销策略

一、分销渠道的职能与流程

1.分销渠道的含义

分销渠道也称销售渠道或通路,是指产品或服务在从生产者转移给消费者或用户消费使用中所经历的过程。也可以说是某种货物或劳务从生产者向消费者移动时,取得这种货物或劳务的所有权或帮助转移其所有权的所有企业或个人。它的起点是生产者,终点是消费者或用户,中间环节是中间商,中间商在分销渠道中起到联结企业与消费者或用户桥梁的作用。

2.分销渠道的职能

分销渠道具有以下主要职能:

(1)研究。收集制订计划和进行交换所必需的信息。

(2)促销。进行关于所供应的产品或服务的说服性沟通工作。

(3)接洽。寻找产品或服务可能的购买者并与其进行沟通。

(4)配合。通过分类、装配和包装使所提供的产品或服务符合购买者的要求。

(5)谈判。为了转移所供应的产品或服务的所有权,与买卖双方就价格等有关条件达成最后协议。

(6)物流。物流就是指组织产品的运输和储存。

(7)融资。为补偿渠道工作的成本费用而对资金的取得与支出。

(8)风险承担。承担与分销渠道有关的全部风险。

3.分销渠道流程

(1)实体流程。实体流程是指实体原料及成品从制造商转移到最终消费者或用户的过程。

(2)所有权流程。所有权流程是指产品所有权从一个市场营销机构转移到另一个市场营销机构的过程。

(3)付款流程。付款流程是指货款在各市场营销中间机构之间的流动过程。

(4)信息流程。信息流程是指在分销渠道中各个市场营销机构中相互传递信息的过程。

(5)促销流程。促销流程是指一个企业通过广告、人员推销、销售促进、公共关系等促销手段向另一个企业或个人施加影响的过程。

二、分销渠道类型

1.按分销渠道结构分类

按分销渠道结构分类,有直接渠道和间接渠道、短渠道和长渠道、窄渠道和宽渠道三类六种。分销渠道结构是指分销渠道中成员构成及其运转方式。

(1)直接渠道与间接渠道。按在商品流通过程中是否有中间商参与,分销渠道分为直接渠道和间接渠道两种类型。

①直接渠道。直接渠道是指没有中间商参与,由生产者把产品直接销售给消费者或用户的渠道类型。它是产业用品分销的主要形式。上门推销、邮购、电话直销、电视直销和网上销售都是直接渠道的主要方式。

直接渠道的优点是:不经过中间环节、减少流通的费用,降低成本,既增加企业利润又减少顾客的支出;缩短流通时间,加快资金周转,有利于控制产品市场价格;有利于收集市场信息,及时掌握消费者需求变化,提高企业竞争力。其缺点是:企业需要投入大量的人力、物力和财力建设分销网络,限制产品销售范围,影响产品销量。

②间接渠道。间接渠道是指经中间商把企业产品销售给消费者或用户的渠道类型。它是消费品分销的主要方式,一些标准件的工业品也采取这种分销方式。

间接渠道的优点是:采取间接渠道分销方式可以使企业集中精力进行产品开发,搞好生产,有利于企业集中资源拓展主营业务;利用中间商的分销网络的优势,扩大产品销售范围和数量;减少交易次数,节省交易成本。其缺点是:不利于企业收集掌握市场信息的第一手资料和进行完善的售后服务。

(2)短渠道和长渠道。按在商品流通过程中经过中间环节多少,分销渠道分为短渠道和长渠道两种类型。

①短渠道。短渠道是指在商品流通过程中没有或只经过一个中间环节的分销渠道。零阶渠道和一阶渠道是其主要形式。

②长渠道。长渠道是指在商品流通过程中经过两个或两个以上中间环节的分销渠道。二阶渠道和

三阶渠道是其主要形式。它适用于销量大范围广的产品分销。

分销渠道中间环节也称渠道层次。渠道层次是指产品或服务从生产者向消费者或用户转移过程中,任何一个对产品拥有所有权或负有推销责任的机构。

市场营销学根据中间机构层次数目来确定渠道的长短:

第一,零阶渠道。零阶渠道也称"两站式渠道",即直接渠道,产品由制造商直接出售给消费者,是产业用品的主要销售方式。即:

制造商→消费者

第二,一阶渠道。一阶渠道也称"三站式渠道",是在制造商与消费者之间加入了零售商。即:

制造商→零售商→消费者

第三,二阶渠道。二阶渠道也称"四站式渠道",是制造商把产品销售给批发商,批发商把产品转售给零售商,零售商把产品销售给消费者,它是消费品分销的主要方式。即:

制造商→批发商→零售商→消费者

第四,三阶渠道。三阶渠道也称"五站式渠道",是在二阶渠道中加入了代理商。即:

制造商→代理商→批发商→零售商→消费者

零阶渠道和一阶渠道属短渠道,二阶渠道和三阶渠道属长渠道。

(3)窄渠道和宽渠道。按分销渠道每一个层次中中间商数量的多少,分销渠道分为窄渠道和宽渠道两种类型。

①窄渠道。窄渠道是指在分销渠道的各个层次中只选择一个中间商来销售企业产品的分销渠道。包括独家包销和独家代理两种形式。

窄渠道的优点是:有利于鼓励中间商积极开拓市场;流程简捷,有利于商企协作,容易控制商品销售价格。其缺点是:容易造成中间商垄断市场,使企业处于被动局面。

②宽渠道。宽渠道是指在分销渠道的各个环节中选择两个或两个以上的中间商来销售企业产品的分销渠道。

宽渠道的优点是:有利于在中间商之间展开竞争,扩大产品销售量,拓展产品销售范围。其缺点是:企业与中间商关系松散,中间商不愿承担广告宣传等营销费用;容易造成中间商相互削价竞销,有损产品与企业形象。

2.按分销渠道成员相互联系的紧密程度分类

按分销渠道成员相互联系的紧密程度,把分销渠道分为传统渠道和渠道系统两大类。

(1)传统渠道。传统渠道是指有独立的制造商、批发商、零售商和消费者组成的分销渠道。即:

制造商→批发商→零售商→消费者

由于传统渠道成员彼此之间各自为政,各行其是,竞争激烈,有被渠道系统所取代的危机。

(2)渠道系统。渠道系统是指在传统渠道中,各个渠道成员采取不同程度的一体化或联合经营形式的分销渠道。主要有:

①垂直分销渠道系统。垂直分销渠道系统是指分销渠道中的每一个成员都采取不同程度的一体化经营或联合经营。主要有分公司系统、合同系统和零售商系统三种类型。其优点是:能实行专业化管理,有利于控制渠道成员行为,减少竞争,使各个渠道成员通过规模经济、议价能力获取更多的经济效益。

②水平分销渠道系统。水平分销渠道系统是指处于分销渠道同一层次中的渠道成员采取不同程度的联合经营。

③多渠道系统。多渠道系统是企业采取多条渠道进入一个或多个目标市场的分销系统。

④网络分销系统。网络分销系统是生产或经营企业通过互联网发布产品与服务信息,接受消费者或用户的网上订单,然后由自己的配货中心或由制造商通过邮寄或送货上门。它分两种形式:一是"B-to-B",是企业之间的交易。"B-to-B"是将买方、卖方和中介机构之间的信息交换集合到一起的交易金额大、有严格的电子票据和凭证交换关系的电子运作方式。二是"B-to-C",是企业与消费者之间的交易。"B-to-C"是消费者利用电子钱包在网上瞬间完成购物活动,足不出户就能购买到网上登录的世界上任何地方的产品。

三、分销渠道策略

1.影响分销渠道选择的因素

分销渠道策略的核心是选择到达目标市场的最佳途径,因此在选择分销渠道类型时必须充分考虑顾客、产品、中间商、竞争者、企业、环境等因素的影响。

2.分销渠道决策过程

(1)确定渠道目标与限制。渠道目标是指企业预期达到的顾客服务水平以及中间商执行的职能等。选择分销渠道决策的核心是确定到达目标市场的最佳途径,企业在综合分析影响渠道选择因素的基础上,确定渠道目标,选择渠道长度。

(2)确定分销策略。确定分销策略就是确定企业使用中间商的数目,选择渠道宽度。根据产品在市场上的地位和市场覆盖密度,企业的分销策略有三种选择:密集性分销、选择性分销、独家分销。

①密集性分销。密集性分销也称广泛性分销,是指企业选择尽可能多的中间商销售产品。其目的是扩大市场覆盖面,快速进入新市场,使消费者随时随地购买到本企业产品。密集分销适用消费品中的便利品、产业用品中的供应品分销。

②选择性分销。选择性分销是指企业在某一地区从所有愿意推销本企业产品的中间商中精心挑选若干最适合的中间商推销产品。其目的是树立良好企业形象,建立稳固的市场竞争地位,与中间商建立良好协作关系。选择性分销适用于所有产品销售,尤其是消费品中的选购品、特殊品。

③独家分销。独家分销是指企业在某一地区仅选择一个中间商推销产品。其目的是控制市场和货源,控制市场价格取得竞争优势。通常购销双方要签订合同,规定经销商不得经营竞争者产品。独家分销中间商的命运与企业紧密联结在一起,对企业和中间商各有利弊。独家分销适用于贵重、高价产品销售。

(3)明确渠道成员的条件与责任。企业在决定渠道长度和宽度之后,必须明确各渠道成员参与交易的条件和应负的责任。在交易关系组合中,这种责任条件主要包括:

①价格政策。价格政策是指企业制定的价格目录和折扣标准,要公平合理,得到中间商的认可。

②销售条件。销售条件是指付款条件与制造商的保证,解除分销商的后顾之忧,促使其大量购买。

③明确经销商的区域权利。

④各方应承担的责任。通过制定相互服务和责任条款,明确各自的责任。

(4)评估分销渠道方案。评估分销渠道方案的标准有三个:经济性、可控性和适应性。

①经济性标准。首先评估每个分销渠道方案的销售额,其次是评估各种分销渠道方案实现某一销售额所需的成本费用,最后选择经济效益最好的分销渠道方案。在一般情况下,小企业及在较小市场从事营销的大企业最好利用代理商推销产品。

②控制性标准。使用代理商会增加分销渠道控制上的问题。因为代理商作为独立企业所关心的是自己如何能获取最大利润,所以它的一切工作都是为自己获取最大利润这个目标服务。

③适应性标准。由于每个分销渠道方案都会因某些固定期限的承诺而失去弹性,因此在评估分销

渠道方案时,要考虑制造商应变能力,对于一个涉及长期承诺的分销渠道方案,只有在经济性和控制性都很优越的条件下才能考虑。

以上这三项标准中,经济标准最重要。因为企业追求的是利润而不是分销渠道的可控制性与适应性,所以设计一个分销渠道方案好坏的标准是其能否获取最大利润。

第六节 促销策略

一、促销与促销组合

1.促销的含义

促销是企业通过人员和非人员的方式,沟通企业与消费者之间的信息,引发、刺激消费者的消费欲望和兴趣,使其产生购买行为的活动。促销工作的实质与核心是沟通信息,通过人员促销和非人员促销两种方式,来引发、刺激消费者产生购买欲望。

2.促销的作用

促销是企业营销活动中不可缺少的重要组成部分,是因为促销有以下功能:

(1)传递信息,强化认知。

(2)突出特点,诱导需求。

(3)指导消费,扩大销售。

(4)滋生偏爱,稳定销售。

3.促销组合及促销方式

所谓促销组合,就是企业根据产品的特点和营销目标,综合各种影响因素,对各种促销方式的选择、编配和运用。

促销策略从总的指导思想上可以分为推式策略和拉式策略。推式策略也称人员推销策略,适用于单位价值高的产品,性能复杂、需要做示范的产品,根据用户需求特点设计的产品,流通环节较少、流通渠道较短的产品,市场比较集中的产品等。拉式策略也称非人员推销策略,适用于单位价值较低的日常用品,流通环节较多、流通渠道较长的产品,市场范围较广、市场需求较大的产品。

二、常见的促销方式

1.人员推销策略

(1)人员推销的概念。人员推销是企业运用推销人员直接向顾客推销商品和劳务的一种促销活动。推销人员、推销对象、推销产品是人员推销活动的三个基本要素。通过人员推销与推销对象之间的接触、洽谈,让推销对象购买推销品,达成交易,实现既销售商品,又满足顾客需求的目的。

人员推销与非人员推销相比的优缺点:信息传递双向性、推销目的的双重性、推销过程灵活性、友谊协作长期性。

(2)人员推销的形式、对象与策略。

①形式:上门推销、柜台推销、会议推销。

②推销对象:向消费者推销、向生产用户推销、向中间商推销。

③基本策略:试探性策略,在不了解顾客的情况下,事先设计好能引起顾客、刺激顾客购买欲望的推销语言,通过渗透性交谈进行刺激,在交谈中观察顾客的反应;然后根据其反应采取相应的对策,并选用得体的语言再对顾客进行刺激,进一步观察顾客反应,了解顾客的真实需要,诱发购买动机,引导购买行为。针对性策略,在了解顾客的情况下,有针对性地对顾客进行宣传、介绍,以引起顾客的兴趣和爱好,从而达成交易。诱导性策略,推销员因势利导,诱发、唤起顾客的需求,并能不失时机地宣传介绍和推荐所推销的产品,以满足顾客对产品的需求。

2.广告策略

(1)广告媒体。广告媒体主要有:报纸、宣传单、杂志、广播、电视、户外载体、互联网,等等。广告媒体的选择:产品的性质、消费者接受媒体的性质、媒体的传播范围、媒体的影响力、媒体的费用。

(2)广告的设计原则。

①真实性。广告内容真实,即广告的语言文字要真实,不宜使用含糊、模棱两可的言词;画面也要真实;艺术手法要修饰得当;广告主与广告商品是真实的,不应是虚构的。

②社会性。必须符合社会文化、思想道德的客观要求。遵循党和国家的有关方针、政策,不违背国家的法律、法令和制度,有利于社会主义精神文明,有利于培养人民的高尚情操,严禁出现带有中国国旗、国徽、国歌标志、国歌音响的广告内容和形式,杜绝损害我国民族尊严的广告。

③针对性。各个消费者群体都有自己的喜好、厌恶和风俗习惯,为适应不同消费者群体的不同特点和要求,广告要根据不同的广告对象来制定广告的内容与形式。

④感召性。目标顾客对产品各种属性的重视程度不一样,这就要求企业在从事广告宣传时,突出宣传目标,顾客最重视的产品属性或购买该种产品的主要关注点,否则难以激发顾客购买欲望。

⑤简明性。使顾客能在较短的时间内理解广告的传播意图,了解品牌个性,有利于提高广告传播效果。

⑥艺术性。广告设计要构思新颖,语言生动、有趣、诙谐,图案美观大方,色彩鲜艳和谐,广告形式不断创新。

(3)营业推广。营业推广是在短期内采取的一些刺激手段,比如用奖券、竞赛、展销会等来鼓励消费者购买的一种营销活动。特点是可以使消费者产生强烈的、即时的反应,从而提高产品的销售量。但这种方式只在短期内有效,如果时间长了或过于频繁,容易引起消费者的怀疑和不信任感。

(4)公共关系。公共关系是指企业通过宣传报道等方式提高其知名度和声誉的一种促销手段。特点是:以新闻报道等形式传递信息,比广告更具可信性;可以解除消费者的戒备心理,使其在不知不觉中接受信息;具有与广告相似的信息传播速度快及传播面广的优点,但不一定需要支付费用,更容易在目标市场上建立美誉度。缺点是不如其他方式见效快,而且信息发播权掌握在公共媒体手中,企业不容易进行控制。

三、促销策略

1.推动策略

企业通过各种促销方式把产品推销给批发商,批发商把产品推销给零售商,零售商把产品推销给消费者。

常用的推动策略有:

①示范推销法,如技术讲座、实物展销、现场示范与表演、试用、试穿、试看等。

②走访销售法,如带样品或产品目录走访消费者,带商品巡回推销等。

③网点销售法,如建立、完善分销网点,采用经销、联营等方式扩大销售。

④服务销售法,如售前根据用户要求设计产品,制定价格;售中向用户介绍产品,传授安装、调试知识;售后征询意见,做好保修、维修工作等。

2.拉动策略

拉动策略是企业针对最终消费者开展促销攻势,使消费者产生需求,进而向零售商要求购买该产品,零售商向批发商要求购买该产品,批发商最后向企业要求购买该产品。

常用的拉动策略有:

①会议促销法,如组织商品展销会、订货会、交易会、博览会等,邀请目标市场的企业或个人前来订货。

②广告促销法,如通过电视、广播、报纸、杂志及各种信函、订单等,向消费者介绍产品的性能、特点、价格和征订方法,吸引消费者购买。

③代销、试销法,新产品问世时,委托他人代销或试销,促进产品尽快占领市场。

④信誉销售法,如实行产品质量保险、赠送样品、开展捐赠与慈善活动等,以增强用户对企业及其产品的信任度,促进销售。

offcn 中公·金融人

第九篇

公 文

第一章 公文基础知识

党政机关公文是党政机关实施领导、履行职能、处理公务的具有特定效力和规范体式的文书,是传达贯彻党和国家方针政策,公布法规和规章,指导、布置和商洽工作,请示和答复问题,报告、通报和交流情况等的重要工具。

一、公文的类别

公文可以从不同的角度进行分类。常用的分类方法有六种,其中第一种是按适用范围划分的,分出的种类简称为文种,这是最基本的分类单位,有些其他类别就是在这一基础上再行划分的。

1.按适用范围分类

2012年《党政机关公文处理工作条例》按适用范围将公文分为:决议、决定、命令、公报、公告、通告、意见、通知、通报、报告、请示、批复、议案、函、纪要。

2.按公文来源分类

按公文的来源,可分为收文和发文两种。

收文是指本机关收到上级、下级及不相隶属机关单位所制发的文件。发文是指本机关拟制并向外发送的文件。这种划分并不是绝对的,就具体公文而言,往往有兼类或相互转化的现象。例如,收到的上级机关文件有时需向本机关的下属机关转发,收文就转化为发文。

按来源划分公文种类,是公文处理最基础的工作。掌握这一分类方法,方可按不同的目的要求、不同的处理程序来办理公文。

3.按行文方向分类

按行文方向区分公文,是对发文的进一步分门别类,可分为下行文、上行文、平行文三种。

下行文是指向所属下级机关发送的公文。属于这一类的文种最多,有命令(令)、决定、通知、公告、通告、通报、批复、会议纪要等。上行文是指向所属上级机关呈送的公文,主要文种有报告和请示。平行文是指同级机关或不相隶属机关之间往来的行文,最常用的是函。议案是各级人民政府向同级人民代表大会或人民代表大会常务委员会提请审议事项的公文,通常也把它划归平行文一类。

4.按性质作用分类

按公文的性质作用,可分为法规性公文、指挥性公文、报请性公文、公布性公文、通联性公文和记录性公文六种。

法规性公文是指国家权力机关、行政机关根据法定权限制发的、对人们或组织的行为规范和准则作出规定的公文,包括条例、规定、办法、细则等,带有明显的强制性和约束力。这类公文往往以命令(令)、公告、通知等形式发布。

指挥性公文是指上级机关根据法定的职能权限,对下级机关宣布决策,部署工作,实施指挥、协调和管理的公文。主要文种有命令(令)、决定、通知、意见、批复等。

报请性公文是指汇报工作、反映情况、提出建议、请示问题、请求审议的公文。主要文种有报告、请示和议案。

公布性公文是指通过报纸、广播、电视等新闻媒体或公开张贴等形式传递信息、告知事项与要求的公文。主要文种有公告、通告、通报等。

通联性公文是指机关或单位之间相互联系商洽工作、询问和答复问题的公文。常用的文种是函。

记录性公文是指记载会议情况、归纳会议议定事项的公文。常用的公文是会议纪要。

5.按保密程度分类

保密公文是指涉及党和国家机密内容,需要控制知密范围、知密对象的公文。按涉及机密的程度,保密公文分为绝密件、机密件、秘密件三种。随着时间的推移、形势的发展和工作的需要,文件的保密性质会有所变化,有些密件可能会成为普通文件。

6.按办文时限要求分类

按办文时限要求,分为特急件、加急件和平件。特急件是指需急速传递、随到随办的文件;加急件是指需迅速传递办理的文件;平件是指不需要紧急办理的文件。前两类文件,合称为紧急文件。紧急电报则分为特提、特急、加急、平急四类。平件是与急件相对而言的,急件固然要先办,而平件也不允许拖延积压。

二、公文的文体、结构、格式和稿本

(一)公文的文体

文体即文章的体裁。公文的文体是以叙述、说明、议论三种表达方式兼用的特殊应用文体。因此,公文首先必须具有应用文的属性:直接应用性、全面真实性、结构格式的规范性。

(二)公文的结构

公文的结构指公文的组织构造,具有规范性和相对确定性。

公文的文面,可划分为版头、主体、版记三个部分。

公文的组成要素有:份号、密级和保密期限、紧急程度、发文机关标志、发文字号、签发人、标题、主送机关、正文、附件说明、发文机关署名、成文日期、印章、附注、附件、抄送机关、印发机关和印发日期、页码等。

(三)公文的格式

公文格式指公文的结构体例和标印格式。

1.公文的结构体例

结构体例是文章结构外部形式的表现模式。公文正文的结构体例丰富多样,但总体上可以分为标志性体例和非标志性体例两种。

标志性结构体例。公文内容如果较为复杂,则必须借助一定的标志性结构体例,将全文分为若干有机联系的组成部分,以突出层次性和条理性。目前,公文通常使用的标志性结构体例主要有以下几种:

(1)序数式。即用汉字或阿拉伯数字标注层次和段落。公文的结构层次序数:第一层为"一、",第二层为"(一)",第三层为"1.",第四层为"(1)"。

(2)小标题式。即用小标题置于较大的层次和段落之前。

(3)序数和标题混合式。即先用小标题概括较大的层次或段落,再用序数标注较小的层次或段落。

(4)段旨式。即用一句精辟的话置于自然段落的开头,以概括这一段落的主旨(段旨),给人以鲜明的印象,然后再具体展开说明、议论,即古人所谓"立片言以居要"。段旨前可以加序数,也可以不加序数。

(5)章条式。章条式结构体例由于名称统一、表述规范,因而容易辨识,便于引用和查找。规范性文件必须采用章条式结构体例。有些需要经常引用条文的公文,如合同等也应当采用章条式结构体例。

非标志性结构体例。有的公文全篇一气呵成,其结构形式主要是通过自然段落之间的内在的有机联系加以表现,无须任何特殊标志。

2.公文的标印格式

《党政机关公文格式》对公文的标印格式做了明确的规定,现介绍如下:

(1)公文版头部分。

①公文份号。其作用是便于登记、分发、核查和统计文件。带有密级的公文必须标明份数序号;如果发文机关认为有必要,也可对不带密级的公文编制份数序号。

②秘密等级和保密期限。凡有密级的公文均应用3号黑体字标注秘密等级,其位置在版心左上角。国家秘密必须标识"★"符号,"★"的前面用汉字标注密级,"★"后面标注保密期限。

③紧急程度。凡属紧急公文,均应在版心左上角第一行(如同时标注密级,则在密级标识的下面一行)用3号黑体字标注"加急"或"特急",两字之间空1字。

④发文机关标志。由发文机关全称或者规范化简称加"文件"二字组成,也可以使用发文机关全称或者规范化简称。

联合行文时,如需同时标注联署发文机关名称,一般应当将主办机关名称排列在前;如有"文件"二字,应当置于发文机关名称右侧,以联署发文机关名称为准上下居中排布。

⑤发文字号。发文字号即一份公文特定的代号,其作用是便于公文的等级、分办、查询、引用和归档。发文字号必须按机关代号、年份、序号的次序标注,如"沪府发〔2000〕2号"。年份要写全称,不应简化,用阿拉伯数字书写,外加六角括号。

⑥签发人。签发人是指代表组织核准并签发公文的领导人。上报的公文应当标注签发人姓名,以示对公文内容的郑重负责。签发人姓名平行排列于发文字号的右侧。发文字号居左空1字,签发人姓名居右空1字。如有多个签发人,则主办单位签发人的姓名应标识于第一行,其他签发人姓名从第二行起在主办单位签发人姓名之下,按发文机关的顺序逐行依次排列。

(2)主体部分。

①标题。公文标题应准确简要地概括公文的主要内容,由发文机关名称、事由和公文文种组成。"事由"系对公文主要内容的概括,应准确简明,前面通常加上介词"关于"。标题中除法规、规章名称加书名号外,一般不用标点符号。

②主送机关。主送机关即收受公文并对公文负责主办或答复的机关。主送机关位于标题之下空1行,左侧顶格用3号仿宋体字标识,回行时仍须顶格,中间根据机关的类型用顿号或逗号,末尾标全角冒号。

③正文。正文一般是由开头(或导语)、主体、结语三部分组成。正文位置在主送机关名称下一行,每个自然段开头左空2字,回行顶格。正文中的数字、年份不能回行。

④附件说明。公文如有附件,一般与主件分页印制,但应在主件中注明附件的序号和名称。其方法是在主件正文之下空1行、左空2字用3号仿宋体字标识"附件"二字,后标全角冒号和名称。一般的形式为:"附件:×××××××"。附件有两份或两份以上时,应当用阿拉伯数字标明序号,如"附件:1.×××××××";附件名称不用加书名号,后面也不加句号。

⑤成文时间。用阿拉伯数字将年、月、日标全,年份应用全称,月、日不编虚位。

⑥公文生效标识域。公文生效标识域是证明公文法定效力的重要表现形式,包括发文机关印章或签署人姓名。

⑦印章一律红色。联合上报的公文,由主办机关盖章;联合下发的公文,联合发文机关都应当加盖印章。

⑧签署人姓名。签署的位置在正文之下空 2 行右空 4 字,前面标识签署人的职务,空 2 字由签署人亲笔签字或盖领导人亲笔签名章。

⑨发文机关署名。署发文机关全称或规范化简称。

⑩附注。附注一般是用来说明公文的阅读和传达范围、是否可以登报、翻印等注意事项。如"此件发至县团级""此件可登报""此件不得翻印"等。

(3)版记部分。

①抄送机关。抄送机关是指把公文发送给主送机关以外需要执行或知晓该公文的其他机关。确定抄送机关既不能漏报漏送,也不能滥报滥送。公文如有抄送,在印发机关和印发日期上一行,左右各空 1 字,用 4 号仿宋体字标识"抄送",后标全角冒号。抄送机关之间用逗号隔开,回行时与冒号后的抄送机关的首字对齐,末尾标句号,以防在抄送机关之后被私自加入其他的抄送机关。

②印发机关和印发时间。印发机关不同于公文的发文机关,是指负责印制公文的主管部门,一般应当是各机关的办公厅、办公室或文秘部门。如发文机关并无单设的办公机构或文秘部,也可直接标识发文机关。印发时间以实际付印的日期为准。

(4)页码和用纸格式。

①页码。页码即公文印刷张页的顺序编号。公文的首页和末页均应标注页码,用 4 号半角宋体阿拉伯数码标识于版心下边缘之下一行。阿拉伯数字的左右各放一条一字线,以方便阅读。一字线上距版心下边缘 7 mm。单数页码居右空 1 字,双数页码居左空 1 字。

②用纸格式。公文用纸幅面尺寸为:公文用纸一律采用国际标准型纸,幅面尺寸为:长 297 mm,宽 210 mm。公告、通告等需张贴的公文用纸,可根据实际需要确定。公文页边与版心尺寸为:版心即公文页面中央印有图文(不含页码)的区域;页边即版心四周的空白。

经典例题

(单选题)下列发文字号正确的是( )。

A.苏政发(08)21 号   B.苏政发〔2008〕21 号

C.苏政发(2008)第 21 号   D.苏政办函〔2008〕021 号

【答案】B。解析:发文字号又称发文编号、文号,它是发文机关在某一年度内所发各种不同文件总数的顺序编号。发文字号由发文机关的办公厅(室)负责统一编排。发文字号应当包括机关代字、年份、序号。正确写法如下:发文机关标志下空 2 行,居中排布;年份、序号用阿拉伯数字标识;年份应标全称,用六角括号"〔〕"括入;序号不编虚位(1 不编为 01),不加"第"字。

(四)公文的稿本

公文的稿本指公文的文稿和文本。在公文形成过程中,有多种文稿、文本产生,它们在内容、外观形式,特别是在效用方面有很大不同。

①草稿。草稿是供讨论、征求意见、修改审核、审批用的原始的非正式文稿,内容未正式确定,不具备正式公文的效用。

草稿的外观特点是没有生效标志(签发、用印等),文面上常见"讨论稿""征求意见稿""送审稿"

"草案""初稿""二稿""三稿"等稿本标记,标记大都位于标题下方或右侧加括号。

②定稿。定稿是内容已确定,已履行法定生效程序的最后完成稿,具备正式公文的效用,是制作公文正本的标准依据。定稿一经确定,如不经法定责任者(如签发人、讨论通过该公文的会议等)的认可,任何人不得再对其予以修改,否则无效。

定稿的外观特征是有法定的生效标志(签发等),有的还标明"定稿""最后完成稿"等稿本标记。

③正本。正本是根据定稿制作的供主要受文者(主送机关)使用的具有法定效用的正式文体,其内容必须是对定稿的完整再现。

正本的外观特征是格式正规并有印章或签署等表明真实性、权威性、有效性的标志,在一些特殊公文上还标有"正本"字样的标记。

④试行本。试行本是规范性公文正本的一种特殊形式,即试验推行本,在规定的试验推行期间具有正式公文的法定效用。试行本主要适用于发文机关认为公文内容待一段时间的实践检验后可能将予修订的情况下使用的文本。一般在文种后用括号注明"试行"字样。

⑤暂行本。暂行本也是规范性公文正本的一种特殊形式,即暂时推行本,在规定的暂行期间具有正式公文的法定效用。当发文机关认为公文中的有关内容可能因时间紧迫存在不够详细周密等缺欠,不久之后可能将予修订的情况下,使用暂行本。

暂行本的外观特征是在公文标题的文种之前加注"暂行"字样,如《行政法规制定程序暂行条例》。

⑥副本。副本是指再现公文正本全部内容或部分外观特征的公文复制本或正本的复份。副本供存查、知照用。

⑦修订本。修订本是法规性公文的另外一种特殊形式,是已发布生效的公文,经实践检验重新予以修正补充后再发布的文本。自修订本生效之日起,原文本即行废止。

⑧不同文字稿本。同一公文在形成过程中需要用两种或两种以上文字撰写和制作时,会形成不同文字的文稿或文本。

三、常见公文文种及其适用范围

文种,也叫做公文名称,是用来表明公文的性质、适用范围、作者职能权限及制发公文目的要求的。在公文中正确标明文种,不但为公文撰写、处理提供便利,而且有利于维护公文的权威性及有效性。

第一种,决议。适用于会议讨论通过的重大决策事项。

第二种,决定。适用于对重要事项作出决策和部署、奖惩有关单位和人员、变更或者撤销下级机关不适当的决定事项。

第三种,命令(令)。适用于公布行政法规和规章、宣布施行重大强制性措施、批准授予和晋升衔级、嘉奖有关单位和人员。

第四种,公报。适用于公布重要决定或者重大事项。

第五种,公告。适用于向国内外宣布重要事项或者法定事项。

第六种,通告。适用于在一定范围内公布应当遵守或者周知的事项。

第七种,意见。适用于对重要问题提出见解和处理办法。

第八种,通知。适用于发布、传达要求下级机关执行和有关单位周知或者执行的事项,批转、转发公文。

第九种,通报。适用于表彰先进、批评错误、传达重要精神和告知重要情况。

第十种,报告。适用于向上级机关汇报工作、反映情况,回复上级机关的询问。

第十一种,请示。适用于向上级机关请求指示、批准。

第十二种,批复。适用于答复下级机关请示事项。

第十三种,议案。适用于各级人民政府按照法律程序向同级人民代表大会或者人民代表大会常务委员会提请审议事项。

第十四种,函。适用于不相隶属机关之间商洽工作、询问和答复问题、请求批准和答复审批事项。

第十五种,纪要。适用于记载会议主要情况和议定事项。

经典真题

(单选题)双汇发展与郑州大学商洽工作,行文时应使用的文种是(　　)。

A.报告　　　　　　　　B.通报　　　　　　　　C.请示　　　　　　　　D.函

【答案】D。解析:《党政机关公文处理工作条例》第8条规定,函,适用于不相隶属机关之间商洽工作、询问和答复问题、请求批准和答复审批事项。双汇发展与郑州大学属于不相隶属机关,其商洽工作应使用的文种是函。故本题答案选D。

第二章 常用公文写作

公文是一种特殊的文体,因此,在撰拟文稿的过程中必须遵循一些基本要求。具体有以下几个方面:①符合党和国家的路线方针政策和法律法规以及有关规定。②符合上级机关的有关指示。③同现行有关公文相衔接。④完整准确地体现发文机关的意图。⑤全面准确地反映客观实际情况。⑥表述准确严密、文字精练严谨。⑦文种使用恰当。⑧公文结构和格式规范。

公文的常用类型包括:

一、决定

决定适用于对重要事项作出决策和部署,奖惩有关单位及人员,变更或者撤销下级机关不适当的决定事项。

1.决定的特点及分类

决定具有全局性、指令性和规定性的特点。

决定在国家权力机关、行政机关和党的机关中普遍使用,分类情况不完全一致。如人大对重要会议与人事安排、机构或区域的设置与调整使用知照性决定,而行政机关则多用知照性通知。行政机关常用的决定可分为政策性决定、部署性决定和奖惩性决定三类。

2.决定的写作要领

决定的标题一般采用标准式标题。决定一般为普发性文件,其主送机关的标注位置有两种情况,除按常规列于正文前之外,也可以置于版记部分,标注在抄送机关之上,并在受文机关名称前分别冠以"主送"和"抄送"字样。当主送机关置于版记部分时,成文日期或者会议通过日期应当加括号标注在标题下方,称为题注。

决定的正文结构,一般包括决定依据、决定事项和执行要求三部分。开头提出和分析问题,交代行文的背景、依据和目的意义,要求依据充分,文字简练。再用"为此,特作如下决定"或"现就……作出如下决定"等语过渡到下文。决定事项是全文的主体,主要针对提出的问题做出决策部署,通常采用分条列项法,以决断有力、准确明了的用语阐述政策界限,提出切实可行的措施和办法。最后,以希望或号召作结,作为对决定事项的强调与补充。

二、意见

意见是党政机关对重要问题提出见解和处理办法时所用的公文文种。

1.意见的特点及分类

意见具有指导性、针对性和灵活性的特点。

根据行文方向,可将意见分为:

①呈报性意见:下级向上级所行的要求上级给予批转的意见。

②指示性意见:上级向下级所行的对下级工作作出指示和要求的意见。

③参考性意见:平级或不相隶属机关之间所行的供对方参考的意见。

2.意见的写作要领

意见一般由标题、发文字号、主送单位、正文、制发单位印章和成文时间组成。

①标题。一般由发文单位名称、事由、文种组成。如《国家税务总局关于调整国家税务局和地方税务局税收征管范围的意见》。

②主送单位。呈报性意见的主送单位一般只有一个,指导性意见的主送单位可以是多个。对于普发的指导性意见,可省略主送单位。

③正文。意见的正文一般由开头、主体、结尾三部分组成。开头交代制发意见的原因、目的,阐述解决问题的重要性、必要性。主体部分主要提出处理问题、解决问题的办法。既要体现政策、法律,又要符合实际情况,使措施和办法具体明确、切实可行。结尾部分因种类不同而写法不同。指示性意见一般提出希望和要求,呈报性意见以惯用语(如"以上意见如无不妥,建议批转各地贯彻执行"等)结束全文。

三、通知

通知是适用于发布、传达要求下级机关执行和有关单位周知或者执行的事项,批转、转发公文的公文文种。通知也是公文中使用频率较高的一个文种,通常属于下行文。

1.通知的特点及分类

通知具有适用范围广泛性、内容事项多样性、受文对象专指性、功能效力的告知性和约束性等特点。

根据内容性质和用途,通知可分为:

①指示性通知:上级机关对下级机关就某一事项做出具体规定或者就某一问题做出具体指示时所用的通知。

②部署性通知:上级机关对下级机关布置某项工作、安排开展某一活动时所用的通知。

③发布性通知:领导机关发布法规或规章,宣布某项法规或规章的实施时所用的通知。

④批转性通知:上级机关批转下级机关文件时所用的通知。

⑤转发性通知:转发上级机关和不相隶属机关文件时所用的通知。

⑥周知性通知:要求受文机关知晓某一事项的通知,如会议通知、人事任免通知、办公迁址通知、启用印章通知、成立(或调整、撤销)某机构的通知。

2.通知的写作要领

①标题。一般采用发文机关、事由(公文主题)、文种三要素齐备的标准式标题。如有必要,根据具体情况,文种前可冠以"联合""紧急""补充"等词语。

批转、转发性通知的标题一般由发文机关、被批转或转发的文件的标题、文种三要素构成。如《国务院批转文化部关于文化事业若干经济政策的意见的通知》。要避免使用繁杂冗长、难读难懂的标题,尽量做到标题简洁。

②正文。通知的正文一般要写通知缘由、通知事项、执行要求三方面的内容。由于通知的种类多,内容有繁有简,具体写法也不尽相同。

指示性通知:开头部分写通知缘由,一般交代发通知的目的、依据等,为下文进一步提出通知事项作好铺垫;主体部分写通知事项,它是受文单位执行的依据,因此要明确具体地交代要求下级贯彻执行的事项,在结构安排上,一般采用分条列项式写法,用序号标明层次,也可用分列小标题式写法;结尾部分写执行要求,即对受文单位提出执行通知的要求、希望。可以集中到一段写,也可分散到通知事项中,还可用特定结束语作结,如"以上各项请遵照执行""请认真贯彻执行,并将情况及时上报"等。

部署性通知:部署性通知的结构、写法与指示性通知的结构和写法相类似,只是部署性通知应明确提出工作目标、任务要求、方法措施。

发布性通知:发布性通知的正文写法较简单,一般先交代被发布的法规或规章名称,再提出贯彻执行的希望或要求,常用习惯用语"现将×××××(法规或规章)发给你们,望遵照执行"。有的发布性通知还要指明发布法规或规章的重要意义和贯彻执行该项法规或规章所要注意的问题。

批转性通知:批转性通知的正文主要写明被批转的文件名称(一般应注明文件的发文机关、原标题名称、发文字号),并表明对所批转公文所持的态度、给予的评价,以及对受文者提出执行的要求。一般使用习惯用语"×××(上级机关名称)同意×××(下级机关名称)的《××××××》(××〔××××〕×号)转发给你们,请遵照执行(参照执行、研究执行)"。另外,还可指明通知事项的意义,即阐述批转该文件的必要性和重要性。

转发性通知:转发性通知正文的写法与批转性通知正文写法相似,正文内容也较简短明确。一般使用习惯用语"现将×××(上级机关、不相隶属机关名称)的《××××××》(××〔××××〕×号)转发给你们,请认真贯彻执行。"有的转发通知不仅要表明目的和要求,还要作出具体的指示性的意见,以提高下级机关对某项工作的认识,并在实际工作中有所遵循。

周知性通知:周知性通知正文只需将受文机关应知晓的事项交代清楚即可,一般应根据目的、要求安排其内容。

四、通报

通报是表彰先进、批评错误、传达重要精神或者情况时所用的公文文种。

1.通报的特点及分类

通报具有典型性、说理性、真实性、及时性、针对性的特点。

通报按内容分为表彰性通报、批评性通报、情况通报。

通报按形式分为直述式通报、转述式通报。

2.通报的写作要领

通报正文大体上可分为三个部分,即主要事实、分析评论、决定与要求。开头可以先用几句话概括中心内容,再用过渡句"现通报如下"引起下文,也可以直接叙述主要事实。事实是通报的缘由与依据,对于实现通报宗旨有决定性意义。按不同种类的通报,这一部分分别写先进事迹、错误事实或重要情况。叙述的文字要详略得当,与主题有关的重要事实、情节要明确具体地交代清楚,切忌面面俱到,拖沓繁冗。第二部分,在事实的基础上进行评述:表彰性通报,需分析可贵精神,指出主要经验;批评性通报,需阐述实质、原因、危害及其教训;情况通报,需揭示问题的性质和影响等。议论的文字要抓住要害,画龙点睛,起到定调的作用,切忌离开事实,空泛说理。第三部分,宣布决定事项,提出希望、号召、告诫,或作出工作部署。决定事项有时也可放在事实部分一并叙述,提要求应联系实际,区分对象,做到有的放矢。

写通报还须强调两点:一是材料要真实可靠。通报事实中的时间、地点、细节、数据等均应反复核对,做到准确无误。哪怕是一点差错,都会影响到通报的严肃性和权威性。二是用语要掌握分寸。通报涉及人和事的定性问题,叙议语言都应十分审慎,合情合理。表扬先进,不要任意拔高;批评错误,不要无限上纲。总之,要坚持实事求是,一切从实际出发。

五、公告

公告是向国内外宣布重大事项或者法定事项时所使用的公文文种。公告一般由国家领导机关、领导人、政府的有关职能部门或社会团体制发,一般基层机关、地方主管部门及企事业单位不得使用"公告"来宣布事项,公民个人亦无权使用"公告"。

1.公告的特点及分类

①公告的主要特点是郑重性、周知性和新闻性。

②公告的类别如下:

向国内外宣布重要事项的公告。

宣布法定事项的公告。

2.公告的写作要领

①标题。公告的标题比较灵活,一般有四种写法,第一种由发布机关、事由、文种组成,第二种由发布机关和文种组成,第三种由事由和文种组成,第四种只标文种"公告"即可。

②编号。公告一般不编发文字号,但要在标题下居中写上编号,编号是按同类事情所发公告的次序单独编号。

③正文。公告的内容一般分为三部分:开头部分开门见山地写明发布公告的依据、目的;主体部分写公告的事项或规定,要求写得准确、具体;结尾部分通常用"现予公告"或"特此公告"等习惯用语结束全文。

④制发机关印章和发布日期。制发机关印章和发布日期签署在正文的右下方。

六、报告

报告是用于向上级机关汇报工作,反映情况,答复上级机关的询问时所用的公文文种。报告是行政机关使用频率较高的一种公文,它是上级机关了解和掌握下情的一种渠道,是领导机关决策和指导工作的依据和参考。

1.报告的特点及分类

报告具有陈述性和真实性。

根据内容性质和用途,报告可分为:工作报告、情况报告、答复报告、建议报告、报送报告。

根据呈报要求,报告可分为:呈报性报告和呈转性报告。

2.报告的写作要领

①标题。一般采用发文机关名称、事由、文种三要素齐备的标题。

②签发人。作为上行文,报告要标注签发人姓名,平行排列于发文字号右侧。

③正文。报告的正文一般由三部分组成,开头部分用简明扼要的语句交代出全文的主要内容或基本情况,也可陈述有关的背景或缘由。主体部分写报告事项。工作报告应写工作的基本情况、主要做法、成绩经验、存在问题及今后的打算、意见;情况报告应先概述要反映的情况或问题,然后集中分析出现情况或产生问题的原因,最后提出处理意见和办法;答复报告应按上级要求,针对上级的询问做出明确、具体的回答;建议报告应先写建议的目的所在,交代建议的主要依据,然后针对问题提出具体的可行的建议或意见;报送报告写清报送的文件或物件的名称、数量即可。结尾部分一般用习惯的结束语作结,常用的结束语有"特此报告""以上报告,请审阅""以上报告如无不妥,请批转"等。

七、请示

请示是向上级机关请求指示、批准时所用的公文文种。下级机关在工作中遇到不能自行决定的问题、不属于本机关权限范围内的事项、需要上级帮助解决的事项以及对上级指示中不明确的问题,就需要向上级请求指示、批准。概括地说，凡是本机关遇到无权、无力、无法解决的事项，就需要向上级机关请示。

1.请示的特点及分类

请示具有期复性、特定性、单一性和时限性的特点。

根据内容性质和用途不同，可将请示分为：请批准的请示、请指示的请示和请批转的请示。

2.请示的写作要领

①标题。一般采用发文机关名称、事由、文种三要素齐备的标题。

②签发人。请示作为上行文，需标注签发人姓名，平行排列于发文字号右侧。

③主送单位。请示的主送单位只有一个，即有隶属关系的直接上级单位。请示不能多头主送，如需同时送其他机关的，应当用抄送的形式，但不得抄送其下级机关。

④正文。请示的正文可分为三部分：开头部分写请示缘由，用简明扼要的语言将请示的原因和背景情况或者请求问题的依据、出发点交代清楚。其写法是紧扣所请示的事项，运用叙事说理的表达方式，为下文提出请示事项做好铺垫。主体部分写请示事项，即写清楚请求上级单位给予指示、批准的具体问题和要求。其写法是根据请示事项的性质，说明存在的困难，提出合理的要求，有时还要针对请示事项提出解决问题的意见、建议，供上级参考。请示事项一定要明确、具体。结尾部分一般用结束语承接请示事项，收束全文。习惯用语有"以上请示妥否，请指示""妥否，请批准"等。

八、批复

批复是答复下级机关的请示事项时所用的公文文种。批复是针对下级的请示事项而发的，是上级机关对下级来文的态度与意见。

1.批复的特点及分类

批复具有权威性、针对性、鲜明性和简洁性的特点。

根据下级请示的内容，可将批复分为：批准性批复和指示性批复。

2.批复的写作要领

①标题。批复的标题一般有三种写法：第一种，由发文单位名称、请示事项、文种组成，如《最高人民法院关于购销合同履行地的特殊约定的批复》；第二种，由发文单位名称、原请示题目、文种组成，如《最高人民法院关于〈全国人民代表大会常务委员会关于处理逃跑或重新犯罪的劳改犯的决定〉中几个问题的批复》；第三种，在标题中直接标明发文机关态度，如《国务院中央军委关于同意空军××机场实行军民合用的批复》。

②正文。批复的正文一般包括三项内容，即引语、批复意见、结束语。引语是指写作批复的依据，要点明批复对象，一般引述来文作为批复的依据。引述来文应先引标题，再引发文字号，如"你局《关于×××××的请示》(××〔××××〕××号)悉"。批复意见是正文的主要内容，是针对请示内容给予的明确而具体的答复。批准性批复要明确表示同意与否的态度。同意的批复内容较简短，一般直接用肯定的语言说明同意的事项，也可附带说明同意的依据；完全不同意的批复或部分不同意的批复，要侧重说明不同意的理由。指示性批复要针对请示中要求解答的问题——给予明确的答复。批复的结束语一般用"特此批复""此复"等，也可省略不写。

九、函

函是不相隶属机关之间商洽工作、询问和答复问题，请求批准和答复审批事项时所用的公文文种。函是不相隶属机关往来的一种工具。

1.函的特点及分类

函具有广泛性和简便性的特点。

根据来往途径,可将函分为去函和复函。

根据内容性质和用途,可将函分为告知函、商洽函、询问函、请批函和答复函。

2.函的写作要领

①标题。一般由发文单位名称、事由、文种构成。

②主送单位。函的主送单位一般只有一个。

③正文。函的正文一般由三部分组成:开头写发函的缘由,如果是去函,说明去函的目的、理由、根据;如果是复函,则应首先引述来函的标题和发文字号,标明复函的缘由。主体部分写发函事项。如果是去函,则应当陈述清楚商洽的事项、说明询问的问题或阐明请求批准的事项;如果是复函,则要表明对函请事项的答复意见。结尾部分可根据不同的种类选择不同的结束语。去函中,要求答复的函的结束语用"请予函复""请予审核批准"等;不要求答复的函的结束语用"特此函告""特此函达"等;复函的结束语用"特此函复""此复"等。

经典例题

(单选题)1.当作者与主要受文者存在不相隶属关系时,只能选取( )。

A.上行文　　　　　　B.平行文　　　　　　C.下行文　　　　　　D.公布性文件

【答案】B。解析:在有隶属关系的上下级之间,应使用上行文和下行文。至于不相隶属的机关或部门之间,应用函来协商,告知有关事项。例如,省科技厅与省财政厅之间,它们之间不存在隶属关系,公文往来均应使用平行文。

(单选题)2.××市财政局就港务局所问关于"速遣费"收入应否征收工商税问题的答复,应使用的文种是( )。

A.批复　　　　　　B.指示　　　　　　C.函　　　　　　D.决定

【答案】C。解析:财政局就港务局所提问题所作答复,属于不相隶属机关之间的相互商洽工作、询问和答复问题的范围,因此应使用的文种是函。

第三章 文秘基础知识

第一节 秘书的含义和特征

一、秘书的含义

在现代中国,秘书当做一种行政职位,是行政人员核心一部分。党中央第一任行政秘书是毛泽东。我国规定政府秘书属于国家公务员,秘书长是政务类公务员,一般秘书是事务类公务员。

二、秘书的特征

1.服务的直接性

秘书直接隶属于领导者或领导层,秘书工作内容与领导工作基本一致,秘书工作是由领导亲自指派、直接安排的,秘书工作直接对领导负责。秘书对领导或上司是一对一的服务形式。秘书是他们的直接工作助手。

2.服务的稳定性

秘书与领导者之间具有相对的固定性,两者之间的关系直到秘书自己辞职或者解聘才能结束。秘书与领导之间全面合作,朝夕相处,使得秘书与服务对象在业务关系之外,还有更深一层的人情关系。

3.知识化

秘书以处理书面信息为主要工作内容,秘书必须具有中等以上的文化和专业知识。中高级秘书往往是领导的参谋与顾问,属于智囊型的人物。但是,无论是哪一个层次上的秘书,都是以他们的知识和技能为领导服务。

4.年轻化

世界范围内来看,秘书队伍比较年轻。发达国家的秘书人员平均年龄是 26 岁左右,一般为 20 岁到 35 岁之间。秘书工作的特点决定了秘书的职业年龄比较短,新陈代谢比较快。不过,少数高级秘书、秘书官员等不在此列。

5.女性化

在秘书队伍中,女性秘书占有绝对的优势。心理学家研究证明:女性比较温柔,体贴,善于管理,善于形象思维,乐于做程序性、重复性工作,初级、中级秘书的工作正是这种性质。所以在初级、中级秘书中女性达到90%以上。

> **经典例题**

(单选题)1."秘书"的含义,有一个(　　)的演变过程。

A.由人到物　　　　　　　　　　　　B.由小到大

C.由物及人　　　　　　　　　　　　D.由上到下

【答案】C。

(多选题)2.古代"秘书"一词的含义包括( )。

A.宫禁秘藏之书   B.谶纬图录

C.官职名称   D.官署名称

【答案】ABCD。

第二节 秘书工作的作用

一、领导参谋作用

领导的参谋作用主要是指中高级秘书。领导者的主要职责在于决策和管理。秘书可以为领导调查研究、收集和提供信息、提供咨询,为领导出谋划策,选定最佳方案。高级顾问可以担当领导人的顾问和智囊,协助领导解决疑难问题。

二、领导助手作用

助手作用主要是包括办公事务辅助,如办文、办会、办事,以及办公环境管理等,它是领导活动和管理组织运转不可缺少的辅助和服务环节。它对领导工作和管理运作的效率和有序性、规范性有着不可低估的影响。

三、沟通枢纽作用

在现代社会中,各级各类机关的秘书部门,都是隶属于本单位领导机关之下的各个职能部门之间的中心位置,是领导进行管理的中介环节和中枢机构。现代秘书可以从接待、联络、调研中总结出大量的信息,秘书为整个机关起着信息的提供和反馈等枢纽作用。

四、综合协调作用

这是由秘书的工作任务、工作地位和工作方式决定的。综合协调工作贯穿于秘书工作的方方面面,是秘书的一项整体性的工作,秘书处于工作网络的节点上,秘书需要在不同部门的工作以及相应的人际关系中起综合协调作用。

五、公共关系作用

秘书的工作职责与工作方式决定了秘书的公共关系作用。秘书工作要进行对内协调,对外联络的内容,这就要求有内求团结、外求发展的公共关系原则,维持机关内部以及内外部关系的和谐,机关工作的顺利开展。

经典例题

(单选题)1.秘书职业具有明显的服务性,其中包含服务的直接性、服务的稳定性,还有( )。

A.服务的全局性   B.服务的整体性

C.服务的完整性   D.服务的广泛性

【答案】D。

(单选题)2.秘书人员为领导调查研究、收集和提供信息、提供咨询,辅助领导进行决策,为领导草拟计划或实施方案,组织专家论证、选定最佳方案,这属于秘书的(　　)。

A.助手作用 　　　　　　　　　　　B.参谋作用

C.协调作用 　　　　　　　　　　　D.公共关系作用

【答案】B。

(单选题)3.下列不属于秘书机构所管理的事务的是(　　)。

A.接待来宾

B.负责机关设备管理

C.负责与其他部门进行沟通、协调

D.办理领导交办的其他事务性工作

【答案】B。

(多选题)4.政府机关办公室是政府内部管理运行的枢纽,保证政府工作的正常运行,从办公室工作的性质来说,办公室工作的服务对象主要有(　　)。

A.领导 　　　　　　　　　　　　　B.同级机构

C.人民群众 　　　　　　　　　　　D.同级党委

【答案】ABCD。解析:除了以上四种,还包括上下级单位。

第三节　秘书工作机构的性质与设置

一、秘书工作机构的性质

秘书工作机构由其职能决定,具有机密、辅助、综合、服务四种特性。

1.机密性

秘书工作机构处于行政组织中领导部门之下的中枢地位,又掌管机密文件,组织和参加各种会议,按领导的命令办理各种重要事务,负责组织内部的安全、保卫工作。因此,秘书工作机构首先具有机密性。

2.辅助性

秘书工作机构相对于领导部门而言,是直接辅助领导工作的,如办文办事办会,通信联络接待,提供信息资料,传达领导指令,辅助管理协调,充当参谋与助手。因此秘书工作机构具有辅助性。

3.综合性

由于秘书机构是综合性办事机构,因此秘书工作机构也就具有明显的综合性。秘书工作机构的综合性具体表现在以下三个方面:第一,秘书工作的内容纷繁复杂,而且涉及本机关的全部工作。第二,秘书工作机构处于机关的枢纽地位,担负着沟通上下、联系左右之责。第三,秘书人员在办文、办会和向领导反映情况以及处理日常事务性工作时,必须对各方面情况进行综合,才能有效地为领导者提供帮助和服务。正是由于的上原因,秘书工作机构因此具有综合性。

4.服务性

秘书工作机构相对于整个机关和企事业单位而言,是一个综合性办事机构,不仅为领导部门和上级机关服务,也为下级组织、其他部门、全体成员服务。它不仅是管理服务和信息服务,也包括生活服务和事务服务。所以说,服务性是秘书工作机构的本质特征。

二、秘书工作机构的设置

1.秘书工作机构的设置原则

秘书机构是为实现辅助领导实施管理这一根本目标而设置的。设置合理与否,在很大程度上决定着秘书机构的效率和达到目标的程度。设置秘书机构应遵循以下原则:(1)精简原则;(2)纵向层次尽量少;(3)横向幅度可适当加大。

三项原则中,人员精简是为了提高工作效率,避免人浮于事。纵向层次少是为了上下沟通方便、及时,避免中间阻隔和官僚主义。横向幅度大是因为秘书工作涉及面广、头绪多,事务繁杂。

组织机构一般有两种模式,可用钝角和锐角两种三角形表示。秘书工作机构宜采用钝角三角形模式。

2.秘书工作机构的组织形式与名称

(1)秘书工作机构的组织形式。

我国的秘书工作机构有广义与狭义两种:

广义:是指秘书长或办公厅(室)主任领导下的办公厅或办公室,其名称由机关、单位或首长名称加秘书机构名称两部分组成。

狭义:是以"秘书"命名的局、处、科、室、股等部门,统辖于机关、单位或办公厅(室)之下,只负责文书、会务、联络、接待等工作。

秘书工作机构组织形式也有两种:分理制和综理制。

分理制是指秘书工作机构内部下设分理机构,承办分工的具体事宜。

综理制是指所有秘书工作由办公厅或办公室统一或分派人员办理,下面不再分社部门。这适合于秘书工作量不太大的机关或单位。

(2)秘书工作机构的名称。

中央的秘书机构称"办公厅",这类"厅"是部级机构,采用分理制(即下面再设部门,以处理各种不同的秘书工作)。

省、部的秘书工作机构也称"办公厅",这类"厅"是厅局级机构,也采用分理制,下设秘书处、机要处、信息处等。

省辖市、厅、局、区、县、乡镇和企事业单位的秘书工作机构都称为"办公室",但级别也不同。除了乡镇办公室为股级,下不再分设。再大的企业的秘书机构只能称作"办公室",而不能冠名为"办公厅"。

有些部门以所属机关和专业性质同时命名的办公室,则不属秘书工作机构,而是直属部门,如国务院台湾事务办公室等。

社会团体的秘书工作机构,通常直接命名为"秘书处",采用综理制,如"中国高教秘书学会秘书处"。

还有一种临时性的秘书工作机构,也叫"秘书处",视其规模大小、工作多少,采用综理制或分理制,如大会秘书处之下的联络组、宣传组、后勤组等。

经典例题

(单选题)1.下列选项中,属于秘书机构的是( )。

A.国务院参事室　　　　　　　　　　B.上海市政府驻京办事处

C.上海市政府办公厅　　　　　　　　D.全运会组委会

【答案】C。

(单选题)2.秘书工作机构的本质特征是(　　)。

A.服务性 　　　　　　　　　　　　B.辅助性

C.综合性 　　　　　　　　　　　　D.机密性

【答案】A。

第四节　秘书工作机构的职能和工作要求

一、秘书工作机构的职能

1.助手职能

这表现在:帮助和代替领导部门处理日常文书、通讯、联络、接待等事务,节省领导的精力与时间;

帮助领导管理和维持下属部门和人员各项日常工作的正常运转;

承领导之命检查和督促下属部门和人员的工作情况;

经领导授权调查和处理突发事件或完成特殊使命;

还表现在会议、文件、廉政等方面为领导把关。

2.参谋职能

这表现在:调查与提供领导决策所需要的信息资料,支持领导决策;

参与研究情况,提出分析或预测意见;

应领导要求参与讨论或制定工作计划或实施方案;

对下属组织和部门各种文件中的问题或差错提出解决建议或修改意见;

对领导未能顾及的突发事件或工作缺陷提出应变计划和弥补措施;

收集并研究反馈信息,为领导再决策提供依据。

3.枢纽职能

秘书部门具有沟通上下、联系左右的枢纽职能。这主要表现在:

向下级传达领导部门各种书面指示、计划、批示、通知以及口头指令;

向下级转发上级领导和政府机关及有关部门的政策、法规、指令性文件;

向下级转发相关地区、单位、部门的有参考价值的文件;

向领导部门呈报下级的书面请示和报告;

向领导部门和上级机关汇报下级的情况、要求、建议或批评意见;

负责与有关地区(包括国外)、单位的业务联系,包括文件、信函、电报、电传、电话以及人员往来;

负责与政府部门、新闻媒介单位、顾客与社区群众的沟通联络;

负责领导人与领导人之间、领导人与职能部门之间、领导人与员工之间的沟通联络。

4.协调职能

秘书部门还负有在上下左右之间沟通、协商,以消除隔阂、调整关系、调解矛盾,达到平衡、和谐、合作、统一的协调职能。这主要表现在:

协调中央与地方之间、地方与地方之间、部门与部门之间、或时间前后之间的政策矛盾;

协调地区与地区之间、单位与单位之间的利害冲突;

协调本单位与政府部门、新闻媒介、社区公众之间的矛盾冲突;

协调领导人与领导人之间、领导人与员工之间、员工与员工之间的人际关系。

5.保密职能

秘书部门在机关和企业中处于中枢地位,负责保管各种机密文件、资料,负责组织机密会议、安排重要会晤,又是各种信息的集散地,自然负有保密职能。主要有:

妥善保管各种机密文件、资料,不得丢失、残缺、破损或被偷阅、翻拍、盗用;

保守会议精神、会晤的内容中所涉及的机密;

保守企业资金、经营、生产工艺、账目、配方、专利、知识产权、客户渠道等商业机密;

保守领导人的住址、行踪、活动内容及个人隐私等秘密;

保守员工的档案、升迁、调动等的人事机密;

保守涉及组织利益的其他秘密;

监督机要部门、机要人员保守各种有形和无形的机密。

6.公关职能

在不设公关部门并无专职公关人员的组织中,秘书部门还承担着处理公共关系的职能。秘书部门应本着"广结良缘,内求团结,外求发展"的原则处理好各种公共关系。主要有:

负责政府机关内外工作联系、友好访问的联络与接待事宜;

负责企业与政府部门之间的工作联系和关系处理;

做好政府机关的人民群众的来信来访工作;

处理好组织与新闻媒介的关系;

处理好组织与社区公众的关系;

沟通、联络、协调企业与股东之间的关系;

主动收集、接受并处理内部员工对组织的反映、意见和建议等;

处理好顾客和客户对企业的投诉、批评等;

根据组织规定或主管授意,做好对员工的祝贺、探访、慰问等工作。

二、秘书工作机构的工作要求

1.明确职责、权限、目标、任务

每一个机关或单位的领导部门都应根据本机关、本单位的性质、总目标、总任务来确定秘书部门的职责范围和权限大小;确定某一时期内秘书部门的目标、任务和工作要求。秘书部门则应确定每个秘书人员的职责、权限、具体工作目标和工作任务,做到既分工明确,又配合密切。

2.制定秘书工作的各项制度和标准

不论是常规性工作,如文书工作、档案工作、信访工作,或是临时性工作及灵活性较大的工作,如会议工作、调查研究工作、接待工作,秘书部门都应制定明确的规章制度和工作标准,使之事事有规可循,有章可依,工作应有质量标准和时限要求。

3.分清主次,有条不紊

秘书工作头绪繁多,千变万化,又往往事无巨细,纷至沓来。秘书部门做工作不能胡子眉毛一把抓,也不能头痛医头,脚痛医脚,整日忙于应付,疲于奔命。秘书人员必须头脑冷静,熟悉业务,根据任务轻重,时限长短,或者根据领导指示,区分主次缓急,把工作做得有条不紊,井然有序。

4.科学地安排工作程序

秘书部门应根据本单位的工作实际、工作习惯,以精简为原则,科学地安排各项秘书工作程序。废止繁文缛节,取消重复的、虚设的工作环节,防止工作脱节和混乱现象,力求工作程序的简洁、严密和清楚,提高工作效率。

5.准确细致,切实无误

秘书部门和秘书人员应认识到自己的工作责任重大,关系到整个机关、单位的得失成败,要真正起到助手作用,使领导无后顾之忧,因此做任何工作都必须准确细致,切实无误。

6.迅速果断,讲求时效

秘书工作繁重而琐碎,秘书人员的劳动是一种脑力与体力相结合的高度紧张的劳动,又常常加班加点。秘书做工作必须抓紧时间,反应敏捷,操作迅速、准确,讲求时效。职责范围之内的事情要敢于负责,果断处理;职责范围之外的工作要及时请示,从速办理。不可消极等待,不可敷衍了事,更不可拖拉积压。

7.忠于职守,安于职分

不论是政府机关或是企事业单位的秘书,工作都必须忠于职守,忠于机关、单位、领导的政治利益、经济利益和社会效益。秘书做工作还应该安于职分,甘心当好助手、配角,甘做幕后英雄。既要在职责范围之内积极主动工作,努力向上,又不可越俎代庖,擅作主张,更不可狐假虎威,借权谋私或有个人野心。

8.加强教育、管理,不断提高素质、能力

秘书部门对秘书人员既要充分信任,合理使用,做到"人适其职,职得其人",又要对秘书人员加强管理和教育,提高他们的思想修养、工作责任心和职业道德观念。既要让秘书人员在实际工作中积累经验,锻炼能力,提高水平,又要创造条件,让秘书人员参加各种形式的培训、进修,以更新知识,提高素养和能力,使他们得到晋升、奖励和加薪的机会。

> 经典例题

(多选题)下列属于秘书工作机构的参谋职能的是( )。

A.调查与提供领导决策所需要的信息资料,支持领导决策

B.参与研究情况,提出分析或预测意见

C.应领导要求参与讨论或制定工作计划或实施方案

D.帮助领导管理和维持下属部门和人员各项日常工作的正常运转

【答案】ABC。

第五节 沟通与协调

一、沟通工作

1.沟通的含义、特点、作用

(1)沟通的含义。

沟通主要是指政务和业务信息的传递和交流,是行政管理工作和秘书工作不可缺少的手段之一。

(2)沟通的特点。

第一,社会性。行政沟通是组织之间的沟通,而不是单纯的私人关系沟通;是涉及方方面面的全方位沟通,而不仅仅是上下级之间的沟通;是不同形式、不同内容、不同方向的沟通,而不是只限于某种

方式的沟通。因此,沟通者要打开眼界,开拓渠道,多方位地沟通。

第二,选择性。这是与社会性特点相对而言的,也就是说行政沟通是有目的的沟通,而不是无限制的社会沟通。行政沟通只能选择与本组织生存有关的,与发展有密切关联的组织或个人进行沟通,而且这种沟通要经过领导授意或批准。从沟通的内容和形式来说,也必须在本机关、本部门的职权范围内,以不违反法律法规、方针政策、组织纪律为前提。

第三,互助性。行政沟通要以沟通对象的互助性为目的,以有助于双方的利益为目的,而不是一相情愿、单向性的沟通。正是行政沟通这种"双赢",使得行政双方能互相合作、互相配合、协同一致地完成共同的工作目标。

第四,创造性。行政沟通的对象是变化的,沟通的内容和形式也要求不断创新,不能一成不变。时代在变化,许多过去的好经验、好办法、好思路在今天已经不适用,因此,行政人员在沟通时也要与时俱进,不断开拓新思路,创造新办法。

(3)沟通的作用。

沟通是协调的前提,是协商、调节、调整、调解,以求达到协调的结果——和谐一致的基础。具体来说,沟通有三个不同层次的作用。

第一层:信息沟通。这是初步的沟通。信息沟通的作用就是达到消除隔阂、彼此了解,进而互相理解的境地,才能寻求合作的可能。另一方面,组织内部的上下之间也需要信息沟通,彼此了解情况,了解意愿,才能达到上下团结一致。

第二层:认识沟通。比信息沟通更进一步的是认识沟通。信息沟通是初步的,也是客观的,往往不涉及彼此的利害关系,容易被接受。认识沟通则是主观的,它表达各自的意愿、看法或是要求,涉及各自的利益。认识沟通不能强迫对方接受,而只能以适当的内容,尤其是适当的方式使对方自愿接受。认识沟通所能达到的效果,一个是"求同存异",另外一个是"深化认识"。

第三层:感情沟通。在信息沟通,认识沟通的基础上,更高层次的沟通是感情沟通。感情沟通是在彼此了解、理解的层面上,进而建立信任和友谊。

2.沟通的方法和要求

(1)直接沟通法。即通过常见的沟通方式,如谈话、打电话、开会、发文件等形式,将信息内容直接表达出来。这种沟通清晰、快速、便捷。适用于没有任何障碍的对象之间。

(2)间接沟通法。即通过第三方或某种媒介转达信息的方式。这种沟通速度较慢,不够清晰,很可能会曲解信息,适用于直接沟通有障碍或初次沟通。

(3)明示沟通法。即以尽可能明白、清楚、准确的语言、文字、图像等形式表达信息和意图。这是最常用的方法,常见的有会议通知书、指示标牌、电子告示屏等形式。这种方法要求沟通者有相应的语言、文字和图像表达能力和熟练使用各种沟通工具的能力,如文件拟写、图案绘制、电脑制作等技术。

(4)暗示沟通法。当沟通对象之间存在障碍时使用的方法,如提醒、婉言、比喻、暗示等。暗示法既尊重对方,又能达到沟通的意图,是一种较好的沟通技巧。

二、协调工作

1.协调的概念

这里讲的协调是指秘书部门协助领导、上司对各项工作和人际关系的协调。这种协调以秘书在双方或多方之间沟通、疏导、说服、磋商为主要方法。

2.协调的特征

第一,广泛性。协调是一种工作方法,也是行政管理的基本职能,它可以在各类社会组织内部和外部广泛运用。矛盾既然是普遍存在的,协调也就永远发挥着作用。

第二,目标性。协调是为一定的目标而进行的。工作中无论什么问题、什么矛盾,都需要靠协调来解决。但协调不是盲目的,必须在弄清问题和矛盾双方基本情况的前提下,才能有的放矢地进行协调。同时,协调又是有方法的,不同的方法适用于不同的情况,不能随意照搬,否则事倍功半。

第三,层次性。行政工作中的协调有着不同的内容,如政策协调、关系协调、事务协调、利益协调、行动协调等,每一种协调有不同的工作要求,要采用不同的方式方法,还要靠各个层面的人协同才能做好。

第四,灵活性。行政协调既要以方针、政策为指导,以法律、法规为准绳,又不能只按既定文件办事。简单、僵化、教条、一成不变的办事手段只能使协调变成一种模式,最终导致协调的失败。因此,协调原则的灵活掌握,协调方法的综合运用,都是协调灵活性的体现。

第五,相对性。虽然协调可以运用于各种社会矛盾中,但协调也不是万能的,协调之外,还可以运用行政手段、组织手段、经济手段乃至法律手段来解决各类社会矛盾。但协调毕竟是解决人民内部矛盾的一种最好的方式,在采取其他手段之前,应该尽量运用协调来解决问题。

3.协调的作用

(1)缓解矛盾。协调是以沟通信息、疏导关系、说理讲情、反复磋商等方式方法促使一方或双方自觉地做出让步,从而达到缓解矛盾的目的,是软性的、自愿的。

(2)消除误会。通过秘书居中传递信息,沟通意见,善意劝解,能消除误会,改变态度,达到彼此理解或者谅解,重新团结一致。

(3)积极平衡。通过协调,可以调整计划,调配人力、物力、财力,调节节奏,或完成任务的步骤和时间表,达到目标一致、行动一致、步调一致,达到新的积极的平衡。

(4)融洽关系。通过协调、沟通,可以使隔阂消除、分歧一致,建立友谊、相互信任、促进团结、关系融洽、增加内部凝聚力。

4.协调的步骤和方法

(1)协调的步骤。

通常,协调要按以下步骤进行:

第一步,摸清情况。通过找协调对象谈心、做好记录、查阅资料、找知情人等了解和掌握全部情况。

第二步,找出症结。对情况作分析、判断,找出问题的关键、矛盾的焦点。

第三步,设拟方案。设计有针对性的解决方案。方案可以有多个,即所谓的上、中、下三策,待领导审批后实施。

第四步,反复磋商。即向协调的双方反复解释、征求意见、晓以利害,使双方取得互相谅解。

第五步,督促落实。双方接受协调方案后,要按计划落实。协调人员必须经常对实施的步骤做督促并向双方通报,以求真正落实。

第六步,检查反馈。要听取双方的反馈意见,经常关心,予以巩固。

(2)协调的方法。

常用的协调方法有:

①信息沟通法。即利用手中掌握的尽可能多的信息材料,向双方介绍情况,使双方了解情况,消除误会,达成一致。

②宣传教育法。即向双方宣传方针、政策、法律、法规,以平等的态度,诚挚的语气,委婉、谦和的方

式向双方讲解、宣传,以使双方改变态度,接受规定。

③中介法。也称为穿针引线法。即找出双方都熟悉并能接受的第三方,请其出面介绍、引见,作为进一步协调的契机。

④求同存异法。即听取和了解双方的意见、要求时,尽可能发现或寻找双方的共同点或相近点,也就是寻找双方能够接受的共同语言,使双方能够达成初步协议。可以保留双方的不同意见,留待以后逐步协商解决。

⑤冷处理法。当双方矛盾较深,发生激烈冲突时,不妨中止协商,待各方冷静后再继续协调。

⑥避虚就实法。当双方为一些非实质性问题争执不下时,应引导双方避虚就实,理性思考,从双方的实际利益、长远利益和根本利益考虑,多讨论和解决实际问题。

⑦先易后难法。当双方矛盾多而复杂时,不企求一下子解决所有问题,而采取先易后难的办法,解决一个是一个,使双方有良好的开端。为以后解决较难的问题打下基础。

⑧步步为营法。即采取稳扎稳打的方法,在先易后难的基础上,耐心地一个一个问题来解决。

⑨场景变换法。即适当变换协调的地点,让富于变化的客观环境对双方产生触动带来美好的感觉,以助协调的成功。

⑩交谈法。通过相互访问和联谊活动,使大家增进友谊和了解,建立友情,促使双方化敌为友,冰释前嫌,达到合作的理想境界。

经典例题

(单选题)沟通的三个层次作用从浅到深排列正确的是( )。

A.信息沟通—认识沟通—感情沟通　　B.认识沟通—信息沟通—感情沟通

C.感情沟通—信息沟通—认识沟通　　D.感情沟通—认识沟通—信息沟通

【答案】A。

第六节　办公室管理

一、办公室管理的重要性

(1)办公室管理的科学化,直接关系到上层领导的决策水平。决策是上层领导的主要职责,决策的正确与否直接关系到管理的成败。而正确的决策离不开对机关各方面情况的调查研究和对调查资料的正确判断,离不开获取和掌握大量的准确的信息。在这方面,办公室作为辅助领导决策的主要部门,承担着为领导收集信息、传递信息和提供咨询意见的重要任务,其本身管理的科学化,将有助于更好地发挥为领导决策服务的参谋咨询作用和耳目作用,为领导提供全面、及时、准确的信息,从而促进和提高领导的决策水平。

(2)办公室管理的科学化,关系到管理系统的协调运转。任何管理系统都是一个复杂的联系网络。在这个网络中,办公室处于中枢的地位,它不仅是领导的综合办事机构、信息参谋部门,而且是沟通、联系和协调领导与部门之间、部门与部门之间、机关与基层之间的桥梁和纽带。全局工作能否顺利进行、各方面的沟通和联系是否顺畅,取决于办公室这个"枢纽"作用的发挥程度。因此,办公室管理的科学化,将会更好地发挥办公室的枢纽作用,理顺各方面的关系,沟通领导与部门之间、部门与部门之间的联系,促进整个管理系统的协调运转。

(3)办公室管理的科学化,直接影响着机关的办事效率和服务质量。办公室承担着公文处理、会议管理、信息处理、印章管理、信访工作、机要保密工作、公关接待工作以及领导临时交办的工作等大量的日常性工作。这些工作林林总总,繁杂琐碎,如管理不善,极易造成混乱,导致效率低下,服务质量差。而实行科学化管理的办公室,能够分清轻重缓急、忙而不乱、有条不紊、先后有序地处理日常行政事务,较好地消除马拉松会议、文牍主义等弊端;能够协助领导者迅速找出行政执行过程中的种种障碍,避免部门与部门之间互相推诿、扯皮现象的发生,从而大大提高办事效率和服务质量。

办公室管理主要包括:办公环境的布局与布置、各种办公环境因素的控制、办公设备的管理三个方面。

二、办公室管理的具体要求

1.方便

秘书应该将自己的座位设置在能够清楚看到出口的地方,客人在进入上司办公室时最好能先经过秘书的办公桌。办公室整个格局的设置最好能够使各单元的工作流程简化,避免不必要的倒退、交叉、徒劳往返。

2.舒适整洁

整洁有序的工作环境有助于工作效率的提高。办公室各种办公用具的摆放要井然有序。办公桌椅、文件柜等办公室用品的大小、格式、颜色等协调统一,不仅能增强办公室的美观,而且能强化成员之间的平等观念,创造出和谐一致的工作环境。

3.适宜的光线、空气、温度

办公室的光线要适度。光线不足或光线太强都会使人的视力受损,并影响工作效率。普通办公室的照明标准为100烛光,较费眼力的工作如会计、计算机操作等为150烛光,设计、拟稿等工作为200烛光。办公室可以采用适时开窗通风,摆放绿色植物改善空气状况。适宜的办公室温度是18~25摄氏度。适宜的室内湿度应该保持在40%~60%之间。

4.安全

办公室的安全包括人员的安全、物品的安全和信息的安全。布置办公室时要留意附近的环境和办公室存放财物的安全,秘书应注意纸质文件、存储在计算机里的数据等安全和保密问题。

5.安静

办公室的噪音来源主要有两个:一个是室外噪音;一个是室内噪音。防止和减少室外噪音的主要措施是:选址恰当;办公室的外装饰材料要有隔音功能。控制室内噪音的主要措施有:自觉减少人为噪音和减低设备的噪音。

经典例题

(多选题)1.美化办公室的意义在于( )。

A.树立所在单位的良好形象　　　　　B.提升领导者及秘书自身的社会知名度

C.提高工作效率　　　　　　　　　　D.展示个人独特魅力

E.优化工作环境

【答案】ACE。

(多选题)2.办公室管理的主要内容有( )。

A.办公室环境的布局与布置　　　　　B.各种办公环境因素的控制

C.办公设备的管理　　　　　　　　　D.办公文件的处理

【答案】ABC。

(多选题)3.下列关于办公室的光线、空气、湿度要求说法正确的是( )。

A.普通办公室的照明标准为 100 烛光

B.适宜的室内湿度应该保持在 40%~60%之间

C.办公室可以采用适时开窗通风,摆放绿色植物改善空气状况

D.适宜的办公室温度是 18~25 摄氏度

【答案】ABCD。

第七节 会议管理

一、会议的类型

表 9-7-1 会议的类型

划分标准		会议类型
按规模分	超大型会议	万人至几十万人甚至几百万人,如奥运会、国庆集会、庆典大会、大型联欢会、宣判大会等
	大型会议	千人到数千人至万人,如焰火晚会、游行示威、体育比赛、人民代表大会等
	中型会议	百人到数百人至千人,如春节团拜会、节日慰问会、经验交流会等
	小型会议	数十人至近百人,如办公会、座谈会、现场会等
	微型会议	几人至十多人,如小组会、班组会、碰头会等
按层次分	高级别会议	如政治局会议、峰会
	中级别会议	如各处室负责人会议、例会
	低级别会议	如全体员工大会、股东大会
按性质分	党团会议	政党、社团因内部事务而举行,如党代会、政治学年会
	行政会议	机关、单位和部门因行政事务而举行,如市政府工作会议
	业务会议	机关、单位和部门因业务工作而举行,如财务工作会议、人事工作会议
按时间分	定期会议	固定时间、地点、出席对象,即例会,如防汛紧急会、抗灾紧急会、工作布置会等
	不定期会议	按需要为某一方面问题而专门举行,如学术研讨会
按方式分	传统会议	集中于一地举行的会议,如全国人民代表大会、联合国大会
	电子会议	可异地同时举行的会议,如电话会议、电视会议、网络会议
按级别分	中央会议	如中共中央、国务院会议
	地方会议	如省级、市级会议
	基层会议	如企、事业单位或部门会议
按内容分	综合性会议	一次会议要讨论研究多方面问题的会议,如人民代表大会、工作总结会等
	专题性会议	与综合性会议相对而言,集中解决一方面问题,讨论研究一方面工作或事务,议题具单一性、专门性,如经验交流会、招生工作会
按密级分	公开会议	如联谊会、运动会、听证会、庆祝会
	内部会议	如工作例会、信息通报会
	机密会议	如人事安排会、评审会
按目的分		有纪念会、运动会、舞会、追悼会、联谊会、招商会、洽谈会、展览会、演示会、宴会、招待会、发布会等

■河南省农村信用社招聘考试专用教材■

二、会议的成本和预算

1.会议的成本

会议成本指举行会议所投入和耗费的人力、物力、财力资本,通常以数学统计方式体现。行政管理中通常对会议成本从以下两方面来考虑:

(1)显性成本。包括会议一般的开支,如纸张费、茶水费、餐饮费、场地费、礼品费等等。这部分是可以较清楚地计算出来的有形成本。

(2)隐性成本。包括与会者的价值、与会人数、会议耗时等无形成本,通常难以明确度量,但又是应该加以考虑的会议成本。

(3)会议成本计算方式。按会议总成本计算,应包括显性成本和隐性成本两部分。计算方法是:总成本等于显性成本与隐性成本之和。通常的计算公式为:

会议成本=$X+2J \times N \times T$

其中,X 表示显性成本的总和;J 代表与会人员每天平均工资的 3 倍;N 代表人数;T 代表时间(小时)。

当然,以上会议成本的计算思路是从提高会议效率,降低会议总成本,减少不必要的会议支出角度考虑的。

2.会议的预算

一般以显性成本的所有实际开支来做会议的预、决算。

三、会议策划

1.会议要素的确定

会议策划阶段,会议的主办和承办部门要考虑的是:

(1)会议名称。要体现会议主题并便于制作会标。会议名称通常由以下内容构成:会议主办单位或会议范围+会议时间或届别+会议主题+会议类型。

(2)会议时间。要设定开会时间、会议开始时间、会议结束时间、每项议程时间和发言限制时间。

(3)会议地点。要考虑场地容量与人数相适应以及会场设施、地点远近以及安全保卫等因素。会议地点要具体明确,有导向性,或以图示、交通路线提示等方式标明确切地点,方便与会者能尽快到达。

(4)与会人员。确定会议主席、主持人和其他与会者。包括出席人、列席人、旁听人、特邀人等。

(5)会议议题。议题确定有三种方式:一是领导定夺;二是秘书提议,领导定夺;三是征询议题,领导决定。确定议题的原则是:合法性、单一性、鲜明性和必要性。

2.会议方案的拟订

会议方案应包括以下内容:

(1)会议名称。

(2)会议议题。

(3)会议时间。

(4)与会人员。

(5)会议地点。

(6)会议议程、日程和程序(分别制成表格)。

(7)会议经费预算。

(8)会议文件材料。主要包括大会发言材料,全体与会人员和工作人员名单,住宿安排表,主席台座次安排,分组名单,分会场安排,作息时间表,会议参阅文件,会议下发材料,会议证件等等。

(9)会议组织和分工。主要包括会议筹备工作的时间节点、负责人等。

四、会议记录

会议记录要求准确、清楚、简洁、格式规范。会议记录的基本格式如下：

会议名称

会议时间：

会议地点：

出席情况：包括应到人数、实到人数、缺席人数、请假人数等；还可以包括列席人数、旁听人数等。

主持人：

记录人：

会议议题(程)或内容(记录方式有：简单记录、详细记录)

主持人签名

记录人签名

河南省农村信用社招聘考试专用教材

offcn 中公·金融人

第十篇

人文地理生活

第一章　文学常识

第一节　中国古代文学

一、先秦文学

先秦文学是指从远古时代到秦统一(公元前 221 年)以前的文学现象,它经历了原始社会、奴隶社会、封建社会初步形成时期(春秋末战国时代)。在这一阶段里产生了很多优秀作品,是中国文学的源头。

1.《诗经》

《诗经》是我国第一部诗歌总集,共收入自西周初期至春秋中叶约 500 年间的诗歌 305 篇。《诗经》分《风》《雅》《颂》三部分,大量运用了赋、比、兴表现手法,开创了中国诗歌现实主义的源头,在中国文学史上产生了极其深远的影响。

2.先秦散文

先秦散文分为历史散文与诸子散文两个部分。历史散文是在史官文化传统的基础上渐进产生并成熟起来的,诸子散文是在先秦理性精神觉醒的背景下和百家争鸣的学术氛围中形成并繁荣起来的。

(1)历史散文。历史散文的发展,大致可分三个阶段:

第一阶段以《尚书》和《春秋》为代表。《尚书》是我国最早的一部历史文献汇编,在中国古代散文史上具有奠基的意义。《春秋》是我国第一部编年体断代史,是编年体史书之祖。

第二阶段以《左传》和《国语》为代表。《左传》是我国第一部记事详备的编年体史书,也是先秦历史散文中思想性和艺术性最为突出的著作。《国语》是我国最早的一部国别体史书,是由各国的史料汇集而成。

第三阶段以《战国策》为代表。《战国策》也是一部国别体史书,主要记叙的是战国时期谋臣策士们的言行。

(2)诸子散文及其经典思想。诸子散文是指春秋到战国这一时期诸子百家阐述各自对自然、社会不同观点和主张的哲理性著作。代表作有《论语》《墨子》《孟子》《庄子》《荀子》和《韩非子》。

①老子。老子是我国春秋时期伟大的哲学家和思想家、道家学派创始人,存世的有《道德经》(又称《老子》),主张无为而治,第一个提出"道"作为哲学的最高范畴。其作品的精华包含了朴素的辩证法思想。

"有无相生,难易相成,长短相形,高下相倾,声音相和,前后相随",包含了矛盾统一的观念。

"反者,道之动",初步揭示了否定之否定规律。

"合抱之木,生于毫末;九层之台,起于垒土"以及"图难于其易,为大于其细"明确了量的积累可以引起质的变化。"大巧若拙,大辩若讷",说明了质变后新质的情况。这些言论初步认识到了量变与质变的关系。

②孔子。孔子是我国古代伟大的思想家和教育家,儒家学派创始人,编撰了我国第一部编年体史书《春秋》。同时他还开创性地建立了一个包括世界观、认识论等在内的哲学思想体系。

孔子在其晚年,将"道"提升到世界观的境界。从宇宙自然到社会人事伦理,在孔子哲学范畴中便是由"道"而"仁",这构成了孔子哲学中的两个基本范畴。

孔子从多年的教学从政的实践中,得出了"学而不思则罔,思而不学则殆"和"君子欲讷于言而敏于行"的学思观和言行观。

孔子在强调耳闻目睹、亲身见闻的同时,提出思考的重要性,主张思考要建立在已有知识的基础上,否则即为空想。"吾尝终日不食,终日不寝,以思,无益,不如学也。"这在一定意义上已接触到感性认识和理性认识的关系,而且相当重视理性认识。

③庄子。庄子是著名的思想家、哲学家、文学家,是道家学派的代表人物,老子哲学思想的继承者和发展者,先秦庄子学派的创始人,主要思想是"天道无为"。其言论"道未始有封"("道"是无界限差别的),属主观唯心主义体系。

④孟子。孟子是中国古代著名思想家、教育家,战国时期儒家代表人物,有"亚圣"之称。著有《孟子》一书。孟子继承并发扬了孔子的思想,成为仅次于孔子的一代儒学宗师,与孔子合称为"孔孟"。

民本思想。孟子认为君主应以爱护人民为先,为政者要保障人民权利。如:"民为贵,社稷次之,君为轻。"意思是说,人民在第一位,国家其次,君在最后。

道德伦理。孟子把道德规范概括为四种,即仁、义、礼、智。同时把人伦关系概括为五种,即"父子有亲,君臣有义,夫妇有别,长幼有序,朋友有信"。孟子认为,仁、义、礼、智四者之中,仁、义最为重要。仁、义的基础是孝、悌,而孝、悌是处理父子和兄弟血缘关系的基本的道德规范。为此,孟子提出了性善论的思想。

⑤荀子。荀子是战国末期著名思想家、文学家、政治家,儒家代表人物之一,时人尊称"荀卿"。孔子中心思想为"仁",孟子中心思想为"义",荀子继二人后提出"礼",重视社会上人们行为的规范。在人性问题上,他提出"性恶论",主张人性有恶,否认天赋的道德观念,强调后天环境和教育对人的影响。

⑥韩非子。韩非子是战国时期著名的哲学家、法家学说集大成者、散文家。韩非子继承和发展了荀子的法术思想,同时又吸取了他以前的法家学说,他比较各国变法得失,提出"以法为主",法、术、势结合的理论,集法家思想大成。法家学说,为中国第一个统一专制的中央集权制国家的诞生提供了理论依据。

法家是先秦诸子中对法律最为重视的一派。他们以主张"以法治国"的"法治"而闻名,而且提出了一整套的理论和方法。

经典真题

(多选题)下列语句与出处对应正确的有(　　)。

A.不战而屈人兵—《孙子兵法》　　　　　　B.知之为知之,不知为不知,是知也—《韩非子》

C.天时不如地利,地利不如人和—《孟子》　　D.青出于蓝而胜于蓝—《荀子》

【答案】ACD。解析:"知之为知之,不知为不知,是知也"不是出自《韩非子》,而是选自《论语·为政》,B项错误。A、C、D三项都是正确的。故本题答案选ACD。

3.屈原和楚辞

屈原(约前340—前278),是我国文学史上伟大的爱国诗人,生活在战国中后期,曾在楚国内政、外交方面发挥了重要作用。以后,他虽然遭谗去职,流放江湖,但仍然关心朝政,热爱祖国。最后,毅然自沉汨罗江,以殉自己的理想。其作品主要有《离骚》《天问》《招魂》《九歌》《怀沙》《哀郢》等,其中最具代表性的是《离骚》。

楚辞是在战国后期，产生于我国南部楚国地方的一种新诗体。它的奠基者和代表作家是屈原。"楚辞"是战国时代的伟大诗人屈原开创的一种诗体。作品运用楚地（今两湖一带）的文学样式、方言声韵，叙写楚地的山川人物、历史风情，具有浓厚的地方特色。它构思奇特，想象丰富，善于运用比喻、夸张等手法和神话故事表现思想感情，具有浓郁的浪漫主义色彩。其句子参差不齐，形式活泼自由，多用"兮"字，语句漫长流利，灵活多变，有停顿、延伸，委婉而多情致。

汉代时，刘向把屈原的作品及宋玉等人"承袭屈赋"的作品编辑成集，名为《楚辞》。屈原开创的楚辞，文采华美，感情丰富，同《诗经》一起构成了整个中国文学的两大源头，对后世文学产生了深远的影响。

二、秦汉文学

秦汉文学是指秦统一中国（前221年）到东汉末汉献帝建安元年（196年）的文学。

秦王朝灭六国而一统天下，为巩固其专制地位，焚书坑儒，结束了战国时期百家争鸣的局面，这一时期，在文学史上可传的东西很少，大致只有《吕氏春秋》和《谏逐客书》。

《吕氏春秋》为秦丞相吕不韦门客集体所著，以儒学为中心兼收先秦各家学说，内容以政治为主，涉及广泛，故一向被列为杂家。《谏逐客书》是秦丞相李斯为劝阻始皇驱逐非秦国人所作，文辞华丽，气势奔放，说理透彻，是传诵的名作。

汉代是中国的封建盛世。汉初统治者以黄老思想治国，思想活跃，文化呈多元综合形态，文学出现了繁荣的景象。

从文体上看，汉代文学主要有赋、散文和诗歌。赋是汉代最盛行的文体，分骚赋、大赋和小赋。汉代散文主要有论说散文和史传散文。前者是由先秦诸子发展来的，以汉初最发达，后者主要是在先秦历史散文基础上发展来的，出现了《史记》《汉书》这样的巨著，尤其是《史记》，开创了史传文学的先河。

1.《史记》与《汉书》

《史记》是我国第一部纪传体通史，作者司马迁（前145—前90），今陕西韩城人。我国西汉伟大的史学家、文学家、思想家。《史记》从内容到形式都是划时代的伟大创造，其记事时间上起黄帝，下迄汉武帝太初年间，总结了我国古代3000年间的政治、经济、文化各方面的历史，被称为我国第一部"正史"，在史学、文学、哲学上取得了极高的成就，被鲁迅称为"史家之绝唱，无韵之离骚"。

《汉书》是我国第一部纪传体的"断代史"书，作者班固，今陕西咸阳人，东汉历史学家班彪之子。《汉书》记载两汉230年间的历史，从汉高祖元年（前206年）起，至王莽地皇四年（23年）止，全书共100篇，分120卷。

2.诗歌

汉诗包括乐府民歌和文人诗，乐府民歌成就较高，它继承了《诗经》的现实主义传统，以叙事为主，多用比兴铺陈，善于用人物的语言和行动表现人物性格、朴素自然，对当时和后世诗歌创作均有深远影响。文人诗以文人五言诗成就最高，它是在民间五言歌谣的基础上发展起来的，到东汉才有完整的作品，《古诗十九首》是其成熟的标志。

汉代习惯把采自民间的歌谣称为"乐府民歌"。《病妇行》《东门行》《陌上桑》《上邪》《长歌行》《孔雀东南飞》等篇目直至今日仍魅力无穷。其中《陌上桑》和《孔雀东南飞》在结构和叙事的完整性上都达到了汉乐府的最高水平。

三、魏晋南北朝隋唐五代文学

诗歌是魏晋南北朝时期成就最显著的文学样式。

隋唐五代时期,特别是唐代诗歌达到了古典诗歌的高峰。《全唐诗》收录作者 2 300 多人,诗近 5 万首,不仅数量多,而且质量高。唐代文学的辉煌成就不仅在我国文学史上占有极其重要的地位,而且对同我国相连的一些亚洲国家也产生了很大影响。

1.建安诗歌

建安是东汉献帝的年号,从公元 196 年至 220 年。建安诗歌是指以这一时期为中心的汉末魏初的诗歌,建安诗人主要是曹操、曹植、曹丕父子和围绕在他们周围的文士。建安诗歌内在的生气和感染力以及在语言表达上,呈现出简练刚健的特点,文风慷慨悲凉,被誉为"建安风骨"。建安诗人成就突出的是曹操、曹植。建安诗歌在我国文学史上占有重要地位。它大量采用新兴的五言形式,为五言诗打下了坚实的基础,从此开始了五言古诗蓬勃发展的时代。

2.陶渊明与田园诗

陶渊明(365—427),是东晋时期,同时也是整个魏晋南北朝时期最杰出的文学家。他 40 岁时出任彭泽县令,仅八十余天,就不愿"为五斗米折腰"而弃官归隐,从此过着躬耕自资的田园生活。陶渊明归隐田园之后,参加农业劳动,接触劳动人民,他的作品大都反映了当时的田园生活,被后人称为田园诗。他开创的田园诗这种新的题材,在古典诗歌发展史上树立了一座里程碑。

3.山水诗、永明体与宫体诗

"山水诗"是指描写山水风景的诗。东晋诗人谢灵运(385—433)是诗歌史上自觉以山水入诗的第一人。谢灵运所开创的山水诗,把自然界的美景引进诗中,加强了诗歌的艺术技巧和表现力,并影响了一代诗风。

永明是齐武帝萧赜的年号,"永明体"是这一时期形成的新诗体,其特点是讲究声律、对偶,增加了诗歌艺术的形式美。它的出现不仅使我国诗歌在古体以外开出近体一大宗,并且对此后的辞赋、骈文及词曲等文学形式产生了很大的影响。谢朓(464—499)是南齐永明体诗的代表作家。

"宫体诗"以宫廷生活为描写对象,有特定的语言风格,词采浓艳、描写细腻、注重对偶、音律协和,在格律化方面比永明体有进一步的发展。代表人物除萧衍、萧纲、萧绎父子外,还有徐摛、徐陵父子,庾肩吾、庾信父子及陈后主等。

4.南北朝民歌

现存南朝民歌大都是情歌,其内容基本健康,多反映了青年男女之间坚贞的爱情。南朝民歌的主要特点是:形式短小,大多数五言四句;大量运用双关语,多用双关隐语;语言清新自然;采用对歌形式。

北朝民歌包括了一些少数民族的创作,反映社会生活广泛,同南朝民歌迥异其趣,主要特点是:语言质朴无华,粗狂率直,不用隐语;风格刚健豪放;五言四句,七言四句以及七言古体与杂言都用。

南朝民歌中的抒情长诗《西洲曲》和北朝民歌中的叙事长诗《木兰诗》,分别代表着南北朝民歌的最高成就。

5.志人小说和志怪小说

"志人"是记录人物的逸闻琐事。刘义庆的《世说新语》便是这类小说的代表。《世说新语》又称《世说》《世说新书》,内容主要是记录魏晋名士的逸闻轶事和玄虚清谈,是一部魏晋风流的故事集。对古代散文、小说、戏曲都产生过重要的影响。

"志怪"是记录怪异,诸如绝域殊方的山川物产、神仙方术、鬼怪妖魔、佛法灵异等。留存至今的志怪小说有 30 多种,其中干宝的《搜神记》最为著名。

河南省农村信用社招聘考试专用教材

6.唐诗

唐代是我国古典诗歌发展的全盛时期,是我国优秀的文学遗产之一,也是全世界文学宝库中的一颗璀璨明珠。唐诗的题材非常广泛,从自然现象、政治动态、劳动生活、社会风习,直到个人感受,都成为诗人们写作的题材。在创作方法上,既有现实主义的流派,也有浪漫主义的流派,许多伟大的作品,又是这两种创作方法相结合的典范,形成了我国古典诗歌的优秀传统。

唐诗的形式多种多样。其形式基本有六种:五言古体诗、七言古体诗、五言绝句、七言绝句、五言律诗、七言律诗。

(1)"初唐四杰"。"初唐四杰"是指王勃、杨炯、卢照邻、骆宾王。其中,王勃的诗以五言和绝句居多,抒写情志境界开阔,刚健清新,《送杜少府之任蜀州》中的"海内存知己,天涯若比邻"一联,精炼概括,格调高朗,为千古名句。王勃另有《滕王阁序》等名作。

(2)以王维、孟浩然为代表的"田园诗派"。以王维、孟浩然为代表的"田园诗派"继承和发扬了陶渊明、谢灵运开创的田园诗,诗人以擅长描绘山水田园风光而著称,通过描绘幽静的景色,借以反映其宁静的心境,或隐逸的思想,使山水田园诗成就达到高峰,在中国诗歌史上具有重要的地位。

王维的"明月松间照,清泉石上流",孟浩然的"春眠不觉晓,处处闻啼鸟。夜来风雨声,花落知多少"是诗人艺术境界和精神境界俱臻化境之作。

(3)以高适、岑参为代表的"边塞诗派"。以高适、岑参为代表的"边塞诗派"以描绘边塞风光、反映戍边将士生活为主。其诗作情辞慷慨、气氛浓郁、意境雄浑,多采用七言歌行和七言绝句的形式。高适《燕歌行》、岑参《走马川行奉送出师西征》等是其代表作。

(4)伟大的浪漫主义诗人李白。李白(701—762),生于中亚西域的碎叶城(今吉尔吉斯斯坦首都比什凯克以东),我国唐代伟大的浪漫主义诗人,是盛唐浪漫主义诗歌的代表人物,被后人称为"诗仙"。李白善于从民歌、神话中汲取营养素材,构成其特有的瑰丽绚烂的色彩,是屈原以后最为杰出的积极浪漫主义诗人,代表我国古代积极浪漫主义诗歌艺术的新高峰。

(5)伟大的现实主义诗人杜甫。杜甫(712—770),今河南巩县人。我国唐代伟大的现实主义诗人,世称"诗圣"。杜甫的诗歌不仅具有高度的思想性,而且具有高度的艺术性,是内容与形式完美结合的典范。现实主义是杜甫创作方法上的最大特色,沉郁顿挫是杜诗的基本风格。

杜甫一生写诗一千四百多首,其中很多是传颂千古的名篇,比如"三吏"和"三别",其中"三吏"为《石壕吏》《新安吏》和《潼关吏》,"三别"为《新婚别》《无家别》和《垂老别》。杜甫的诗篇流传数量是唐诗里最多、最广泛的,是唐代最杰出的诗人之一,对后世影响深远。

(6)白居易与"新乐府运动"。白居易(772—846),我国唐代伟大的现实主义诗人。祖籍今陕西渭南,是中国文学史上负有盛名且影响深远的唐代诗人和文学家。他提出"文章合为时而著,诗歌合为事而作"的进步理论主张,与元稹共同发起了一场诗歌革新运动——"新乐府运动"。"新乐府"一名是白居易相对汉乐府提出的,其含义就是以自创的新的乐府题目咏写时事,新乐府诗的特点是:自创新题,咏写时事,体现汉乐府的现实主义精神。

白居易的诗歌题材广泛,形式多样,语言平易通俗,有"诗魔"和"诗王"之称。他一生作诗很多,以讽喻诗最为有名,语言通俗易懂,长篇叙事诗《长恨歌》《琵琶行》代表了他艺术上的最高成就。

(7)中晚唐著名诗人。

孟郊(751—814),今浙江德清人,诗以短篇五言古诗最多,今存其诗500多首,《游子吟》是其代表作。

李贺(790—816),今河南宜阳人,与李白、李商隐三人并称唐代"三李"。他作诗态度认真严肃,呕心沥血,刻意创新,形成了想象奇特、思维奇谲、辞采奇丽的独特风格。但由于过分标新立异,有的作品晦涩险怪。现存李贺诗200余首,《老夫采玉歌》等是其代表作。

刘禹锡(772—842),今浙江嘉兴人,唐代中期诗人、文学家,有"诗豪"之称。刘禹锡关心现实社会,其诗反映了中唐政治生活中的重大事件,倾向鲜明,他的咏史怀古之作最为人称道。其诗现存800余首,代表作有《西塞山怀古》《姑闻秋风》《秋词二首》等。

杜牧(803—约852),今陕西西安人,晚唐的诗人代表。杜牧的文学创作有多方面的成就,诗、赋、古文都堪称名家。在诗歌创作上,杜牧与晚唐另一位杰出的诗人李商隐齐名,并称"小李杜"。杜牧的诗词采清丽,风调俊朗,对后世影响很大。

李商隐(813—858),今河南沁阳人,唐代后期杰出的诗人。其诗风受李贺影响颇深,在句法、章法和结构方面则受到杜甫和韩愈的影响。诗具有鲜明而独特的艺术风格,文辞清丽、意韵深微。现存李商隐诗600多首。"无题诗"是李商隐的创造,诗多以爱情为题材,缠绵绮丽,对后代有很大的影响。

(8)古文运动。古文运动是指唐代中叶及北宋时期以韩愈、柳宗元共同倡导的提倡古文、反对骈文为特点的文体改革运动。古文运动的口号是"文以载道",主张学习先秦两汉的散文语言,破骈为散,扩大文言文的表达功能,使文章的形式为内容服务。

(9)唐传奇。小说到唐代产生了新的体式,即唐传奇。唐传奇开辟了古代小说作为一种文体独立发展的道路,在我国古代小说史上具有重要的地位。

唐传奇题材丰富广泛,主要有爱情、豪侠、神怪、历史四类。唐传奇的主题、题材和艺术表现手法对后世文学产生了深远的影响。追求爱情自由、否定荣华富贵等思想成为后世小说、戏曲的传统主题。唐传奇虚构故事、叙述情节、塑造人物、运用语言的种种技巧,都为后世小说的创作提供了丰富的艺术借鉴。

四、宋元明清文学

1.宋代文学

宋太宗赵光义结束了晚唐五代以来长期分裂混乱的局面,全国统一,社会安定,经济繁荣,封建文化全面高涨。在经济发展、生活稳定的情况下,文人士大夫一般都过着豪华奢侈的享乐生活,秦楼楚馆遍地,征歌逐酒兴盛,促进了宋词的发展。手工业、商贸活跃,适应市民阶层文化和娱乐的各种民间说唱歌舞伎艺迅速兴起,戏剧由此形成,白话小说也由此诞生。

(1)宋词。宋词在整个宋代文学中占有十分重要的地位,在中国古代文学中,她以姹紫嫣红、千姿百态的风情,与唐诗争奇,与元曲斗艳,历来与唐诗并称"双绝",都代表一代文学之盛。在词史上,宋词占有无与伦比的巅峰地位,无论是题材还是风格,后代词人很少能超出宋词的范围。

北宋初、中期的词沿袭了唐五代词的特点,在形式上以小令为主,内容多写男女爱情、离愁别恨,艺术上多用白描手法。北宋后期的词,最大的特色是词的诗化。主要词人有苏轼、秦观、周邦彦、李煜、贺铸等。

南宋前期的词强烈地表现了爱国主义精神,主要词人有李清照、张孝祥、辛弃疾等。

苏轼(1037—1101),号"东坡居士",世人称其为"苏东坡",北宋著名文学家、书画家、诗人,豪放派词人代表,今四川眉山人。他与父亲苏洵、弟弟苏辙皆以文学名世,世称"三苏"。苏轼是北宋中期的文坛领袖,具有多方面的文学才华,其文学成就,无论诗、词、散文等,在北宋作家中都是首屈一指的,而且体现着他独有的个性风貌。

苏轼文学创作以诗歌数量最多,内容最丰富,今存他的诗歌2 700多首。他打破词和诗的界限,扩大了词的题材,丰富了词的意境,开创了豪放词派。

秦观(1049—1100),今属江苏人,北宋后期著名婉约派词人。其词大多描写男女情爱和抒发仕途失意的哀怨,文字工巧精细,音律谐美,情韵兼胜,历来词誉甚高,然而缘情婉转,语多凄黯。秦观的代表作《鹊桥仙》中"两情若是久长时,又岂在朝朝暮暮"被誉为"化腐朽为神奇"的名句。

周邦彦(1056—1121),今浙江杭州市人,北宋词人。作品多写闺情、羁旅,也有咏物之作,格律谨严,语言曲丽精雅,长调尤善铺叙。

李煜(937—978),江苏徐州人。五代十国时南唐国君,在位时间(961—975),史称李后主。开宝八年,国破降宋,俘至汴京,后被宋太宗毒死。李煜虽不通政治,但其艺术才华却非凡,精书法,善绘画,通音律,尤以词的成就最高。《虞美人》《浪淘沙》《乌夜啼》等是其代表作。李煜在中国词史上占有重要的地位。

贺铸(1052—1125),今河南卫辉人,北宋词人。其词内容、风格兼有豪放、婉约二派之长,长于锤炼语言并善融化前人成句。用韵严谨,富有节奏感和音乐美。

李清照(1084—1155),今山东人。她是诗、词、散文都擅长的女作家,最有成就的是词。李清照的词基本上是沿袭婉约派词的传统,但又有较大的突破,兼得豪放派词之长。她善于抒情,词字真情实感,不雕琢,不堆砌。李清照在两宋词坛上独树一帜,对后世诗词的发展产生了较大的影响。

张孝祥(1132—1169),今安徽和县人,南宋著名词人。《全宋词》辑录其词223首,其中尤以表现爱国思想、反映社会现实的作品成就最为突出。张孝祥词上承苏轼,下开辛弃疾爱国词派的先河,在词史上占有比较重要的地位。

辛弃疾(1140—1207),今山东济南人,豪放派词人、爱国者、军事家和政治家。强烈的爱国主义思想和战斗精神是辛弃疾词的基本思想内容。

辛弃疾在文学史上第一次把金戈铁马的铿锵之声带入词的歌唱里来。辛弃疾的词以其内容上的爱国思想,艺术上的革新精神,代表着南宋爱国主义文学的最高成就。

(2)南宋爱国诗人陆游。陆游(1125—1210),今浙江省绍兴市人,南宋爱国诗人,诗坛领袖。他的许多诗篇抒写了抗金杀敌的豪情和对敌人、卖国贼的仇恨,风格雄奇奔放,沉郁悲壮,在思想上、艺术上都取得了卓越成就,在中国文学史上享有崇高地位。

陆游一生作品丰富,今存诗9 300多首,是我国现有存诗最多的诗人。陆游具有多方面文学才能,尤以诗的成就为最。他的名句"山重水复疑无路,柳暗花明又一村"一直被人们广为传诵。他的诗歌艺术创作,继承了屈原、陶渊明、杜甫、苏轼等人的优良传统,是我国文化史上一位具有深远影响的卓越诗人。

(3)"唐宋八大家"。唐宋八大家是唐宋时期八大散文作家的合称,即唐代的韩愈、柳宗元和宋代的欧阳修、苏轼、苏洵、苏辙、王安石、曾巩。

韩愈(768—824),今河南省焦作孟州市人,唐代文学家、哲学家、思想家。他与柳宗元同为唐代古文运动的倡导者,并称"韩柳"。论说文在韩文中占有重要的地位,宋代苏轼称他"文起八代之衰",明人推他为唐宋八大家之首。

韩愈的《师说》《原毁》《讳辩》《争臣论》《论佛骨表》等作品,形式活泼,不拘一格,文字惊世骇俗,极具震慑人的气势。

柳宗元(773—819),今陕西西安人,唐代文学家、哲学家,与韩愈共同倡导唐代古文运动。柳宗元一生留诗文作品达600余篇,其文的成就大于诗。骈文有近百篇,散文论说性强,笔锋犀利,讽刺辛辣,富于战斗性,游记写景状物,多有寄托。

柳宗元《贞符》《封建论》《时令论》《断刑论》《天说》《捕蛇者说》等一系列哲学论文,语言辛辣,嬉笑怒骂,笔无藏锋,痛快淋漓。

欧阳修(1007—1072),今江西人,北宋政治家、文学家、史学家和诗人。苏轼父子及曾巩、王安石皆出其门下。欧阳修诗、词、散文均为一时之冠。散文说理畅达,抒情委婉,诗风与散文近似,重气势而能流畅自然;其词深婉清丽,承袭南唐余风。

苏洵(1009—1066),今四川眉山人,北宋散文家,与其子苏轼、苏辙合称"三苏",均被列入"唐宋八大家"。苏洵长于散文,尤擅政论,议论明畅,笔势雄健。

苏辙(1039—1112),苏轼之弟,人称"小苏"。北宋散文家,其文以策论见长,著有《栾城集》。

王安石(1021—1086),今抚州东乡县人,北宋杰出的政治家、思想家、文学家、改革家,被列宁誉为"十一世纪中国最伟大的改革家"。王安石为了实现自己的政治理想,把文学创作和政治活动密切地联系起来,强调文学的作用首先在于为社会服务。他的作品多揭露时弊、反映社会矛盾,具有较浓厚的政治色彩。

曾巩(1019—1083),今江西人,北宋文学家。曾巩的兴趣主要在于史传、策论一类的应用文,尤其是他从事史书编纂工作多年,对史传碑志的写作较有研究。

2.元代文学

元代的历史是比较短暂的,但元代文学在中国文学发展的过程中,却有着划时代的意义。元代的文学成就主要体现在戏曲上。元代的戏曲形式主要有杂剧、散曲、南戏三种。这三种戏曲形式都涌现了一些优秀的作家和作品,对明清的戏曲产生了重要影响。

(1)杂剧。杂剧是元代文学的主体,代表了元代文学的最高成就。关汉卿、郑光祖、白朴、马致远是元杂剧的代表作家,被后世称为"元杂四大家"。

关汉卿(约1220—1300),今河北安国人,元代杂剧作家。关汉卿编有杂剧67部,现存18部,其中《窦娥冤》《救风尘》《望江亭》《拜月亭》《单刀会》等是他的代表作。

郑光祖,今山西襄汾县人。他是元代著名的杂剧家和散曲家,所作杂剧在当时"名闻天下,声振闺阁"。所作杂剧可考者十八种,现存《周公摄政》《王粲登楼》《翰林风月》《倩女离魂》《无盐破连环》《伊尹扶汤》《老君堂》《三战吕布》八种;其中,《倩女离魂》最著名。其作品清新流畅,婉转妩媚,在文学艺术的研究上有很高的价值。四人中,关、马、白三人都活跃于元代初年,唯郑光祖较晚,是元杂剧后期的重要作家。

白朴(1226—1306),今山西河曲县人,元代著名的文学家、杂剧家。白朴的剧作题材多出历史传说,剧情多为才人韵事。他善于利用历史题材,敷演故事,因旧题,创新意,词采优美,情意深切绵长。

马致远(约1251—1321),今北京人,元代著名的杂剧家。马致远从事杂剧创作的时间长,名气大,有"曲状元"之誉。他小令《天净沙·秋思》脍炙人口,独具匠心,自然天成,丝毫不见雕琢痕迹,被誉为"秋思之祖"。

(2)散曲。散曲是元代新兴的一种诗体,它既可以像诗、词一样用来抒情写景,又是元杂剧的主要构成部分(曲词),是曲的另一种形式。散曲吸取了女真、蒙古等少数民族的乐曲,马致远是那个时代具有最高成就的作家。

(3)南戏。南戏是在中国南方地区最早兴起的汉族戏曲剧种。元代南戏著名的作品是:《荆钗记》《白兔记》《拜月记》《杀狗记》,被后人称为"四大南戏"。

3.明清文学

明代是中国古代长篇小说创作的辉煌时期,"四大奇书"即《三国演义》《水浒传》《西游记》《金瓶梅》都是在明代完成的不朽杰作。在宋元话本小说的基础上发展起来的白话短篇小说,到明代中后期,也出现了一个鼎盛局面,冯梦龙的"三言"、凌濛初的"二拍"成为这方面的代表,瞿佑的《剪灯新话》和李昌祺的《剪灯金话》,以及邵景詹的《觅灯因话》是明代文言短篇小说的代表作。

清代文学的成就是多方面的,小说、戏剧、诗歌、散文、词等都有值得称道的作品。长篇小说是清代文学中成就最高的,以《红楼梦》《儒林外史》为代表。吴沃尧《二十年目睹之怪现状》、李宝嘉《官场现形记》、曾朴《孽海花》、刘鹗《老残游记》被鲁迅誉为晚清四大谴责小说。

1)明清小说。

(1)《三国演义》和《水浒传》。

元明之际的施耐庵和罗贯中,在"三国""水浒"故事广泛流传以及有关的话本、杂剧长期传播的基础上,写成了《三国演义》《水浒传》。

《三国演义》是我国第一部长篇历史小说,描写了起自黄巾农民起义、终于西晋统一的近百年的历史。它是我国章回小说的开山之作,在思想和艺术上都成为我国历史小说的楷模,在人们的社会生活和文学活动中也产生了深远的影响。

《水浒传》是一部英雄传奇小说,取材于北宋末年宋江起义的故事,在史实的基础上,结合民间传说、民间通俗文学,再经过作者的加工、敷演而成的。

(2)《西游记》。

《西游记》是一部杰出的浪漫主义神话小说,它既是吴承恩天才的创作,也是吴承恩对历来西游故事的总结。这部小说神幻奇异的外表下,蕴涵着作者对当时黑暗社会的讽刺与批判,歌颂了人类为争取自由、向往美好境界而勇敢探索的精神。

(3)"三言""二拍"。

"三言"即冯梦龙的《喻世明言》《警世通言》《醒世恒言》,主要是对宋元话本、明代拟话本进行编辑。"三言"代表了明代拟话本的成就,是中国古代白话短篇小说的宝库。

"二拍"即凌濛初的《初刻拍案惊奇》和《二刻拍案惊奇》。刊于明代崇祯年间,有拟话本78篇。作品多是取材于古往今来的一些新鲜有趣的逸事,敷演成文,以迎合市民的需要,同时也寓有劝惩之意。

(4)《红楼梦》。

《红楼梦》成书于1784年,原名为《石头记》《情僧录》《风月宝鉴》《金陵十二钗》等,作者曹雪芹。最初的《红楼梦》是以手抄本形式流传,只有前八十回。现通行的续作是由高鹗续全的一百二十回《红楼梦》。《红楼梦》以贾、史、王、薛四大家族为背景,以贾宝玉、林黛玉爱情悲剧为主线,着重描写贾家荣、宁二府由盛到衰的过程,全面地描写封建社会末世的人性世态及种种无法调和的矛盾。《红楼梦》代表了清代小说的最高成就,是中国古典小说的最高峰。

(5)《儒林外史》。

《儒林外史》是我国清代杰出的现实主义长篇讽刺小说,作者吴敬梓。全书56章,由许多个生动的故事联结,这些故事都是以真人真事为原型塑造的。主要描写封建社会后期知识分子及官绅的活动和精神面貌。全书的中心内容就是抨击僵化的考试制度和由此带来的严重社会问题。

2)戏曲。

以沈璟为代表的吴江派和以汤显祖为代表的临川派是明代戏剧繁荣的标志。汤显祖的代表作《牡丹亭》是我国戏曲史上浪漫主义的杰作。他所塑造的杜丽娘、柳梦梅成了反对封建礼教、追求爱情幸福的典型。

清代的剧坛也是丰富多彩、复杂多变的。清代的传奇继明代之后,取得了突出的成就,涌现了《桃花扇》《长生殿》等优秀作品。从数量上来说,清代传奇流下来的是最多的。但是,中国古代戏曲的衰落也正是从清代开始的。

经典真题

(单选题)1.我国文学史上流传的佳句"但愿人长久,千里共婵娟"是北宋诗人(　　)的作品。

A.苏轼   B.欧阳修

C.晏殊   D.柳永

【答案】A。解析:"但愿人长久,千里共婵娟"是苏轼《水调歌头》中的结尾句。

(多选题)2.我国古代四大名著包括( )。

A.《金瓶梅》 B.《三国演义》

C.《红楼梦》 D.《水浒传》

【答案】BCD。解析:四大名著是指《三国演义》《西游记》《水浒传》《红楼梦》四部中国古典小说。而《金瓶梅》是明代"四大奇书"之一。故本题答案选BCD。

第二节 中国现当代文学

一、现代文学

1.新文化运动

1915年9月,由陈独秀主编的《青年杂志》(次年9月第二卷起更名为《新青年》)创刊,在中国掀起了一场威武雄壮、波澜壮阔的新文化运动。

新文化运动的主要发起人是陈独秀和胡适。新文化运动高举民主和科学两面大旗,以个性主义和人道主义为重要思想武器,向中国的封建文化发起了前所未有的战斗。

1917年1月,胡适在《新青年》上发表了《文学改良刍议》。此文以"提倡白话文,反对文言文;提倡新文学,反对旧文学"成为中国新文学向旧文学宣战的宣言书。

1918年4月,《新青年》第四卷第四号上设立《随感录》栏目,于是诞生了中国文学体裁的一个新形式杂文。随感录的作家群有:陈独秀、李大钊、刘半农、钱玄同、周作人、鲁迅、胡适等。鲁迅后来成为中国杂文大师。

1920年,国民政府教育部令民国一二年级国文教材改用语体文(白话文)。

鲁迅(1881—1936),原名周樟寿(后改名周树人),浙江绍兴人,伟大的无产阶级文学家。1918年发表了中国文学史上第一篇白话小说《狂人日记》。鲁迅的著作以小说、杂文为主,代表作有:小说集《呐喊》《彷徨》,散文集《朝花夕拾》,散文诗集《野草》,杂文集《南腔北调集》《三闲集》《二心集》等。

陈独秀(1879—1942),安徽安庆人,中国共产党的创始人。1918年和李大钊创办《每周评论》,宣传马克思主义,是"新文化运动"和五四运动的主要领导人之一。

胡适(1891—1962),安徽绩溪人,现代著名学者、诗人、文学家。以《新青年》月刊为阵地,宣传民主、科学,提倡文学革命而成为"新文化运动"的领袖之一。

2.新文学社团的崛起

(1)文学研究会。1921年1月,文学研究会在北京成立,主要发起人周作人、郑振铎、沈雁冰、叶绍钧等,文学研究会是20世纪20年代成员最多、规模最大的新文学团体。文学研究会作家关注社会人生问题,因而这些作家被称为"人生派"。这个作家群的主要代表是:叶绍钧(又名叶圣陶)、朱自清、冰心等。

周作人(1885—1967),浙江绍兴人。现代散文家、诗人、文学翻译家,其散文成就很高,鲁迅的二弟。周作人写了大量散文,风格平和冲淡,清隽幽雅。抗日战争爆发后,曾出任伪南京国民政府委员、伪华北政务委员会常务委员兼教育总署督办等职。新中国成立之后,周作人从事日本、希腊文学作品的翻译工作。

河南省农村信用社招聘考试专用教材

郑振铎(1898—1958),福建长乐县人。现代作家、著名学者,"新文化运动"的积极倡导者之一,长期主编《小说月报》,积极倡导写实主义文学和为人生的血泪文学,并致力于翻译介绍苏联及各弱小民族的文学作品。

郑振铎出版的 70 万字的巨著《插图本中国文学史》是新中国成立前国内篇幅最多、影响最大的中国文学史专著。同时出版的《中国俗文学史》也是我国第一本民间文学史,而且迄今尚无可以替代之书。

沈雁冰(1896—1981),笔名茅盾,浙江桐乡人,早年参加五四运动。1921 年在上海先后参加共产主义小组和中国共产党。沈雁冰的代表作有长篇小说:《子夜》《蚀》"三部曲":《幻灭》《动摇》《追求》、《腐蚀》和《虹》等;短篇小说"农村三部曲":《春蚕》《秋收》《残冬》、《大鼻子的故事》《林家铺子》等;散文《白杨礼赞》《风景谈》等。

叶圣陶(1894—1988),原名叶绍钧,江苏苏州市人。现代著名作家、教育家、编辑家和社会活动家。他出版了童话集《稻草人》,是中国现代文学史上最早写童话的作家。1930 年,他主办的《中学生》杂志是二十世纪三四十年代最受青年学生欢迎的读物。

朱自清(1898—1948),浙江绍兴人,现代著名散文家、诗人、学者、民主战士。朱自清的散文主要是叙事性和抒情性的小品文。其代表作品《背影》《荷塘月色》是脍炙人口的名篇。

冰心(1900—1999),女,福建福州人,原名谢婉莹,现代著名诗人、作家、翻译家、儿童文学家。她崇尚"爱的哲学","母爱""童真"是其作品的主旋律。她的散文被誉为"美文"的代表。其主要作品有诗集《繁星》《春水》,散文集《寄小读者》《樱花赞》等。

(2)创造社。1921 年 6 月,由留日爱好文艺的中国留学生组建的创造社成立,主要发起人有郭沫若、郁达夫等人。1928 年以后,创造社的大部分骨干都加入了中国共产党,创造社实质上成为中国共产党领导的革命文艺组织。

郭沫若(1892—1978),四川乐山人。中国新诗的奠基人,代表作诗集《女神》摆脱了中国传统诗歌的束缚,反映了五四时代精神,在中国文学史上开拓了新一代诗风。他创作了《王昭君》《卓文君》《屈原》《蔡文姬》《武则天》等历史剧本,著有《中国古代社会研究》《甲骨文研究》《甲申三百年祭》等。

郁达夫(1896—1945),原名郁文,浙江富阳人。中国现代著名小说家、散文家、诗人。1921 年 7 月,第一部短篇小说集《沉沦》问世,在当时产生很大影响。郁达夫在文学创作上主张"文学作品,都是作家的自序传"。因此,他常常把个人的生活经历作为小说和散文的创作素材。

(3)新月社。1923 年在北京成立,发起人有胡适、徐志摩、闻一多、梁实秋等,此后新月社中的诗人逐渐聚拢,形成了著名的"新月诗派"。

徐志摩(1897—1931),浙江海宁人,现代诗人、散文家。徐志摩为"新月诗派"的代表诗人。他的散文也自成一格,其中《自剖》《想飞》《我所知道的康桥》《翡冷翠山居闲话》等都是传世的名篇。

闻一多(1899—1946),湖北浠水县人,诗人、学者、"新月"派代表诗人。闻一多的诗开创了格律体的新诗流派,影响了不少后起的诗人。

梁实秋(1903—1987),祖籍杭州,出生于北京。现代著名的散文家、学者、翻译家。梁实秋散文代表作《雅舍小品》从 1949 年起 20 多年共出版 4 辑。

(4)语丝社。1924 年在北京成立,主要成员有鲁迅、周作人、林语堂、俞平伯等人,同时创办了《语丝》周刊。语丝社以发表针砭时弊的杂感小品著称,并形成了"任意而谈,无所顾虑",幽默泼辣的"语丝文体"。

林语堂(1895—1976),福建漳州人。中国当代著名学者、文学家、语言学家。早年留学国外,回国后在北京大学等著名大学任教,1966 年定居台湾,一生著述颇丰。

俞平伯(1900—1990),浙江德清人,红学家、诗人。俞平伯最初以创作新诗为主。1918年,以白话诗《春水》崭露头角。次年,与朱自清等人创办我国最早的新诗月刊《诗》。1921年,俞平伯开始研究《红楼梦》。

(5)南国社。1927年冬成立于上海,前身为南国电影剧社。其宗旨是"团结能与时代共痛痒之有为青年作艺术上之革命运动"。主要成员有田汉、欧阳予倩、徐志摩、徐悲鸿、周信芳等,代表人物和创始人是田汉。南国社团成就最高、影响最大的是戏剧,为中国现代戏剧史打开了一个崭新的局面。

田汉(1898—1968),湖南长沙人。著名戏剧家,中国现代戏剧的奠基人,五四以后最有成就的剧作家之一。田汉写过多部著名话剧,主要剧作有《咖啡店之一夜》《名优之死》《丽人行》《关汉卿》《文成公主》,以及京剧《白蛇传》《谢瑶环》等。他是中华人民共和国国歌《义勇军进行曲》的词作者。

3.左翼作家联盟

1929年,面对国民党对革命文艺的疯狂"围剿",中国共产党要求创造社、太阳社成员鲁迅等作家联合起来,成立革命作家的统一组织。经过近半年的筹备,1930年3月2日,中国左翼作家联盟(简称"左翼")在上海宣告成立。鲁迅、田汉、沈瑞先、郑伯奇等7人组成常务委员会。大会通过了"左联"的理论纲领和工作方针。

"左翼"是中国共产党领导下的革命作家的统一组织,以发展无产阶级文学成为革命斗争的一翼为宗旨。

4.鸳鸯蝴蝶

鸳鸯蝴蝶派是由清末民初言情小说发展而来,20世纪初叶在上海"十里洋场"形成的一个文学流派。

这一流派的作家、写手所创作的作品题材广泛,包括"相悦相恋,分拆不开,柳荫花下,像一对蝴蝶一双鸳鸯一样"的才子佳人恋爱小说,铁马金戈的武侠小说,扑朔迷离的侦探小说,揭秘猎奇的社会小说……都是他们的拿手题材。鸳鸯蝴蝶派小说曾是新文化运动前文学界最走俏的通俗读物之一。

5.七月派

"七月派"是抗战爆发后涌现的一个重要的现实主义文学流派,它因《七月》杂志而得名。胡风是"七月派"的核心人物。"七月派"小说家中影响最大、成就最高、作品最多的是路翎,他的作品,善于揭示社会的复杂内涵,描写人物心理的多层性。

胡风(1902—1985),原名张光人,湖北蕲春人。现代文艺理论家、诗人、文学翻译家。其著作有诗集《野花与箭》《为祖国而歌》《时间开始了》,文艺评论集《文艺笔谈》《剑·文艺·人民》《论民族形式问题》《在混乱里面》《逆流的日子》《为了明天》等。

路翎(1923—1994),安徽无为人,中国现当代著名作家。路翎1937年开始发表作品,著有长篇小说《财主的儿女们》,中篇小说《饥饿的郭素娥》,短篇小说集《朱桂花的故事》《初雪》《求爱》,话剧剧本《英雄母亲》《祖国在前进》等。

6.抗日战争时期的讽刺小说

1938年4月,张天翼发表了讽刺小说《华威先生》,以抗战以来在温煦作品中宣传抗战、颂扬英雄和打击侵略者的风气,暴露一个"抗战官僚"的丑恶嘴脸。张恨水的长篇讽刺小说《八十一梦》《五子登科》等,以市民阶层喜闻乐见的形势和情调来反映社会的腐败黑暗。

张天翼(1906—1985),湖南湘乡人,中国著名的现代小说家和儿童文学作家。1931年加入中国"左翼",是"左翼"优秀的讽刺小说家。抗日战争时期,他的短篇集《速写三篇》,深刻地暴露了国统区抗

河南省农村信用社招聘考试专用教材

日运动的阴暗面,产生了广泛的社会影响,其中《华威先生》是他讽刺小说的一部力作。

张恨水(1895—1967),安徽潜山人,现代小说家,1917年开始发表作品。他在50多年的写作生涯中,共完成中长篇小说100多部。主要作品有《梁山伯与祝英台》《八十一梦》《五子登科》《白蛇传》《啼笑姻缘》《孔雀东南飞》《金粉世家》《太平花》《燕归来》《夜深沉》《北雁南飞》《欢喜冤家》《秦淮世家》《纸醉金迷》等。

7. 新型小说

新型小说是指中国共产党领导建立的解放区作家在20世纪30年代"左翼"文学的革命现实主义小说基础上,发展起来的反映工农群众崭新生活面貌和农村历史性变革的小说。

丁玲的《太阳照在桑乾河上》和周立波的《暴风骤雨》代表了解放区土改题材长篇小说的最高成就,在中国现代文学史上有着重要的地位。

解放区除了土改题材的小说外,还有反映农村新生活事物的小说。如柳青的长篇小说《种谷记》、欧阳山的长篇小说《高干大》。

另外,在解放区还出现了一批令人瞩目的中长篇章回新英雄传奇小说,中篇有柯蓝的《洋铁桶的故事》;长篇有马峰、西戎的《吕梁英雄传》和孔厥、袁静的《新儿女英雄传》。

丁玲(1904—1986),湖南临澧人,现代女作家。1930年参加中国"左翼"作家联盟,1948年发表了反映解放区土改运动的优秀长篇小说《太阳照在桑乾河上》,曾被译成多种外文,1951年获斯大林文学奖。丁玲一生著作丰富,有些作品被译成多种文字,在世界各国流传,产生了广泛的影响。

周立波(1908—1979),湖南益阳人。1934年参加中国"左翼"作家联盟后,翻译了肖洛霍夫的长篇小说《被开垦的处女地》(第一部)和基希的报告文学《秘密的中国》。1948年,发表了代表作长篇小说《暴风骤雨》,展现了东北农村一个名叫元茂屯的村子进行土地改革的波澜壮阔的革命斗争画面,刻画了一系列生动的农民形象,成为中国最早出现的以土改为题材的优秀作品之一,艺术上显示了民族特色和个人风格,1951年获斯大林文学奖,风靡全国,曾出版过多种文字译本。

8. 新歌剧

1942年延安文艺整风以后,解放区兴起了群众性的新秧歌歌剧。新秧歌歌剧剔除了旧秧歌中常有的低级趣味的内容,加工改造了它的音乐、表演等形式。

新秧歌歌剧的代表作是王大化、李波等人创作的《兄妹开荒》,周而复、苏一平的《牛永贵挂彩》和马建翎的《十二把镰刀》等。

在新秧歌歌剧蓬勃发展的基础上,产生了贺敬之、丁毅执笔的歌剧《白毛女》。歌剧《白毛女》最突出的艺术在于它创作了完美的、富有中国风格的民族歌剧的新形式,标志着中国民族新歌剧走向成熟。

贺敬之(1924—),山东峰县人,现代著名革命诗人、剧作家。1945年,他和丁毅执笔,集体创作我国第一部新歌剧《白毛女》,1951年获斯大林文学奖。新中国成立后,他创作了《回延安》《放声歌唱》《三门峡歌》《十月颂歌》《雷锋之歌》《中国的十月》《八一之歌》等有名的诗篇。他的政治抒情诗不仅数量多,而且成就突出。

二、新中国成立后十七年文学

1. 小说

中华人民共和国成立后到"文化大革命"前的十七年间,小说基本上确立的是历史与现实两类题材。

在历史题材方面,以反映民主革命为主,描写中国共产党领导的革命斗争的各个历史阶段。长篇小说有:梁斌的《红旗谱》、欧阳山的《三家巷》、孙犁的《风云初记》、知侠的《铁道游击队》、冯志的《敌后武工队》、冯德英的《苦菜花》、李英儒的《野火春风斗古城》、杜鹏程的《保卫延安》、吴强的《红日》、曲波的《林海雪原》和罗广斌、杨益言的《红岩》等。短篇小说有：王愿坚的《党费》《七根火柴》，热情刻画了长征时期英勇悲壮的共产党员形象，给读者留下了深刻印象。

用长篇的形式反映农业合作化而具有代表性的作品，是赵树理的《三里湾》、周立波的《山乡巨变》和柳青的《创业史》。

20世纪60年代前期问世的两部长篇是浩然的《艳阳天》、陈登科的《风雷》。周而复的《上海的早晨》描写了农业、手工业、民族资本主义工商业社会主义改造中的两条路线的对立和两个阶级的斗争，反映社会主义变革的尖锐性、复杂性。

梁斌(1914—1996)，河北蠡县人，现代著名小说家。他创作的多卷本长篇小说《红旗谱》被誉为反映中国农民革命斗争的史诗式作品，引起强烈反响，并被改编为话剧、电影。

欧阳山(1908—2000)，湖北荆州人，现代著名小说家。1932年参加中国"左翼"作家联盟，1946年创作完成反映边区经济发展和农村新貌的长篇小说《高干大》。

1957年，欧阳山开始长篇巨著《一代风流》《三家巷》《苦斗》《柳暗花明》《圣地》《万年春》的创作，作品展示了一幅中国现代革命的历史画卷，生动地刻画了周炳、区桃等一批从"三家巷"里走出来的典型人物，通过一个工人出身的知识分子复杂而漫长的革命经历，反映整个新民主主义革命历程。

杨沫(1914—1995)，祖籍湖南汨罗，生于北京，当代女作家。1958年出版的代表作《青春之歌》是描写中国共产党领导的爱国学生运动的优秀长篇，成功地塑造了知识青年林道静这一艺术典型。小说在读者中，特别是青年学生中影响深广，曾由作者改编为电影剧本，拍成同名电影上映。

柳青(1916—1978)，陕西吴堡县人，当代著名小说家。1938年后开始创作活动。他几十年如一日生活在农民中间，有着丰厚的生活积累。他的小说大都以农村生活为题材，生活气息浓厚，主要作品有：短篇小说集《地雷》，中篇小说《咬透铁锹》，长篇小说《种谷记》《铜墙铁壁》，其代表作品是《创业史》。

浩然(1932—2008)，天津人，当代著名作家。1962年年底开始创作多卷本长篇小说《艳阳天》，1970年年底开始创作另一部多卷长篇小说《金光大道》。这些作品在当时有较大影响。1987年发表了长篇小说《苍生》，以新的视角观察和反映变革中的农村现实和新时期农村的巨大变化。作品生活气息浓郁，乡土特色鲜明，语言朴素自然。"写农民，给农民写"是他的创作宗旨。

周而复(1914—2004)，生于南京，当代著名作家，其作品有小说、诗歌、散文特写、剧本等。周而复的创作成就在小说方面，他的长篇小说《白求恩大夫》以充沛的激情刻画了白求恩大夫崇高的形象，生动感人。代表作《上海的早晨》以改造民族工商业者为题材，塑造了各具个性的资本家形象，规模宏大，构思严谨，在国内外都有较大影响。

2.诗歌

在20世纪50年代最初的几年中，诗人们尚在调整适应期，创造不多，比较重要的作品是抒写开国大典的何其芳的《我们最伟大的节日》、郭沫若的《新华颂》、胡风的《时间开始了》等诗。1957年上半年，在"双百"方针鼓舞下，诗坛涌现一批敢于触及时弊、勇于编写生活矛盾的诗，如艾青的《养花人的梦》、郭小川的《望星空》等，反映了作者对生活的独特思考和大胆的创新精神。

艾青(1910—1996)，浙江金华人，当代诗人。1936年《大堰河——我的保姆》发表后引起轰动，一举成名。1941年赴延安，任《诗刊》主编，出版了《北方》《向太阳》《火把》《黎明的通知》等9部诗集。

从1936年起，艾青出版诗集达20部以上，他的作品被译成10多种文字在国外出版。在中国新诗发展史上，艾青是继郭沫若、闻一多等人之后又一位推动一代诗风并产生过重要影响的诗人，在世界上也享有盛誉。

郭小川（1919—1976），河北丰宁县人，当代诗人。郭小川创作丰厚，主要著作有：《平原老人》《投入火热的斗争》《致青年公民》《鹏程万里》《将军三部曲》《甘蔗林——青纱帐》《昆仑行》及一些政论、杂文等作品。

3.戏剧

戏曲、话剧和歌剧是中国当代戏剧的三大主要剧种。

新中国成立后话剧发展较快，出现了许多有影响的作品。如刘沧浪等人的《红旗歌》，胡可的《战斗里成长》，老舍的《龙须沟》《茶馆》，傅铎的《冲破黎明前的黑暗》，天津码头工人集体创作《六号门》，陈其通的《万水千山》，曹禺的《明朗的天》，夏衍的《考验》《马兰花》等。

1958 年到 1962 年间，话剧出现了一个历史剧的热潮。其数量之多，影响之大，质量之优都是前所未有的。郭沫若的《蔡文姬》《武则天》，田汉的《关汉卿》《文成公主》，老舍的《神拳》，曹禺的《胆剑篇》，朱祖贻等的《甲午海战》等历史剧的优秀之作都产生在这个时期。

1953 年起，国家对全国 360 多个文工团进行整编后，成立了 11 个歌剧团，从此开始了歌剧专业化、正规化和建立剧场艺术的历史。这一时期涌现出了中国现代歌剧史上一大批精品，如《洪湖赤卫队》《刘三姐》《红珊瑚》《江姐》等。

老舍（1899—1966），满族，北京人，中国现代小说家、戏剧家。老舍的主要作品有：长篇小说《骆驼祥子》《四世同堂》，中篇小说《月牙儿》《我这一辈子》；剧本《龙须沟》《茶馆》以及《老舍剧作全集》《老舍散文集》《老舍诗选》《老舍文艺评论集》和《老舍文集》等。

老舍以长篇小说和剧作著称于世。他的作品大都取材于市民生活，为中国现代文学开拓了重要的题材领域。他所描写的自然风光、世态人情、习俗时尚，运用的群众口语，都呈现出浓郁的"京味"。优秀长篇小说《骆驼祥子》《四世同堂》便是描写北京市民生活的代表作。话剧剧本《茶馆》以独特而又精巧的戏剧结构，"小说式"的人物刻画，鲜明而突出的地方特色和民族特色表现出巨大的艺术价值，成为中国话剧艺术的一颗璀璨明珠。

老舍的作品已被译成 20 余种文字出版，作品具有独特的幽默风格和浓郁的民族色彩，以及从内容到形式的雅俗共赏赢得了广大的读者，同时，老舍也获"人民艺术家"称号。

曹禺（1910—1996），湖北潜江人，中国现代杰出的戏剧家，著有《雷雨》《日出》《原野》《北京人》等著名作品。1934 年曹禺的处女作四幕话剧《雷雨》问世，在中国现代话剧史上具有极其重大的意义，被公认为是中国现代话剧真正成熟的标志。

夏衍（1900—1995），河南开封人，中国著名文学、电影、戏剧作家。他创作有电影剧本《狂流》《春蚕》，话剧《秋瑾传》《上海屋檐下》及报告文学《包身工》，他对 30 年代进步文艺产生了巨大影响。

新中国成立后，夏衍改编创作了《烈火中永生》《祝福》《林家铺子》等电影剧本，1994 年 10 月，被国务院授予"有杰出贡献的电影艺术家"荣誉称号。

4.散文

新中国成立后十七年的散文主要表现在两个方面：反映抗美援朝战争和社会主义建设。

反映抗美援朝战争的优秀散文作品有：巴金的《生活在英雄们中间》，魏巍的《谁是最可爱的人》，刘白羽的《朝鲜在战火中前进》，杨朔的《鸭绿江南北》等。

反映社会主义建设的优秀散文作品有不少是知名的篇章。柳青的《王家斌》，沙汀的《卢家秀》，描绘了经过社会主义变革后的农村新气象。华山的《童话的时代》，臧克家的《毛主席向着黄河笑》、雷加的《三门峡截流记》，以浪漫的诗意笔触描绘我国人民根治黄河的气魄和理想。杨朔的《石油城》，李若冰的《在柴达木盆地》，萧乾的《万里赶羊》等作品，勾画出戈壁沙滩、内蒙古草原等祖国各地建设者勇敢跋涉的足迹，表现了各条战线上的情景。

魏钢焰反映纺织女工赵梦桃事迹的《红桃是怎样开的》，田流描写农民植棉能手吴吉昌事迹的《忠心耿耿》，陈广生等的《毛主席的好战士——雷锋》，穆青等的《县委书记的好榜样——焦裕禄》，郭小川等赞美南京路上好八连永葆革命传统的《无产阶级革命战士高尚风格》以及巴金的《一场挽救生命的战斗》，《中国青年报》记者的《为了六十一个阶级弟兄》，郁茹的《向秀丽》等作品反映着各条战线上的新事物、新人物、新思想、新风尚，着重表现我国人民战胜天灾人祸的无畏勇气、坚韧毅力、高尚情操和共产主义理想。

巴金(1904—2005)，祖籍浙江嘉兴，中国现代文学家、翻译家，五四新文化运动以来最有影响的作家之一，中国现代文坛的巨匠。他的代表作有"爱情三部曲"(《雾》《雨》《电》)，"激流三部曲"(《家》《春》《秋》)，散文集《随想录》。

魏巍(1920—2008)，河南郑州人，当代作家。他著有长篇小说《地球的红飘带》、《火凤凰》等。1978年，创作完成了抗美援朝题材长篇小说《东方》，1983年获首届茅盾文学奖。他的散文《谁是最可爱的人》在全国引起了广泛影响。

刘白羽(1916—2005)，北京市人，当代作家。其作品以散文为主，代表作有散文集《万炮震金门》《红玛瑙集》《长江三峡》等。

杨朔(1913—1968)，山东蓬莱人，著名散文家。杨朔的散文以"诗化"为主旋律，其散文充满诗情画意，其中散文《雪浪华》《香山红叶》《荔枝蜜》等影响较大。

李若冰(1926—2005)，陕西泾阳县人，当代散文家。他著有散文集《在勘探的道路上》《柴达木手记》《红色的道路》《山·湖·草原》《神泉日出》《李若冰散文选》等。

5."山药蛋派"与"荷花淀派"

山药蛋派是以赵树理为代表的一个当代文学流派。主要作家还有马烽、西戎、李束为、孙谦、胡正等，他们都是山西农村土生土长的作家，有比较深厚的农村生活基础。此流派坚持革命现实主义的创作方法，他们笔下的生活、人物不是脱离生活实际的拔高及理想化，而是朴素、厚实、真实可信。

山药蛋派继承和发展了我国古典小说和说唱文学的传统，以叙述故事为主，人物情景的描写融化在故事叙述之中，结构顺当，层次分明，人物性格主要通过语言和行动来展示，语言朴素，凝练，作品通俗易懂，具有浓厚的民族风格和地方色彩。

赵树理(1906—1970)，山西沁水县人，现代著名小说家、人民艺术家。赵树理的作品多反映农村社会生活，如《小二黑结婚》《李有才板话》《李家庄的变迁》等。他的作品乡土气息浓厚，有一种新鲜活泼、为老百姓喜闻乐见的大众化风格。

荷花淀派是以孙犁为代表的一个当代文学流派。此流派一般都充满浪漫主义气息和乐观精神语言，清新朴素，描写逼真，心理刻画细腻，抒情味浓，富有诗情画意。主要作家还有刘绍棠、从维熙、韩映山等。荷花淀即白洋淀，这一流派得名，源于孙犁的短篇小说《荷花淀》。

《荷花淀》以白洋淀明媚如画的风景当做背景，具有朴素、明丽、清新、柔美的风格。洋溢着诗情，带有浓郁的浪漫主义色彩。

孙犁(1913—2002)，河北安平人，现代小说家、散文家，"荷花淀派"的创始人。主要作品有：短篇小说《荷花淀》《芦花荡》，中篇小说《村歌》《铁木前传》，长篇小说《风云初记》(三集)，散文集《津门小集》《晚华集》等。《白洋淀纪事》是作者最负盛名的一部小说和散文合集。

孙犁的小说被称为"诗体小说"，即诗歌型文体小说。

河南省农村信用社招聘考试专用教材

第三节 外国文学

一、古希腊文学

寓言：《伊索寓言》。

荷马史诗：《伊利亚特》《奥德修纪》。

二、中世纪文学

但丁，意大利人，著名代表作《神曲》，分为《地狱》《炼狱》《天堂》三部。恩格斯说："但丁是中世纪的最后一位诗人，同时又是新时代的最初一位诗人。"

三、文艺复兴

①莎士比亚，是文艺复兴时期最杰出的代表。代表作有：四大悲剧《哈姆雷特》《奥赛罗》《麦克白》《李尔王》；四大喜剧有《仲夏夜之梦》《威尼斯商人》《第十二夜》《皆大欢喜》。

②拉伯雷，被称为人文主义的"巨人"，其《巨人传》是法国长篇小说的开端。

③塞万提斯，西班牙文艺复兴时期最杰出的现实主义小说家，代表作有《堂吉诃德》。

④薄伽丘，代表作《十日谈》，是欧洲文学史上第一部现实主义作品。

四、17世纪文学

①莫里哀，法国古典主义喜剧家，代表作品有《伪君子》《贵人迷》和《吝啬鬼》，《吝啬鬼》塑造了著名的吝啬鬼典型阿巴贡。

②弥尔顿，英国诗人，是文艺复兴运动和18世纪启蒙思想运动的桥梁，代表作《失乐园》。

五、启蒙运动

①孟德斯鸠，作品《法的精神》、《波斯人信札》。

②伏尔泰，法国启蒙运动的首倡者和领袖。代表作有史诗《亨利亚德》《奥尔良少女》，悲剧《欧第伯》喜剧《放荡的儿子》，哲理小说《老实人》《天真汉》。

③卢梭，启蒙运动中最具民主倾向的代表，代表作《爱弥儿》《忏悔录》。

④歌德，德国伟大的民族诗人，代表作《浮士德》《少年维特之烦恼》。

⑤席勒，代表作《阴谋与爱情》《强盗》。

⑥笛福，英国现实主义小说的奠基人，代表作《鲁滨逊漂流记》。

⑦斯威夫特，开创英国文学的讽刺传统，代表作《格列佛游记》。

六、19世纪浪漫主义和现实主义文学

1.19世纪初期文学(浪漫主义为主)

①拜伦，英国19世纪初期浪漫主义诗人。代表作有《东方叙事诗》《普罗米修斯》《唐璜》等。

②雪莱，英国19世纪初期浪漫主义诗人。代表作有诗剧《解放了的普罗米修斯》和诗歌《西风颂》《致云雀》。

③雨果,法国浪漫主义文学运动的领袖。代表作:剧作《克伦威尔》,历史小说《巴黎圣母院》,小说《悲惨世界》《海上劳工》《笑面人》《九三年》等。

④普希金,俄国浪漫主义文学主要代表和俄国现实主义文学的奠基人,被誉为"俄国文学之始祖"。代表作:诗体小说《叶甫盖尼·奥涅金》,长篇小说《上尉的女儿》。

2.19世纪中期文学(现实主义为主)

①大仲马,法国浪漫主义作家。主要作品:剧本《亨利三世和他的宫廷生活》,小说《三个火枪手》《基督山伯爵》《黑郁金香》。

②小仲马,法国著名作家,大仲马之子。代表作《茶花女》。

③司汤达,法国批判现实主义文学奠基人。以长篇小说闻名于世,长篇代表作《红与黑》《巴马修道院》。

④巴尔扎克,法国批判现实主义文学的伟大代表。代表作《人间喜剧》,由90多部小说组成,是一部封建贵族的没落衰亡史和一部资产阶级的罪恶发迹史,被称为"法国社会的百科全书"。

⑤福楼拜,法国批判现实主义作家,具有"客观而无动于衷"的理论和精雕细刻的艺术风格,代表作《情感教育》《包法利夫人》等。

⑥狄更斯,英国批判现实主义作家,代表作《雾都孤儿》《双城记》《大卫·科波菲尔》等。

⑦斯托夫人,美国作家,代表作《汤姆叔叔的小屋》。

3.19世末期文学(现实主义为主)

①左拉,法国自然主义文学主要倡导者,代表作《卢贡——马卡尔家族》《陪衬人》等。

②莫泊桑,法国杰出的批判现实主义作家,有"世界短篇小说巨匠"之称。代表作《羊脂球》《项链》《我的叔叔于勒》等。

③马克·吐温,美国现实主义文学杰出代表,以幽默讽刺著称。代表作《竞选州长》《镀金时代》《汤姆·索亚历险记》等。

④欧·亨利,美国批判现实主义作家,擅长以轻松幽默的笔调写小人物的悲欢。代表作《麦琪的礼物》《警察与赞美诗》《黄雀在后》等。

⑤列夫·托尔斯泰,俄国批判现实主义作家,代表作《安娜·卡列尼娜》《复活》《战争与和平》。

七、20世纪现实主义文学

①高尔基,无产阶级作家,苏联文学的创始人。代表作《海燕之歌》《母亲》,以及自传体三部曲《童年》《在人间》《我的大学》。

②肖洛霍夫,苏联著名作家,代表作《静静的顿河》《被开垦的处女地》。

③罗曼·罗兰,法国进步作家和世界著名反战主义者,代表作《约翰·克利斯朵夫》《贝多芬传》等。

④海明威,美国现代著名作家和记者,被称为"硬汉"。代表作《老人与海》《太阳照样升起》《永别了,武器》《丧钟为谁而鸣》。

⑤米切尔,美国作家,代表作《飘》(原名《随风而去》)。

⑥泰戈尔,印度著名诗人,被称为"诗圣",1913年获诺贝尔文学奖。其重要诗作有诗集《新月集》《飞鸟集》等。

第二章 中国历史

第一节 中国古代史

一、原始社会

1.原始人群

中国的原始社会是与石器时代相始终的,属于这一阶段的原始人类主要有元谋人、蓝田人、北京人等。

1929 年 5 月,在云南省元谋县发现的古人类化石被命名为"元谋人",距今约 170 万年,是我们已知的我国境内最早的人类。"元谋人"会利用自然火进行熟食。考古学家认为元谋人是处在旧石器时代初期的人类。

1963 年,在陕西省蓝田县的公主岭和陈家窝两地发现的古人类化石被命名为"蓝田人",距今约 80 万年。

1927 年,在北京西南周口店龙骨山发现的古人类化石被命名为"北京人",距今约 50 万年。"北京人"已会制造石器,已能使用天然火,知道用火是人类和自然界斗争所取得的一个巨大胜利。

2.氏族公社时期

氏族公社分母系氏族公社和父系氏族公社两个阶段。

(1)母系氏族。母系氏族是以母系血缘计算,人们只知道其母,不知其父,男子外婚到另一个氏族,女性是生产活动、公共财产的主持者。母系氏族公社阶段相当于考古学上的新石器时代,这个时期的文化遗存,最突出的是仰韶文化和河姆渡文化,又称"彩陶文化"。前者代表黄河流域的文化遗存,后者代表长江流域的文化遗存。

在距今六七千年前,母系氏族社会进入了繁荣时期,其中最能反映母系氏族公社繁荣时期面貌的是半坡遗址和河姆渡遗址。

半坡遗址位于今陕西西安半坡村,是距今五六千年前的古人类遗址。半坡氏族的人们普遍使用磨制石器;能够制造和使用弓箭;种植蔬菜和粟;饲养猪、狗、牛、羊等;已使用彩陶;会建造房屋。半坡氏族的人们形成村落,过着定居的农业生活。河姆渡遗址位于今浙江余姚县河姆渡村东北,是距今约 6 千年前的古人类遗址。河姆渡氏族的人们使用骨器、木器、石器和陶器,种植水稻,建造木屋,与半坡氏族的人们一样形成村落,过着定居生活。

(2)父系氏族。父系氏族公社时期最具代表性的是龙山文化遗址和大汶口文化遗址。

1928 年,考古工作者在山东章丘县龙山镇发现了龙山文化遗址,出土了很多黑陶和其他器物,故龙山文化也称为"黑陶文化"。龙山文化分布在黄河中下游广大地区,是由仰韶文化发展过来的,反映了由母系氏族公社转变为父系氏族公社的发展情况。

大汶口文化遗址位于山东泰安地区大汶口,距今四五千年,处于父系氏族公社阶段。从其遗址墓葬可以看出,已出现了私有财产,有明显的贫富分化。

父系氏族公社是原始社会向阶级社会的过渡阶段。

二、奴隶社会

1.夏朝

约公元前 21 世纪,禹的儿子启在禹死后,破坏了民主选举部落联盟首领的惯例,自己继承了父亲的位置,从此,王位世袭制代替了禅让制,启建立了我国历史上第一个奴隶制国家——夏朝。

夏朝历时 470 余年,公元前 16 世纪,居住在黄河下游的商部落在首领汤的领导下打败桀,夏朝灭亡。

夏朝的农业已经有相当大的发展,已知酿酒,并发明了青铜器铸造技术,这一创造发明,标志着中国从夏开始,由石器时代进入了铜器时代。夏朝的"夏历"是我国最早的历法,以正月为岁首的记历分法,一直流传到现代。

2.商朝

商朝是中国历史上的第二个奴隶制朝代,从公元前 16 世纪到公元前 11 世纪,延续 600 年时间。

商朝是我国奴隶制的鼎盛时期,这时已有金属器物、青铜器冶炼技术和铸造工艺,为世界历史所罕见。农耕畜牧及手工业与商业有了明确分工,文字历法等文化出现。奴隶主贵族是统治阶级,形成了庞大的官僚统治机构和军队。商朝已有成文法,所以荀子说:"刑名以商"。

我国有文字可考的历史是从商朝开始的。商代的文字主要是刻记在甲骨、铜器及其他器物上,其中以刻记在甲骨上为最多,刻记在甲骨上的文字称为"甲骨文"。

公元前 11 世纪中期,周武王乘商朝内乱,联合其他部落讨伐商纣,激战于商都郊外的牧野,商兵阵前起义,引周兵攻入商都,商纣王自焚而死,商亡。

3.西周

周武王灭商后建立西周,定都镐京(今陕西西安韦曲西北)。西周是中国奴隶社会的鼎盛时期,编制的礼乐制度和建立的完备的宗法制度,对后世产生了极为深远的影响。

"礼"是体现奴隶主贵族统治意志的生活方式,其内容包括国家政治制度、风俗习惯、日常生活仪节等,分吉、凶、军、宾、嘉五礼,即有关祭祖丧葬、军族、朝觐盟会和婚冠喜庆仪式,"军"是配合"礼"的五乐形式。

宗法制度是以血缘关系为纽带的族制系统,是在父权家长制的基础上发展起来以嫡长子继承权的制度。其内容是:周天子是天下的共主,又是全姬姓宗族的首领,掌握全国最高的政权和族权;每代"天子"都是以嫡长子继承父位,为下一代的"天子";每代诸侯也是由嫡长子即位,为下一代的诸侯。

宗法制度明确了奴隶主贵族的等级区别,任何人在不同的等级上都要遵循符合自己地位和身份的礼法,否则,要受到刑罚的制裁。

4.春秋

公元前 770 年,周平王弃镐京迁都洛邑(今河南洛阳),至公元前 476 年,是中国历史上的春秋时期。春秋时期的社会特点是周王室日渐衰落,大国诸侯先后称霸。

周平王东迁之后,"天子"的威信日益下降,"共主"的地位名存实亡,其直接统治的地域越来越小,春秋中期,"天子"的领地仅限于洛阳及其周边地区。

春秋初,诸侯国为了争夺土地、人口,不断发生战争,战胜的诸侯,迫使其他诸侯承认其领袖地位,成为"霸主"。这一时期先后取得霸主地位的有齐桓公、宋襄公、晋文公、秦穆公、楚庄王,史称"春秋五霸"。

5.战国

公元前475年到公元前221年秦灭六国,是中国历史上的战国时期,这期间各国混战不断,战国由此得名。

"战国七雄":经过春秋时期长期的争霸战争,至战国时,诸侯国已为数不多,主要的诸侯国是齐、楚、燕、韩、赵、魏、秦,史称"战国七雄"。

商鞅变法:公元前356年,秦孝公任用商鞅变法。其内容主要是:废井田,开阡陌,承认土地私有;奖励军功,按功授爵;建立县制;奖励耕织,禁止弃农经商。秦国经过这次地主阶级的政治改革,废除了旧制度,封建经济得到发展,秦国逐渐成为七国中实力最强的国家,为秦统一六国奠定了基础。

三、封建社会

1.封建统一国家的建立——秦

(1)统一的封建专制与多民族国家的形成。

秦朝建立:经过十年战争,秦王嬴政于公元前221年灭六国,实现统一,建立秦朝,定都咸阳。秦朝建立封建专制主义中央集权制度,统一度量衡、货币和文字,是我国历史上第一个统一的多民族的封建国家。秦朝统一顺应了历史发展趋势,符合各族人民共同愿望,具有重大进步意义。

北击匈奴:匈奴是居住在我国北方的一个古老民族,分布在蒙古高原上,战国末年以来,常向南方侵犯。公元前215年,秦始皇派大将蒙恬率军30万北伐匈奴,收复河南地(今内蒙河套一带)。公元前211年,秦始皇迁3万户居民到榆中(今内蒙古河套东北岸)一带,屯垦开荒。

为防备匈奴的侵扰,秦始皇令蒙恬征发大批军民,把战国时秦、燕、赵三国的长城修补与加固,构筑了西起临洮(今甘肃),东迄岷县辽东的古代世界伟大工程的万里长城。

南统百越:春秋战国时期,"百越"是我国东南沿海和广西、云南一带居住的越族的统称。公元前221年,秦始皇派尉屠睢率军50万进兵百越地区,公元前214年,秦统一百越,在岭南地区建置了桂林郡(今广西)、南海郡(今广东番禺)和象郡(今越南会安)。至此,秦朝疆域东到大海,西到陇西,北到长城,南到南海。

(2)秦王朝的灭亡。陈胜、吴广起义后,旧楚名将燕之子项梁和项梁的侄子项羽在吴(今江苏苏州)起兵响应,不久,原沛县亭长刘邦归入梁军。公元前207年10月,刘邦率部进入咸阳,秦王子婴向刘邦投降,秦亡。

2.强盛的西汉王朝

(1)刘邦建汉。秦亡后,从公元前206年到公元前202年,刘邦、项羽进行了为期四年的楚汉战争,最终以项羽至乌江(今安徽和县东北)自刎而死,刘邦胜利而结束。

公元前202年2月,刘邦定国号汉(史称西汉或前汉),先定都洛阳,后迁至长安(今陕西西安)。

(2)汉初的休养生息政策。连年战争,社会生产受到了严重破坏,西汉新政权国库空虚,财政困难,汉高祖刘邦在政治上推行黄老"无为而治",在经济上采取"休养生息"政策:兵士复员归农、流亡山泽的人士各归本土,以饥饿自卖为奴的人,一律免为庶人,抑制商人,限制商人对农民的兼并,轻徭薄赋缓刑。

(3)文景之治。文帝、景帝统治时期,继续崇尚黄老"无为而治"政治,沿袭先帝的方针政策,继续与民休养。经过几十年努力,到景帝末年,西汉社会经济发展,农民安定生活、生产,国库财政充裕,国家由贫变强。历史上把文、景帝时期宽刑减政、轻徭薄赋、提倡节俭带来的生产发展、社会安定的局面称为"文景之治"。

(4)汉武帝加强中央集权。公元前141年,景帝去世后,子刘彻(汉武帝)即位。汉武帝在位53年,雄才大略,把汉帝国推向了强盛顶点。他执政时期,不断加强中央集权制度,对中国封建社会的历史产生了极其深远的影响。

汉武帝颁布"推恩令",准许诸侯王将自己封地再分给其子孙建立侯国,以此削弱了诸侯王的势力,解除王国对中央的威胁;接受董仲舒"罢黜百家,独尊儒术"主张,只提倡儒家学说,禁止其他各家思想的传播,实行了思想的统一;宣扬天子代表天统治人民,神化了皇帝;在长安兴办太学,用儒学培养贵族子弟,使儒家思想成为封建社会的统治思想。

(5)刘秀建东汉与光武中兴。25年6月,刘秀在鄗城(今河北柏乡)即皇帝位(光武帝),沿用汉国号,后定都洛阳,因洛阳在长安以东,史称东汉。东汉至219年止,共194年。

刘秀称帝后,经过10余年的奋战,到40年统一全国。与此同时,光武帝加强封建专制,大力恢复生产,精兵简政,释放奴婢,减租屯粮,安抚流民,全国出现了较为安定的局面,史称"光武中兴"。

3.秦汉时期的科技与艺术

(1)数学。武帝时期,出现了我国第一部数学著作《周髀算经》,该书是我国现存文献中最早记录勾股定理的著作。

汉代的另一部著作是《九章算术》,由246个算术命题和解法记编而成,该书内容极为丰富,应用了分数、负数、比例、开平方、二次方程与联立一次方程等,其中负数与分数的计算,联立一次方程的解法,达到了当时世界的先进水平。《九章算术》的出现,标志着我国古代数学完整体系的形成。

(2)天文。汉代观察天象记录相当丰富,《汉书·五行志》中有关黑子的记录,是人们公认的观察黑子的最早记录。欧洲直到807年才有黑子记录。

湖南长沙马王堆出土的帛书《五星占》是我国现存最早的天文著作。

安帝时,张衡根据浑天理论,用铜铸成了浑天仪;132年,又发明了测定地震的候风地动仪。

(3)医学。秦汉时期建立了中国医学(中医体系),我国独特的针灸疗法,西汉时得到了发展,最早的药物学著作《神农本草经》成书于西汉,最早的医学典籍《黄帝内经》出自东西汉时期。华佗、张仲景都是东汉时期的著名中医师。

(4)造纸术。西汉以前,文章是写在竹简、木简或帛上,西汉时期已出现了植物纤维制作麻纸。东汉和帝时期发明了"蔡侯纸"。晋朝时"蔡侯纸"代替了简帛,成为主要的书写用料。魏晋以后,我国的造纸术传向世界,在世界文化的发展中起到了巨大的推动作用。

(5)绘画与雕刻。汉时,装饰性的壁画很多,长沙马王堆汉墓出土的帛画,江苏邗江县汉墓出土的木板彩画与彩绘漆器,都具有构思精巧,画卷优美的特点。

陕西临潼秦始皇兵马俑坑,发掘出的陶制武士俑是秦代陶俑的杰出代表。武士俑高1.75米到1.86米,姿态各异,生气勃勃,为世界罕见。咸阳茂陵霍去病墓两旁的石人、石马代表了西汉时期的雕刻技术水平。石人、石马都是利用天然石头形态略为加工而成,造型古朴,浑厚有力。

东汉时期的雕塑,以甘肃威武雷公汉墓中出土的铜马、铜俑最有代表性,其中"马踏飞燕"是古代铜塑的珍品。东汉雕塑品流传下来最多的是石刻画,其中最著名的是山东嘉祥县的武梁祠石刻、山东肥城县的孝武山祠石刻、山东沂南县的汉墓石刻。这些石刻多是优美的浮雕,它们是我国最早的浮雕艺术品。

4.三国两晋南北朝

(1)官渡之战。197年春,曹操先灭袁术,接着又消灭了吕布等,与袁绍形成沿黄河下游南北对峙的局面。

200年,曹操以少量兵力同袁绍的10多万大军在官渡决战。曹操亲率5千精兵夜袭乌巢,烧毁袁绍的军粮,并乘胜追击,大败袁绍。这一战役史称"官渡之战"。"官渡之战"为曹操统一北方奠定了基础。

(2)赤壁之战。曹操统一北方后,企图完成统一中国的大业。208年,曹操率20多万大军南下,与孙权、刘备5万联军在赤壁决战。孙刘联军用火攻曹,曹军大败退守北方。这一战役史称"赤壁之战"。

此后,孙权势力在长江中下游得以巩固,刘备占据了湖北、湖南地区,又进占四川。赤壁之战为三国鼎立局面的形成奠定了基础。

(3)三国鼎立。220年,曹操的儿子曹丕自立为帝,定都洛阳,建立魏国。221年,刘备在成都称帝,建立蜀国。222年,孙权建吴国,定都建业,三国鼎立局面形成。

(4)西晋的短期统一。三国后期,随着北方社会经济的恢复与发展,魏国力量逐渐强大,而吴、蜀日趋衰落。263年,魏灭蜀。265年,魏权臣司马炎发动宫廷政变夺取魏政权,建立晋朝,定都洛阳,史称西晋。280年,西晋发兵灭吴,重新统一南北。316年,匈奴兵攻占长安,西晋亡。西晋的统一前后仅36年。

(5)东晋与十六国。西晋灭亡后,汉族在江东建立东晋政权。公元317年,镇守建康(今江苏南京)的晋宗室司马睿在江南重建晋室,史称东晋。东晋政权维持了长期的偏安统治,到公元420年被刘裕所建立的宋所取代,共享国103年,历4代11帝。

十六国即五胡十六国,是中国历史上的一段时期。该时期自304年刘渊及李雄分别建立汉赵(后称前赵)及成汉起至439年北魏拓跋焘(太武帝)灭北凉为止。范围大致上涵盖华北、蜀地、辽东。最远可达漠北、江淮及西域。在入主中原众多民族中,以匈奴、羯、鲜卑、羌及氐为主,统称五胡。他们在这个范围内相继建立许多国家,北魏史学家崔浩取其中十六个国家来代表这段时期,称这个时期为"五胡十六国"。

(6)南朝和北朝的兴替。420年,东晋大将刘裕废东晋皇帝,自立为帝,国号宋。此后的近170年间,南方又先后出现了齐、梁、陈三个朝代,都城均在建康,史称南朝。南朝中,梁宋疆域最大,齐统治时间最短,陈最弱小。

386年,鲜卑族拓跋珪建立北魏。6世纪,北魏分裂成东魏和西魏。后来,东魏和西魏又各为北齐和北周所代替。北方的这五个朝代总称北朝,南朝和北朝并存,称南北朝。

(7)北魏孝文帝改革。北魏统一黄河流域后,为了加强统治,北魏孝文帝吸取汉族地主阶级的统治经验,于485年进行改革。改革的主要内容是:颁布均田令,农民须向国家交纳租、调,服徭役和兵役。为接受汉族文化,494年迁都洛阳;改革鲜卑旧俗,着汉服,学说汉话,采汉姓,提倡与汉族通婚。孝文帝的这些改革,加速了北方各少数民族封建化的进程,促进了北方民族的大融合。

(8)文化与艺术。圆周率和"大明历":南朝祖冲之求得圆周率在3.141 592 6与3.141 592 7之间,是世界首创,比西方早了1 000多年。463年,祖冲之完善了以前的历法,创造了新历法"大明历"。"大明历"测定一年的日数为365.242 814 81日,与近代科学所测定的日数只差50秒。

贾思勰的《齐民要术》:贾思勰,山东益都人,古代杰出的农学家。他研究了大量的古代农业文献和农业谚语,访问老农,结合自己的实践,著成《齐民要术》10卷,共90篇。该书是我国现存最完整的农书,是世界农学史上最早的巨著之一。

郦道元的《水经注》:郦道元,范阳涿县(今河北涿县)人,生活于北魏时期。《水经》原为我国古代记述水道的地理学专著,书中记述大小河流137条,1万余字。郦道元作注时,补充记述达到1 252条,增加近10倍,注文约30万字,是我国古代的一部全面系统、文笔绚丽的巨著。

这一时期的艺术,以雕塑、绘画和书法三个方面最为发达。

雕塑的主要成就反映在石窟寺艺术上。石窟寺艺术是一种佛教寺庙建筑形式,以凿山雕像为其特点,其中以甘肃敦煌、山西大同云冈、河南洛阳龙门三大石窟最为著名。

绘画方面以佛画为中心内容,三国东吴的曹不兴,被誉为中国佛像画的鼻祖。绘画带动了书法的发展,从东汉末年开始,书法逐渐成为了我国独特的一种艺术,字体也由篆书、隶书转变到了楷书。东晋时期的王羲之被人们称为"书圣",其子王献之人称"小圣",父子合称"书圣二王"。

东晋以后,北朝的石刻盛行,其书体称为北碑体,由于北魏时墓碑多用这种字体,故后人称这一字体为魏碑。

5.隋唐时期

(1)隋朝的建立及统一全国。580年,周宣帝死,由他8岁的儿子宇文阐即位,即周静帝,581年杨坚废周静帝自立,改国号为隋,定都长安,年号开皇,是为隋文帝。

隋文帝是一个很有作为的皇帝。他加强了中央集权,发展了社会经济,使隋朝的国力蒸蒸日上。587年,隋文帝灭梁国,589年,陈后主被隋活捉,陈亡。随后,隋平定了陈的残余势力叛乱,南北实现统一。

隋朝的建立,结束了少数民族对中国北方的统治。自316年西晋灭亡后,北方一直是少数民族统治,前后历时265年,至此汉族又重新掌握了政权。

(2)改官制创科举。隋文帝即位后和隋炀帝统治时期,改革官制,在中央设三省六部,创立科举制,废除魏晋以来的九品中正制,开始用分科考试的办法选拔官员。选官打破了门第的限制,一些门第不高的读书人,可以凭才学参加政权管理。

(3)大运河的开凿。604年,隋文帝死,炀帝即位,把都城从长安迁到洛阳,开凿了大运河,全长四千多华里,南北贯穿今河北、山东、河南、安徽、江苏、浙江等广大地区,沟通了海河、黄河、淮河、长江、钱塘江五大水系,是当时世界上的巨大工程之一。大运河对加强统一,促进南北经济文化的发展和交流都起着重大作用。

(4)隋亡唐建。604年7月,文帝次子杨广乘文帝病重,勾结大官僚杨素杀死文帝,登上皇位,是为隋炀帝。

大业十三年(617)3月,太原留守唐国公李渊在晋阳起兵,十一月占领长安,拥立隋炀帝孙子杨侑为帝,即隋恭帝,李渊任大丞相,进封唐王。义宁二年(618)五月,李渊篡隋称帝,定国号为唐。

(5)唐太宗与"贞观之治"。626年,李渊次子李世民发动玄武门之变,杀死其兄皇太子建成后为皇帝,是为唐太宗。从627年至649年,是李世民统治的贞观年代。在此期间,由于唐太宗君臣励精图治,政治清明,社会安定,开创了唐代繁荣昌盛的局面,因而被誉为"贞观之治",号称封建治世。

(6)唐高宗与武则天。649年,唐太宗死,其第九子李治即位,是为唐高宗。

683年,高宗死,其子李显即位,是为中宗。690年,武则天自己称帝,成为中国历史上唯一的一位女皇帝。

(7)"开元盛世"。唐玄宗统治前朝,平息了统治集团内部动乱,稳定了政局;任用姚崇、宋璟为相;重视地方官员人选。在唐玄宗的治理下,社会政治比较安定,生产继续发展,唐朝进入全盛期。由于这个时期的年号叫"开元",因此,历史上将这一时期称为"开元盛世"。

(8)"安史之乱"。唐玄宗统治后期,朝政日渐腐败。755年,节度使安禄山乘唐朝内地兵力空虚,政局混乱,在范阳起兵叛乱,攻占洛阳、长安。唐玄宗逃往四川。直至763年,唐朝才平息叛乱。这场持续八年的"安史之乱"使农业生产受到极大破坏,唐朝由强盛转向衰落。

(9)唐末农民起义与唐朝灭亡。公元875年,王仙芝、黄巢先后在河南、山东起义。不久,王仙芝战死,黄巢采取"避实击虚"的方针展开流动作战。881年,起义军攻占长安,建立"大齐"农民政权。黄巢农民起义沉重打击了唐朝统治,唐朝统治名存实亡。

黄巢农民起义后,唐朝日渐衰落。904年,宣武镇节度使朱全忠(朱温)迫昭宗迁都洛阳,随即遣人杀之。907年,朱全忠废李代唐称帝,唐至此灭亡。

（10）文化与艺术。建筑：隋唐杰出的工匠李春设计建造了闻名世界的安济桥。该桥位于赵州（河北赵县），故又名赵州桥。赵州桥约建于公元605年（大业元年），是用石料建造的一座单孔大弧圈桥，全长50.82米，宽9米，桥的跨度37.45米，桥洞高7.23米。赵州桥距今有1 300余年，经历了两次地震与洪水的冲击，至今仍安然无恙地横拱在赵县的洨水上，它反映了隋代先进的建桥技术水平。

唐代的长安，周围70余里，规模宏大，布局严整，街道宽阔，殿阁巍峨，闻名当时世界。唐时佛教、寺院建筑非常讲究，其中长安的大慈恩寺、大兴善寺最为有名，大兴善寺是西域僧人不空传布密宗之所，寺殿崇厂，为长安寺院之冠。大慈恩寺是唐高宗为追念其母长孙皇后所建，故名慈恩。寺内有浮屠，名大雁塔，共7层，高64米，巍峨壮观。唐代士子中榜后，多于此提名，称"雁塔题名"。大雁塔至今尚存，为国家重点保护文物。

唐代木结构寺院尤为珍贵，现存的有建于782年（建中三年）的山西五台山南禅寺和建于857年（大中十一年）的五台山佛光寺大殿。这两座佛殿，是我国现在最古老的木结构建筑物，斗拱粗壮，屋檐外挑，梁架内承，充分体现了我国建筑艺术的特点。

雕版印刷："雕版肇自隋时，行于唐世，扩于五代，精于宋人"。目前存世的最早雕版印刷珍品为868年（咸通九年）王玠印的《金刚经》。

医学：隋唐时期的医学也取得了很大进展，名医辈出，有很多重要医学著作问世。

隋朝名医巢元方著有《诸病源候论》，对医学的贡献很大，这是我国第一部详论疾病的病源和症状的著作。

唐代名医孙思邈，今陕西耀州人，著《千金翼方》30卷，收集5 300多个处方，他首创复方，提出一方治多病或多方治一病的方法，被后世尊称为"药王"。

唐代医学的另一成就是由苏敬等人奉唐高宗诏令而编集的《唐新本草》，全书53卷，图文并茂，收集药物844种，纠正了原有药物学著作中的一些谬误，是世界上第一部由国家颁布的药典。

艺术：唐代石雕气魄宏伟，独具特色。四川乐山石雕大佛坐像，高72米，雄伟壮观，为我国最大的石佛像。太宗墓前浮雕石刻六匹骏马，世称"昭陵六骏"，线条简练有力，形态遒劲逼真。此外，乾陵和顺陵的巨大雕刻群都极为壮观、精湛，是石雕中的珍品。

唐墓中出土的三彩唐俑，无论是人物俑还是动物俑，无不表情生动，充满活力，显示出艺人们高超的造型技艺，在世界艺术丛林中都享有盛誉。

唐玄宗时的吴道玄（又名吴道子）有"画圣"之称。他的人物画，运用晕染法非常成功，富有立体感，所画人物的衣带，看上去会随风飘动，因而有"吴带当风"的称誉。另有李思训、李昭道父子。擅长金碧山水画（清秀山水），色彩绚丽，描绘细腻，具有浓厚的贵族气息，为山水画北派之祖。王维则首创水墨山水画，使笔简练，色彩淡雅，富于想象，后人评他"诗中有画，画中有诗"，为南派之祖。

唐代的书法艺术，名家很多，书体繁茂，在我国书法史上占有重要地位。初唐盛行二王（王羲之及其子王献之）的书法。中唐颜真卿，书体有了新的创造，他打破五体的娇媚，自创肥厚大方端庄而雄伟的颜体，对后世影响很大。后唐的书法大家是柳公权，他融合诸家笔法，自创一体，他的字不仅严谨，而且具有开阔疏朗的神致。

唐代的草书以张旭、怀素最有名。唐人贺知章称张旭"索笔挥洒，变化无穷，若有神助"，世称"草圣"。怀素也善草书，他融合篆书笔法，有所创造，字迹刚劲有力又婉转多姿，如龙蛇竞走，变化自如，称为"狂草"。

6.五代辽宋夏金元

（1）五代十国。从907年节度使朱全忠（朱温）废唐建立后梁，到960年北宋建立，黄河流域相继有后梁、后唐、后晋、后汉、后周五个朝代更替，统治北方长达50多年，史称五代。与五代同时，在南方各地和北方的山西出现过 10 个割据政权交替并存,总称十国。

(2)契丹的兴起与辽国的建立。契丹是我国北方一个古老的少数民族,原先居住在辽河一带,过着游牧、渔猎生活,后迁至长城以北开始建造城郭和农耕。10 世纪初,耶律阿保机统一契丹各部,并于916 年称帝,建契丹国。耶律阿保机任用汉族知识分子制定典章制度,创制契丹文字,他就是辽太祖。947 年,契丹改国号为辽。

(3)陈桥兵变与北宋统一。960 年,后周大将赵匡胤在东京(河南开封)东北的陈桥驿发动兵变,黄袍加身,取代后周,建立宋朝,定都东京,史称北宋。赵匡胤就是宋太祖。

北宋建立后,宋太祖在巩固了原后周境内的统治后,开始了统一南北的事业。979 年(宋太宗)赵光义亲率大军攻陷北汉,十国中的最后一国终被征服,唐末五代以来军阀割据的局面终告结束,全国重归统一。

(4)元昊建立西夏。西夏是党项族建立的政权,居住在宁夏、甘肃和陕西西北一带,过着游牧生活。1038 年,元昊称大夏国皇帝。西夏政权建立后,与北宋多次发生战争。

(5)女真的兴起与北宋的灭亡。女真是我国东北的古老少数民族,过着渔猎生活,契丹建国后,受契丹的剥削和压迫。12 世纪初,完颜阿骨打领导女真反抗辽,建立金政权。

金灭辽后,了解到北宋统治腐朽、防备空虚,于1126 年大举进攻北宋。宋徽宗将皇位传给儿子宋钦宗,后钦宗将抵抗派将领李纲罢免。不久,东京被攻陷。次年,金军掳走徽宗、钦宗二帝,北宋灭亡。

(6)南宋的建立与金"绍兴和议"。1127 年,宋钦宗的弟弟赵构在应天(今河南商丘)称帝,为宋高宗,后来定都临安,史称南宋。

1129 年到 1130 年间,金兵大举南下,宋高宗向金兵求和。1137 年(绍兴七年)12 月,宋高宗获悉金愿意议和的消息后,立即再度启用秦桧为宰相兼枢密使。他们不顾岳飞、韩世忠、胡铨等文武大臣的反对,加紧投降活动。

1141 年(绍兴十一年)11 月,南宋投降派与金签订了臭名昭著的"绍兴和议":南宋向金称臣;宋每年向金纳贡银二十五万两,绢二十五万匹;宋金疆界东以淮水中流,西以大散关为界;宋割唐(河南唐河)邓(邓县)二州及南(陕西商县)、秦(甘肃天水市)二州之半给金。至此,宋金南北对峙的局面最后确立。

(7)成吉思汗统一蒙古。蒙古族是我国北方草原的古老民族,大小部落过百。1189 年,铁木真被推选为蒙古部落的首领,经过 10 余年战争,铁木真统一了蒙古。1206 年,蒙古部落共推铁木真为全蒙古大汗,尊称"成吉思汗",意为强大的至高无上的君主。

(8)元朝的建立和统一。1260 年 3 月,成吉思汗的孙子忽必烈在开平(今内蒙古北)继承蒙古汗位。1271 年,忽必烈正式定国号元,忽必烈是元世祖。1276 年,元军攻占南宋都城临安,南宋亡,1279 年,元军消灭了南宋残余力量,元朝统一了全国。元朝的统一,结束了中国历史上自五代以来分裂割据和南北长期对峙的局面,促进了全国统一的多民族国家的发展。

(9)行省制与宣政院。元朝是我国疆域最辽阔的朝代,民族众多。为了加强对广阔疆域、各族人民进行有效统治,元政府实行行省制度。在中央设置中书省,作为全国最高行政机构,管辖大都及附近地区。在其他地区设行中书省,简称"行省"或"省"。由中央派官吏管理。这一制度对后世产生了深远的影响。

元朝在中央设置宣政院,负责管理全国佛教和藏族地区的行政事务。元朝中央政府在西藏委派官吏,驻扎军队,清查户口,征收赋税,实行有效管辖,使西藏正式成为元朝的一个行政区域。

(10)科学技术。宋朝是中国古代科技史的鼎盛时期。北宋毕昇发明了活字印刷,人们创造了悬挂型指南针、水浮和支撑式的指南工具,并被广泛用于航海上,火药、火器在宋朝得到了进一步地发展和应用。

天文学方面,北宋天文学家苏颂和韩公廉等人创造了世界上第一座结构复杂、自动运转的"天文钟"——水运仪象台,被国际公认为天文钟的始祖。元代科学家郭守敬修订的《授时历》,计算出一年为365.242 5日,比地球绕日一周的周差只差26秒,与现行的格里哥利历相等,但却早于格里哥利历300年。

北宋人沈括晚年所著《梦溪笔谈》30卷,是科学史上的不朽名著,这部巨著以笔记形式,纵论政治、军事、历史、文学艺术以及自然科学和工程技术各个领域,是作者对我国古代,特别是北宋时期自然科学成就的总结。

7.明清时期

(1)朱元璋建立明朝。1368年,参加元末红巾军起义的朱元璋在应天称帝,建立明朝,他就是明太祖。明朝建立后,用了近20年的时间,扫平割据势力,完成了统一。

(2)加强专制主义统治。明太祖即位后,加强专制主义中央集权的统治。中央机构设吏、户、礼、兵、刑、工六部,直属于皇帝,地方机构改行中书省为承宣布政使司,设布政使掌管民政、财政;设提刑按察使司,按察使司掌管刑法;又置都指挥使司,设指挥使管理军政,合称"三司",三司都直接受命于中央。布政便是朝廷派驻地方的代表,执行中央政令,全国设13个布政使司俗称省,便于皇帝控制。

(3)完备学校制度和科举制度。明朝学校分为国子学和府(州)县学两种,国子学的学生叫做"监生",多为官僚地主的子弟,结业后可直接做官或通过科举做官。府(州)县学中试的学生叫做"生员"(通称"秀才"),"生员(秀才)"至布政习(省)参加乡试,合格的称作"举人"。"举人"到京师参加礼部的会试,考中者称为"贡士"。"贡士"经皇帝主持的殿试(复试),考中后为"进士"。"进士"分为一、二、三甲,一甲三名,即状元、榜眼、探花。

1370年,明朝政府设科举,规定以八股文取士。八股文是种特殊文体,由破题、承题、起讲、入手、起股、中股、后股和束股八个部分组成。考试以《四书》和《五经》命题,《四书》要以朱熹的注为依据。

(4)郑和下西洋。从1405年—1433年,郑和先后七次航海,到过亚非30多个国家和地区,最远到达非洲东海岸和红海沿岸地区。郑和的船队由五六十只船两万多人组成,郑和下西洋是世界航海史上的壮举,比欧洲航海家的航行早80多年。郑和是我国和世界历史上伟大的航海家。

(5)迁都北京。洪武时期,都城应天(南京)是全国的经济中心,国防重心却在北京。永乐时,因削藩王兵权,北方空虚。蒙古骑兵倏忽驰骤,威胁边境安全,因而明成祖决定把国防中心北移,迁都北京。

1424年正月,明朝都城正式迁至北京,以应天府为南京,成为留城。

(6)满族的兴起和明与后金的战争。满族是女真的后裔,明初,女真族分为东海女真、海面女真和建州女真三部。明朝后期,建州部首领努尔哈赤统一了满族。

1616年,努尔哈赤在赫图阿拉(今辽宁新宾)建立了后金政权,脱离明中央政府的控制。1618年,努尔哈赤宣布与明廷有"七大恨",誓师伐明。1621年,努尔哈赤攻陷沈阳、破辽阳,夺辽东70余城。1625年后,金迁都沈阳,改称盛京。1636年,皇太极在沈阳即皇帝位,定国号为"大清",改族名为"满洲"。

(7)李自成领导的农民起义和明朝灭亡。明朝末年,宦官专权,土地高度集中,赋税繁重,连年灾荒,庄稼颗粒无收,陕北地区尤为严重。1628年,陕北农民起义爆发。农民起义军领袖高迎祥战死后,起义军主力分别由李自成和张献忠率领。李自成领导的起义军进入河南后,提出"均田免粮"的口号,标志着中国封建社会农民战争已经发展到触及封建土地所有制的新水平。1644年3月,李自成起义军攻入北京,明崇祯帝吊死在紫禁城后的煤山(今景山),明亡。

(8)清军入关。当李自成起义军攻占北京后,清军大举南下,驻守山海关的明将吴三桂降清。1644年4月,李自成领导的农民军与吴三桂在山海关进行激战,清军猝然袭击,农民军战败,清军入关。5

月,清军攻占北京,清世祖顺治帝定都北京,清朝逐步统一全国。

(9)科学技术。明清的科学技术呈现两大特点:一是对传统技术的总结和研究达到新的高度;二是中西科技的交流加强,一批近代科学技术开始传入中国。

明清时期出现了一批具有总结性和实用价值的科学技术成果。在这些科学技术成果中具有代表性的有李时珍的《本草纲目》、徐光启的《农政全书》、宋应星的《天工开物》和徐霞客的《徐霞客游记》。

《本草纲目》:"本草"是我国古代药典的通称。李时珍(1518—1593),今湖北人。他从35岁起,一边行医,一边钻研药方。用了27年时间,著成了《本草纲目》。该《本草纲目》52卷,分16部60类,190余万字,记载药物1 892种,附图1 100余幅。该书把中国传统中医药技术推到了一个新的高度。

《农政全书》:徐光启(1562—1633),今上海市人。他潜心收集农学典籍,并自己实验,著成了《农政全书》。该《农政全书》50卷,采用文献200多种,系统总结了明代以前的农业生产技术和经验,是传统农业生产的集大成之作。

《天工开物》:宋应星(1587—?),今江西奉新人。他是明末杰出的科学家,其所著《天工开物》共18篇,系统描述了生产原料、生产设备、生产过程以及主要技术数据,对明末各工业部门的生产技术均有涉及,是中国古代一部综合性的科学技术著作。

《徐霞客游记》:徐弘祖(1586—1641),今江苏江阴人。他从20多岁起,游历了大半个中国。30多年后,根据每日游历记载,写成了《徐霞客游记》。《徐霞客游记》共20卷,收40万字,是我国地学史上第一次较全面地对自然地理现象及其成因理论的探索,是我国最早的一部野外考察记录和优秀的地理学著作。

经典真题

(单选题)1.电视剧《宰相刘罗锅》里有个军机大臣和珅,号称"富可敌国",英国使臣马歇尔于回忆录中写道:"许多中国人私下称和珅为二皇帝"。清朝设置的军机处( )。

A.发生在康熙时期

B.标志专制主义中央集权制度的确立

C.使专制主义中央集权达到顶峰的程度

D.限制了皇帝的权力

【答案】C。解析:军机处是清朝中后期的中枢权力机关。清朝军机处的设置,标志封建君主专制主义制度发展到了顶峰。故本题答案选C。

(单选题)2."亲情是缘,相聚是缘",这是自古以来就深藏于每一个中国人心底的情结。追根溯源,下列制度中与这种珍惜亲情、渴望相聚情结形成有密切关系的是( )。

A.井田制　　　　　　　　　　　　　B.宗法制

C.分封制　　　　　　　　　　　　　D.郡县制

【答案】B。解析:宗法制是与分封制互为表里的具有政治性质的一种权力继承制度。是用规定宗族内嫡庶系统的办法,来确立和巩固父系家长在本宗族中的地位,最终以保证王权的稳定。宗法制的特点为:嫡长子继承制,利用父系关系的亲疏来决定土地、财产和政治地位的分配与继承,并且把血缘纽带同政治关系结合起来,"家"和"国"密切结合。分封制是宗法制在政治上的体现。故本题答案选B。

第二节　中国近代史

一、鸦片战争

1.英国发动鸦片战争

18世纪后,以英国为首的西方资本主义国家,为了开辟中国这个广阔的市场,不惜从事可耻的鸦片贸易。鸦片的涌入,给中国社会带来灾难性危害。

1839年6月,钦差大臣林则徐下令将缴获的英美等国商人的110多万公斤鸦片在广州虎门海滩当众销毁。

为了保护可耻的鸦片贸易,1840年6月,英国军舰封锁珠江口,挑起鸦片战争。道光帝派直隶总督琦善和英国谈判,林则徐被撤职查办。1841年1月,英军武装占领香港岛。

2.中英《南京条约》

1842年8月,英国迫使清政府签订了中国近代史上第一个不平等条约中英《南京条约》。《南京条约》的主要内容是:割香港岛给英国;赔款2100万银元;开放广州、厦门、福州、宁波、上海五处为通商口岸;设立领事;协定关税。

1843年,英国又强迫清政府签订了《五口通商章程》和《虎门条约》,作为《南京条约》的附件,又取得在通商口岸租地造屋、领事裁判权和享有最惠国待遇等特权。

3.鸦片战争的影响

鸦片战争对中国社会产生了重大的影响,使中国开始沦为半殖民地半封建社会。中国社会的主要矛盾由地主阶级和农民阶级的矛盾变为外国资本主义和中华民族的矛盾,封建主义和人民大众的矛盾;中国革命的任务成为反对外国侵略和本国封建统治的双重任务,中国进入旧民主主义革命时期。鸦片战争是中国近代史的开端。

二、太平天国运动

1.洪秀全领导的金田起义

1851年1月,洪秀全在广西桂平县金田村宣布起义,建号太平天国,起义军称太平军。3月,洪秀全在武宣东乡称天王。9日,太平军攻占永安,洪秀全分封诸王。1853年春,太平军占领南京,改名为天京,定为都城,正式建立起与清政府对峙的政权。

2.《天朝田亩制度》

太平天国定都天京后,洪秀全于1853年下半年颁布了以解决农民土地问题为中心,包括政治、经济、军事、文教和社会生活各方面内容的纲领性文件——《天朝田亩制度》。《天朝田亩制度》制定了"凡天下田,天下人同耕"的原则。规定不论男女,满十六岁以上的人,都可以分到一份,十五岁以下减半,田分九等。"好丑各半"的具体办法。

《天朝田亩制度》反映了太平天国想要实现"有田同耕,有饭同食,有衣同穿,有钱同使,无处不均匀,无人不饱暖"的理想社会,这实质上是一种以绝对平均主义思想为主导的空想,但强烈地反映了广大农民的愿望。

3.《资政新篇》

1859年,洪秀全的族弟、太平天国后期的主要领导人洪仁玕为振兴太平天国,提出了一个改革内政和建设国家的主张,写出了《资政新篇》。其主要内容是:统一政令,依法治国;学习西方,发展工商业,奖励技术发明,反对迷信,提倡兴办新式学校;严禁买卖人口和吸食鸦片;主张同外国自由通商、交流文化。

《资政新篇》具有鲜明的资本主义色彩,反映了一些思想先进的中国人向西方寻找真理和探索救国救民道路的迫切愿望。

4.天京保卫战

1861年,太平天国与清政府在安庆进行了一场生死攸关的战略决战,最终太平军失败,安庆失守。1862年春,清军几路围攻天京,太平军将领李秀成率30万大军与清军激战,未能解除天京之围。1864年6月,洪秀全逝世;7月,天京失陷,太平天国运动失败。

5.太平天国运动的历史意义

太平天国运动是中国近代史上规模巨大、波澜壮阔的一次伟大的反封建反侵略的农民运动。太平天国坚持战斗14年,势力波及18个省,打击了中外反动势力,建立了农民政权,颁布了《天朝田亩制度》,是几千年来中国农民战争的最高峰。

三、资本主义侵略的加剧和中国资本主义的产生

1.洋务运动

19世纪60年代,清朝统治阶级内部一部分人士,认识到先进的西方武器和科学技术对清朝统治的作用,掀起以"自强""求富"为口号,以巩固清朝统治为目的的洋务运动。曾国藩、左宗棠、李鸿章、张之洞等是参与和提倡洋务运动的代表人物。

洋务运动没有使中国走上富强的道路,但是,它在客观上刺激了中国资本主义的发展,对外国经济势力的扩张也起到了一定的抵制作用。

2.清政府在台湾建立行省

台湾岛地处东海,与福建省隔海相望,物产丰饶,战略地位十分重要。鸦片战争以后,台湾一直是外国侵略势力觊觎的重要目标。

淮军将领刘铭传曾明确指出:"台湾为东南七省门户,各国无不垂涎,一有衅端,辄欲攘为根据。"主张大力加强台湾防务。

1885年10月,清政府正式在台湾建省,刘铭传为第一任台湾巡抚。

3.甲午中日战争

日本原是与中国情形相类似的封建国家,19世纪50年代开始遭受美、俄、英、法等西方国家的侵略,逐步沦为半殖民地国家。1868年"明治维新"以后,日本开始大力发展资本主义,建立现代化的国家。

1895年初,日军进犯北洋海军基地威海卫。李鸿章下令不准出战,"如违令出战,虽胜亦罪"。日舰在陆地日军配合下向北洋舰队发动猛烈袭击,海军提督丁汝昌指挥部下奋勇还击,给日军以重创。但部分将领与洋雇员却提出献船投敌,丁汝昌坚决拒绝,被迫自杀殉国。最后,日军占领威海卫,北洋舰队全军覆没。

4.马关条约

中日甲午战争爆发后,清政府始终没有勇气将战争进行到底,一直在谋求对日议和。1895年3

河南省农村信用社招聘考试专用教材

月,李鸿章等与伊藤博文、陆奥宗光在日本的马关春帆楼进行谈判,屈服于日本的压力,于 4 月 17 日与伊藤博文等签订了《马关条约》。

《马关条约》的主要内容是:清政府承认朝鲜"独立自主";割辽东半岛、台湾及所有附属各岛屿、澎湖列岛给日本;赔偿日本军费白银两亿两;开放沙市、重庆、苏州、杭州为商埠;允许日本在通商口岸开设工厂。

《马关条约》是《南京条约》以来最严重的不平等条约,日本据此割占了中国大片领土,不仅破坏了中国的领土完整,而且引发了列强企图瓜分中国的狂潮。

《马关条约》的签订,使中国社会半殖民地半封建化的程度大大加深。

四、戊戌变法

1."公车上书"

1895 年至 1898 年,中国社会出现了一股强劲的变法思潮,并形成变法运动,又称维新运动,这个运动是由新兴资产阶级发动的,康有为、梁启超等是其代表人物。

1895 年春,康有为、梁启超到北京参加会试,时逢《马关条约》签订的消息传来,他们联合参加会试的 1 300 多名举人上书光绪帝,提出拒和、迁都、练兵、变法等主张,史称"公车上书"。

2."戊戌变法"

1898 年 6 月,光绪帝颁布了政治、经济、文化教育、军事等方面一系列变法诏令,由新兴资产阶级发动的变法运动开始,史称"戊戌变法"。

光绪帝颁布的一系列变法诏令触及了以慈禧太后为首的顽固派的利益,9 月 21 日,慈禧太后发动政变,宣布"临朝听政",囚禁光绪帝,下令逮捕维新派,杀害积极推动变法运动的谭嗣同、杨锐、林旭、刘光第、杨深秀、康广仁六人,史称"戊戌六君子",变法失败。

"戊戌变法"是一次自上而下的资产阶级性质的改良运动,变法的失败证明,资产阶级改良道路在半殖民地半封建社会的中国是行不通的。"戊戌变法"中维新派与顽固派的论战,形成中国近代第一次思想解放潮流。

经典例题

(判断题)中国近代第一次思想解放的潮流是新文化运动。(　　)

【答案】×。解析:近代史上中国第一次思想解放的潮流是戊戌变法时维新派与顽固派的论战,第二次是辛亥革命时革命派与保皇派的论战,第三次是新文化运动时掀起的民主与科学等。

五、义和团运动和八国联军侵华战争

1.义和团运动

戊戌变法失败后,反侵犯反洋教的斗争更趋频繁,最终汇成了波澜壮阔、震惊中外的义和团反帝爱国运动。

义和团原称义和拳,是一个民间秘密结社组织。1898 年,山东冠县义和拳在赵三多等带领下,攻打当地教堂,揭开了义和团反帝爱国运动的序幕。第二年,山东平原县义和拳在朱红灯领导下取得平原大捷。此后,义和拳改称义和团,并以迅猛之势,席卷中国北方。声势浩大的义和团运动,矛头直指帝国主义。

2.八国联军侵华战争

为镇压中国人民的反抗,1900 年 6 月,英、俄、日、法、德、美、意、奥八国联军 2 000 多人,在西摩尔率领下,从大沽经天津向北京进犯。义和团在清军的配合下,在廊坊、杨村一带猛击侵略军,迫使其退回天津。6月下旬,清政府被迫向八国宣战。7月中旬天津失陷后,八国联军又攻陷北京。慈禧太后携光绪帝逃往西安。八国联军进入北京后,烧杀抢掠,无所不为,使中国的奇珍异宝再次遭到洗劫。

3.《辛丑条约》

1901年9月,清政府被迫同英、俄、德、日、法、美、意、奥、荷、比、西11个国家签订丧权辱国的《辛丑条约》。

《辛丑条约》的主要内容有:中国向各国赔偿白银4.5亿两,39年还清,本息共计9.8亿两,用海关等税收作保;拆毁大沽炮台,允许帝国主义派兵驻扎北京到山海关铁路沿线主要地区;永远禁止中国人民成立或加入反帝性质的组织,清政府保证禁止人民反对外国侵略;划定北京东交民巷为"使馆界",界内不许中国人居住,由各国派兵保护等。

《辛丑条约》使中国完全陷入半殖民地半封建社会的深渊。

六、辛亥革命和清朝的灭亡

1.资产阶级革命运动的兴起

中国的资产阶级民主革命是从孙中山开始的。孙中山,名文,字逸仙,伟大的民主主义革命的先行者。他早期从事革命时,曾以中山樵化名,后来人们叫他孙中山。

1894年,孙中山在檀香山组织华侨,建立中国第一个资产阶级革命团体——兴中会,它的成立标志着中国资产阶级革命派初步形成。第二年初,孙中山在香港成立兴中会总部。

2.建立同盟会

随着中国资产阶级革命形势的迅速发展,孙中山倡议建立全国统一的革命组织,于1905年8月在日本东京成立了中国同盟会,孙中山为总理。同盟会制定了"驱除鞑虏、恢复中华、建立民国、平均地权"的政治纲领,后来孙中山将其阐发为"民族""民权""民生"的"三民主义",成为辛亥革命的指导思想。

3.武昌起义

在同盟会的推动下,1911年10月10日晚,湖北新军工程营的革命党人熊秉坤、金兆龙等打响了武昌起义的第一枪,率领起义军攻占楚望台军械库,夺取枪支弹药。第二天,起义军攻陷总督衙门。汉口、汉阳的新军起义响应,革命在武汉三镇取得了胜利。1911年是旧历辛亥年,历史上称这次革命为"辛亥革命"。

4."中华民国"成立

武昌起义后,各省纷纷响应,武昌起义不到两个月,内地18个省市已有14个省举旗独立。1911年12月,独立各省代表在南京集会,决定成立临时政府并以此作为临时政府所在地,选举孙中山为"中华民国"临时大总统,选举黎元洪为副总统。

1912年元旦,孙中山在南京宣誓就职,"中华民国"正式成立。2月12日,清王室接受了清帝退位优待条件,宣布退位,统治中国260余年的清王朝寿终正寝。3月,孙中山在南京颁布了参议院制定的《中华民国临时约法》,规定"中华民国"的主权属于全体国民;国内各民族一律平等;国民有人身、居住、财产、言论、出版、集会、结社、宗教信仰等自由,有选举和被选举的权利;参议院行使立法权,有弹劾总统的权力。

《中华民国临时约法》确立了行政、立法、司法三权分立的政治体制,具有资产阶级共和国宪法的性质。

5.辛亥革命的历史意义

辛亥革命是中国近代史上一次伟大的反帝反封建的资产阶级民主革命。它推翻了两千多年的君主制度,建立了资产阶级民主共和国,颁布了反映资产阶级民主主义精神的《中华民国临时约法》。

由于资产阶级政治上的局限性和软弱性,辛亥革命没有完成反帝反封建的历史任务,辛亥革命证明:在帝国主义时代,半殖民地半封建的中国不可能走西方的老路,资产阶级共和国方案在中国行不通。

七、北洋军阀统治时期

1.北洋军阀政权的建立

1912年3月,袁世凯在北京就任"中华民国"临时大总统。由袁世凯的老部下唐绍仪出任内阁总理。同盟会会员在内阁中只担任司法、教育、农林、工商等部的部长。军事、财政、外交、内务等要害部门的部长皆由袁世凯的亲信所控制,以袁世凯为首的北洋军阀政权建立了。

2."二次革命"

1912年8月,宋教仁将同盟会改组为国民党,并在第一次国会选举中获胜。为阻止国民党组织责任内阁,1913年春,袁世凯派人刺杀了宋教仁。孙中山号召武力讨袁,李烈钧在湖口、黄兴在南京宣布独立。随后,广东、安徽等省宣布独立。这次讨袁的军事行动,史称"二次革命"。在袁世凯北洋军的镇压下,二次革命失败。

3.袁世凯复辟帝制

袁世凯镇压"二次革命"后,加快了复辟帝制的步伐。他迫使国会选举他为正式大总统;下令解散国民党,解散国会;废除孙中山颁布的《中华民国临时约法》,强行颁布《中华民国约法》,修改《大总统选举法》,将大总统的权力扩大到几乎和皇帝一样大。1915年12月,袁世凯宣布实行帝制,自称"中华帝国皇帝",下令1916年为"洪宪"元年。

4.护国运动

袁世凯复辟帝制激起全国人民的极大愤怒。1914年夏,孙中山在日本组织中华革命党,发表《讨袁檄文》。1915年底,蔡锷、李烈钧、唐继尧发动反袁起义,宣布云南独立,组织护国军,进军川、黔、粤、桂四省,各省纷纷响应。1916年3月,袁世凯内外交困、众叛亲离,被迫宣布取消帝制。6月6日,袁世凯在全国人民的唾骂声中死去。

5.军阀割据局面的出现

袁世凯死后,北洋军阀分化为直、皖、奉三大系:以冯国璋、曹锟为头子的直系军阀,势力在江苏、江西、湖北三省,依靠英美帝国主义支持;以段祺瑞为头子的皖系军阀,掌握北京政府实权,控制着安徽、浙江、山东、福建等省,是日本侵华的工具;以张作霖为头子的奉系军阀,盘踞东北三省,依靠日本帝国主义。除此,还有大大小小的军阀在各省各地区割据一方。军阀之间混战不断,中国人民陷入深重的灾难中。

6.护法运动

段祺瑞操纵北京政府实权后,拒绝恢复《中华民国临时约法》和国会。1917年7月,孙中山在广州举起护法运动的旗帜。滇、桂军阀为对抗段祺瑞武力统一中国的企图,支持护法运动。护法军政府成立,孙中山任海陆军大元帅。不久,北京政府内部反段势力占了优势,段祺瑞武力统一中国的计划破产,南北军阀合流,护法运动宣告失败。

八、新文化运动的兴起

辛亥革命后,与政治上反动势力的复辟倒退相呼应,在思想文化领域也出现了一股尊孔复古的逆流。一些激进的资产阶级、小资产阶级知识分子在思想文化领域掀起了一场反对封建复古主义和专制主义的斗争,即"新文化运动"。

1915年9月,陈独秀在上海创办《青年杂志》,是新文化运动开始的标志。

新文化运动的主要内容是提倡民主和科学。它倡导的民主是指资产阶级民主政治,倡导的科学是指自然科学和对待事物的科学态度。

河南省农村信用社招聘考试专用教材

第三章 地理常识

第一节 我国地理概况

一、我国的疆域和行政区划

(一)疆域

位置	中国位于北半球,北回归线穿过南部			
总面积	960 万平方千米,居世界第 3 位。仅次于俄罗斯、加拿大,第 4 位为美国			
领土四端	东	南	西	北
	黑龙江和乌苏里江的主航道中心线的相交处	曾母暗沙	帕米尔高原附近	漠河以北黑龙江主航道的中心线上
陆疆	中国陆上疆界从中朝边界的鸭绿江起,到中越边界的北仑河止,长达 2.2 万多千米,共有 14 个陆上邻国;朝俄蒙哈吉塔阿,巴印尼泊和不丹,缅甸老挝接越南,陆上邻国依次连			
海疆	我国有 1.8 万千米长的海岸线,自北向南濒临的近海有渤海、黄海、东海和南海。与我国隔海相望的国家有 6 个:韩日菲文马印尼,隔海相望不分离			

(二)行政区划

三级行政区划,省(直辖市、自治区、特别行政区)、县(自治县、市)、乡(镇、民族乡),共 34 个省级行政单位,其中 4 个直辖市(北京、上海、天津、重庆),23 个省,5 个自治区(内蒙古、新疆、宁夏、西藏、广西),2 个特别行政区(香港、澳门)。

二、我国的人口

(一)人口

总人口:我国是世界上人口最多的国家,约占世界的 1/5。

少数民族人口:根据第六次人口普查,我国少数民族中人口最多的一个民族——壮族有 1 700 万人左右,而赫哲族只有 4 000 多人。人口超过 400 万的少数民族有:壮、满、回、苗、维吾尔、藏、彝、土家、蒙古族等。

各省人口总数排名:根据第六次人口普查,按常住人口分,排在前五位的是广东省、山东省、河南省、四川省和江苏省。广东省成为中国人口最多的省份。

(二)人口分布状况

我国人口的分布很不平衡,以黑龙江省黑河至云南省腾冲一线为界的东南地区,国土面积不到全国的一半,人口却占到全国的 94.4%;而面积超过国土一半的西北地区,人口只占全国的 5.6%。

三、我国的民族与宗教

(一)民族概况

我国是一个统一的多民族国家,有 56 个民族。汉族是中国的主体民族,占总人口的 91.51%,分布在全国各地;其余 55 个少数民族占全国人口的 8.49%(第六次全国人口普查数据),其中人口较多的少数民族有:壮族、满族、回族、苗族;人口较少的少数民族有:塔塔尔族、赫哲族、高山族、珞巴族。

从居住的情况来看,全国形成以汉族为主体的大散居、小聚居、相互交错居住的格局。少数民族主要分布在云南、内蒙古、新疆、宁夏、广西等省、自治区。在社会主义制度下,我国各民族已形成平等、团结、互助、和谐的新型民族关系。

(二)我国的宗教

我国是个多宗教的国家,我国宗教徒信奉的主要有佛教、道教、伊斯兰教、天主教和基督教。中国公民可以自由地选择、表达自己的信仰和表明宗教身份。

中国法律规定,公民在享有宗教信仰自由权利的同时,必须承担法律所规定的义务。在中国,任何人、任何团体,包括任何宗教,都应当维护人民利益,维护法律尊严,维护民族团结,维护国家统一。

四、我国的地形

(一)地形

我国地形多种多样,山区面积广大(通常人们把山地、丘陵和比较崎岖的高原称为山区,中国山区面积占全国总面积的 2/3)。

(二)地势

地势阶梯	海拔	主要地形类型
第一级阶梯	4000 米以上	高原
界线:昆仑山—祁连山脉—横断山脉		
第二级阶梯	1000~2000 米	盆地和高原
界线:大兴安岭—太行山脉—巫山—雪峰山		
第三级阶梯	多在 500 米以下	平原,间有丘陵和低山

(三)主要山脉

东北—西南走向	最西列是大兴安岭—太行山—巫山—雪峰山;中间一列是长白山—武夷山;最东列是台湾山脉,其主峰玉山是我国东南沿海最高的山峰
东西走向	最北列是天山—阴山;中间一列是昆仑山—秦岭;最南列是南岭
西北—东南走向	主要有阿尔泰山、祁连山、巴颜喀拉山等,多在我国西部
弧形山系	喜马拉雅山山脉,其主峰珠穆朗玛峰海拔 8844 米,为世界最高山峰,位于中国与尼泊尔交界处
南北走向	主要有贺兰山、横断山脉等

五、我国的岛屿

(一)主要岛屿与群岛

我国是世界上岛屿众多的国家之一。我国 90%的岛屿分布在东海和南海。台湾岛、海南岛、崇明岛分别是我国第一、第二、第三大岛。按其成因可分 3 类：基岩岛、冲积岛、珊瑚礁岛。台湾岛和海南岛是中国两个最大的基岩岛。崇明岛为中国第三大岛，也是中国最大的冲积岛。舟山群岛、庙岛群岛、澎湖列岛、南海诸岛是我国的四大群岛（浙江省是我国岛屿分布最多的省）。

（二）钓鱼岛

钓鱼岛及其附属岛屿（统称钓鱼岛）包括钓鱼岛、黄尾屿、赤尾屿、南小岛、北小岛等岛屿，自古以来就是中国的固有领土。

（三）黄岩岛

黄岩岛自古就是中国固有领土，中国最早发现、命名黄岩岛，并将其列入中国版图，实施主权管辖。早在 1279 年，著名天文学家郭守敬进行"四海测验"时在南海的测量点就是黄岩岛。黄岩岛原由海南省西南中沙群岛办事处实施行政管辖，2012 年设立三沙市后，归三沙市管辖。

六、我国的河流与湖泊

（一）河流

1.基本特点

基本特点	内容
河流众多	流域面积 1 000 平方千米及以上的河流，就有 2 200 多条
水量丰富	河流年径流量达 27 000 亿立方米
水能蕴藏量极大	水力资源蕴藏量达 6.8 亿千瓦，居世界首位

2.主要河流

（1）长江

长江发源于青海省西南部、青藏高原上的唐古拉山脉主峰各拉丹冬雪山。全长约 6 300 公里，是中国第一大河，也是亚洲最长的河流，世界第三大河。它流经中国青藏高原、横断山区、云贵高原、四川盆地、长江中下游平原，流域绝大部分处于湿润地区。

（2）黄河

黄河发源于青海省中部，巴颜喀拉山北麓，全长约 5 500 公里，是中国第二大河。流经中国青藏高原、内蒙古高原、黄土高原、华北平原，流经的干湿地区是干旱、半干旱、半湿润区。

（3）珠江

珠江是中国南方最大的河流，其干流西江发源于云南东部，全长约 2 210 公里。主要有西江、北江、东江三大支流水系，北江与东江基本上都在广东境内，三江水系在珠江三角洲汇集，形成纵横交错、港汊纷杂的网状水系。

（二）湖泊

我国湖泊众多，分布范围广而不均匀，以青藏高原和长江中下游平原分布最为集中。

长江中下游平原湖区，全部为外流湖、淡水湖。鄱阳湖（赣）、洞庭湖（湘）、太湖（苏）、洪泽湖（苏）、巢湖（皖）为我国五大淡水湖泊，其中鄱阳湖是我国面积最大的淡水湖。

青藏高原湖区是世界上海拔最高的高原湖区，也是我国湖泊分布最为集中的区域。绝大多数属内流湖，为咸水湖和半咸水湖。其中青海湖（青）是我国面积最大的湖泊（属咸水湖），察尔汗盐湖（青海柴达木盆地)是我国最大的盐湖。

七、我国的气候

(一)温度带

温度带	范围	≥10℃积温	作物熟制	主要农作物
热带	琼全部和台南部、粤南部(雷州半岛)、滇南部(西双版纳)	>8 000 ℃	一年三熟	热带作物和热带经济林
亚热带	青藏高原以东,秦岭—淮河一线以南的大部分地区	4 500 ℃~8 000 ℃	一年两熟 一年三熟	水稻、油菜及亚热带水果
暖温带	黄河中下游大部分地区和南疆	3 400 ℃~4 500 ℃	两年三熟 一年两熟	冬小麦、玉米、谷子及温带水果(苹果、梨、葡萄等)
中温带	吉全部和黑、辽、内蒙古大部,北疆	1 600 ℃~3 400 ℃	一年一熟	春小麦、玉米、大豆、谷子、高粱、甜菜等
寒温带	黑、内蒙古的北部	<1 600 ℃	一年一熟	早熟的春小麦、大麦、马铃薯等
高原气候区	青海、西藏大部和四川西部	<2 000 ℃	一年一熟	青稞等

(二)降水

干湿地区	干湿状况	主要分布地区	气候和植被
湿润区	年降水量>800 mm 降水量>蒸发量	东南大部、东北的东北部	气候湿润,森林
半湿润区	年降水量 400~800 mm 降水量>蒸发量	东北平原、华北平原、黄土高原南部和青藏高原东南部	气候较湿润,草原和森林
半干旱区	年降水量 200~400 mm 降水量<蒸发量	内蒙古高原、黄土高原和青藏高原大部分	气候较干燥,主要为草原
干旱区	年降水量<200 mm 降水量<蒸发量	新疆、内蒙古高原西部、青藏高原西北	气候干旱,主要为荒漠

八、我国的资源

(一)自然资源

1.基本特征

(1)自然资源总量大、种类齐全。我国不仅是世界资源大国,还是世界上少数几个矿种比较齐全的国家之一。(2)人均资源占有量不多,许多资源人均占有量居世界后列。(3)自然资源形势严峻。由于利用不当、管理不善,自然资源遭到破坏和浪费的现象严重。

自然资源	总量在世界的位次	人均值约占世界人均值
土地面积	3	1/3
矿产储量	3	1/5
耕地面积	4	1/3
森林总面积	6	1/5

2.水资源

我国是世界上缺水严重的国家之一,人均水资源占有量仅为世界平均水平的1/4。水已成为制约我国社会、经济快速发展的瓶颈。造成我国水资源短缺的主要原因,不是总量不足,而是水资源时空分布的不均衡。

从空间分布看,我国水资源南多北少,东多西少。从时间变化看,我国水资源季节变化大,夏秋多、冬春少。

解决水资源不足的主要措施有:①跨流域调水;②兴修水库;③节约用水,防治水污染。

3.土地资源

(1)我国土地资源的特点

绝对数量大,人均占有少;类型复杂多样,耕地比重小;利用情况复杂,生产力地区差异明显;地区分布不均,保护和开发问题突出。

(2)土地利用中存在的问题

滥砍滥伐森林引起的水土流失;滥垦草原或过度放牧导致的沙漠化;不合理灌溉引起的土壤次生盐碱化;因乱建设滥占耕地导致的大量农田丧失,等等。

(3)对策

我国土地利用中的基本原则是:因地制宜,合理布局。

基本国策:十分珍惜和合理利用每一寸土地,切实保护耕地。

其他对策:依照政策法令管理;做好开源与节流两项工作;加强土地资源的建设与保护。

4.矿产资源

(1)我国矿产资源的特点

①矿产资源总量大,种类多。②分布广泛,相对集中。例如,煤、铁、石油产区以北方居多;有色金属矿则南方居多。③伴生矿多,某些重要矿种(例如铁矿)贫矿多、富矿少。我国三大伴生矿是:四川攀枝花钒钛铁矿、甘肃金昌的镍铜矿、内蒙古白云鄂博的稀土铁矿。④矿产资源形势严峻,一方面人均占有量少;另一方面,采富弃贫,滥采滥挖,破坏环境、破坏矿山,浪费严重,利用率低。

(2)我国能源矿产的分布

我国能源的储量和产量居第一位的是煤,其次为石油、天然气。

我国的煤60%分布在华北、东北和西北。南方除云南、贵州等少数地区外,煤炭资源较少。重要的煤田有:山西的大同、阳泉、西山,河北的开滦,陕西的神府,河南的平顶山,内蒙古的东胜、准格尔、霍林河,辽宁的阜新,贵州的六盘水等。

我国大陆上已开发的油田,主要分布在东北、华北。著名的油田有:东北黑龙江的大庆;辽宁的辽河;天津附近的华北油田;山东的胜利以及中原油田(简称中华胜利);甘肃的玉门;新疆的克拉玛依等。

我国是世界上最早发现和利用天然气的国家之一。我国天然气主要集中在中西部地区的蒙陕高原、塔里木盆地、柴达木盆地、四川盆地及东部浅海大陆架地区。

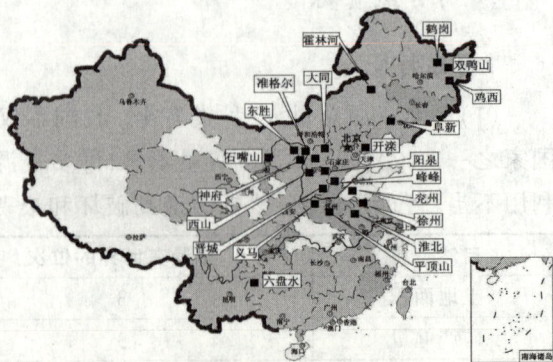

我国主要煤炭分布

(3)我国金属矿的分布

①铁矿:铁矿是重要的矿产,因为钢铁工业是衡

量一个国家工业发展水平的重要标志。我国铁矿资源丰富(居世界第三),但贫矿多,优质富铁矿少。我国铁矿分布广泛,其中以河北、辽宁、四川最多。著名的铁矿有:河北迁安;内蒙古白云鄂博;辽宁鞍山、本溪;湖北大冶;四川攀枝花;安徽马鞍山;海南石碌等。

②有色金属矿:我国是世界上有色金属矿产资源最丰富的国家之一,其中稀土、锡、钨、钛、锑、锂、菱镁矿居世界首位。重要的矿山有:铜矿:江西德兴、云南东川、湖北大冶(铜、铁);钨:江西大余;锡:云南个旧;锑矿:湖南锡矿山;汞矿:贵州铜仁;镍矿:甘肃金昌;稀土矿:内蒙古白云鄂博;金矿:山东招远;铝土矿:广西平果;铅锌矿:湖南水口山、青海锡铁山等。

5.海洋资源

(1)渔场

渔场形成的有利条件:①宽浅大陆架,水温适宜;②河流注入带来丰富有机质、营养盐类;③寒暖流交汇,也使营养盐类丰富,有利于浮游生物生长,为鱼类提供了充足饵料。舟山渔场是我国最大的渔场(一年有两个鱼汛:冬季的带鱼汛和夏季的墨鱼汛)。

(2)海盐

我国是世界第一大海盐生产国,长芦盐场是我国最大的盐场。其他还有苏北沿海、台湾西部(布袋盐场)和海南岛西部(莺歌海盐场)等也是良好的晒盐场所。

(3)主要问题及对策

问题:过度捕捞和近海石油污染。

对策:禁止过度捕捞,做到捕养结合;防治海洋污染。

6.森林资源

(1)基本特点

宜林地区广,森林树种丰富;森林覆盖率低,林木蓄积量小;森林资源地区分布不均;森林资源破坏严重。

(2)主要分布地区

全国最大林区——东北林区:大、小兴安岭和长白山地,以天然林为主;第二大林区——西南林区:横断山区、雅鲁藏布江大拐弯地区和喜马拉雅山南坡,天然林为主;南方林区——台湾、福建、江西等省的山区,以次生林和人工林为主。我国人工林面积居世界首位。

7.草场资源

我国草场资源面积居世界第二位,是我国陆地上面积最大的生态系统。

我国五大草原区:东北草原区;蒙、甘、宁草原区;新疆草原区;青藏草原区;南方草山区。

我国四大牧区:内蒙古牧区(温带草原,代表畜种有蒙古马、蒙古羊、三河马、三河牛等);新疆牧区(高山草甸,主要分布在天山、阿尔泰山区,代表畜种有新疆细毛羊、阿尔泰大尾羊、伊犁马等);青海牧区、西藏牧区(属高原牧场、高山草甸,代表畜种有藏山羊、藏绵羊、牦牛等)。

(二)旅游资源

1.我国的世界遗产

自中华人民共和国在 1985 年 12 月 12 日加入《保护世界文化与自然遗产公约》的缔约国行列以来,截至 2014 年,经联合国教科文组织审核被批准列入《世界遗产名录》的中国的世界遗产共有 47 项。在数量上居世界第二位,仅次于意大利。

2.我国的非物质文化遗产

非物质文化遗产又称无形遗产,是相对于有形遗产,即可传承的物质遗产而言的概念。是指各民族人民世代相承的、与群众生活密切相关的各种传统文化表现形式(如民俗活动、表演艺术、传统知识和技能,以及与之相关的器具、实物、手工制品等)和文化空间。入选联合国教科文组织"人类口述和非物质遗产代表作"的中国项目有:

名　　称	批准时间
昆曲	2001.5
古琴	2003.11
新疆维吾尔木卡姆艺术	2005.11
蒙古族长调民歌	2005.11
书法、篆刻、剪纸、雕版印刷和端午节等22个项目	2009.9
中医针灸、京剧	2010.11
皮影戏	2011.11
珠算	2013.12
大运河、丝绸之路	214.6

九、我国的主要水利工程

工程与项目		地位	成果
大型水利工程	三峡工程	迄今世界上最大的水利水电枢纽工程	具有防洪、发电、航运、供水等综合效益。2006年已全面完成了大坝的施工建设。2010年10月26日,三峡水库水位涨至175米,首次达到工程设计的最高蓄水位,标志着这一世界最大水利枢纽工程的各项功能都可达到设计要求
	葛洲坝水利枢纽	三峡工程的重要组成部分	该枢纽除具有发电、航运等综合效益外,主要任务是担负三峡水电站的反调节,以解决三峡电站不稳定水流对其下游航道及宜昌港所产生的不利影响;同时,抬高水位,淹没三峡大坝下游至南津关河段的险滩,降低这一河段的水流流速,改善水流流态,加大航道尺度,以改善这段峡谷河道的航行条件
大型水利工程	都江堰	现存的最古老的水利工程	建于公元前256年,是战国时期秦国蜀郡太守李冰率众修建的一座大型水利工程。都江堰渠首枢纽主要由鱼嘴、飞沙堰、宝瓶口三大主体工程构成。三者有机配合,相互制约,协调运行,引水灌田,分洪减灾
跨区域调水工程	东线工程	南水北调工程,是缓解中国北方水资源严重短缺局面的重大战略性工程	从长江下游江苏省扬州江都抽引长江水,利用京杭大运河及与其平行的河道逐级提水北上,并连接起调蓄作用的洪泽湖、骆马湖、南四湖、东平湖。出东平湖后分两路输水,一路向北,经隧洞穿黄河,流经山东、河北至天津;一路向东,经济南输水到烟台、威海
	中线工程		从长江中游北岸支流汉江加坝扩容后的丹江口水库引水,跨越长江、淮河、黄河、海河四大流域,可基本自流到北京、天津
	西线工程		调长江水入黄河上游,补充黄河水资源的不足,主要解决涉及青海、甘肃、宁夏、内蒙古、陕西、山西等黄河上中游地区和渭河关中平原的缺水问题

(单选题)"两个黄鹂鸣翠柳,一行白鹭上青天。窗含西岭千秋雪,门泊东吴万里船"描写的景象位于( )。

A.塔里木盆地   B.柴达木盆地

C.四川盆地   D.准葛尔盆地

【答案】C。**解析**:此诗为杜甫的《绝句》。诗中所说的"西岭"为秦岭,可知作者描写景象为四川盆地。故本题答案选C。

第二节 世界地理概况

一、世界的陆地

(一)七大洲

七大洲面积从大到小排列:亚非北南美,南极欧大洋。

七大洲海拔从高到低顺序排列:南极亚非洲,北南美大洋欧。

(二)大洲分界线

亚洲与欧洲	乌拉尔山脉、乌拉尔河、里海、大高加索山脉、黑海、土耳其海峡
北美洲与南美洲	巴拿马运河
非洲与亚洲	曼德海峡、红海、苏伊士运河
亚洲与北美洲	白令海峡
非洲与欧洲	直布罗陀海峡、地中海
欧洲与北美洲	丹麦海峡
南美洲与南极洲	德雷克海峡

二、世界四大洋

大洋名称	太平洋	大西洋	印度洋	北冰洋
面积(万平方千米)	18 000	9 300	7 500	1 300
主要特征	岛屿、珊瑚礁、边缘海最多,海岭多,多火山、地震,有锰结核、石油	海岸曲折,多边缘海、海湾,海洋中有"S"形海岭,大陆架广阔	海岸线较平直,岛屿多为大陆岛、火山岛,海洋中有"人"字形海岭,油、气、锰结核丰富	大陆架广阔,海岸曲折,多边缘海、海湾、岛屿、半岛,多冰盖、冰山、浮冰,油气资源丰富
相对位置	世界第一大洋。位于亚洲、大洋洲、北美洲、南美洲和南极洲之间	位于欧洲、非洲、南极洲和美洲之间	位于亚洲、非洲、南极洲和大洋洲之间	位于北极圈内,被亚、欧、北美三大洲所包围

三、世界主要海峡

马六甲海峡:位于马来半岛—苏门答腊岛之间,沟通南海与印度洋的安达曼海。它是太平洋—印度洋航运的咽喉要道,被日本称为"海上生命线"。

霍尔木兹海峡:位于伊朗—阿拉伯半岛(阿曼)之间,沟通波斯湾与阿拉伯海。它是波斯湾通往阿拉伯海的咽喉,波斯湾沿岸石油出口的要道,世界著名的"石油海峡"。

麦哲伦海峡:位于南美大陆—火地岛之间,沟通南大西洋和南太平洋。它是南美南部东西两岸的海上交通要道,大西洋和太平洋之间的大型轮船的航运要道。

德雷克海峡:位于南美洲—南极半岛之间,沟通南大西洋和南太平洋。它是南美洲、南极洲的分界线,各国科考队赴南极考察必经之地。

第四章 生活常识

3D电视:三维立体影像电视的简称。它利用人的双眼观察物体的角度略有差异,因此能够辨别物体远近,产生立体的视觉这个原理。3D液晶电视的立体显示效果,是通过在液晶面板上加上特殊的精密柱面透镜屏,将经过编码处理的3D视频影像独立送入人的左右眼,从而令用户无需借助立体眼镜即可裸眼体验立体感觉,同时能兼容2D画面。

LED:即发光二极管,是一种固态的半导体器件,它可以直接把电转化为光。LED的心脏是一个半导体的晶片,晶片的一端附在一个支架上,一端是负极,另一端连接电源的正极,使整个晶片被环氧树脂封装起来。它目前主要应用于显示屏、交通讯号、汽车工业、家用室内照明等。

数字式彩色电视机:数字式彩色电视机是今后彩电发展的总趋势。它将电视台播发的模拟彩色电视信号先变换为电信号,经过数字信号处理后,再恢复成模拟信号,输往彩色显像管和扬声器显示图像和放音。

白炽灯变黑:白炽灯的钨丝受热升华后,遇到冷的灯泡壁凝华在上面呈黑色。升华是从固态不经过液态而直接变成气态的过程,凝华是从气态不经过液态而直接变为固态的过程。

观后镜:汽车驾驶室外面的观后镜是一个凸镜。利用凸镜对光线的发散作用和成正立、缩小、虚像的特点,使看到的实物变小,观察范围更大,而保证行车安全。

塑化剂:作为一种材料助剂,在塑料加工中添加这种物质,可以使其柔韧性增强,容易加工,可合法用于工业用途。而塑化剂加入白酒之中,会使酒类粘性更强,留香更久,看上去提升了白酒的档次和品质。如果塑化剂含量超标,长期饮用会对人体免疫系统和消化系统造成伤害。

水管粘手:寒冷的天气,用手触摸自来水金属管时,好像对手有一种"粘力"。自来水的金属管是热的良导体,当用手接触它时,手上的热量被金属迅速吸收并传走,手表面皮肤层的水分会立即遇冷凝固,将手和自来水管"粘"在一起。

塑料挂衣钩:塑料挂衣钩紧贴在墙面上时,塑料吸盘与墙壁间的空气被挤出,大气压强把塑料吸盘紧压在墙壁上。挂衣服或书包后,塑料吸盘与墙壁产生摩擦力以平衡衣服或书包的重力,所以能挂住衣服或书包。

食品保存:为了防止食品受潮、变质或变形,常在食品袋内充入二氧化碳或氮气;或在袋内放干燥剂,生石灰、氯化钙主要是吸水,铁主要是吸收氧气和水;或采取真空包装。

内轮差:内轮差是车辆转弯时内前轮转弯半径与内后轮转弯半径之差。大型车辆转弯时前后轮会产生内轮差,如果司机只注意前轮通过,前后轮运行轨迹不同,极易伤到距离车辆较近的路人。而内轮差的大小,与前后车轮间的距离有关,距离越大,前后轮产生的半径差越大,内轮差也就越大。小型车最多产生接近0.6米的内轮差,而大货车则可达到1.5米甚至2米。如果从高处垂直观察车辆转弯时的状态,就会发现,转弯车辆是以内侧后轮为支点进行移动的,前后车轮划过的区域其实是不同的。车身越长,转弯幅度越大,形成的轮差就会越大。

陈酒更香:白酒的主要成分是乙醇,把酒埋在地下,保存好,放置几年后,乙醇就和白酒中较少的成分乙酸发生化学反应,生成的乙酸乙酯具有果香味。上述反应虽为可逆反应,反应速度较慢,但时间越长,也就有越多的乙酸乙酯生成,因此酒越陈越香。

雨后空气清新:夏日雷雨过后,人们会感到空气特别清新,是因为在闪电时,发生了化学变化,空气中的有些氧气变成了臭氧。浓的臭氧很臭,具有很强的氧化能力,能够漂白与杀菌。稀薄的臭氧会给人以清新的感觉。雷雨后,空气中会弥漫着少量的臭氧,因此人们会感到空气清新。

树木指向:若在阴天迷了路,可以靠树木或石头上的苔藓的生长状态来获知方位。以树木而言,树叶生长茂盛的方向即南方。若切开树木,年轮幅度较宽的一方即南方。

吃鸡蛋不宜过多:鸡蛋中含有大量胆固醇,吃鸡蛋过多,会使胆固醇的摄入量大大增加,造成血胆固醇含量过高,引起动脉粥样硬化和心、脑血管疾病的发生。其次,多吃鸡蛋容易造成营养过剩、导致肥胖。多吃鸡蛋还会造成体内营养素的不平衡,从而影响健康。

腊肉不宜多吃:腊肉多为猪肉腌制而成,根据猪的不同部位,肥肉分量最少的里脊肉,每百克也要含 55 毫克的胆固醇,而每百克肥猪肉更是含 109 毫克胆固醇。高含量的胆固醇会沉淀、聚集在胆汁中形成结石。此外,动物性脂肪不易为人体所吸收,过多食用腊肉会增加脂肪肝风险。

很多家庭买了腊肉不是即买即食,一般都要存放一段时间。为保持新鲜的口感,腊肉在加工和腌制的过程中都放入了大量的盐。这些盐会转化为亚硝酸盐,亚硝酸盐是人体的致癌因素,很多爱吃腌肉的地区同时也是胃癌高发的地区。

深色蔬菜有益处:深色蔬菜是指深绿色、红色、橘红色、紫红色等深颜色的蔬菜,常见的深色蔬菜包括菠菜、油菜、空心菜、芥蓝、小葱、茼蒿、萝卜缨、西红柿、胡萝卜、南瓜、红辣椒、紫甘蓝等。这样的蔬菜富含胡萝卜素,尤其是 β-胡萝卜素,并且是维生素 A 的主要来源。此外,深色蔬菜还含有其他多种色素物质,如叶绿素、叶黄素、番茄红素、花青素等以及其中的芳香物质,它们赋予蔬菜特殊的色彩、香气与风味。

颜色深的蔬菜营养素和抗氧化因子的含量较高。同一类蔬菜中,也是颜色深的品种保健效果更好,比如说,深红色的番茄,番茄红素含量远高于粉红色的番茄;浅绿色的叶菜,维生素 B2、叶酸、镁、类黄酮等多种健康成分含量低于深绿色的品种。对于同一棵菜来说,深色的部分总是比浅色的部分营养成分含量更高。

草莓位居抗癌水果的榜首:研究表明,有十几种水果可以起到有效地降低患癌症概率的作用。这些水果包括草莓、橙子、橘子、苹果、哈密瓜、奇异果、西瓜、柠檬、葡萄、葡萄柚、菠萝、猕猴桃等。在抗癌水果中,草莓的作用位居首位。新鲜草莓中含有一种鞣酸物质,可在体内产生抗毒作用,阻止癌细胞的形成。此外,草莓中还有一种胺类物质,对预防白血病、再生障碍性贫血等血液病也能起到很好的效果。

牛奶并非越浓越好:有人认为,牛奶越浓,身体得到的营养就越多,这是不科学的。所谓过浓牛奶,是指在牛奶中多加奶粉少加水,使牛奶的浓度超出正常的比例标准。也有人唯恐新鲜牛奶太淡,便在其中加奶粉。如果婴幼儿常吃过浓牛奶,会引起腹泻、便秘、食欲不振,甚至拒食,还会引起急性出血性小肠炎。这是因为婴幼儿脏器娇嫩,无法承受过重的负担与压力。

骨骼:成人骨头共有 206 块,分为头颅骨、躯干骨、上肢骨、下肢骨四个部分。利于骨骼健康的保健步骤是补充钙和维生素 D、负重训练、不要吸烟与适度饮酒(中度酒)、与医生交流、骨的密度检查等。

打哈欠时流泪:人在打哈欠的时候嘴巴张得很大,尽可能多地让气体呼出体外,为的是呼出二氧化碳,吸进氧气。随着打哈欠的动作一股气体有力地从嘴巴呼出,面颊部、舌和咽喉部肌肉紧张收缩,这时口腔及鼻腔的压力增大。鼻腔压力增高的结果就会一时性地阻挡鼻泪管排泄泪水的工作,泪水流不下去,积在眼睛里的泪水越来越多,最后夺眶而出,流到脸上。

offcn 中公·金融人

第十一篇

写 作

第一章　作文题的形式与特点

　　农村信用社考试中的作文题与公务员录用考试《申论》科目有相似之处,但又各有各的特点,不能一概而论。所谓"知己知彼,百战不殆",要在考试中有更出色的表现,必须深入分析农村信用社考试作文题的特点,对症下药进行应试准备。

一、作文题的试卷形式

　　作文题,也叫写作题,其给定资料通常在1 000字以下,试题仅有一道,即单一作文题模式,作答字数一般要求不少于800~1 000字。作文题具有材料短、题量少的特点,一般分为给定材料和题目要求两部分。

1.给定材料

　　作文题的给定材料一般较为精短,字数多控制在100~500字之间,多于800字的材料很少见。其内容涵盖面极广,可能是一般性的社会问题,也可能会给出故事、一段话或是寓言。

[经典例题]

请仔细阅读下面的材料,联系实际,题目自拟,写一篇800字左右的议论文。

相传,有个寺院住持,给众僧立下了一个特别的规矩:每到年底,寺里的和尚都要面对住持说两个字。第一年底,住持问新和尚最想说什么,新和尚说:"床硬"。第二年底,住持又问新和尚心里想说什么,新和尚说:"食劣"。第三年底,新和尚没等住持提问,就说:"告辞"。住持望着新和尚的背影,自言自语地说:"心中有魔,难成正果,可惜! 可惜! "

【分析】

这种形式的作文材料比较简短,字数仅有200字不到。由于给定资料较短,所提供的信息量也相对较少,因此实际上对考生阅读分析材料和把握时政的能力提出了更高的要求。

2.题目要求

农村信用社的作文题目分为两种:一是命题作文;二是自由命题作文。

(1)命题作文。

命题作文,即题干已给出文章标题的文章写作题,命题作文包括完全命题作文和半命题作文,即:完全命题作文是题目中完整给出标题,写作文时必须要用这个题目作为文章标题;半命题作文是题目中给出一半标题,需要补全另一半题目。

[经典例题]

1.如何加强信用卡管理与规划。

2.请结合给定资料,以"老有所养"为题,自拟一个副标题,写一篇文章。(40分)

要求:(1)联系实际,论述深刻;(2)语言流畅,条理清晰;(3)总字数不少于800字。

【分析】

【例1】是完全命题作文,写作文时直接用题干给出的题目作为标题即可。

【例2】是半命题作文,写作文时需要给文章加一个副标题。

(2)自由命题作文。

自由命题作文,即不限文章标题的文章论述题。此类试题通常会给出文章主题、立意角度、写作依据等方面的提示。

经典例题

1.以"在全球金融危机形势下,信用社如何实现自身的发展"为主题,自拟题目,写一篇文章,不少于800字。

2.管理学有个著名的木桶:一只木桶能够装多少水取决于最短的一块木板长度,而不是最长的那一块。这个比喻可以引申一下,一只木桶能够装多少水不仅取决于每一块木板的长度,更取决于木板与木板之间的结合是否紧密。如果木板与木板之间存在缝隙或缝隙很大,那可以装的水更少,甚至装不了水。"木桶理论新解"给人们的工作生活以深刻的启示,要求人们注意消除间隙。阅读以上材料,你有何感想。请联系实际,自拟题目,写一篇800字左右的议论文。

【分析】

【例1】是给出文章主题类试题;【例2】是给出文章立意角度类的试题。

在农村信用社考试作文题中,自由命题作文命题方式占据了主要地位,但考生复习也不能放松对命题式作文的练习。因此,考生在备考时,可以自由命题作文为主进行练习,并辅之命题作文,既能两者兼顾,同时有所侧重。

二、作文题的题材特点

材料作文作为农村信用社考试的重要命题形式,其题材的选择主要有两种:一种是社会问题型题材,另一种是寓言故事型题材。而不论命题采用哪种方式,其目的都是要对考生的阅读理解能力、综合分析能力、提出和解决问题能力以及文字表达能力进行考查。

1.社会问题型

社会问题型的作文材料基本是围绕社会问题展开,它的特点主要表现为:

(1)问题性。

能够成为材料作文题命题题材的时事,必然是近期发生的、或长期累积的有待解决、存在争议的问题,仅仅是成就展示、经验介绍等纯属积极、正面的,值得肯定、推广和弘扬的事物不会成为材料作文题命题的题材。这就是说,材料作文题考查的时事都带有问题性,是需要改善和解决的对象。

(2)非敏感性。

材料作文题材是考活的、动态性时事话题,题材的方方面面、每一个细节都会被全社会评头论足。因此,过于敏感的话题、有失观瞻的话题,与考试的政策性、严肃性不符的话题,一定不会入选材料作文题考试题材。

2.故事寓言型

故事寓言型的作文材料没有一定的选材范围,一般是较短的故事或寓言,体现一定的人生哲理。这种命题方式十分灵活,可能会给出一段故事,也可能是名人逸事,或者仅仅是一种现实情况,请看下面的例子:

【示例一】故事型

很久以前,有一匹英俊高大的骏马,发现一处非常好的草场,这匹马非常兴奋地认为自己不必到处再找草场了,这片草场可以吃一辈子了。

就在这匹白马万分高兴的时候,有一匹美丽的梅花鹿跑过来吃草,那匹白马气势汹汹的吼道:

河南省农村信用社招聘考试专用教材

"这是我的草场！给我滚出去！"小鹿抬起头来，看见是一匹高大的白马，便和气地说："马伯伯，你说这片草地是你的？你有证据吗？"

这匹白马飞一样的跑走了，他在山下看见了一户人家。白马非常有礼貌的对这家人说："请你上山为我作证好吗？"这家主人想了想说："我可以为你作证，但你也要答应我一件事，我要给你戴上笼头和马嚼铁……"为了要那片草地，白马爽快地答应了这个人的要求。

这个人给白马戴上笼头和马嚼铁，骑着白马来到了那片美丽的草场，他为白马作证，草场是属于白马的。结果，白马真的成了草场的主人。不过戴上笼头和马嚼铁后，它必须每天去为作证的人耕地、驮东西。

那匹想霸占草场的白马成了人的奴隶！它的子孙也成了人的奴隶，而小鹿们至今仍是自由自在的。

请结合上述材料，紧密联系实际，自拟题目，写一篇1 000字以上的议论文。

【示例二】寓言故事

请仔细阅读下面的材料，联系实际，题目自拟，写一篇800字左右的议论文。

一只猴子捡到一把刀，但这把刀很钝，连一棵小树也砍不断。

它跑去请教砍柴的人：

"告诉我，你的刀为啥那样锋利？"

"我把它在石头上磨过的。"

"磨过就行了么？"

"磨过就行。"

猴子高兴地跑回去，拿了刀就在石头上使劲地磨，磨着，磨着，一直把刀口磨得和刀背一样厚了。等它再拿去砍树时，不用说，就更加砍不动了。

"唉！我已经学习了别人的经验，还是毫无办法，如果不是经验本身不可靠，那一定就是这把刀子有问题！"猴子下了结论说。

【示例三】名人轶事

印度的甘地，有一次乘火车，他的一只鞋子掉到了铁轨旁，此时火车已经开动，鞋子无法再捡回来，于是甘地急忙把穿在脚上的另一只鞋子也脱下来，扔到第一只鞋子的旁边。一位乘客不解地问甘地为什么这样做，甘地笑着说："这样一来，看到铁轨旁的鞋子的穷人就可以得到一双鞋子了。"

看完以上事例，自己拟题，写一篇不少于1 000字的议论文。

【分析】

以上试题的题材选用的都是故事或者寓言，它们形象地为考生讲述了一定的人生哲理，这就要求考生在作答试题时必须有较强的阅读理解能力，能从具体的故事或者寓言中提炼出相应的哲理，以供写作之用，以免出现作文论述偏离命题者意图的现象，造成不必要的丢分。

第二章　作文题的作答技巧与策略

一、应试写作准备

考生应做的写作准备主要包括知识和技能两个方面。

1.知识储备

作文题的表层含义是仅根据材料就事论事,看文章写得好坏。而实际上,主要是向阅卷者传达考生独特的思维方式、思想感情、学识见解。要想真正打动阅卷者,首先需要考生头脑里有"货",这是考试中写文章的基础。所谓"货"主要是就考生的知识储备而言。而知识储备的外延则相当宽泛,考生平时的积累所形成的自己思考、解决问题的方式往往也成为知识所涵盖的范畴。因此,考生想通过扩充知识储备来提升写作能力,需要做的工作很多。但是,考生进行知识储备也并非无章可循,要形成知识储备,主要有两条途径:一是活的知识的储备,即在社会实践、日常生活、人际交往、个人际遇过程中储备的知识。二是书本知识的储备,主要是那些古今思想家、政治家、科学家、文学家经过提炼、加工写成的语言,总结了前人经验,语言规范、精练、严谨,并凝练了人类文化的文章、著作等。

2.技能准备

所谓技能,主要是从语言表达能力这方面讲的。技能的提高,必然离不开经常的练习,只有经过反复的锻炼才可以选择多种表述方式来为自己的文章服务,比如记叙、描写、说明等手段。当然,农村信用社考试中写作题主要是以议论文为主,但是,各种表达方式的综合运用,为总体的议论服务,将使文章大大出彩,收到意想不到的效果,在此过程中所应注意的主要是语言的规范性,要运用官方语言,不要太过文学化和随意化。同时,应该明确练习写作的过程实际包括写作和修改两个阶段。只有在不断的修改中才能真正发现自己文章存在的问题,从而避免类似问题的重复出现。

二、审题和立意

1.审题

审题的目的是为了全面、准确的理解题意,是要对命题的显隐含义和对写作的各项要求,进行多角度全方位的、最确切、最深刻的周密分析、辨认和筛选,弄清意图,把握重点,明确要求,做到不漏不偏,不大不小,避免表面和片面,迅速准确破题。

材料是写作的窗口,考生依据材料总结概括出的主要内容或反映的主要问题就是文章的精神实质,是写作的依据;作文题的作答要求是对论证的限制,尤其是在农村信用社考试中对作文题的审题更是重要。所以一定要花一定的时间进行审题,否则就会出现跑题、偏题、宽题、狭题的现象。

审题立意的具体过程:

①读。包括读材料和读考试要求。读材料就是通过阅读找出材料反映的主要问题,这在前面概括内容、提出对策的过程中已经完成了。读考试要求的过程中,要完成以下几方面的工作:

第一,审文题类型方式,即要审清是要求考生根据材料任选角度写一篇议论文、演讲稿,还是写一份建议、报告,或者是其他形式。命题类型不同,写作要求也就不同,写法也不一样,忽略命题类型和形式要求的文章,如果文与题不符,就不可能符合考试的要求。

河南省农村信用社招聘考试专用教材

第二,审限制条件。首先,审清对论述的内容是否有限制。例如,"从政府职能部门制定政策的角度,就如何'减少事故,保障安全'提出对策建议,供领导参考。"这个题目的要求是就该问题提出对策建议,而任何的对策建议都不会是"无源之水,无本之木",都是建立在对问题原因进行分析的基础上提出来的,因此可以得出该题目要求限制的内容是问题产生的原因和针对这些原因提出的对策,是要求考生分析事故产生的原因及提出保障安全的对策;其次,审出是否有"虚拟身份的设定"。例如,"为设定的发言人拟一篇现场讲话稿或电视讲话稿。"在作这篇文章的时候,考生就必须以考试设定的虚拟人的身份来写这篇文章,也就是说考生在作这篇文章时的身份必须是给定的"虚拟身份";最后,审清字数限制。即考生必须在议论文给定的字数范围内论述,字数过少或超过限定字数都会影响得分。

②析。针对材料反映的主要问题从不同角度进行分析,得出不同观点。即使同一个问题,由于分析的角度不同,写出的文章也会完全不同。

③立。从上面分析得出的不同观点,选取最佳者确立为论点。即对得出的不同观点进行分析,选取有现实意义、有新意的、自己认识最深刻的、又有材料可写的、不大不小的一个,作为论点写成议论文。

2.立意

（1）立意正确。

正确的世界观、人生观和价值观是审题、立意的前提,否则,就不可能准确地把握材料的主要思想倾向,进行正确的立意,也就不可能有正确的中心主旨和健康的思想内容。立意,从本质上说是作者对待所写事物的观点、态度问题。观点态度错了,文章的中心就不可能正确,思想内容也就不可能健康。

（2）论点准确、突出、有新意。

①找好角度,使中心准确。准确,是指确立的文章主旨与命题的含义保持高度一致,不偏离文题的主要指向,论点才能准确。这就需要从多种立意当中选取一个角度最好、自己认识最清楚的、有材料可写的确立为论点进行写作,才能确保论点准确。

②确保论点突出。

第一,原则。

要论点单一、集中。论点是文章的灵魂,一篇文章只能集中就一个论题,从一个角度,进行论证,才能指向明确。

要重复。为避免写作过程中出现跑题、偏题现象,在行文中要不时照应一下论点,确保论点集中。

第二,方法。

首先,文章的题目就是论点。

其次,第二段单独为一段,点明论点。第一段是对材料主要内容的概述,紧接着第二段要点明论点。

再次,文章的每个分论点都要扣住总论点,每段结尾回扣总论点。

最后,倒数第二段总结论点。

当然,这几处照应不要单调地重复论点,而应注意用灵活的语言进行表述。

③力求论点新颖。所谓新颖,是指确立的论点不落窠臼,能见人之所未见,发人之所未发。这就需要摆脱思维定式,运用辩证分析的方法,对文题进行多方求异思维。

论点的新颖性一定是建立在对材料反映的主要问题的基础上的。不能为求新颖,偏离材料的主要问题,结果弄巧成拙。

第三章 从工作能力和态度分析农信社写作题的特点

农村信用社工作相比其他商业银行工作较艰苦,所以很多农村信用社在通过客观题考查专业能力的同时,还会通过写作题的形式来考查考生对农村信用社工作的认识,这种认识又主要包括两个方面,一个是工作能力,一个是工作态度。下面我们将从题目本身的形式来分析农村信用社对这两方面内容的考查情况。

一、"一句话"论述

(一)题型概述

从目前农信社的命题形式来看,一句话及短材料分析论述,除了考查专业知识外,剩余基本考查的均为工作能力、态度问题。所谓工作能力、态度问题,主要考查考生对工作的态度,如何在平凡的岗位创造不平凡的事业;这与农信社的工作岗位的性质有密切联系,因为农信社工作人员大多属于基层岗位,工作地点及条件相对艰苦,没有坚定的信念及端正的工作态度很难在农村基层扎根安定下来。所以,考生对工作的态度,便成了一个考核的依据。此外,考查的还有考生的能力问题,能力主要指考生如何提升自身能力,世界变化日新月异,不根据时势变化提高自己,定会不适应工作要求,落后于时代。

【材料链接】

根据冯骥才的一段话"运动中的赛跑,是在有限的路程内看你使用了多少时间;人生中的赛跑,是在有限的时间内看你跑了多少路程。"根据以上材料写一篇800字的作文。

【分析】

本题为一道自由命题作文题。仔细分析上述材料中的这段话,可以看出文段中的重点在于"人生中的赛跑,是在有限的时间内看你跑了多少路程",即人生中的时间一定,我们如何在有限的时间创造更多的价值,做出更多的贡献,这就需要态度和能力的双重作用。所以,本章的落笔点要从如何端正自己的态度、提高能力出发。端正态度可以引用著名人物的名人名言、名人轶事、时事政治的一些热点话语来起到启示作用,提高能力则可以从如何提高能力及提高能力对我们工作中的实际作用出发。

(二)作答要求

此类文章和公务员的申论有相似作用,但又有不同,农信社考查的内容要结合农信社来具体论述。在语言论述上,如碰到自由命题作文,要注意标题要简明、精炼,体现文章主题。当然,也有部分题目不需要进行标题拟定,直接进行论述。在文章内容的阐述过程中,要做到观点明确、联系实际、结构完整、内容充实、思想深刻及语言规范准确,这些也适用于其他类型的题目的答述中。同时,在作答过程中最好分点论述,根据逻辑先后、内容轻重之分分条罗列。

(三)例题精解

1.给定题目

只有找到一份适合自己的工作,才能实现自己的人生价值。请谈谈对这句话的看法。

河南省农村信用社招聘考试专用教材

2.作答思路

这个题目需要考生先在心里进行一个大致的判断,属于后面具体讲述的评论型题目。考生可以根据实际情况分析,现实中并不是每个人都能找到适合自己的工作,尤其是在刚开始工作的时候由于很多人对自己没有深刻的认识,往往会陷入"跳槽"的误区。而且,人生中除了工作之外,还有家庭、事业、人际关系等其他内容,用工作实现人生价值有失偏颇。但是,工作也是人生中非常重要的一部分,人生中的部分价值需要靠工作实现。所以接下来的论述中,考生要基于以上的观点进行阐述。考生阐述自己的观点时,同时要结合适当的论证验证自己的观点,最后总结结论。要注意语言有说服力,逻辑通顺。

3.参考答案

每个人都有自己独特的人生价值观,就我而言,人生的价值囊括了很多东西,包括家庭、工作、事业等等,工作是其中之一,是非常重要的一个部分。

对于这句话,我认为,首先,能找到合适自己的工作固然很好,但没有找到合适的工作并非就无法实现自身的人生价值,合适的工作基于对工作内容、工作环境和自身的充分了解,但很多大学生缺乏对具体工作的了解和认识,对自身的了解也有限,对适合与否缺乏正确的判断,容易陷入不断跳槽的陷阱中去,更好的做法是主动适应目前的工作,在工作中寻找自己的特长和优势,进而发现"合适"自己的工作。

其次,合适的工作的含义,其实更多的是熟悉工作之后,自身的能力提高,工作起来得心应手,最后发现自己是适应这份工作的。工作并不在于合适与否,更多的在于自己的努力够不够。

最后,人生的价值固然包括很多内容,但是,工作,作为一个人安身立命的手段和工具,不仅是必要的,而且在人生中的分量也是相当重的。我们应当了解自身的优势和技能,利用各种方法提升自己的工作能力,在工作中立于不败之地,为社会做出贡献,以便真正的实现自己的人生价值。

二、材料论述

(一)题型概述

涉及工作态度、能力方面的材料论述题,要求考生从实际出发,谈谈自己对工作的态度和能力的认识。在作答时,考生应该有积极明确的立场,运用丰富的例证来支持自己的观点,有理有据,论据充分。

(二)作答要求

1.立场明确。首先,在涉及工作态度、能力方面的材料论述题中,文章的立场应该是积极明确的,即积极投身到工作岗位中,努力工作,提升自己的工作能力。

2.内容丰富充实。内容充实,是指文章要论点全面、分析充分。

一是文章论点要全面。要求考生在提出中心论点(即总论点)的基础上对中心论点进行深化和细分,提出分论点,以丰富中心论点的内涵。

二是分析充分,有理有据。这要求文章不能仅仅停留在提出观点阶段,还要对观点进行分析阐释,比如分析观点提出的依据、现实的意义、面临的问题、问题可能造成的影响、具体的措施等。

3.结合实际考生应坚持"三贴近、三结合"原则。即贴近具体问题实际、贴近社会实际、贴近自身思想和工作实际,使作答思维在符合题意要求的前提下,同自己的切身认识紧密结合。

4.视野开阔

视野开阔,是文章立意、思考问题的广度要求,文章写作不应局限于一时一地,而是要广泛联系与论述问题相关的各个方面,如成绩与问题、理想与现实、古代与现今、国内与国外、经验与教训等,进行多角度地思考,在宏大的背景下对问题进行周全地思考,从而见人所未见。

(三)例题精解

在第十二届全国人大第一次会议上,习近平同志明确指出:实现中国梦必须凝聚中国力量。中国梦是民族的梦,也是每个中国人的梦。生活在我们伟大祖国和伟大时代的中国人民,共同享有人生出彩的机会。有梦想,有机会,有奋斗,一切美好的东西都能够创造出来。在五四青年节的讲话中,习近平同志提出,青春是用来奋斗的,鼓励和号召广大年轻人到基层去,大有作为。

请以《扎根基层也能出彩》为题,结合实际,写一篇800字左右的议论文。

【分析】通过本题题目《扎根基层也能出彩》可以看出,文章的立场应该是积极投身基层,是考查考生工作态度的一篇文章。考生在作答的时候,首先应该设置文章的结构,在本文中,可以先介绍一下中国现在基层工作的现状,然后说明扎根基层对广大年轻人的好处,最后升华一下主题思想。在写作过程中,考生还应该多用古今中外的例证,联系实际,写成一篇内容充实、论据充分的文章。

【参考答案】

扎根基层也能出彩

宰相必起于州郡,猛将必发于卒伍。中国历朝历代不乏扎根基层而后光耀史册的著名人物。当前,受国际经济形势影响,国内就业压力大增,有的大学生毕业后考研深造,也有的大学生毕业后赋闲在家。但与之相应的却是广大农村基层工作无人问津。为此,当代大学毕业生应积极响应习近平总书记的号召,到基层去一展身手,彰显当代学子的工作风采。

基层是提升人才能力的"磨刀石"。狄青出身士卒,抵御西夏时多次夺关斩将,深受范仲淹器重,并刻意栽培,最终成为北宋中期赫赫有名的一代将帅,而在世人礼遇推崇的背后,却是他在西夏25战,深入边关磨练的用兵之能。基层工作条件艰苦,很多年轻人畏葸不前。其实艰难的工作环境可以砥砺人的能力,当代大学生终日埋首书斋,社会实践不足,个人能力有待提高,如果到农村基层开展纷繁复杂的工作,个人能力势必可以得到大幅提高。为此,当代大学生应积极投身基层工作,磨练个人能力。

基层是坚定人才意志的"奠基石"。范仲淹历任州郡,多年来体察民情修筑堤堰,戍边卫国,多年的基层工作令范仲淹养成了坚定的意志。当他主导"庆历变法"时,将国计民生置于首位,以"一家哭何如一路哭"的坚定决心裁汰冗官冗员。这种民贵官轻的坚持正源于他多年基层工作养成的坚定意志。当代部分大学生意志低沉,只有深入民间基层工作才能深入了解农村基层社会存在的各种问题,培养起为人民服务的坚定思想。

大学生深入基层开展农信工作,不仅可以为农村提供优秀的金融人才,更可以将新技术、新思想引入老旧的村落,带动农村社会思想科技水平整体提升。为此,农信社要为基层人才的引进做好充分准备,领导干部要定期与基层大学生有效沟通,了解他们的工作学习进展和思想情况,为他们排忧解难,营造良好的工作氛围。同时,树立先进服务典型,更好地号召大学毕业生扎根基层,艰苦工作,在基层的岗位上做出耀眼的成绩。

王阳明扎根龙场七年,参悟致良知之学。毛泽东同志也曾高瞻远瞩地提出,农村广阔天地,青年大有作为。当代大学毕业生面临就业的压力,应转变就业观念,深入基层,以艰难繁琐的工作提升能力,坚定意志,在平凡的农信岗位上做出不平凡的业绩,为中华民族百年复兴之梦的实现提供合格的人才储备。

第四章　从专业知识分析农信社写作题的特点

一、材料简答

(一)题型概述

1.材料简答分类

材料简答从内容上来分,一般可分为以下几类:

(1)热点国情。热点国情很容易被拿来命题,所以考生要格外注意。近年来热点国情主要有资源能源价格改革,人口老龄化,收入分配改革等。在资源能源价格改革方面,可能涉及的考点有资源价格改革对我国经济发展的重要作用,以及推进资源价格改革有哪些措施可以采取;人口老龄化则涉及到劳动力供给、社会保障等方面,考生需要了解人口老龄化对劳动力供给、社会保障有何影响;收入分配则与经济的初次分配和再分配相关,了解收入分配对我国居民生活水平以及经济内需、消费的相关影响。

【材料链接】

根据国家统计年鉴和联合国统计标准的数据,中国在 1995—2000 年间进入老龄化社会,而根据联合国的预测,中国约在 2025—2030 年进入深度老龄化,人口老龄化对社会经济产生重大影响。一方面,人口红利消失,进城人员工资普遍上涨;另一方面,美国、德国等发达国家老龄群体的消费在社会总消费中的比重超过 20%,我国这一数据不到 10%。中国老龄群体的消费没有出现高消费的特点。

【问题】

(1)请谈谈影响社会劳动力供给的因素,结合材料简述人口老龄化对社会劳动力供给的影响。

(2)试分析我国为什么没有出现西方国家老龄群体高消费现象。

【分析】

可以看出,此题的考点为热点国情年龄老龄化。第一问的问题为影响劳动力供给的因素以及人口老龄化对社会劳动力供给的影响,前半部分为一般意义上的劳动力供给问题,其实较为简单,考生可以从人口规模及结构、劳动者的工作偏好、经济周期波动以及社会工资制度等方面考虑;后半部分人口老龄化对社会劳动力供给的影响,考生可以从老龄化引起劳动力成本上升以及人口规模结构来分析。这个题目总的来说,虽然结合国情了,但是只是由国情引申出来的一个概念而已。第二问的问题则和我国国情结合较为紧密,需要结合我国的社会文化,从消费观念以及节俭美德等角度出发考虑。

(2)经济金融政策。经济金融政策调整作为命题的形式和农信社专业知识结合非常紧密,同时考查考生的专业知识理论的掌握能力以及灵活运用,近年来此方面的材料简答占比很大,涉及过的经济金融政策主要有利率存贷款基准利率调整、存款保险制度、利率市场化、逆回购等。

【材料链接】

长期以来,我国政府无论是剥离银行不良贷款建立资产管理公司还是向银行注资,任何金融机构出现风险,最终都由政府来"埋单"。中央银行和地方政府承担退出金融机构的债务清偿,这种方式的最大缺陷是隔断了金融机构资金运用收益和资金筹集成本之间的制衡关系,隐含着金融风险和财政风险。因此我国央行拟建立存款保险制度。

【问题】

(1)请简述存款保险制度的内涵。

(2)请分析存款保险制度在我国实施后,将会对储户和金融机构产生的影响。

【分析】

这个题目出现的契机是13年5月中国人民银行发布《2013年中国金融稳定报告》,称建立存款保险制度的各方面条件已经具备,我国央行拟建立存款保险制度。可以看出,这种类型的命题形式是和经济金融政策紧密相关的,再来分析列出的两个问题。第一个问题,阐述内涵,属于概念类题目,这个如果考生专业知识过硬的话,是不难拿到分的。第二问,需要考生在内涵的基础上,进行更深层次的思考。存款涉及到储户和银行,也即债权人和债务人,同时结合材料分析,材料内容主要是以前政府要为银行的债务买单,但现在通过存款保险制度银行无需承担银行的债务清偿,引入第三方,把风险转移给保险机构,这些措施实施后对储户和银行的影响是我们要分析的要点。从储户方面,政府不再为金融机构兜底在一定程度上增加了风险;但同时,存款保险制度的改革会促进利率市场化,存款利率可能得到进一步的提高,会使储户受益。对于银行机构,有利于强化金融监管、提高银行业的信誉,有助于健全金融机构市场退出机制;但是,存款保险制度也会带来道德风险,银行可能因此从事更高风险的业务,同时没有政府作为"后台",储户对中小银行的信任必然降低,可能会削弱中小银行竞争力。

(3)经济金融事件。一些经济金融事件的发生也会成为材料简答的选择,而此类事件的发生大多伴随违法行为,道德风险、操作风险、信用风险等风险因素促成违法违规事件的发生。此类题型考查大多在于考查风险的种类、风险的防范以及机构以及制度的建设加强等方面。需要考生根据材料叙述提取有用信息,对材料进行仔细分析,分析原因采取措施。

【材料链接】

2013年6月,上海发生一起5000万元特大票据诈骗案,作案人与银行信贷人员勾结,以高息揽储作为诱饵,引诱企业在银行开户。而后,他们利用企业存款账户的预留印鉴复印件,花高价找人私刻印章,蒙混过关,分别三次从三家企业存款账户骗取巨额款项,全部得逞。其中一笔从某科技开发公司4000万元。存款账户中一次性划取3999万元人民币,该银行经办人员未引起警觉。

【问题】

(1)请简要分析该事件产生的原因。

(2)银行应如何防范此种风险?

【分析】

从题目材料时间即可判断出材料引用的是当年的热点经济金融事件。材料内容为一件金融诈骗案,不难想到考点内容设置会有风险防范。从问题分析,第一问问题为事件产生的原因,从材料逐句分析,"作案人与银行信贷人员勾结,以高息揽储作为诱饵,引诱企业在银行开户",银行业从业人员违反法律规定和职业操守,和他人勾结高息揽储;"花高价找人私刻印章,蒙混过关,分别三次从三家企业存款账户骗取巨额款项,全部得逞",银行人员缺乏职业要求的专业技能,多次违规骗取款项均未发现;"银行经办人员未引起警觉",对于大额取款未设置相应的安全提醒措施,银行亦未警惕,银行在程序设置和安全性教育方面均存在过失。第二问问题在第一问的基础上提出,第一问已解答出原因,则第二问可在第一问的基础上根据不同的原因提出解决措施,如加强银行业从业人员职业操守,设置大额报告制度,加强安全性教育等。

(二)例题精解

1.作答要求

(1)请谈谈利率市场化的基本特征。

(2)现行一年期存款基准利率是3.25%,试计算金融机构的存款利率浮动的上限。

(3)试分析利率市场化对商业银行经营的影响。

2.给定资料

我国一直在稳步推进利率市场化改革,中国人民银行决定,自2012年6月8日起下调金融机构人民币存贷款基准利率。金融机构一年期存款基准利率下调0.25个百分点。自同日起:将金融机构存款利率浮动区间的上限调整为基准利率的1.1倍;将金融机构贷款利率浮动区间的下限调整为基准利率的0.8倍。

3.作答思路

从材料和问题来看,和专业知识结合极其紧密。第一问为识记性内容,考查考生平时知识累积。第二问为根据材料内容计算,较为简单,即使第一问拿不到分,第二问也是可以由材料内容推出的。第三问内容相对扩充了一些,利率直接影响商业银行的存贷款业务,银行可以自主确定存贷款利率,银行自主经营的程度加强;同时,存贷款利率的自主定价,将促使银行间竞争的加剧,银行为了拓宽利率的渠道,将会加快金融创新;同时,利率市场化后银行会加强成本控制、头寸控制,防范利率风险,完善自我约束机制。但是利率市场化也会造成银行间竞争激烈、营业成本上升、利润空间变窄能不利结果。

4.参考答案

【答案】(1)利率市场化就是将利率的决策权交给金融机构,由金融机构自己根据资金状况和对金融市场动向的判断来自主调节利率水平,最终形成以中央银行基准利率为基础,以货币市场利率为中介,由市场供求决定金融机构存贷款利率的市场利率体系和利率形成机制。利率市场化的基本特征是系统性、长期性、风险性和条件性。

(2)现行一年期存款基准利率是3.25%,按浮动上限为1.1倍计算,金融机构的存款利率上限为3.58%。

(3)利率市场化有利于商业银行扩大自主经营、加快金融创新,有利于完善金融机构的自我约束机制;同时,利率市场化会导致商业银行同业竞争更加激烈、经营成本明显上升、盈利空间受到压制等。

二、"一句话"论述

(一)题型概述

"一句话"论述的形式有直接引用一句话,让考生判断句子叙述是否正确及原因;或直接让考生分析进行某项举措的原因及意义。论述题是考试中较为常见的命题形式,考生平时见的较多,需要考生运用专业能力进行分析,罗列架构,思维清晰,逻辑缜密。

【材料链接】

"市场对于资源配置具有灵活而有效的导向作用,因而能保证社会生产各部门的持续协调发展和经济的稳定增长。"这一表述对吗?为什么?

【分析】

本题目是直接引用一句话,让考生判断句子叙述是否正确及原因。首先第一步应为判断正误,此步极为关键,判断错误,此题接下来的论述方向基本错误。首先分析前半部分,"市场对于资源配置具有灵活而有效的导向作用",根据考生掌握的专业知识可以判断出这前半部分是正确的;再看"保证社会生产各部门的持续协调发展和经济的稳定增长",根据微观经济学的基本理论,在市场处于完全竞争的状态下,那么由市场自发的作用达到的资源配置一定是有效率的。但是在现实的经济之中,由于垄断、外部性、公共物品、信息不对称等原因会造成市场失灵,使部门发展不均衡,社会的产量小于社会要求的最佳产量,因而造成资源的非最优配置,无法使经济稳定、快速的增长。故一般需要政府从宏观角度进行调控。所以,我们首先可以判断出此题判断错误,然后再根据前面知识点进行提炼、完善和总结,本道题目的论述基本完成。

(二)作答要求

第一步,明确问题。考生仔细阅读题干,明确考查的知识点。如"材料链接"中主要考查市场对资源配置的作用并判断正误。

第二步,划定范围。根据问题要求,考生将考查内容限定在一定知识点范围内。如上述材料中其实主要考查市场自身的不完善即市场失灵。

第三步,展开阐述。筛选相关知识点中最与题目相关、最贴合题目要求的内容,展开阐述。考生在作答时还要注意逻辑清晰合理,最好能分点论述。

(三)例题精解

1.给定题目

试从利率功能与作用的视角,阐述我国为什么要推进利率市场化改革,并分析推进市场化改革对我国银行业发展的影响。

2.作答思路

本题目其实是由两道问题组成的论述题目,第一个问题为我国为什么进行市场化改革,第二个问题为推进市场化改革对我国银行业发展的影响。对于第一个问题,题目已限定范围,要从功能与作用出发。所以,我们要思考利率的功能与作用有哪些?根据考生对专业知识的掌握能力,利率功能与作用近似于识记内容,需要牢固掌握。利率有中介功能、分配功能和调节功能等。然后再思考利率这些功能和作用与我国进行利率市场化有何关系?因为我国属于利率管制阶段,利率的市场化作用不能完全充分发挥出来,所以要进行利率市场化改革,第一问的问题基本上解决。

第二问影响,最基本的分析框架就是利弊均进行分析。利率市场化最终有助于完善金融市场的形成,形成商业银行良好的经营环境;商业银行自主决定存贷利率,利于商业银行更好的防控利率风险、自主经营等。但利率市场化也使银行间竞争加剧,经营压力增大;同时,利率自由化进程中,利率水平的上升会使喜欢冒险的借款人更愿意向银行借款,而不喜欢冒险的借款人则退出向银行借款,即造成"逆向选择"等。根据以上知识点,提炼总结。

3.参考答案

利率是指借贷期满所形成的利息额与所贷出的本金额的比率,它具有以下功能:(1)联系国家、企业和个人、沟通金融市场与实物市场、连接宏观经济与微观经济的中介功能;(2)对国民收入进行分配与再分配的分配功能;(3)协调国家、企业和个人三者利益的调节功能;(4)推动社会经济发展的动力功能;(5)把重大经济活动控制在平衡、协调、发展所要求的范围之内的控制功能。利率的作用正是通过上述五种功能发挥出来的。然而,利率发挥作用不是无条件的。它一方面要受到利率管制、授信限额、市场开放程度、利率弹性等环境性因素的影响,另一方面还要具备完善的利率机制,其中包括市场化的利率决定机制、灵活的利率联动机制、适当的利率水平、合理的利率结构等。而我国目前的利率管制太多,利率机制难以发挥充分作用,因此需要进行利率市场化改革。

市场化改革对我国银行业发展的影响:

(1)利率市场化为我国商业银行创造良好发展机遇:利率市场化为商业银行创造规范的经营环

河南省农村信用社招聘考试专用教材

境;可以促进商业银行经营行为的变革,真正做到"自主经营、自担风险、自负盈亏、自我约束";利率市场化有利于降低金融风险;利率市场化有利于提高商业银行的国际竞争力。

(2)利率市场化为我国商业银行带来的挑战:市场化改革导致利率风险使利率管理的难度加大;利率市场化导致利差减小主营业务收入缩水生存压力增大;利率市场化加大"逆向选择"风险的产生。

三、材料论述

(一)题型概述

涉及专业知识的材料论述题,要求考生具备扎实的专业知识,可以针对某一论点展开专业论述。此类题目一般事先给出文章写作话题,即给出给定资料中的一段话,或者是限定某一则资料,要求结合专业知识对这段话或资料论述。

(二)作答要求

1.内容充实

涉及专业知识的材料论述题要求考生运用专业知识分析材料中涉及的问题,这就要求考生具有扎实的专业知识。尤其是对当前的热点问题背后所涉及的专业知识原理,不仅要掌握,更要学会运用,能从材料中解读出相关专业知识。考生要注意关注当前热点与时事,增强自己对时事内容的敏锐度。

2.观点明确

观点明确指文章必须有鲜明的论点,要让阅卷者清晰地认识到文章的基本观点是什么,是围绕什么问题展开论述的,基本态度是什么。

要达到观点明确,应按以下两步来进行操作。

一是要仔细审清题目要求,理清题干规定要写的相关内容是什么。二是要紧扣材料中出现的相关内容充分展开,但是不能对材料中出现的官方立场、观点进行主观改变,最好把相关内容根据国家宏观政策作进一步升华。

3.内容全面,条理清晰

考生在作答此类题目时,应该运用辩证的思维方式。在分析一个金融事件时,应该将此金融事件所涉及到的所有主体都考虑在内,此事件对每个主体的利弊影响,主体之间的厉害关系等都需要理清楚。要做到这些,就需要考生有个比较全面的知识框架,了解各个金融机构之间的运行方式等。

4.运用专业语言,避免口语化

在作答此类题目时,考生需要运用专业的书面语言,尽量避免口语化等不正式的做大方式。

(三)例题精解

过去,我国曾发生过两起金融机构倒闭破产,最后均由国家埋单,"存款进银行保险"的观念根深蒂固。

近日,央行发布《2013年中国金融稳定报告》,称建立存款保险制度的各方面条件已经具备,将择机出台并组织实施。

存款保险制度,是由符合条件的各类存款性金融机构合力建立的保险机构。通常是各存款机构作为投保人,按一定存款比例向存款保险机构缴纳保险费。当成员机构发生经营危机或面临破产倒闭时,存款保险机构向其提供财务救助或直接向存款人支付部分或全部存款,从而保护存款人的利益。

专家指出,存款保险制度的实施意味着"银行也是企业,经营不善也会倒闭"。这项制度的启动,将对银行和储户产生深远的影响。

请根据上述材料,自拟题目。写一篇600~800字的小论文。要求观点明确,条理清晰,语言流畅,有说服力。

【分析】

本题为涉及专业知识的材料论述题。在写作前首先应该形成一个文章写作框架。题目中涉及到名词"存款保险制度",所以文章中最好先联系专业知识介绍一下存款保险制度。其次是可以论述存款保险制度对各个金融主体的影响。最后可以论述针对存款保险制度的弊端,政府部门应该怎么监管。在各个部分中,考试应该条理清晰论述全面,并运用专业知识及专业术语来进行论述。

【参考答案】

存款保险制度对中国的影响

存款保险制度是一种金融保障制度,是指由符合条件的各类存款性金融机构集中起来建立一个保险机构,各存款机构作为投保人按一定存款比例向其缴纳保险费,建立存款保险准备金,当成员机构发生经营危机或面临破产倒闭时,存款保险机构向其提供财务救助或直接向存款人支付部分或全部存款,从而保护存款人利益,维护银行信用,稳定金融秩序的一种制度。

存款保险制度起源于美国大萧条,1933年通过《格拉斯斯提格尔》法案后建立,是一种金融保障制度。各存款机构作为投保人按一定存款比例向其缴纳保险费,建立存款保险准备金,当成员机构发生经营危机或面临破产倒闭时,存款保险机构向其提供财务救助或直接向存款人支付部分或全部存款,从而保护存款人利益,维护银行信用。截至2011年年底,全球已有111个国家建立存款保险制度。但截至2014年3月,中国却尚未建立显性的存款保险制度。建立存款保险制度,对我国储户和金融机构都会产生重大影响。

对储户的影响主要有:首先,政府不再为金融机构兜底在一定程度上增加了风险;其次,存款保险制度的建立是市场化改革的重要步骤,为之后存款利率的放开有一定推动作用,有存款保险为储户提供了市场化的保障;最后,提高储户关心银行经营业绩和主动监督的积极性,有利于监督银行发展。

对金融机构的影响主要有:一方面,降低了挤兑和连锁倒闭的可能性,有利于金融业的稳健经营;有利于维护储户的合法权益和经济利益;可以抑制银行贷款的大肆扩张,银行将更加审慎地选择贷款对象,降低不良贷款发生率,提高资本充足率。但是另一方面,会增加道德风险,投保的金融机构更倾向于进行高风险高收益的投资活动;存款规模越大交的保费越多,提高了存款成本。

建立存款保险制度事关金融体制改革大局,需要统筹兼顾,积极稳妥地推进。一是加快出台配套措施。应择机出台与存款保险制度配套的银行业金融机构破产条例,让那些陷入危机、经营困难的高风险金融机构顺利退出市场,以锁定危机损失,维护金融体系安全。二是应当采取强制性存款保险模式,保证参保银行的数量,扩大保险基金的规模,有效抑制金融机构参与存款保险时的逆向选择问题,促进金融市场的公平竞争。

尽管目前在我国建立存款保险制度还存在一定的障碍,但是,随着市场化改革的推进和金融相关率的不断提高,我国建立存款保险制度将具有丰富的市场资源与客观需求,存款保险制度也必将成为我国金融危机的缓冲器。

河南省农村信用社招聘考试专用教材

第五章　农信社命题作文的写作特点

一、题型概述

命题作文,即题目中给定文章标题的文章论述题,它又分为给出完整标题和给出部分标题两种情况。农信社考试中主要考查给出完整标题这一类题目。

给出完整标题,是试题明确限定了文章的标题,称为全命题作文。此种情况下只需将试题中给出的标题作为文章标题即可。

例题根据背景资料,请结合党的十八届三中全会精神,以"金融改革:问题看路径"为题,写一篇文章。要求:联系实际,符合题例。800-1000字。

二、作答要求

文章论述题的作答基本要求包括如下几点:

(一)观点明确

观点明确指文章必须有鲜明的论点,要让阅卷者清晰地认识到文章的基本观点是什么,是围绕什么问题展开论述的,基本态度是什么。

要达到观点明确,应按以下两步来进行操作。

一是要仔细审清题目要求,理清题干规定要写的相关内容是什么。如题目要求围绕"根据背景资料,结合十八届三中全会精神"写一篇文章,考生的文章内容就必须根据背景资料和十八届三种全会精神,寻求合适的角度切入。

二是要紧扣材料中出现的相关内容充分展开,但是不能对材料中出现的官方立场、观点进行主观改变,最好把相关内容根据国家宏观政策作进一步升华,从微观事例逐步扩展到宏观理论,使其具有思想高度的同时也能体现出观点的正确性。

(二)联系实际

联系实际,指的是提出问题要结合当前现实,分析问题要恰当、到位,提出解决问题的措施也要结合实际情况。参照材料而不拘泥于材料,最好能写出新意,体现出处理实际政务的能力。

要做到联系实际,考生应坚持"三贴近、三结合"原则。即贴近具体问题实际、贴近社会实际、贴近自身思想和工作实际,使作答思维在符合题意要求的前提下,同自己的切身认识紧密结合,同材料中的具体事例和观点论述紧密结合,同党和国家的指导思想、理论和政策紧密结合。

(三)结构完整

结构完整,是对文章结构提出的最基本要求,一篇结构完整的申论文章,应包括标题、开头、主体、结尾四个部分,缺少任何一部分,都难以支撑整个文章的写作目标。

(四)内容充实

内容充实,是指文章要论点全面、分析充分。

一是文章论点要全面。要求考生在提出中心论点(即总论点)的基础上对中心论点进行深化和细分,提出分论点,以丰富中心论点的内涵。

二是分析充分,有理有据。这要求文章不能仅仅停留在提出观点阶段,还要对观点进行分析阐释,比如分析观点提出的依据、现实的意义、面临的问题、问题可能造成的影响、具体的措施等。文章要写得切合实际、与时俱进,内容要全面详实,有分析、有对策,要凸显出文章的实用性,彰显实干精神。分析要做到既有理论又有根据,既有给定资料提供的内容,又有自身积累的素材(名人名言、理论政策),有理有据,言之有物。

(五)视野开阔

视野开阔,是文章立意、思考问题的广度要求,文章写作不应局限于一时一地,而是要广泛联系与论述问题相关的各个方面,如成绩与问题、理想与现实、古代与现今、国内与国外、经验与教训等,进行多角度地思考,在宏大的背景下对问题进行周全地思考,从而见人所未见。

(六)语言规范准确

1.语言规范

一是使用规范的语种。只能是规范的现代汉语普通话及其对应的简体字,禁止运用古文、半文半白、方言、不必要的英文单词、生编硬造的词语或网络语言。

二是使用规范的文字,不写错别字。

三是正确使用标点符号,并按照国家标准使用汉字数字和阿拉伯数字。

2.语言准确

准确就是指用词造句正确贴切,句子与句子之间的逻辑关系紧密,措辞严谨,风格庄重,代官方立言,切忌空套废话。具体表现在以下四个方面:

一是概念清楚,不会产生歧义,不能模棱两可。在文章写作中,但凡容易产生歧义的句子或词语都要限制使用;要慎用多义词或"大约"、"也许"、"大致尚可"等模棱两可的词语。

二是不要误用某些词语或句子,尤其是近义词。注意辨析近义词语的区别,在引用成语、俗语、歇后语、名言警句时必须明晰词句的含义,避免出现望文生义、俗语误用之类的错误。

三是遣词造句要合乎语法。一句话中的主、谓、宾、定、状、补等句子成分不可缺少,尤其是主干部分,不能随意省略;句子成分所处的位置要准确,不能颠三倒四。

四是把握分寸,褒贬恰当。要掌握词义的轻重和感情色彩是否恰当,避免过于绝对化语句的出现。

三、例题精解

给定资料:

1.今年3月17日,习近平同志在全国人大闭幕会上的讲话中9次提到"中国梦","中国梦"迅速成为一个全观上下热议的话题,并受到世人注目。

党中央提出的两个"百年目标":一是在建党一百年时全面建成小康社会,一是在建国一百年时建成富强民主文明和谐的社会主义现代化国家。这就是我们整个国家和民族的"大梦"。

要实现这样的目标,需要我们坚持不懈,需要我们持之以恒,需要我们每一个人脚踏实地去努力、去奋斗、去拼搏。实现中国梦靠什么?最关键的是靠走中国道路,靠走中国特色社会主义道路。具体到每一个人,从上学就业到住房就医,尊严的保证、事业的成功、价值的实现。每个人都在向着梦想不断努力着。"小梦"汇成"大梦","大梦"含着"小梦";"大梦"实现了,"小梦"也就得到保障了。中国梦的实

河南省农村信用社招聘考试专用教材

现,需要紧紧依靠人民群众,最大程度的汇聚各方面力量,激活每个人的原动力。

习近平同志在中央党校建校80周年庆祝大会暨2013年春季学期开学典礼上的讲话中指出:毛泽东在延安说过,我们的队伍里有一种恐慌,不是经济恐慌,也不是政治恐慌,而是本领恐慌。避免本领恐慌的问题,是我们每一个人追逐梦想、做好工作的必要前提和条件。

(1)在实际工作中,我们经常看到,一些"出事"的人,有一定的工作能力,也有一股子干劲,有的还干了不少事,所以东窗事发后让不少人感到"惊讶"。总结其中经验教训、如何做到既有能力,又有动力,还有定力,显得格外重要。

2.这"三力"是个整体,不可或缺。眼下,能力不够、动力不足、定力不稳的问题,仍在不少人身上存在。有的手中可打的牌不多,老办法不管用、新办法不会用、"洋办法"不适用。有的在工作中激情不够,少了主动性和积极性,没有劲头和内生动力。还有的挡不住诱惑、耐不住寂寞、守不住底线,因而失去操守、一头栽倒。能力、动力、定力,三足鼎立,一个人才能站得稳、立得住、干得好、走得远。能力、动力、定力三者兼备,才能成为一个真正想干事、能干事、干成事又不"出事"的好员工。

3.自2004年6月6日山东省农村信用社联合社挂牌成立以来,全省农村信用社立足"三农"、扎根I三农,服务县域经济,发展成齐鲁大地上营业网点最多、服务范围最广、资金实力最强的地方性金融机构,成为名符其实的农村金融主力军。截至2012年末,全省农村信用社存贷款余额分别达9319.5亿元和6669.1亿元;涉农贷款余额4871.7亿元,占各项贷款的73.1%,涉农贷款余额和新增额连续8年居全国银行机构首位。

4.山东省农信社秉承立足城乡、服务大众的理念,瞄准三农和县域经济主阵地,发挥农村金融主力军作用,围绕"四化同步"战略,重点把握城镇化、农业现代化发展趋势和市场机遇。市场需求出现在哪里,业务就拓展到那里;农民转移到哪里,服务就延伸到哪里。2013年初全省农村信用社组织开展了"金纽带"春天行动,以存款利率市场化为切入点,加强对重点部门和重点行业存款大户的公关工作,提升对公存款的占比份额。同时,加快银行中国际业务、理财业务、代理业务和电子银行等业务的发展,加快推进金融IC卡和公务卡、新农保业务、跨境人民币支付结算业务等重点项目建设。

5.山东省农村信用社紧跟农村金融市场需求变化,跟上全省经济发展的主流,以支持"三农"、小微企业和县城经济为重点,深入推进金融服务进村入社区、阳光信贷和富民惠农金融创新"三大工程",实现了涉农贷款增幅、占比不低于往年的目标,农村信用社以全省17%的存款市场份额,提供了全省33%的涉农贷款、82%的农户贷款。山东省农信社通过深入开展信用工程建设,为全省农民铺就了贷款绿色通道。截至2012年末,共评定信用户707.3万户、信用村3.1万个,分别占全省农户、行政村总数的35.9%、39.2%。同时,为提高支农效率,山东省农村信用社还实施了贷款上柜台服务,即对符合贷款条件的农户审查、核定授信额度,发放贷款证,农户凭贷款证可直接到信用社办理贷款。

6.全省农村信用社坚持"应农而变、顺农而为",转变支农思路,大力支持新型农村经营组织。专业合作社是农民集约化、产业化发展的新型经营组织,山东省农村信用社优先支持农业产业化和农业基础设施建设,推进现代化农业发展,及时推出农民专业合作社贷款品种,向6717个农民专业合作社提供服务,支持农民从事生猪养殖、蔬菜、花卉等农业产业化、规模化生产,推动农民专业合作社健康发展。2012年末,专业合作社贷款余额75.36亿元。为破解中小微企业融资难题,助推实体经济发展,全省农村信用社积极探索建立适合中小微企业特点的专业化金融服务网点,完善小微企业的营销管理模式,为中小微企业提供了个性化、全方位的融资服务。

7.在支持新农村和城镇化建设方面,山东省农村信用社积极支持农村居民自建房、构建住房和村民公寓建设,满足新农村和城乡一体化建设信贷要求。2012年末,山东省农信社为3万户农民发放住房贷款18亿元。为加大对"蓝、黄"经济区的信贷支持,2012年,山东省农信社累计向半岛蓝色经济区投放贷款 4238.7 亿元,向黄河三角洲高效生态经济区投放贷款 1658.6 亿元。

8.为促进城乡金融一体化发展,山东省农信社深入推进农村金融服务示范社区建设,扩大 ATM 机和 POS 机等电子机具的布设覆盖面。截至 2012 年末,共布放各类电子机具 24 万多台,行政村覆盖率达 89.8%,基本实现了"电子机具村村通、家家用上银行卡"的目标。为了填补农村金融自助服务领域空白,山东省农信社通过自主创新和业务研发,推出了"农金通——农民金融服务自助终端"业务,项目惠及 8200 多个农村、社区,覆盖全省 1260 万人口有效地解决了农村尤其是偏远农村的金融服务需求,农民足不出村便可办理存款、转账、汇款、缴费、口头挂失、存折补登等业务。随着国家一系列惠农政策的出台,全省农村信用社充分利用网络、支付结算手段以及科技创新优势,在全国率先开通了"齐鲁惠农一本通"业务,将粮食、化肥、移民等各类涉农财政补贴通过农村信用社营业网络直接支付到农户开立的"一本通"账户上,确保了各类补贴资金准确、及时、透明的发到农民手中。

9.今年 2 月中旬,山东省农村信用社各项存款余额达 10031.73 亿元,成为山东省售价存款规模过万亿元的金融机构。这是山东省农村信用社深化改革以来取得的重大成果,标志着全省农村信用社改革发展迈上一个新起点、步入一个新阶段,为全省农村信用社服务"三农",支持实体经济发展,进一步提升农村金融服务水平奠定了资金基础。

在新形势下,如何继续提升农信社系统发展水平,是我们每一位农信社员工都要认真思考的问题。

【问题】

能力是一个人干事的基础,决定你"能做什么";动力是干事的条件,决定你"想做什么";定力是干事的保证,决定你"敢或不敢做什么",三者具备则决定你"做成什么"。请根据你对给定资料的理解和感悟,以"能力、动力、定力"为题,写一篇文章。

要求:联系实际,符合体例,文字精炼;1000 字左右(满分 40 分)

【分析】

通过阅读题干可以看出,文章重点论述部分应该包括三部分:能力、动力、定力,由此可以大体确定文章的框架。在文章论述过程中,应该结合农信社的实际情况,并可适当运用例证,使内容丰富充实。

【参考答案】

能力、动力、定力

我国农村信用社成立已逾六十余载,作为我国金融领域的重要一环,近年来农村信用社发展速度显著加快,服务范围不断扩大,资金实力不断增强,营业网点不断增多,既实现了农村信用社的发展壮大,更有效推动了我国农业金融服务的稳步提升。然而,随着农村经济的繁荣发展,农信社的问题也在不断暴露,人力资源虽然丰富,但人才资源却日渐匮乏,服务人员对新鲜事物的适应能力明显滞后,真正精业务、懂技术、高素质、富有开拓精神的人才更是屈指可数。

农信社人才匮乏问题不仅降低了农村金融行业服务质量,更严重阻碍了农村金融领域的稳步扩张。这与当前农信社工作人员能力不高、动力不足,同时更缺乏扎根基层服务农村的定力密不可分,种种原因造成了农信社发展的人才隐患。为此,只有加强农信社人才培养,才能真正助力农村金融辉煌发展。

能力建设是人才培养的奠基石。明代冯梦龙云:"胸中书富五车,笔下句高千古。"只有注重基础能力的培养才能保证人才的培养。长期以来,我国农信社工作人员既没有稳扎根基,更缺乏开拓创新,在当今飞速发展的背景下,已经很难满足社会要求。农信社是农村金融的基础,农信社人才的培养更是农村金融行业发展的基石。为此,有关部门需大力加强农信社人才培养,针对固步自封的"铁饭碗"思想逐步加大教育考核力度,通过日常学习和年终考核,不断倒逼农信社人员提高能力,才能为更多的

河南省农村信用社招聘考试专用教材

农民更好地服务。

动力建设是人才培养的润滑剂。"志不立,如无舵之舟,无衔之马,漂荡奔逸,终亦何所底乎?"数百年前阳明先生即提出了振聋发聩的志向疑问。当前农信社工作人员学习动力不足即源于个人志向的缺失。如寒号虫般得过且过的思想严重阻挡了工作人员学习提高的脚步。"以身教者从,以言教者讼"有关部门应加大宣传教育力度,通过树立表彰先进典型,营造农信社争相进步的良好氛围,为人才培养提供不竭动力。

定力建设是人才培养的保证书。"胜人者有力,自胜者强。"只有凭借扎实的定力,人们才能抵制诱惑,潜心工作。当前部分农信社工作人员定力不足,不能持之以恒地服务农村,辞职、调岗等情况严重影响基础工作的稳定开展。政府对此应加强思想道德培训工作,要充分发挥党支部、党小组的思想教育职责,依托党员先进带头,引领普通群众仿效,切实保证农信社工作人员扎根基层、持之以恒的工作态度和学习精神。

鹰击天风壮,鹏飞海浪春。农信社是我国农村金融服务的基础组成部分,农信服务人才建设更是我国农信事业发展的起点。我国要充分培养农信人才,以"三力建设"带动农信社蓬勃发展,才能最终促使农村金融步入辉煌。

offcn 中公·金融人

第十二篇

行政职业能力测验

第一章 言语理解与表达

　　言语理解与表达考查的是考生对语言文字的综合运用能力,理解与表达并重。理解,是考生与材料之间的一种"对话"过程,材料所蕴含的信息,通过各种方式传达给考生,考生在寻找与接收这些信息的过程中建立起自己的"视界",形成自己的想法。表达,则是在理解基础上对材料进行更深入地挖掘与剖析。

　　该部分主要包含两大题型,即选词填空和片段阅读。随着考试难度的不断增加,考生往往在规定时间内无法答完题目,在这种情况下,一些快速有效的解题方法和解题技巧能够帮助考生在最短的时间内得出正确答案。

　　在本章中,我们为考生总结了解答言语理解与表达题目的三大制胜法宝——关键信息特征识别法、对应分析法和排除法。这三大制胜法宝中又包含多个子系统,形成强大的解题技巧网络,用简练的语言指出了解题技巧的关键所在,并配有经典真题演练,使考生在短时间内领悟解题精华,在考试中将本部分知识"一网打尽"!

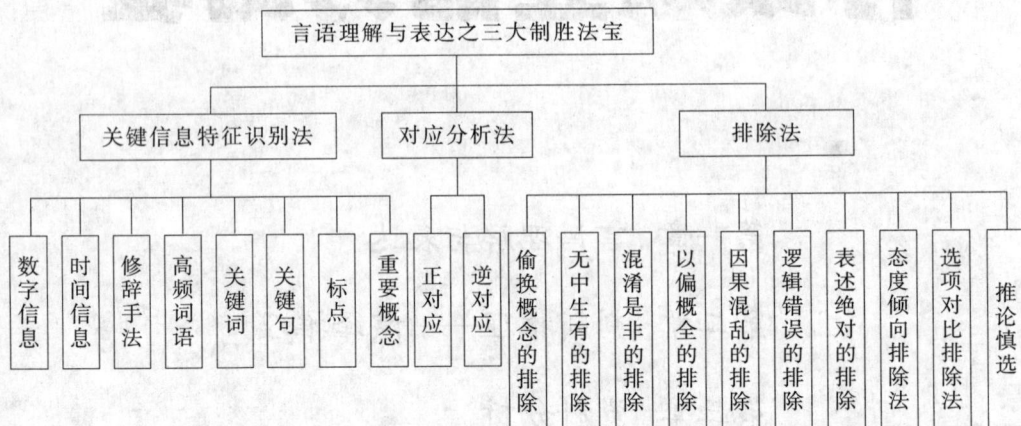

```
                    言语理解与表达之三大制胜法宝
        ┌──────────────────┬──────────────┬────────────────────┐
   关键信息特征识别法      对应分析法              排除法
```

图 12-1-1　三大制胜法宝

第一节　关键信息特征识别法

　　通过对考试中的言语理解与表达部分真题分析,我们发现,在冗长的题干文字背后,潜藏着一些"关键信息",这些关键信息就是破题的点。

一、数字信息

　　在文段中若出现数字,且数字之间存在一定的对比关系,此时考生应加以重视,因为它对概括文段主旨、理解文段意思有着重要作用。

（单选题）中国的专利申请平均每年以 48% 的速度增长。中国的专利实施只占专利总量的 20%~30%，与国外达 80% 的实施率相比，差距很大。在中国专利申报总量中只有 15% 来自企业，而发达国家的专利申请 80% 来自于企业。

这段话支持了这样一种观点，即（　　）。

A.中国科技创新进步势头迅猛

B.中国的科技创新不仅要注重开发研究，更要加强推广和实施科技成果

C.中国科技创新水平与国外相比差距很大

D.中国企业不像科研院所和高校那样重视科技创新活动

【答案】B。解析：本题是典型的概括主旨题。根据文中的几个数字，我们可得到如下一些信息："48%"表明我国专利的研发速度是很快的。20%~30% 和 80% 与 15% 和 80% 的对比，说明我国专利的实施率较低。综合这些信息，对照选项，可知正确答案为 B。

二、时间信息

时间信息，包括某世纪某年代、某年某月、多少小时（分钟）等。这些表示时间信息的词若出现在文段中，可以作为我们理解、概括文段内容、思想的一个参考，因为它们是文段关键信息的标志之一。但有的时间信息只是文段所述内容中的一个时间点，并没有太大的指示作用，这需要考生进行辨别，抓住核心信息。

（单选题）如果把地球的历史浓缩为一个小时，至最后 15 分钟时，生命方粉墨登场。在还剩下 6 分钟的时候，陆地上开始闪现动物的身影，而当第 58 分钟到来，一切大局已定。

这段话意在表明（　　）。

A.地球的历史很长　　　　　　　　　　B.地球生命的历史很长

C.地球生命出现的时间是相当晚的　　　D.地球的历史如一个小时一样短暂

【答案】C。解析：材料把地球历史浓缩为一个小时，并表述了各个时段的生命演进过程，由"至最后 15 分钟时，生命方粉墨登场"可知"地球生命出现的时间是相当晚的"。C 项为正确答案。文段中的时间信息"最后 15 分钟"对我们理解文段内容有着重要的提示作用。

三、修辞手法

修辞就是在使用语言的过程中，利用多种语言手段以达到尽可能好的表达效果的一种语言活动。考试中常见的修辞方法有比喻、排比、拟人、对比等，这些修辞手法对文段主旨的表达起重要作用，是考生需要注意的一个解题关键点。

（单选题）几次拿起《十字路口的顽童》这本书，几次又放下，因为不时会有画面打断我的思路，那是在我 18 年的教书生涯中遇到的一个个顽童的画面。有意思的是，其他学生凝固在我记忆中的是"图片"——形象；而他们却是"视频"——故事，他们所占据的老师"内存"实在是比其他孩子要大得多。

这段文字表达的主要意思是（　　）。

A.漫长的教学生涯给"我"留下很多回忆　　B.顽童让"我"想起曾经发生的许多故事

C.顽皮学生留给"我"的印象更为生动深刻　　D.这本书触动"我"对教学生涯的许多联想

【答案】C。解析:理解文意的关键,是文中的三个比喻,这三个比喻是有对应关系的,只有结合起来看,方能准确理解文段的意思。如下:

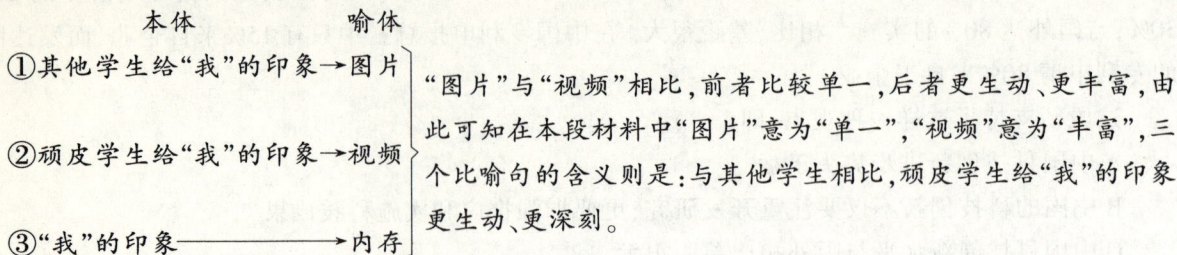

本体		喻体
①其他学生给"我"的印象	→	图片
②顽皮学生给"我"的印象	→	视频
③"我"的印象	→	内存

"图片"与"视频"相比,前者比较单一,后者更生动、更丰富,由此可知在本段材料中"图片"意为"单一","视频"意为"丰富",三个比喻句的含义则是:与其他学生相比,顽皮学生给"我"的印象更生动、更深刻。

四、高频词语

题干中多次出现的词语称为高频词语。高频词语一般暗示了文段论述的重点,考生做题时需格外注意。

经典例题

(单选题)地球上的岩石可以分为火成岩、沉积岩、变质岩。由硅酸盐溶浆凝结而成的火成岩构成了地壳的主体,按体积和重量计算都最多。但地面最常见到的则是沉积岩,它是早先形成的岩石破坏后,又经过物理或化学作用在地球表面的低凹部位沉积,经过压实、胶结再次硬化,形成具有层状结构特征的岩石。在地壳中,在大大高于地表的温度和压力作用下,岩石的结构、构造或化学成分发生变化,形成不同于火成岩和沉积岩的变质岩。

这段文字主要介绍了地球上各类岩石的( )。

A.形成条件　　　　B.结构特征　　　　C.地质分布　　　　D.化学成分

【答案】A。解析:材料中出现频率较高的是动词"形成"。观察四个选项,我们可初步确定答案为A。再概括内容可知,这段文字主要介绍了火成岩、沉积岩、变质岩这三种岩石是怎样形成的,A项正确。

五、关键词

题干中有些词能够提示句子或文段结构,对把握作者的论述意图、感情倾向都有重要作用。这类词即为关键词,具体来说,包括关联词、副词、连词或其他提示性词语。考生若能抓住这类关键词,往往能收到事半功倍之效。不过,文中出现的关联词、副词等不一定都有提示作用,要学会鉴别、体会,如果考生一味寻找关联词或副词作为解题的突破口,可能会造成理解失当。

(一)关联词

经典例题

(单选题)目前,我国虽然与许多发达国家签有双边贸易协定,但是中国的出口仍然成为各种歧视贸易措施的目标,仍然面对着各种歧视性数量限制、选择性保障措施,以及建立在歧视性标准基础上的反倾销和反补贴措施。

这段话主要说明了( )。

A.针对各种歧视性贸易,我们应该制定各种保障措施

B.中国的出口,应避免成为各种歧视性措施的目标

C.面对种种歧视性的措施,我们也不得不建立反倾销和反补贴措施

D.许多发达国家仍针对中国的出口产品制定种种具有歧视性的贸易措施

【答案】D。解析:表转折的关联词"虽然……但是……"多强调"但是"后面的内容,由此可初步判断

文段强调的是"但是"后面的内容,即中国的出口仍受到发达国家各种歧视性贸易措施的限制,综观四个选项,D项表述与此最相吻合。

(二)副词

经典例题

(单选题)建立社会保障制度的主要目的是为了更好地体现公平原则,但公平与效率之间存在矛盾,公平只能是相对的,<u>特别是</u>对我国这样一个发展中国家来说,经济发展水平还比较低,发展生产力,提高效率应放在第一位,只有生产力和生产效率提高了,才能更好地实现社会公平。

这段话主要支持的观点是(　　)。

A.从我国当前经济发展水平较低的情况来看,片面追求公平是不合适的

B.只要经济发展水平上不去,就不能实现社会公平

C.生产力决定社会公平原则的实现程度

D.公平在任何国家都只能是相对的

【答案】A。解析:"特别是"表示更进一步。文段主要强调的是"特别是"后面的内容,即在我国经济水平较低的情况下,应该把效率放在首位,不能片面地追求公平。故本题正确答案为A。

(三)连词

经典例题

(单选题)五十多年后回顾这段历史,杜老依然＿＿＿＿＿,<u>然而</u>他也没有＿＿＿＿＿土改实施过程中的缺陷,例如消灭富农和侵犯中农,以及没有严格依法保护劳动者财产利益。

填入画横线部分最恰当的一项是(　　)。

A.直言不讳　　回避　　　　　　　　B.毫无隐瞒　　忌讳

C.慷慨激昂　　避嫌　　　　　　　　D.激情满怀　　避讳

【答案】D。解析:由"然而"可知,句子前后存在明显的转折关系。由此可首先排除不能构成转折关系的"直言不讳""毫无隐瞒"。"避嫌"是避免嫌疑的意思,一般不接宾语;"避讳"有回避某事物的意思,可以带宾语。根据语义与语法要求,D项正确。

(四)"研究人员"

对于说明性的材料,文段一般介绍的是一种新科技、新方法、新发现,因此考生要特别注意"科学家"或者"研究人员"这些特殊的权威主体后面的内容,他们的研究成果常是文段谈论的主题。

经典例题

(单选题)英国<u>科学家</u>指出,在南极上空,大气层中的散逸层顶在过去40年中下降了大约8公里。在欧洲上空,也得出了类似的观察结论。<u>科学家</u>认为,由于温室效应,大气层可能会持续收缩。在21世纪,预计二氧化碳浓度会增加数倍,这会使太空边界缩小20公里,使散逸层以上区域热电离层的密度继续变小,正在收缩的大气层至少对卫星会有不可预料的影响。

这段文字的主要意思是(　　)。

A.太空边界缩小的幅度会逐渐加大　　　　　　B.温室效应会使大气层继续收缩

C.大气层中的散逸层顶会不断下降　　　　　　D.正在收缩的大气层对卫星的影响不可预料

【答案】B。解析:本题的迷惑项是D。但若注意到在材料出现了两次的"科学家"一词,再分析其后内容便可知,文段重点说明的是温室效应对大气层的影响,而不是收缩的大气层对卫星会有不可预料

河南省农村信用社招聘考试专用教材

的影响,故正确答案为 B。

(五)"为了"

说明性的材料常采用的一种结构是先给出背景,即指出现在的技术或方法存在的问题,然后针对这个问题,提出一种可以解决此种问题的方法。这种结构的文段有一个标志性的句式就是"为了……,……"。介词"为了"引导的表目的的句式中,前分句和后分句互为因果。前分句的主要作用是引出后分句,故作者阐述的主题也往往位于后分句中。

经典例题

(单选题)电子产品容易受到突然断电的损害,断电可能是短暂的,才十分之一秒,但对于电子产品可能是破坏性的,<u>为了防止这种情况的发生</u>,不间断电源被广泛用于计算机系统、通信系统以及其他设备,不间断电源把交流电转变为直流电,再对蓄电池充电,这样在停电时,蓄电池即可弥补断电的间歇。

这段文字要谈论的是( )。

A.断电对电子产品的损害　　　　　　B.如何用蓄电池防止断电的损害

C.防止断电损害电子产品的办法　　　D.不间断电源的工作原理及功能

【答案】D。解析:文段中,由"为了"引导的前分句,引出的后分句是"不间断电源被广泛用于计算机系统、通信系统以及其他设备,不间断电源把交流电转变为直流电,再对蓄电池充电,这样在停电时,蓄电池即可弥补断电的间歇"。分析后分句可知,其主要说明的是"不间断电源的作用以及发挥这种作用的具体过程"。故正确答案为 D。

六、关键句

所谓关键句,是指有助于理解句意、把握作者态度倾向的句子。关键句可以是概括句群或文段的中心句,也可以是其他有提示性作用的句子。

经典例题

(单选题)1.<u>我们需要倡导一种"闲书"的阅读</u>,这样的阅读首先是一种习惯,在生活中应当熟悉一种"非功利性"的、与工作或生活并不直接相关的书籍的阅读。这种阅读对于人们性情的陶冶、情操的培养和格调的生成,都有相当大的意义。一个人对于文字的敏感和熟悉,使他(她)能够在阅读中获得乐趣而不觉得乏味,而这正是修养与气质的关键部分。

这段文字意在说明( )。

A.我们应倡导"闲书"阅读这样的一种阅读习惯

B.阅读应当是非功利性的,应该多读与工作或生活不相关的书籍

C.阅读对于人们性情的陶冶、情操的培养和格调的生成都有重要意义

D.阅读"闲书"能够培养人的修养和气质

【答案】A。解析:这段文字采用总分结构,段首点题,说明我们需要倡导一种"闲书"的阅读,接下来分别阐述了阅读"闲书"的一些好处。由此可快速得出正确答案为 A。

(单选题)2.人生是一个容器,可这个容器的容量实在是非常_____。愁苦和畏惧多了,欢乐与_____就少了。

依次填入画横线部分最恰当的一项是( )。

A.庞大　胆量　　　B.可观　轻松　　　C.有限　勇气　　　D.莫测　勇敢

【答案】C。解析:抓住题干中的关键句"愁苦和畏惧多了,欢乐与(勇气)就少了"。一"多"一"少",体现出的正是容器容量的"有限",而非"庞大""可观""莫测"。

七、标点

题干中的标点有时也可以成为寻找关键信息的标志之一。此处的标点可能是引号、冒号、问号或者其他。考生在遇到较为特殊的标点符号时应加以重视。

经典例题

(单选题)日前,宝马汽车首次入围中央国家机关汽车协议供货商名单,国务院、中央各部委、国务院直属部门和中直机关今后将开始招标采购宝马汽车作为政府公务用车,这意味着,世界顶级品牌宝马将成为中国"官车"。对此,有网友表示,宝马也是一种车,并非顶级也远非最贵,入围政府采购名单不值得大惊小怪。只要是工作需要,别说宝马了,政府哪怕就是买宾利、保时捷、法拉利也未尝不可。而无数事实告诉我们,凡是公务员干的事情件件都是"工作需要"。抽烟喝酒是"工作需要",去沙漠、考察海洋是"工作需要",去娱乐场所也是"工作需要",现在,开宝马当然也是"工作需要"。

上述材料中,该网友对宝马入围官车采购名单的态度是(　　)。

A.支持的　　　　　　B.反对的　　　　　　C.不置可否的　　　　　　D.有所保留的

【答案】B。解析:引号在本文段中是较为特殊的标点符号,引号里的词语是反语,含讽刺意味。"工作需要"一词反复出现,委婉地表达了作者的讽刺之意,由此可判断作者的态度,排除 A、C、D 三项。故本题正确答案为 B。

八、重要概念

若文段中出现一个重要概念,这可能是概括思维运用中需要提炼的要点。它或许是文段主要的内容,或许引出了文段的重要信息。考生做题时一定要注意分清主次,提炼重点。

经典例题

(单选题)从本质上说,人类文明的进程就是不断脱离动物界的过程,这一过程主要包括人类体质的进化和心性的进化两个方面。从猿到人的体质进化,人类用了上百万年的时间才完成,而人类心性的进化则还要缓慢。当人类跨越石器时代、青铜时代进入铁器时代之后,动物性依然顽强地在人类身上闪现着。如何管理好人类的情感,使带有动物性的人变成理性的人,是儒家最为关注的重要课题。如果把儒家的答卷归结为一个字,那就是"礼"。

对这段文字的主旨概括最准确的是(　　)。

A.描述人类文明发展进化的大致过程

B.对比人类体质与心性两方面的进化

C.阐述儒家强调礼仪作用的社会原因

D.说明儒家思想的产生根源与现实意义

【答案】C。解析:该文段在末尾引出了一个重要概念——"礼",主旨应与此相关,包含这层含义的只有 C 项。

第二节　对应分析法

对应,顾名思义就是呼应。对应分析法就是分析一段话中词语与词语之间的呼应关系的方法。通过揭示词语之间的呼应关系,给考生提供解答问题的思路。

对应分析法主要包括正对应和逆对应。

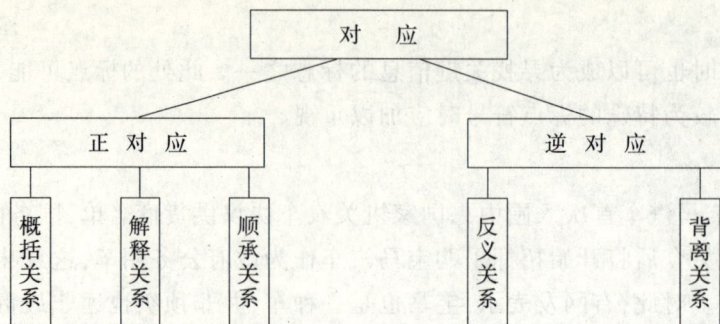

图 12-1-2 对应

一、正对应

正对应,就是指语段中的多个词语的内涵有相近叠加关系。在材料中,多个意思相近的词语共同构成一个义场,通过多次的反复,加强材料的语气,更好地表达作者的意思。

常见的三种正对应类型:

(1)概括关系:当语段中的一个词与前或后的描述性内容构成概括与被概括的关系时,我们称此种对应为概括关系的正对应类型。

(2)解释关系:当语段中的一个词与前或后的词语构成相互解释的关系时,我们称此种对应为解释关系的正对应类型。

(3)顺承关系:顺承,表示描述事物的连续性。当语段中的一个词与前或后的词语构成不可逆的连续关系时,我们称之为顺承关系的正对应类型。顺承又可分为对象上的顺承和关系上的顺承。

经典例题

(单选题)1.胡蜂在本能的作用下_____地营造自己的生活、生育中心,它的巢是名副其实的纸房子。蔡伦如果在改进造纸术之前目睹过胡蜂的建筑过程而受到启发,无疑便是世界上最早的仿生学家了。

填入画横线部分最恰当的一项是( )。

A.独具匠心　　　　B.自然而然　　　　C.兢兢业业　　　　D.无师自通

【答案】D。解析:"本能"与"_____地"构成解释关系,说明胡蜂无意识的筑巢行为。A、C两项没有突出胡蜂的"无意识",很明显不符合上面的对应关系。与D项相比,B项不能突出胡蜂高超的筑巢技巧,排除。正确答案为D。

(单选题)2.在深化改革和推进发展的过程中,我们必须以更大的决心、更积极的_____和更强有力的_____,落实基本医疗卫生的公益性,让人民群众共享改革发展的成果。

填入画横线部分最恰当的一项是( )。

A.心态　信心　　　B.姿态　措施　　　C.行动　手段　　　D.信念　政策

【答案】B。解析:"更大的决心"、"更积极的_____"、"更强有力的_____"构成关系上的顺承。由坚定决心,到表明态度,再到具体实施是一个由思想付诸行动的自然过程。B项"姿态"和"措施"符合题意。A项"信心"在后,C项"行动"在前,显然不合乎上述顺承关系,排除。D项中的"信念"仍停留在思想层面,无法与"决心"区别,也排除。正确答案为B。

(单选题)3.中国老百姓无论怎样穷,怎样苦,也往往要从牙缝里挤出钱来,供孩子上学念书。他们很清楚只有这样才可能从根本上改变命运,才可能拥有未来。运用到国家政策层面,毫无疑问,教育只应该是公益事业,是烧钱的事业。

这句话中"烧钱的事业"可以理解为( )。

A.教育是一项非常费钱的事业

B.对教育应该投资而不应从中谋利

C.对教育的投资可能无法收回成本

D.国家应该增加教育投资力度

【答案】B。解析:"烧钱的事业"所在原句为:教育只应该是公益事业,是烧钱的事业。由此可知"烧钱的事业"与"公益事业"存在正对应关系,意思是相近的。而"公益事业"最大的属性就是非营利性,即投资不以谋利为目的。故本题正确答案为B。

二、逆对应

逆对应,就是指语段中的多个词语的内涵有相反对比关系。对比可以加强材料的语气,更好地表达作者的意思。

常见的两种逆对应类型:

(1)反义关系:当语段中的若干词构成相互反义的关系时,我们称此种对应为反义关系的逆对应类型。

(2)背离关系:当语段中的若干词构成相互背离但不是完全相反的关系时,我们称此种对应为背离关系的逆对应类型。通常情况下,这种对应关系通过表数量的词来表达。

经典例题

(单选题)1."笼屉"作为寻常百姓家必备的炊具,从来没有登上过大雅之堂。据说最_____的待遇是在旧社会曾用笼屉作为饭店门口的幌子,食客们只要一看到门口悬挂的笼屉层数,就知道饭店的档次。

填入画横线部分最恰当的一项是(　　)。

A.优厚　　　　　　　　　　B.体面

C.优惠　　　　　　　　　　D.特殊

【答案】B。解析:"从来没有登上过大雅之堂"与"最_____的待遇"构成反义关系,很显然"体面"最合句意,即B为正确答案。

(单选题)2.中国人的历史知识,多半儿是从"讲史"中得来,有本事、有耐心抱着二十四史读下来的,_____。

填入画横线部分最恰当的一项是(　　)。

A.寥若晨星　　　　　　　　B.历历可数

C.孤鸾寡鹤　　　　　　　　D.空前绝后

【答案】A。解析:"多半儿"是个表数量的词,与"_____"构成背离关系。B、C、D三项虽然在一定程度上也表达了"量"的概念,但与A项比较起来,后者一个"寥"字更恰当地对应了"多半儿"。C项中的"孤""寡"、B项中的"可数"表达的"量"太少而显极端,D项中的"空""绝"表达的意思更绝对而不符合句意。正确答案为A。

第三节　排除法

排除法是指直接从选项入手,由选项本身的正误或者选项与题干之间的逻辑关系来确定正确答案。此方法适用于分析题干后仍得不出相应结论的情况。

一、偷换概念的排除

偷换概念是指将题干中的词语偷换成一些相似的词语,实际上改变了句子的主语、谓语、宾语、定语、状语、补语等成分,进而改变句子中某个具体概念的内涵和外延。此种类型在解释概念或转述文意时,通过对词语张冠李戴来迷惑考生。

关键的名词、动词、连词和副词,一般是命题人偷换的对象,最好用笔在选项和题干中分别对应划出来。

经典例题

(单选题)多种怪之中,最突出的是"自知"与"他知"的迥然不同。这种情况也是古已有之,比如明朝的徐文长,提起青藤山人的画,几乎无人不知,无人不爱,<u>可是他自己评论,却是字(书法)第一,诗第二,画第三。</u>

根据这段文字,下列说法中正确的是(　　)。

A."自知"中的"知"是认知的意思　　　　B.文章主旨在于评论徐文长的"怪"

C.在"他知"中,徐文长的字排第一　　　　D."自知"与"他知"不同,并不奇怪

【答案】A。解析:"徐文长的字排第一"是"自知",C项偷换概念。

二、无中生有的排除

无中生有,是把没有的说成有,凭空捏造。这是细节理解题常见的迷惑项设置方法之一,题干本身内容平实,没有深奥艰涩的论述,看起来比较容易,实则暗藏玄机。

迷惑项一般通过添加修饰语,达到无中生有的效果,所以考生要注意观察选项中的定语、状语、补语是否能在原文中找到相对应的内容。

经典例题

(单选题)我不幸偶尔看了一本外国的讲论儿童的书,才知道游戏是儿童最正当的行为,玩具是儿童的天使。于是二十年来毫不忆及的幼小时候对于精神的虐杀的这一幕,忽地在眼前展开,而我的心仿佛也同时变成了铅块,很重很重地堕下去了。但心又不竟堕下去而至于断绝,他只是很重很重地坠着,坠着。我也知道补过的方法的:送他风筝,赞成他放,劝他放,我和他一同。我们嚷着,跑着,笑着。——然而他其实已经和我一样,早已有了胡子了。

下列不能从这段话中得出的一项是(　　)。

A."我"曾经阻止过"他"正当的游戏行为

B."我"为自己二十年前的愚蠢行为感到愧疚

C.二十年后"我"的忏悔对于"他"已无实际意义

D."我"在小时候也没放过风筝

【答案】D。解析:由原文"二十年来毫不忆及的幼小时候对于精神的虐杀的这一幕"可知,A项正确;由原文"我的心仿佛也同时变成了铅块,很重很重地堕下去了"可知,B项正确;由原文"然而他其实已经和我一样,早已有了胡子了"可知,C项正确。但是由于文段并不能推出作者小时候放没放过风筝,故D项属无中生有。

三、混淆是非的排除

混淆是非,是故意把错误的说成正确的,把正确的说成错误的、把黑的说成白的、白的说成黑的。对于这一错误类型,审题非常重要,因为命题者常在某些字眼上设置"陷阱",考生往往因一个词没看

清,而作出错误的判断。

(1)表示肯定或否定的副词有:必、必须、必定、准、的确、不、没有、没、未、别、莫、勿、否、不必、不用(甭)、不曾、可以。

(2)表示肯定或否定的关联词语有:既 A,也 B;又(也)A,又(也)B;一方面 A,(另、又)一方面 B;一会儿 A,一会儿 B;是 A,不是 B。

经典例题

(单选题)在一个低气压的时代,水土特别不相宜的地方,谁也不存什么幻想,期待文艺园地里有奇花异卉探出头来。然而天下比较重要的一些事故,往往在你冷不防的时候出现。<u>史家或社会学家,会用逻辑来证明,偶发的事故实在是酝酿已久的结果。</u>但没有这种分析头脑的大众,总觉得世界上真有魔术棒似的东西在指挥着,每件新事故都像从天而降,教人无论悲喜都有些措手不及。张爱玲女士的作品给予读者的第一个印象,便有这情形。

对这段话理解不正确的一项是( )。

A.张爱玲作品的问世在当时社会背景下是一个特例

B.在文艺园地里奇花异卉的出现是不能用科学和逻辑来解释的

C.大众对于张爱玲作品问世的感觉是太突兀、太奇迹

D.张爱玲作品的问世并不是偶然的,存在一定的必然性

【答案】B。**解析:**"史家或社会学家,会用逻辑来证明,偶发的事故实在是酝酿已久的结果"说明,可以用科学和逻辑解释。"在文艺园地里奇花异卉的出现"并非偶然或突兀,而是"酝酿已久"的结果,B项混淆是非,认为不能用科学和逻辑解释,与题意不符。

四、以偏概全的排除

以偏概全主要指空间错位,即以部分替代整体,以局部替代全局;或者以全局替代局部,以一般替代个别。

在阅读文章时,一定要特别注意重要词语前边的修饰与限制词,如"一些""有些""几乎""除……之外""到……为止""绝大多数""全都""全部"等。

经典例题

(单选题)中国传统医学界由汉、藏、蒙等多个民族的传统医药学共同组成,它既有东方传统医药学的神秘之处,又往往有现代医药学所不及的奇特功效,它含有神话、传说的成分;它的许多原理至今也无法用现代医学理论进行科学的解释,但这种"神秘"的医药学,却常常有着神奇的功效。比如藏医,很长一个时期,<u>它的传授是在寺庙中以隐秘的方式进行的</u>,它用青藏高原所独有的植物、动物、矿物和食物对患者进行治疗,对包括癌症、中风在内的多种令现代医学棘手的疾病有着较好的疗效。

中国传统医药学为什么显得"神秘",下列理解不正确的一项是( )。

A.它往往与古老的神话和传说紧密结合在一起

B.它长期以来以隐秘的方式在寺庙中代代相传

C.站在西医学的角度看,它有难以解释的地方

D.很多西方人对于中国传统医药学还不了解

【答案】B。**解析:**题干是问中国传统医药学显得神秘的原因,四个选项中,"与古老的神话和传说紧密结合在一起""有难以解释的地方""还不了解"三点都是中国传统医药学"神秘"的地方,B项中的"以隐秘的方式在寺庙中代代相传"也可看作"神秘",但题干中主语"它"指的是"藏医学",而不是"中国传统医药学",这是以特殊代替一般,以部分取代整体,犯了以偏概全的错误。因此本题正确答案为B。

五、因果混乱的排除

因果混乱一般有两种情况：一是因果颠倒，就是把"因"错断为"果"，"果"错断为"因"，颠倒了两者的关系；二是强加因果，就是把没有因果关系的说成是因果关系。

经典例题

（单选题）传统认为，哺乳动物冬眠的奥秘在于心脏。无论冬眠动物，还是非冬眠动物，甚至人类，其心脏工作的原理是相同的。当钙离子流进心脏的细胞时，就引起心脏收缩；当钙离子随即排出细胞时，心脏又开始舒张。但是随着温度的降低，非冬眠动物的心脏细胞排除钙离子的能力明显降低，从而使心脏的舒张越来越困难，最后导致死亡；而此时冬眠动物的心脏细胞则完全与此相反。

下列对动物冬眠时心脏工作原理的解说不符合文意的一项是（　　）。

A.随着温度的降低，心脏细胞排除钙离子的能力也相应提高

B.当心脏收缩时，钙离子就流进心脏细胞；当心脏舒张时，钙离子就从心脏细胞中排出

C.在低温条件下，心脏比在非低温条件下收缩和舒张的能力增强

D.心脏细胞排除钙离子的能力明显增强，从而使心脏的舒张也随之增强

【答案】B。解析：在遇到涉及有因果关系的选项时，一定要在原文中找出相关的句子，仔细分析有无因果关系，或者因果关系是否倒置。由画线句子"当钙离子流进心脏的细胞时，就引起心脏收缩；当钙离子随即排出细胞时，心脏又开始舒张"可知，B项颠倒了钙离子出入与心脏张缩之间的因果关系。其他三项符合文义。

六、逻辑错误的排除

这种错误类型往往任意变换题干的逻辑范围，混淆已然与未然、应然与实然，或者混淆必要条件和充分条件。

经典例题

（单选题）纳米技术将带来一场革命，彻底改变目前外科手术的意义。将来，外科手术不会出现手术刀，那时的手术工具是机器人，这些机器人只有原子或分子那么大。今天的膝关节置换手术也许会成为历史，纳米机器人将进入有病变的关节，帮助身体长出健康的关节。有了超级机器人和自动机械装置的帮助，医生们可以通过一个小洞完成创口非常小的手术。

下列对文段内容理解不正确的是（　　）。

A.将来，外科手术将不再使用手术刀，取而代之的是机器人

B.纳米机器人可以进入人体有病变的关节，帮助身体长出健康的关节

C.使用外科手术机器人进行外科手术的创口非常小，能减轻患者的痛苦

D.今天进行外科手术，医生们只需要把微型机器人注射到病人的身体，再由它完成所有的治疗工作

【答案】D。解析：注意时间词的运用，正确判断已然和未然的转换。A、B、C三项都是叙述将来的外科手术的美好前景，D项把未然说成已然，混淆了逻辑关系。

七、表述绝对的排除

在选项中存在"都""一切""最"等过于绝对化的表述，一般不是正确选项。考生应与原文相对照，率先排除具有此类特征的选项以提高解题效率。

经典例题

(单选题)超 Y 理论认为人们是怀着不同的需要和动机加入组织,主要的需要是实现胜任。胜任感的获得受外部环境、本人的权利、自由、地位、成就、交往需要等强度的制约,当工作任务的性质与组织结构相适应时,胜任感最容易满足,工作效率高,反之就低。

与这段文字意思相符的是( )。

A.人们<u>都是</u>怀着实现胜任感的需要加入组织的

B.满足胜任感是促进工作效率的有效措施

C.胜任感由外部环境、本人权利、自由、地位、成就、交往需要来决定

D.超 Y 理论是研究工作效率的理论

【答案】B。解析:A 项"都是"的表述过于绝对,与原文不符可首先排除。C 项"由……决定"的表述与原文"胜任感的获得受外部环境、本人的权利、自由、地位、成就、交往需要等强度的制约"不符,排除。D 项超 Y 理论是管理学上的重要理论,其研究范围不限于工作效率,排除。本题的正确答案为 B。

八、态度倾向排除法

在一些以议论性文字为主的片段阅读题型中,论述风格不可避免地带有一定的态度倾向、感情褒贬。因此,考生解答这类题时可以根据文段中带有感情色彩的词句,或者文段的整体叙述风格,对作者的写作倾向做一个总体的推测。这样可直接排除与作者的情感态度不一致的选项,提高解题效率。

经典例题

(单选题)一只小型广告灯箱一年可以<u>杀死</u>约 35 万只昆虫。亮如白昼的夜晚还会<u>严重影响</u>昆虫特别是成虫的生命周期。昆虫是自然界食物链中的一个重要环节,很多小型动物、鸟类和蝙蝠以昆虫为主要食物,许多植物靠昆虫授粉,如果昆虫的种类和数量发生变化,必将<u>严重影响</u>生态环境。<u>过度的照明对能源浪费和环境污染的压力</u>更是不言而喻。

这段文字意在强调( )。

A.昆虫在自然界中的重要作用　　B.光照对动植物生长的主要影响

C.光污染对自然生态平衡的干扰　　D.自然界各物种之间的关联密切

【答案】C。解析:由"杀死""严重影响""过度的照明对能源浪费和环境污染的压力更是不言而喻"可推知,作者在此说明的是一种不好的现象。四个选项中,只有含有"光污染""干扰"的 C 项直接、明显体现出了不好的方面。

九、选项对比排除法

片段阅读中一些题目的正确选项具有鲜明的特征,此类题目的答案通常都具有一定深度或高度,而不仅仅局限于问题本身或表面。因此,解题时可直接从对比选项入手,快速排除那些与此风格明显不符的选项。

(1)当既有指出问题的选项,又有给出对策的选项时,通常给出对策的选项为正确答案。这种选项的标准格式为"应……""要……",当考生在题目中遇到时,要重点关注。

(2)当选项明显违背常识时,可直接排除。

(3)正确答案给出的对策应具有积极的一面,且切实可行。

(4)正确选项往往有一定的高度,一般不会是对文段中现象或问题本身的直白描述,而是体现出一定的深度或者具有一定的思想性,更多关注人的精神层面,力求给人一种智慧的启迪。

(5)如果作者在文段中已经比较明确地揭示了现象的本质或是给出了解决问题的办法,即使在这

种情况下,正确选项一般也不会是文段中的原话,更多的是对文段中观点性语句的同义转述。

经典例题

(单选题)哲学曾经是一种生活方式。所谓苏格拉底的哲学,不只是他和别人对话的方法,以及他在对话中提出的种种理论,更是他不立文字、浪迹街头、四处与人闲聊的生活方式。哲学从一开始就不是一种书面的研究,而是一种过日子的办法。只不过我们后来都忘了这点,把它变成远离日常的艰深游戏。即便是很多人眼中刻板的康德,也不忘区分"学院意义的哲学"和"入世意义的哲学",并且以后者为尊。

这段文字意在说明( )。

A.哲学源于生活,应服务于民众　　　　B.如今的哲学发展偏离了它的本质

C.康德和苏格拉底的哲学观念一脉相承　　D.当代人们对哲学的诠释方式发生了改变

【答案】A。解析:对比四个选项可知,B、C、D 三个选项都只是提出一个问题或现象,而 A 项中"应服务于民众"具有明显的倾向性,表明了作者的一种态度,且不违背常理,由此可初步确定 A 为正确答案。

十、推论慎选

在言语理解与表达类题目的选项中,常见的表述方式有:"所以我们不得不""因此我们必须""我们要""人们应该"。这些说法很明显就是从材料当中得出的一个推论,用以迷惑考生,这种推论往往是以考生的习惯思维为基础,但并不一定是命题人的思路,所以凡是推论要慎选。

但是,慎选不是不选,看到一个选项如果本身是个推论,优先排除。发现排除掉推论之后,剩下的选项也是错误的,只能再看推论,因为有些题让考生选的就是推论。

经典例题

(单选题)心理学家指出:倘若人在儿童时期能得到父母的照顾和爱抚,并受到伙伴的喜爱和信任,那么他们成年后不易患身心疾病,生活与事业发展往往较为顺利。研究表明,如果只保障孩子物质生活上的需要,而缺乏人际的感情融合,那么孩子往往身心不够健康。有关专家做过这样的试验,把从小住在孤儿院的孩子分成两组。一组一直放在孤儿院,另一组分给其养父养母,一年后,后一组的孩子无论在智力上或体质上都发展得更好。

对这段文字的主旨概括最准确的是( )。

A.人际友爱对身心健康起着重要作用

B.人们应该加强对孩子的照顾

C.孩子身心不够健康是由于童年时没有得到父母的照顾和爱抚

D.人际友爱对身心健康起着决定作用

【答案】A。解析:B 项明显是推论,而不是文段的主要观点;C 项说法过于片面;D 项表述过于绝对。

第二章　判断推理——演绎推理

演绎推理是考试中的难点之一,虽然题量不大,但往往占据了考生大量的时间。事实上,解演绎推理题是有一定的技巧的,掌握了这些技巧,不仅可以节约时间,而且对正确地解题有很大的帮助。本章用简短的篇幅介绍解演绎推理题时常用的一些方法,并结合例题对各种方法进行了深入讲解,希望给予考生一定的启发和帮助。

第一节　突破口法

突破口法,就是在读比较复杂的题干时,找到能够迅速理清思路,找出解题的切入点的方法。突破口一般存在于题干比较特殊的条件中。在题干给出的若干条件或各选项中,如果有一个条件被反复提及,出现频率明显高于其他条件,或者能够直接肯定或否定某些选项,则这个条件就是解题的突破口。

经典例题

(单选题)甲乙丙丁四人的车分别为白色、银色、蓝色和红色。在问到他们各自车的颜色时,甲说:"乙的车不是白色的。"乙说:"丙的车是红色的。"丙说:"丁的车不是蓝色的。"丁说:"甲、乙、丙三人中有一个人的车是红色的,而且只有这个人说的是实话。"

如果丁说的是实话,那么以下说法正确的是(　　)。

A.甲的车是白色的,乙的车是银色的

B.乙的车是蓝色的,丙的车是红色的

C.丙的车是白色的,丁的车是蓝色的

D.丁的车是银色的,甲的车是红色的

【答案】C。解析:本题要求根据四人所说的话来判断车的颜色的对应关系。根据说实话的人的车是红色的,且甲、乙、丙三人中只有一人说实话,观察甲、乙、丙的话,发现乙的话中提到了红色,比较特殊,与已知条件有关,可以此为突破口。

显然,乙不可能说实话,否则乙和丙的车都是红色的,不符合题意;则可知丙的车不是红色的,那么丙说的也不是实话,则丁的车是蓝色的。所以说实话的是甲,甲的车是红色的。由甲的话"乙的车不是白色的"是实话,可知乙的车是银色的,则丙的车是白色的。

所以,正确答案是 C。

第二节 代入法

代入法是最常用的方法之一,通常在题目信息比较繁琐或对题目的解答没有思路时,都可以用代入法。代入法在必然性推理(由前提必然推出某个结论)和可能性推理(前提与结论之间没有必然的推出关系)的题目中都可使用。

在必然性推理中,当题目涉及由多个条件推出结论时常用代入法,一般采用正向代入,即将选项代入题干,如果与题干相矛盾,则为假。

经典例题

(单选题)1.有人问甲、乙、丙三人的年龄。甲说:"我22岁,比乙小2岁,比丙大1岁。"乙说:"我不是年龄最小的,丙和我差3岁,丙25岁。"丙说:"我比甲年岁小,甲23岁,乙比甲大3岁。"

以上每人所说的3句话中,都有一句是故意说错的,你知道3个人的年龄到底是多大吗?(　　)

A.甲22岁,乙25岁,丙21岁   B.甲23岁,乙22岁,丙25岁

C.甲22岁,乙23岁,丙21岁   D.甲23岁,乙25岁,丙22岁

【答案】D。解析:本题用代入法来解题比较方便。将A项代入,则甲只有一句错误,乙有两句错误,不符题意,所以A项错误;将B项代入,则甲有三句错误,不符题意,所以B项错误;将C项代入,则甲只有一句错误,而乙有两句错误,不符题意,所以C项错误;将D项代入,则甲乙丙三人各有一句错误,符合题意。

所以,正确答案是D。

在可能性推理中,解前提型题目时,有时会出现多个选项能支持题干的结论或者四个选项似乎都不是前提的情况,此时考生可通过反向代入来解题。即将选项的否定代入题干,如果无法推出题干结论,则该选项是题干论证的前提;反之,如果不影响题干结论的推出,则该选项不是题干论证的前提。

(单选题)2.新一年的音乐颁奖典礼打破了过去只有一首最佳金曲的评选方式,而按照摇滚、爵士等几种音乐风格分别评选最佳金曲。这样可以使音乐工作者的工作得到更为公平的对待,也可以使听众和音乐爱好者对音乐的优劣有更多的发言权。

根据以上信息,这种评选方式的改变所隐含的假设是(　　)。

A.划分音乐风格,能促进音乐界百花齐放,百家争鸣

B.每一首歌都可以按照该划分方式进行分类,没有遗漏

C.听众和音乐爱好者都有各自喜欢的歌曲风格

D.评选方式的改变为音乐工作者提供了更多展现自己、实现自我价值的机会

【答案】B。解析:题干的论点是按照摇滚、爵士等风格分别评选最佳金曲可以使音乐工作者得到更为公平的对待。四个选项都在一定程度上支持题干,为了寻找对题干论证不可缺少的假设,我们可以将选项的反命题代入其中,如果不能得出题干中的结论,则此选项即为必需的隐含假设。

B项的反命题为"不是每首歌都能以该方式进行分类",这样就造成有些歌曲无法出现在所划分的类别中,从而无法参与最佳金曲的评价,从而受到不公平的对待,因此B项是得出题干结论所必不可少的假设,而将选项A、C、D反向代入都不影响题干结论的推出,故这三个选项都不是必需的。

所以,正确答案是B。

第三节 排除法

排除法几乎在所有选择题中通用,在演绎推理题中也不例外,不过排除法在演绎推理题中的应用方式与其他题型也有所不同。

在必然性推理中,如果题目中出现多个条件,可以首先排除掉与条件不符合的选项。排除法也可与其他方法相结合使用,如可以在直接推导过程中或者使用其他方法推导的过程中,边推导边排除掉错误的选项。有些题目往往在没有推导出正确选项之前就可以将所有的错误选项排除,使用这种方法,既可以节约时间,又可以保证正确率。

经典例题

(单选题)1.一次聚会上,麦吉遇到了汤姆、卡尔和乔治三个人,他想知道他们三人分别是干什么的,但三人只提供了以下信息:三人中一位是律师、一位是推销员、一位是医生;乔治比医生年龄大,汤姆和推销员不同岁,推销员比卡尔年龄小。

根据上述信息麦吉可以推出的结论是( )。

A.汤姆是律师,卡尔是推销员,乔治是医生

B.汤姆是推销员,卡尔是医生,乔治是律师

C.汤姆是医生,卡尔是律师,乔治是推销员

D.汤姆是医生,卡尔是推销员,乔治是律师

【答案】C。**解析:**题目中要判断三人的职业,要根据已知条件直接判断比较不易,这时采用排除法解题就比较简单。由题干中"汤姆和推销员不同岁,推销员比卡尔年龄小"两个条件可知,汤姆和卡尔都不是推销员,所以推销员只能是乔治。据此,可以排除选项 A、B、D,所以我们很容易得出答案是 C。

所以,正确答案是 C。

在可能性推理中,在寻找加强、削弱、解释、前提项时,可以首先排除掉与题干论证无关的选项;在寻找题干论证的结论时,除了排除掉无关项外,还可以排除掉与题干论证相矛盾的选项。此外,当一些选项说得过于绝对时,往往也不是题干论证的结论,可以排除。

(单选题)2.以保健品名义出现的核酸等"基因食品"对人体健康并无多大帮助,从科学角度看,所谓人体需要补充外源核酸的说法不成立。人体缺的是营养,而核酸不可能缺。某些广告说人老了得了病,制造基因的能力会减弱,更是无稽之谈。

由此可以推出( )。

A.人生病都是营养不良的结果

B.人体内的核酸会随年龄的增长而减少

C.所有关于保健品的广告都缺乏科学依据

D.食用保健品未必能增进身体健康

【答案】D。**解析:**本题是结论型题目,直接使用排除法解题能减少解题时间。因为题目中没有提到生病与营养的关系,所以 A 项为无关选项,排除;题干中明确指出核酸不可能缺,所以 B 项是错误选项,排除;C 项说法过于绝对,把题干讨论的内容扩大到所有保健品,显然不正确,排除。因此,可以从题干中推出的只有 D 项。

所以,正确答案是 D。

第四节 假设法

当一个题目给出多个条件,要求我们根据现有的条件进行推理时,可以考虑用假设法解题。即假设某个命题为真(或为假),代入题干所给的信息,检验是否产生矛盾。假设法通常与代入法和排除法相结合。对于一些判断真假话、顺序排列、类型匹配等题型,除了用相应的方法解题(在后几节介绍)之外,也可用假设法来解题。

经典例题

(单选题)1.余勇、焦国瑞、庄文承每天一起去俱乐部锻炼身体,他们每人不是游泳就是打网球。已知:

(1)如果余勇游泳,则焦国瑞打网球。

(2)余勇或庄文承游泳,但不会都游泳。

(3)焦国瑞和庄文承不会都打网球。

请问:谁昨天游泳,今天打网球?(　　)

A.余勇   B.焦国瑞

C.庄文承   D.焦国瑞和庄文承

【答案】B。解析:本题题干中给出了三个复言命题作为条件,很难根据这三个命题直接推导出答案,需要使用假设法。

假设余勇游泳,则根据条件(2)庄文承打网球,再根据(3)得出焦国瑞不打网球,再根据(1)则余勇不游泳,矛盾,所以余勇只能打网球;进而根据(2)可得,庄文承只能游泳;由此得出余勇不能游泳,庄文承不能打网球,既能游泳又能打网球的只能是焦国瑞。

所以,正确答案是B。

(单选题)2.某县在一次招商引资活动中,投资商刁难引资方说:"我有三个项目:环境项目、旅游项目和化工项目。如果你说的话是正确的,我会把其中一个项目投资到贵县,但是如果你说的话是错误的,我就一个项目也不投资。"

引资方当然想获得环境项目,那么引资方该如何说呢?(　　)

A.你不会把环境项目或旅游项目投资到我县

B.你不会把环境项目或化工项目投资到我县

C.你不会把旅游项目或化工项目投资到我县

D.你不会把旅游项目和化工项目都投资到我县

【答案】C。解析:本题题干中给出的条件比较多,根据条件直接推理会很复杂,在这种情况下,可以使用假设法。

假设C项是引资方说的话,如果这话是正确的,则投资方要投资一个项目,而这个项目不能是旅游项目或化工项目,所以只能是环境项目;如果这句话是错误的,则投资方至少要投资旅游或化工项目中的一个,无法做到一个也不投资,所以只能承认C的话是正确的,从而投资环境项目。A、B、D三项都不能保证投资方投资环境项目。

所以,正确答案是C。

第五节 矛盾法

当一个题目有多句话,且告诉我们有几真几假时,可以尝试寻找矛盾关系,使用矛盾法解题。

互为矛盾关系的两个命题必有一真一假,常见的矛盾关系有以下几种:

直言命题:"所有 S 都是 P"和"有些 S 不是 P";

"所有 S 都不是 P"和"有些 S 是 P";

"某个 S 是 P"和"某个 S 不是 P"。

复言命题:"p 并且 q"和"非 p 或者非 q";

"或者 p,或者 q"和"非 p 并且非 q";

"如果 p,那么 q"和"p 并且非 q";

"只有 p,才 q"和"非 p 并且 q"。

经典例题

(单选题)1.莎士比亚在《威尼斯商人》中,写富家少女鲍西娅品貌双全,贵族子弟、公子王孙纷纷向她求婚。鲍西娅按照其父遗嘱,由求婚者猜盒订婚。鲍西娅有金、银、铅三个盒子,分别刻有三句话,其中只有一个盒子放有鲍西娅的肖像。求婚者中谁通过这三句话,最先猜中鲍西娅的肖像放在哪只盒子里,谁就可以娶到鲍西娅。金盒子上说:"肖像不在此盒中。"银盒子上说:"肖像在铅盒中。"铅盒子上说:"肖像不在此盒中。"

鲍西娅告诉求婚者,上述三句话中,最多只有一句话是真的。鲍西娅的肖像究竟放在哪一个盒子里?( )

A.金盒子   B.银盒子

C.铅盒子   D.不能确定

【答案】A。解析:题目中指出三句话中最多只有一句是真的,所以可以利用矛盾关系来解题。我们先找出互为矛盾关系的两个盒子,那么除了这两个盒子外,第三个便是说假话的盒子。

题干中,银盒子说"肖像在铅盒中",铅盒子说肖像不在铅盒中,两者构成矛盾关系,因此必有一真一假。由此可以确定剩下的金盒子的话是假的,即"肖像在金盒子中"。

所以,正确答案是 A。

(单选题)2.古代一位国王率领张、王、李、赵、钱五位将军一起打猎,各人的箭上均刻有自己的姓氏。围猎中,一只鹿中箭倒下,但却不知是何人所射。国王令众将军猜测。

张将军说:"或者是我射中的,或者是李将军射中的。"

王将军说:"不是钱将军射中的。"

李将军说:"如果不是赵将军射中的,那么一定是王将军射中的。"

赵将军说:"既不是我射中的,也不是王将军射中的。"

钱将军说:"既不是李将军射中的,也不是张将军射中的。"

国王令人把射中鹿的箭拿来,看了看,说:"你们 5 位将军的猜测,只有两个人的话是真的。"

根据国王的话,可判定以下哪项是真的?( )

A.张将军射中此鹿   B.王将军射中此鹿

C.李将军射中此鹿   D.钱将军射中此鹿

【答案】D。解析：题干中除了王将军的话是直言命题，其余人的话都是复言命题。如果使用代入法推理，会显得比较繁琐，可以尝试寻找其中的矛盾命题。

题干中李将军的看法为"如果 p，那么 q"，赵将军的看法为"p 且非 q"，构成一对矛盾命题，其中必有一真一假；同理，张将军的看法"或者 r，或者 s"和钱将军的话"非 r 且非 s"也是一对矛盾命题，也必有一真一假。在这两种矛盾关系中有两个真的命题，根据题意，5 人中只有 2 人猜对，所以剩下的一个人说的就是假的，即王将军猜错了，由此可推知此鹿是钱将军射中的。

所以，正确答案是 D。

第六节　反对法

当一个题目有多句话，且告诉我们只有一真或一假，且找不到矛盾关系时，可以尝试寻找反对关系或下反对关系，使用反对法解题。

互为反对关系的两个命题必有一假，常见的反对关系有以下几种：

"所有 S 都是 P"和"所有 S 都不是 P"；

"所有 S 都是 P"和"某个 S 不是 P"；

"所有 S 都不是 P"和"某个 S 是 P"。

互为下反对关系的两个命题必有一真，常见的下反对关系有以下几种：

"有些 S 是 P"和"有些 S 不是 P"；

"某个 S 不是 P"和"有些 S 是 P"；

"某个 S 是 P"和"有些 S 不是 P"。

在考试中，下反对关系较反对关系更为常见。

经典例题

(单选题)某公司共有包括总经理在内的 20 名员工。有关这 20 名员工，以下三个断定中，只有一个是真的：

Ⅰ.有人在该公司入股。

Ⅱ.有人没在该公司入股。

Ⅲ.总经理没在该公司入股。

根据以上事实，则以下哪项是真的？(　　)

A.20 名员工都入了股

B.20 名员工都没入股

C.只有一人入了股

D.只有一人没入股

【答案】A。解析：在找不到矛盾关系时，如果能找到具有反对关系或下反对关系的命题也有助于我们迅速解题。题目中特称肯定命题"有人在该公司入股"和特称否定命题"有人没在该公司入股"构成下反对关系，两个命题不能同假，必有一真。由于题干三个断定中只有一个是真的，所以"总经理没在该公司入股"是假命题，由此可推出"总经理在该公司入了股"，接着又可推出"有人在该公司入股"是真的，则"有人没在该公司入股"这一命题是假的，因此可推出"20 名员工都入了股"，即 A 项是正确的。

所以，正确答案是 A。

第七节 文氏图法

当题目中涉及多种概念间的关系或较为复杂的直言命题推理时,可以考虑使用文氏图法解题。

五种概念间的关系可用文氏图表示如下:

全同　　　真包含于　　　真包含　　　交叉　　　全异

经典例题

(单选题)所有能干的管理人员都关心下属的福利,所有关心下属福利的管理人员在满足个人需求方面都很开明;在满足个人需求方面不开明的所有管理人员不是能干的管理人员。

由此可以推出(　　)。

A.不能干的管理人员关心下属的福利

B.有些能干的管理人员在满足个人需求方面不开明

C.所有能干的管理人员在满足个人需求方面开明

D.不能干的管理人员在满足个人需求方面开明

【答案】C。解析:本题利用各个概念间的包含关系可画出下面的集合图,这将使考生以直观的方式在较短的时间里正确解题。

由题干中的信息可知,能干的管理人员与关心下属福利的管理人员是真包含于或全同关系,关心下属福利的管理人员与开明的管理人员之间也是真包含于或全同关系,而不开明的管理人员与能干的管理人员是全异关系。

由图可知,不能干的管理人员与关心下属福利的管理人员之间不是真包含于关系,故 A 项错误;能干的管理人员真包含于或全同于开明的管理人员中,所以 B 项错误;不能干的管理人员与开明的管理人员也不是真包含于关系,所以 D 项错误;能干的管理人员真包含于或全同于开明的管理人员中,C 项正确。

所以,正确答案是 C。

第八节　图表法

当一个题目中涉及或列出的事物情况包含两类或者更多的元素，且这些元素之间又存在某种对应关系时，可以考虑采用图表法。

当题目中主要的元素只有两类时，可通过列表的方式解题；当题目中主要的元素超过两类时，可通过画图的方式解题。在运用图表法的时候，还可以边列表（画图）边排除，从而达到节约时间的目的。

经典例题

(单选题)蓓蓓理想中的丈夫是三高：高个子，高收入，高学历。她结识了甲、乙、丙、丁4个男朋友，其中只有1人同时具备三高。此外，这4个人中：只有3个人是高个子，只有2个人是高收入，只有1个人是高学历。每个人至少具备一高。甲和乙的收入一样高。乙和丙的个子一样高。丙和丁的个子不是一种类型（即如果丙是高个子，则丁是矮个子，反之亦然）。

依据以上的叙述，可得出以下哪项结论？（　　）

A.甲同时具备三高　　　　　　　　　B.乙同时具备三高
C.丙同时具备三高　　　　　　　　　D.丁同时具备三高

【答案】C。解析：题干中所含的事物情况可以分为两类。一类是人物，即蓓蓓结识的甲、乙、丙、丁四个男朋友；另一类是人物的所有特征，即个子、收入、学历。它们之间存在对应关系，但是单凭想象很难理清头绪，这种时候采用图表法便能一目了然地得出正确答案。

由乙、丙个子一样高，以及一共有3个高个子这两个条件，可知乙、丙都是高个子。又知丙、丁个子类型不同，则丁是矮个子。又已知甲、乙收入一样，和只有两个高收入者，无法判断两人是否高收入，此时需结合假设法。

若他们都是高收入，则三高必是这两者中的一位，而丁就会一高都没有，不符题意，所以高收入的是丙丁。从图中可知前两项都高的只有丙，则三高只能是丙。

	高个子	高收入	高学历
甲	√		
乙	√		
丙	√	√	√
丁		√	

所以，正确答案是C。

第九节　排序法

当一个题目所列出的元素存在时间上的先后关系、空间上的次序关系或高矮大小比较关系时，可以考虑使用排序法，即在一条直线上将涉及的元素按顺序填入，从而更直观地解题。

经典例题

(单选题)甲、乙、丙、丁、戊五个学生参加高考，他们成绩之间的关系是：丙没有乙高，戊没有丁高，甲高于乙,而丁不如丙高,则成绩最高的是(　　)。

　　A.甲 　　　　　　　　　　　　　　B.乙

　　C.丙 　　　　　　　　　　　　　　D.丁

　　【答案】A。解析:题目中出现了一类元素的高低顺序,这类题一般用排序法来解会比较直观。

　　根据题干,可知乙>丙,丁>戊,甲>乙,丙>丁,因此可以从高到低依次排列5个人的成绩为:甲>乙>丙>丁>戊。五人中成绩最高的是甲。

　　所以,正确答案是A。

第十节　抽象法

　　当一个题目所给的条件较长,文字较多时,可以考虑将文字叙述抽象成形式化的表达,用一些符号、字母或关键词来表达其中的逻辑关系,简化题干信息。由于简化后的表达能更加直观地体现题干要表达的逻辑关系,从而不仅能加快解题速度,节省时间,还能提高答题的准确率。

经典例题

　　(单选题)1.要想精神健康,人必须自尊,人们要保持自尊必须通过不断赢得他们尊重的其他人的尊重,他们要赢得这种尊重只有通过道德地对待这些人。

　　下列哪个结论可以从上文推出?(　　)

　　A.精神健康的人将被别人道德的对待

　　B.精神健康的人将道德地对待他们尊重的人

　　C.精神健康的人为了被别人道德地对待必须有自尊

　　D.自尊的人很少道德地对待那些他们尊重的人

　　【答案】B。解析:本题中给出的条件比较多,也比较复杂,在这种情况下,我们应首先简化题干中的条件,列出它们之间的推出关系,方便解题。

　　由题干中的条件可以推出的关系是:

　　(1)精神健康→自尊。

　　(2)自尊→赢得尊重。

　　(3)赢得尊重→道德地对待他们尊重的人。

　　由(1)、(2)、(3)顺次可推出精神健康的人→自尊→赢得尊重→道德地对待他们尊重的人,即精神健康的人将道德地对待他们尊重的人,所以选项B正确。A、C、D三项都不能由以上条件推出。

　　所以,正确答案是B。

　　当题目要求寻找与题干逻辑结构相似的一项时,使用抽象法把题干及各选项的逻辑结构简化,是一个很好的方法。

　　(单选题)2.一个产品要想稳固地占领市场,产品本身的质量和产品的售后服务二者缺一不可。空谷牌冰箱质量不错,但售后服务跟不上,因此,很难长期稳固地占领市场。

　　以下哪项推理的结构和题干最为类似?(　　)

　　A.德才兼备是一个领导干部尽职胜任的必要条件。李主任富于才但疏于德,因此,他难以尽职胜任

　　B.如果天气晴朗并且风速在三级以下,跳伞训练场将对外开放。今天的天气晴朗但风速在三级以

上,所以跳伞场地不会对外开放

C.必须有超常业绩或者教龄在 30 年以上,才有资格获得教育部颁发的特殊津贴。张教授获得了教育部颁发的特殊津贴但教龄只有 15 年,因此,他一定有超常业绩

D.如果不深入研究广告制作的规律,那么所制作的广告知名度和信任度不可兼得。空谷牌冰箱的广告既有知名度又有信任度,因此这一广告的制作者肯定深入研究了广告制作的规律

【答案】A。解析:在解这类要求选择与题干推理结构相似的题目时,由于题干条件比较复杂,所以把它的条件进行抽象化来简化题目信息,突出其中的逻辑结构。

题干的推理结构是:"只有 p 且 q,才 r;p 但非 q,所以非 r"。A 项的推理结构是:"只有 p 且 q,才 r;q 但非 p;所以非 r",与题干基本相同;B 项的推理结构是"如果 p 且 q,就 r;p 但非 q,所以非 r",与题干不同;C 项的推理结构是"只有 p 或者 q,才 r;r 但非 q,所以 p",与题干也不同;D 项的推理结构是"如果非 p,那么非 q;q,所以 p",与题干不同。很显然,只有 A 项的推理结构与题干是最类似的。

所以,正确答案是 A。

第十一节 寻找因果联系

解可能性推理题时,往往需要通过读题首先找准题干的因果联系,也即题干的论据与论点。尤其是在寻找加强或削弱项的时候,正确的选项一般是从题干的因果联系出发,削弱项是破坏题干的因果联系,而加强项则是增强题干的因果联系。

经典例题

(单选题)1.一项研究表明,那些在舒适环境里工作的人比在不舒适环境里工作的人生产效率高 25%。评价工作绩效的客观标准包括承办工件数和工件的复杂程度。这表明:日益改善的工作环境可以提高工人的生产效率。

以下哪项为真,最能削弱上述结论?( )

A.平均来说,生产效率低的员工每天在工作场所的时间比生产效率高的员工要少

B.舒适的环境比不舒适的环境更能激励员工努力工作

C.生产效率高的员工通常得到舒适的工作环境作为回报

D.生产效率高的员工不会比生产效率低的员工工作时间长

【答案】C。解析:本题是削弱型题目,在解题中如能找到题干中论证的因果关系则可以通过证明这种因果关系的不正确来削弱其推论。

题干的论证认为改善工作环境可以提高工人的生产效率。要削弱这个论证,就要指出生产效率的提高不是因为舒适的工作环境,C 项指出生产效率高的员工得到舒适的工作环境,证明题干中的论证属于因果倒置,从而最大程度削弱了题干论证。A、D 两项都没有从生产效率和工作环境的因果关系进行削弱,而 B 项支持了题干结论。

所以,正确答案是 C。

(单选题)2.发达国家中冠心病的发病率大约是发展中国家的三倍。有人认为,这主要归咎于发达国家中人们的高脂肪、高蛋白、高热量的食物摄入。相对来说,发展中国家较少有人具备生这种"富贵病"的条件。其实,这种看法很难成立。因为,目前发达国家的人均寿命高于 70 岁,而发展中国家的人均寿命还不到 50 岁。

以下哪项如果成立,最能加强上述反驳?( )

A.统计资料显示,冠心病患者相对集中在中老年年龄段,即45岁以上

B.目前冠心病患者呈年轻化趋势

C.发展中国家人们的高脂肪、高蛋白、高热量食物的摄入量,无论是总量还是人均量,都在逐年增长

D.相对发展中国家来说,发达国家的人们具有较高的防治冠心病的常识和较好的医疗条件

【答案】A。解析:本题属于加强型题目。题干要反驳的结论是:冠心病的发病是因为高脂肪、高蛋白、高热量食物的摄入。题干是从发展中国家和发达国家的人平均寿命不同出发,对食物与冠心病发病率之间的因果关系进行反驳。选项A说明年龄与冠心病发病率之间存在着很强的因果关系,从而加强了题干的反驳。B项的论述与A项相反,削弱了反驳;C、D两项则是从别的方面来反驳,而没有从题干所给的人均寿命与冠心病发病率之间的因果关系进行反驳,所以反驳力度不如A项。

所以,正确答案是A。

第十二节 寻找逻辑漏洞

在可能性推理中,有些题目可能要求我们直接评价题干中存在的逻辑漏洞;而有些题目可能题干本身有逻辑漏洞,要求我们寻找最加强项或者题干的假设。对于前一类题来说,找到逻辑漏洞是解题的根本;对于后一类题来说,可弥补这一逻辑漏洞的一项往往即为最加强项或者题干的假设,找到逻辑漏洞是解题的关键。

常见的逻辑漏洞有以下几种:

(1)混淆概念或偷换概念(前后概念不同,在三段论推理中表现为"四概念"错误)。

(2)理由虚假(使用未经证实的假设)。

(3)理由不充分(前提不足以推出结论)。

(4)诉诸权威或诉诸众人(通过专家或众人的意见来支持结论)。

(5)诉诸无知(没有证据证明某个命题为假,就断言该命题为真)。

(6)循环论证(前提隐含着结论本身)。

(7)以偏概全(把一个特殊事例为真,看成对大量事例为真)。

(8)数据不可比(将两个具有不同特点、不可比的数据进行错误对比)。

其中,诉诸权威或诉诸众人的错误还可能在选项中出现。当一个选项通过"某专家认为……"或"很多人支持……"之类的话来加强题干结论时,通常犯了"诉诸权威"或"诉诸众人"的错误,可以排除。

经典例题

(单选题)1.在一次聚会上,10个吃了水果色拉的人中,有5个很快出现了明显的不适。吃剩的水果色拉立刻被送去检验。检验的结果不能肯定其中存在超标的有害细菌。因此,食用水果色拉不是造成食用者不适的原因。

如果上述检验结果是可信的,那么以下哪项对上述论证的评价最为恰当?( )

A.题干的论证有漏洞,因为它把事件的原因,当成了事件的结果

B.题干的论证有漏洞,因为它没有考虑到这种可能性:那些吃了水果色拉后没有很快出现不适的人,过不久也出现了不适

C.题干的论证有漏洞,因为它没有充分利用一个有力的论据:为什么有的水果色拉食用者没有出现不适?

D.题干的论证有漏洞,因为它把缺少证据证明某种情况存在,当作有充分证据证明某种情况不存在

【答案】D。解析:题干犯了"诉诸无知"的错误。将"不能肯定其中存在超标有害细菌"等同于不含超标有害细菌,从而得出结论"食用水果色拉不是造成食用者不适的原因"。D项适当地指出了这一论证漏洞。

所以,正确答案是D。

(单选题)2.人们对于搭乘飞机的恐惧其实是毫无道理的,据统计,1995年全世界死于地面交通事故的人数超出80万,而在自1990至1999年的10年间,全世界平均每年死于空难的还不到500人,而在这10年间,我国平均每年罹于空难的还不到25人。

为了评价上述论证的正确性,回答以下哪个问题最为重要?(　　)

A.在上述10年间,全世界平均每年有多少人采用地面交通,有多少人采用航运

B.在上述10年间,我国平均每年有多少人采用地面交通,有多少人采用航运

C.在上述10年间,我国平均每年有多少人死于地面交通事故

D.在上述10年间,1995年全世界死于地面交通事故的人数是否是最高的

【答案】A。解析:题干犯了"数据不可比"的错误。题干中给出了1995年全世界死于地面交通事故的人数和1990—1999年这10年中全世界死于空难的人数。但要比较安全性,我们需要比较它们各自的死亡率而不是死亡人数,死亡人数是不具有可比性的。因此还需知道这10年中全世界采用地面交通和航运的人数,这样才能算出各自的死亡率,才能对两种交通方式的安全性进行比较。如果航运的死亡率大于地面交通,则题干的论点是正确的,否则就是错误的。

A项提出的数据最能够弥补题干数据的不足;B项提出的是我国的数据,而题干中给出的是全世界的数据;C项给出的仍是死亡人数,还是不可比的;D项与题干观点的论证无关。

所以,正确答案是A。

(单选题)3.市长在做工作总结时说,在过去五年中的每一年,这个城市都削减教育经费,并且每次学校官员都抱怨,减少教育经费可能逼迫他们减少基本服务的费用。但实际上,每次仅仅是减少了非基本服务的费用。因此,学校官员能够落实进一步的削减费用,而不会减少任何基本服务的费用。

下列哪项如果为真,将最有力地支持该市长的结论?(　　)

A.该市的学校提供基本服务总是和提供非基本服务一样有效

B.自从最近削减学校经费以来,该市学校对提供非基本服务的价格估计实际没有增加

C.现在,充足的经费允许该市的学校提供某些非基本的服务

D.几乎没有重要的城市管理者支持该市学校的昂贵的非基本服务

【答案】C。解析:题干中的结论是:学校能够进一步削减费用,而不减少基本服务费用。题干的论据是每次削减经费,减少的都是非基本服务的费用,这个理由不充分,不足以推出下一步是否能削减经费并且不减少基本服务费用。为了弥补这个逻辑推理漏洞,需要一个前提来对这个结论加以支持。

C项指出现在的经费尚可允许学校提供非基本服务,说明还有进一步削减非基本服务经费的空间,所以能最好地支持市长的结论。A项属无关项;B项价格估计没有增加不足以弥补题干的漏洞;D项通过城市管理者的意见来支持市长结论,是典型的"诉诸权威",可以排除。

所以,正确答案是C。

第三章　资料分析

第一节　资料分析阅读技巧

资料分析的解题步骤中,首先是查找、定位有效数据信息,因此要提高整体的解题速度,就必须首先从这步入手。通过下面的查找、定位数据流程图可以知道查找、定位数据主要包括三个步骤,下面我们就通过讲解各个步骤的关键词标注法来实现快速查找、定位数据。

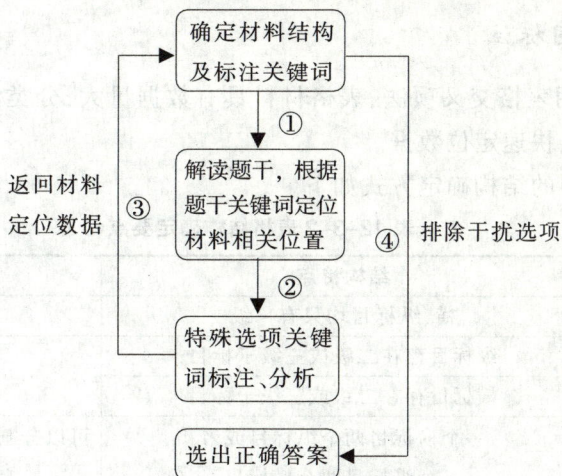

图 12-3-1 查找、定位数据流程图

一、材料关键词标注

材料阅读是资料分析解题的第一步,首先花 20 秒左右的时间大概浏览一下材料,在浏览材料的时候,我们必须掌握的基本信息都有哪些,不同材料类型需要关注的关键词具体位置在什么地方,什么样的关键词是我们必须要注意的,下面做详细的分析。

(一)文字材料关键词标注

(1)浏览材料,确定材料结构及重点内容。

表 12-3-1 材料结构确定要点及关键词标注特点

材料结构	材料类型	关键词位置	关键词特点
总分结构	分段型	首段首、尾句和每段句首	关键词之间是总分关系
	未分段型	每句句首	
并列结构	分段型	首段首、尾句和每段句首	关键词之间是并列关系
	未分段型	每句句首	

(2)在标注关键词的时候,除了上表中列出的必须要标注的以外,还有一些特殊的关键词是我们必须标注的,通过这些关键词的标注,直接结合题干定位数据位置,甚至确定题目类型。

①时间关键词,确定题目要求可能涉及的一些重要常考概念

②特殊单位关键词,做题时结合题干判断是否需要单位换算

③根据特殊关键词直接定位材料相关位置

示例 2003 年 6 月份,"国房景气指数"达到 107.04,比 5 月份上升 0.76 点,比去年同期上升 2.39 点。具体的各分类指数,情况如下:

6 月份竣工面积分类指数为 111.46,与 5 月份基本持平,比去年同期上升 7.42 点。1–6 月份,全国累计完成房屋竣工面积 8 187 万平方米,同比增长 40.4%,增幅比去年同期增加 20 个百分点。

【标注分析】由 情况如下 材料为总分结构;

国房景气指数

第 1 段首句 ──────→ 第 1 段文字材料所有数据与"国房景气指数"相关;

竣工面积

第 2 段首句 ──────→ 第 2 段文字材料所有数据与"竣工面积"相关。

(二)表格材料关键词标注

表格材料标注一般使用表格交叉项法,表格材料具有数据量大,分类清晰的特点,在理解表格材料时可以从横、纵标目入手,快速定位数据。

(1)确定材料结构,材料的结构确定方式如下。

表 12–3–2 表格结构确定要点

表格结构		结构特点	材料特点
单标目表格		横、纵标目均只有一级	数据关系简单
多标目表格	多级纵标目	纵标目存在二级或三级子标目	数据关系复杂
	多级横标目	横标目存在二级或三级子标目	
并表		一个横标目两个纵标目或者一个纵标目两个横标目	可以分割成两个独立的横标目或者纵标目表格

(2)浏览材料的标题,横、纵标目,单位,注释等,重点标注。

示例

某港口 2007 年生产统计表 ──→ 标题

月份	港口货物吞吐量（万吨）				港口集装箱吞吐量（万 TEU）			
	本月数	累计			本月数	累计		
	本年	本年	上年同期	比上年同期	本年	本年	上年同期	比上年同期
1	872.1	872.1			8.4	8.4		
2	806.7	1 678.8			5.9	14.3		
3	905.5	2 584.3	2 379.6	8.6%	7.5	21.8	15.6	39.7%
4	912.8	3 497.1	3 244.2	7.8%	8.6	30.4	27.8	39.4%
5	990.3	4 487.4	4 139.1	8.4%	8.4	38.8	27.1	43.2%

一级纵标目 / 二级纵标目 / 三级纵标目 / 单位 / 横标目 / 表格数据

(3)多级标目表格的解读技巧:将表格分割成若干个独立表格,然后逐级合并。

例如:该题纵标目如下图,其中深灰色背景表示的是一级标目,浅灰色背景表示的是二级标目,白色背景表示的是三级标目。

港口货物吞吐量				港口集装箱吞吐量(万 TEU)			
本月数	累计			本月数	累计		
	本年	上年同期	比上年同期		本年	上年同期	比上年同期

(三)图形材料关键词标注

图形材料要点标注一般都使用图形要点抽取法,其主要特点是数据量相对较少、数据趋势明显。统计图样式较多,不同类型统计图要从不同的要点入手。

(1)确定图形的结构,图形结构的判断方法如下。

表 12-3-3 常考图形结构及图形要点

图形类型		结构特点	标注关键词
条形图	单式条形	一种条形表示一种指标的数据	标题,横、纵坐标,单位,图注,注释
	复式条形	两种或两种以上的直条表示不同指标的数据	
扇形图	比重扇形	数据全部是百分数	标题,单位,图注,注释
	具体数量扇形	数据全部是具体数量	
折线图	单式折线	直观反映一段时间某事物发展变化	标题,横、纵坐标,单位,图注,注释
	复式折线	反映各种数量的多少及其增减变化情况	

(2)浏览材料的标题,横、纵标目,单位,注释等,标注要点。

示例

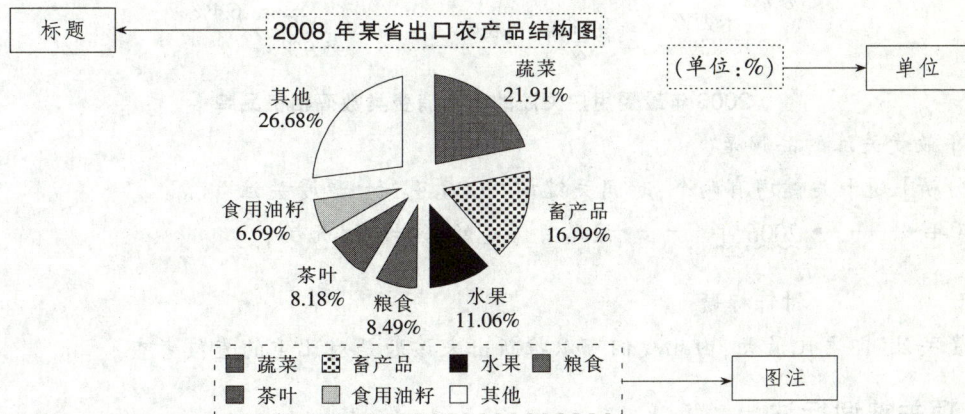

2008 年某省出口农产品结构图

蔬菜 21.91%
其他 26.68%
畜产品 16.99%
食用油籽 6.69%
茶叶 8.18%
粮食 8.49%
水果 11.06%

(单位:%)

图注:蔬菜　畜产品　水果　粮食　茶叶　食用油籽　其他

二、题干关键词标注

题干解读是做资料分析题目的第二步,通过题干分析,可以确定关键词及考查的重点内容、涉及的重要概念等,根据其中的关键词返回材料定位相关数据信息。题干关键词主要有以下几类:

(1)题干中和材料某些关键词相同或者是相关的词。

(2)关键词必须要反映题干的重要信息。

(3)题干中的"时间""单位"等关键词也要重点标注。

(4)在综合判断类题目的题干解读中,我们重点要标记的是"正确""不正确""最有可能""最不恰当"等词汇,明确考查意图。

通过关键词的标注,结合我们前面讲过的材料关键词,实现两个目的:

(1)通过查找与材料中相同或是相关的关键词,定位数据的具体位置。

(2)确定题目类型,即题干要求的是什么。

示例一 2003年6月份,"国房景气指数[1]"达到107.04,比5月份上升0.76点,比去年同期上升2.39点。具体的各分类指数情况如下:

6月份竣工面积[2]分类指数为111.46,与5月份基本持平,比去年同期上升7.42点。1~6月份,全国累计完成房屋竣工面积8 187万平方米,同比增长40.4%,增幅比去年同期增加20个百分点。

2002年的1~6月份,全国累计完成房屋竣工面积[2]的增幅是(   )。

【标注分析】题干关键词有两个,时间关键词"2002年1~6月份"和"竣工面积"。

①2002年1~6月份 ←——→ 2003年1~6月份 ——→ 考查的是"同比";

　　题干　　　　　　材料

②根据"竣工面积"定位至材料第二段(2)处。

示例二

2006年最受用户关注的十大消费类数码相机品牌

2006年最受关注的品牌是(   )。

【标注分析】题干关键词有两个,时间关键词"2006年"和"最受关注"。

①2006年 ←——→ 2006年 ——→ 该题目考查的与"增长"无关;

　题干　　　　材料标题

②"最受关注"即占比最大,由此我们可以推断出来该题是对比重的直接考查。

三、选项关键词标注

选项中的关键词也是我们解题的关键所在,尤其在综合判断题当中,每个选项都涉及了大量的信息,标注关键词,最短时间内找到所需数据是解题的关键环节之一。

1.综合判断类

综合判断类题目的关键词标注,主要有以下两点:

(1)关键词明显易见,和材料中的某些关键词是相同的或者是相关的。

(2)关键词的特殊性,某些选项当中可能存在比较少见的数字、单位、符号等。

2.特殊选项类

特殊选项类题目指的是选项带单位或者是折线图、扇形图等非文字表述类题目,对于特殊选项类题目,选项的标注要点如下:

(1)带单位的选项一定要注意单位与材料中单位是否统一,是否需要单位换算。

(2)特殊的非文字类选项要注意图、表的含义及各个选项间的差异对比。

示例一

某港口 2007 年生产统计表

| 月份 | 港口货物吞吐量(万吨) | | | | 港口集装箱吞吐量(万 TEU) | | | |
| | 本月数 | 累计 | | | 本月数 | 累计 | | |
		本年	上年同期	比上年同期		本年	上年同期	比上年同期
1	872.1	872.1			8.4	8.4		
2	806.7	1 678.8			5.9	14.3		
3	905.5	2 584.3	2 379.6	8.6%	7.5	21.8	15.6	39.7%
4	912.8	3 497.1	3 244.2	7.8%	8.6	30.4	21.8	39.4%
5	990.3	4 487.4	4 139.1	8.4%	8.4	38.8	27.1	43.2%
6	927.5	5 414.9	4 898.7	10.5%	8.9	47.7	33.0	44.5%
7	918.2	6 333.1	5 653.6	12.0%	8.8	56.5	39.1	44.5%
8	929.1	7 262.2	6 448.9	12.6%	9.8	66.3	45.5	45.7%
9	904.5	8 166.7	7 221.5	13.1%	9.9	76.2	53.2	43.2%
10	871.1	9 037.8	8 133.6	11.1%	10.1	86.3	62.0	39.2%
11	905.2	9 943.0	9 121.9	9.0%	9.8	96.1	71.8	33.8%
12	916.1	10 859.1	10 088.8	7.6%	9.6	105.7	80.0	32.1%

能够从上述资料中推出的是( )。

A.2006 年第一季度,月均港口货物吞吐量超过 800 万吨

B.2007 年第一季度,港口集装箱吞吐量高于全年平均水平

C.2006 年 4~12 月间港口集装箱吞吐量低于 6 万 TEU 的月份有 3 个

D.2007 年第四季度的所有月份港口货物吞吐量均比上一年同期有所下降

【标注分析】A 项,① "2006 年第一季度" ←→ "2007 年" —→ 与"增长"相关
  题干　　　　　　　　　　表格标题

② "月均港口货物吞吐量" —→ { "平均数"相关 —→ 考查"平均数"
  题干　　　　　　　　　　　结合①定位数据位置为图中所示 　。

B 项,① "2007 年第一季度"和"港口集装箱吞吐量" —→ 定位至表格倒数第 4 列
  题干　　　　　　　　题干

② "全年平均水平" —→ { 定位至表格倒数第 3 列最后一行交叉处数据
  题干　　　　　　　　　求"平均数" 　。

C 项,根据关键词"2006 年"知考查"增长"。

D 项,根据关键词"2007 年"和"均比上年同期下降"判断考查同比增长量。

示例二

根据土地利用变更调查结果,2005 年全国耕地 12 208.27 万公顷(18.31 亿亩);园地 1 154.90 公顷(1.73 亿亩)……与 2004 年相比,耕地面积减少 0.30%,园地面积增加 2.31%。

2004 年全国园地约为( )。

A.1.69 亿亩   B.1.28 亿亩

C.1.55 亿亩   D.1.75 亿亩

【标注分析】题干中有两个关键词,时间关键词"2004 年"和"园地",选项带单位,要注意单位关键词"亿亩"。

①"2004 年" ◀——▶ "2005 年" ——▶ 该题目考查的与"增长"相关;

　　题干　　　　　　材料

②根据"园地"定位至材料第二句,这里我们需要特别注意的是材料中有两个单位"公顷"和"亿亩",选项单位为"亿亩",必须保证单位一致。

第二节　资料分析题型精讲

一、增长问题

增长问题是资料分析中考查频率最高的一类题型。增长问题包括增长率问题和增长量问题。包括环比增长、同比增长和年均增长三类。

同比增长与环比增长的联系:都表示的是不同时间下两个量的变化情况。

同比增长与环比增长的区别:同比强调的是相同时间特性下的两个量之间的比较,环比强调的是时间顺延特性下两个量之间的比较。

示例

	时间	同比增长	环比增长
棉花产量	2010 年	与 2009 年相比	与 2009 年相比
钢材产量	2010 年 2 月	与 2009 年 2 月相比	与 2010 年 1 月相比
花卉产量	2010 年 2 月 14 日	与 2009 年 2 月 14 日相比	与 2010 年 2 月 13 日相比

(一)增长率问题

增长率主要包括同比增长率、环比增长率和年均增长率。同比增长率是考试当中出现频率最高,考查比重最多的一类题型,考生要重点掌握。

1.同比增长率

同比增长率是指本期数与上年同期数相比较的一个变化速度,也称同比增长速度。

同比增长率问题主要考查本期数、上年同期数和同比增长率三个量之间的关系。假设本期数为 A,上年同期数为 B,同比增长率为 $m\%$,则这三个量之间的基本关系如下:

$$m\%=(A-B)\div B\times100\% \quad ①$$

$$A=B\times(1+m\%) \quad ② \qquad\qquad B=A\div(1+m\%) \quad ③$$

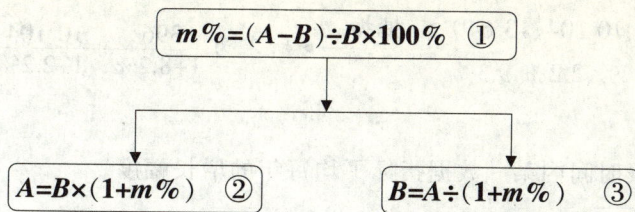

图 12-3-2 本期数、上年同期数、同比增长率的关系

上述三个公式可以说是同比增长率问题的核心公式,大部分同比增长率问题都是已知其中的两个量,求第三个量。

[示例一] 2009 年 2 月份我国的钢材产量为 4 000 万吨,2010 年 2 月份我国的钢材产量为 4 500 万吨,问 2010 年 2 月份我国的钢材产量增长率为多少?

解析:$\left.\begin{array}{l}A=4\ 500\\B=4\ 000\end{array}\right\}$ 根据① $\longrightarrow$ 同比增长率 $m\%=\dfrac{4\ 500-4\ 000}{4\ 000}\times100\%$

[示例二] 2009 年全年全部工业增加值 134 625 亿元,比上年增长 8.3%。2008 年全部工业增加值是多少亿元?

解析:$\left.\begin{array}{l}A=134\ 625\\m\%=8.3\%\end{array}\right\}$ 根据③ $\longrightarrow$ 上年同期数 $B=\dfrac{134\ 625}{1+8.3\%}$

总产值:企业在一定时期内以货币表现的企业生产的产品总量,即全部产品价值的总和。

增加值:企业在一定时期内生产活动创造的价值,是国内生产总值的组成部分。

异同:总产值包括了转移价值的多次重复计算,数值较大;增加值是经过生产活动所增加的价值,数值较小。

2.环比增长率

环比增长率是指本期数与上期数相比较的变化幅度,也称环比增长速度。

环比增长率问题主要考查本期数、上期数和环比增长率三个量之间的关系。假设本期数为 C,上期数为 D,环比增长率为 $n\%$,则这三个量之间的基本关系如下:

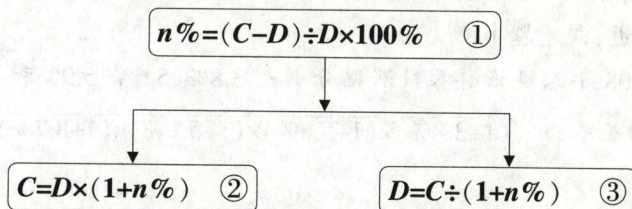

$$n\%=(C-D)\div D\times100\% \quad ①$$

$$C=D\times(1+n\%) \quad ② \qquad\qquad D=C\div(1+n\%) \quad ③$$

图 12-3-3 本期数、上期数、环比增长率的关系

上述三个公式可以说是环比增长率问题的核心公式,大部分环比增长率问题都是已知其中的两个量,求第三个量。

[示例一] 2010 年 2 月份我国公路客运运输量为 22 亿人,2010 年 1 月份我国公路客运运输量为 20 亿人,则 2 月份相较于 1 月份环比增长率为多少?

解析:$\left.\begin{array}{l}C=22\\D=20\end{array}\right\}$ 根据① $\longrightarrow$ 环比增长率 $n\%=\dfrac{22-20}{20}\times100\%=10\%$

[示例二] 2010 年 6 月份,城镇固定资产投资中,第一产业投资 396 亿元,环比增长 8.2%;第二产业投资 10 104 亿元,环比增长 2.2%;第三产业投资 13 640 亿元,环比增长 9.3%。2010 年 5 月份,城镇固定资产投资总共多少亿元?

解析：所求为 $C=396$、$10\ 104$、$13\ 640$；$n\%=8.2\%$、2.2%、9.3% 根据③ → 所求为 $\dfrac{396}{1+8.2\%}+\dfrac{10\ 104}{1+2.2\%}+\dfrac{13\ 640}{1+9.3\%}$

3.年均增长率

年均增长率是指一段时间内某一数据指标平均每年的增长幅度。

(1)年均增长率 $\bar{x}=\sqrt[n-m]{\dfrac{B}{A}}-1$。已知第 m 年的数据指标为 A，第 n 年数据指标为 B，年均增长率为 $\bar{x}$，则

第 $m+1$ 年，数据增加为 $A\times(1+\bar{x})$

第 $m+2$ 年，数据增加为 $A\times(1+\bar{x})\times(1+\bar{x})=A\times(1+\bar{x})^2$

……

第 n 年，数据增加为 $A\times\underbrace{(1+\bar{x})\times\cdots\times(1+\bar{x})}_{(n-m)\text{个}(1+\bar{x})}=A\times(1+\bar{x})^{n-m}$，即

$$A\times(1+\bar{x})^{n-m}=B \qquad ①$$

$$\bar{x}=\sqrt[n-m]{\dfrac{B}{A}}-1 \qquad ②$$

[示例] 2004 年我国粮食产量为 5 亿吨，2009 年我国粮食产量为 6 亿吨，则 2004—2009 年我国粮食产量的年均增长率为 $\sqrt[2009-2004]{\dfrac{6}{5}}-1$。

(2)年均增长率 $\bar{x}=\sqrt[n-m]{(1+x_1)\times(1+x_2)\times\cdots\times(1+x_{n-m})}-1$。已知第 $m+1$ 年的增长率为 x_1，第 $m+2$ 年的增长率为 x_2，……第 n 年的增长率为 x_{n-m}，则

年均增长率 $\bar{x}=\sqrt[n-m]{(1+x_1)\times(1+x_2)\times\cdots\times(1+x_{n-m})}-1$，由于

$$\sqrt[n-m]{(1+x_1)\times(1+x_2)\times\cdots\times(1+x_{n-m})}\approx\dfrac{1}{n-m}[(1+x_1)+(1+x_2)+\cdots+(1+x_{n-m})]$$

则我们推出 $\bar{x}\approx\dfrac{1}{n-m}[(1+x_1)+(1+x_2)+\cdots+(1+x_{n-m})]-1$

$$=\dfrac{x_1+x_2+\cdots+x_{n-m}}{n-m}，\text{且略小于该值}$$

当 x_1、x_2、$\cdots$、x_{n-m} 越接近，误差越小。

[示例] 我国 2005—2008 年入境旅游人数涨幅分别是 3.8%、5.6%、5.9% 和 8.7%，则 2004—2008 年我国入境旅游人数年均增长率为 $\sqrt[4]{(1+3.8\%)\times(1+5.6\%)\times(1+5.9\%)\times(1+8.7\%)}-1$。

(二)增长量问题

增长量问题主要包括同比增长量问题和环比增长量问题。同比增长量问题相较于环比增长量问题考查的频率更高一些。

增长量与增长率的区别：增长量表示的是增加的多少，是一个绝对数，增长率表示的是增加的速度快慢，是一个相对数。

增长量和增长率的联系：增长率 $=\dfrac{\text{增长量}}{\text{上期数}}\times100\%$

1.同比增长量

同比增长量是指本期数与上年同期数之差，表示本期较上年同期增减变化的绝对量。

同比增长量问题主要考查本期数、上年同期数和同比增长量三个量之间的关系。假设本期数为 A，上年同期数为 B，同比增长率为 $m\%$，同比增长量为 X，则相关公式如下：

$$X = A - B \text{（概念公式）} \quad ①$$
$$= A \div (1 + m\%) \times m\% \text{（常考公式）} \quad ②$$

$$A = B + X \quad ③ \qquad B = A - X \quad ④$$

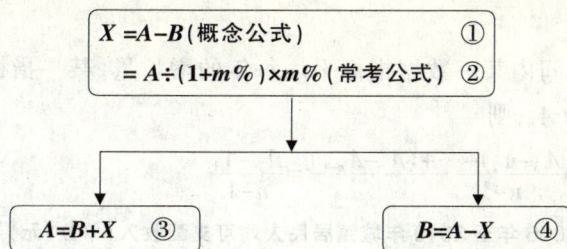

图 12-3-4 本期数、上年同期数、同比增长量的关系

上述四个公式可以说是同比增长量问题的核心公式，大部分同比增长量问题都可以利用这四个公式解决。

示例一 2009 年我国棉花产量为 300 万吨,2010 年是 360 万吨, 则 2010 年我国棉花产量同比增长了多少万吨?

解析:$\left.\begin{array}{l} A = 360 \\ B = 300 \end{array}\right\}$ 根据① ⟶ 同比增长量 $X = 360 - 300 = 60$ 万吨。

示例二 2011 年 1~8 月份,在规模以上工业企业中,国有及国有控股企业实现利润 10 175 亿元, 同比增长 20.6%;集体企业实现利润 519 亿元,同比增长 31.8%;股份制企业实现利润 18 362 亿元,同比增长 33.8%;外商及港澳台商投资企业实现利润 8 431 亿元,同比增长 14.4%;私营企业实现利润 8 871 亿元,同比增长 45.6%。2011 年 1~8 月份,规模以上工业企业中,国有及国有控股企业实现利润增加了多少亿元?

解析:$\left.\begin{array}{l} A = 10\,175 \\ m\% = 20.6\% \end{array}\right\}$ 根据② ⟶ 同比增长量 $X = \dfrac{10\,175}{1 + 20.6\%} \times 20.6\%$ 亿元。

2.环比增长量

环比增长量是本期数与上期数之差,表示本期较上期增减变化的绝对量。

环比增长量问题主要考查本期数、上期数和环比增长量三个量之间的关系。假设本期数为 C,上期数为 D,环比增长率为 $n\%$,环比增长量为 Y,则相关公式如下:

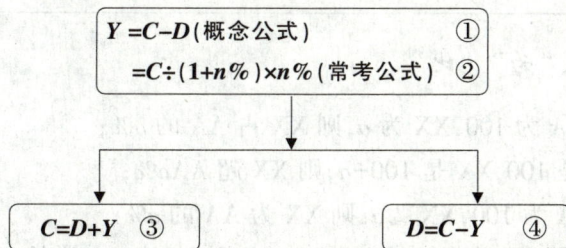

$$Y = C - D \text{（概念公式）} \quad ①$$
$$= C \div (1 + n\%) \times n\% \text{（常考公式）} \quad ②$$

$$C = D + Y \quad ③ \qquad D = C - Y \quad ④$$

图 12-3-5 本期数、上年同期数、环比增长量的关系

示例一 2010 年 3 月份我国货物进口总额为 10 000 亿美元,2010 年 4 月份为 11 500 亿美元,则 2010 年 4 月份货物进口总额环比增长了多少亿美元?

解析:$\left.\begin{array}{l} C = 11\,500 \\ D = 10\,000 \end{array}\right\}$ 根据① ⟶ 环比增长量 $Y = (11\,500 - 10\,000)$ 亿美元。

示例二 2010 年 4 月份我国货物进口总额为 11500 亿美元,环比增长了 15%,则 2010 年 4 月份相较于 3 月份进口额增长了多少亿美元?

解析:$\left.\begin{array}{l} C = 11\,500 \\ n\% = 15\% \end{array}\right\}$ 根据② ⟶ 环比增长量 $Y = \left(\dfrac{11\,500}{1 + 15\%} \times 15\% \right)$ 亿美元。

3.年均增长量

年均增长量是指一段时间内某一数据指标平均每年的增长量。某一指标第一时期的值为 A_1，第二时期为 A_2，……，第 n 时期为 A_n，则

$$年均增长量=\frac{(A_2-A_1)+(A_3-A_2)+\cdots+(A_n-A_{n-1})}{n-1}=\frac{A_n-A_1}{n-1}$$

示例 **2006 年至 2010 年城镇居民人均可支配收入(单位:元)**

2006	2007	2008	2009	2010
11 759	13 786	15 781	17 175	19 109

"十一五"时期城镇居民人均可支配收入年均增长量是多少元?

解析:所求=(19 109−11 759)÷4=1 837.5(元)

二、百分数、百分点问题

百分数也称百分比,是相对指标最常用的一种表现形式。它是将对比的基数抽象化为 100 而计算出来的相对数,用"%"表示。

百分点是指不同时期以百分数形式表示的相对指标,如资料分析中涉及的增长率、比重、指数等的变动幅度。

(一)"降低(增加)了 a%"和"降低(增加)为 a%"

"降低了 $a\%$"即过去为 100,则现在为 100−a,"降低为 $a\%$"即过去为 100,则现在为 a;

"增加了 $a\%$"即过去为 100,则现在为 100+a,"增加为 $a\%$"即过去为 100,则现在为 a。

示例

2008 年	2009 年	
100	80	2009 年比 2008 年降低了 20%
100	20	2009 年降低为 2008 年的 20%

(二)区分"占"、"超"、"为"、"比"

"XX 占 AA 的 $a\%$"即 AA 为 100,XX 为 a,则 XX 占 AA 的 $a\%$;

"XX 超 AA$a\%$"即 AA 是 100,XX 是 100+a,则 XX 超 AA$a\%$;

"XX 为 AA 的 $a\%$"即 AA 为 100,XX 为 a,则 XX 为 AA 的 $a\%$;

"XX 比 AA 增长了 $a\%$"即 AA 为 100,XX 为 100+a,则 XX 比 AA 增长(100+a−100)%=a%。

示例

XX	AA	
20	100	XX 占 AA 的 20%
120	100	XX 超 AA20%
20	100	XX 为 AA 的 20%
120	100	XX 比 AA 增长了 20%

(三)拉动……增长……百分点

拉动增长是指总体中某部分值的增加造成总体值相对于原来的增长。

拉动……增长……百分点$=\dfrac{部分的增长量}{总体原来的值}\times 100$

示例

	2009 年	2010 年
工业总产值(亿元)	10 000	12 000
重工业产值(亿元)	6 000	6 500
重工业产值拉动工业总产值增长的百分点数	\multicolumn{2}{c|}{$\dfrac{6\,500-6\,000}{10\,000}\times 100=\dfrac{500}{10\,000}\times 100=5$ 个百分点}

经典例题

1.

城市最低生活保障情况

(单位:万人、%)

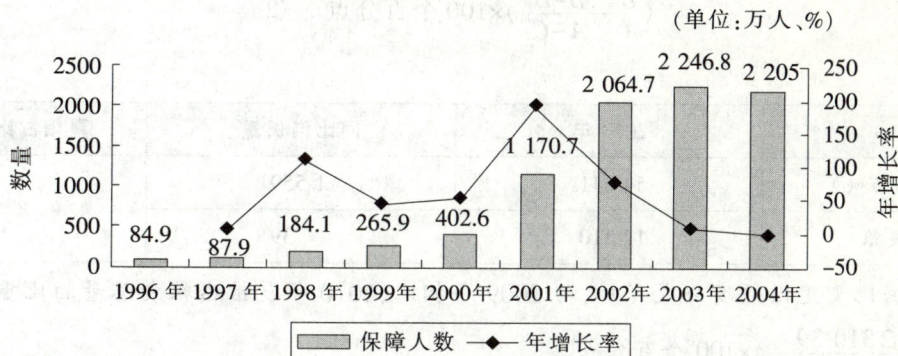

2004 年参与城市最低生活保障的人数年增长率比 2003 年下降了( )。

解析:百分点问题。题干关键词为"年增长率",显然该题要求的是年增长率的变化情况,而年增长率是一个相对数,因此本题是一个百分点问题。2004 年参与城市最低生活保障人数的年增长率为 $\dfrac{2\,205-2\,246.8}{2\,246.8}\times 100\%$,2003 年的年增长率为 $\dfrac{2\,246.8-2\,064.7}{2\,064.7}\times 100\%$。

则所求为($\dfrac{2\,246.8-2\,064.7}{2\,064.7}\times 100\%-\dfrac{2\,205-2\,246.8}{2\,246.8}\times 100\%$)$\times 100$ 个百分点。

2.2005年,我国对外贸易进出口总额为 14 221 亿美元,居世界第三位,占全球贸易进出口总额的6.7%。2005 年我国吸引外国直接投资额由 2001 年的 469 亿美元增加到 603 亿美元,居世界第三位。

2005 年我国吸引外资直接投资较 2001 年增长的百分比是( )。

解析:百分比问题。增长的百分比$=\dfrac{603}{469}\times 100\%-1$。

三、比重问题

比重是指某部分在总体中所占的百分比,一般用百分数的形式表示。

比重问题有两种考查方式,一种是比重的直接考查,另外一类是结合增长的综合考查,目前来看,结合其他概念综合考查成了命题者比较偏爱的一类考查方式。

(一)比重

比重的直接考查是比重问题中最简单的一类考查方式。比重问题考查的是总数、部分数和比重三个量之间的关系,假设总量为 A,分量为 B,则分量占总量的比重 x 为:

$$x=\dfrac{B}{A}\times 100\% \qquad ①$$

示例 某中学有学生2 000人,三年级有学生400人,三年级学生人数占全校总人数的比重为多少?

解析:部分数=400
总数=2 000 } 根据① → 所求为 $\frac{400}{2\,000}\times100\%=20\%$

(二)比重与增长

比重与增长综合考查有两方面,一是比重在不同时间条件下的一种变化幅度,另外一个是部分量在不同时间条件下的增量。

1.比重的变化幅度

(1)今年总量为 A,比上年增长 C,某一部分量今年为 B,比上年增长 D,则与上年相比,今年该部分量占总量的比重的变化幅度为:

$$(\frac{B}{A}-\frac{B-D}{A-C})\times100 \text{个百分点} \quad ②$$

示例

	2010 年	同比增长量	夏粮占比变化幅度
粮食产量(万吨)	54 641	1 559	x
其中:夏粮	12 310	39	

解析:根据比重变化幅度公式可知,与2009年相比,2010年夏粮占粮食总量的比重变化幅度 $x=$ $(\frac{12\,310}{54\,641}-\frac{12\,310-39}{54\,641-1\,559})\times100$ 个百分点。

(2)今年总量为 A,同比增长 $x\%$,某一部分量今年为 B,同比增长 $y\%$,则相较上年,该部分量占总量比重的变化幅度为:

$$\frac{B}{A}\times\frac{y\%-x\%}{1+y\%}\times100 \text{个百分点} \quad ③$$

当 $y\%-x\%=0$ 即 $x\%=y\%$ 时,则 $\frac{B}{A}\times\frac{y\%-x\%}{1+y\%}=0$,今年部分量占总量的比重不变;

当 $y\%-x\%<0$ 即 $x\%>y\%$ 时,则 $\frac{B}{A}\times\frac{y\%-x\%}{1+y\%}<0$,今年部分量占总量的比重比上年下降;

当 $y\%-x\%>0$ 即 $x\%<y\%$ 时,则 $\frac{B}{A}\times\frac{y\%-x\%}{1+y\%}>0$,今年部分量占总量的比重比上年上升。

示例

	2010 年	同比增长率	秋粮占比变化幅度
粮食产量(万吨)	54 641	2.9%	y
其中:秋粮	39 199	4.8%	

解析:根据比重变化幅度公式可知,与2009年相比,2010年秋粮占粮食总量的比重变化幅度 $y=$ $(\frac{39\,199}{54\,641}\times\frac{4.8\%-2.9\%}{1+4.8\%}\times100)$ 个百分点。

2.部分增加量

今年总量为 A,部分量占总量的比重为 $b\%$,部分量的增长率为 $m\%$,则部分量的增加量 ΔB 的计算公式为:

$$\Delta B=\frac{A\times b\%}{1+m\%}\times m\% \quad ④$$

示例 2010 年农村居民人均纯收入为 5 919 元,其中工资性收入占比为 41%,2010 年,工资性收入较上年增长 17.9%,则农村居民工资性收入比 2009 年大约增长了多少元?

解析:$\left.\begin{array}{l} A=5\ 919 \\ b\%=41\% \\ m\%=17.9\% \end{array}\right\}$ 根据④ → 所求为 $\left(\dfrac{5\ 919\times41\%}{1+17.9\%}\times17.9\%\right)$ 元。

经典例题

2010 年 1~5 月,石油石化行业实现利润 1 645 亿元,同比增长 76.4%,上年同期为下降 35.4%。其中,石油天然气开采业利润 1 319 亿元,同比增长 1.67 倍,上年同期为下降 75.8%;炼油行业利润 326 亿元,同比下降 25.7%,上年同期为增长 1.8 倍。

2009 年 1~5 月,石油天然气开采业利润占石油石化行业实现利润的比重约为(　　)。

解析:2009 年 1~5 月,石油石化行业实现利润 $\dfrac{1\ 645}{1+76.4\%}$ 亿元,石油天然气开采业实现利润 $\dfrac{1\ 319}{1+1.67}$ 亿元,则所求为 $\dfrac{1\ 319\div(1+1.67)}{1\ 645\div(1+76.4\%)}\times100\%$。

四、倍数、翻番问题

(一)倍数问题

倍数是由两个有联系的指标对比,将对比的基数抽象化为 1 而计算出来的相对数,常常用于比数(分子)远大于基数(分母)的场合。

数值 A 与数值 B 之间的倍数关系为:$\dfrac{A}{B}$ 　　①

1.倍数与增长率

(1)同一事物第 1 年的值为 C,第 n 年的值为 D,则第 n 年比第 1 年增长了:

$$m=\left(\dfrac{D}{C}-1\right)倍 \quad ②$$

示例 某省 2007 年国企技术人员数为 62.38 万,1978 年有 8.41 万人,则 2007 年比 1978 年增长了多少倍?

解析:$\left.\begin{array}{l} D=62.38 \\ C=8.41 \end{array}\right\}$ 根据② → 2007 年比 1978 年增长了 $\left(\dfrac{62.38}{8.41}-1\right)$ 倍

(2)今年两个量分别为 A、B,分别同比增长 $a\%$,$b\%$,则去年两个量的倍数关系 m 为:

$$m=\dfrac{A}{B}\times\dfrac{1+b\%}{1+a\%} \quad ③$$

示例 2011 年农村居民纯收入中,家庭经营纯收入为 3 200 元,同比增长 5%,转移性收入 1 500 元,同比增长 10%,则 2010 年家庭经营纯收入是转移性收入的多少倍?

解析:$\left.\begin{array}{l} A=3\ 200,a\%=5\% \\ B=1\ 500,b\%=10\% \end{array}\right\}$ 根据③ → 所求为 $\left(\dfrac{3\ 200}{1\ 500}\times\dfrac{1+10\%}{1+5\%}\right)$ 倍

2.倍数与增长量

今年某物相较于上年的增长量为 x,增长了 y 倍,则该物上年的量为:

$$\dfrac{增长量}{增长倍数}=\dfrac{x}{y} \quad ④$$

示例 某省 2007 年国企技术人员数相较于上年增长了 3.2 万,相较于上年增长了 4 倍,则 2006 年

该省国企技术人员数为多少?

解析：$x=3.2$
$y=4$ $\Big\}$ 根据④ → 2006年该省国企技术人员数为($\frac{3.2}{4}$)万

(二)翻番问题

翻番是指数量的加倍,翻番的量是以 2^n 变化的。A 翻一番为 $A \times 2$,翻两番为 $(A \times 2) \times 2$……翻 n 番为:

$$(A \times 2) \times \cdots \times 2 = A \times 2^n \qquad ⑤$$

[示例] 2000年小明每天伙食费是2元,2010年小明每天的伙食费比2000年翻了4番,则2010年小明每天的伙食费为多少元?

解析：$A=2$
$n=4$ $\Big\}$ 根据⑤ → 2010年小明每天的伙食费为 $2 \times 2^4 = 32$(元)。

经典例题

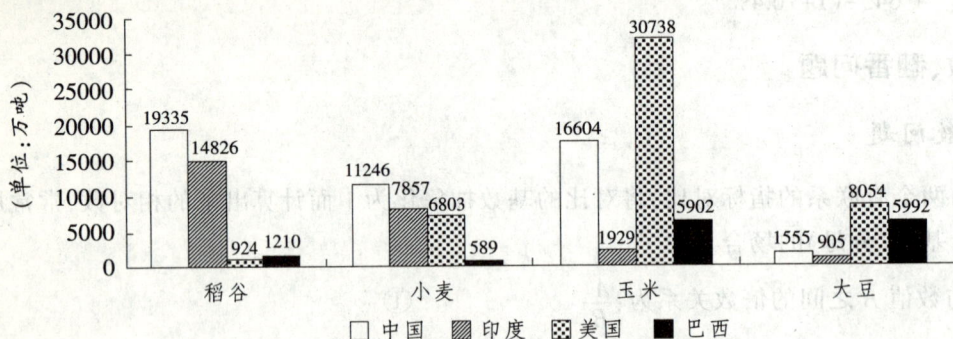

2008年部分国家各种谷物产量

2008年与2000年相比各种谷物产量增长率(%)

国家	稻谷	小麦	玉米	大豆
中国	1.9	12.9	56.4	0.9
印度	16.3	2.9	60.2	71.4
美国	6.7	12.0	22.0	7.3
巴西	9.1	254.2	85.1	83.0

2000年,表中所列四国玉米的最高产量约是最低产量的多少倍?

解析：本题需要先判断2000年四个国家玉米产量的最高值与最低值,再作商求倍数。结合条形图和表格可知,

按2008年玉米产量排序(从大到小)	美国	中国	巴西	印度
按与2000年相比的增长率排序(从大到小)	巴西	印度	中国	美国

2000年玉米产量 $= \dfrac{2008年玉米产量}{1+增长率}$,2008年美国玉米产量最高,与2000年相比增长率最小,则

2000年美国玉米产量是最高的,为 $\dfrac{30\,738}{1+22.0\%}$ 万吨;中国次之;由于2008年巴西玉米产量大于印度玉米产量的3倍($5\,902 \div 1\,929 = \dfrac{5\,700+202}{1\,900+29}>3$),而增长率两者相差不大,则2000年印度玉米产量最低,为 $\dfrac{1\,929}{1+60.2\%}$ 万吨,则所求为 $\dfrac{2000年美国玉米产量}{2000年印度玉米产量} = \dfrac{30\,738 \div (1+22.0\%)}{1\,929 \div (1+60.2\%)}$ 倍。

五、平均数、中位数问题

(一)平均数

平均数是根据同一时期的某事物的总个数与总体总量计算的,是总体总量与总个数的比。

$$平均数=\frac{总量}{总个数} \quad ①$$

示例 2001年至2004年吉林省粮食总产量逐年增加,分别为1 953.4万吨、2 214.8万吨、2 259.6万吨和2 510万吨,则2001—2004年吉林省平均每年粮食产量为多少万吨?

解析:总量=1 953.4+2 214.8+2 259.6+2 510 $\left.\begin{array}{l}\\\\\end{array}\right\}$ 根据① 所求为$\left(\frac{1\ 953.4+2\ 214.8+2\ 259.6+2\ 510}{4}\right)$万吨。

总个数=4

(二)加权平均数

加权平均数是指假设某一个总量可以分为部分总量A_1、A_2,某分量在部分总量A_1、A_2中的标志值分别为x_1、x_2,则该分量在总量中的标志值为

$$x=\frac{A_1x_1+A_2x_2}{A_1+A_2} \quad ②$$

当$x_1=x_2$时,$x=x_1=x_2$;

当$x_1>x_2$时,$x=\frac{A_1x_1+A_2x_2}{A_1+A_2}<x_1$,且$x>x_2$;

当$x_1<x_2$时,$x=\frac{A_1x_1+A_2x_2}{A_1+A_2}>x_1$,且$x<x_2$;

即当x_1和x_2不相等时,x介于x_1和x_2之间。

在资料分析题目中,常见的标志值通常有比重、增长率等。

示例 一对夫妻在2010年的收入分别为30 000元、20 000元,其中工资分别占了80%和90%,则这对夫妻组成的家庭总收入中工资所占比重为$\frac{30\ 000\times80\%+20\ 000\times90\%}{30\ 000+20\ 000}\times100\%=\frac{24\ 000+18\ 000}{50\ 000}\times100\%=84\%$。

(三)中位数

将一组数据按大小排列,排在最中间的数或者中间两个数的平均数。

个数为奇数:排序之后在数据正中间的数。

2、3、7、8、9,这5个数的中位数应该是位于中间即第3个数字7。

个数为偶数:排序之后数据正中间两个数的平均数。

2、3、6、7、8、9,这6个数的中位数应该是位于中间两个数字的平均数即$\frac{6+7}{2}$=6.5。

经典例题

2006年5月份北京市消费品市场较为活跃,实现社会消费品零售额272.2亿元,创今年历史第二高,据统计,1~5月份全市累计实现社会消费品零售额1 312.7亿元,比去年同期增长12.5%。

若保持同比增长不变,预计北京市2007年前5个月平均每月的社会消费品零售额为(　　)。

解析:由"1~5月份全市累计实现社会消费品零售额1 312.7亿元,比去年同期增长12.5%"可知,若保持同比增长不变,2007年1~5月全市平均每月社会消费品零售总额是1 312.7×(1+12.5%)亿元,则所求为[1 312.7×(1+12.5%)÷5]亿元。

六、进出口额问题

（一）进出口额

进出口总额是指实际进出我国国境的货物总金额。进出口总额包括进口额和出口额两部分。

$$进出口总额=进口额+出口额 \quad ①$$

[示例] 2010 年上半年中国乐器出口额为 5.85 亿美元，进口额为 9 644 万美元，则 2010 年上半年进出口贸易总额为多少？

解析：出口额=5.85 亿美元
进口额=9 644 万美元 ⎫根据① → 所求为 (5.85+0.964 4)亿美元。

（二）贸易顺/逆差

1.贸易顺差

当进口额小于出口额时，进出口贸易表现为顺差。

$$顺差额=出口额-进口额 \quad ②$$

[示例] 2010 年上半年中国乐器出口额为 5.85 亿美元，进口额为 9 644 万美元，则 2010 年上半年贸易顺差额为多少亿美元？

解析：出口额=5.85 亿美元
进口额=9 644 万美元 ⎫根据② → 所求为 (5.85-0.964 4)亿美元。

2.贸易逆差

当进口额大于出口额时，进出口贸易表现为逆差。

$$逆差额=进口额-出口额 \quad ③$$

[示例] 2009 年全年，某省对韩国出口额为 15.25 亿美元，对韩国进口额为 24.64 亿美元，则 2009 年该省对韩国的贸易逆差额为多少亿美元？

解析：出口额=15.25 亿美元
进口额=24.64 亿美元 ⎫根据③ → 所求为 (24.64-15.25)亿美元。

[经典例题]

F 省 2007 年对主要国家和地区进出口情况

国家和地区	出口额(亿美元)	比上年增长(%)	进口额(亿美元)	比上年增长(%)
中国香港地区	35.95	17.4	1.38	-7.3
中国台湾地区	10.79	13.6	58.22	25.0
日本	62.20	3.0	28.72	14.6
韩国	13.25	30.0	24.65	7.8
东盟	41.28	38.6	29.46	211
欧盟	105.02	25.8	22.11	11.9
俄罗斯联邦	7.03	41.1	1.87	-2.4
美国	108.67	7.8	26.74	21.2

2006 年 F 省对韩国的贸易总额是( )亿美元。

解析：2006 年 F 省对韩国的出口额是 $\dfrac{13.25}{1+30.0\%}$ 亿美元，对韩国的进口额是 $\dfrac{24.65}{1+7.8\%}$ 亿美元，则所求为 $\left(\dfrac{13.25}{1+30.0\%}+\dfrac{24.65}{1+7.8\%}\right)$ 亿美元。

第三节 资料分析计算技巧

一、尾数法

尾数法指通过运算结果的末位数字来确定选项,如果选项中末尾一位或者几位各不相同,可以通过尾数判断正确答案,常用于和、差的计算,在资料分析中偶尔用于乘法运算。

(一)加法运算尾数位数规则

两个数相加,和的尾数是由一个加数的尾数加上另一个加数的尾数得到的。

示例 2 452+613=3 065,和的尾数 5 是由一个加数的尾数 2 再加上另一个加数的尾数 3 得到的。

(二)减法运算尾数位数规则

两个数相减,差的尾数是由被减数的尾数减去减数的尾数得到的,当不够减时,要先借位,再相减。

示例 2 452−613=1 839,差的尾数 9 是由被减数的尾数 2 借位后再减去减数的尾数 3 得到的。

(三)乘法运算尾数位数规则

两个整数相乘,如果把积的所有有效数字都保留,那么积的尾数是由一个乘数的尾数乘以另一个乘数的尾数得到的。

示例 2 452×613=1 503 076,积的尾数 6 是由一个乘数的尾数 2 乘以另一个乘数的尾数 3 得到的。

经典例题

1.经初步核算,2009 年上半年我国国内生产总值同比增长 7.1%,比一季度加快 1.0 个百分点。其中,第一产业增加值 12 025 亿元,增长 3.8%;第二产业增加值 70 070 亿元,增长 6.6%;第三产业增加值 57 767 亿元,增长 8.3%。

2009 年上半年,我国国内生产总值为( )。

A.139 862 亿元　　　B.147 953 亿元　　　C.148 632 亿元　　　D.151 429 亿元

【答案】A。解析:第一产业、第二产业、第三产业的增加值之和等于国内生产总值,2009 年上半年国内生产总值为(12 025+70 070+57 767)亿元,观察选项,发现后两位数字各不相同,运用尾数法25+70+67=1(62),确定只有 A 项符合。

2.

福建省年末人口

年 份	2000 年	2001 年	2002 年	2003 年	2004 年	2005 年
常住人口(万人)	3 410	3 440	3 466	3 488	3 511	3 535
出生率(‰)	11.60	11.56	11.35	11.43	11.58	11.60
死亡率(‰)	5.85	5.52	5.57	5.58	5.62	5.62
自然增长率(‰)	5.75	6.04	5.78	5.85	5.96	5.98
性别比(女性为100)	106.3	106.2	106.2	106.3	106.2	101.7
户籍统计人口数(万人)	3 304.63	3 320.97	3 332.36	3 349.67	3 367.03	3 384.95
其中:男	1 702.41	1 710.55	1 716.32	1 725.99	1 734.43	1 743.05

2005年福建省户籍统计中女性人口比2004年增加约(　　)。

A.24万人　　　　　　　B.8.62万人　　　　　　C.9.3万人　　　　　　D.17.92万人

【答案】C。解析:由题意可知,2005年福建户籍统计人口中女性人口比2004年增加(3 384.95-1 743.05)-(3 367.03-1 734.43),利用尾数法,答案的尾数为(95-05)-(03-43)=1(30),即小数点后两位为30,故正确答案为C。

二、首数法

首数法与尾数法类似,是通过运算结果的首位数字或前两、三位数字来确定选项的一种方法。首数法一般运用于加、减、除法中,在除法运算中最常用。

(一)加法运算中的首数位数规则

(1)两个数相加,如果两个加数的位数相同且无进位时,和的首数是由一个加数的首数加上另一个加数的首数得到的;

示例 3 288+2 216,百位没有进位,和的首数为3+2=5,首数为5。

(2)如果两个加数的位数相同,且考虑首位后面的数相加后是否能进位,有进位时,和的首位是由两个加数的和再加上1得到的;

示例 3 888+2 716,百位有进位,和的首数为3+1+2=6,首数为6。

(3)如果两个加数的位数不同时,和的首数与较大的加数一致或者为较大的加数的首数加1(进位时)。

示例 3 888+216,百位有进位,和的首数为3+1=4,首数为4。

经典例题

A、B、C三市工业企业有毒物排放情况

省(市)名称	A城市			B城市			C城市		
采集年份	2000	2002	2004	2000	2002	2004	2000	2002	2004
汇总工业企业数(个)	1 175	1 295	1 211	3 069	2 460	1 404	2 039	2 045	2 189
工业废水排放总量(万吨)	36 500	34 000	28 085	20 200	19 400	14 200	96 500	85 200	90 000
其中镉排放量(吨)	0.10	0.03	0.04	0.09	0.07	0.01	0.02	0.05	0.04
其中铅排放量(吨)	0.72	0.63	0.50	1.61	1.04	0.72	1.66	0.73	1.68
其中砷排放量(吨)	1.05	0.10	0.14	0.35	0.02	0.06	4.35	0.93	6.89
其中氯化物排放量(吨)	11	11	5	2	4	10	28	15	17
其中石油类排放量(吨)	800	770	540	825	700	620	3 550	2 600	2 900
其中硫化物排放量(吨)	35	28	25	83	90	86	247	49	86

A城市2004年工业废水中有毒物质排放量至少为多少吨?

A.570.68　　　　　　B.716.89　　　　　　C.809.61　　　　　　D.848.22

【答案】A。解析:仅计算材料中已给出的有毒物质,A城市2004年工业废水有毒物质排放量至少为(0.04+0.50+0.14+5+540+25)吨,利用首数法求得结果整数部分为5+540+25=570吨,确定答案为A。

(二)减法运算中的首数位数规则

(1)两个数相减,如果两个减数的位数相同且无借位时,差的首数是由被减数的首数减去减数的首数得到的;

示例 5 388-2 316,被减数的百位数作差时不需要借位,差的首数为5-2=3,首数为3。

(2)如果两个减数位数相同,且有借位时,差的首数是由被减数的首数减去减数的首数再减1得到的;

示例 5 288-2 316,被减数的百位数字作差时需要借位,差的首数为 5-2-1=2,首数为 2。

(3)两个减数的位数不同时,差的首数与较大的数一致或者是较大的数的首数减1(借位时)。

示例 3 888-216,被减数百位数字作差时不需要借位,差的首数与较大的数 3888 首数一致,首数为3。

(三)除法运算中的首数位数规则

被除数除以除数时,先得到商的高位数,除法进行到结合选项可以判断出正确选项为止。

示例 3 888÷216,商等于 3 888÷216=1X,首数为 1。

经典例题

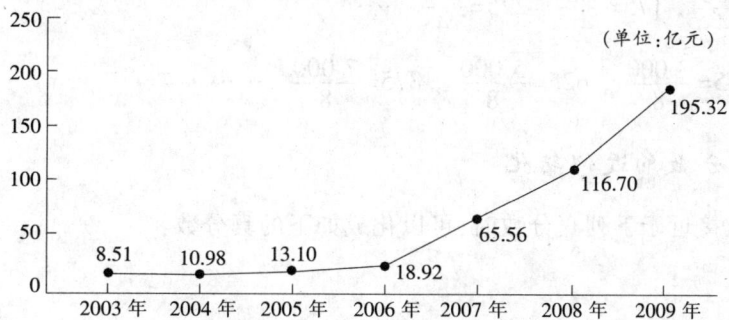

2003-2009 年 EPC 项目投资变化情况

2009 年我国 EPC 项目投资占 2008—2009 年 EPC 项目投资之和的百分比是(　　)。

A.45.5%

B.58.9%

C.62.6%

D.73.8%

【答案】C。解析:由"2003-2009 年 EPC 项目投资变化情况"图可知,所求为 $\dfrac{195.32}{195.32+116.70}=\dfrac{195.32}{312.02}=6X.X\%$。

三、取整法

在计算多位有效数字的数据时,可将其个位、十位或百位等的数据根据具体情况进行进舍位,得到相对简单的数据,再进行计算,这种方法就是取整法。取整法多用于乘除法运算中。

当题目选项差距较大且对计算的精度要求不高时,可以根据进舍位原则进行取整。

(一)乘法运算取整原则

当需要进舍位的第一位是 0~4 时,一般舍位;是 5~9 时,则采用进位。做乘法运算时,通常考虑对一个或两个乘数进行进舍位。

示例 1 999×2 003,1999 采用进位,2 003 采用舍位,则 1 999×2 003≈2 000×2 000=4×10^6。

(二)除法运算取整原则

做除法运算时,一般只将除数进行进舍位,这样既可以减少计算量,同时还可以降低估算误差;如果除数是个位数,我们还可以将被除数进舍位来简化计算。

示例 $\dfrac{2\ 110}{999}$,除数 999 采用进位,被除数 2 110 保持不变,$\dfrac{2\ 110}{999}\approx\dfrac{2\ 110}{1\ 000}=2.11$。

四、特征数字法

特征数字法是利用一些常用数据的数学特性,将小数、整数和分数三者进行相互转化的化简方法。

(一)尾数为 5、25、125 的分数转化

当分式中出现尾数为 5、25、125 的数据时,可以将分子分母同时乘以 2、4、8,使得分子或分母得到简化、计算量减轻。

$$5=\frac{10}{2}, \quad 15=\frac{30}{2}, \quad 35=\frac{70}{2}, \quad 45=\frac{90}{2}, \cdots\cdots$$

$$25=\frac{100}{4}, \quad 75=\frac{300}{4}, \quad 175=\frac{700}{4}, \quad 225=\frac{900}{4}, \cdots\cdots$$

$$125=\frac{1\,000}{8}, \quad 375=\frac{3\,000}{8}, \quad 625=\frac{5\,000}{8}, \quad 875=\frac{7\,000}{8}, \cdots\cdots$$

(二)小数与真分数的近似转化

当算式中的小数接近于下列真分数时,可以化成如下的真分数:

分母／分子	1	2	3	4	5	6	7	8
1								
2	$50\%=\frac{1}{2}$							
3	$33.3\%\approx\frac{1}{3}$	$66.7\%\approx\frac{2}{3}$						
4	$25\%=\frac{1}{4}$	$\frac{2}{4}=\frac{1}{2}$	$75\%=\frac{3}{4}$					
5	$20\%=\frac{1}{5}$	$40\%=\frac{2}{5}$	$60\%=\frac{3}{5}$	$80\%=\frac{4}{5}$				
6	$16.7\%\approx\frac{1}{6}$	$\frac{2}{6}=\frac{1}{3}$	$\frac{3}{6}=\frac{1}{2}$	$\frac{4}{6}=\frac{2}{3}$	$83.3\%\approx\frac{5}{6}$			
7	$14.3\%\approx\frac{1}{7}$	$28.6\%\approx\frac{2}{7}$	$42.9\%\approx\frac{3}{7}$	$57.1\%\approx\frac{4}{7}$	$71.4\%\approx\frac{5}{7}$	$85.7\%\approx\frac{6}{7}$		
8	$12.5\%=\frac{1}{8}$	$\frac{2}{8}=\frac{1}{4}$	$37.5\%\approx\frac{3}{8}$	$\frac{4}{8}=\frac{1}{2}$	$62.5\%=\frac{5}{8}$	$\frac{6}{8}=\frac{3}{4}$	$87.5\%=\frac{7}{8}$	
9	$11.1\%\approx\frac{1}{9}$	$22.2\%\approx\frac{2}{9}$	$\frac{3}{9}=\frac{1}{3}$	$44.4\%\approx\frac{4}{9}$	$55.6\%\approx\frac{5}{9}$	$\frac{6}{9}=\frac{2}{3}$	$77.8\%\approx\frac{7}{9}$	$88.9\%\approx\frac{8}{9}$

(三)小数与无理数的转化

当算式中的小数为以下情形时,可以化成相近部分无理数,再进行计算。

$$1.414=\sqrt{2}, \quad 1.732=\sqrt{3}, \quad 2.236=\sqrt{5}, \quad 2.449=\sqrt{6}, \quad 2.646=\sqrt{7}, \quad 2.828=\sqrt{8}, \quad 3.162=\sqrt{10}, \cdots\cdots$$

$$1.414\times1.414=2, \quad 1.414\times1.732=\sqrt{6}=2.449, \quad 1.414\times2.236=\sqrt{10}=3.162, \cdots\cdots$$

经典例题

2006 年全年全省参加企业养老保险人数 964.4 万人,比上年末增加 87.6 万人;企业实际缴费人数 722 万人,企业养老保险基金收入 318.2 亿元,支出 192.3 亿元,累计结余 453.7 亿元,比上年末增加

125.9 亿元,基金支付能力稳定上升,支付能力达 26 个月。参加失业保险人数 504.4 万人,比上年末增长 13.4%;基本医疗保险参保人数 730.6 万人,比上年末增长 14.2%;工伤保险参保人数 604 万人,比上年末增长 33.3%。

与上年末相比,2006 年年末,以下四个项目人数增加最多的是(　　)。

A.参加企业养老保险人数

B.参加失业保险人数

C.基本医疗保险参保人数

D.工伤保险参保人数

【答案】D。解析:参加企业养老保险人数增加了 87.6 万;

参加失业保险人数增加了 $504.4 \div (1+13.4\%) \times 13.4\% \approx 504.4 \div \frac{8}{7} \times \frac{1}{7} \approx 63$ 万;

基本医疗保险参保人数增加了 $730.6 \div (1+14.2\%) \times 14.2\% \approx 730.6 \div \frac{8}{7} \times \frac{1}{7} \approx 91$ 万;

工伤保险参保人数增加了 $604 \div (1+33.3\%) \times 33.3\% \approx 604 \div \frac{4}{3} \times \frac{1}{3} = 151$ 万。

可见,工伤保险参保人数增加最多。

五、乘除转化法

计算某一分式的具体数值时,如果除数的形式为 $(1\pm x)$,其中 $x<10\%$,且选项间的差距大于绝对误差时,可以使用乘除转化法,将除法转化为乘法从而降低计算难度。

(一)$a=\dfrac{b}{1+x} \approx b \cdot (1-x)$

某指标的末期值为 b,增长率为 x($x>0$ 且 x 为百分数),求初值 a。

$$a=\frac{b}{1+x}=\frac{b \cdot (1-x^2)+b \cdot x^2}{1+x}=b \cdot (1-x)+\frac{b \cdot x^2}{1+x} \qquad ①$$

当 x 的值很小时,x^2 的值接近于 0,①式可以近似为:

$$a=\frac{b}{1+x} \approx b \cdot (1-x) \qquad ②$$

(二)$a=\dfrac{b}{1-x} \approx b \cdot (1+x)$

某指标的末期值为 b,增长率为 $-x$($x>0$ 且 x 为百分数),求初值 a。

$$a=\frac{b}{1-x}=\frac{b \cdot (1-x^2)+b \cdot x^2}{1-x}=b \cdot (1+x)+\frac{b \cdot x^2}{1-x} \qquad ③$$

当 x 的值很小时,x^2 的值接近于 0,③式可以近似为:

$$a=\frac{b}{1-x} \approx b \cdot (1+x) \qquad ④$$

六、范围限定法

范围限定法是指通过对计算式中数据进行放大或缩小,将计算式的数值限定在一定范围内,再通过选项或其他限定条件来选择正确选项或进行大小比较。

当计算具体数值或者比较若干个数值的大小时,如果选项间的差距较大,可以采用范围限定法,

河南省农村信用社招聘考试专用教材

对选项中的数据进行放缩,并用">"或者"<"连接算式。

(一)加法/乘法运算

放大(缩小)其中的一项会使结果相应放大(缩小)。

[示例] A、B、C、D 为四个正数,且 $A>C>B>D$;则 $A+B>C+B>C+D$;$A×B>C×B>C×D$。

(二)减法运算

被减数放大(缩小)导致结果相应放大(缩小),减数放大(缩小)导致结果相应缩小(放大)。

[示例] A、B、C、D 为四个正数,且 $A>C,B>D$,则 $A-D>C-D>C-B$;$A-D>A-B>C-B$。

(三)除法运算

被除数放大(缩小)导致结果相应放大(缩小),除数放大(缩小)导致结果相应缩小(放大)。

[示例] A、B、C、D 为四个正数,且 $A>C,B>D$,则 $\dfrac{A}{D}>\dfrac{C}{D}>\dfrac{C}{B}$;$\dfrac{A}{D}>\dfrac{A}{B}>\dfrac{C}{B}$。

中公教育·全国分校一览表

中公教育总部
地址:北京市海淀区学清路23号汉华世纪大厦B座
电话:400-6300-999
网址:http://www.offcn.com

吉林中公教育(总校)
地址:长春市朝阳区辽宁路2338号中公教育大厦
电话:0431-81239600
网址:http://jl.offcn.com

江苏中公教育(总校)
地址:南京市白下区中山南路8号苏豪大厦22层(东方商场旁)
电话:025-86992955 / 66 /77
网址:http://js.offcn.com

四川中公教育(总校)
地址:成都市武侯区锦绣路1号保利中心东区1栋C座12楼(美领馆旁)
电话:028-82005700
网址:http://sc.offcn.com

陕西中公教育(总校)
地址:西安市新城区解放路236号图书大厦南区五楼(民生大楼对面)
电话:029-87448899
网址:http://sa.offcn.com

广东中公教育(总校)
地址:广州市天河区天河路373号隆德大厦三层(即石牌桥太古汇旁)
电话:020-66691830
网址:http://gd.offcn.com

河南中公教育(总校)
地址:郑州市金水区农业路与经三路交叉口英特大厦6楼
电话:0371-86010911
网址:http://he.offcn.com

重庆中公教育(总校)
地址:重庆市江北区观音桥步行街未来国际大厦7楼
电话:023-67121699
网址:http://cq.offcn.com

北京中公教育
地址:北京市海淀区学清路38号金码大厦B座910室
电话:010-51657188
网址:http://bj.offcn.com

浙江中公教育(总校)
地址:杭州市西湖区文三路477号华星科技大厦三层中公教育
电话:0571-86483577
网址:http://zj.offcn.com

湖南中公教育(总校)
地址:长沙市芙蓉区建湘南路36号芙蓉国际黄金之城6楼(定王台书城往天心阁200米处)
电话:0731-84883717
网址:http://hn.offcn.com

山东中公教育(总校)
地址:济南市历山路173-1号历山名郡C3座一层(103室)
电话:0531-86554188
网址:http://sd.offcn.com

江西中公教育(总校)
地址:南昌市阳明路310号江西出版大厦5、6层(八一东桥头)
电话:0791-86823131
网址:http://jx.offcn.com

山西中公教育(总校)
地址:太原市高新区动力港二层(长治路226号)
电话:0351-8330622
网址:http://sx.offcn.com

河北中公教育(总校)
地址:石家庄市桥西区南小街金裕商务1楼
电话:0311-87031886
网址:http://hb.offcn.com

福建中公教育(总校)
地址:福州市八一七北路东百大厦19层
电话:0591-87515125
网址:http://fj.offcn.com

河南省农村信用社招聘考试专用教材

安徽中公教育(总校)

地址:合肥市包河区芜湖路万达广场7号写字楼32层

电话:0551-65268288

网址:http://ah.offcn.com

────────────────

云南中公教育(总校)

地址:昆明市五一路46号国防大厦写字楼1层、2层(云南省博物馆旁)

电话:0871-65386878

网址:http://yn.offcn.com

────────────────

贵州中公教育(总校)

地址:贵阳市云岩区延安东路117号友谊大楼3层

电话:0851-5805808

网址:http://gz.offcn.com

────────────────

黑龙江中公教育(总校)

地址:哈尔滨市南岗区西大直街347-2号

电话:0451-85957080

网址:http://hlj.offcn.com

────────────────

辽宁中公教育(总校)

地址:沈阳市和平区文萃路4号新诚大数码国际广场3层

电话:024-23241320

网址:http://ln.offcn.com

────────────────

天津中公教育(总校)

地址:天津市和平区卫津路云琅大厦底商

电话:022-23520328

网址:http://tj.offcn.com

────────────────

湖北中公教育(总校)

地址:武汉市洪山区鲁磨路中公教育大厦(原盈龙科技创业大厦)9、10层

电话:027-87596637

网址:http://hu.offcn.com

────────────────

海南中公教育(总校)

地址:海口市大同路24号万国大都会写字楼17楼(从西侧万国大都会酒店招牌和工行附近的入口上电梯)

电话:0898-66736021

网址:http://hi.offcn.com

甘肃中公教育(总校)

地址:兰州市城关区南关十字民安大厦B塔1901

电话:0931-8470788

网址:http://gs.offcn.com

────────────────

内蒙古中公教育(总校)

地址:呼和浩特市赛罕区呼伦贝尔南路东达广场写字楼702室

电话:0471-6532264

网址:http://nm.offcn.com

────────────────

新疆中公教育(总校)

地址:乌鲁木齐市沙依巴克区友好南路301号广源大厦5层

电话:0991-4531093

网址:http://xj.offcn.com

────────────────

广西中公教育(总校)

地址:南宁市东葛路3号新风尚酒店6楼

电话:0771-3195246

网址:http://gx.offcn.com

────────────────

青海中公教育(总校)

地址:西宁市南大街18号锦园大厦4楼

电话:0971-6330996

网址:http://qh.offcn.com

────────────────

上海中公教育(总校)

地址:上海市杨浦区伟德路6号云海大厦5、6层

电话:021-35322220

网址:http://sh.offcn.com

────────────────

宁夏中公教育(总校)

地址:银川市兴庆区解放西街32号虹桥大酒店行政楼1-3层

电话:0951-5155560

网址:http://nx.offcn.com

────────────────

中公教育

给人改变未来的力量